U0113191

全国高校古委会项目"旅顺博物馆藏吐鲁番文献整理与研究"最终成果

教育部人文社会科学重点研究基地北京大学古代史研究中心重大项目
"旅顺博物馆藏新疆出土汉文文书整理与研究"部分最终成果

旅顺博物馆藏
新疆出土汉文文书研究

孟宪实　王振芬　主编

中华书局

图书在版编目(CIP)数据

旅顺博物馆藏新疆出土汉文文书研究/孟宪实,王振芬主编.—北京:中华书局,2020.5
ISBN 978-7-101-14520-5

Ⅰ.旅… Ⅱ.①孟…②王… Ⅲ.出土文物-文献-研究-吐鲁番地区 Ⅳ.K877.04

中国版本图书馆 CIP 数据核字(2020)第 066798 号

书　　名　旅顺博物馆藏新疆出土汉文文书研究
主　　编　孟宪实　王振芬
责任编辑　李　勉
出版发行　中华书局
　　　　　(北京市丰台区太平桥西里 38 号　100073)
　　　　　http://www.zhbc.com.cn
　　　　　E-mail:zhbc@zhbc.com.cn
印　　刷　北京瑞古冠中印刷厂
版　　次　2020 年 5 月北京第 1 版
　　　　　2020 年 5 月北京第 1 次印刷
规　　格　开本/787×1092 毫米　1/16
　　　　　印张 32½　插页 2　字数 600 千字
印　　数　1-600 册
国际书号　ISBN 978-7-101-14520-5
定　　价　168.00 元

前　言

中国古代图书事业发达，汗牛充栋。与邻国日本相比，中国明清之前，较少传世文书。与流传有序的图书相比，文书是更原始的史料，更朴实、更自然甚至更粗犷。一部书如果是书信集，那么文书如同草稿，最初的遣词造句、错字白字，都暴露无遗。最初选择的表达方式，与收入文集的成文比较，有时更天真可爱。中国的文书学起步，与敦煌藏经洞的发现关系密切。一座封存八百多年的洞窟，隐藏了巨量的文书。在文化界盛行版本收藏的晚清，忽然发现了线装书之前的书籍样式和精美的写本，震惊的程度难以言表。一门新的学问"敦煌学"就这样出世了。对于中国人而言，同时伴随着隐隐的痛苦与无奈，如同孔子哀麟一样，美好来得不是时候。

与敦煌情形相似，在新疆也有古文书的发现，最具代表性的就是吐鲁番出土文书。吐鲁番文书主要来自古墓，规模不如敦煌文书，也不是集中出现，颇有零碎之感。不过，因为古墓的存在分散，发现发掘都需要漫长的时间，这就避免了文物大量流散海外。敦煌文书的主体都流散海外，英国、法国、俄国都有大量的敦煌文书，吐鲁番文书一部分也流散海外，主要在日本和德国，部分留在中国。

日本收藏的吐鲁番出土文书，主要来自西本愿寺的住持大谷光瑞。在八国联军围攻北京的那一年，大谷光瑞留学英国。有感于西方在中亚的文物掠夺，大谷担心佛教历史的话语权永久被西方掌控，于是花重金，组织了日本的中亚探险。吐鲁番出土文书，就是他的重要收获之一。但是，当时的西本愿寺并不理解和支持大谷的行为，因为巨大的开销成为寺院的沉重负担，最后大谷被寺院清算，他的别墅被拍卖，他带着他的西域文书长期居住于中国的旅顺。看起来，大谷更重视西域文书中的佛教经典，所以他的弟子橘瑞超开始着手整理的，也是这部分文书。非佛教的出土文书，最后又运回日本，收藏在龙谷大学，就是我们今天熟知的"大谷文书"。二战结束时，留在旅顺的西域出土文书，成为苏联红军的战利品，最后转交给中国，这就是旅顺博物馆藏西域出土文书的来历。

敦煌、吐鲁番出土文献，曾经有过一个养在深闺人未识的经历。西方的博物馆、图书馆，凡是藏有敦煌、吐鲁番文书的场所，都是中国学人心念之处。直到二十世纪后期，敦煌吐鲁番文献才陆续以图书的方式再次面世，极大地促进了敦煌学的发展。旅顺博物馆藏品，逐渐成为学人关注的焦点。旅顺博物馆曾经与龙谷大学合作，出版过《旅顺博物馆藏新疆出土汉文佛经选粹》（法藏馆，2006年），郭富纯、王振芬《旅顺博物馆藏西域文书研究》（万卷出版公司，2007年），已经展现了藏品的部分面貌，为后来全面整理预备了重要条件。

2015年，旅顺博物馆藏西域文书的全面整理工作正式展开。以王振芬馆长为首的旅顺博物馆研究人员与北京大学荣新江教授领导的北大师生密切合作，加上中国人民大学的师生、首都师范大学的师生和中国社会科学院历史所的研究员，先后参与项目工作的成员多达几十人。同年，我个人的一个项目"旅顺博物馆藏吐鲁番文献整理与研究"（批准编号1510）被全国高校古委会批准立项，转年，教育部人文社会科学重点研究基地北京大学中国古代史研究中心重大项目"旅顺博物馆藏新疆出土汉文文书整理与研究"（项目编号16JJD770006）获得立项。两个项目的设计具有连贯性，前一项目为后一项目进行初步调查和研究，后一项目则是全面整理与研究，完全覆盖前一项目。

旅顺博物馆所藏西域出土文书，以吐鲁番出土为主，以佛教文献为主，在近三万件的文书中，也有少量四部典籍残卷和世俗文书。这是一千多年前留下的文物，片言只语却饱含信息。几年来，研究团队精诚团结，分工合作，研究文书，撰写论文。一篇论文初稿完成，会有多人参与修改。我们也采用学术会议的方式，让年轻学者展示研究成果，然后集体讨论，完善论述。一个学术团队理应如此，年轻学员的显著成长，这是我们最重要的学术成果。

如今，几年的研究论文在这里集结，这是部分成果的展示，也是一次汇报。对于团队的成员，如同回望，为的是继续前进。本书共收录36篇文章，内容涵盖传世四部典籍、佛经、道经、民间文书等，使我们对旅顺博物馆藏西域出土文书、对中古时期吐鲁番地区的政治经济文化面貌，有了更全方位的认识；最后是我们几次学术会议的综述，记录了团队的成长。需要特别说明的是，各篇文章原来发表时各刊物体例不一，编入本书时统一改为简体，但为展示文献原貌，部分文章的录文仍保留繁体。

由于我们学力有限，缺点错误，在所难免，恳请读者多多指正。

孟宪实

2020年4月

目　录

旅顺博物馆藏新疆出土汉文文献的入藏与整理

王振芬

创建于 1917 年的旅顺博物馆在中国博物馆界是个独特的存在，它的独特性不仅体现在历经日本殖民时期建馆、苏联红军接管和中国政府最终收回的沧桑变迁中，更主要是在这种独特的历史际遇下所造就的独特的藏品体系。其中来源于新疆地区、以吐鲁番为主要出土地的汉文文献就是这些特色藏品中重要的内容，我们称其为旅顺博物馆藏新疆出土汉文文献。这批文献无论从数量上，还是其所涵盖的内容上都是重要的一宗。由于种种原因，这宗文献也是目前所知国内新疆出土文献中唯一尚未全面整理公布的大宗收藏，被称为敦煌吐鲁番文书"最后的宝藏"。旅顺博物馆藏新疆出土汉文文献与现在已经完整公布的日本龙谷大学藏"大谷文书"同属大谷探险队的收集品。众所周知，20 世纪初，日本西本愿寺第二十二代法主大谷光瑞在 1902 至 1914 年间曾三次组织探险队，在我国的甘肃、新疆和包括阿富汗、巴基斯坦在内的古印度地区从事考古探险活动，获得了大量珍贵的文物资料。关于大谷探险队活动的具体情况集中见于 1937 年出版的《新西域记》（上、下），还有一些当时的探险队员的个人回忆[1]，近年又出版了一些研究者的研究成果[2]，也可以作为了解探险队活动的补充。

由于历史的原因，大谷探险队的收集品在上世纪早期就被分散，现在的主要收藏单位是分属中国、日本、韩国的旅顺博物馆、龙谷大学、韩国国立中央博物馆。从现在公布的资料看，三宗收藏各有侧重，旅顺博物馆所藏大谷收集品除了古印度佛教造像，最重要的就是来源于敦煌、新疆等地的文献资料，其中包括敦煌佛教经

---

[1] 橘瑞超著，柳洪亮译《中亚探险》，新疆人民出版社，1993 年。
[2] 白须净真《忘れらる明治の探険家——渡边哲信》，中央公论社，1992 年；又《大谷探检队研究の新なた地平》，勉诚出版，2012 年；《大谷光瑞师五十回忌纪念号》；龙谷大学东洋史学会《东洋史苑》第 50、51 合并号；柴田幹夫《大谷光瑞の研究》，勉诚出版，2014 年；片山章雄《大谷探险队の追迹——交流人物、探险记录、关系文物》，《龙谷史坛》第 124 号，2006 年；宋文《大谷探险队吐鲁番地区活动研究》，兰州大学硕士学位论文，2010 年；尹红丹《大谷探险队第一次西域探险研究》，兰州大学硕士学位论文，2012 年；荒川正晴、柴田幹夫编《シルクロードと近代日本の邂逅：西域古代资料と日本近代佛教》，勉诚出版，2016 年。

卷[3]、新疆出土汉文和胡语文献。近年我们对其中数量最多的汉文文献进行了持续不断地整理和研究，除了对其学术价值有了越来越清晰的认识之外，我们也对其整理与研究等情况进行了梳理，同时也涉及到这宗文献的分散和入藏等相关问题。与敦煌经卷不同，旅顺博物馆藏新疆出土汉文文献多为大小不一的残片，现属于馆藏文物的第 20 类，主要占用 74 个文物编号，这 74 个编号都由若干数量的残片组成，统计数量 26000 多片，由于整理时期不同，保存方式不同，又分别称为大蓝册（41 册，尺寸为 30.5×45.4cm）、小蓝册（11 册，18.2×24.2cm）、十六包和六包。这些文献的整理与研究始自 20 世纪初，迄今已逾一个世纪，大体经历日本二乐庄时期、20 世纪 20 年代入藏旅顺博物馆时期、20 世纪 50 年代之后三个重要时期，四个阶段。

一 二乐庄时期的整理

大谷探险队三次探险发掘获得了大量的文物资料，最初全部运回日本，为了解决其存放问题，大谷光瑞斥资在神户六甲修建了二乐庄。二乐庄是大谷收集品最初集中的存放地，在这里大谷光瑞组织进行了最初的全面整理[4]，与汉文文献有关的就是大、小蓝册的装裱成册和《二乐丛书》（四卷）编辑刊行、《西域考古图谱》（天、地）出版。

关于文献在二乐庄装裱成册的情况，一份现藏西本愿寺史料研究所、名为《发掘书画表具控》的资料有记录，它是有关本愿寺室内部在明治四十四年（1911）1 月 28 日至大正元年（1912）10 月 23 日整理发掘品的备忘录，主要涉及发掘品装裱、摄影、研究者来访等内容。据橘堂晃一推测，这份记录主要由内田宏道、佐佐木了玄、清原秀惠三人书写，三人皆为本愿寺室内部部员[5]。有关大、小蓝册的记录开始于大正元年 4 月 28 日，持续到 9 月 3 日，主要为每日送出数量不等的大册、小册装裱和收回的情况，其中提到装裱者的名字山切重次郎。在这份记录中还有一个重要名字伊藤义贤（1885—1969），他被认为是其中数量最多的汉文佛典的主要整理者，他当时也是武库佛教中学的教员。需要指出的是，根据这份记录统计出有 48 册大册、10 册小册，和旅顺博物馆现存的 41 大册、11 小册有出入，这一点还需要进一步讨论和

[3] 关于旅顺博物馆藏敦煌经卷的调查，参看尚林、方广锠、荣新江《中国所藏"大谷收集品"概况——特别以敦煌写经为中心》，龙谷大学佛教文化研究所，1993 年 3 月。
[4] 近年陆续刊行了有关二乐庄时期的资料，见龙谷大学博物馆 2014 年特别展图录《二乐庄と大谷探检队：シルクロード研究の原点と队员たちの思い：特别展》。
[5] 橘堂晃一《二乐庄における大谷探检队将来佛典断片の整理と研究：旅顺博物馆藏の所谓'ブルーノート'の场合》，龙谷大学东洋史研究会《东洋史苑》第 60、61 合并号，2003 年。

调查。

二乐庄装裱标记除了大、小册的封皮都用了蓝色宣纸，从而成为大蓝册、小蓝册外，还在封皮的右上角贴上了登记标签。

大蓝册分别为：

"经帖一"至"经帖二十一"（现编号 LM20-1450~1470）

"净土一"（现编号 LM20-1471）

"经帖烧一""烧帖贰"（现编号 LM20-1472~1473）

"外经一""外经二"（现编号 LM20-1474~1475）

"法华第一帖"至"法华第十帖"（现编号 LM20-1476~1485）

"木版经一""木版经二"（现编号 LM20-1486~1487）

"涅槃经"（现编号 LM20-1488）

"涅槃般若一""涅槃般若二"（现编号 LM20-1489~1490）

小蓝册分别为：

"小账一"至"小账十一"（现编号 LM20-1491~1501）[6]

蓝册的整理方式是每个残片都给出流水编号，个别的标出出土地和经名，但这些有标记的残片与总数相比还是微不足道，况且当中还有错讹[7]。这些标记应该来源于整理者的记忆或者是探险队发掘时的记录。众所周知，由于大谷探险队最初没有对发掘品的基本信息进行记录，招致了后来学者的批评，所以这些早期的标记既难能可贵又让人对其准确性生疑。

在二乐庄时期的整理活动还有一个重要人物橘瑞超，他是大谷探险队的主要成员，也是早期最主要的整理者。他在 1912 年 6 月 5 日结束探险从敦煌回到二乐庄，带回了大谷探险队第三次探险活动的部分发掘品（留下吉川小一郎继续发掘，吉川于 1914 年 7 月回到二乐庄，这时大谷光瑞已经辞去法主职位，整理工作已经结束），运抵日期为 6 月 12 日，据前面提到的《发掘书画表具控》记载，在此之前的 4 月 28 日已经整理出大小 10 册，显然这 10 册整理的是第一、第二次的发掘品，只可惜我们现在还无法分出这 10 册究竟是哪些。

在大、小蓝册接近完成的 1912 年 9 月 15 日，《二乐丛书》第一号刊行，到 1913 年 7 月 28 日，共刊行四号，由橘瑞超编辑，是大谷收集品中有关文献资料的第一个研究成果。第一号刊布了净土经相关文献，第二至四号是有关法华经相关经典，有胡语，也有汉文。值得特别关注的是，如上述提到的大蓝册中有专门标注为净土和

6　王珍仁、孙慧珍《旅顺博物馆所藏新疆出土汉文文书的概况》，《新疆文物》1994 年第 4 期，52—54 页。

7　房学惠、孙慧珍《旅顺博物馆藏新疆出土汉文佛经残片原始整理状况分析评述》，旅顺博物馆、龙谷大学主编《旅顺博物馆藏新疆出土汉文佛经研究论文集》，龙谷大学，2006 年，35—45 页。

法华的，橘堂晃一认为这是橘瑞超整理出的两大类残片。另外，在蓝册中个别残片有标出经名的情况，如 LM20-1471-02-03 旁边标出"大无量寿经"，这些册子中的残片与《二乐丛书》著录的内容应该密切相关，具体情况还需要进一步核查。可以说《二乐丛书》体现了二乐庄时期文书残片的第一批整理成果。

1915 年，大谷光瑞委托国华社出版了《西域考古图谱》（天、地），以图录的形式公布了大谷收集品的主要内容，每件有图片、经名、时代、出土地。其中有 76 件汉文文献却不在蓝册中。2016 年，它们中的大部分突然出现在日本横滨一个拍卖会上[8]，据称来源于与本愿寺有关联的私人手中，那么可以推测，这些文献在出版过程中脱离了二乐庄收藏，并在二乐庄文物分散后成为私人收藏品。

二　入藏旅顺博物馆

二乐庄文物的分散开始于 1915 年，恰恰在同一年，日本殖民统治下的旅顺由殖民当局筹划建立了关东都督府满蒙物产陈列所，这个陈列所就是现在旅顺博物馆的前身。受大谷光瑞的委托，由橘瑞超首先列出了出售给久原房之助并通过久原转给朝鲜总督府博物馆的文物目录。1916 年，这批文物运到汉城，先是在景福宫展出，后来成为现在韩国国立中央博物馆的大谷收集品，在 1935 年出版的《新西域记》上有目录清单，这批文物以美术品为主，鲜见文献类资料[9]。据《橘瑞超年谱》[10]，1916 年 5 月 6 日橘瑞超由神户到旅顺，他此行是随同大谷光瑞移居旅顺，与他们同来的还有原来存放在二乐庄内除了上述转给久原之外的所有大谷收集品。大谷光瑞将其全部寄存在刚刚成立的博物馆里，并由橘瑞超"在旅顺整理运送来的发掘品，编号登记，准备陈列。为第二年（1917 年）在关东都督府满蒙物产馆展出"做准备[11]。橘瑞超的整理工作从 1916 年 5 月开始，到 1917 年 12 月结束，据《年谱》记录，当时参加整理的并不仅仅是他一个人，还有"伊藤等人"，这个伊藤也许就是二乐庄时期蓝册的整理者伊藤义贤。橘瑞超等人在旅顺博物馆的整理工作也可以看作是二乐庄工作的继续。

橘瑞超在旅顺博物馆整理文书的成果是完成了"十六包"（现编号 LM20-

8　见于日本横滨国际拍卖会印制的《横滨国际 2016 秋季五周年拍卖会·中国书画》739 号。

9　现在日本东京国立博物馆也收藏了一批大谷收集品，这一部分应该是第一次探险所获。具体情况参见东京国立博物馆编《东京国立博物馆图版目录——大谷探检队将来品篇》，1971 年。

10　橘瑞超著，柳洪亮译《中亚探险》，113 页。

11　同上注。另外，文中提到的"关东都督府满蒙物产馆"与上文中的"关东都督府满蒙物产陈列所"，以及后文中将出现的"关东厅博物馆"，都是旅顺博物馆初建时所使用过的名称。

1502~1517)。之所以称为"十六包"[12]，是因为不同于二乐庄时粘贴在册子上，每个残片都是先用精心裁好的纸片包好，上面标记尺寸大小，再成组装入特别糊制的纸袋中，袋子的表面书写"大谷家经破片"作为名称。在 LM20-1512 袋子上有用铅笔书写的"大正六年六月二日记入济，池园、山口两人封"的记录，大正六年是 1917 年，正是橘瑞超在旅顺整理期间，据大正八年《关东厅博物馆一览》，博物馆当时有一位工作人员叫山口松次郎，没有查到池园氏的相关情况，但可以想见，橘瑞超等人的整理工作一定是与博物馆工作人员相互配合进行的。LM20-1510 和 LM20-1513 封袋上除了整理者签名外，还有个日期"20/4/23"，即 1920 年 4 月 23 日[13]，说明直到这个时间还在登记，此时距橘瑞超回到日本已经两年多了。

特别要说明的是，十六包的整理方式更接近博物馆的文物登记方式，不仅给出编号，还给出尺寸和出土地[14]，基本不再涉及残片的具体内容。

关于这一时期的整理，需要进一步说明的还有两个问题。

一是龙谷大学现藏"大谷文书"的整理。龙谷大学藏大谷文书计有 8000 多号，主要以佛教文献之外的世俗文书为主，1949 年由西本愿寺内务部仓库移交，"古文书类装在 27 个纸袋里面，进一步打开纸袋，约三分之一的袋内附有一页编号，意味着进行过某种程度的整理"[15]。文书和一些其他类的发掘品一起装在一个约长 3 尺、宽 2 尺、高 2 尺多的木箱子里，在木箱的侧面有"大连关东别院光寿会"的字样，说明这些文物也曾经被大谷光瑞带到旅顺，之后不知什么时候又再次运去日本，那么早期的整理也有可能在旅顺完成。我们看到，无论是大、小蓝册，还是十六包，都是以佛教类（或者是整理者以为的佛教文献）为主。也许早期整理的大原则是先将大谷光瑞更关注的佛教类文献整理出来，从而我们看到的是将佛典文献与非佛教类文献分开的状态。当然，我们现在发现也有相当数量互相混淆，这是整理的"初步"所致，并不影响上述说法的成立。需要补充的是，个别重要的非佛教文献在二乐庄时期也有所整理，如著名的《孔目司帖》和"李柏文书"，不仅在二乐庄展示，也和部分其他文献一样刊布在《西域考古图谱》上。

二是关于《新西域记》附录的《关东厅博物馆大谷家出品目录》所涉及的一些问题。这份目录的形成年代大概是 1925 至 1935 年间，共有 679 个明确的编号，前638 个是敦煌经卷（这些经卷 1954 年调拨至北京图书馆，即现在的中国国家图书馆，

---

[12] 为方便查阅，2003 年以来旅顺博物馆将十六包残片也按照大蓝册的方式，粘贴成册，但称呼仍使用原名。

[13] 房学惠、孙慧珍《旅顺博物馆藏新疆出土汉文佛经残片原始整理状况分析评述》，35—45 页。

[14] 关于十六包标注的出土地，是因为每包包装袋的封面上都有"C"、"CC"、"CK"、"CT"等记录，这被有些研究者认为是出土地。同见上注。

[15] 小笠原宣秀《龙谷大学所藏大谷探险队带来的吐鲁番出土文书综述》，橘瑞超著，柳洪亮译《中亚探险》附录二。

旅顺博物馆现保存有 10 件，均为吉川小一郎带回、未经二乐庄时期装裱的），从 639 号开始为"经帖破片"，52 册大小蓝册占用 9 个编号，十六包占用 1 个编号，这些编号现在还存在于蓝册封皮上。据旅顺博物馆现在保留下来的当时的文物大账（简称为《日本大账》），大谷收集品登记上账的时间是 1929 年，这个年代也就自然成为大谷收集品正式入藏旅顺博物馆的标志。在此之前，从 1916 年开始是大谷收集品寄存旅顺博物馆的阶段。《日本大账》上登记的大谷收集品以古印度佛教造像、吐鲁番高昌古墓陶俑等等立体文物为主，单单不见纸质的文献。究其原因是大谷收集品因材质不同分别存放，立体文物在当时的关东厅博物馆考古分馆，以文献为主的纸质文物存放在关东厅博物馆的图书馆。1925 年至 1928 年，关东厅博物馆图书馆从博物馆中分离，成立独立的旅顺图书馆，在这个过程中编制了一份图书馆藏大谷收集品的目录。在《关东厅博物馆大谷家出品目录》最后还附了 41 无编号的、各种材质的文物，这 41 件应该是当时在博物馆展出的大谷收集品。

三　二十世纪五十年代之后的重新登记和整理

1945 年，苏联红军接管了旅顺博物馆，一直到 1955 年。十年中虽然旅顺博物馆没什么明显的发展，留下的印记是在几乎每件文物、资料上都有其登记的记录，蓝册封面上的两行俄文即是。

到了 1954 年，旅顺博物馆回归在即，开始对其所藏文物进行重新登记，此次登记将馆内所有文物按材质分类，每类给出流水号，大谷收集品为第 20 类。1955 年，馆内业务人员对保留下来的残纸片进行再次拣选，将选出的残片简单分装为 8 包。2002 年再次组织人员对这 8 包进行整理登记，共计 3408 片，给出 6 个文物登记号（LM20-1518~1523），这次整理应该是继二乐庄时期、博物馆初建时期之后对文书残片的第三次整理。在这个过程中，博物馆的业务人员也开始了研究工作，发表了整理目录[16]，并在日本相关刊物上发表。

四　二十一世纪以来的研究性整理

2003 至 2006 年，旅顺博物馆与日本龙谷大学合作，共同开展分别由中国国家文物局、日本文部科学省批准立项的"旅顺博物馆藏新疆出土汉文佛经残片的整理和研究"课题项目。双方代表人分别是时任旅顺博物馆馆长刘广堂、龙谷大

---

[16] 王珍仁、孙慧珍《旅顺博物馆藏新疆出土的汉文文书概况》，49—55 页。

学校长上山大峻，双方本着对等的原则，均有 10 余人参加具体工作。日本京都大学竺沙雅章、上海师范大学方广锠分别应邀指导。工作方法是首先对前列 52 册、十六包、六包的所有残片进行摄影扫描，采集每件残片的高清信息数据，然后利用《大正藏》电子检索系统对每件残片进行检索，比定出残片的经名、内容。残片的断代是按照日本学者藤枝晃的分期法，分为：北朝前期（AA 期，3 世纪末至 5 世纪前半北凉时期止）、北朝后期（A 期，5 世纪前半至 6 世纪中叶）、高昌国时期（A' 期，6 世纪前半至 7 世纪中叶麴氏高昌王国灭亡止）、高昌国末期至唐西州时期（C1 期）、唐西州时期（C2 期）、唐西州至回鹘时期（C3 期）、回鹘时期（D 期，9 世纪中叶至 11 世纪）。整理体例要求每件残片的整理档案包括经名、译者、撰著者、录文、在《大正藏》中的位置、尺寸、书写方式、纸质、书体和时代等二十八项内容。共查出 13930 片，502 部佛教典籍。2006 年双方在大连联合召开了国际学术研讨会，同年合编出版了《旅顺博物馆藏新疆出土汉文佛经选粹》，有 1429 片佛经残片公布出来。此次合作的学术成果有：一是再次发现了与已知世界上最早的汉文佛教写本——西晋元康六年（296）《诸佛要集经》为同一写本的残片 14 片，这 14 片残片散存在不同经册中，将其一一比对出来[17]。二是新发现了带有承阳三年（427）年款的《菩萨忏悔文》。承阳是沮渠氏北凉使用的年号，不见于史书记载，现在已知使用承阳年号的只有两件实物，一是甘肃酒泉出土的北凉时期马德惠石塔，另一件是高昌出土的一件户籍文书（现藏德国柏林）。不仅如此，这件写本本身也是研究当时南北佛教文献交流、早期佛教菩萨受戒等问题的重要资料[18]。三是对新疆吐鲁番地区本土佛教传播情况有了初步的认识[19]。除此之外，通过整理许多残片，实现了连缀，特别是与龙谷大学藏品的连缀，为双方的藏品研究都提供了新的方法。

　　但是，此次合作初步完成的整理仅仅限于佛教文献，整理的广度和深度都是有限的。合作结束后，双方还保持交流[20]，旅顺博物馆的工作人员也有新的成果发表[21]，但就全面整理和研究而言，投入的人员和时间明显不足。

　　2015 年，旅顺博物馆与北京大学中国古代史研究中心达成合作协议，由旅顺博物馆、北京大学中国古代史研究中心、中国人民大学国学院、首都师范大学历

[17]　三谷真澄《旅顺博物馆所藏〈诸佛要集经〉写本にのいて》，旅顺博物馆、龙谷大学主编《旅顺博物馆藏新疆出土汉文佛经研究论文集》，2006 年，64—73 页。

[18]　王振芬《承阳三年〈菩萨忏悔文〉及其相关问题》，同上注，74—83 页。

[19]　橘堂晃一《旅顺博物馆所藏麴氏高昌国时代佛教注释书概观》，同上注，84—103 页。

[20]　旅顺博物馆、龙谷大学合编《旅顺博物馆藏新疆出土汉文净土教写本集成》，龙谷大学，2010 年。

[21]　郭富纯、王振芬《旅顺博物馆藏西域文书研究》，万卷出版公司，2007 年；《书法丛刊：旅顺博物馆藏西域书迹选》，文物出版社，2006 年专刊。

史学院的工作人员、教师、在读博士和硕士组成"旅顺博物馆藏新疆出土汉文文献"整理团队，开始了新一轮整理和研究工作。这次整理承接历次成果，采取分工检索、集体会读、实物比对等方式，与以往各阶段的整理工作相比，不同之处有三：

一是整理范围全面，以前整理规模有大有小，但均局限于一个类别、一种文献，此次整理不仅要对数量占绝对优势的佛教文献进行整理，而且对其他宗教——道教、摩尼教等文献、世俗文书，无论数量多少，均在工作范围之内。另外，对其来源、分散等文献本身情况的调查也是此次工作的内容。

二是工作起点高，以前的整理都只是就整理而整理，眼光和视野局限在材料本身，此次整理不仅要确定出残片本身在内容、时代等方面的准确信息，更主要是将工作重点放在与其他宗相关收藏的关联上，连缀、比对、排列，从而确定学术价值。

三是整理目标明确，以前整理新疆出土文献或则依据敦煌文书的整理方法和成果，或则按照传统文献学的方法，此次整理是站在写本时代吐鲁番文献的角度，建立该时代该地区的文献体系。

从一开始，整理和研究就同步进行。2016年8月，整理团队参加中国人民大学国学院在无锡召开的学术研讨会，会上提交论文二十四篇。由于整理工作还处于初期阶段，大部分研究是就独立的一个或一组残片展开，但也充分展示出了研究成果，现在这些成果已经陆续在专业刊物上发表。

2016年底，该项目顺利成为教育部人文社会科学重点研究基地北京大学中国古代史研究中心重大项目。2017年8月，在新疆师范大学黄文弼中心召开了第二次学术研讨会，会上提交论文25篇。与前次不同，论文从关注一个残片的点，到更关注一个残片所代表的面，反映了团队整体研究视野向深度和广度扩展，文献本身的学术价值也通过这样的整理和研究予以凸显。我们有理由期待更多更有价值的成果在不久的将来出现，揭示出旅顺博物馆所藏新疆出土汉文文献的真正价值。

附：旅顺博物馆藏新疆出土文献编号汇总

2017年新统计流水号	现在登记号	最初整理编号	关东厅博物馆登记号	前苏联时期登记号	图书登记号	整理分期
经册一	20.1450	经帖一	8—639—1	722	645	
经册二	20.1451	经帖二	8—639—2	772	628	
经册三	20.1452	经帖三	8—639—3	722	635	
经册四	20.1453	经帖四	8—639—4	722	621	
经册五	20.1454	经帖五	8—639—5	722	647	
经册六	20.1455	经帖六	8—639—6	772	619	
经册七	20.1456	经帖七	8—639—7	722	624	
经册八	20.1457	经帖八	8—639—8	722	651	
经册九	20.1458	经帖九	8—639—9	722	634	
经册十	20.1459	经帖十	8—639—10	722	637	
经册十一	20.1460	经帖十一	8—639—11	722	641	
经册十二	20.1461	经帖十二	8—639—12	722		
经册十三	20.1462	经帖十三	8—639—13	722	653	日本二乐庄时期整理
经册十四	20.1463	经帖十四	8—639—14	722	638	
经册十五	20.1464	经帖十五	8—639—15	722	622	
经册十六	20.1465	经帖十六	8—639—16	772	652	
经册十七	20.1466	经帖十七	8—639—17	722	629	
经册十八	20.1467	经帖十八	8—639—18	722	636	
经册十九	20.1468	经帖十九	8—639—19	772	645	
经册二十	20.1469	经帖二十	8—639—		633	
经册二十一	20.1470	经帖二十一	8—639—21	772	627	
经册二十二	20.1471	净土一	8—640	722		
经册二十三	20.1472	经帖烧一	8—641—1	772	646	
经册二十四	20.1473	烧帖贰	8—641—2	722	626	
经册二十五	20.1474	外经一	8—645—1	722	640	
经册二十六	20.1475	外经二	8—645—2	722	632	
经册二十七	20.1476	法华第叁帖	8—643—1	722	618	
经册二十八	20.1477	法华第贰帖	8—643—2		644	
经册二十九	20.1478	法华第九帖	8—643—3	722	631	
经册三十	20.1479	法华第壹帖	8—643—4	722	623	

续表

2017 年新统计流水号	现在登记号	最初整理编号	关东厅博物馆登记号	前苏联时期登记号	图书登记号	整理分期
经册三十一	20.1480	法华第四帖	8—643—5	722	657	
经册三十二	20.1481	法华第六帖	8—643—6	722	648	
经册三十三	20.1482	法华第七帖	8—643—7		656	
经册三十四	20.1483	法华第八帖	8—643—8	722	625	
经册三十五	20.1484	法华第五帖	8—643—9	722	620	
经册三十六	20.1485	法华第十帖	8—643—10	722	639	
经册三十七	20.1486	木版经壹	8—642—1		643	
经册三十八	20.1487	木版经贰	8—642—2	722	642	
经册三十九	20.1488	涅槃经	8—646	722	630	
经册四十	20.1489	涅槃般若一	8—647—1	722	655	日本二乐庄时期整理
经册四十一	20.1490	涅槃般若二	8—647—2	722		
经册四十二	20.1491	小账一	8—644—1	689	246	
经册四十三	20.1492	小账二	8—644—2	689—5	247	
经册四十四	20.1493	小账三	8—644—3	689—3	248	
经册四十五	20.1494	小账四	8—644—4	689—1	249	
经册四十六	20.1495	小账五	8—644—5	689—10	250	
经册四十七	20.1496	小账六	8—644—6	689—6	251	
经册四十八	20.1497	小账七	8—644—7	689—7	252	
经册四十九	20.1498	小账八	8—644—8	689—8	253	
经册五十	20.1499	小账九	8—644—9	689—2	254	
经册五十一	20.1500	小账十	8—644—10	689—9	255	
经册五十二	20.1501	小账十一	8—644—11	689—8	256	
经册五十三	20.1502	大谷家经破片 C 自壹号至壹百五号在中 C 其之一	十六包 8—648—7	692		
经册五十四	20.1503	大谷家经破片 C 自壹百五壹号至三百贰拾七号 C 其之二	十六包 8—648—13	699		
经册五十五	20.1504	大谷家经破片 C 自三百贰拾八号至四百五拾七号 C 其之三	十六包 8—648—9	692		

2017 年新统计流水号	现在登记号	最初整理编号	关东厅博物馆登记号	前苏联时期登记号	图书登记号	整理分期
经册五十六	20.1505	大谷家经破片 C 自四百五拾八号至七百拾七号 C 其之四	十六包 8—648—16			关东厅博物馆整理登记
经册五十七	20.1506	大谷家经破片 C 自九百七拾八号至壹千贰百三拾七号 C 其之六	十六包 8—648—10			
经册五十八	20.1507	大谷家经破片 C 自七百拾八号至九百七拾七号 C 其之五	十六包 8—648—5			
经册五十九	20.1508	大谷家经破片 C 自壹千贰百三拾八号至壹千四百九拾七号 C 其之七	十六包 8—648—8			
经册六十	20.1509	大谷家经破片 C 自壹千四百九拾八号壹千六百五拾号 C 其之八	十六包 8—648—14			
经册六十一	20.1510	经破片三十八片在中 自一六五一至一六八八	十六包 8—648—15			
经册六十二	20.1511	大谷家经破片 CB 自壹号至百拾七号	十六包 8—648—3			
经册六十三	20.1512	大谷家经破片 CT 自壹号至壹百八拾七号	十六包 8—648—1		1156	
经册六十四	20.1513	大谷家经破片 CT 自百八拾八号 至三百五拾号	十六包 8—648—2			
经册六十五	20.1514	大谷家经破片 CT 自三百五拾壹号至五百三拾号	十六包 8—648—4			
经册六十六	20.1515	大谷家经破片 CC 自壹号至拾四号 CY 自壹号至五号	十六包 8—648—11			
经册六十七	20.1516	大谷家经破片 CK 自壹号至百〇五号	十六包 8—648—12	692		

续表

2017 年新统计流水号	现在登记号	最初整理编号	关东厅博物馆登记号	前苏联时期登记号	图书登记号	整理分期
经册六十八	20.1517	佛经残片				1950年代整理
经册六十九	20.1518					
经册七十	20.1519					
经册七十一	20.1520					
经册七十二	20.1521					
经册七十三	20.1522					
经册七十四	20.1523					

（王振芬，旅顺博物馆研究员、馆长。原刊《吐鲁番研究》2017 年第 2 期）

旅顺博物馆藏吐鲁番写本《古文尚书》残片

吕媛媛

  《尚书》，又称《书》或《书经》，它以记言为主，保存了商周特别是西周初期的一些重要史料。后世作为儒家经典的《尚书》经历了非常复杂的文本变迁，而写本时代是《尚书》文本演变的重要环节，其内容与形态今天尚可根据敦煌西域出土写本及日本传世写本加以考索。旅顺博物馆藏 LM20-1461-27-15、LM20-1468-06-08、LM20-1458-13-05 为孔安国传《古文尚书》残片，分别为《毕命》《盘庚》《汤誓》三篇断简，系日本大谷光瑞探险队在吐鲁番地区所获，吉光片羽，弥足珍贵。本文试将旅顺博物馆藏本与敦煌吐鲁番写本、日本古写本等孔安国传《古文尚书》相比较，找出残片的特点，以及与其他写本的区别与联系，明确馆藏三片《古文尚书》的重要价值。最后，联系史籍记载，参考前贤论著，试论《古文尚书》在敦煌吐鲁番的传播。

一　旅博藏《尚书·毕命》残片

  旅顺博物馆藏 LM20-1461-27-15《尚书·毕命》残片录文如下：

（前缺）

1　]無窮
　　]聞後世

2　]顺公 烏
　　]洽

3　]無曰不能
　　]心而已

4　]洽惟

（后缺）

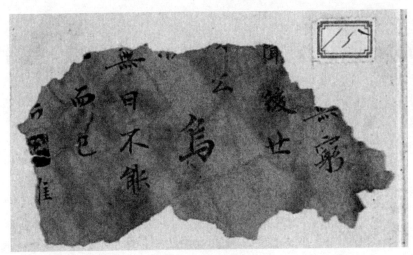

图1　LM20-1461-27-15

　　LM20-1461-27-15残片，长9.4厘米，宽5.1厘米，有墨笔所画界栏和边栏，经传合抄，经文大字单行，仅存一字"乌"，孔安国传小字双行，存7行18字，总计19字。书体为楷体，字体工整，结字瘦长，为唐代一般写书体，稍稍接近褚遂良书风。纸色褐黄，染有土色，经年纸质脆弱，残片下部有边栏，且留白，当是写本的地脚，可知残片所存属于纸张的下部。"治也惟"中"也"字涂作一方形墨块，是校改的痕迹。据书法推断为唐代写本。

　　残片内容为孔安国传《古文尚书·周书·毕命》篇尾部分内容。根据传世本《尚书》作如下复原，因无其字，故何处使用古字不作推测，一律写作今字：

　　　1　之闻公其惟以是成周治为周家立无穷之基业于公亦有无穷之名闻后世

　　　2　子孙训其成式惟乂言后世子孙顺公乌之成法惟以治乌

　　　3　呼罔曰弗克惟既厥心人之为政无曰不能惟在尽其心而已

　　　4　罔曰民寡惟慎厥事无曰民少不足治惟在顺其政事无敢轻

　　按，本残片第2、3、4行的字数可以确定，第2行大字9字，小字单行7字，总计单行16字，第3行大字9字，小字单行8字，总计单行17字，第4行大字8字，小字单行8字，总计16字。据此推算，此写本大约每行16-17字之间，以16字为多。第1行小字确知单行为14字，大字推补2字。

　　此残片"世"、"治"字缺笔避讳。"世"字一处缺笔，在第1行小注；"治"字出现两处，分别在第2行和第4行小注，可明显看出末笔的横画缺笔。这两个字分别是避唐太宗李世民、唐高宗李治的讳。此残片短短不足20字，但却出现两个字三处避讳，可见避讳之严格。根据写本的避讳字，可以判定此写本年代为唐代，其上限不早于唐高宗时期。此外，在吐鲁番出土的《古文尚书》中，大谷8089《古文尚书》

也有"世"字缺笔避讳。

LM20-1461-27-15 号残片虽然小，仅存不到 20 字，根据残片上反映的信息，与其他版本写经相比较，还是有着明显区别的。首先，在敦煌吐鲁番写本《古文尚书》中，尚未发现《毕命》篇，这一残片的发现使得敦煌吐鲁番写本《尚书》篇目又得以充实。现存古写本《尚书·毕命》篇，大都是日本抄自于唐代的古写本，如岩崎本、内野本、足利本、上图本等[1]，可以从中窥探到唐代《古文尚书》的特点，因此，也可用日本古写本以及其他敦煌吐鲁番本来加以比较。

呜呼之"呜"字，本残片作"乌"。许慎《说文解字》："孝鸟也。象形。孔子曰：'乌，盱呼也。'取其助气，故以为乌呼。"[2]乌原指一种鸟，据说因这种鸟常在病患弥留之际哀叫助气，所以人们称丧命为"乌呼"。古人用"乌呼"一词来增强语气。段玉裁《说文解字注》："《今文尚书》悉为于戏字。《古文尚书》悉为乌呼字。而《诗》皆云於乎。中古以来文籍皆为乌呼字。"[3]岩崎本、内野本两古字本此句作"乌雫"，《书古文训》作"虖"，古写本的"雫"当是"虖"的俗写。唐开成石经（今字本）《尚书·毕命》作"呜呼"。敦煌写卷中，法国国家图书馆藏 P.2516《古文尚书传》（盘庚中至微子）多作"乌呼"；英藏的 S.799《古文尚书传》（泰誓中至武成）等卷则作"乌乎"。英藏吐鲁番写本 Toy .III.ii.03.f 作"呜呼"。

此残片"闻后世"一句脱介词"于"。脱文是指古书流传过程中脱漏的文字。一般情况下，造成脱文的原因无非是抄手一时疏忽漏抄或妄删导致，有偶然性、随机性的特点。然而，除此残片外，日本岩崎本《尚书·毕命》篇此句中"于"字亦脱。这或许不是偶然抄写错误，有可能是抄写的底本原来就曾脱文的缘故。

从古字"乌"和脱"于"字这两点来看，LM20-1461-27-15 与日本岩崎本《尚书·毕命》篇一致，两者或许源自一个底本（见图 2）。从所存"乌"字，可以判断旅顺博物馆藏残片为古字本无疑。另外，对比岩崎本，旅博藏《尚书·毕命》残片第 1 行小注"名闻后世"，句末少一"也"字，第 2 行小注"惟以治"，句末少一"者"字，第 3 行小注"惟在尽其心而已"，句末少一"也"字。惟其各句皆无句末助词，故读者将第 4 行小注"不足治也"的"也"字以重墨涂去，以符合总体的规则。这样的涂改也值得我们注意，它反映了儒家经典写本在抄写和阅读中的一类现象。

---

[1] 顾颉刚、顾廷龙辑《尚书文字合编》，上海古籍出版社，1996 年，2805—2839 页。岩崎本《古文尚书》，日本九条道秀公旧藏写本，有《京都帝国大学文学部影印旧钞本》第十集影印本，京都，1942 年。内野本，影写日本元亨二年（1322）沙门素庆刻本，内野皎亭旧藏，有 1940 年东方文化研究所影印本。足利本，日本室町时期写本，足利学校遗址图书馆藏。上图本，一是影印影写日本天正六年（1578）秀圆题记本，有松田本生印记，南翔姚文栋旧藏，其子明辉捐赠上海历史文献图书馆，今归上海图书馆藏。二是八行本日本写本，每半页 8 行，行大字 20，有松田本生印记，上海图书馆藏。

[2] 段玉裁注《说文解字注》，中州古籍出版社，2006 年，157 页。

[3] 段玉裁注《说文解字注》，157 页。

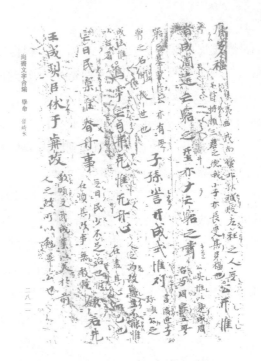

图 2　日本岩崎本《尚书·毕命》篇[4]

二　旅博藏《尚书·盘庚》残片

旅顺博物馆藏 LM20-1468-06-08《尚书·盘庚》残片录文如下：

（前缺）

1　　　]□[

2　　罪尔众[

3　　夕勿共怒我合
　　　凶人而妄言[

（后缺）

图 3　LM20-1468-06-08

LM20-1468-06-08 残片，经注合抄，经文大字单行，仅存三字"罪尔众"，注文小字双行，存 2 行 11 字，总计 15 字，未见栏线。纸色灰白，染有泥土，纸质脆弱，残片上部留白部分多，当为天头，属于写本的上部。书体为楷体，笔道粗壮，书写笨拙生疏，非职业书手所写，注文有两处朱点句读。文书

4　顾颉刚、顾廷龙辑《尚书文字合编》，2811 页。

内容为孔安国传《古文尚书·商书·盘庚》下，根据传世本《尚书》做如下复原：

1　　　]□[

2　罪尔众尔无共怒协比谗言予一人 ^{群臣前有此过故禁}^{其后今我不罪汝}

3　夕勿共怒我合比　凶人而妄言也 [

本残片第 1 行所缺文字今存残画，不能判断为何字，故不做推补，第 2 行可以确定字数，但是颇有疑问的是正文大字当有 14 字，注文小字单行当存 8 字，这样全行约当 22 字，超出一般经籍写本的单行字数，此句原卷疑有脱误。又鉴于此，第 3 行不便再据第 2 行加以推补，仅据存字推补第一段小注，以下省略。在敦煌本《古文尚书》中，亦有《盘庚》篇，如 S.11399《古文尚书传·盘庚》上、P.2516《古文尚书传》（盘庚中至微子）、P.3670《古文尚书传·盘庚》（上、中）、P.2643《古文尚书传》（盘庚上至微子），但是，吐鲁番写本此前尚未发现《盘庚》篇，此片

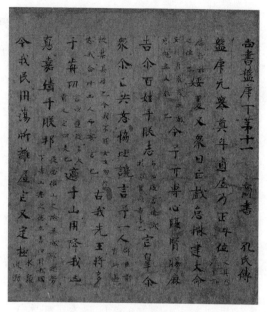

图 4　P.2643《古文尚书传》（盘庚下）局部

的发现，同样也丰富了吐鲁番写本《古文尚书》的篇目。可用敦煌写本来加以比较，与 P.2643 唐乾元二年（759）写本《古文尚书传》（盘庚上至微子）相应位置内容一致，但是文字却大有不同（见图 4）。"罪"字，P.2643 经文中作"辠"；传文中的第二个"汝"字作"々"，而 P.2643 则作通假字"女"；"怒"字，P.2643 则为"女"与"心"结合的隶古定字，而且注文中使用同形字，在注文中出现隶古定字是非常罕见的，大约是书手因正文而衍生的讹误。P.2643 显然是隶古字《尚书》，而 LM20-1468-06-08 上的则为今字《尚书》。且与 P.2643《尚书》比较，旅博藏《尚书·盘庚》残片无界栏，且书写粗疏，疑为当地学生所抄，为攻习课业之用。

三　旅博藏《尚书·汤誓》残片

旅顺博物馆藏 LM20-1458-13-05《尚书·汤誓》残片录文如下：

（前缺）

1 ⌇⌇[賞]⌇ ⌇⌇尔弗无⌇

2 ^{伪不}_实尔弗刅斷⌇

3 亡广逌赦^{古之用}_{奴戮汝}⌇

（后缺）

图 5　LM20-1458-13-05

　　LM20-1458-13-05 残片，有墨笔所画界栏和边栏，经注合抄，经文大字单行，注文小字双行，存 3 行 21 字。书用楷体，字体工整，抄写熟练。纸色褐黄，残片上部为天头，属于经文的上部。文书内容为孔安国传《古文尚书·商书·汤誓》部分内容。今据传世本复原如下，其隶古定字据日本九条本推补：

1 ^{我我大与}_{汝爵賞} 尔弗无信朕弗食言^{食尽}_{其言}

2 ^{伪不}_实尔弗刅斷言^{不用}_命予则佞戮女

3 亡广逌赦^{古之用刑父子兄弟罪不相及今云}_{奴戮汝无有所赦惟以胁之使勿犯}

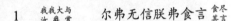

　　在敦煌吐鲁番写本《古文尚书》中，尚未发现《汤誓》篇，此残片为首次发现。现存古写本《尚书·汤誓》篇，大都是日本抄自于唐人的古写本，如九条本、内野本、足利本、上图本（影印日本天正本）、上图本（八行本）等，可以用这些日本古写本与此加以比较。

　　这一残片上多存隶古定字。"刅"，为"从"的隶古定字。日本内野本、足利本、上图（八行本）、上图（影印天正本）皆与之相同，而九条本则为"从"字。"斷"为"誓"的隶古定字，由于下半部分残，模糊不清，无法辨认出属于"斷""斷"的哪一个，但可以确认是隶古定字。九条本作"斷"、内野本、足利本、上图本（八行本）、上图本（影印天正本）都作"斷"，S.799《古文尚书传》（泰誓中至武成）皆作"斷"。"亡"，为"罔"的隶古定字，九条本、内野本、上图本（八行本）、上图本（影印天正本）、足利本都作"官"，"官"应为"亡"的俗体字。"广"，为"有"的隶古定字，内野本亦作"广"，而九条本作"又"，上图（八行本）、上图（影印天正本）、足利本则作"有"。敦煌写本中亦多次出现，如 S.799《古文尚书传》（泰誓中至武成）"其于尒躬广戮"；P.2516《古文尚书传》（盘庚中至微子）"今其广今后"等。"逌"，为"攸"的隶古定字。日本古写本《尚书·汤誓》多与此同。"赦"，为"赦"的隶古定字，九条本同，内野本、足利本、S.630《尚书·吕刑》孔安国疏皆作"赦"。传文中"奴戮"今本作"孥戮"，九条本、内野本、上图本（影印天正本）作"子戮"，皆系

"㝵"字之省，上图本（八行本）作"㝵戮"。

从隶古定字来看，旅博藏 LM20-1458-13-05《尚书·汤誓》残片与日本内野本《尚书·汤誓》篇一致，两者或许源自一个底本。两者的差异是旅博藏本的注文句末少"也"字。

此件残片，由于经文大多为隶古字，可以判定为隶古定本。

表1 文字对照表

	从	誓	罔	有	攸	赦	㝵戮（注）
LM20-1458-13-05	刄	斷或斷	㢞	十	迿	救	奴戮
儿条本	从	斷	㢞	又	迿	救	子戮
内野本	刄	斷	㢞	十	迿	救	子戮
足利本	刄	斷	㢞	有	迿	救	㝵戮
上图本（八行本）	刄	斷	㢞	有	迿	救	㝵戮
上图本（天正本）	刄	斷	㢞	有	迿	救	子戮

四　敦煌吐鲁番写本《古文尚书》

敦煌吐鲁番文书绝大部分为佛教、道教等宗教经典以及户籍、计帐、符帖、牒状、判案、告身等各种世俗文书，儒家经典仅为一小部分，以敦煌写本为书为例，数量约在四五万件上下，而经部典籍的部分，仅占了其中的二百余件[5]。这些经籍包括《诗经》《尚书》《礼记》《春秋左氏传》《春秋谷梁传》《论语》《孝经》《尔雅》，多为六朝及唐五代的抄本，具有重要的价值。汉武帝罢黜百家，独尊儒术，儒家思想及其学术开始确立起来。《诗》《书》《礼》《易》等儒家经典成为封建王朝取士选能的标准教科书，成为士大夫们的修身齐家治国平天下的必读经典。其中，十三经之一、我国第一部古典文集和最早的历史文献——《尚书》，在敦煌吐鲁番地区被发现，具有重要的学术价值，对于研究唐代卫包改字后失传的隶古定《古文尚书》提供了可信的资料。

现已发现敦煌本《尚书》大多为南北朝、唐朝的写本，相对较为完整，价值很高，因此，学术界大都集中于对于敦煌本《古文尚书》的研究，成果颇丰。而对于吐鲁番本《古文尚书》的研究，由于其出土数量少，而且大都为小件零散的残片，

---

[5]　黄智明《敦煌经籍卷子研究概况》（上），《中国文哲研究通讯》第 6 卷第 3 期，1996 年，89 页。

因此很少有涉及。国内收录敦煌吐鲁番本《尚书》比较重要的资料集有顾颉刚、顾廷龙先生辑录的《尚书文字合编》，收录了历代不同字体的《尚书》古本达二十余种，其中，敦煌吐鲁番写本包括法国巴黎图书馆藏本（伯希和编号）、英国大英博物馆藏本（斯坦因编号）、罗振玉《鸣沙石室佚书》（伯希和编号）和《吉石庵丛书初集》刊布（用伯希和编号）的，以及新疆出土的德国柏林普鲁士博物馆收藏的吐鲁番本、日本大谷光瑞探险队收集的和田本、黄文弼《吐鲁番考古记》刊布的高昌本。另外，许建平先生较为系统地研究了敦煌本《尚书》，其《敦煌经籍叙录》《敦煌本〈尚书〉叙录》《敦煌出土〈尚书〉写卷研究的过去与未来》等论著，汇集敦煌本《尚书》残卷 49 号，包括法藏 27 号、英藏 13 号、俄藏 5 号、北图藏 3 号、散见 1 号，涉及到的篇目有 34 篇，接近总篇目的 2/3，其中完整的篇目有 22 篇，文字内容已近全书的一半[6]。敦煌本《尚书》写卷，其抄写时代从六朝到唐代均有。

吐鲁番等其他地区出土的抄本目前发现很少，《吐鲁番文书总目》（欧美收藏卷、日本收藏卷）仅收录 8 件，分别为大谷 8089《古文尚书正义》卷第八"商书太甲上第五"残片，德藏 Ch. 3698（T II 1310）《尚书·虞书·大禹谟》，英藏 Or.8212/630r（Toy.044）《尚书·吕刑》孔安国传、Or.8212/631（Toy .III.ii.03.f）《尚书·文侯之命》孔安国传、Or.8212/1044（Toy.IV.iii.01.k）《尚书·说命中》、Or.8212/1045（Toy.IV.iii.01.l）《尚书·说命中》，美国普林斯顿大学葛思德图书馆藏 7e《尚书》策问卷、7q《尚书》策问卷，再加上黄文弼《吐鲁番考古记》公布的高昌本《尚书·大禹谟》1 件，阿斯塔那出土的 72TAM179《尚书·禹贡、甘誓》，共计 10 件。这些写本中，Or.8212/630r、Or.8212/631 为同一写本，Or.8212/1044、Or.8212/1045 为同一写本，都出自吐峪沟遗址；而大谷 8089 为日本大谷探险队自和田出土的，Ch. 3698（T II 1310）出自吐鲁番，黄文弼《吐鲁番考古记》公布的《尚书·大禹谟》出自古高昌地区，72TAM179 出自阿斯塔那。这些残片大都为唐代写本，可见唐代《古文尚书》在吐鲁番地区十分流行。《古文尚书》这类儒家典籍究竟何时传入到敦煌吐鲁番地区的呢？

西域自古以来就是丝绸之路上东西方交流的中心。公元前 138 年和前 119 年，张骞两次通使西域后，西域与内地联系日益密切，各民族经济文化相互交流日益增多，中原地区高度发达的文化制度对西域产生了很大影响，汉代以来逐渐确立统治地位的儒学思想及其载体——儒家经典可能由此传入西域地区。

永嘉之乱后，晋室东渡，中原士族大批南迁，但也有一批士族向西迁徙，到相对安定的秦、雍一代居留，所以河西地区聚集了大批中原汉族学者，凉州更是"号

6　许建平《敦煌经籍叙录》，中华书局，2006 年，69 页。

为多士"。这些文化人士必然会携带大批经典书籍，丰富河西地区的文化底蕴。沮渠北凉为巩固统治，亦十分重视发展汉族文化，沮渠蒙逊曾多次旨令大臣，招贤纳士，广献治国之策。《宋书·大且渠蒙逊传》记载了北凉沮渠政权向刘宋遣使求书及献书的史实。宋元嘉三年（426），沮渠蒙逊"世子兴国遣使奉表，请《周易》及子集诸书，太祖并赐之，合四百七十五卷。蒙逊又就司徒王弘求《搜神记》，弘写与之"[7]。"十四年（437），茂虔奉表献方物，并献《周生子》十三卷，《时务论》十二卷，《三国总略》二十卷，《俗问》十一卷，《十三州志》十卷，《文检》六卷，《四科传》四卷，《敦煌实录》十卷，《凉书》十卷，《汉皇德传》二十五卷，《亡典》七卷，《魏驳》九卷，《谢艾集》八卷，《古今字》二卷，《乘丘先生》三卷，《周髀》一卷，《皇帝工历三合纪》一卷，《赵歐传》并《甲寅元历》一卷，《孔子赞》一卷，合一百五十四卷。茂虔又求晋、赵《起居注》诸杂书数十件，太祖赐之。"[8]沮渠北凉元嘉三年求书指定了"《周易》等子集诸书"共计475卷，《尚书》作为儒家的五经之一，必然包括在内。可以认为，《尚书》等经典至少在元嘉三年就已经通过官方文化交流的形式正式传播到河西地区，或许在更早之前，就已经通过民间渠道流传到西域。而元嘉十四年，北凉政权不但向宋求书，而且还献了农经、儒学、佛道等书154卷，表明内地与河西地区文化上的交流往来，甚至文化回流至汉末魏晋以来饱经连年战乱祸害的中原地区。在敦煌本《古文尚书》中，大部分为唐时期的写本，但也有被认为是六朝时期的写本，如 P.4900《尚书序》[9]，还有被认为是初唐以前的写本，如 P.2533《古文尚书传》（禹贡至胤征）[10]。这证明在六朝时期，《尚书》已经传入敦煌。

在麹氏高昌时期，亦遣使向北魏奉表求书。《魏书·高昌传》："嘉朝贡不绝，又遣使奉表，自以边遐，不习典诰，求借五经、诸史，并请国子助教刘变以为博士，肃宗许之。"[11]这一记载不但言明麹氏高昌求书的目的是为了学习中原王朝典诰制度，还指出求书内容的内容为五经及诸史，这也证明在麹氏高昌早期的麹嘉统治时期，通过官方途径向北魏求书，将儒家典籍传播到高昌地区。由此至少可以确定，在麹氏高昌早期，包括《古文尚书》在内的儒家经典，已经在吐鲁番地区的士族阶层流传。而旅顺博物馆藏三片吐鲁番写本的《古文尚书》，则是唐代吐鲁番地区流传《古文尚书》的有力证据。

（吕媛媛，旅顺博物馆馆员。原刊《中国典籍与文化》2019 年第 1 期）

7 《宋书》卷九八《氐胡·大且渠蒙逊传》，中华书局，1974 年，2415 页。
8 《宋书》卷九八《氐胡·大且渠蒙逊传》，2416 页。
9 陈铁凡《尚书敦煌本序目题记》，《包遵彭先生纪念论文集》，台北历史博物馆，1971 年，155 页。
10 许建平《敦煌经籍叙录》，94 页。
11 《魏书》卷一〇一《高昌传》，中华书局，1974 年，2245 页。

新疆出土写本《诗经》残片补考

徐媛媛

本文对旅顺博物馆和德国国家图书馆藏中古《诗经》写本进行比定和初步分析。旅顺博物馆藏新疆出土唐写本《诗经》残片共5件，其中1件白文本，4件笺本，都是毛诗郑笺本系统，与大谷文书中的《诗经》关系密切，可直接缀合，或属同一写本。德国国家图书馆藏2件《诗经》，一为六朝写本，一为唐写本，均系白文本。这7件中古《诗经》写本几乎都出自吐峪沟，很可能是寺学教育的产物，再次有力证明儒家经典在吐鲁番地区得到过广泛传授。

《诗经》早期写本的研究，一直是学界十分关注的话题，就载体而言，主要是石经本、简本和纸本，尤以后两类为重[1]。中古写本基本是敦煌、吐鲁番所出，其中敦煌藏经洞发现的《诗经》写本已经得到较为全面的刊布和整理[2]，吐鲁番出土《诗经》则极为零碎，情况也更复杂。19世纪末，各列强探险队在新疆境内活动，劫掠走大量中古时期的写本，散落于世界各地，其中就有《诗经》。民国时期黄文弼在西北的考察，以及20世纪70年代以来对吐鲁番墓葬的发掘，也都出土过一些《诗经》残片。朱玉麒先生曾对吐鲁番发现的《诗经》作过一个简单的叙录，计有10个写本，分散于黄文弼收集品、大谷文书、德藏吐鲁番文书、阿斯塔那及洋海墓葬出土文献内[3]，加上已经佚失、只有照片存世的德藏TIITD54《毛诗正义》[4]，总共11个写本。受限于资料的刊布，上述统计必定不是最后的结果。本文主要讨论收藏于旅顺博物馆和德国国家

[1] 葛立斌《二十世纪〈诗经〉出土文献述评》，《湖北师范学院学报》2008年第2期，80—85页。
[2] 张涌泉主编、审订，许建平《敦煌经部文献合集》第2册《群经类诗经之属》，中华书局，2008年。另参许建平《敦煌〈诗经〉写卷研究综述》，《敦煌研究》2014年第1期，68—77页。
[3] 朱玉麒《吐鲁番文书中的汉文文学资料叙录》，《吐鲁番学研究》2009年第2期，91—92页。
[4] 大谷胜真《高昌国における儒学》，《服部先生古稀祝贺纪念论文集》，富山房，1936年，224页。高田真治《支那思想の研究》"扉页图片"，春秋社，1939年。西胁常记《〈毛诗正义〉写本残卷：消えたベルリンの一残卷と日本に传世する七残卷》，《文化史学》67，2011年，29—64页。石立善《德国柏林旧藏吐鲁番出土唐写本〈毛诗正义〉残叶考》，《诗经研究丛刊》第24辑，学苑出版社，2013年，63—84页。西胁常记《中国古典时代の文书の世界——トルファン文书の整理と研究》，知泉书馆，2016年，55—84页。

图书馆的写本《诗经》残片，前者未为学界所知，后者则极少被论及。

一 旅博藏《诗经》残片的复原

1. LM20-1466-12-14《周颂·访落》

本件首尾、下部残缺，存2行，经文大字，传文双行小字，楷书精写，有乌丝栏，唐写本（见图1）。录文如下：

图1　LM20-1466-12-14

（前缺）

1　]矣□[

2　之道上下 [ ]
　　以此道 [ ]

（后缺）

首行大字"矣"上，据书写空间推算当有一字。检索文字，可知道此件是《周颂·闵予小子·访落》，未见于之前的敦煌本和吐鲁番本，文字和通行的《十三经注疏》本（以下简称"刊本"）[5]同，是郑笺本。据刊本可将此件残缺文字复原，方括号内为拟补文字：

（前缺）

1　〔休〕矣皇〔考，以保明其身。〕笺云：绍，继也。厥家，谓群 臣也。继文王陟降庭止

2　之道，上下〔群臣之职以次序者，美矣，我君考武王，能〕 以此道〔尊安其身。谓定天下，居天子之位。〕 〔《访落》一章，十二句。〕

（后缺）

日本龙谷大学所藏大谷文书Ot.8109（见图2）是《周颂·酌》[6]，经文大字，传文双行小字，也有乌丝栏，字迹与LM20-1466-12-14极为相似，应属同一写本，二者间隔了《敬之》《小毖》《载芟》《良耜》《丝衣》诸篇。Ot.8109出土于吐峪沟，则LM20-1466-12-14也当出自吐峪沟。参照刊本文字及LM20-1466-12-14的复原格式，我们也可将Ot.8109的文字大致复原如下：

图2　Ot.8109

5　阮元校刻《十三经注疏》，中华书局，1980年。

6　香川默识编《西域考古图谱》下，经籍8—5，国华社，1915年。小田义久主编《大谷文书集成》叁，法藏馆，2003年，录文240页。

（前缺）

1 〔之造，載用有嗣，〕〔龍，和也。蹻蹻，武〔圉〕造，爲也。〔圉〕云：龍，寵也。〕
〔來助我者，我〕〔寵〕而受用之。蹻〔蹻之士，皆〕

2 〔爭來造王，王則用〕〔實維爾公〕〔允〕師。公，事也。〔箋云：允，信也。〕
〔之。有嗣，傳相致〕之。〔王之事〔所以舉兵克〕

（后缺）

2. LM20-1469-12-04《小雅·四月》

本件首尾、上下均缺，首行上部是大字，下部可见有双行小字，第二行为大字，楷书，无界栏，唐写本。录文如下：

（前缺）

1]□□□〔者我□〔 〕

2 〔癋〕爲殘賊莫知其□〔

（后缺）

第二行文字见于《小雅·谷风之什·四月》，最后残损的一字是"尤"，可推知首行残损之大字为"独何害"，传文为"者我独"，也是郑氏笺。敦煌本《诗经》与本件有重合的是P.2978《小雅·小旻～瞻彼洛矣》，但敦煌本基本为白文[7]。单就本件而言，所存文字与刊本、敦煌本同，因缺乏据以定位的线索，给笔者的文字复原工作带来困难。幸运的是，大谷文书Ot.3326r也是《小雅·四月》的郑笺本，经文大字，传文双行小字，无界栏，唐写本，字迹与LM20-1469-12-04相似。Ot.3326r存7行，包括《四月》《北山》两篇，首行经文为"我日构祸曷云能〔穀〕"，与LM20-1469-12-04的〔癋〕为残贼莫知其尤"只间隔有八字经文及其传文。根据Ot.3326r的文字内容及相对位置，笔者大致复原出整片的抄写格式，可以发现，LM20-1469-12-04正好位于Ot.3326r的前一行，因两件的茬口不能完全吻合，故不敢遽断二者可以直接缀合，其相对位置如图3所示：

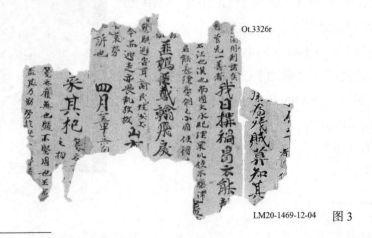

Ot.3326r

LM20-1469-12-04　图3

---

[7]《敦煌经部文献合集》第2册，583—606页。

文字复原如下：

（前缺）

1 〔民莫不榖，我〕獨何害？〔笺云：榖，養也。民莫不得養其父母〕者，我〔圉〔何故睹此寒苦之害？〕〔山有嘉卉，侯栗侯梅。〕〔笺云：嘉，善。侯，維也。山有美善之草，生於梅栗之下，人取其實，蹂踐而害之，今不得蕃茂。〕

2 〔喻上多賦斂，富人財盡，而弱民與受困窮〕癈爲殘賊①，莫知其尤〔癈，忕也。笺云：尤，過也。言在位者貪殘，爲民之害，無自知其行之過者，言忕於惡。〕〔相彼泉水，載清載濁。〕〔笺云："相，視也。"我視彼泉水之流，〕

3 〔一則清，一〕則濁。刺諸侯〔並爲〕惡，曾無一善者②。我日搆禍，曷云能榖③？〔搆，成。曷，遏也。笺云：搆，猶合集也。曷之言何也。榖，善也。言諸侯日作禍亂之行，何者可謂能善？〕〔滔滔江漢，南國之紀。〕〔滔滔，大水貌。其神足以綱。〕

4 〔紀一者，〕笺〕云：江也、漢也，南國大水④，紀理衆川，使不壅滯。〔喻吳、楚之〕君，能長理旁側之小國⑤，使得其〔所〕盡瘁〔以仕，寧莫我有。〕〔笺云：瘁，病。仕，事也。今王盡病其封畿之内，以兵役之事，〕〔使群臣有土地曾無自保有者，皆懼於危亡也。吳、楚舊名殘賊，〕

5 〔今周之〕政⑥〔乃反以〕如。匪鶉匪鳶⑦，翰飛戾〔天。匪鱣匪鮪，潛逃於淵。〕〔鶉，雕也。雕鳶，貪殘之鳥也。大魚能逃處淵。笺云：翰，高。戾，至。鱣，鯉也。言雕鳶之高飛，鯉鮪之處淵，性自然也。非雕鳶高飛，非鯉鮪能處〕

6 〔淵〕驚駭避害耳⑧。〔諭⑨民性安土〔重遷〕，今而迫走，亦畏亂政故。山有〔蕨薇，隰有杞桋。〕〔杞，枸檵也。桋，赤棟也。笺云：此言草木尚各得其所，人反不得其所，傷之也。〕〔君子作歌，維以告哀。〕

7 〔笺云：告哀⑩，勞⑪〔病⑫〕而訴也。〕《四月》二章⑬，章六句⑭。〔《北山》，大夫刺幽王也。役使不均，己勞於從事，而不得養其父母焉。〕

8 〔陟彼北山，〕言采其杞。〔笺云：言〔我也。登山而采杞，非可食之物，喻〔己行役不得其事〕〔偕偕士子，朝夕從事。〕〔偕偕，强壯貌。士子，有王事者也。〕〔王事靡盬，〕笺云：朝夕從事，言不得休止。〕

9 〔憂我父母。〕〔笺云：靡，無也。盬，不堅固也。王事〔無不堅固，故我當〕盡力⑮，勤勞於役〔久不得歸〕，〔父母思己而憂〕。〔溥天之下，莫非王土，率土之濱，莫非王臣。〕〔溥，大。率，循。〕

（後缺）

校记：

① "癈"，P.2978《毛诗·小雅·小旻~瞻彼洛矣》同，刊本作"廢"，阮校："唐石经初刻'癈'，后磨改'廢'。"

② "者"，刊本无。

③ "榖"，底本存上部分，刊本、P.2978作"谷"。

④ "南国大水"，刊本作"南国之大水"。

⑤ "之"，刊本无。

⑥ "如"，《大谷文书集成》贰未能释录。

⑦ "戴"，刊本、P.2978作"鸢"。

⑧ "皆惊"，《大谷文书集成》贰漏录；"避"，刊本作"辟"；"耳"，刊本作"尔"。

⑨ "谕"，刊本作"喻"。

⑩ "告",《大谷文书集成》贰漏录;"哀",《大谷文书集成》贰释作"众",误。

⑪ "劳",刊本作"言劳"。

⑫ "诉",刊本作"愬"。

⑬ "二",刊本、P.2978 均作"八"。

⑭ "六",刊本、P.2978 均作"四"。

⑮ "尽",《大谷文书集成》贰释作"盖",误。"尽"下底本原写"其",旁有删除符号,《大谷文书集成》贰不察,照录"其"字。

3. LM20-1480-04-10《小雅·采芑》

本件首尾、下部残缺,9×7.4cm,天头1.4cm,皮纸,未上黄。有朱笔句读,楷书,无界栏,唐写本。录文如下,其中句读在底本上为朱色:

（前缺）

1　□□□[

2　々．振旅[

3　率止．執訊[

4　如雷．顯[

5　□芑[

（后缺）

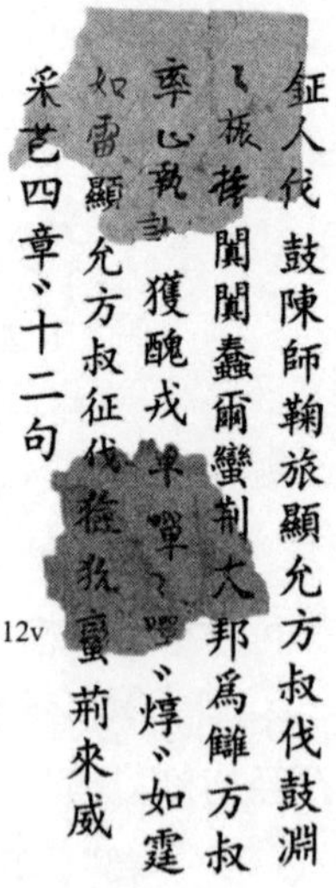

检索文字可知,这是《小雅·南有嘉鱼之什·采芑》的白文本,首行残损文字为"钲人伐",第3行最后一字是"讯",第4行最后一字是"显",第5行首字是"采"。敦煌本 P.2506《毛诗传笺》(小雅·六月~吉日)与本件有重合。大谷文书 Ot.8112v 亦为《采芑》篇白文本,有朱笔句读,楷书,无界栏[8],唐写本,字迹与 LM20-1480-04-10 绝似,且内容上下相续,可以断定原属同一写本。Ot.8112v 出土于吐峪沟,LM20-1480-04-10 也当出自吐峪沟。两件写本的相对位置如图4所示,文字复原如下:

LM20-1480-04-10

Ot.8112v

图 4

（前缺）

1　钲人伐〔鼓,陳師鞠旅。顯允方叔,伐鼓淵〕

2　淵,振旅〔闐闐。蠢爾蠻〕荊,大邦〔爲讎。方叔①〕

3　率止,執訊〔獲醜。戎〕車嘽嘽,嘽〔嘽焞焞,如霆〕

---

[8] 《西域考古图谱》下,经籍8—8。《大谷文书集成》叁,录文241页。

4　　如雷。顯〔允方叔，征〕伐獫②犹，蠻〔荊來威。〕

5　　《采艺》〔四章，章十二句。〕

　　（后缺）

校记：

① 据刊本和 P.2506《毛诗传笺》（小雅·六月~吉日），"方叔"后当有"元老克壮其犹方叔"八字，但从该行所能容纳的字数计算，以及上下文字对应关系来看，因前后均有"方叔"二字，当是抄手于此处抄脱八字。

② "獫"，P.2506《毛诗传笺》（小雅·六月~吉日）同，刊本作"玁"。

4. LM20-1504-472b《小雅·谷风》

本件上下、尾部均缺，经文大字，传文双行小字，楷书，有乌丝栏，唐写本。录文如下：

Ot.4848

LM20-1504-472b

图 5

　　（前缺）

1　　]□氏牋

2　　]□風及雨^{興也風□}^{相感□□}

3　　^云□^且□□
□〔 〕〔 〕

　　（后缺）

本件最早公布于《旅顺博物馆藏新疆出土汉文佛经选粹》中，但未定名[9]。检索文字，此为《小雅·谷风之什·谷风》，首行必定是"郑氏笺"；第 2 行首字是"维"，传文是"兴也风雨相感朋友"，已至地脚；第 3 行传文是"云将且也恐惧喻遭厄难劝"，距地脚尚有三字空间。敦煌本 P.2978《小雅·小旻~瞻彼洛矣》与本件有重合，经文部分全同。大谷文书 Ot.4848 亦系《谷风》，存两行[10]，字迹与 LM20-1504-472b 相似，可上下缀合。Ot.4848 出土于七克台，LM20-1504-472b 自然也是出自该地。两件缀合后如图 5 所示，文字复原如下：

　　（前缺）

1　　〔谷風之什詁訓傳第廿〕　　〔毛詩小雅〕　　鄭氏牋

2　　〔《谷風》，刺幽王也。天下俗薄，朋友道絕焉。〕習習谷風，維風及雨。

9　旅顺博物馆、龙谷大学主编《旅顺博物馆藏新疆出土汉文佛经选粹》，法藏馆，2006 年，160 页。

10　《大谷文书集成》叁，录文 47 页。

兴也。风雨
相感，朋友

3 〔相须。笺云：习习，和调之貌。东风谓之谷风
兴者，风而有雨则润泽行，喻朋友同志则恩爱成。〕 〔将恐将惧，维予与女。〕 〔笺〕云：惧，且也，恩
之事〕也。当此之时，独

惧，〔喻遭厄〕艰勤〔苦
我与女偏。谓同其勤务。〕

（后缺）

5. LM20-1522-08-16《小雅·宾之初宴》

本件首尾、上写下均缺，经文大字，传文
双行小字，楷书，乌丝栏，唐写本（见图6）。
录文如下：

图 6　LM20-1522-08-16

（前缺）

1 ］□至若此〔
　］儀武公〔　〕

2 ］或□〔

3 ］□□〔

（后缺）

检索传文，可知此系《小雅·甫田之什·宾之初宴》。传文首字为"醉"；第2
行经文是"或否"，"否"右上角夹写"圣□"，疑系有人改成《小雅·小旻》中的
"或圣或否"；第3行是"不臧"。本件内容未见于之前的敦煌本和吐鲁番本。本件的
文字定位线索不太明朗，试将文字复原如下：

（前缺）

1 〔醉则出，与主人俱有美誉。〕醉至若此，〔是谋伐其德也。饮酒而诚
　〔得嘉宾，则於礼有善威。〕儀。武公〔见王之失礼，故以此言箴之。〕

2 〔凡此饮酒，或醉〕或否。〔既立之监，〕

3 〔或佐之史。彼醉〕不臧，〔不醉反耻。〕

（后缺）

以上是对旅顺博物馆所藏新疆出土《诗经》残片初步的文字复原，可以看到，
这5件残片中有4件都是毛传郑笺本，LM20-1480-04-10《小雅·采芑》虽然是白
文本，但从经文判断，也应源自郑笺本，只是在抄录时略去了传笺部分，这在当时
是一种较为通行的做法。如开成石经上所刻《毛诗》便仅有经文，没有传文，但
其与毛诗郑笺本一样分为二十卷，仍题"郑氏笺"。敦煌所出《诗经》中，S.789、
S.1722、S.3330、S.3737、P.4634等多个白文本也都是据《毛诗传笺》本抄录[11]。

---

11 许建平《敦煌经籍叙录》，中华书局，2006年，138、145、147、149—150、154页。

二 德藏 Ch.2254r 和 Ch.121 小考

如上所述，之前已知新疆出土的《诗经》有 11 个写本，我们新比定出的 5 件旅博馆藏《诗经》有 4 件与大谷文书关系密切，因此写本总数可增加至 12 个。参照朱玉麒先生整理的《叙录》，笔者将目前所知新疆出土的《诗经》简况列表如下：

类型	篇名	年代	出土地	编号	出处
白文本	《周南·关雎序》	5世纪	阿斯塔那 59 号墓	66TAM59:4/1(a)	《吐鲁番出土文书》壹，25 页。
	《大雅·抑~云汉》	5世纪	洋海 1 号墓	2006TSYIM4：5-1~4	《新获吐鲁番出土文献》，186—191 页。
	《小雅·采绿~隰桑》	六朝写本	吐峪沟	Ch.2254r	《吐鲁番文书总目（欧美收藏卷）》，185 页。
	《小雅·采薇~出车》	唐代	吐峪沟	Ch.121	《吐鲁番文书总目（欧美收藏卷）》，10 页。
	《小雅·采芑》	唐代	吐峪沟	LM20-1480-04-10 Ot.8112v	旅博馆藏；《大谷文书》叁，图版 47、释文 241 页。
毛诗郑笺	《周南·关雎序》《郑风·缁衣》《小雅·湛露~六月》	6世纪初	阿斯塔那 52 号墓	73TAM524:33/4-1；33/4-2；33/1-2，33/2-2，33/2-2，33/1-1，33/3(a)	《吐鲁番出土文书》壹，137-142 页。
	《小雅·谷风》	唐代	七克台	Ot.4848+LM20-1504-472b	《大谷文书》叁，释文 47 页；《旅顺博物馆藏新疆出土汉文佛经选粹》，160 页。
	《邶风·旄丘~泉水》	初唐	雅尔湖旧城	黄文弼文书	《中国历史博物馆藏法书大观》第 11 卷，86、200 页。
	《小雅·四月~北山》	唐代		LM20-1469-12-04 Ot.3326r	旅博馆藏；《大谷文书》贰，图版 83，释文 47 页。
	《周颂·访落》《周颂·酌》	唐代	吐峪沟	LM20-1466-12-14 Ot.8109	旅博馆藏；《大谷文书》叁，图版 47、释文 240 页。
	《小雅·宾之初宴》	唐代		LM20-1522-08-16	旅博馆藏
毛诗正义	《邶风·谷风~式微》	唐代	吐峪沟	TIITD54	高田真治《支那思想の研究》"扉页图片"

这 12 个写本中，旅博馆藏和大谷文书的关系已如上节所述，黄文弼文书、阿斯塔那和洋海墓地所出、德藏 TIITD54 均已正式刊布，也有学者专门探讨 [12]，惟德藏

---

[12] 黄文弼《吐鲁番考古记》，中国科学院出版，1954 年，17—19 页。虞万里《吐鲁番雅尔湖旧城出土〈毛诗〉残纸考释》，《孔子研究》1993 年第 1 期，118—122、111 页。胡平生《吐鲁番出土义熙写本毛诗郑笺〈小雅〉残卷的复原与考证》，《河北师院学报》1995 年第 3 期，68—80 页。西胁常记《〈毛诗正义〉写本残卷：消えたベルリンの一残卷と日本に传世する七残卷》，29—64 页。石立善《德国柏林旧藏吐鲁番出土唐写本〈毛诗正义〉残叶考》，63—84 页。西胁常记《中国古典时代的文书的世界——トルファン文书的整理と研究》，55—84 页。

Ch.2254r 和 Ch.121 论者甚少。

Ch.2254r《小雅·采绿~隰桑》是德国探险队第二次中亚探险时于吐峪沟所得，旧编号 T II T 2040，尺寸为 12.2×24cm，存 14 行，楷书，字颇佳，有乌丝栏，为六朝写本。荣新江先生最早介绍了此件 [13]。现据 IDP 照片（见图 7）录文如下：

（前缺）

1　之子于狩，言艴 其[

2　钓维何？维鲂及旟①。维鲂及旟②，[

3　·黍苗，刺幽王也。不能[

4　伯之职焉。

5　芃芃黍苗，阴雨 膏[

6　任我辇，我车我牛。我[

7　徒我御，我师我旅。我[

8　谢功，召伯营之。烈々[

9　平，泉流既清。召 伯[

10　·隰桑，刺幽王也。小人在[

11　尽心以事之也③。

12　·隰桑有阿，其叶有儺④。[

13　桑有阿，其叶有沃。[

14　桑有阿，其叶有[

（后缺）

校记：

① "旟"，刊本作"鱮"。

② "旟"，刊本作"鱮"。

③ "也"，刊本无。

④ "儺"，刊本作"難"。

1—2 行是《采绿》章的后八句，3—9 行是《黍苗》章，10—14 行是《隰桑》章，在每章起首栏外以墨点标识起始。从抄写内容及字距来看，第 1 行 17 字，第 2 行抄完该章已是 15 字，即便因 4 字用重文符号代替，该行剩余空间也无法抄全"《采绿》四章々四句"。第 8 行 17 字，第 9 行为《黍苗》章末尾，抄完有 13 字，且无重文，剩余空间也无法抄全"《黍苗》五章々四句"。由此可以断定，本件每行章后无章名句数。

---

[13]　荣新江《柏林通讯》，王元化主编《学术集林》第十卷，上海远东出版社 1997 年 8 月，395 页。荣新江《德国"吐鲁番收集品"中的汉文典籍与文书》，饶宗颐编《华学》第 3 辑，紫禁城出版社，1998 年，311、318 页。

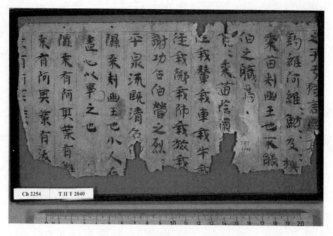

图 7

　　Ch.121《小雅·采薇～出车》也是德国第二次中亚探险得之于吐峪沟，旧编号 T II T 1221，尺寸为 13.3×12.3cm，存 7 行，楷书，字颇大，有朱笔句读。此件也是荣新江先生最早揭示[14]。现据 IDP 照片（见图 8）录文如下：

（前缺）

1　]駕彼[

2　]翼々，象弭□服。岂不①□[

3　]矣，楊柳依々。今我來[

4　遲々，載渴載飢②。我心[

5　采薇六章，々八句。

6　]我車，于彼牧[

7　僕夫，謂之載[

（后缺）

图 8

敦煌本 S.2049《毛诗郑笺》（豳风·七月～小雅·鹿鸣之什）、P.2514《毛诗郑笺》（小雅·鹿鸣之什）与本件有重合。

校记：

① "不"，刊本、S.2049 同，P.2514 作"敢"。

② "载渴载饥"，刊本、P.2514 同，S.2049 作"载饥载渴"。

　　第 5 行《采薇》后有章末标题及一章句数，此系唐太宗贞观中颜师古定本格式，

14　荣新江《柏林通讯》，395 页。荣新江《德国"吐鲁番收集品"中的汉文典籍与文书》，311、314 页。

据此可以判定为唐人写本。第 6 行为《出车》章首句，"我车"前当有"我出"二字，但抄写空间只容得下一个字，故第 5 行标题和句数之下应该是接续抄写了《出车》章序"《出车》，劳还率也"以及诗句的"我"字。由此可知，此件每首诗都是连续抄写的，以 2—3 字的空格作为区隔，文字可以复原如下：

（前缺）

1　〔捷。〕駕彼〔四牡，四牡騤騤。君子所依，小人所腓。四〕

2　〔牡〕翼々，象弭魚服。豈不日〔戒，玁狁孔棘。昔我〕

3　〔往〕矣，楊柳依依。今我來〔思，雨雪霏々。行道〕

4　遲々，載渴載飢。我心〔傷悲，莫知我哀！〕

5　《采薇》六章，々八句。〔《出車》，勞還率也。我〕

6　出我車，于彼牧〔矣。自天子所，謂我來矣。召彼〕

7　僕夫，謂之載〔矣。王事多難，維其棘矣。我出我〕

（后缺）

三　结语

旅顺博物馆收藏的新疆出土汉文文献中，有 5 件唐写本《诗经》残片，其中 4 件与大谷文书有着密切的关系，有 2 件的内容不见于之前所知的中古《诗经》写本。德国国家图书馆收藏的 2 件《诗经》写本，其中 1 件的内容为新见。这 7 件《诗经》写本，有 3 件是白文本，4 件为《毛诗传笺》本，多数是据《毛诗郑笺》抄录的，这再次印证，中古时代吐鲁番地区流行的《诗经》多为郑笺本。这批资料为我们展示了六朝到唐代，吐鲁番地区人们所读《诗经》传本的面貌，考虑到这些写本几乎都出自吐峪沟，而该地又是各种宗教汇聚之地，佛教寺院最为兴盛，我们或许有理由相信，这些《诗经》写本很可能是寺学教育的产物，也再次说明儒家经典在当地得到了广泛传授。

论文写作过程中得到同项目诸位师友的多方帮助，在此表示诚挚谢意。

（徐媛媛，旅顺博物馆馆员。原刊《文献》2018 年第 5 期）

西域出土写本《春秋左氏传》残卷辑录与探讨

朱月仁

近年来对敦煌出土典籍的整理和研究成果丰硕，许建平《敦煌经籍叙录》即是众多重要成果中的一项[1]。该书是对已公布的敦煌出土典籍进行全面整理的专著，填补了该领域的空白。与敦煌出土的同类文书相比，吐鲁番等西域地区出土的典籍类文书在数量和保存完整程度上都不占优势，但就学术价值而言，其重要性却毫不逊色于敦煌典籍，甚至在某些方面更引人瞩目。随着分散收藏的吐鲁番出土文书陆续公布，相关的整理与研究成果也相继发表。在对旅顺博物馆藏新疆出土汉文文书进行整理的过程中，我们也新发现3件《春秋左氏传》的残片。加上以往学者的比定，目前已知吐鲁番、库车等西域地区出土的《春秋左氏传》残片增加到10片。虽然数量不多，其不同的文本系统和丰富的写本状态，仍提供给我们讨论中古时期《春秋》经传流传的重要信息。兹将西域已经发现的《春秋左氏传》写本残片综理如下，再作分析。

一　西域写本《春秋左氏传》残卷辑录

1.《春秋经传集解·隐公八年》残片[2]（见图1）

阿斯塔那332号墓出土，《吐鲁番出土文书》收录[3]，编号60TAM332:9/5，定名为"古籍残片"。虞万里《阿斯塔那三三二号墓文书〈春秋经传集解〉残片浅议》比定为今名[4]，并对写本文字进行复原。残存三行，传文单行大字，注文双行小字，行间有

---

[1]　许建平《敦煌经籍叙录》，中华书局，2006年。

[2]　以下《春秋左氏传》残片，以影印阮元刻本《十三经注疏·春秋左传正义》（中华书局，1980年）所列经传时代为序。录文及原文仍用繁体字，以便读者。补足原文参考杜预《春秋经传集解》（上海古籍出版社，1978年），校记称"通行本"。

[3]　唐长孺主编《吐鲁番出土文书》叁，文物出版社，1996年，152页。

[4]　虞万里《阿斯塔那三三二号墓文书〈春秋经传集解〉残片浅议》，《传统中国研究辑刊》第7辑，上海人民出版社，2009年，191—195页。

界栏。校录如下：

（前缺）

1 ］大夫礼逆婦必
　　　　故楚公

2 ［鄭］秋

3 ［□］書
　　　　　也

（后缺）

以上残片在《春秋左氏传》中前后连贯的文字是（方括号内为缺失的文字）：

图 1 《春秋经传集解·隐公八年》残片 [5]

（前缺）

1 〔誣其祖矣非禮也何以能育〕〔鍼子陳〕大夫礼逆婦必〔
　　　　　　　　　　　　　　　　　先告祖廟而後行〕故楚公

2 〔子圉稱告莊共之廟鄭忽先逆婦而後告廟故日先
　　　配而後鍼其廉切誣亡符切共音恭一本亦作恭〕〔齊人卒平宋衛于〕鄭秋

3 〔會于温盟于瓦屋以釋東門之役禮也〕〔會温不〕書
　　　　　　　　　　　　　　　　　　　　　　　　〔不以告〕也

（后缺）

2. 《春秋经传集解·成公十六年》残片（见图 2）

日本京都龙谷大学大宫图书馆藏（以下简称"龙谷大学藏"），《大谷文书集成》收录[7]，编号 4389，定名为"佛书小断片"。《吐鲁番文书总目（日本收藏卷）》定名为"《春秋左氏传·成公十六年》（杜预集解）"[8]。长 8 厘米，宽 6.2 厘米，有界栏，残存 5 行。校录如下：

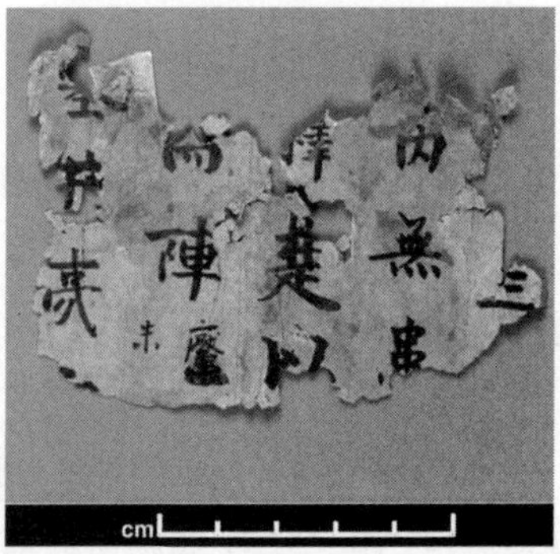

（前缺）

1 ］三［

2 ］内無惠［

3 ］釋楚以［

4 ］而陣壓
　　　　　　末［

5 ］塞井夷竈［

（后缺）

图 2 《春秋经传集解·成公十六年》残片 [6]

以上残片在《春秋左氏传》中前后连贯的文字是：

5　《吐鲁番出土文书》叁，152 页。

6　国际敦煌项目（International DunHuang Project，以下简称 IDP）电子图像资料。

7　小田义久主编《大谷文书集成》贰，法藏馆，1984 年，245 页。图见同书图版七五。

8　陈国灿、刘安志主编《吐鲁番文书总目（日本收藏卷）》，武汉大学出版社，2005 年，258 页。以下简称"《总目（日本卷）》"。

（前缺）

1　〔子孫將弱今〕三〔彊服矣〕〔齊秦狄〕〔敵楚而已〕

2　〔唯聖人能外〕内無患〔自非聖人外寧必有内憂〕

3　〔驕元則憂患生也〕〔盍〕釋楚以〔爲外懼乎〕

4　〔甲午晦楚晨壓晉軍〕而陣[9]壓〔竿其未〕〔備〕

5　〔曰〕塞井夷竈〔陳於軍中而疏行首〕

（后缺）

3. 《春秋经传集解·成公十七年》残片（见图3）

大谷探险队所得，今编号8090。《西域考古图谱》收录，将其作为正面，定名为"唐钞《春秋左氏传》（杜注成十七年）残片"，并注明出土地为库木吐喇[11]。《大谷文书集成》将其看作背面[12]，定名为"《春秋左氏传》（杜预集解）断片"。《总目（日本卷）》将其作为正面，定名为"《春秋左氏传·成公十七年》（杜预集解）残片"[13]。今依例改作现名。该残片存文字七行，有界栏，传文单行大字，注文双行小字，传文起首处提起一格书有"传"字。校录如下：

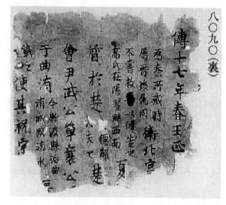

图3　《春秋经传集解·成公十七年》残片[10]

（前缺）

1　傳十七年春王正[月]

2　爲秦所滅時屬晉後屬周衛北[宮]

3　不書敕■以侵告也高氏在陽翟縣西南夏[

4　質於楚侯獳鄭大夫也楚[

5　會尹武公單襄公[及]

6　于曲洧今新汲縣治曲洧城臨洧水[晉]

7　戰之□使其祝宗[

（后缺）

9　"陣"，通行本作"陳"。
10　《大谷文书集成》叁，图版四七。
11　香川默识编《西域考古图谱》下，经籍2—2，国华社，1915年。以下简称《图谱》。
12　《大谷文书集成》叁，233页。
13　《总目（日本卷）》，442页。

以上残片在《春秋左氏传》中前后连贯的文字是:

（前缺）

1　傳十七年春王正月〔鄭子駟侵晉虛滑〕[虛滑晉二邑/滑故滑國]

2　[爲秦所滅時/屬晉後屬周]衛北宮〔括救晉侵鄭至于高氏〕

3　[不書救■以侵告也/高氏在陽翟縣西南]夏〔五月鄭大子髠頑侯獳爲〕

4　質於楚[侯獳鄭/大夫也]楚〔公子成公子寅戌鄭公〕

5　會尹武公單襄公及〔諸侯伐鄭自戲童至〕

6　于曲洧[今新汲縣治曲/洧城臨洧水]晉〔范文子反自鄢陵[前年/鄢陵]〕

7　□之[14]使其祝宗〔祈死〕[祝宗主祭/祀祈禱者]〔曰君驕侈而克敵〕

（后缺）

4.《春秋左氏传·昭公四年》残片 [15]（见图4）

图4《春秋左氏传·昭公四年》残片 [18]

旅顺博物馆藏，编号 LM20-1455-14-12。《旅顺博物馆藏新疆出土汉文佛经选粹》收录，定名为"非佛典（春秋注释）"[16]。"旅顺博物馆藏新疆出土汉文文书整理与研究"项目组（以下简称"文书整理项目组"）比定为《左传·昭公四年十二月》。文书长 10.9 厘米，宽 6.2 厘米。残存文字三行，有乌丝界栏和朱点，传文单行大字，注文双行小字，从字体上看，隶书特征较为明显，符合藤枝晃提出的北朝早期写本特征[17]。校录如下:

（前缺）

1　而復賜之使三官書[

2　書[吾子季孫也]夫子爲[

3　司空以書[

[14] "戰之"，通行本作"戰還"。

[15] 由于该写本与东京书道博物馆藏《春秋左氏传》残片（白石将人定名为《左传》服虔注）在字体上十分相像，文书整理项目组推测二者为同一写本。但仅凭字体特征，还不能断定。查惠栋《左传补注》、沈钦韩《春秋左氏传补注》、严蔚《春秋内传古注辑存》、沈豫《春秋左传服注存》、刘文淇《春秋左氏传旧注疏证》、李贻德《春秋左氏传贾服注辑述》及吴静安《春秋左氏传旧注疏证续》均未著录该处服虔注文，谨慎起见，不以"服虔注"命名。该写本残片背面有文字，内容与佛教相关。字体不甚工整，时代当比正面文字晚。东京书道博物馆藏"《春秋左氏传》残片"背面的情况尚不清楚，如果也有与 LM20-1455-14-12v 内容相关联的文字，则可以进一步明确二者的相互关系。

[16] 旅顺博物馆、龙谷大学主编《旅顺博物馆藏新疆出土汉文佛经选粹》，法藏馆，2006 年，213 页。图见同书 6 页。

[17] 参藤枝晃著、白文译《中国北朝写本的三个分期》，《敦煌研究》1990 年第 2 期，40—49 页。

[18] "旅顺博物馆藏新疆出土汉文文书整理与研究"项目电子图像资料。

（后缺）

以上残片在《春秋左氏传》中前后连贯的文字是 [19]：

（前缺）

1 　而復賜之使三官書〔之吾子爲司徒實〕

2 　書〔名〕^{吾子季孫也}夫子爲〔司馬與工正書服〕

3 　〔孟孫爲〕司空以書〔勳〕

（后缺）

5. 六朝写《春秋左氏传·昭公七年》残片（见图5）

日本书道博物馆藏。《台东区立书道博物馆所藏中村不折旧藏禹域墨书集成》卷下收录，定名为"《春秋左氏传》残片"[20]，该书第351页《经卷文书类目录——中国以及日本附解说》将残卷定为"晋代书写"，并推测出小字注是《春秋左传》服虔注文。周祖谟《洛阳伽蓝记校释》收录残片局部照片，定名为"六朝写本《左传》服虔注（昭公七年）"[21]。杨伯峻《春秋左传注》引用此残卷，将其命名为"六朝钞本服注《左传》"[22]。《总目（日本卷）》著录，定名为"六朝写《春秋左氏传·昭公七年》残片"[23]。　白石将人、方韬对本写卷有专门研究[25]。该残片旧题"吐鲁番三堡出土"，纵5寸2分，横8寸6分，白麻纸书写，隶书，有丝栏，上部残缺，存12行，有朱点。白石将人、方韬均有录文，但稍有不同。现校录如下：

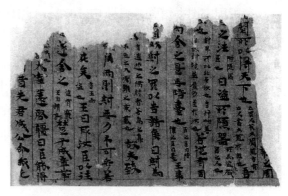

图5　六朝写《春秋左氏传·昭公七年》残片 [24]

（前缺）

19　因注文与杜注不同，故此处仅校录《左传》正文。

20　矶部彰编《台东区立书道博物馆所藏中村不折旧藏禹域墨书集成》（卷下），文部科学省科学研究费特定领域研究"东亚出版文化研究"总括班，2005年，351页。以下简称《墨书集成》。

21　周祖谟《洛阳伽蓝记校释》，中华书局，1961年，图版一三。

22　杨伯峻《春秋左传注》，中华书局，1990年，1285页。

23　《总目（日本卷）》，504—505页。

24　《墨书集成》（卷下），58页。

25　白石将人《书道博物馆藏吐鲁番出土〈左传〉服虔注残卷について》，高田时雄主编《敦煌写本研究年报》第七号，京都大学人文科学研究所，2013年，347—360页。白石将人《西陲出土日藏〈左传〉昭公残卷两种》，《国际汉学研究通讯》第12期，北京大学出版社，2015年，105—120页。方韬《吐鲁番残卷〈左传〉服虔注研究》，《石家庄学院学报》2014年第1期，5—8页。

1　　　　　　　　]執之周

2　[荒]閱所以得天下也（亡罪人荒大閱覽言有／亡人當大蒐扑眾也）吾

3　[匿]之法（附隱匿也）曰盜所隱器（所爲盜□藏／器之人也）

4　[汝]也（封界所以北至汝也言行此善／故封境益廣至於汝也）若從有司

5　[而]舍之是無陪臺也（臣之臣曰陪／僕之臣曰臺）王事

6　[數]紂之罪以告諸侯曰紂爲

7　[藪]言逋逃之歸紂者若鳥之集（魚之入淵藪之竄藪也）故夫致

8　[諸]侯而則紂無乃不可乎若

9　[所]在矣（言王亦盜也）王曰取汝臣以往

10　[也]遂舍之（盜有寵王／自謂也）楚子成章華

11　[落]（柏成也落）大宰薳啟疆曰臣能得

12　　　　　[曰]昔先君成公命我先

（后缺）

6.《春秋经传集解·昭公二十二年》残片（见图 6）

德国国家图书馆藏，编号 Ch.2432r。《柏林通讯》[27]、《德国"吐鲁番收集品"中的汉文典籍与文书》[28]、《吐鲁番文书总目（欧美收藏卷）》收录[29]。荣新江比定为今名。背面文字为占卜书，编号 Ch.2432v。文书出土于胜金口遗址，长 16.7 厘米，宽 13 厘米，存字 6 行，传文单行大字，注文双行小字，行间有乌丝界栏，字间朱笔句读。字为楷体书写，荣新江推断为唐人精写本。今校录如下：

图 6 《春秋经传集解·昭公二十二年》残片[26]

（前缺）

1　異王弗應（子朝而未定賓）[

2　（心許之／故不應）夏四月王田北山使[公][

3　劉子（北山洛北芒也王知單到／立子朝欲因田獵先然）[

4　于榮錡氏（四月十九日也河南／縣西有榮錡澗也）[

26　IDP 电子图像资料。

27　荣新江《柏林通讯》，王元化主编《学术集林》卷十，上海远东出版社，1997 年，380—397 页。

28　荣新江《德国"吐鲁番收集品"中的汉文典籍与文书》，饶宗颐主编《华学》第三辑，紫禁城出版社，1998 年，309—325 页。

29　荣新江主编《吐鲁番文书总目（欧美收藏卷）》，武汉大学出版社，2007 年，200 页。以下简称《总目（欧美卷）》。

5　^{廿二}_{日也}無子單子立劉盆^{々事單30}_{子故也}〔

6　_猛遂攻賓起煞之^{黨子}_{朝故}〔

（后缺）

以上残片在《春秋左氏传》中前后连贯的文字是：

（前缺）

1　翼王弗應〔十五年太子壽卒王立子猛後復欲立〕
翼王弗應_{子朝而未定賓}〔孟惑難盛稱子朝王〕

2　^{心許之}_{故不應}夏四月王田北山使公〔皆從將殺單子〕

3　劉子^{北山洛北芒也王知單劉}_{不欲}立子朝縱囿田獵先煞〔之〕〔工有心疾乙丑崩〕

4　于榮錡氏^{四月十九日也河南}_{縣西有榮錡澗也}〔舉〕〔戊辰劉子摯卒〕

5　^{廿二}_{日也}無子單子立劉盆^{事單}_{子故也}〔五月庚辰見王〕〔^見_王〕

6　_猛遂攻賓起煞之^{黨子}_{〔朝〕故}〔盟群王子于單氏〕

（后缺）

7.《春秋经传集解·昭公二十二年》残片（见图7）

德国国家图书馆藏，编号 Ch.1044r。《柏林通讯》《德国"吐鲁番收集品"中的汉文典籍与文书》《总目（欧美卷）》收录[31]。荣新江比定为今名。写本长 28.9 厘米，宽 18.5 厘米，残存 10 行[32]，楷书精写，大字传文，双行小字注文，行间有乌丝界栏，字间有朱笔句读。文书背面为占卜文书，编号 Ch.1044v，据此荣新江判定 Ch.1044r 与 Ch.2432r 为同一写本。校录如下：

图7 《春秋经传集解·昭公二十二年》残片[33]

（前缺）

1　渾于社^{前城子朝衆}_{也社周地}十一月乙酉王子猛

2　^{卆乙酉在十一月經書十月誤也}_{難未即位周人謚曰悼王崩}不成喪也^{釋所以不}_{稱王崩}

3　己丑敬王即位^{敬王子猛母}_{弟王子丙也}館于子旅氏^{子旅周}_大

4　十二月庚戌晉藉談荀躒賈辛司馬督^{司馬}_{鳥也}

5　帥師軍于陰^{藉談}_{所軍于}谿泉^{貫辛所}_{西南有明谿}

6　次于祚^{司馬督}_{所次也}王師軍于氾于解次〔

7　^{洛陽西南有}_{大解小解}閏月晉其遺樂徵〔

30　"單子立"原作"單立子"，"故也"原作"也故"，皆有倒乙符号"✓"，今更之。

31　《总目（欧美卷）》，87页。

32　《总目（欧美卷）》原作"9行"，但查看原图，除中间明显可见9行外，左上边仍可见残存笔画，故录作10行。

33　IDP 电子图像资料。

8 師取前城三子晉大夫也濟師渡伊雒軍其[

9 于京楚辛丑伐京[

10 經[

（后缺）

以上残片在《春秋左氏传》中前后连贯的文字是：

（前缺）

1 〔前城人敗陸〕渾于社前城子朝衆也社周地十一月乙酉王子猛

2 卒乙酉在十一月經書十月誤也雖未即位周人謚曰悼王也不成喪也釋所以不稱王崩

3 己丑敬王即位敬王子猛母弟王子丙也館于子旅氏子旅周大〔夫〕

4 十二月庚戌晉籍談荀躒賈辛司馬督司馬烏也[34]

5 帥師軍于陰籍談所軍于谿泉賈辛所西南有明谿

6 次于社司馬督所次也王師軍于氾于解次〔于任人〕〔王師分在三邑〕

7 洛陽西南有大解小解閏月晉箕遺樂徵〔右行詭濟〕

8 師取前城三子晉大夫也濟師渡伊雒〔軍其東南王師軍〕

9 于京楚辛丑伐京〔毀其西南〕京楚子朝所在

10 經〔二十有三年春王正月叔孫婼如晉〕

（后缺）

8.《春秋经传集解·昭公二十五年》残片（见图8）

旅顺博物馆藏，编号LM20-1514-CT410，《旅顺博物馆藏新疆出土汉文佛经选粹》著录（此处编号录作LM20_1514_410），定名为《日讲春秋解义》[35]。《旅顺博物馆藏西域文书研究》收录（此处编号录作1514_410），误归为"律典"类[36]。文书整理项目组比定为今名。文书长13.2厘米，宽16.9厘米，残存8行，传文单行大字，注文双行小字，楷书抄写，应为唐人写本。校录如下：

图8 《春秋经传集解·昭公二十五年》残片[37]

[34] 通行本无"烏"字。

[35] 《旅顺博物馆藏新疆出土汉文佛经选粹》，236页。图见同书202页。

[36] 郭富纯、王振芬《旅顺博物馆藏西域文书研究》，万卷出版公司，2007年，177页。

[37] "旅顺博物馆藏新疆出土汉文文书整理与研究"项目电子图像资料。

（前缺）

1　　]從者將[

2　　]信罪之有[

3　　]無通外内 ^{縫離}[

4　　]子子家子曰如[

5　　]羈也不佞不能与二三[

6　有罪 ^{從者陷君留者}_{逐君皆有罪也}[

7　去君 ^{去君偏負}_{不必縫縷}[

8　可同也[

（后缺）

以上残片在《春秋左氏传》中前后连贯的文字是：

（前缺）

1　〔臧昭伯率〕從者將〔盟載書曰戮〕

2　〔力壹心好惡同之〕信罪之有〔無〕

3　^{信明也處者有}_{罪從者無罪}〔繻縷從公〕無通外内^縫_離〔^{縷不}_散〕

4　〔以公命示子家〕子子家子曰如〔此〕

5　〔吾不可以盟〕羈也不佞不能与二三〔子〕

6　〔同心而以爲皆〕有罪^{從者陷君留者}_{逐君皆有罪也}〔或欲通外内〕

7　〔且欲〕去君^{去君偏負}_{不必縫縷}〔從公〕〔二三子好亡而惡定〕

8　〔焉可同也陷君於難罪孰大焉通外内而〕

（后缺）

另外，日本静嘉堂文库藏有《春秋经传集解·昭公二十五年》残片，为梁素文旧藏，有段永恩跋语："按此为《左传》鲁人窃宝龟，臧氏以其非礼一节，与前所见新城方伯右宰谷拒谏数残叶为一纸，书法同北魏，盖亦麴嘉时学官子弟传抄之本也。季承观。"新城方伯即新疆布政使王树枏。荣新江《静嘉堂文库藏吐鲁番资料简介》介绍了该残片，依据字体断为唐时期，并附有录文[38]。该残片内容与LM20-1514-CT410颇为相近，但由于静嘉堂文库至今未公布图版，而段永恩所谓同一抄本的残片亦未能得见，故而无法判断是否为同一写本。

38　荣新江《静嘉堂文库藏吐鲁番资料简介》，《敦煌吐鲁番学研究论集》，书目文献出版社，1996年，176—188页。

9.《春秋经传集解·昭公二十六年》残片（见图9）

旅顺博物馆藏，编号 LM20-1493-03-04。《旅顺
博物馆藏新疆出土汉文佛经选粹》著录，标注"不
明"[40]。文书长 9.7 厘米，宽 7.6 厘米，残存 4 行，传
文单行大字，注文双行小字，行间有乌丝界栏，楷
体书写，当为唐写本。文书整理项目组比定为今名。
现校录如下：

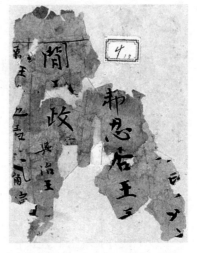

图9《春秋经传集解·昭公二十六
年》残片[39]

　　　　　（前缺）

1　　　其望以祈

2　　　弗忍居王于

3　　　間王政^間_{與治王之}

4　　^{屬王子也虒之亂宣}

　　　　　（后缺）

以上残片在《春秋左氏传》中前后连贯的文字是：

　　　　　（前缺）

1　　〔諸侯莫不並走〕其望以祈〔王身至于屬王王心戻虐〕

2　　〔萬民〕弗忍居王于〔虒〕^{〔不忍害王也屬王之}_{末周人流王于虒〕}〔諸侯釋位以〕

3　　間王政^間_{與治王之}〔猶與也去其位</sub>〔政事〕〔宣王有志而後效官〕^{〔宣}_{王〕}

4　　^{屬王子也虒之亂宣}_{少召公虎取而長之效授也〕}〔至于幽王……〕

　　　　　（后缺）

10.《春秋经传集解·昭公三十一年至三十二年》残片（见图10）

德国第三次"吐鲁番考察"所得，吐峪沟遗址出土，现藏于德国国家图书馆，
编号 Ch.1298v，另一面为"佛教戒本"，编号 Ch.1298r。《柏林通讯》《德国"吐鲁
番收集品"中的汉文典籍与文书》《总目（欧美卷）》收录[41]。荣新江比定为今名并推
定为唐抄本。文书长 13.2 厘米，宽 12.4 厘米，残存 6 行[42]，楷书精写，传文单行大
字，注文双行小字，行间有乌丝界栏，字间有朱笔句读，"经"字书于栏外。现校录
如下：

39　"旅顺博物馆藏新疆出土汉文文书整理与研究"项目电子图像资料。
40　《旅顺博物馆藏新疆出土汉文佛经选粹》，233 页。图见同书 172 页。
41　《总目（欧美卷）》，108 页。
42　《总目（欧美卷）》原录作 5 行，对照图版可知实际残存应为 6 行。

（前缺）

1　尾〔　〕_{合朔於}〔

2　有讁火勝金故弗〔

3　_{一日雖食在辛亥更以始變}
_{火庚金也日以庚午有變故}〔

4　_{入郢必吳火勝金者金爲}
_{辛亥亥水也水數六故六年}〔

5　經卅有二年春王正〔

6　_{別居乾侯遣人}
_{誘不用師徒}〔

（后缺）

图 10 《春秋经传集解·昭公三十一年至三十二年》残片[43]

以上残片在《春秋左氏传》中前后连贯的文字是：

（前缺）

1　尾_{〔辰尾龍尾也周十二月今之十}
_{月月日月〕合朔於〔辰尾而食〕}〔庚午之日日始〕

2　有讁火勝金故弗〔克〕_{〔讁變氣也庚午十月}
_{十九日去辛亥朔四十〕}

3　_{一日雖食在辛亥更以始變}〔爲占也午南方楚之位也午〕
_{火庚金也日以庚午有變故}〔災在楚楚之仇敵唯吳故知〕

4　_{入郢必吳火勝金者}〔金〕_爲〔火妃食在〕
_{辛亥亥水也水數六故六年}〔也〕

5　經卅有二年春王正〔月公在乾侯取闞〕_{〔無}
_{傳〕}

6　〔公〕_{別居乾侯遣人誘}
〔闞而取之〕_{不用師徒}夏〔吳伐越秋七月冬仲孫〕

（后缺）

二　西域写本《春秋左氏传》与杜服之学的消长

1.《左传》及其义疏

《左传》，又称《春秋左氏传》，相传为鲁国君子左丘明为《春秋》所作之传。西汉之时，今文经学盛行，《春秋》学亦主为《公羊》《穀梁》之学。西汉末年，刘歆酷嗜《左传》，并向哀帝谏言，欲立《左氏春秋》《毛诗》《古文尚书》等于学官，遭到今文博士的激烈抵抗。刘歆于是作书让太常博士，虽未成功，但《左传》及古文经学崛起已成为不可阻挡的趋势。东汉时，《左传》的地位进一步上升，愈加受到学者的重视。根据文献的记载，已知有郑众、郑兴、贾逵、马融、许慎、颍容、郑玄（未成）、服虔为之作注，今多失传。其中又以服虔之注影响最为深远。

服虔字子慎，东汉末年人，曾拜九江太守。学近于马融、郑玄。《世说新语》言

43　IDP 电子图像资料。

郑玄欲自注《春秋》，闻服虔于车上说传注之意，多与玄同，郑玄遂就见服虔，并将己注赠之[44]。《隋书·经籍志》载有服虔所著《春秋左氏传解谊》《服氏注春秋左传》。《左传》服注自问世以来，便受到世人的推崇，与贾逵之注并称"贾、服"。服注谨慎细致，既博且精，于天文、地理、人物、职官、制度、器物、礼仪，无所不注，极大地便于读者疏通文字、理解文意。服注的特点是恪守章句之学，于经传本意多有阐发，而绝少言及义理，与研习《公羊》《穀梁》的今文学者迥然不同。钱大昕《左氏传古注辑序》言"《左氏》解谊，莫精于服子慎……当时至有'宁道周、孔误，不言郑、服非'"之谚[45]。足见李唐之前，服注具有巨大的影响力。

曹魏时期，章句之学日渐式微，王肃、钟繇、董遇、贾洪等人于《左传》多有研究。西晋时，杜预集前代诸家，作《春秋经传集解》。

杜预字元凯，世仕曹魏，延及杜预，与司马氏结为姻亲，并帮助其篡夺政权。入晋后，杜预拜为大将军，与王浚举兵伐吴，功勋卓著。杜预自谓有"《左传》之癖"，于平吴之后，成《春秋经传集解》一书，世称"杜注"。与服虔所在的东汉末年相比，杜预之时，经学风气发生明显变化，在经学领域居于垄断地位的郑玄之学遭受到学者们的挑战。最有代表性的乃是王肃，他不但攻讦郑学，还伪造《孔丛子》《孔子家语》等典籍，企图借圣人之口彻底否定郑学。虽然后学多以为王肃出于一己之忿而否定其传注的价值，但杜预对王注的吸纳与接收，证明了王肃之说并非皆是妄言。杜注问世后，起初并未得到太多的关注，《四库全书总目·春秋释例》言："《晋书》又称，当时论者谓预文义质直，世人未之重也，惟秘书监挚虞赏之。"[46]但迄至唐初，唐太宗诏命撰修《五经定本》，《春秋》三传以《左传》为尊，《左传》之注则以杜预为尊，由孔颖达为之作疏，颁行天下。至此，杜注孔疏成为官方认定的权威注疏，而服注渐渐消亡。杜、服之学的此消彼长，不仅是魏晋南北朝时期南北之学对峙的一个面相，也是唐朝官方统一学术的结果。

历来，学者对杜注的评价都以正面为主，如郑樵曾将《左传》杜注与《汉书》颜师古注相提并论，认为其注一出，后人不能措一辞、不能易其说。当然，郑樵之言难免有过誉之嫌。清代时，已有不少学者不满足于杜注，并指出其攘除前贤、曲解文意的缺点。于是刘文淇等学者钩沉旧注，作《春秋左氏传旧疏考证》等书籍，企图恢复《左传》汉时旧貌。

2. 南北学术分合中的服杜之学

南北朝时期，北方与南方二百余年的分裂，造成了学术和文化上巨大的鸿沟。

44　参见余嘉锡《世说新语笺疏》，中华书局，1961年，192页。
45　钱大昕《潜研堂文集》《嘉定钱大昕全集》卷九，凤凰出版社，2016年，361页。
46　纪昀等《四库全书总目》，中华书局，1965年，212页。

后世在回顾这一阶段的南北方学术时，常常用《北史·儒林传》中的一句话概括："南人约简，得其英华；北学深芜，穷其枝叶。"[47]

简单说来，晋室南渡之后，魏晋时期形成的玄学在江南生根发芽。东晋南朝的上层学者多好思辨、玄谈，所言也不仅限于经学和儒学，道家、释家无所不及。而北朝则继承了东汉以来的经学传统，章句之学依然为人所重。鲜卑等少数民族入主中原，寻求汉化，也仿照汉时制度，建立国子学、辟雍、明堂，且在郡中立博士、助教等，以便郡人习学，因此所学也多是汉人之学。而人文环境的差异，往往被一些古人归结到自然环境的差异上。如颜之推论南北语音："南方水土和柔，其音清举而切诣，失在浮浅，其辞多鄙俗；北方山川深厚，其音沉浊而化钝，得其质直，其辞多古语。"[48]这种认为南音"浮浅"，北音"质直"的印象，很可能也受到了南北方学风差异的影响。

如前所言，服虔之学近于郑学，重点在于疏通文句，解释名物。而杜注侧重义理，以阐明经义为核心。东晋时，服注《解谊》与杜注《集解》同立于国学。但南北朝时，情况已经发生了变化，大抵北方宗服注，而南方尊杜注。梁朝时，崔灵恩从北方来到南方，其原为太常博士，专攻服注，而在南方不能适应，因此改学杜注：

> 崔灵恩，清河武城人也。少笃学，从师遍通《五经》，尤精《三礼》《三传》。先在北仕为太常博士，天监十三年归国。高祖以其儒术，擢拜员外散骑侍郎，累迁步兵校尉，兼国子博士。灵恩聚徒讲授，听者常数百人。性拙朴无风采，及解经析理，甚有精致，京师旧儒咸称重之，助教孔金尤好其学。灵恩先习《左传》服解，不为江东所行；及改说杜义，每文句常申服以难杜，遂著《左氏条义》以明之。时有助教虞僧诞又精杜学，因作《申杜难服》，以报灵恩，世并行焉。[49]

崔灵恩在改宗杜注后，仍旧对服注念念不忘，每每以服义问难杜义。此类事迹表明，南北方的分歧并非判然，而是处在连续不断的矛盾斗争之中。

在这一时期内，服、杜之争并未显现出明显的高下之势。

3. 出土《左传》残片与服杜之争的再思考

入唐以后，情况发生了巨大的变化。唐初，唐太宗以去古久远，文字舛误为由，令颜师古校订《五经定本》，以为天下读书人的范式。同时令孔颖达作《五经正义》。

孔颖达，冀州衡水人，少时学习服氏《春秋传》、郑氏《尚书》等。但是在《春

---

[47] 《北史·儒林传》，中华书局，1974年，2709页。
[48] 王利器《颜氏家训集解》，中华书局，1993年，529页。
[49] 《梁书·儒林传》，中华书局，1973年，676页。

秋左传正义》的序文中，却体现出了明显的尊杜倾向。孔颖达称，前人所作疏解以刘炫为其翘楚，孔颖达所作正义，也在刘炫疏解的基础上"奉敕删定"。但刘炫对杜注的攻击，令孔颖达难以忍受，称其"习杜义而攻杜氏，犹蠹生于木而还食其木，非其理也"[50]。但刘炫、孔颖达等人皆为北人，因此《五经正义》难免带有北学的色彩。对于以简明扼要见长的杜注，《正义》却不厌其详地加以解说和疏通。由于今日已无法得睹刘炫之疏，因而难以分辨这种北学的风气来自于刘炫，抑或是来自于孔颖达少时研习服注的经历。但无论如何，《五经正义》虽以杜注为尊，实际上却有一定的兼综南北，调和服杜的作用。自此，《春秋经传集解》随着新王朝的法令，走向了各地的官私学校之中。

在本文所梳理的出土残卷中，杜注在数量上具有绝对的优势，在阿斯塔那、胜金口等地出土的写卷均为杜注。而在年代上，已知的服注残片成文于唐代以前[51]，入唐之后，则均为杜注。

在距离长安千里之外的边鄙之地，包括旅顺博物馆藏的三件残片在内，吐鲁番地区出土的众多《春秋经传集解》表现出十分相近的写本特征。这些写本字迹工整、纸张精美，显示出来自民间以外的政治力量。

贞观十四年（640），高昌国灭亡，唐朝随即在此处设立西州，与内地正州相同。今天的学者们通过研究发现[52]，西州地区的官学教育与内地州郡并无二致。作为唐王朝官方颁定的权威教材，《五经定本》之一的《春秋经传集解》从此进入吐鲁番地区。与民间私相传抄的版本不同，吐鲁番出土的《五经定本》的写本带有十分浓重的严肃性的色彩。例如前揭所举德国国家图书馆藏残片 Ch.2432r，荣新江称之为"精写本"，概括了残片纸质、书法等方面的正规性。旅顺博物馆藏的三件《春秋经传集解》残片同样具有此类特征。出土实物向我们揭示了这样的一个历史事实：唐王朝在推行权威定本时，不仅利用皇权诏令、官僚体系、教育系统，同时注重文本本身的物质性，精致的纸张、严整的行格、一丝不苟的字迹，无一不透露出渗入学术、教育领域每一个角落的政治权力。

在政治力量的推动之下，杜注完全胜过服注，成为世间通行的唯一的《春秋左传》的汉晋注本。但服注的式微并不完全由于《五经定本》的排挤，在政治力量的洪流之下，学术本身的发展逻辑也在暗暗地将其推向消失的边缘。服注自身的劣势之一，便是"有传而无经"。王鸣盛云：

---

[50] 见《春秋左传正义》序。

[51] 如前文所述，日本书道博物馆藏《左传》服虔注残片，周祖谟断为六朝写本，参见《洛阳伽蓝记校释》。

[52] 参见朱玉麒《中古时期吐鲁番地区汉文文学的传播与接受：以吐鲁番出土文书为中心》，《中国社会科学》，2010 年第 6 期，中国社会科学杂志社，182—194 页。姚崇新《唐代西州的官学：唐代西州的教育之一》，《新疆师范大学学报》2004 年第 1 期，62—68 页。

《南齐·陆澄》传："国学议置杜、服春秋，澄与王俭书论之曰：左氏，泰元中取服虔而兼取贾逵经，服传无经。虽在注中，而传又有无经者故也。今留服而去贾，则经有所阙。"愚谓传又有无经，当作经又有无传。二字互倒。服虔注传不注经，间于传中补经注。但经又有无传者，则注中或不及补。若贾逵则经传兼注，故欲兼置贾注。澄之意如此……[53]

在科举制度推行之后，《春秋左氏传》作为科举的内容之一，经与传对学子而言都是不可或缺的部分，因而并无必要参考经文残缺的服注。况且经过孔颖达的疏解，服虔细致的注解进一步失去价值，故而服注渐渐退出人们的视野。约在赵宋南渡之时，服注彻底消失在历史的洪流中。

三 余论

一种传疏的流行，必然令其馀诸家渐渐消亡，齐、鲁《诗》如此，《大戴礼记》如此，服注亦是如此，《五经正义》的颁行，令服注逐渐消亡。从历史记载的宏大叙事中，我们只能了解到，唐王朝以功令的形式颁行《春秋经传集解》。旅顺博物馆新见的三枚《春秋经传集解》残片，再一次印证唐朝之后服注的衰微和杜注的兴盛。此类出土文献的一再发现，将唐王朝官方权力的物质形态展示在今人的眼前，为了解唐代吐鲁番地区乃至整个唐朝教育制度的规训，提供了直接而鲜活的例证。

（朱月仁，旅顺博物馆馆员。原刊《文献》2018 年第 5 期。）

---

[53] 王鸣盛《蛾术编》"服虔注有传无经"条，商务印书馆，1958 年，118 页。

敦煌吐鲁番出土《郑玄论语注》"束脩"条缀补复原研究

何亦凡

《论语·述而》篇有云:"子曰:'自行束脩以上,吾未尝无诲焉。'"明清以降,各家注本对此句的解释小有争论。如清代著名学者王鸣盛有云:

> 《论语》"束脩",孔云:"言人能奉礼。"皇侃《疏》以为"十束脯",邢昺引《檀弓》《少仪》《穀梁传》为证。案《曲礼》……《正义》:"束脩,十脡脯,若无脯,则壶酒及一犬。"《穀梁传》:"束脩之肉不行竟中。"扬士勋《疏》:"脩,脯也。"朱子亦从《疏》说。然孔颖达《书·正义》云:"孔注《论语》,以束脩为束带脩饰。"是皇、邢《疏》未得孔意也。《汉·王莽传》:"自初束修",师古曰:"束修,谓初学官之时"……郑康成注《论语》曰:"谓年十五已上也。"……《刘般传》"束修至行,为诸侯师",《注》谓"谨束修洁也。"郑康成注束修与孔安国奉礼之义同,其意与下章不愤不启相发,疏误解耳。[1]

王鸣盛的此段结论或有可商,但是论述中所提及的问题确是很有代表性和启发性的[2]。产生歧解的原因是,"束脩"一词在历史上各家《论语》注本中存在着两种训诂,一

---

[1] 王鸣盛著,顾美华标校《蛾术编》卷八二《说通二》"束脩"条,上海书店出版社,2012 年,1189—1190 页。又可参同书连鹤寿按语,其谓王鸣盛尊郑亦不得驳孔,所以归咎于皇侃,见同书 1190 页。此与清人治学立场有关,并非此文重点,兹不赘论。

[2] 直到今日,关于《论语》这一章的解读仍然聚讼纷纭。姜可瑜先生排比了古代典籍中的关于"束脩"的语例,认为"束脩"取"洁身修行"之意才能符合孔子"诲人不倦"的一贯主张(《〈论语〉"自行束修以上吾未尝无诲焉"正义》,《中国语文》1983 年第 5 期,351—354 页)。许庄叔先生认为当以礼赞解(《〈中国语文〉载〈"自行束修以上吾未尝无诲焉"正义〉正》,《贵阳师院学报(社会科学版)》1984 年第 2 期,31—34 页)。王泗原先生认为《论语》之束脩乃束带修饰,为年至十五之装束,"十脡脯"并不恰当,而"束带修饰"和"年十五"说是可以并行不悖的(《束脩非从师之礼敬》,《古语文例释》,上海古籍出版社,1988 年,287—292 页)。黄金贵先生主要针对王泗原先生的观点进行了反驳,并且提出由"礼赞"(十脡脯)引申出"年十五"意的观点(《〈论语〉"束脩"句解诂》,杭州大学古籍研究所、杭州大学中文系古汉语教研室编《古典文献与文化论丛》,北京:中华书局,1997 年,189—200 页)。俞志慧先生认为"年十五"、"束带修饰"、"拜师的礼物"三说可以并存,并且提出,郑玄注"束脩"兼"拜师的礼物"和"年十五"二意(《〈论语·述而〉"自行束脩以上,吾未尝无诲焉"章笺证》,《孔孟月刊》第 37 卷第 5 期,1999 年,1—5 页)。对于以上的研究,笔者比较赞同拜师礼"干肉"说,而对于并存诸说的观点笔者不能认同,因为从情理上讲,孔子当时所说的这句话只能表达一个意思,不可能同时表达很多种意义。同样,郑玄所言的"束脩"也只能表达一个意思。诸说并行的观点也许只是对"束脩"各种训诂的合理性的补偿解释和弥合方式。

为薄礼，即"十脡脯"；二为"束带修饰"，指开始入学，进行"束发"，从而引申出"年十五"之义，又进一步引申为约束修身。这个问题也可以简化为《论语》中孔子所云"束脩"一词，应当如历代主流注本训为"十束脯"[3]，还是如《后汉书》李贤注所引《郑玄论语注》（以下简称《郑注》）训为"年十五"。

解决此问题的关键就是《郑注》。但是众所周知，《郑注》在唐末已经散佚，而李贤《后汉书》注所引的只言片语毕竟有限，且任何其他传世文献并没有保留直接引自此条郑注的记录。对《郑注》的辑佚，自宋人王应麟始，清代学者对郑玄十分尊崇，不断有对《郑注》进行辑佚的著作出现，但总量不过原注的十分之一，所以清人依据传世文献对郑注所做的大量辑佚工作对此问题的解决并无特大贡献。如今，新的资料已经出现，即敦煌、吐鲁番出土的唐写本《郑注》残片，给复原工作带来希望，相关的理解分歧，也有望获得解决。试论如下，祈教方家。

一 《郑注》"束脩"条缀补复原

自敦煌出土《郑注》以来，前辈学者对《郑注》的整理、复原已经作出了细致可靠的工作。罗振玉、王国维等早期学者对敦煌所出的《郑注》研究可谓筚路蓝缕。随着吐鲁番《郑注》的出土，当代学者的研究更是硕果颇丰。王素、荣新江、陈金木、许建平诸先生前后相继，对敦煌所出《郑注》进行了整理、缀合与复原[4]。当然，具体到《郑注》"束脩"条的复原还有完善的空间。王素先生最初的录文主要是根据吐鲁番阿斯塔那 184 号和 27 号墓出土的《郑注》并参照《后汉书》李贤注和《经典释文》完成的[5]，所用文献并不完整。在之后的《唐写本〈论语郑氏注〉》中，他补充了 S.11910，然而未及 Дx.05919，所以并没有完成对此条《郑注》的完整复原[6]。《敦煌经部文献合集》中，许建平先生据刊本补《论语》白文部分的"脩以上"三字，据 Дx.05919 补注文"始行束脩谓年十五之时"和"传及孝经说曰臣无境外之交弟"[7]，但是笔者认为，由于没有加入吐鲁番出土《郑注》，所以造成了残句顺序的倒置和

3　也可以将此问题看作《论语》的歧解问题。参高尚榘主编《论语歧解辑录》，中华书局，2011年，351—352页。此条中引孔安国、郑玄（袁钧辑）、晋江熙（皇侃引文）、韩愈、邢昺、丰干、刘宝楠、宋翔凤、黄式三、昭井一宅、杨佐仁、南怀瑾、杨润根、林觥顺、何新、刘兆伟十六家注文。

4　王素《唐写本〈论语郑氏注〉及其研究》，文物出版社，1991年；荣新江《〈唐写本论语郑氏注及其研究〉拾遗》，《文物》1993年第 2 期，56—59页；陈金木《唐写本〈论语郑氏注〉研究——以考据、复原、诠释为中心的考察》，文津出版社，1996年；王素《唐写本〈论语郑氏注〉》，《儒藏》精华编第 281 册，北京大学出版社，2007年；张涌泉主编《敦煌经部文献合集》第四册，中华书局，2008年。

5　王素《唐写本〈论语郑氏注〉及其研究》，76 页，并参 82 页注。

6　王素《唐写本〈论语郑氏注〉》，419—420 页。

7　《敦煌经部文献合集》第四册，1478 页、1493—1494 页。

重复，也就造成了复原上的讹误。陈金木先生关于此条的复原稿分列为三条，一为72TAM184:18/7(b),18/8(b) 之二，二为 64TAM27:38(b)，三为传世文献《后汉书》注[8]。所以，此条《郑注》的文字仍然是分散且不完整的。

笔者在此基础上发现，据现有敦煌、吐鲁番和传世文献可以对此条《郑注》文字作出缀补和较完整的复原。下面对本文所利用的相关出土文献和传世文作出详细说明，以证明"束脩"条《郑注》文字被缀补并复原的可行性与可信性。

缀补所用的底本：吐鲁番阿斯塔那 184 号墓 72TAM184:18/7(b),18/8(b) 之二《论语郑氏注》，第 9、10 行[9]，录文如下：

> 9　　無悔焉^{自[}^{有[}　^{]酒脯十五已上}^{]經説曰臣}
>
> 10　　[無竟外]之交弟子有来[　]□□[不]愤不啟
　　^{与人交者□有所教誨以忠信之道也}

据《吐鲁番出土文书》，阿斯塔那 184 号墓文书有纪年者，最早为开元二年（714），最晚为开元十二年（724）[10]。此写本《论语》白文大字 14—16 字一行，双行小字注 20—22 字一行。由于此片文字保留较多，且有同墓出土的其他《郑注》残片作为行款上的参照[11]，本文的缀补便以此片为底本。

甲本：吐鲁番阿斯塔那 27 号墓 64TAM27:38(b) 唐写本《论语》郑氏注《雍也》《述而》残卷，第 7、8 行[12]。

> 7　　]誨焉^{自行}^{束脩}
>
> 8　　施道焉诗
　　[闕]之好孔子

同墓出土文书有纪年者最早为景龙二年（708），最晚为开元十三年（725）。所以，此片《郑注》与底本可以看作同一时代的写本。《论语》白文大字约 13—18 字一行，双行小字注约 21 字一行[13]。其与 184 号墓《郑注》行款相近，且时期相近，所以甲本 64TAM27:38(b) 可以作为"束脩"条文字缀补的依据。

8　陈金木《唐写本〈论语郑氏注〉研究》，829 页。

9　唐长孺主编《吐鲁番出土文书》肆，文物出版社，1996 年，141 页。注文"无竟外"三字残。王素《唐写本〈论语郑氏注〉及其研究》"竟"作"意"，76 页，并参用书 82 页注文。按，经学文献中无"意外之交"，而有"竟外之交"，"意"字误，当从《吐鲁番出土文书》的录文，作"竟"。

10　《吐鲁番出土文书》肆，126 页。

11　同墓 72TAM184:12/2(b)—12/4(b)、72TAM184:12/5(b)、72TAM184:12/6(b)、72TAM184:18/7(b)，18/8(b) 之一均为郑氏注《雍也》《述而》残片。

12　《吐鲁番出土文书》肆，172 页。第 8 行的"诗"，原录作"诸"，据图版及丙本可知，当录作"诗"。

13　行款可参考同墓出土 64TAM27:23(a)、24(a)、64TAM27:25(a)、64TAM27:26(a)、64TAM27:27(a)、18/11(a)、64TAM27:28(a)、64TAM27:29(a)、30(a)、64TAM27:18(a)、33(a)、64TAM27:34、64TAM27:35、64TAM27:18/3、64TAM27:18/4、64TAM27:18/5(a)、64TAM27:18/6、64TAM27:18/9(a)、64TAM27:18/10(a)、64TAM27:36(b)、37(b)，以上为《郑注》《雍也》《述而》《泰伯》《子罕》《乡党》残卷。

乙本：《俄藏敦煌文献》Дx.05919《郑氏注》，第 11、12 行[14]。

11　上吾未嘗無誨焉^{始行束修謂
年十五之時}

12　^{]傳及孝經説曰臣無境外之交弟[}

丙本：缀合后的《英藏敦煌文献》S.6121、S.11910 写本，第 9、10 行[15]。参见图 1。

5　^{]所以
□義}子曰自行束[

6　^{]有恩好者以施遺焉詩傳
常有所教誨忠信之道魯讀}

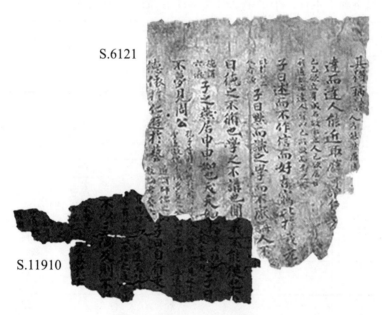

图 1　丙本 S.6121+S.11910

乙本与丙本许建平先生在《论语注》的《题解》中有说明，均为唐抄本。所以在时间上，与前二件具有重合度，可以做文字上缀补的参考。

丁本：《经典释文》卷二四《论语音义·述而第七》"无诲"条下云："鲁读为悔字今从古。"[16] 又，《论语音义·学而第一》"传不"条下云："《郑注》云：'鲁读传为专，今从古。'案，郑校周之本，以齐、古读正凡五十事。"[17] 据此知，"鲁读为悔字今从古"为《郑注》，此可补丙本之尾残字。

戊本：《后汉书·延笃传》："且吾自束脩已来，为人臣不陷于不忠，为人子不陷于不孝，上交不谄，下交不黩。"注云："束脩谓束带修饰。郑玄注《论语》曰：'谓

---

[14] 《俄藏敦煌文献》第 12 册，上海古籍出版社，2000 年，276 页。

[15] 参《敦煌经部文献合集》第四册，1476—1478 页。

[16] 陆德明《经典释文》卷二四《论语音义·述而第七》，中华书局，1983 年，348 页。

[17] 同上书，345 页。又可参王国维《观堂集林》卷四《书〈论语郑氏注〉残卷后》，中华书局，1959 年，169—174 页。

年十五已上也。'"[18] 此注与乙本 Дx.05919 可互参。又可参考《后汉书·伏湛传》："臣诗窃见故大司徒阳都侯伏湛,自行束脩,讫无毁玷"[19] 注云："自行束脩,谓年十五以上。"但需要说明的是,根据此后的复原,李贤注的引文并非是《郑注》原文,所以只作参考。

　　根据以上材料,据底本的行款及书写格式补入前文所述的其他残片上的文字之后,缀补、复原的示意图如下。需要说明的是,大字为《论语》白文,小字为双行《郑注》原文,括号内的小字为此字来源于哪种残片,例如:小字第一行《郑注》"自"字据底本和甲本补,小字第二行《郑注》"恩"字据丙本补。

与(底)	無(底、乙)	無(底、乙)	
人(底)	竟(底)		
交(底)	外(底、乙)	誨(甲、乙)	
者(底、丙)	之(底、乙)		
常(丙)	交(底、乙)	焉(底、甲、乙)	
有(底、丙)	弟(底、乙)		
所(底、丙)	子(底)	有(底、丙)	自(底、甲)
教(底、丙)	有(底)	恩(丙)	行(甲、乙)
誨(底、丙)	束(底)	好(丙)	束(甲、乙)
以(底)	脩(甲)	者(丙)	脩(甲、乙)
忠(底、丙)	之(甲)	以(丙)	謂(乙)
信(底、丙)	好(甲)	施(甲、丙)	年(乙)
之(底、丙)	孔(甲)	遺(甲、丙)	十(乙)
道(底、丙)	子(甲)	焉(甲、乙)	五(乙)
也(底)		詩(甲、丙)	之(乙)
子		傳(乙、丙)	時(乙)

---

[18] 《后汉书》卷六四《延笃传》,中华书局,1965 年,2106 页。
[19] 《后汉书》卷二六《伏湛传》,896 页。

续表

曰	及 （乙）	□ （某动词）
	孝 （乙）	酒 （底）
不	經 （底、乙）	脯 （底）
	説 （底、乙）	十 （底、戊）
憤	曰 （底、乙）	五 （底、戊）
	臣 （底、乙）	已 （底、戊）
不		上 （底、戊）
啟		

以下再对缀补结果逐句作出说明。

《论语》白文部分的"无海焉"三字，底本与甲本、乙本可以重合。其下底本存"自"一字，甲本存"自行束脩"四字，乙本存"始行束脩谓年十五之时"，"自行束脩"即"始行束脩"，"自"、"始"二字同义。"谓年十五之时"下缺一字，从文意来看，当是一个给予类动词。因为"谓"字之后当是动词性短语，而"年十五之时"应当是这个动词性短语的状语部分，"□酒脯"当是与"行束脩"对应的动词性短语，推测其中心语部分的核心动词则应是"奉"、"行"之类的给予类动词。所以，此句为："自行束脩，谓年十五之时奉酒脯。"

其下，底本"十五已上有"据文意当接丙本"恩好者以施遗焉"，其中"施遗焉"三字甲本与丙本重合。所以，此句的完整句读是："十五已上有恩好者以施遗焉。"

其下，丙本有"诗传"二字，与甲本"诗⎡亻⎤"重合，甲本的"诗⎡亻⎤"即"诗传"，乙本存"传"字。此下据乙本补入"及孝经说曰"，又，底本有"经说曰"三字重合，所以，此句的完整句读是："《诗传》及《孝经说》曰。"

其下，底本存"臣无竟外之交弟子有束"十字，乙本存"臣无境外之交弟"七字，甲本在此之后可以补入"脩之好孔子"五字，此小句的句读为："臣无竟外之交，弟子有束脩之好。"

其下，甲本"孔子"二字接底本"与人交者□有所教诲以忠信之道也"，丙本存"□常有所教诲忠信之道鲁读"十二字，与底本重合，"常"字上应该是"者"字[20]。但无"以"、"也"虚词，且存音读，据丁本可以补为"鲁读诲为悔今从古"，但底本并没有抄写音读的部分，这应当是书写时被省略了[21]。所以，此句的句读为："孔子与人交者，常有所教诲以忠信之道也。"

最后，《郑注》"束脩"条完整的文字复原句读之后的结果是：

自（始）行束脩，谓年十五之时奉? 酒脯。十五已上有恩好者以施遗焉。《诗传》及《孝经说》曰：臣无竟外之交，弟子有束脩之好。孔子与人交者，常有所教诲以忠信之道也。（鲁读诲为悔，今从古。）

二 《郑注》"束脩"条疏证

首先，我们需要理解《郑注》中的"年十五"一词。孔子云："吾十又五而志于学"，《尚书传》《盐铁论》《白虎通》都记载十五岁是入学的年龄[22]。孔子又云："自行束脩已上，吾未常无诲焉"，也旨在表达"入学"。因此，"束脩"与"入学"之间存在紧密的联系。这样一种联系很早就体现在史传的书写中了。如《汉书·王莽传》云："崇奏之，曰：'窃见安汉公自初束脩，值世俗隆奢丽之时。'"颜师古注曰："束脩，谓初学官之时。"[23] 又，其传开头云："莽群兄弟皆将军五侯子，乘时侈靡，以舆马声色佚游相高。莽独孤贫，因折节为恭俭。受《礼经》，师事沛郡陈参，勤身博学，被服如儒生。"[24] 所谓"受《礼经》"就是开始学习儒家经典了，而"乘时侈靡，以舆马声色佚游相高"对应的就是"值世俗隆奢丽之时"一句。又如，《后汉书·伏湛传》有如下文字：

后南阳太守杜诗上疏荐湛曰："臣闻唐、虞以股肱康，文王以多士宁，是故《诗》称'济济'，《书》曰'良哉'。臣诗窃见故大司徒阳都侯伏湛，自行束脩，

---

20 许建平先生据录作"曰常有所教诲忠信之道鲁读"（《敦煌经部文献合集》第四册，1478 页）按，据底本可知，丙本"常"字之前一字当是"者"字，并非"曰"字。

21 由于底本没有此音读的部分，所以在以底本为基础的文字缀补中并没有补入此句。

22 《尚书传》："年十五始入小学，十八入大学。"（《礼记正义》卷一三《王制》郑玄注文，阮刻本十三经注疏，中华书局 2009 年影印本，2905 页）《盐铁论》："御史曰：'古者，十五入大学。'"（王利器点校《盐铁论校注》卷一五《未通》，中华书局，1992 年，192 页）《白虎通》："古者所以年十五入大学何？以为八岁毁齿，始有识知，入学学书计。七八十五，阴阳备，故十五成童志明，入大学，学经籍。"（班固撰，陈立疏证《白虎通疏证》卷六《辟雍》，中华书局，1994 年，253 页）关于古人入学年龄，说法很多，有八岁入学说、九岁入小学说、十五岁入小学、十五岁入太学、十八岁入太学，等等。可参《白虎通疏证》，253—257 页。关于入学年龄的讨论并非本文的重点，此不赘论。

23 《汉书》卷九九上《王莽传》，中华书局，1962 年，4054 页。

24 同上，4039 页。

讫无毁玷，笃信好学，守死善道，经为人师，行为仪表。"[25]

此传又载伏湛家传《诗》学，"少传父业，教授数百人。成帝时，以父任为博士弟子"[26]。这里，传《诗》学，也就是"行束脩"。再如，《后汉书·延笃传》："且吾自束脩已来，为人臣不陷于不忠，为人子不陷于不孝，上交不谄，下交不黩。"[27]其传又载：

> 延笃字叔坚，南阳犨人也。少从颍川唐溪典受《左氏传》，旬日能讽之，典深敬焉。又从马融受业，博通经传及百家之言，能著文章，有名京师。举孝廉，为平阳侯相，到官，表龚遂之墓，立铭祭祠，擢用其后于畎亩之间。以师丧弃官奔赴，五府并辟不就。桓帝以博士征，拜议郎，与朱穆、边韶共著作东观。[28]

其中，受《左传》、跟从经学大家马融学习，都是代表其行束脩。而"为人臣"应该对应"京师举孝廉，为平阳侯相"。此外，从成书于贞观时期的《晋书》中，可以看到"束脩"与"受业"连用的情况，《晋书·慕容庑传》："平原刘赞儒学该通，引为东庠祭酒，其世子暐率国胄束脩受业焉。"[29]这就更加明确了"束脩"与"从学"之间的联系。

基于以上的讨论，"束脩"指"开始学习儒家经典"的一个模糊性的时间概念，这在史书书写中是存在的，而是否果真是十五岁并不能完全肯定[30]。

下面我们就《郑注》中"酒脯"二字进行讨论。后世入学时行束脩礼，其中就包含了酒脯[31]。《唐会要》载：

> 神龙二年九月，敕学生在学，各以长幼为序。初入学，皆行束脩之礼，礼于师。国子、太学各绢三疋，四门学绢二疋，俊士及律书、算学，州县各绢一疋，皆有酒醢。其束脩三分入博士，二分助教。[32]

《唐会要》所载的神龙时期规定的各级束脩礼中绢的规格不同，但酒醢是一定的。《大唐开元礼》载皇子束脩礼："束帛一篚，五疋。酒一壶，五斗。脩一案，五脡。"学生

---

[25] 《后汉书》卷二六《伏湛传》，896 页。

[26] 同上，893 页。

[27] 《后汉书》卷六四《延笃传》，2106 页。

[28] 同上，2103 页。

[29] 《晋书》卷一〇八《慕容庑传》，中华书局，1974 年，2806 页。

[30] 《盐铁论》卷四《贫富》："大夫曰：'余结发束脩，年十三，幸得宿卫，给事辇毂之下'"。这里的"束脩"是十三岁。见《盐铁论校注》，219 页。

[31] 束脩礼自北周基本定型，北周的束脩礼用于入学，释奠礼用于学成之时。《周书》卷五《宇文邕传》载：天和元年（566）壬午诏："诸胄子入学，但束脩于师，不劳释奠。释奠者，学成之祭，自今即为恒式。"中华书局，1971 年，72 页。

[32] 《唐会要》卷三五《学校》，上海古籍出版社，2009 年，740 页。

束脩礼："束帛一筐，准令。酒一壶，二斗。脩一案，五脡。"[33]《唐六典》《通典》所记基本相同[34]。这里的"脩"就是酒脯，《大唐开元礼》将行礼的人称作"执酒脯者"，束脩礼中奉酒脯的礼仪可谓渊源有自。可见，束脩礼之中，酒脯是必备的。自朱子之后，多以"束"训为"十"，"束脩"即"十脡脯"，而据《开元礼》《六典》《通典》的记录，不论皇子还是州县学生，都是五脡脯，并非朱子所说的"十脡脯"。而束脩礼中排在首位的是束帛，所以，笔者推测，唐人所理解的"束脩"与朱子不同，是"束帛"与"酒脩"，这一推测可以用韩愈的观点作为辅证。韩愈《论语笔解》云："说者谓束为帛，脩为羞脯"[35]，这证明唐人已经存在将"束脩"的"束"作为"束帛"来解释了。

最后，是"《诗传》及《孝经说》曰：臣无竟外之交，弟子有束脩之好"一句。今检阮刻本十三经《毛诗正义》，毛传及郑笺并没有言及此句，不知是齐、鲁、韩哪一家的诗传。"臣无竟外之交"见于《春秋榖梁传》和《礼记·檀弓》。《礼记·檀弓》云："县子曰：'古之大夫束脩之问不出竟。'"[36]但《郑注》所云不当指《礼记》此句。因为东汉以前，《周官》《小戴礼》并不称为经，自郑玄作《三礼注》，《小戴礼》方为经[37]，所以郑注《论语》引《小戴礼》并且称其为经的可能性不大。且《郑注》明言"诗传"，自当不是《礼记》。《春秋榖梁传》隐公元年"束脩之肉不行竟中"，孔疏引董仲舒曰："大夫无束脩之馈"[38]。据桓谭《新论》："《左氏传》遭战国寝藏。后百余年，鲁人榖梁赤作《春秋》。"[39]《榖梁传》当为鲁学，所以推测，《郑注》所云"诗传"可能就是鲁诗传。

"弟子有束脩之好"一句，按《郑注》引自《孝经说》，那么《孝经说》到底是一部什么性质的书？段玉裁认为《孝经说》是散佚的纬书："《孝经说》者，《孝经》纬也，后郑注经引纬亦曰某经说，《郑志》答张逸曰，当为注时，时在文纲中，嫌引秘书，故诸所牵图谶皆谓之说。"[40]段氏确实给出了一种解释，但笔者认为，《孝经

[33] 萧嵩《大唐开元礼》卷五四，民族出版社影印光绪十二年（1886）公善堂刊本，2000年，302—303页。

[34] 李林甫著，陈仲夫点校《唐六典》卷二一《国子监》，中华书局，1992年，559页；杜佑著，王文锦等点校《通典》卷一二一《州学生束脩》，卷一七七《皇太子束脩国学束脩附》，中华书局，1998年，2999、3080页。

[35] 韩愈《论语笔解》卷上，中华书局，《丛书集成初编》影印本，1991年，9页。按，关于《论语笔解》的真伪问题，宋人疑其为伪作，但《四库提要》已经辨明其真。经过当代学者考证，此或为宋人根据韩愈《论语注》十卷本的整理本，或为李翱所记忆的与韩愈讨论《论语》的记录本。（参查屏球《韩愈〈论语笔解〉真伪考》，《文献》1995年第2期，62—72页。李最欣《〈论语笔解〉提要补正》，《古籍整理研究学刊》2008年第3期，41—43页。）总之，此书可以代表韩愈、李翱的观点。

[36] 《礼记正义》，2794—2795页。

[37] 参刘师培《经学教科书》第十三课《两汉〈礼〉学之传授》，陈居渊注，上海古籍出版社，2006年，49—52页。

[38] 《春秋榖梁传注疏》，阮刻本十三经注疏，中华书局影印本，2009年，5132页。

[39] 桓谭著，朱谦之校辑《新辑本桓谭新论》卷九《正经篇》，中华书局，2009年，39页。

[40] 《说文解字注》卷二上，上海古籍出版社，1981年，49页。

说》未必是《孝经纬》,《郑志》所云,只提及郑玄所引的秘书牵涉纬书图谶,并没有说与《孝经》有何关系,段氏此解或有可商[41],更可能是《汉书艺文志·孝经》中的“《江氏说》”[42]。《汉书·儒林传》云:“博士江公世为《鲁诗》宗,至江公著《孝经说》……”[43]清人姚振宗云:“此江氏盖即宣帝时博士瑕丘江公之孙,世传《鲁诗》、《穀梁春秋》,又以《孝经》名其家,史失其名。”[44]今据《汉书·儒林传》,推测江公主要生活在昭宣之间。而且这位著《孝经说》的江公世传鲁学,《鲁诗》《穀梁传》均为鲁学,此又与前文所论“臣无竟外之交”一句出自鲁诗传或《穀梁传》的结论互为参证。所以,《郑注》所谓“诗传”即是鲁诗传或《春秋穀梁传》,“孝经说”即为世传鲁学的江公所作的《孝经说》。

《孝经》在两汉虽然是儒门小学初阶,但“汉制使天下诵《孝经》”,其重要性并不亚于五经[45]。《孝经》作为发蒙之书,有关《孝经》的论著也成为当时人齐家教子的有效指导。关于《孝经》的著作就很可能成为了后世家训、家教一类书籍的素材。敦煌出土的《太公家教》一书也有“臣无境外之交,弟子有束脩之好”一句:

> 弟子事师,敬同于父,习其道术,学其言语,有疑则问,有教则受。黄金白银,喳可相与,好言善述,莫漫出口。臣无境外之交,弟子有束脩之好。一日为君,终日为主;一日为师,终身为父。[46]

陈寅恪先生曾对《太公家教》一书做过性质上的判断,认为此书“乃刺取旧籍,联缀成文。实一格言熟语之汇集”[47]。《太公家教》既然是汇集成书,其内容自然就是由其成书年代决定的。据刘安志先生研究,此书成于公元7世纪下半叶,8世纪则广泛传播于全国各地[48],所以,此前的流行“格言熟语”就是《太公家教》的素材。郑阿财先生认为,“臣无境外之交,弟子有束脩之好”取材自《礼记·檀弓》与《论语·述而》[49],但笔者认为,从文句来看,其取自《礼记》《论语》很不直接,而应该

---

[41] 关于此问题笔者曾受中国人民大学国学院张齐明教授启发,在此表达诚挚感谢。

[42] 《汉书》卷三〇《艺文志·六艺略·孝经》,1718页。

[43] 《汉书》卷八八《儒林传·王式传》,3610页。

[44] 姚振宗《汉书艺文志条理》卷一下云:“本书《儒林传》:‘鲁申公以《诗》《春秋》授,而瑕丘江公尽能传之。’又曰:‘瑕丘江公授《穀梁春秋》及《诗》于鲁申公,传子至孙为博士。’又曰:‘博士江公世为《鲁诗》宗,至江公著《孝经说》。’又曰:‘宣帝即位,求能为《穀梁》者,莫及蔡千秋。会千秋病死,征江公为博士。江博士后死。’”王承略、刘心明主编《二十五史艺文经籍志考补萃编》第3卷,项永琴整理,清华大学出版社,2011年,125—126页。并参张舜徽《汉书艺文志通释》,湖北教育出版社,1990年,82页。

[45] 参陈璧生《孝经学史》,华东师范大学出版社,2015年,50—56页。

[46] 郑阿财《敦煌蒙书研究》,甘肃教育出版社,2002年,350—351页。

[47] 张永会《陈寅恪佚文〈敦煌本太公家教读后〉考释》,《历史研究》2004年第4期,175—180页。

[48] 刘安志《〈太公家教〉成书年代新探》,初刊《中国史研究》2009年第3期,后收入氏著《新资料与中国文史论稿》,上海古籍出版社,2014年,318—329页。

[49] 郑阿财《敦煌蒙书研究》,361页。

是参考、取用了当时尚存的德行、德教类的书籍。嵇康《家诫》中就有"束脩之好"的文句[50]。与其说《太公家教》直接取材于《礼记》，不如说其取自《孝经说》影响之下的这一类蒙书、家教更为直接，这在时间上是完全可能的。而且，《郑注》在唐前期也十分流行，吐鲁番地区还出土过关于《郑注》的对策[51]，可见《郑注》在当时还是较为普及的。《太公家教》中的这一句与《郑注》完全相同，其取自《郑注》也是很有可能的。

三　后论

经过对唐写本《郑注》的复原，我们不得不对《后汉书》李贤注的引文的准确性和完整性产生怀疑[52]。清人刘宝楠《论语正义》有云："李引郑《注》，所以广异义。"[53]事实也确实如此。"束脩"的"年十五"之义唯一来源就是李贤注，清代诸家主张或提供"年十五"说者其证据也都是这条李贤注，而没有其他文献的支持[54]。《郑注》佚文的辑佚也均来自此条[55]。目力所限，笔者也没有看到隋唐以前将"束脩"直接解释或使用作"年十五"的文例。然而，基于郑玄在汉代经学上的地位，清代经

---

[50] 嵇康《嵇中散集》卷一〇《家诫》，万有文库本，商务印书馆，1937年，72页。按，嵇康《家诫》中"束脩之好"的使用未必一定来自《孝经说》，但"束脩之好"确实多见于后世的诫子书。

[51] 参王素《唐写〈论语郑氏注〉对策残卷与唐代经义对策》，《文物》1988年第2期，56—62页。王素《唐写〈论语郑氏注〉对策残卷考索》，收入氏著《唐写本〈论语郑氏注〉及其研究》，259—271页。

[52] 《旧唐书》卷八六《章怀太子贤传》载："贤又招集当时学者太子左庶子张大安、洗马刘讷言、洛州司户格希元、学士许叔牙、成玄一、史藏诸、周宝宁等，注范晔《后汉书》，表上之，赐物三万段，仍以其书付秘阁。"（中华书局，1975年，2832页）如今无法确知当时为《后汉书》作注的确切分工，也并不确定关于《郑注》的引文出自谁手，只能姑且认为是李贤的作品了。

[53] 《论语正义》卷八《述而第七》，中华书局，1990年，258页。

[54] 譬如，乾隆年间学者程大中云："'束脩'解有二……杜诗荐伏湛疏：'自行束脩讫无毁玷。'延笃云：'吾自束脩以来，为臣子忠孝，交不谄渎。'解者谓'十五以上'，此又一义。"（《四书逸笺》卷一"束脩"条，《文渊阁四库全书》第210册，上海古籍出版社，2003年，670页）又，武亿云："《后汉书·延笃传》注引郑此《注》，《伏湛传》注同，此以年计之，一解也。"（《群经义证》，转引自程树德《论语集释》，新编诸子集成，中华书局，1990年，448页）又，黄式三云："自行束脩以上，谓年十五以上能行束带脩饰之礼。郑君《注》如此，汉时相传之师说也。"（《论语后案·述而七》，张涅、韩岚点校，凤凰出版社，2008年，173页）再如清代著名史学家赵翼云："盖十五乃入学之年，入学必用束脩，遂为故事也。"（《陔余丛考》卷四"束脩二义"，中华书局，1963年，68页）

[55] 兹举以下重要的辑佚成果作为参考：孔广林《通德遗书所见录》："自行束脩以上，谓年十五以上也。见《后汉书·延笃传》注。"（孔广林《通德遗书所见录》卷四五，韩寓群主编《山东文献集成》第1辑，山东大学出版社，2006年，1—108页。）又，马国翰《玉函山房辑佚书·论语郑注》："束修谓年十五以上也。"（马国翰《玉函山房辑佚书》，广陵书社，2004年，1721页。）又，王谟《汉魏遗书钞》："自行束脩以上。谓年十五以上。《后汉书》注。"（王谟《汉魏遗书钞》，嘉庆戊午〔1798年〕新镌。）又，袁钧《郑氏佚书》："束脩谓年十五已上也。《后汉书·延笃传》注。"（袁钧《郑氏佚书》，郑氏佚书十七之四，光绪戊子〔1888〕夏浙江书局刊。）

师们当然不能忽视这条仅见于李贤注的引文[56]。但是，我们现在再将李贤注与唐写本《郑注》对照的话，就会发现李贤注的引文其实有断章取义之嫌。

当我们已经知道了《郑注》的面貌之后，再回顾《后汉书》的两条注文：（1）郑玄注《论语》曰："谓年十五已上也。"（2）"自行束脩，谓年十五以上。"而唐写本《郑注》的原文应该是：自（始）行束脩，谓年十五之时 奉? 酒脯。十五已上有恩好者以施遗焉。句（1）取自"谓年"和"十五以上"，而略掉了中间的"十五之时 奉? 酒脯"。同样，句（2）也忽略掉了中间"酒脯"的部分而直接将"自（始）行束脩"与"十五以上"几个字捏合了。另外，《郑注》原文中的"十五以上"的断句明显是属下的。《郑注》中的"行"字对应的就是一个"酒脯"二字之前的给予类动词，而"束脩"就对应的是"酒脯"。所以，郑玄仍然是以干肉之义来解释"束脩"的。

事实上，除了《论语》此条以外，先秦经学文献中"束脩"一词只见于以下三处：《礼记·檀弓上》"古之大夫，束脩之问不出竟"[57]；《礼记·少仪》"其以乘壶酒、束脩、一犬，赐人。若献人，则陈酒执脩以将命，亦曰乘壶酒、束脩、一犬。"[58]；《穀梁传》隐公元年"束脩之肉不行竟中"[59]。以上三处"脩"均训为"脯"，没有争议。在这一时期"束脩"一词都在表达一种类似干肉的名物。"束"是由动词转化而来的量词[60]。"脩"的本义就是干肉，对此清人洪亮吉有过具体论述[61]。笔者认为，还是应当把孔子所云的"束脩"放在当时的文例使用中去理解，应当训为干肉。而对于史传中将"束脩"指代"开始学习儒家经典"的用法，还是当取颜师古注比较恰当，即"束脩，谓初学官之时"。

（何亦凡，中国人民大学国学院博士生。原刊《敦煌吐鲁番研究》第十六卷，2016 年）

---

[56] 清代经师虽然主张"十脡脯"说，但也不得不顾及李贤注。譬如，孔广森云："郑君云：'束脩，谓年十五以上也。《鲁》读诲为悔，今从《古》。'按：《汉书·王莽传》'自初束脩'，《伏湛传》'自行束脩，迄无毁玷'，《延笃传》'吾自束脩已来'，盖并如郑解。是言成童以上，皆教诲之也。……然既定依古文作'诲'，自当以十脡脯为正解。"（孔广森《经学卮言》卷四，华东师范大学出版社，2010 年，104—105 页）又，刘宝楠云："人年十六为成人，十五以上可以行挚见师，故举其所行之挚以表其年。"（《论语正义》，258 页）由此可以看到，清代学者在处理这个问题时的两难处境，坚持"束脩"作干肉解，因为这是合理的，但又要弥合李贤注中"年十五"说。如今敦煌、吐鲁番《郑注》出土，使我们能够看到清人穷毕生之力也难以看到的资料，这无疑是很幸运的。

[57] 《礼记正义》卷八《檀弓上》，2794—2795 页。

[58] 《礼记正义》卷三五《少仪》，3281 页。

[59] 《春秋谷梁传注疏》卷一，5132 页。

[60] 参姜可瑜先生《〈论语〉"自行束脩以上吾未尝无诲焉"正义》，351 页。

[61] 洪亮吉《卷施阁文甲集》卷八，《与卢学士文弨论束修书》，中华书局，2001 年，185 页。

旅顺博物馆藏《切韵》残片考释

徐维焱

一 《切韵》与《切韵》系韵书

魏晋南北朝时期，洛阳旧音随同南渡士人到达江南，受江南语音的影响形成了"雅正"的金陵语音。金陵语音不仅是世家大族区别于寒门庶族的文化标志，同时也是南北交往中比拼文化软实力的阵地[1]。开皇初年，来自江南的颜之推、萧该等学者，与来自北朝正音士族的辛德源等学者聚集于陆法言家中，共同审定正音，"捃选精切、除削疏缓"。十数年后，陆法言依据此次商议的结果，参考诸家韵书、字书，于仁寿元年（601）撰成《切韵》一书。自《切韵》问世，因其语音切正、体例显明，受到世人的推重，逐渐成为用韵的典范。

有唐一代，增补《切韵》的著作层出不穷，根据历代文献的著录，已知有二十余家，学者称之为"《切韵》系韵书"。这些补续之作不仅收字增多，训释也由"简单而趋于繁复"，体例上逐渐接近于训诂书[2]。北宋大中祥符元年（1008），陈彭年等人编纂的《广韵》一书告成，该书集众家之长，与最初的《切韵》相比有了跨越式的发展。时至今日，传世的《切韵》系韵书已如凤毛麟角，我们因此无缘目睹诸家《切韵》的完整面貌，同样无法完整还原《切韵》和《广韵》之间绵延不绝的嬗变过程，只能依据少量传世和出土残卷、残片，以几种重要的写本作为时间节点，勾勒出简单的发展脉络。

周祖谟《唐五代韵书集存》分类辑录了存世的《切韵》系韵书。早期韵书重点在于释音、字形，晚出的韵书则越来越趋向训解、时要，辨音更为琐细、训释愈加繁密[3]。周氏据此辨明各种存世写本的时代先后，为《切韵》的写本系统研究搭建起可靠的框架。

[1] 相关论述，参史睿《北朝士族音韵之学与南北交聘》，《文史》2016 年第 4 期，53—68 页。
[2] 周祖谟《〈唐五代韵书集存〉序言》，《语文研究》1983 年第 8 期，3—5 页。
[3] 周祖谟《唐五代韵书集存总述》，氏著《周祖谟学术论著自选集》，北京师范学院出版社，1993 年 7 月，306 页。

周祖谟的分类及重要写本的成书时间：

1、《切韵》：仁寿元年（601）。

2、长孙讷言笺注本《切韵》：仪凤二年（677）。

3、增字加训本《切韵》。

4、王仁昫《刊谬补缺切韵》：神龙二年（706）。

5、裴务齐正字本《刊谬补缺切韵》。

6、孙愐《唐韵》：开元二十一年（733）。

7、五代本《切韵》。

其中"增字加训本""五代本"可以视为过渡性的分类，容纳了重要写本之间的各类断简残篇。

二 新见残片写本信息

近日，在"旅顺博物馆藏新疆出土汉文文书整理与研究"项目新阶段的工作中，项目组成员发现并定名了两枚新的《切韵》的残片。早在 2007 年，旅顺博物馆与龙谷大学共编《旅顺博物馆藏新疆出土汉文佛经选粹》著录有一枚不具名残片，编号 LM20-1508-1334。张新朋在 2014 年发表的《吐鲁番出土四则〈切韵〉残片考》中，将其定名为《王仁昫刊谬补缺切韵》[4]。此次发现的《切韵》残片（编号 LM20-1521-12-11、LM20-1523-01-02，后文简称为"旅博残片"）与残片 LM20-1508-1334 从内容和写本形态上有较大的区别。本文在释读、录文之外，通过研究残片的收字、体例、反切，考查其所属的写本系统，同时也为判断文书年代提供一定的依据。

残片之一编号 LM20-1521-12-11，首尾皆残，存 2—3 行，正文大字单行书写，注释小字双行书写。通过大字残画及保留完整的注释小字添补缺字后，录文如下[5]：

（前缺）

1 ］神鳥也［

2 ］懷 牛馴□□ 而 紹反［

3 ］歔 氣出 窖［

（后缺）

---

4 张新朋《吐鲁番出土四则〈切韵〉残片考》，《汉语史学报》2014 年第 1 期，117—125 页。

5 为展现文献原貌，本文录文、表格均依原文使用繁体字。

以上录文内容属下平声"宵"韵，现今存世《切韵》残片中，"宵"韵多已佚失，唯有故宫藏《刊谬补缺切韵》（因卷末有宋濂跋语，称宋跋本，又简称为"王三"）及长孙讷言注《切韵》S.2071 可与参照。残片留存的"犪"、"歊"、"窯"三字头，皆见于"王三"和 S.2071 之中，训释及反切亦与之相同。残片首行小字作"神鸟也"，"王三""鷦"字头下曰："鷦鹏，鸟名，似凤。"S.2071 作："鷦鹏，似凤，南方神鸟。"《广韵》作："鷦鹏，南方神鸟，似凤。又鷦鷯，小鸟。"亦皆近似。值得一提的是，长孙讷言笺注是王仁昫《刊谬补缺切韵》所依据的底本之一，亦可目为王本系统的韵书。王本系统的各种韵书在唐代中晚期并行于世，敦煌吐鲁番出土的残卷也多属这一系统，例如残卷 P.2055、P.3693 等[6]。

关于残片 LM20-1521-12-11，仅凭现存的字头，还无法精确地断定写本与时代，只能作为某种"增字添训"本暂置于王本系统之下，故下文不再赘述。

另一枚残片，编号 LM20-1523-01-02。该残片首尾及前后皆残，有轻微污迹。残存 2—3 行，无界栏，首行文字大多漫漶，末行字迹较为清晰，字体尚佳。正文用大字单行书写，注释为小字，双行书写。残片内容为《切韵》上声十四贿、骽小韵、耻字头。背面似有文字，因破损严重、纸质脆弱，无法揭取。观其字体，与 LM20-1521-12-11 并非同一写本。兹将该残片录文如下：

（前缺）

1　]□□^作□□[

2　]耻^{耻额藏頭}_{久额音}[

（后缺）

在目前已知《切韵》藏卷、残片残卷中，S.2071 长孙讷言笺注本《切韵》、故宫藏《刊谬补缺切韵》（"王三"）、裴务齐正字本《刊谬补缺切韵》（因卷末有项子京跋语，称项跋本，又简称为"王二"）、P.5531 五代本《切韵》可与之参校，但均非同一写本系统。事实上，该残片并不属于以《刊谬补缺切韵》为代表的王本系统[7]。

三　缀合与考释

德国国家图书馆今藏有一批吐鲁番吐峪沟遗址出土的《切韵》残片，目前已有

6　周祖谟《唐五代韵书集存》，中华书局，1983 年 7 月，149、168 页。
7　在新阶段的整理工作中，又发现一枚《切韵》残片，编号 LM20-1523-19-183，残片正面为上平声东韵"蠓""艘"二字头。背面存四字，三字从"虫"旁，其中二字似为"蜙""蝓"。经比对，背面内容为《尔雅音义·释虫》，或与 LM-1523-01-02 及德藏残片为同一写本。

不少学者对其进行过释读和研究[8]。笔者注意到，其中有五枚残片（编号 Ch.1246r、Ch .343r、Ch.323r、Ch.2917r、Ch.1577r）与新发现的旅博残片有着非同一般的关系。根据高田时雄等学者的研究，该五枚残片属于同一写本[9]，本文统称其为"德藏残片"。德藏残片正面为《切韵》，书法端正，背面为《经典释文·尔雅音义》，字迹较为凌乱，但书意尚佳，应当也出于中原人之手。通过仔细的比对和研究，笔者认定旅博残片 LM20-1523-01-02 和德藏残片属于同一写本。

首先，德藏残片的正面是《切韵》的某种笺注本，残存部分属上声十姥到十四贿之间，正好涵盖了旅博文书的内容，并且没有内容上的重复。其次，德藏残片背面则是《经典释文·尔雅音义》的《释鸟》《释虫》，而从旅博残片的图版上可以看出，该残片的背面透露出隐约的书写痕迹。由于早年的整理者们将出土残片粘贴于书册之上，加之残片过于残损，因此暂时未能揭取确认。第三，二者的重文符号的用法相近。《切韵》写本众多，重文符号的用法也多有区别。一般来说，写本多用纵向的两点——即"："符号代替重复的文字，刻本则使用"|"符号。旅博残片和德藏残片均使用"："代替注释中再次出现的字头，如扈字训为"跋："，聏字训为"：额"。最重要的是，二者书法酷肖，"良"、"作"等字写法极为相似[10]。基于上述原因，笔者将旅博残片和德藏残片归于一处综合研究。通过校勘、体例、收字、反切等方面的研究，我们可以发现，旅博残片和德藏残片属于一种与《广韵》极为接近的写本。

（1）校勘

目前已知的残片、残卷中，有四种与旅博残片有内容上的重合。其中 S.2071 长孙讷言笺注本《切韵》、故宫博物院藏《刊谬补缺切韵》（王三）、故宫博物院藏裴务齐正字本《刊谬补缺切韵》（王二）三种写本，"聏"字下的内容完全一致：

> 聏：聏额，癡頭皃。额字五罪反。

而五代本《切韵》P.5531 注释简略、内容粗疏，文句颠倒不通：

8　近年来，在与旅顺博物馆藏新疆汉文文书关系至为密切的大谷文书中，已有不少学者考订出前人所遗漏《切韵》残片，如高田时雄《汉语在吐鲁番》（《敦煌·民族·语言》，中华书局，2005 年）、张娜丽《西域出土文书の基础的研究——中国古代における小学书·童蒙书の诸相》（汲古书院，2006）、张新朋《吐鲁番出土四则〈切韵〉残片考》等。但其中并未有能与此次新发现的《切韵》残片确信缀合者。

9　高田时雄依据 Ch.343r、Ch.323r、Ch.1246r 相同的书孔间隔，判定为同一写本。见高田时雄《汉语在吐鲁番——以切韵残片研究为专题》一文，原题 *The Chinese in Turfan With a Special Focus on the Qieyun Fragment*，刊于《重访吐鲁番——丝路艺术文化研究一百年》（*Turfan Revisited——The First Century of Research into the Arts and Cultures of the Silk Road*，柏林 Dietrich Reimer 书店，2004 年），收入氏著《敦煌·民族·语言》，中华书局，2005 年，21—43 页。又参荣新江主编《吐鲁番文书总目（欧美收藏卷）》，武汉大学出版社，2007 年，104 页。

10　此部分承蒙高田时雄先生教示，特此感谢。

> 聎：聎頟，頭癡。

四者均与旅博残片有较大的区别。

另外，上述诸种中，"聎頟"的释义均作"痴头"或"头痴"，该词语绝少见于典籍，可能为方言词汇。《广韵》改作"痴癫"，以"头"为"癫"之误，似通：

> 聎：聎頟，癡癲皃。《說文》五滑切，無知意也。頟，音隗。

不难看出，旅博残片和《广韵》仅有"《说文》"一句有出入，余皆相同。

（2）体例

前文提及，从《切韵》发展到《广韵》的过程，是一个训释不断繁密、体例不断完善的过程。《切韵》成书之初，仅注有反切和简单的训释，是纯粹的韵书，《广韵》则具有训诂书的性质。如姜亮夫所言：

> 按陆氏注语极简；而细为分类，大体有四，释字义一也；正字体二也；反语三也；纽数四也。其先后之次，即准此。后来即有移易位置之事，亦但将反语移于与正文密接之处，又音又切仍在后。其他则有详略之别，无错置之殊。故各类先后次序，谓自陆氏至于宋重修之《广韵》，皆无更革可也。注语内容之变迁：注释变革之最大者，乃在字义详略，新增"训释""物类"之繁多诸端，其可言者有六：（一）字义之增加，（二）地名之增详，（三）姓氏之增益，（四）异闻之记载，（五）字形之复杂，（六）又音、又切之增多。[11]

训释内容的扩展，必然伴随着层次的增多和体例的完善。根据汪耀楠的说法，词典的释义有不同的层次，第一层次是对应词，第二层次是对对应词的解释，包括释音、释义等[12]。《切韵》不但不包括第二个层次，有的字头下甚至没有第一层次的训释。而《广韵》的部分注释中，就包括了第二层级的内容，即"训释的训释"。

旅博残片虽破损严重，但"頟音"二字清晰无疑。"頟"字是"聎"的训释，下文"音"字之后，为训释的释音部分，也就是所谓的"第二层次"，为"训释的释音"。"頟音"显然使用了"某音某"的直音法注音。纵览《唐五代韵书集存》收录的唐五代残片，直音法均不见于"聎"字头之下，其他字头下也鲜少出现。实际上，这种叠床架屋式的训释体例，也并非早期写本的特征。而在北宋初年陈彭年等人编纂的《广韵》中，相似的训释方法屡见不鲜：

---

[11] 姜亮夫《隋唐宋韵书体式变迁考》，氏著《敦煌学论文集》，上海古籍出版社，1987 年，467—495 页。

[12] 汪耀楠《词典释义的两个层次》，收录于中国辞书学会《辞书研究三十年论文精选》，上海辞书出版社，2009 年，122 页。

睦，盱健皃。又息为切。盱音吁。

鹝鹝鸟，似乌，三首六尾，自为牝牡，善笑。鹝音余。出《山海经》。

堤，封顷叝。《汉书》作提，颜师古曰提，封者大举其封疆也。提音题。

《尔雅》曰"螺蛄蟹"，郭璞曰"戴属也"。今青州人呼戴为蛄蟹，戴音刺。[13]

（3）收字

应当注意的是，训释的繁密并不一定意味着篇幅的增广，较为晚出的《切韵》写本字数少于前代《切韵》的例子也不在少数。但收字的增多是《切韵》发展过程中不可逆的趋势。陆法言《切韵》成书之始，收字不及一万 千，后经诸家的添补，所收字数不断增加，一些传世的重要写本同样也是增字最多的写本。如王仁昫《刊谬补缺切韵》增补五千余字，孙愐《唐韵》又添字三千五百左右。至北宋初年《广韵》成书时，收字已多达两万六千余，比最初的《切韵》多出了一倍有余[14]。因此，收字数量的多寡和字头之间的叠压关系是判断写本时代先后关系的可靠方法。

由于旅博残片仅存一"聏"字头，并不足供研究收字之用，故今将德藏残片残存字头依韵部次序一一陈列。字头已残缺、依据注释推测而得者，增加方框符号标记。

Ch.1577r（十姥、十一荠）：稬、扈、鄘、帘、祜、旿、鳳、居、芐、普、溥、浦、誧、補、荠、鮆、禮、澧、體、涕、顿、䥯、濟。

Ch.2917r（十二蟹）：解（解狐）、獬、鮭、扰、買、鸍、芛、㜯、腤、䍩、猈、擺、解（講也）、薜。

Ch.343r（十三骇）：駭、楷、𥬇、鍇、騃。

Ch.1246r（十四贿）：崔、䯏、瘣、愄、俀、峞。

Ch.323r（十四贿）：賄、胎、猥、腲、鍡、𦥛、痏。

13　见《宋本广韵·永禄本韵镜》，江苏教育出版社，2008年，10—11页。
14　更为详细的资料，参熊桂芬《从〈切韵〉到〈广韵〉》，商务印书馆，2016年。

表1　德藏残片残存字头对照表

德藏残片	德藏字头	S.2071	T IV K75	P.2011（王一）	王三	王二	P.5531	广韵
Ch.1577r	桔	○		○	○	○		○
	扈	○	○	○	○	○		○
	鄂	○	○		○	○		○
	帍	○	○		○	○		○
	祜	○	○		○	○		○
	旿	○	○		○	○		○
	鳫	○		○	○	○		○
	居	×		○	○	○		○
	苄	○			○	○		○
	普	○			○	○		○
	溥	○			○	○		○
	浦	○			○	○		○
	誧	×			○	×		○
	補	○			○	○		○
	薺	○			○	○		○
	鯸	○			○	○		○
	禮	○		○	○	○		○
	澧	○			○	○		○
	體	○	○		○	○		○
	涕	○	○		○	○		○
	頓	×	○		×	×		○
	䭷	×			×	×		○
	濟	×			○	○		○
Ch.343r	駭	○			○	○	○	○
	楷	○			○	○	○	○
	猪	○			○	○	○	○
	鍇	○			○	○	○	○
	駭	○			○	○	○	○

续表

德藏残片	德藏字头	S.2071	T IV K75	P.2011（王一）	王三	王二	P.5531	广韵
Ch.2917r	解	○			○			○
	獬	○			○			○
	豸	○			○			○
	鮭	×			×			○
	扴	×	○		○			○
	買	○	○		○			○
	鸎	×			○			○
	芛	○			○			○
	娿	○			○			○
	腦	×			○			○
	矔	○			○			○
	猈	○			○			○
	擺	○	○		○			○
	解	○			○			○
	薜	×			○			○
Ch.1246r	崒	×		○	○			×
	骸	×			○			○
	瘖	○			○			×
	尳	×			○			○
	倠	×			×			×
	崍	×			○			○
Ch.323r	賄	○			○	○	○	○
	脂	○			○	○	○	○
	猥	○			○	○		○
	腲	○			○		○	○
	鍰	○	○		○		○	○
	畾	○			○	○	○	○
	瘣	○	○		×	×	○	○

注：（○：收录，×：未收，空格：残、佚）

　　从上表中可以看出，残存的德藏残片的收字范围比"王二"之前的早期写本更为宽广，除未收录"辠""瘤""俀"三字、且"扠"字由蟹韵移至纸韵之外，余皆与《广韵》相同。

值得一提的是，残片 T IV K75 是一个特例。此残片收录有王仁昫《刊谬补缺切韵》所不收的"瘢"、"頓"等字头。周祖谟指出，T IV K75 应当属于王韵之外的另一系统[15]。德藏残片与 T IV K75 同时收录了不见于王韵之中的"頓"字，二者也极有可能同属于这一系统。

（4）音声

从反切上下字的角度看，德藏《切韵》残片与王本系统的相似度不高，而与 T IV K75、和《广韵》更为接近。

表 2　反切异文表

（空缺为残佚字头）

字头	旅博 / 德藏	S.2071	T IV K75	王三	广韵
猥	烏賄反	烏賄反		烏賄反	烏賄切
駭	侯揩反	諧揩反		諧楷反	侯楷切
骸	吐猥反			吐猥反	吐猥切
眊	丁古反			古胡反	當古切
普	滂古反	滂古反		滂古反	滂古反
補	博古反	博户反		博古反	博古反
禮	盧啟反	盧啟反		盧啟反	盧啟切
體	他礼反	他礼反	他礼反	他礼反	他禮切
頓	疋米反		疋米反		匹米切
扠	側蟹反		側解反	側蟹反	諸氏切
買	莫蟹反	莫解反		莫解反	莫蟹切
攡	北買反	北買反		北買反	北買切

反切上字涉及声纽的变迁，是判断写本亲疏远近的重要依据。例如"眊"字，德藏残片作"丁古反"，"王三"作"古胡反"，《广韵》作"当古切"。显然，德藏残片和《广韵》的反切上字同为端母字、舌头音，"王三"则是见母的"古"字。此

15　周祖谟《唐五代韵书集存》，865 页。

外，反切上下字的变迁同样提供校勘学方面的证据。如"骇"字，虽然反切上字同为匣母，但早期写本作"谐楷反"，德藏残片和《广韵》则作"侯揩反"或"侯楷切"，足以证明二者的关系更加密切，买、择等反切下字的变化也符合了这一趋势。另外，图表中的残片 T IV K75 与旅博残片契合度也比较高，虽然样本数量过于稀少，但也不失为二者属于同一系统的一种旁证。

种种证据显示，旅博残片的时代较为晚近，与王本系统有较大的区别，与 T IV K75 更为接近，同时也是目前已知的《切韵》系韵书中最接近《广韵》的写本之一。

四　唐代科举与《切韵》

有唐一代，《切韵》是科举考试中诗赋创作的工具书，也是知识分子阶层所认可的语音规范，如周祖谟所言：

> 《切韵》是一部极有系统且审音从严的韵书，它的音系不是以某一地行用的方言为准，而是根据南方士大夫如颜、萧等人所承用的雅言、书音，折衷南北的异同而定的。这个音系可以说就是六世纪文学语言的语音系统。[16]

"文学语言"的概念重申了《切韵》和金陵音的正统地位[17]，同时也划定了影响力的边界。在不同的领域，《切韵》和前代的韵书之间存在着分工的状态[18]。唐代的重要经史注疏均未提及《切韵》，而是使用前代李登《声类》和吕静的《韵集》。

而在诗文创作中，《切韵》是世所公认的用韵规范，肃宗时，考场之中也备有《切韵》供考生翻检[19]，然而唐王朝自始至终都没有给予其官韵的地位。究其原因，一方面，《切韵》的分韵过于严格，唐初人并不完全为其所囿，故而通过"同用、独用"的条例，放宽了用韵的限制。这种与现实妥协后的《切韵》才是唐代人用韵的真正规范。另一方面，或许是由于关中本位政策及其延续，唐人有意用"秦音"取代《切韵》所代表的"六朝旧音"[20]。具体表现在唐代涌现出的一批秦音系韵书，如玄宗《韵英》、陈廷坚《韵英》、张戬《考声切韵》、武玄之《韵铨》、慧琳《一切经音

---

[16]　周祖谟《切韵的性质和它的音系基础》，氏著《问学集》，中华书局，1966 年，473 页。

[17]　周祖谟《文字音韵训诂讲义》，天津古籍出版社，2004 年，72 页。

[18]　平田昌司《政治制度与汉语史》，北京大学出版社，2016 年，11 页。

[19]　见《旧唐书·李揆传》："乾元初，兼礼部侍郎。揆尝以主司取士多不考实，徒峻其堤防，索其书策。殊未知艺不至者，文史之囿亦不能摛词，深昧求贤之意也。其试进士文章，请于厅中设《五经》、诸史及《切韵》本于床，而引贡士谓之曰：'大国选士，但务得才，经籍在此，请恣寻检。'"《旧唐书》卷一二六，中华书局，1975 年，3559 页。

[20]　因其流传江左，亦被称作"吴音"，与南北朝时期的"吴音"内含及外延完全不同。参见王国维《天宝〈韵英〉陈廷坚〈韵英〉张戬〈考声切韵〉武玄之〈韵铨分部〉考》，氏著《观堂集林》，中华书局，1959 年，385—386 页。

义》等[21]。《新唐书·艺文志》载："玄宗《韵英》五卷。天宝十四载撰，诏集贤院写付诸道采访使，传布天下。"但仅仅数月之后，安史之乱爆发，秦音系韵书最为有力的一次进攻就此夭折。秦音系韵书的失败不仅因为偶然的因素，更由于自身的缺陷。王国维认为，这些韵书过分偏重于"辨音"，忽视"属辞"，因此分韵较之《切韵》更加苛细，丧失了诗文押韵的实用性，如其所言：《韵英》诸书之不行于世，故其所也。"[22]北宋大中祥符元年（1008），建立在《切韵》系韵书基础之上的《广韵》成书，《切韵》音系自唐代以来的文化地位终于获得了官方的正式认可。

从敦煌、吐鲁番等地发现的残片来看，《切韵》在边鄙之地的汉人和少数民族群体之中同样有着相当深刻的影响力，并且因为远离中原的政治文化的更迭，而具有一定的滞后性。早在魏氏王国时期，就有不少高昌人深受儒家文化的浸淫，甚至出现了世袭的儒学博士。唐灭高昌后，教育制度迅速在西州地区推行，官学私学相当兴盛[23]。

本文探讨的旅博残片和德藏残片，具体的年代难以判断。但根据写本的内容、字体、写本等信息，再结合《唐五代韵书集存》中相似写本写卷的考释，该两枚残片的写成时间应当在晚唐至五代之间。因此很有可能是回鹘人所使用的韵书。

9世纪初，回鹘人从唐王朝手中夺取了西州地区的控制权，但中原文化的影响并未随之消弭。从出土残卷来看，回鹘人书写使用的《切韵》写本毫不逊色于中原地区，德藏《切韵》残片Ch.1538即是一个例证。高田时雄将该残片和《广韵》对比后发现，Ch.1538不仅收录有《广韵》所不载录的文字，小韵下的字数也多于《广韵》，如小韵"哿"下收录十一字，而《广韵》仅收四字。高田氏据此认为，该残片来源于一种增订版的《切韵》，不仅时代晚近，而且篇幅庞大，是唐朝势力退出高昌后、回鹘人继续使用《切韵》的有力证据。高田氏还指出，回鹘人使用汉语的方式同时受到来自中原与河西的文化张力。首先，回鹘人接受了来自中原的标准音（高田氏称之为"第一层次"的语音）。而在实际使用过程中，标准音逐渐与河西方言相妥协，于十世纪末产生了新的字音（"第二层次"）。虽然汉字的音值被类似日文"音读"的方式所改变，但汉字文化的影响力在接下来的数个世纪之内依旧稳固[24]。北宋初年王延德出使高昌回鹘时，还能看见珍藏在佛寺之中的《玉篇》《唐韵》《经音

---

[21] 王国维《唐诸家切韵考》，同上书，375页。

[22] 也有学者提出了不同的观点。黄淬伯《唐代关中方言音系》（中华书局，2010年，3页）认为两种《韵英》都是吴音、秦音对举，而《韵铨》仍沿用了《切韵》的韵部，唯有慧琳《一切经音义》是纯粹的秦音系韵书。

[23] 见姚崇新《唐代西州的官学——唐代西州的教育（之一）》，《新疆师范大学学报》2004年第1期，62—68页。

[24] 高田时雄《回鹘字注音的吐鲁番汉文写本残片》，《敦煌·民族·语言》，204—208页。

等典籍[25]。本文所探讨的旅博残片和德藏残片《切韵》和《经典释文》的合钞写卷，与王延德所见《玉篇》《唐韵》等同为小学之书，也同样系由内地传入。我们有理由相信，旅博残片和德藏残片或许也是高昌地区某个佛寺的藏品。

五　小结

有唐一代，《切韵》在正音、诗赋、科举等领域发挥了权威性的作用，不仅流传广远，且增补之作层出不穷，形成了颇为可观的"《切韵》系韵书"。

此次新发现的两枚《切韵》残片中，LM20-1521-12-11 与吐鲁番及敦煌地区出土的其他残片同属于王仁昫《刊谬补缺切韵》的系统。LM20-1523-01-02 则与德藏的五枚切韵残片为同一写本，与残片 T IV K75 同属于王本之外的另一系统。虽然该系统的残片在数量上处于弱势地位，但同样是陈彭年等人修纂《广韵》时重要的参考资料。

吐鲁番地区《切韵》残片的不断现世，不仅一次次地证明了各写本《切韵》系韵书在中原王朝周边地区的广泛传播，同时也是了解边地居民如何接受和学习汉文化的鲜活例证。

（徐维焱，北京大学历史学系博士生。原刊《西域研究》2018 年第 1 期）

---

[25] 《宋史》卷四九〇，中华书局，1985 年，14111—14112 页。

新见旅顺博物馆藏新疆出土汉文文献中的汉史写本考释

冯　璇

　　本文考察了新发现的旅顺博物馆藏三件"汉史"残片，一件为《前汉纪》唐写本，可正今本、明本《汉纪》之讹。另两件定名"汉史残片"，其中一件可能为《前汉纪》唐写本，另一件可能为范晔《后汉书》写本。同时，本文探讨了"汉史"在敦煌、西域地区流传状况的区别，认为其与两地的历史文化背景有关。总体而言，新发现旅博藏"汉史"残片进一步反映了晋唐时期"汉史"在西域的流传状况，学术价值不容小觑。

　　敦煌、吐鲁番文献中的"汉史"写本，具有重要的学术价值，不乏学者关注。荣新江先生发现德藏吐鲁番文献 Ch.938 号残片正面为《汉书·张良传》写本，且与《西域考古图谱》下卷经籍类 (5)-(1) 和 (2) 所刊大谷文书为同一写本[1]。之后，余欣系统地考述了敦煌、吐鲁番文献中的《汉书》写本，并从知识社会史的角度探讨了《汉书》的流传与影响，文中论及两件新疆出土的《汉纪》写本，编号为 80 TBI：001(a)、LM20-1455-07-01，从中我们可以获悉写本定名、录文、年代等情况[2]。随后，日本学者池田昌广考订出敦煌文献 S.20 与羽 432 是同一件写本，为《汉书》注本[3]。至近年，包晓悦新比定出一件《汉纪·孝武皇帝纪》写本，即日本书道博物馆藏编号 SH.174-1-47+SH.174-1-48 的残片，认为其抄写年代或稍晚于东晋，并推测吐鲁番发现的前高昌国时代的典籍写本，部分应是北凉沮渠氏自河西入据高昌时，由河西

---

[1]　写本正面抄写《汉书·张良传》、背面抄写《史记·仲尼弟子列传》，是当前唯一将《史》《汉》抄于同一写卷上的写本。值得注意的是，依德藏卷原编号 T Ⅱ T 1132，残片出于吐鲁番吐峪沟，而据《西域考古图谱》标注，大谷所得残片出土地在古龟兹国范围（今库车西北），故写本具体出土地存疑。参见荣新江《〈史记〉与〈汉书〉——吐鲁番出土文献札记之一》，《新疆师范大学学报》2004 年第 1 期；香川默识编《西域考古图谱》下卷经籍类图版 (5)-(1)、(2)，学苑出版社，1915 年影印本。

[2]　关于这些写本的学术史，作者在文中详有论述，兹不赘言。参余欣《写本时代知识社会史研究——以出土文献所见〈汉书〉之传播与影响为例》，荣新江主编《唐研究》第十三卷，北京大学出版社，2007 年，463—504 页，此据作者《中古异相：写本时代的学术信仰与社会》，上海古籍出版社，2011 年，29—70 页。

[3]　池田昌广《敦煌秘笈の〈汉书〉残卷》，《杏雨》第 16 号，武田科学振兴财团，2013 年，115—131 页。

士族与高僧带入[4]。荣新江先生进一步提出 80 TBI :001(a) 与 SH.174-1-47+SH.174-1-48 写本内容都与西域有关，恐怕不是巧合[5]，启发我们思考写本内容与传抄的关系。

现已知新疆所出的"汉史"写本，除以上所列外，还包括新疆维吾尔自治区博物馆所藏的一件"汉史"文书，学者比对为《汉纪》写本，目前尚未公布[6]。另外，大谷文书 Ot.3756 似为《后汉书·杨震传》注疏写本[7]。这些写本大致可反映晋唐时期"汉史"在西域的流传情况。

最近，笔者参加的"旅顺博物馆藏新疆出土汉文文书的整理与研究"工作小组在文书整理过程中，新发现三件"汉史"残片，其中一件为《前汉纪》写本，与之前发现的旅博藏 LM20 1455-07-01 残片为同一写本，另外两件也可确定为"汉史"写本。新文献的学术价值不容忽视，有望推动相关研究的进一步深入。

本文重点对旅博新见的"汉史"残片进行文献学考察，并对"汉史"在敦煌、西域地区的流传状况作进一步的探讨。

一 LM20-1452-05-30《前汉纪·孝成帝纪三》

本件残片存四行，有上界、乌丝栏，楷书精抄。根据比例尺推算，残片左右宽约 5.3cm，上下高约 5.1cm，每行宽约 1.6cm。第 1 行存三字，可清楚辨认一字"宴"，最后一行存两字，残损较为严重。之前公布的旅顺博物馆藏 LM20-1455-07-01 号残片与本件残片书体一致[8]，内容相接，为同一写本无疑。但依图 3 所示，二者并不能直接缀合，相隔零星笔画。完整写本存 9 行，录文如下：

（前缺）

1　　々尾涎[
2　　啄皇々孙[
3　　燕木門[倉][
4　　張公子[爲][
5　　父臨[尚][

---

[4] 包晓悦《日本书道博物馆藏敦煌吐鲁番"写经残片册"的文献价值》，《文献》2015 年第 9 期。

[5] 荣新江《日本散藏吐鲁番文献知见录》，《浙江大学学报》2016 年第 4 期。

[6] 此件文书 1965 年出土于吐鲁番安加勒克南郊，原藏在一个佛塔下层的陶罐当中，编号 65TIN : 53、54、55，其出土信息可参李遇春《吐鲁番出土〈三国志·魏书〉和佛经时代的初步研究》，《敦煌学辑刊》1989 年第 1 期。

[7] 陈国灿、刘安志主编《吐鲁番文书总目（日本收藏卷）》，武汉大学出版社，2005 年，203 页。图版及录文参见小田义久主编《大谷文书集成》贰图版九〇，法藏馆，1990 年，139 页。

[8] 旅顺博物馆、龙谷大学主编《旅顺博物馆藏新疆出土汉文佛经选粹》，法藏馆，2006 年，174 页。

6　遊宴俱［

7　見放取皇［

8　輿服飾兩［

9　號爲［

（后缺）

图1　LM20-1452-05-30　　　图2　LM20-1455-07-01

图3　LM20-1455-07-01、LM20-1452-05-30

察其内容，见于《汉书》不同卷次及《汉纪·孝成皇帝纪》，《汉书》相关史料主要有三处[9]。

《汉书》卷二七《五行志第七中之上》：

成帝时童谣曰："燕**燕尾**涎涎，张公子，时相见。木门仓琅根，燕飞来，**啄皇孙，皇孙死**，燕啄矢。"其后帝为微行出游，尝与富平侯张放俱称富平侯家人，过阳阿主作乐，见舞者赵飞燕而幸之，故曰"燕燕尾涎涎"，美好貌也。**张**

---

[9]　以下三处史料，加着重号者为与文书的异文，加下划线者为与《汉纪》的异文。另外，文中史料与文书文字一致者，加粗显示，以下同，不另出注。

公子谓富平侯也。"木门仓琅根",谓宫门铜锾,言将尊贵也。后遂立为皇后。弟昭仪贼害后宫皇子,卒皆伏辜,所谓"燕飞来,啄皇孙,皇孙死,燕啄矢"者也。[10]

《汉书》卷九七下《外戚传》:

> 先是有童谣曰:"燕燕,尾涎涎,张公子,时相见。木门仓琅根,燕飞来,**啄皇孙。皇孙死,燕啄矢**。"成帝每微出行,常与张放俱,而称富平侯家,故曰张公子。仓琅根,宫门铜锾也。[11]

《汉书》卷五九《张汤传》:

> **临尚**敬武公主。薨,子放嗣。鸿嘉中,上欲遵武帝故事,与近臣**游宴**,放以公主子开敏得幸。**放取**皇后弟平恩侯许嘉女,上为放供张,赐甲第,充以乘**舆服饰**,号为天子取妇,皇后嫁女。大官私官并供其第,两宫使者冠盖不绝,赏赐以千万数。[12]

可见,写本文字虽本诸《汉书》,却分散于不同史料。而比之《汉纪·孝成皇帝纪》,则更为对应,据今本《汉纪》复原后,每行字数大致相当[13]:

> 初谣曰:"燕燕尾涎涎,张公子,时相见。木门仓琅根,燕飞来,
> **啄皇孙,皇孙死,燕啄矢**。"本志以为"燕者,飞
> 燕。'木门苍琅根',宫门铜铺也,言其将尊贵也。
> **张公子,谓**富平侯张放也"。即安世之孙,
> **父临,尚**敬武公主,放以公主之子开敏得幸。尝与上
> **游醼**,俱适阳阿公主家而见飞燕,故曰"时相
> 见"。**放娶**皇后女弟,上为供帐,赐以甲第及乘
> **舆服饰**,两宫使者冠盖相望不绝,赏赐以千万数,
> **号为**:"天子娶妇,皇后嫁女",甚为贵宠。[14]

LM20-1455-07-01 号残片,被《旅顺博物馆藏新疆出土汉文佛经选粹》收入时

---

[10] 《汉书》卷二七《五行志中之上》,中华书局,1962 年,1395 页。
[11] 《汉书》卷九七下《外戚传》,3999 页。
[12] 《汉书》卷五九《张汤传》,2654 页。
[13] 复原文本依写本行数所列,异文处加着重号,以示区别。
[14] 荀悦、袁宏撰,张烈点校:《两汉纪·汉纪》卷二六《孝成帝纪三·永始元年》,中华书局,2002 年,455 页。

定名为《前汉纪》[15]，余欣同样比定为《汉纪》，拟名《汉纪·孝成皇帝纪》[16]，依上述比对结果，今当从之，故写本定名为《前汉纪·孝成帝纪三》，至于年代，则约八世纪遗物[17]。

而校之今点校本《汉纪》，写本文字仍有几处不同，如着重号所示：

一是残片作"仓"，点校本作"苍"。颜注："铜色青，故曰仓琅。"苍，指深青色、深绿色，然古时"仓"、"苍"互通，不乏"仓"用于此语境的案例，《汉书》卷七八《萧望之传》载："仓头庐儿"[18]，又卷二二《礼乐志第二》："左仓龙、右白虎"[19]。故"仓"、"苍"文义无差。

二是"张公子"后之残字点校本作"谓"，根据残笔化及读音，图版中当作"为"。虽然"为"、"谓"二字不互通，但"为"义作"是"、"谓"义作"称呼"，在文中语境都可解释得通。

三是残片作"宴"，点校本作"醼"。按"宴"、"醼"互通，亦无文义差别。

四是残片作"取"，点校本作"娶"。"取"通"娶"，如《吕氏春秋》卷二二《慎行论第二》："王为建取妻于秦而美"[20]。

总体上，此写本与今点校本的异文都属于同音字，大多互通、基本不存在文义差别。而传抄过程中产生文字差异属常见现象，那么这里异文的出现是传抄者个人书写习惯或讹误偶然所致？还是所据版本的不同造成的必然差异？

关于《汉纪》版本，李焘言"自仁宋天圣以来已无善本"，宋刻《汉纪》已不存，与南宋刻本最接近的版本是明嘉靖二十七年黄姬水刊本，这也是其后各种版本的底本及学界公认的善本，至今未发现别的版本体系[21]。今点校本《汉纪》即以黄本为底本。此外，另一年代相对较早的明刻本，为正德十六年何景明、翟清据吴地某家所藏刊刻，经吕柟校正的本子[22]。在这两个版本中，此件写本中的"仓"、"为"、"宴"、"取"同样作"苍"、"谓"、"醼"、"娶"。另外，写本中的"尚"，正德本、黄本皆作"上"，今点校本乃依南监本、龙溪本、学海堂本改[23]。那么，怎样才最接近《汉纪》原貌？旅博所藏的这件《汉纪》写本是否可校正今本、明本《汉纪》？

15　旅顺博物馆、龙谷大学主编《旅顺博物馆藏新疆出土汉文佛经选粹》，174 页。参荣新江书评，季羡林、饶宗颐主编《敦煌吐鲁番研究》第 10 卷，上海古籍出版社，2007 年，409—413 页。

16　余欣《中古异相：写本时代的学术信仰与社会》，37 页。

17　余欣《中古异相：写本时代的学术信仰与社会》，38 页。

18　《汉书》卷七八《萧望之传》，3272 页。

19　《汉书》卷二二《礼乐志》，1052 页。

20　《吕氏春秋》卷二二《慎行论第二》，上海书店，1986 年，285 页。

21　《汉纪》，3—4 页。

22　参包晓悦《日本书道博物馆藏敦煌吐鲁番"写经残片册"的文献价值》。

23　这些本子以黄本为底本，据《史记》《汉书》《后汉书》等史籍及前人研究参校，故此处的校改并无新的《汉纪》版本依据。

《汉纪》乃荀悦依《汉书》删改而成，考之上列《汉书》相关史料，可发现有意思的现象，今点校本《汉书》在关于"仓"—"苍"、"尚"—"上"、"取"—"娶"等字的择取使用上，与此写本几乎一致。同时，本文进一步比对了参校价值较高的景佑本、庆元本、汲古阁本《汉书》的相关史料[24]，为了更清晰得展示诸本文字差异，列有如下表格。

表一 《前汉纪·孝成帝纪三》某段史料诸本异文情况表

版本	异文				
旅博藏《前汉纪·孝成帝纪三》写本	仓	为	尚	宴	取
今点校本《汉书》	仓	谓	尚	宴	取
《汉书》景佑本、汲古阁本（北宋本系统）	仓	谓	尚	宴	取
《汉书》庆元本（南宋本系统）	仓	谓	尚	宴	取
明刻本《汉纪》（黄本、正德本）	苍	谓	上	醮	娶

如表所示，虽然没有早期写本证据证明《汉书》原文为何，但关于上述史料中的这几个字，无论北宋本系统还是南宋本系统，皆作"仓"、"谓"、"尚"、"宴"、"取"，而"苍"、"上"、"醮"、"娶"目前则找不到版本依据，因此，《汉书》原文亦作"仓"、"尚"、"谓"、"宴"、"取"的可能性大一些。随着史籍传抄、翻刻的进行，讹误、诸本差异逐渐涌现，早期底本则比较接近原貌。又，《汉纪》改编自《汉书》，本就内容相近，故其原文、早期抄本与《汉书》原文、早期抄本，在文字使用等细节上理应具有较高的相似性。观表中诸本，年代最早当属旅博藏的这件《汉纪》写本，其在一定程度上代表了《汉纪》写本的早期风貌，由此也可推测《汉书》早期写本甚至原文可能也作此貌。即《汉纪》《汉书》原文很可能皆使用得"仓"、"尚"、"宴"、"取"诸字。

那么，明本《汉纪》的异文是如何产生的呢？在"仓"、"苍"的使用上可见端倪。《汉纪》卷二六《孝成皇帝纪》中"木门仓琅根"共出现了两次，前者用"仓"，后者则用"苍"。翻刻过程中若有意校改，则同一句子字形应保持一致，而此段两处"木门仓琅根"同义异字，前后矛盾，这很可能是照刻底本的缘故。同理，"上"、"娶"等异文也应为沿袭之前的底本。而明本《汉纪》接近宋刻《汉纪》，故宋刻本

---

24 唐及以前完整的《汉书》写本已遗失，只有一些写本残卷留世，现存最早传世刻本是宋本，学界认为宋本分北宋本、南宋本两个系统。北宋本系统以景祐本为首，包含元大德本、明汲古阁本等；南宋本系统以庆元本、白鹭洲本等为代表。参孙晓磊《汉书汲古阁本校议》，南京师范大学硕士学位论文，2011 年 9 月，2—3 页；为探讨不同宋本系统《汉书》关于此段文字的异文情况，本文分别选取了两个宋本系统中代表性的本子进行比对。参《汉书》卷二七，北宋刻景祐递修本，叶三〇、三一；《汉书》卷五九，北宋刻景祐递修本，叶一二；《汉书》卷二七，南宋庆元元年建安刘元起刻本，叶三一一；《汉书》卷五九，南宋庆元元年建安刘元起刻本，叶一三；《汉书》卷二七，明崇祯十五年汲古阁刻本，叶十九；《汉书》卷五九，明崇祯十五年汲古阁刻本，叶八。

《汉纪》很可能也存在这些异文。

值得注意的是，此写本中的"为"并未找到版本依据。《汉书》作"谓"，虽然荀悦作《汉纪》在删改《汉书》的同时，有自己的重新加工，但回溯原文，《汉纪》中这句话应该是直接取自《汉书》，且从句义判断，无改动个别字的必要。故此处，《汉纪》原文也为"谓"的概率颇大。而"为"与"谓"字形相别甚大，不易为抄写讹误，很可能也是照本录写所致的差异。

因此，上文有关五处异文的考述，说明旅博此件《汉纪》写本所据底本与明本《汉纪》所据底本、甚至宋刻本《汉纪》应该分属不同的版本体系。通过比对《汉书》，旅博所藏的此件写本更符合《汉纪》原貌，虽然存字有限，但彰显了《汉纪》早期北方写本的风采，对于校正今本《汉纪》相关文字大有启益，可正明本之讹，学术价值不容小觑。

二 LM20-1501-14-08 汉史残片

残片存四行，有下界、乌丝栏，栏外留白较宽。据比例尺，残片左右宽约4.6cm，上下高约6.9cm，每行宽约2cm（见图4）。楷书，字迹清晰，但与LM20-1455-07-01、LM20-1452-05-30号写本相比，书法欠佳，应非同一写本。其中第1行、最后一行各存些许笔划，难以辨认。

现录文如下：

（前缺）
1]□[
2]文奸
3]爲之
4]□[
（后缺）

图4 LM20-1501-14-08

察其内容，可见于三处史料。

其一，见于《史记》卷一二二《酷吏列传》：

河东人李文尝与汤有卻，已而为御史中丞，恚，数从中文书事有可以伤汤者，不能为地。汤有所爱史鲁谒居，知汤不平，使人上蜚变告**文奸**事，事下汤，汤治论杀文，而汤心知谒居**为之**。上问曰："言变事纵迹安起？"汤详惊曰："此殆文故人怨之。"谒居病卧闾里主人，汤自往视疾，为谒居摩足。赵国以冶铸为业，王数讼铁官事，汤常排赵王。赵王求汤阴事。谒居尝案赵王，赵王怨之，并上书告："汤，大臣也，史谒居有病，汤至为摩足，疑与为大奸。"[25]

其二，见于《汉书》卷五九《张汤传》：

> 河东人李文，故尝与汤有隙，已而为御史中丞，荐数从中文事有可以伤汤者，不能为地。汤有所爱史鲁谒居，知汤弗平，使人上飞变告**文奸**事，事下汤，汤治论杀文，而汤心知谒居**为之**。上问："变事从迹安起？"汤阳惊曰："此殆文故人怨之。"谒居病卧闾里主人，汤自往视病，为谒居摩足，赵国以冶铸为业，王数讼铁官事，汤常排赵王。赵王求汤阴事。谒居尝案赵王，赵王怨之，并上书告："汤大臣也，史谒居有病，汤至为摩足，疑与为大奸。"[26]

其三，见于《汉纪》卷一三《孝武皇帝纪》：

> 二年冬十有一月，御史大夫张汤有罪，自杀。御史中丞李文与汤有郤。汤所厚史鲁谒居阴使人上变告**文奸**事，事下汤治，论杀文而德厚谒居。谒居病，汤亲**为之摩**足。赵王素怨汤，上书告："汤大臣，乃与吏谒居摩足，疑与为大奸。"[27]

残片抄录工整，字与字对应较为整齐，若依《史记·酷吏传》复原，每行约17字，据此推之，第1行残字当作"有"，虽不符图版中残笔划，但史料中"有"下为"所"，其字形对应图版则很贴切，而抄写过程中漏抄一字似也合乎情理，第4行对应"此"，也是有可能的。同理，若依《汉书·张汤传》复原，每行亦约17字，第1行理应对应"有"，"有"下"所"字更符合字形，第4行对应"故"，也无法排除这种可能。再依《汉纪·孝武皇帝纪》复原，每行约20字，第1行对应"丞"字，"丞"字有时写法类似"极"的右半边[28]，从这个角度而言，"丞"也符合残片字形。而残片中"奸"字，在各相关史料中作"奸"，"奸"、"奸"互通，虽然不能作为判断残片所本的线索，却展现了相关史籍早期写本的一缕绰影。

总之，残片由于存字太少，从字形角度无法确定究竟为哪一史料的写本，但应为《史记》《汉书》《汉纪》三者之一，故定名为"汉史残片"较为合适。同时，通过蛛丝马迹，我们也不妨对其所本作一大致推测。

首先，由于《汉书》更符合儒家思想，从魏晋到隋唐，《汉书》比《史记》更受

---

[25] 《史记》卷一二二《酷吏列传》，中华书局，1959年，3142页。

[26] 《汉书》卷五九《张汤传》，2643页。

[27] 《汉纪》卷一三《孝武皇帝纪》，223—224页。

[28] 《敦煌俗字典》指出"拯"与"极"之俗字相近，则"丞"当与"极"俗字右半边字形相近，故与图中残笔较为对应。参黄征《敦煌俗字典》，上海教育出版社，2005年，550页。

读书人的重视[29]，而唐代设立三史科鼓励进士习史，也以《汉书》的研究风气最盛[30]。基于这个背景，西域地区《汉书》《汉纪》的传抄、使用应更为常见，因此，《史记》写本文献的出土概率相对要小。实际上，新疆出土的《史记》抄本确实吉光片羽，其中德藏 Ch.938 号虽抄有《史记》内容，但书于文书背面，而这也可能与《史记》受重视的程度有关[31]。所以，旅博所藏此件残片为《汉书》或《汉纪》写本的概率更大。

其次，《汉书》等史籍的传抄、使用者大多为知识分子，主流是精英阶层，或是官府文吏、或是科举士子、或寺院僧人[32]。而这些史籍的最终用途也许是用来作为私家珍藏，也许是投入实际应用，比如应付科举选试。观残片书体，不算精抄，而乌丝栏线未及下界，也从侧面显示抄本制作得不够精细。由此，此写本作为精本用作私家珍藏的可能性不大。而基于实际应用的目的，在版本选择上，《汉书》"要抄本"颇为盛行，其便于传抄，内容简约却不乏论辞。作为标准节略本的《汉纪》，流布也的确有可能胜过《汉书》。[33]加之，为了实用，节约纸张似乎也应在考虑当中，故每行字数未必局限于 17 字，稍多些也有可能。

唐人对《汉纪》的评价颇高。《贞观政要》载贞观三年，太宗褒奖凉州都督李大亮的忠勤正直，赐其《汉纪》一部，其言曰："公事之闲，宜观典籍。兼赐卿荀悦《汉纪》一部，此书叙致简要，议论深博，极为政之体，尽君臣之义，今以赐卿，宜加寻阅。"[34]这说明唐初《汉纪》盛行于世，地位崇高[35]。由太宗言论知，其倡导大臣闲时观读典籍，《汉纪》因彰显"君臣之义"，深得君心。这种背景下，其他西北边将可能也得以赏赐或传抄《汉纪》，之后辗转传至西州，而西州官吏或许也渐染此风。《旧唐书》载："时颉利可汗败亡，北荒诸部相率内属。有大度设、拓设、泥熟特勒及七姓种落等，尚散在伊吾，以大亮为西北道安抚大使以绥集之，多所降附。"[36]故李大亮安抚北荒诸部时，已顺时将《汉纪》带入西域，也不无可能。所以，除了上文提到的便于传抄，唐时西州盛行《汉纪》是不乏历史因素的。

综上，LM20-1501-14-08 号残片为《前汉纪》写本的概率相对高一些。而其无论是为《史记》《汉书》《汉纪》哪一史籍的写本，都是中原与西域文化交流的又一力

29　荣新江《〈史记〉与〈汉书〉——吐鲁番出土文献札记之一》，《新疆师范大学学报》2004 年第 1 期。
30　雷闻《唐代的"三史"及三史科》，《史学史研究》2001 年第 1 期。
31　Ch.938 号残片也可能出土于库车，参见荣新江《〈史记〉与〈汉书〉——吐鲁番出土文献札记之一》。
32　余欣《中古异相：写本时代的学术信仰与社会》，45 页。
33　余欣《中古异相：写本时代的学术信仰与社会》，35 页。
34　吴兢撰，戈直集注，裴汝诚导读，紫剑整理《贞观政要》卷二《纳谏第五》，上海古籍出版社，2008 年，43 页。
35　张弓主编《敦煌典籍与唐五代历史文化》，中国社会科学出版社，2006 年，381 页。
36　《旧唐书》卷六二《李大亮传》，中华书局，1975 年，2388 页。

证，展示了中原文化强大的辐射力。

三　LM20-1499-30-01b 汉史残片

残片存四行，纸色较浅，有乌丝栏，第 1、2 行间有纸缝。据比例尺，残片左右宽约 6cm，上下高约 6.4cm，每行宽约 2.8cm（见图 5）。字迹工整，依书法特征当为高昌郡时期写本。由于纸张残缺、局部磨损严重，只可清楚辨认五个字。现录文如下：

图 5　LM20-1499-30-01b

（前缺）

1　]天臣□[

·····································（纸缝）

2　]□郑张[

3　]屠建[

4　]□□□[

（后缺）

现存史料中没有与残片文字完全对应者，只能通过考释字义来推断其大致内容。首先，"屠建"当指申屠建，为更始大臣。"郑张"之"张"为姓氏，这里很有可能指同为更始大臣的张卬，故残片中"张"字下面或为"卬"字。而"郑张"之"郑"，则找不到合适的郑姓大臣与之对应，但其若指代地名，则恰好有一段史料与残片信息相对吻合，见于《后汉书》卷一一《刘玄刘盆子列传》。相关文字载：

> 三月，遣李松会朱鲔与赤眉战于蓩乡，松等大败，弃军走，死者三万余人。
> 时王匡、**张**卬守河东，为邓禹所破，还奔长安，卬与诸将议曰："赤眉近在**郑**、华阴间，旦暮且至。今独有长安，见灭不久，不如勒兵掠城中以自富，转攻所在，东归南阳，收宛王等兵。事若不集，复入湖池中为盗耳。"申**屠建**、廖湛等皆以为然，共入说更始。[37]

依此段史料，"郑"即指地名"郑县"。郑，本秦旧县，汉属京兆[38]。史料中这几处重要信息出现的顺序是"张"→"郑"→"屠建"，而残片中"郑"、"张"二字相连，且"郑"字在前。不过，如果保持文义，换一种叙述方式："赤眉近在郑、华阴间"→"张卬与诸将商议对策"→"申屠建等皆以为然"，则正好符合残片诸字先后

---

[37]　《后汉书》卷一一《刘玄刘盆子列传》，中华书局，1965 年，473—474 页。
[38]　李吉甫撰，贺次君点校《元和郡县图志》，中华书局，1983 年，34 页。

顺序。而残片"大臣"二字或是指代其他大将。

上述乃据范晔《后汉书》对比，总体上残片内容与之大致相关却又不完全吻合，加之并无其他更为对应的史料，由此可推测残片所本或为范氏《后汉书》的删改本，或范氏《后汉书》成书前所据之文本。而《东观汉记》是诸家《后汉书》最主要的史料来源[39]，范晔《后汉书》中的材料更是直接或间接取之于《东观汉记》[40]，故从史源角度而言，残片所本具体有三种可能：《东观汉记》、诸家《后汉书》、范氏《后汉书》删改本。

由于史书散佚，《东观汉记》、诸家《后汉书》未成完帙，故虽未见与残片信息符合之处，但残片文字在佚失内容中也不无可能。所以，我们很难确定残片究竟为哪一写本，不过其内容当是在描绘赤眉逼近，张卬、申屠建等大臣商讨对策的情形，因此定名为"汉史"残片。同时，承如上文所论，我们不妨也对其所本做一大致揣测。

首先，《东观汉记》中的一处史料可以作为我们探讨残片写本情况的线索。《东观汉记》卷二三《载记》载：

> 申屠志，以功封汝阴王，上书以非刘氏还玉玺，改为颍阳侯。[41]

此段史料记录的是更始二年，立诸功臣为王之事。此事亦见于其他史料，《后汉纪》卷二《光武皇帝纪》记为：

> （更始二年二月）李松、赵萌说更始宜立诸功臣为王，以报其功。朱鲔以为高祖之约，非刘氏不得王。更始乃先封宗室：刘祉为定陶王，刘赐为宛王，刘庆为燕王，刘歙为元氏王，刘嘉为汉中王。后遂立王匡为比阳王，王凤为宜城王，朱鲔为胶东王，张卬为淮阳王，王常为邓王，廖湛为殷王，申屠建为平氏王，胡殷为随王，李通为西平王，李轶为武阴王，成丹为襄邑王，陈茂为阴平王，宋佻为颍阴王。以李松为丞相，赵萌为大司马，隗嚣为御史大夫。[42]

《后汉书》卷一一《刘玄刘盆子列传》记为：

> （更始二年）李松与棘阳人赵萌说更始，宜悉王诸功臣。朱鲔争之，以为高祖约，非刘氏不王。更始乃先封宗室太常将军刘祉为定陶王，刘赐为宛王，刘庆为燕王，刘歙为元氏王，大将军刘嘉为汉中王，刘信为汝阴王；后遂立王匡

[39] 武倩《〈东观汉记〉研究》，山东师范大学硕士学位论文，2008 年 4 月，39 页。

[40] 朱桂昌《〈东观汉记〉考证》，《史学史研究》1985 年第 4 期。

[41] 班固等撰《东观汉记》卷二三《载记》，中华书局，1985 年，211 页。吴树平校注本《东观汉记校注》将此条史料收入卷八《传三》，参班固等撰，吴树平校注《东观汉记校注》，中州古籍出版社，1987 年，269 页。

[42] 袁宏撰，周天游校注《后汉纪》卷二《光武皇帝纪》，天津古籍出版社，1987 年，38—39 页。

为比阳王，王凤为宜城王，朱鲔为胶东王，卫尉大将军张卬为淮阳王，廷尉大将军王常为邓王，执金吾大将军廖湛为穰王，申屠建为平氏王，尚书胡殷为随王，柱天大将军李通为西平王，五威中郎将李轶为舞阴王，水衡大将军成丹为襄邑王，大司空陈牧为阴平王，骠骑大将军宋佻为颍阴王，尹尊为郾王。唯朱鲔辞曰："臣非刘宗，不敢干典。"遂让不受。乃徙鲔为左大司马，刘赐为前大司马，使与李轶、李通、王常等镇抚关东。以李松为丞相，赵萌为右大司马，共秉内任。[43]

有两点值得注意，一是申屠志此人仅见于《东观汉记》，范晔《后汉书》、袁宏《后汉纪》等史料皆不载，以功封王的申屠姓大臣只有申屠建，得封平氏王。二是据《后汉书》、《后汉纪》，得封汝阴王者为刘信，以非刘氏辞王封者为朱鲔。

暂且不论封汝阴王、辞王封者都是哪些大臣，我们先来讨论申屠建与申屠志有何关联。笔者认为只有两种可能，其或为两个人，或为同一人。虽然《东观汉记》此条史料与其他史籍所载相去甚远，但都表明有一"申屠"姓的大臣因功封王，从这个角度而言，申屠建、申屠志为同一人。同时，如果申屠建、申屠志分为两人，则其生平经历当不一致，申屠志得以封王，想来立有不少功绩，算是比较重要的大臣，原《东观汉记》理应有不少关于此人物的记载，诸家《后汉书》也不会都将此人物事例删去不用，但为何范晔著《后汉书》，取材《东观汉记》、诸家《后汉书》时，会完全将此人物事迹摒弃？这恐怕解释不通。《汉书疏证》载："申屠建，《东观汉记》作申屠志"[44]，也认为申屠建、申屠志为一人。综合来看，史籍所载申屠建、申屠志很可能为同一人。

若二者为同一人，《东观汉记》将"申屠建"记为"申屠志"，则无外乎三个原因了，一是此人只名"申屠建"，史料书写讹误，"建"误书为"志"；二是此人只名为"申屠志"，故书曰"申屠志"；三是此人有两个名字，曾改名。而"建"、"志"非形近易混字，书写讹误的情况似乎不易发生；其次，《东观汉记》也有关于"申屠建"的相关史料，[45] 既载有"申屠建"，说明"申屠志"并不是此人唯一的名字，所以易名的概率最大。

《东观汉记》记载申屠建更始元年献玉玦示意杀伯升之事时，仍使用"申屠建"一名，至更始二年封王则为"申屠志"，表明若有改名之事，当发生于更始元年至更始二年间。时正值政权新立、诸臣论功行赏之际，"申屠志"一名为君主新赐亦不无

---

43 《后汉书》卷一一《刘玄刘盆子列传》，470—471 页。

44 沈钦韩等撰《汉书疏证（外二种）》卷三六《申屠建》，上海古籍出版社，2006 年影印本，第 2 册，235 页上栏。

45 班固等撰，吴树平校注《东观汉记校注》，222 页。

可能。中国古代统治者往往出于政治需要为臣民赐名、改名，以此笼络人心，培养亲信，扩大势力。类似事件不乏例证，如曹操为程昱改名，南朝刘骏为大臣颜竣之子和他叔父之子赐名等[46]。

论证至此，仍存在一些疑问，即如何看待《东观汉记》上述史料"张冠李戴"的现象？虽然现存诸家《后汉书》已不见相关内容，我们能否大致推断其原所载情况？只有将这些疑问都能合理解释，以上推论成立的概率才更大。

如上文所论，"建"、"志"混淆书错不易发生，将这种情况抛开不论，上述《东观汉记》史料作此状有两种可能，一是同现辑录本《东观汉记》，《东观汉记》原书此条史料即作此。二是现辑录本《东观汉记》此条史料有脱文，其原本很可能为"申屠志以功封……，……以功封汝阴王，……上书以非刘氏还玉玺，……改为颍阳侯"。

按脱文处理，则申屠志封的可能还是平氏王，刘信封汝阴王，朱鲔辞封王。聚珍本《东观汉记》此条史料编入《载记》，吴校注本《东观汉记》未收入《载记》，而是列入传中，由于《载记》多是为据守一方、称雄一时，最终没有居正统地位的人设立的[47]，故申屠建理应不被收入进去，而四库馆臣如此编排，说明辑录相关佚文时，并不明确其原属何处，甚至佚文不完整，盖凭自己判断加工收编而成。加之《东观汉记》由于成书相对较早，以大量档案、藏书作为依据，资料更为丰富、可信[48]，所以似乎不至于有如此多的"讹误"。因此，笔者倾向认为现存《东观汉记》此条史料原有脱文，并非完录。还有一点需要注意，袁宏《后汉纪》相关记载不见封"汝阴王"者，袁宏《后汉纪》、范晔《后汉书》皆不见改封"颍阳侯"者。这种史料信息的出入反映了怎样的问题？这恐怕要从史料取舍的角度对诸种可能作一定的概率分析，故笔者将各类情形整理为如下框架图。

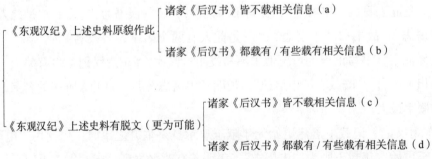

图 6 "申屠志"条史料诸家记载状况推测图

如果情形 a 成立，未能合理解释范本《后汉书》异于《东观汉记》的内容取自

[46] 籍秀琴《姓氏·名字·称谓》，大象出版社，1997 年，87 页。

[47] 武倩《〈东观汉记〉研究》，29 页。

[48] 祁承业《〈东观汉记〉研究》，内蒙古大学硕士学位论文，2010 年 5 月，26 页。

何处，故似乎应该排除这种可能。若情形 c 成立，即《东观汉纪》上述史料有脱文，诸家《后汉书》皆不载相关信息。那么，范本《后汉书》相关内容则应取自《东观汉纪》，"申屠志"一名未采用，或是基于前后文内容统一的目的，毕竟范晔著此书对《东观汉记》多有删减，摒弃一名称不用也在情理之中，但这种情形无法很好解释"封汝阴王"、"大臣辞封"等重要信息，为何《后汉纪》不收录？故图中情形 b、d 更可能发生，且由于《东观汉记》此条史料脱文概率大，d 情形最合乎情理。盖由于不止《东观汉记》记有此事，诸家《后汉书》有些也有载，并与《东观汉记》有出入，故《后汉纪》质疑其真伪，直接未收，而范晔《后汉书》则加以甄别取之。

而不管历史诸臣封干真相究竟为何，我们得到的最关键的推论是申屠建在更始元年至更始二年间很可能改名为申屠志，并且《东观汉记》有将这一名称变化记录下来。返观残片信息，其所载诸臣献计之事发生于更始三年，故若残片所本为《东观汉记》，则图中"屠建"或应为"屠志"。从这个角度来看，残片可能并非《东观汉记》写本。

其次，史籍能否流传至西域，与其盛行程度密切相关。南北朝时，范氏《后汉书》地位影响胜于《东观汉记》，《东观汉记》陷入冷门局面[49]。这进一步说明残片为《东观汉记》写本概率较小，同时也意味着范氏《后汉书》影响力更大，更有可能传抄至边远地区。

另外，新疆出土文献大谷文书 Ot.3756 似为《后汉书·杨震传》注疏写本[50]，说明《后汉书》确实传至西域，这也增大了旅博藏此残片同为《后汉书》写本的可能性。

而无论此残片具体所本为何，无疑又增添一枚"汉史"的早期写本，帮助我们审视《东观汉记》《后汉书》等史书在西域流传盛行状况，进一步反映了高昌对于中原文化的吸纳。

四 "汉史"在敦煌、西域地区流传的基本状况

旅顺博物馆藏"汉史"残片的新发现，令"汉史"在西域的流传风貌再一次刷新，那么其基本状况如何？较于敦煌地区"汉史"的流传，有何不同？为了探讨这个问题，综合以往相关出土信息，笔者统计了两地"汉史"写本出土情况表，如下表二[51]。

---

[49] 祁承业《〈东观汉记〉研究》，8 页。

[50] 陈国灿、刘安志主编《吐鲁番文书总目（日本收藏卷）》，203 页。

[51] 表二参考的研究主要有余欣《中古异相：写本时代的学术信仰与社会》，465—477 页；荣新江《〈史记〉与〈汉书〉——吐鲁番出土文献札记之一》；池田昌广《敦煌秘笈の〈汉书〉残卷》，115—131 页。

表二 敦煌、西域地区"汉史"写本出土情况表 [52]

地区	编号	定名写本	年代	备注
敦煌	S.2053	《汉书·萧望之传》写本	（唐高祖朝）	
	S.10591	《汉书·王商史丹传喜传》写本	唐前期	
	羽 432	《汉书·匡横张禹孔光传》写本	唐前期	本件为《罗振玉敦煌石室碎金排印本》
	P.2485	《汉书·萧望之传》写本	（唐太宗 / 唐高宗朝）	颜师古注本
	P.2513	《汉书·王莽传》写本	（唐太宗 / 唐高宗朝）	颜师古注本
	S.0020、羽 432	《汉书·匡横传》写本	（唐开元以前）	《汉书》注本
	P.3669+3557	《汉书·刑法志》写本	唐玄宗朝	
	P.5009	《汉书·项羽传》写本	9—10 世纪	节略本
	P.2973b	《汉书·萧何曹参张良传》写本	（五代以后）	节略本
西域	80 TBI：001（a）	《前汉纪·孝武皇帝纪》写本	东晋	
	65TIN:53、54、55	《汉纪》写本	早期写本	
	LM20-1499-30-01b	"汉史"写本（很可能为范晔《后汉书》写本）	高昌郡时期	
	SH.174-1-47+SH.174-1-48	《前汉纪·孝武皇帝纪》写本	或稍晚于东晋	
	Ch.938、《西域考古图谱》下卷经籍类图版 (5)-(1)、(2)	《汉书·张良传》写本	唐前期	
	LM20-1501-14-08	"汉史"写本（可能为《前汉纪》写本）	唐	
	LM20-1455-07-01+LM20-1452-05-30	《前汉纪·孝成帝纪三》写本	八世纪	
	大谷文书 Ot.3756	似为《后汉书·杨震传》注疏写本		

　　由表二可见，敦煌、西域地区"汉史"写本的出土有着不同的特点，这也反映了"汉史"在两地流传情况的区别。

　　第一，敦煌地区出土的"汉史"写本多为唐写本，且不乏唐中后期写本。而新疆出土的八件"汉史"写本，有半数为唐以前写本，且没有年代特别晚的唐写本。这反映了"汉史"在敦煌、西域地区盛行年代似乎不一致。

---

[52] 表中年代依前人研究填写，加括号者，表示年代尚有争议，并不确定，但大致时段基本不变，故不影响相关结论。

第二，虽然"《汉书》节略本"在两地均盛行，但西域地区流传的明显是更"高级"的版本，多为《汉书》标准节略本《汉纪》，学术价值颇高。而敦煌地区所出的《汉书》篇章节略本有何特点呢？前人研究发现，敦煌《汉书》节抄本对《汉书》原篇的取舍，是为满足民间普通读者的兴趣，故这些抄本多为《汉书》简易文本[53]。敦煌节略本《汉书》虽然文辞相对简单，但反映了其传抄、适用群体的广泛，已播及民间。而西域地区《汉纪》的受众群体则相对局限，如几件晋写本的《前汉纪》很可能就是由麴氏高昌官方收藏。这从侧面说明西域地区"汉史"的流传或许不及敦煌盛行。

之所以出现上述两地"汉史"流行状况的差异，很可能是与各自的历史文化背景有关。唐以前"汉史"写本流入西域，麴氏高昌对经史的向往是一个重要因素。其后立西州，西域流传的"汉史"似乎没有明显增加，这可能是因为西州总体还是比较落后的，教育水平也不是很高[54]，语言、文字方面的障碍也是一个问题，唐时西域地区流行的语言文字和汉语汉字是有很大区别的[55]。而至八世纪西州被吐蕃占领，中原"汉史"的流入则进一步困难，也正如表中信息所示，此之后西域几乎不见"汉史"写本。

通过上文的比定、分析，可见新发现的三件旅顺博物馆藏"汉史"残片，具有一定的校勘价值，进一步反映了晋唐时期"汉史"在西域的流传状况，尤其是LM20-1499-30-01b号残片为"汉史"早期写本，学术价值不容小觑。作为唐朝中原文化的缩影，考察三件残片，丰满了我们对于西域接受、认可中原文化过程的认识，"汉史"在敦煌、西域地区流传的历史状况也再一次刷新。

本文写作过程中，得到诸多帮助，在此表示衷心感谢。

（冯璇，首都师范大学历史学院博士生。原刊《西域研究》2018 年第 1 期）

53　易平《法藏敦煌〈汉书〉节钞本残卷研究》，《北京师范大学学报》2009 年第 6 期。

54　姚崇新：《唐代西州的私学与教材——唐代西州的教育之二》，《西域研究》2005 年第 1 期，1—10 页。

55　关于唐时汉籍向西域传播过程中受到的阻力，参见荣新江《丝绸之路与东西文化交流》，北京大学出版社，2015 年，210—229 页。

旅顺博物馆新发现的晋史写本考释

陈烨轩

汉唐之间，中国史学逐渐摆脱对于经学的附庸地位，成为独立的"乙部之学"[1]。这一地位的改变伴随着私家修史的勃兴。比如刘宋之前，后汉史有九家；唐之前，晋史有十八家（实则有二十三家，初唐可见十九家[2]）。刘宋之后，范晔《后汉书》一家取得独尊地位，其他九家逐渐失传；唐太宗命史馆修《晋书》[3]，十八家晋史亦渐趋散佚。

但史书的散佚是一个渐变的过程。比如《后汉书》在唐玄宗之后，取代了《东观汉记》，成为"三史"之一。但《东观汉记》并未随即散佚；直到宋初修《文苑英华》时，仍能见到完整的《东观汉记》[4]。孙盛《晋阳秋》等旧晋史之于唐修《晋书》，也是如此。

日前，我们在整理旅顺博物馆藏新疆文书时，发现有一片晋史写本。其内容和唐修《晋书》有异，而书写年代当在唐代。我们怀疑这是诸家旧晋史的一种。本文将就此展开分析。

一 旅顺博物馆藏 LM20-1496-38-01 解析

1、基本情况简介

旅顺博物馆所藏 LM20-1496-38-01 号文书，存有 6 行，其中可辨识有 4 行，凡 18 字。栏线依稀可见。据图版比例尺推算，此片左右宽约 8.2 厘米，上下长约 9.7 厘

---

[1] 关于汉唐之间史学与经学的关系，参见胡宝国《经史之学》，收入氏著《汉唐间史学的发展》，商务印书馆，2003 年，30~49 页。

[2] "晋史十八家"的说法，最早见于刘知几撰《史通·古今正史》，参见赵吕甫校注《史通新校注》"外篇"，重庆出版社，1990 年，720 页。关于诸家晋史的情况，参见金毓黻《中国史学史》，上海古籍出版社，2013 年，70—74 页；王树民《十八家晋书》，《文史》第 17 辑，1983 年，269—271 页。

[3] 如无特别提示，本文所列《晋书》俱指唐修《晋书》。

[4] 参见雷闻《唐代的"三史"与三史科》，《史学史研究》2001 年第 1 期，34 页。

米，每行宽约 1.8 厘米。从书法风格看，当为唐时期的写本无疑。

此片背面为佛典，目前可看到"分别诸法相于"数字，这对应《维摩诘所说经》卷一的偈子"能善分别诸法相，于第一义而不动"[5]。由于背面为行草所书，且"相于"中间未空格，因此可确定为佛经注疏。正、背面的信息说明了唐代西州社会儒、释之间的密切联系。我们现在将此片正面录文如下：

（前缺）

1　　　]□
2　　　]穎爲代王
3　　]□語才則理歸
4　　]風騰敗亦振
5　　　]率言歸晏
6　　　　]□

（后缺）

图 1　LM20-1496-38-01 晋史写本

2、残片的字句辨析

在此片中，"代王"可以确定为王号，"穎"、"腾"、"晏"或为人名。

第 4 行是在讲一场战争。"风腾"可以连用，"亦"相当于"复"。所以，此行或可断句为"风腾，败亦振"。但因为这是一行残句，"风"的前面完全有可能出现"遇"、"逢"之类的字，故而不能排除"（遇）风，腾败亦振"的情况。

关于第 2 行"穎为代王"最常见的解释，自然是"一个名字叫作'穎'的人做了代王"。但事实上，查唐以前的史籍，并无此人。

但是，在《晋书》中，确有"穎"、"腾"、"晏"三个同时期存在人名。他们分别是成都王司马穎，新蔡王司马腾，吴王司马晏（按一度为代王）。而在晋武帝、晋惠帝时期，曾经做过代王的，有两位，一位就是司马晏，另一位是司马演。

我们知道，在惠帝后期的"八王之乱"中，司马穎是其中的重要人物[6]。惠帝永康元年（300），赵王司马伦借口贾后擅杀太子，发动政变诛杀贾后及其党羽；幽禁惠帝，并取而代之。永宁元年（301），司马穎和齐王司马冏联合诛灭了司马伦的势力，惠帝反正，朝政暂时归于司马冏手中，司马穎返回封地邺城。太安元年（302），长沙王司马乂又联合河间王司马颙诛灭司马冏势力，司马穎被诏入洛。太安二年

5　参见《大正藏》第 14 册 No. 0475《维摩诘所说经》，此据中华电子佛典协会编 CBETA, T14, no. 475, p. 537, c13，版本为 2014 年 4 月。中华电子佛典协会网址为 http://www.cbeta.org/。
6　关于"八王之乱"，尤其是司马穎方面的情况，林校生有细致的研究。参见林校生《"八王之乱"丛稿》，福建人民出版社，2003 年。

（303），司马颖又联合司马颙，剿灭居于洛阳的司马乂势力。

永兴元年（304），司马颖再次入洛，取得了皇太弟的地位，并再次回到邺城。但不久，司马颖遭到司马乂故将的进攻，这次进攻名义是由惠帝亲征。司马颖取得战争胜利，控制了惠帝。于是司马颖"改元建武，害东海王繇，署置百官，杀生自己，立郊于邺南"[7]。但司马颖随即又遭遇到东海王司马越等一方的反扑。当时，司马腾正是司马越一方的主力。据《晋书·成都王颖传》：

> 安北将军王浚、宁北将军东嬴公腾杀颖所置幽州刺史和演，颖征浚，浚屯冀州不进，与腾及乌丸、羯朱袭颖。候骑至邺，颖遣幽州刺史王斌及石超、李毅等距浚，为羯朱等所败。邺中大震，百僚奔走，士卒分散。颖惧，将帐下数十骑，拥天子，与中书监卢志单车而走，五日至洛。羯朱追至朝歌，不及而还。[8]

司马腾与王浚联合反击司马颖，并从乌丸、羯朱那里搬来救兵。在这些军队的联合进攻下，司马颖军队大败，最终走向失势乃至被杀的命运[9]。但事实上，此战也为司马腾的死亡埋下伏笔。后来，平阳人汲桑等打着为司马颖报仇的名义，得到司马颖故将响应，将司马腾诛杀[10]。

那司马晏又和这一事件有什么关系呢？据司马晏本传记载：

> 吴敬王晏字平度，太康十年受封，食丹阳、吴兴并吴三郡，历射声校尉、后军将军。与兄淮南王允共攻赵王伦，允败，收晏付廷尉，欲杀之。傅祗于朝堂正色而争，于是群官并谏，伦乃贬为宾徒县王。后徙封代王。伦诛，诏复晏本封，拜上军大将军、开府，加侍中。长沙王乂、成都王颖之相攻也，乂以晏为前锋都督，数交战。永嘉中，为太尉、太将军。晏为人恭愿，才不及中人，于武帝诸子中最劣。又少有风疾，视瞻不端，后转增剧，不堪朝觐。及洛京倾覆，晏亦遇害，时年三十一。[11]

司马晏在司马乂和司马颖的斗争中，站在了司马乂一方，担任其前锋都督，数次与司马颖交战。尽管在司马晏本传中没有提到他在司马越和司马颖斗争中的作为，但就其与司马颖数次交战，且本传未交代他们和好的背景来看，他始终都站在司马颖对立面的可能性很大，要不然在司马颖、司马颙相继失势后，他不可能升官并留在洛阳。这样来看，"率言归晏"中的"晏"指司马晏，是完全有可能的。

---

[7] 《晋书》卷五九《成都王颖传》，中华书局，1974 年，1618 页。

[8] 同上，1618 页。另可见同书卷三七《新蔡王腾传》，1096 页。

[9] 同上，1618—1619 页。

[10] 同上，1618 页。另可见同书卷三七《新蔡王腾传》，1096 页。

[11] 《晋书》卷六四《吴王晏传》，1724—1725 页。

我们今天在萧梁沈约所写的《宋书·五行志》中，还能发现关于司马颖攻打司马乂时的灾异之相的描写：

> 晋惠帝太安二年，成都王颖使陆机率众向京师，击长沙王乂。军始引而牙竿折，俄而战败，机被诛。颖寻奔溃，卒赐死。初，河间王颙谋先诛长沙，废太子，立颖。长沙知之，诛其党卞粹等，故颖来伐。机又以颖得遐迩心，将为汉之代王，遂委质于颖，为犯从之将。此皆奸谋之罚，木不曲直也。[12]

后来，《晋书·五行志》沿用了这段描写[13]。这里可以看出，由于成都王颖军队在战争一开始，就遭遇到"牙竿折"的不祥之兆，也就是遇到大风扡断旗杆的情况。本残片第4行"风腾败亦振"，当与此类似。

唐朝李翰的《三名臣论》有"语功则信焉，语才则不尔，才生于代，功与运成"[14]，残片第3行"语才则理归"可能与此类似。此外，唐朝常见的避讳字有"治"、"世"等。第3行的"理"也有可能是避"治"字讳而改。

最后再次看到第2行"颖为代王"。笔者上文引到，"机又以颖得遐迩心，将为汉之代王"，陆机认为司马颖很得人心，将会像汉高祖的儿子代王刘恒一样，登基称帝。这里很可能是相近的意思。此外，西晋时期做过代王的是早逝的司马演以及司马颖的对手司马晏。司马颖的儿子在司马演死后，继承了后者的封爵，但是王号已经改变。结合第3行"语才则理归"，这两行的文字可能是在回顾描写人物的生平性格等。因此，这里也有可能叙述司马晏和司马颖的关系。

3、小结

通过以上的分析，我们可以推测出，此片的内容很有可能涉及"八王之乱"。但我们仍然难以为其定名。这除了此片本身原因之外，其实还与诸家旧晋史以及唐修《晋书》的内容性质有关。

通过回顾现存的中古时期各种晋史写卷，我们会发现，除唐修《晋书》因有传世本，可准确定名外，其余写卷的定名均有争议。由于中古的晋史著作往往存在同一史源，容易形成同质化的史料群，所以定名起来颇有难度。

关于诸家旧晋史和唐修《晋书》的关系，聂溦萌有最新的研究。据其研究，唐修《晋书》和王隐《晋书》以及何法盛《晋中兴书》有很大的联系。"唐修《晋书》以臧荣绪为本，臧书又以王隐、何法盛为本，这一传承在唐修《晋书》中留下了痕

---

[12] 《宋书》卷三〇《五行志》，中华书局，1974年，881—882页。
[13] 《晋书》卷二七《五行志》，802页。
[14] 《文苑英华》卷七四四，中华书局，1966年，3885页。

迹"[15]。聂文将东晋部分的传记分为三组，其中第一组"在大致继承王隐《晋书》数卷列传人物次序的基础上，又插入了《晋中兴书》相应家族传的内容"[16]，第二组保留了《晋中兴书》家族传的面貌，第三组更有可能来自刘宋的国史。

唐修《晋书》所使用材料来源相当复杂，而且这些材料因叙述者立场的不同，就同一事件的描述也会有出入。因此，我们有必要来讨论现存的各种中古时期晋史写本，以期从更广的角度理解本文所讨论的这一残片，同时也可进一步了解中古时期晋史的流传和接受情况。

二 中古时期的晋史写卷叙录

目前，在敦煌、吐鲁番地区发现的唐修《晋书》共计 5 卷，《晋纪》(？)1 卷，《晋阳秋》(？)1 卷。但事实上，《晋纪》(？)、《晋阳秋》(？)的定名均有争议。此外，在日本文化厅存有唐修《晋书》1 卷，故本文现列表如下，然后作简要的叙述。

书目	写本编号	时代	保存情况	图版出处及页码
晋书（作者不明）	P.3481	初唐？	卷三三《何曾传》，22 行	IDP
唐修晋书	P.3813	唐代	卷一一一《慕容暐载记》、卷一一二《苻洪健生载记》、卷一一三《苻坚载记》，256 行	IDP
	S.1393a	唐代	卷四七《傅玄传》、卷四八《向雄段灼阎缵传》，84 行	《敦》10，195—196
	S.1393b	唐代	卷五〇《庾峻郭象庾纯传》，36 行	《敦》10，196—197
	S.1393c	唐代	卷五四《陆机传》，28 行	《敦》10，197—199
	日本文化厅藏	唐代	卷八一《朱伺毛宝传》，141 行	《晋》1，264—275
孙盛《晋阳秋》(？)	P.2586	北朝	卷次不详，151 行	IDP
干宝《晋纪总论》	P.5550	唐代	存 9 行	IDP
孙盛《晋阳秋》(？)	72TAM151:74(a)	高昌国	卷次不详，共存 86 行	《吐》2，112
晋史（作者不明）	LM20-1496-38-01	唐代	著作名、卷次不详，存 6 行	

表 1　现存中古时期的晋史写本

---

[15]　聂溦萌《晋唐间的晋史编纂——由唐修〈晋书〉的回溯》，《中华文史论丛》2016 年第 2 期，51 页。
[16]　同上，57 页。

图版资料来源：

IDP= International Dunhuang Project（国际敦煌项目）网站 http://idp.nlc.cn/。（2017/10/10）

《敦》10= 黄永武主编《敦煌宝藏》第 10 册，新文丰出版公司，1982 年。

《晋》1= 渡边义浩、高桥康浩《晋书校补·帝纪（一）》，大东文化大学东洋研究所，2013 年。

《吐》2= 唐长孺主编《吐鲁番出土文书》贰，文物出版社，1994 年。

1、P.3481《晋书》卷三三《何曾传》

存 22 行，每行约在 17—18 字，背面为佛经。王重民最早发现并定名 [17]。但王重民怀疑不是唐修《晋书》，因为此卷"书法古拙，装潢甚都，卷中世字不缺笔，故疑或非今本《晋书》" [18]。在王重民之后，学界基本上认同此写本早于唐修《晋书》。其后，"研究者认为这个《晋书》写本很可能是南朝齐隐士臧荣续撰写的《晋书》" [19]。按此卷内容与唐修《晋书》的不同之处，诸如"景行"作"景行行止"之类，也可能是抄写者造成的，未必就是作者不同。且南朝的《晋书》是否有条件北传到敦煌？这值得怀疑。此外，此写卷书法精美，背面有抄写佛经，或原为敦煌官学所藏，后辗转至寺院，供抄经之用。

2、P.3813 唐修《晋书》卷一一一《慕容暐载记》、卷一一二《苻洪健生载记》、卷一一三《苻坚载记》

卷一一一存 24 行，卷一一二存 112 行，卷一一三存 120 行，每行约在 30—35 字，有朱笔句读，背面为《文明判集》 [20]。王重民最早发现并定名 [21]，"较今本文字删节十二三，然验其删节之处，可知的是太宗御定之本，非别家《晋书》也。至于文字异同，则多较今本为胜" [22]。按此写卷背面《文明判集》有界栏，每行在 27 字左右，可知抄写《文明判集》在前，抄写《晋书》在后。我们知道，判文为唐代入仕所必备，《晋书》的内容可为判文创作提供素材；而且此《晋书》是节抄本。因此，这一写卷应该是敦煌当地官宦之物。

3、S.1393a 唐修《晋书》卷四七《傅玄传》、卷四八《向雄段灼阎缵传》

4、S.1393b 唐修《晋书》卷五〇《庾峻郭象庾纯传》

5、S.1393c 唐修《晋书》卷五四《陆机传》

---

[17] 王重民《敦煌古籍叙录》，商务印书馆，1958 年，83 页。

[18] 同上，83 页。

[19] 郝春文《石室写经：敦煌遗书》，甘肃教育出版社，2007 年，102 页。

[20] 参见池田温《敦煌本判集三种》，末松博士古稀纪念会编《古代东アジア史论集》下卷，吉川弘文馆，1978 年。又可见刘俊文《敦煌吐鲁番唐代法制文书考释》，中华书局，1989 年，436—463 页。

[21] 王重民《敦煌古籍叙录》，83 页。

[22] 同上，83 页。

以上三种，卷四七存 26 行，卷四八存 58 行，卷五〇存 36 行，卷五四存 28 行，每行约在 27 字。翟理斯（Lionel Giles）首先发现并定名，且将写本时代定在公元 9 世纪之前[23]。赵贞对此有细致的研究[24]。据赵贞认为，"总的来看，本卷记录的是列传第十七、十八、二十、二十四均极简略，大致是摘抄和简化《晋书》而成。确切地说，本卷就是《晋书·列传》的简化和节略本子"[25]。赵贞又通过写卷中，"世"、"民"缺笔，避"诏"讳而不避"旦"讳的情况，推断这一抄本年代在武后时期。

6、日本文化厅藏唐修《晋书》卷八一《朱伺毛宝传》

卷八一，存 141 行，每行 16 字，背面为佛典注疏。渡边义浩、高桥康浩对此有录文，并根据百衲本、中华书局本作校勘[26]。此写卷末尾跋语中有"近江石山寺藏唐人书《左传》《史记》《汉书》零本数卷，卷背皆书佛典。盖入唐求法僧所赍来者也。其书背面共笔法遒美，楷行绝妙。顷余购得唐人书《晋书·桓伊毛宝等列传》零本一卷，书法稍后，与石山本相类，卷背书因明四种相违疏文，高野大师所书"[27]。按此写卷书写的工整程度比上述数种唐修《晋书》写本要好，而且和中华书局本仅有个别字的差异，是一个完整的抄本，而非节抄本。

7、P.2586 孙盛《晋阳秋》（？）

记叙晋元帝太兴二年（319）二月到六月的史事。存 151 行，每行约为 18 字。罗振玉定名为邓粲《晋纪》并作跋语[28]。周一良怀疑这不是邓粲《晋纪》，而应该是孙盛《晋阳秋》，因为"诸书所引《晋纪》大都文字简洁，所引孙盛《晋阳秋》则颇详尽"[29]。王重民在《敦煌古籍叙录》中收入罗振玉原跋[30]，但在标题后加了一个问号，即"晋纪（？）"，以示对罗振玉定名的怀疑。饶宗颐支持周一良的观点，认定此写本为《晋阳秋》残卷[31]。岩本笃志则认为暂定"晋史残片"比较合适[32]。罗振玉认为，"此卷书法至精，其中'别构'之字，与六朝碑版同，而隋唐诸帝讳，若'忠坚虎昞渊世民'

---

[23] Lionel Giles. *Descriptive Catalogue of the Chinese Manuscripts from Tunhuang in the British Museum*, London: The Trustees of the British Museum, 1957, p.241.

[24] 赵贞《斯坦因 1393 号文书〈晋书·列传〉残卷》，《古籍整理研究学刊》2007 年第 6 期，28—30 页。

[25] 同上，29 页。

[26] 渡边义浩、高桥康浩《晋书校补·帝纪（一）》，2013 年，264—275 页。

[27] 同上，276—277 页。

[28] 罗振玉《鸣沙石室佚书正续编》影印本，北京图书馆出版社，2004 年，181—198 页。罗振玉的跋语最早刊于同作者《雪堂校刊群书叙录》卷下，题为"敦煌本《晋纪》残卷跋"，此据王重民《敦煌古籍叙录》，84—86 页。

[29] 周一良《乞活考》，《燕京学报》第 37 期，1949 年，62 页。收入氏著《魏晋南北朝史论集》，中华书局，1958 年，12—29 页。

[30] 王重民《敦煌古籍叙录》，84—85 页。

[31] 饶宗颐《敦煌与吐鲁番写本孙盛〈晋阳秋〉及其"传之外国"考》，《汉学研究》1986 年第 2 期，1—8 页。

[32] 岩本笃志《敦煌、吐鲁番发见"晋史"写本残卷考——〈晋阳秋〉与唐修〈晋书〉との关系を中心に》，《西北出土文献研究》第 2 号，2005 年，19—41 页。

等字，皆不讳，为隋唐以前写本无疑"[33]。

8、P.5550 干宝《晋纪总论》

存 9 行，经必定每行约为 20—21 字，有墨笔句读，第 1 行地脚外有"画"字，第 4 行"术"作"事"。此写本在王重民《敦煌古籍叙录》、商务印书馆编《敦煌遗书总目索引》中均未收入[34]。《敦煌遗书总目索引新编》根据法国目录，将其定名为"晋纪残片"[35]。《法国国家图书馆藏敦煌西域文献》收有图版[36]。郝春文进一步认为，这"应是《晋纪总论》的一部分"[37]。按这段话可在《文选·晋纪总论》中找到。对应文字（用边框表示）为：

史臣曰：昔高祖宣皇帝以雄才硕量，应运而仕，值魏太祖创基之初，筹划军国，嘉谋屡中，遂服舆 轸，驱驰三世。性深阻有如城府，而能宽绰以容纳，行任 数以御 物，而知人善采拔。故贤愚咸怀，小大毕力， 尔乃取邓 艾于农隙，引州泰于行役，委以文武，各善 其事。故能西 禽孟达，东举公孙渊，内夷曹爽，外袭王陵， 神略独断，征伐四克。维御群后，大权在己。屡拒诸葛 亮节制之兵，而东支吴人辅车之势。世宗承基，太祖继业，军旅屡动，边鄙无亏，于是百姓与能，大象始构矣。玄丰 乱内，钦 诞寇外，潜谋虽密，而在几必兆。[38]

按尽管这段文字可确定为《晋纪总论》。但由于《文选》完整收录了干宝的这部分史论，因而我们仅凭此仍难以断定这是《晋纪》写本的一部分。或许它实际上来自《文选》，这样的情况也有可能。

9、72TAM151:74(a)《晋阳秋》（？）

记叙惠帝永康元年三月到四月史事，共存 68 行，每行约在 23 字。王素发现并定名[39]。陈国灿、李征也认为是《晋阳秋》，并怀疑写本为东晋太元年间的写本，后在北

[33] 罗振玉《雪堂校刊群书叙录》卷下，此据王重民《敦煌古籍叙录》，85 页。
[34] 参见商务印书馆编《敦煌遗书总目索引》，中华书局，1983 年。
[35] 敦煌研究院编《敦煌遗书总目索引新编》，中华书局，2000 年，335 页。
[36] 上海古籍出版社、法国国家图书馆编《法国国家图书馆藏敦煌西域文献》，上海古籍出版社，2005 年，232 页。
[37] 郝春文《石室写经：敦煌遗书》，103 页。
[38] 萧统编、李善注《文选》卷四九《晋纪总论》，上海古籍出版社，1986 年，2175—2177 页。写本第 4 行"术"作"事"。又见《晋书》卷五《孝愍帝纪》，133 页，有删节。又见汤球、黄奭辑，乔治忠校注《众家编年体晋史》，天津古籍出版社，1989 年，147 页。
[39] 王素《吐鲁番所出〈晋阳秋〉残卷史实考证及拟补》，《中华文史论丛》1984 年第 2 期，25—48 页。后收入氏著《汉唐历史与出土文献》，故宫出版社，352—373 页。

方流传[40]。町田隆吉、岩本笃志则认为暂定为"晋史残片"比较合适[41]。定为《晋阳秋》的关键在于，《世说新语》注引《晋阳秋》中出现了与写本内容相似的句子[42]。相信随着晋史研究的发展，对此写本的理解会不断深入[43]。

三　结语

通过对现存晋史写卷以及若干晋史印本的分析，我们可以得出以下认识：

一、目前，敦煌写卷的唐修《晋书》残卷，都是节抄本。在唐代，唐修《晋书》地位不及《汉书》《史记》《东观汉记》（开元后被《后汉书》取代）"三史"，不属于科举考察范围。但是，唐修《晋书》题为唐太宗御制，加之晋史在唐代具有垂鉴功能，因此仍然在唐代士大夫涉猎的范围之内。P.3813 唐修《晋书》节抄写卷背面为《文明判集》，这可能为敦煌当地官宦所藏，目的在于涉猎史事，也可能是为写判文提供素材。

二、在唐代，除了唐修《晋书》外，孙盛《晋阳秋》等史书仍在流传。藤原佐世《日本国见在书目》收录有若干晋史史籍，分别为：唐修《晋书》130 卷，王隐《晋书》76 卷，《晋书评》1 卷，孙盛《晋阳秋》30 卷，檀道鸾《续晋阳秋》30 卷，萧方《三十国春秋》30 卷，马总《建康实录》20 卷，司马绰《晋书抄》30 卷，《晋起居注》30 卷，崔鸿《十六国春秋》等[44]。司马光《资治通鉴》引用的书目包括《三十国春秋》《十六国春秋》《晋阳秋》等[45]。说明这些书籍到宋代仍有流传。但值得注意的是，干宝《晋纪》不见于《日本国见在书目》，这说明在中唐时期，干宝《晋纪》的受众已十分有限。故 P.5550 干宝《晋纪总论》未必来自《晋纪》原卷。

三、吐鲁番在唐代属边远地区，中原的书籍在边地本来就传播不易。日本皇室

---

[40] 陈国灿、李征《吐鲁番出土的东晋（？）写本〈晋阳秋〉残卷》，文化部文物事业管理局古文献研究室编《出土文献研究》，文物出版社，1985 年，152—158 页。

[41] 町田隆吉《补修吐鲁番出土"晋史"残卷》，《东京学艺大学附属高等学校大泉校舍研究纪要》第 8 集，1984年，37—46 页。町田隆吉《吐鲁番出土"晋史"残卷について》，《燎原》第 20 号，1984 年，6—9 页。岩本笃志《敦煌、吐鲁番发见"晋史"写本残卷考——〈晋阳秋〉と唐修〈晋书〉との关系を中心に》，19—41 页。

[42] 参见王素《吐鲁番所出〈晋阳秋〉残卷史实考证及拟补》，《汉唐历史与出土文献》，367 页。又见唐长孺主编《吐鲁番出土文书》贰，112 页。

[43] 最新研究可参见聂溦萌《吐鲁番出土晋史残卷再考》，南京大学古典文献研究所编《古典文献研究》第 20 辑上卷，南京大学出版社，2017 年 12 月，190—215 页。

[44] 孙猛《日本国见在书目详考》，上海古籍出版社，2015 年，9—10 页。

[45] 参见张须《通鉴之史料及其类别》，氏著《通鉴学》，安徽人民出版社，1981 年，38—70 页。参见陈光崇《张氏〈通鉴学〉所列〈通鉴〉引用书目补正》，刘乃和、宋衍申主编《〈资治通鉴〉丛论》，河南人民出版社，1985 年，173—182 页。陈光崇《〈通鉴〉引用书目的再检核》，同作者《通鉴新论》，辽宁教育出版社，1999年，128—136 页。

在奈良、平安时代悉心收集中国典籍，上文提到的《日本国见在书目》即是此时收录书籍的一份详细书目。在诸家旧晋史中，仅有《晋阳秋》《续晋阳秋》以及王隐《晋书》等见在，九家《晋纪》俱未收录，这可以反映诸家旧晋史在中唐后的保存情况。目前所存两份疑似《晋阳秋》写本，一是记叙"八王之乱"，一是记叙"永嘉之乱"后不久的史事。唐修《晋书》节抄本中，也有对《载记》的摘抄。这些写卷都对应了战争、外族入侵，这似乎与当地作为边境的形势不无关系，或许包含以史为鉴的功能。本文所讨论的这一残片，内容也是"八王之乱"的史事。这不能排除是当地阅史的一种传承。

因此，如果从 LM20-1496-38-01 内容出发，结合唐代晋史的保存情况，以及古写本的发现情况，此残片或许也属于《晋阳秋》的一类诸家旧晋史之一。但由于文字过少，且无其他证据，我们目前宜定名为"唐写本晋史残片"。

由晋史写卷的讨论出发，我们可以回归到中古史研究的基本问题——晋代对唐代有什么样的影响？这是自陈寅恪《隋唐制度渊源略论稿》问世以来，就被不断思考和研究的问题。"八王之乱"伴随着外族的入侵，汉晋旧帝国崩溃，带来了东亚世界的大调整，最终形成隋唐帝国。事实上，唐代不仅许多制度都滥觞于晋代，在文学中也是如此。比如李白的诗中，常见诸如"脚着谢公屐，身登青云梯"之类的句子；王羲之在唐代被尊为"书圣"，这样的例子可以举出很多。我们在敦煌的类书中，也可以找到晋代的事迹[46]。事实上，正是因为唐朝人的不断渲染，像竹林七贤、王谢子弟等晋代的经典形象才能代代流传。相信对于晋史写卷的讨论，有助于我们作更全面的思考。

附论：

在收入本书时，本文进行了一定的更正：

1，关于 LM20-1496-38-01 第 2 行"颖为代王"的解释，笔者增加了新的解读。

2，针对本文的学术史梳理以及结语部分，本文进行了一定的修订。同时也改正本文中出现的一些错别字。

本文刊出后，曾于 2018 年 12 月由北京大学中国古代史研究中心微信公众号推出。其后有学友对本文惠赐了宝贵意见，谨表谢忱！

（陈烨轩，北京大学历史学系博士生。原刊《西域研究》2018 年第 1 期）

---

46 比如敦煌本《事森》就叙述了魏晋孟宗、华歆等人的故事。参见王三庆《敦煌类书》，丽文公司，1993 年，237—243 页。

旅顺博物馆藏《春秋后语》研究

刘子凡

　　古往今来，质文递变，很多古代典籍因时代之推移终遭散佚之厄。晋孔衍所著《春秋后语》自成书之后流布数百年，尤为唐代通行史籍，至宋元之后逐渐佚失[1]。明清时屡有辑佚之作，然而所得有限。所幸敦煌文书中保存有数量众多的《春秋后语》写本，经罗振玉、向达、王重民等先生钩沉，使我们得见其大貌[2]。目前所见较好的辑本有康世昌《〈春秋后语〉辑校》[3]及王恒杰《春秋后语辑考》[4]。两作之后，又陆续有新的《春秋后语》写本被比定出来。包括李际宁先生揭示的国家图书馆藏《春秋后语》（BD16645）残片[5]，陆庆夫、陆离先生先后发现的俄藏敦煌文书中的五件写本 Дх.2663、Дх.2724、Дх.341、Дх.784、Дх.11638，且可与英藏 S. 713 号文书直接缀合[6]，还有郭丹发现的辽宁省博物馆藏残片[7]。近来，法藏藏文本《春秋后语》亦经沈琛先生详细对勘，得到了更好的释读[8]。更重要的是，荣新江先生发现德藏吐鲁番文书中有一件《春秋后语》（Ch. 734）残片，并将其比定为唐代卢藏用注本[9]。由此可知在敦煌文献以外，吐鲁番出土文书中也有《春秋后语》，这对于理解其在唐代的流布具有重要意义。在旅顺博物馆藏西域文书中，又见有一件《春秋后语》残片，且与德藏本相关联，亦是弥足珍贵之重要写本，谨略作考释如下。

---

1. 康世昌《孔衍〈春秋后语〉试探》，《敦煌学》第 13 辑，台北新文丰出版公司，1988 年，114 页。
2. 罗振玉《鸣沙石室佚书》，上虞罗氏 1913 年印行，此据中华书局 2005 年影印本，143—180 页。向达《伦敦所藏敦煌卷子经眼目录》，《北平图书馆图书季刊》1939 年新 1 卷第 4 期，397 页。王重民《敦煌古籍叙录》，中华书局，1958 年，87—93 页。
3. 康世昌《〈春秋后语〉辑校》（上），《敦煌学》第 14 辑，1989 年，91—187 页；《〈春秋后语〉辑校》（下），《敦煌学》第 15 辑，1990 年，9—85 页。
4. 王恒杰《春秋后语辑考》，齐鲁书社，1993 年。
5. 李际宁《〈春秋后语〉拾遗》，《敦煌吐鲁番研究》第 1 卷，1996 年，335—338 页。
6. 陆离《俄藏敦煌写本〈春秋后语〉残卷探识》，《文献》2001 年第 2 期，212—225 页。陆庆夫、陆离《俄藏敦煌写本〈春秋后语〉残卷再探——对 Дх.11638 号与 Дх.02663、Дх.02724、Дх.05341、Дх.0578 号文书的缀合研究》，《敦煌学辑刊》2004 年第 1 期，1—12 页。
7. 郭丹《敦煌写本〈春秋后语〉残片再发现》，《文献》2013 年第 5 期，66—72 页。
8. 沈琛《P. t. 1291 号敦煌藏文写本〈春秋后语〉再研究》，《文献》2015 年第 5 期，69—89 页。
9. 荣新江《德藏吐鲁番出土〈春秋后语〉注本残卷考释》，《北京图书馆馆刊》1999 年第 2 期，71—73 页。

一

旅顺博物馆藏LM20-1523-12-120号文书，四边均残，仅存3行11字，楷书书写，字迹工整，且有界栏。文书录文为：

1　]白起□[

2　]归帝号还[

3　]郢为南郡[

郭富纯、王振芬先生刊布了这件文书，并将其归类为"其他文书"[10]。遍寻现存典籍，确实无法找到与这件残片内容完全对应的文字。然而文书中所记之人物、事件，却又皆见于史籍。第1行中的"白起"为秦国名将，自不待言。第2行中的"帝号还"，应是指秦、齐归帝为王之事。《史记》卷五《秦本纪》载：

（秦昭王）十九年（前288），王为西帝，齐为东帝，皆复去之。[11]

又同书卷八三《鲁仲连列传》载：

图 1　旅 顺 博 物 馆 藏 LM20-1523-12-120 号文书

魏王使客将军新垣衍间入邯郸，因平原君谓赵王曰："秦所为急围赵者，前与齐湣王争强为帝，已而复归帝。今齐湣王已益弱，方今唯秦雄天下，此非必贪邯郸，其意欲复求为帝。赵诚发使尊秦昭王为帝，秦必喜罢兵去。"平原君犹预未有所决。[12]

这里也是说秦昭王与齐湣王争强称帝之事，但很快又同时放弃了帝的称号，而继续为王，即是所谓"归帝"。《史记》卷四○《楚世家》中的"月余，复归帝为王"亦是如此[13]。则文书残片中"帝"字上方之残笔应为"归"字。

第3行中的"为南郡"，则显然是指白起攻夺楚国郢之后，秦国以郢为南郡之事。《史记》卷五《秦本纪》载：

（秦昭王）二十九年，大良造白起攻楚，取郢为南郡，楚王走。周君来。王与楚王会襄陵。白起为武安君。[14]

---

[10]　郭富纯、王振芬《旅顺博物馆藏西域文书研究》，万卷出版公司，2007年，208页。

[11]　《史记》卷五，中华书局，1959年，212页。

[12]　《史记》卷八三，2460页。

[13]　《史记》卷四○，1729页。

[14]　《史记》卷五，213页。

又同书卷七三《白起列传》载：

> 后七年，白起攻楚，拔鄢、邓五城。其明年，攻楚，拔郢，烧夷陵，遂东
> 至竟陵。楚王亡去郢，东走徙陈。秦以郢为南郡。白起迁为武安君。[15]

则文书中"为"字之上当为"郢"字。可见，文书残片中所见两事，皆发生在秦昭王时，而且可以分别在《史记》中找到对应的记载。

然而残片中的三行文字合在一起的话，却无法在存世典籍中找到完全对应的记载。只有《史记》卷七二《穰侯列传》中的内容与此类似：

> 昭王十四年，魏冉举白起，使代向寿将而攻韩、魏，败之伊阙，斩首
> 二十四万，虏魏将公孙喜。明年，又取楚之宛、叶。魏冉谢病免相，以客卿寿
> 烛为相。其明年，烛免，复相冉，乃封魏冉于穰，复益封陶，号曰穰侯……昭
> 王十九年，秦称西帝，齐称东帝。月余，吕礼来，而齐、秦各复归帝为王。魏
> 冉复相秦，六岁而免。免二岁，复相秦。四岁，而使白起拔楚之郢，秦置南
> 郡。乃封白起为武安君。白起者，穰侯之所任举也，相善。于是穰侯之富，富
> 于王室[16]。

穰侯魏冉为秦昭王母宣太后之弟，位高权重，是秦昭王时代最重要的外戚。此段便记载了魏冉举荐白起，以及几度入相的经历。文中先记魏冉荐举白起攻破韩、魏等国，再录秦、齐称帝复归帝之事，紧接着就是白起拔郢及秦置南郡事。从记事顺序看，与旅博残片所载正相合。而在《史记》中，也只有在《穰侯列传》里，相隔数年的秦昭王归帝与秦置南郡之事会连在一起叙述。只是《穰侯列传》与文书残片中的文字表述略有不同，且文字显然更多。故颇疑旅博文书中的文字是删改自《史记·穰侯列传》。

这种似《史记》而非的特性，是《春秋后语》的一大特点。唐代刘知几《史通》载：

> 至孔衍，又以《战国策》所书，未为尽善。乃引太史公所记，参其异同，
> 删彼二家，聚为一录，号为《春秋后语》。除二周及宋、卫、中山，其所留者，
> 七国而已。始自秦孝公，终于楚、汉之际，比于《春秋》，亦尽二百三十余年
> 行事。[17]

---

[15] 《史记》卷七三，2331 页。
[16] 《史记》卷七二，2325 页。
[17] 刘知几《史通》，上海古籍出版社，2008 年，14 页。

可知，孔衍所作《春秋后语》是根据《战国策》和《史记》删改而来。根据敦煌吐鲁番文书中的相关写本，可以清楚地看到《春秋后语》确实如刘知几所言，参考了《战国策》分国记述的体例，分为《秦语》《赵语》《韩语》《魏语》《楚语》《齐语》《燕语》，合为十卷。然而与《战国策》不同的是，《春秋后语》参考了《史记》等书的纪年，每一国语中皆是以编年的形式记述。全书绝大部分内容也确实是依据《战国策》和《史记》两书删补而成，兼采他书。孔衍选取的《史记》段落，都进行过删改，以致我们今日所见很多《春秋后语》写本文字与《史记》相似而又略有出入。旅博所藏关于"帝号还"与"郢为南郡"的这件文书，刚好具有这样的特点。

更值得注意的是，这件旅博义书与德藏吐鲁番出土《春秋后语》（Ch. 734）有着极为密切的关联。德藏《春秋后语》残片，为德国第二次吐鲁番探险队所得，具体出土地点不详。残片大小为 8.8×8.8 厘米，四边均残，存字 5行，书写极为工整，兼有小字注。录文如下：

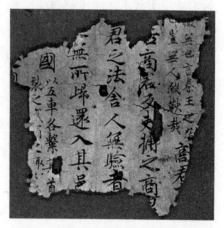

图 2　德藏吐鲁番出土《春秋后语》
（Ch. 734）

1　]微无也言秦王之卒死岂无人杀鞅哉 商君不[

2　]告商君反吏捕之商君[

3　]君之法舍人无验者[

4　]走无所归还入其邑[

5　]国以五车各系其首裂之或谓之辕□[

6　]□□[

经荣新江先生考证，残片中大字正文的部分，与法藏敦煌写本 P. 5523、P. 5034《春秋后语》卷一《秦语》上的相关文字完全相同，由此可以确定此件为《春秋后语》写本残片。同时，文书中的注文从用语、内容、形式上看，都与辑本中的卢藏用注十分类似，而与敦煌所出"释文本"不同，则又可以判定其为卢藏用注本[18]。这也是此前唯一可以确知的吐鲁番出土《春秋后语》，出土文书中的卢藏用注本亦仅此一件。

如果仔细比对旅博 LM20-1523-12-120 文书与这件德藏《春秋后语》残片的话，可以清楚地看到其相似性。二者都是用楷书写成的精抄本，字迹十分工整，其抄写的严谨程度显然要超出敦煌所出的各件《春秋后语》。细审之下，还可以发现二者的笔迹十分接近，从字体结构及用笔上看，都有可比之处。更重要的是，两件文书皆

---

[18]　荣新江《德藏吐鲁番出土〈春秋后语〉注本残卷考释》，71—72 页。

有乌丝界栏。经测量，旅博文书的界栏宽度为 1.4 厘米，单字的宽度大致为 0.7—0.8 厘米。根据 IDP 刊布的附有比例尺的德藏文书照片，其界栏宽度为 1.4—1.5 厘米，单字的宽度亦为 0.7—0.8 厘米。二者完全相仿。由以上信息推断，旅博文书应是与德藏《春秋后语》很可能为同一写本。

如果这种比对成立的话，那么旅博 LM20-1523-12-120 文书应当也是一件《春秋后语》，很可能也是卢藏用注本。根据前文提到的秦、齐归帝为王及秦国置南郡的历史信息，以及文书叙事顺序与《穰侯列传》的相似性，可以进一步推测旅博文书为《春秋后语·秦语》。从敦煌所出《春秋后语》的情况看，《秦语》分为三卷，《秦语》第二结束于武王二年（前 309）。则秦昭王的部分当在《秦语》第三。不过今存诸种《春秋后语》中，《秦语》第三大多是秦始皇以后的内容，仅辽宁省博物馆藏《春秋后语》所记为昭王时事，可惜其中并不包括旅博文书中所记置南郡等诸事。

但值得注意的是，这件辽宁省博物馆藏《春秋后语》的内容，与旅博文书虽不可直接对应，却前后关联。辽宁省博《春秋后语》存字 28 行，主要记述范雎与须贾之恩怨故事，涉及范雎化名张禄使秦，得到秦昭王重用拜为秦相，羞辱须贾之事[19]。文书最后一句，则接叙穰侯之事，其文曰："穰侯之废也，宣太后忧病而"云云。实际上，穰侯被废正是与范雎有关。《史记》卷七二《穰侯列传》载：

> 昭王三十六年，相国穰侯言客卿灶，欲伐齐取刚、寿，以广其陶邑。于是魏人范雎自谓张禄先生，讥穰侯之伐齐，乃越三晋以攻齐也，以此时奸说秦昭王。昭王于是用范雎。范雎言宣太后专制，穰侯擅权于诸侯，泾阳君、高陵君之属太侈，富于王室。于是秦昭王悟，乃免相国，令泾阳之属皆出关，就封邑。[20]

可见，范雎之获得重用，正因讥穰侯伐齐。穰侯免相国，导火索也是范雎进言宣太后专制、穰侯擅权。故而，《春秋后语·秦语》在范雎事后，接叙穰侯之废云云。至少可以肯定，《春秋后语·秦语》有关于穰侯之记述。旅博文书中所记有关白起、还帝号、置南郡之事，正处在穰侯势力最盛之时，与辽宁省博文书所记范雎拜相和穰侯之废前后呼应。综合各种因素，可以判断旅博 LM20-1523-12-120 文书为《春秋后语·秦语》断片，可补《秦语》第三之缺。

二

敦煌吐鲁番文书中大量《春秋后语》残片，尤其是旅博 LM20-1523-12-120 号文

19　郭丹《敦煌写本〈春秋后语〉残片再发现》，68—69 页。
20　《史记》卷七二，2329 页。

书及德藏 Ch. 734 号文书这两件吐鲁番出土《春秋后语》的发现，对于我们理解该书在唐代的流行具有十分重要的意义。从书写上看，吐鲁番出土的卢藏用注本《春秋后语》无疑是一种精抄本，不仅书写极为工整，而且打有界栏。这种精致的写本在吐鲁番出土的非佛经类写本中并不常见。在写本时代，文本的抄写是一项繁重的工作，只有《论语》《毛诗》一类的重要典籍，才会被如此严谨规范地抄写。从这个方面来说，吐鲁番所见卢藏用注本《春秋后语》，应当是被作为当时流行的重要典籍来抄写的。甚至可以说，卢藏用注本《春秋后语》已经在一定程度上完成了其在唐朝的经典化。《新唐书·艺文志》便专门载有"卢藏用《春秋后语》十卷"[21]。《荀子》唐代杨倞注，亦见有引用《春秋后语》卢藏用注[22]。元吴师道校《战国策》，便明确提到其所引为《春秋后语》卢藏用注。可知卢藏用注本或为唐代较为通行之《春秋后语》版本。

不过从敦煌写本来看，《春秋后语》在唐代流布的注本并不只此一种。英藏 S. 1439 文书便是一种仅有释文的《春秋后语》，被称为"释文本"。其内容是摘录《春秋后语》本文中需要注释的字句，逐一注释。此种释文明显与卢藏用注本不同，为另一系统的注本[23]。这种"释文本"显然是作为阅读正文的工具来使用，这种独立的工具书的出现，恰恰可以显示出《春秋后语》在当时已经成为了一种普遍阅读的书籍。敦煌吐鲁番写本中发现了这么多的《春秋后语》，本身也可以说明其在当时社会上的流行程度。虽然《春秋后语》的主体是摘自《战国策》和《史记》，但在敦煌吐鲁番文书中所见《史记》写本却远没有《春秋后语》这样多[24]，《战国策》则更是尚未发现。《春秋后语》的流行程度可见一斑。

同样，在史籍中也可以找到《春秋后语》流行于唐代的相关信息。刘知几《史通》在记述"《国语》家"时，用了最大的篇幅来探讨《春秋后语》。除上文引用的一段之外，其文又有：

> 始衍撰《春秋时国语》，复撰《春秋后语》，勒成二书，各为十卷。今行于世者，唯《后语》存焉。按其书《序》云："虽左氏莫能加。"世人皆尤其不量力，不度德。寻衍之此义，自比于丘明者，当谓《国语》，非《春秋传》也。必方以类聚，岂多嗤乎！[25]

---

[21] 《新唐书》卷五七，中华书局，1975 年，1440 页。
[22] 《荀子》卷九《君道篇》，上海古籍出版社影印本，1989 年，76 页。
[23] 参见康世昌《孔衍〈春秋后语〉试探》，117—119 页。
[24] 参见张宗品《从古写本看汉唐时期〈史记〉在西域的流播——中古时期典籍阅读现象之一侧面》，《古文献研究》第 17 辑上卷，2014 年，76—84 页。
[25] 刘知几《史通》，14 页。

可知孔衍尚撰有《春秋时国语》，大致是记录春秋时代的史事，但在唐代已不可见。至于《春秋后语》，则因孔衍自序中说到"虽左氏莫能加"，而遭到世人之讥讽。但刘知几认为，孔衍所指为左丘明所撰《国语》，而非《左传》，以《春秋后语》比《国语》则不足嗤。这是对《春秋后语》的肯定，我们同样也可以从中读出"世人"对于《春秋后语》具有普遍认知。又柳宗元《柳宗直西汉文类序》有：

> 左右史混久矣，言事驳乱，《尚书》《春秋》之旨不立。自左丘明传孔氏，太史公述历古今，合而为《史》，迄于今交错相纠，莫能离其说。独《左氏》《国语》纪言，不参于事。《战国策》《春秋后语》颇本右史《尚书》之制。然无古圣人蔚然之道，大抵促数耗矣，而后之文者宠之。[26]

在这里，柳宗元是将《春秋后语》与《战国策》并举，列为右史《尚书》系统的重要史籍。在柳宗元的叙述语境中，《春秋后语》俨然与《左传》《国语》等书也具有同等重要的地位。虽然柳宗元是以批评为主，但还是可以看到"后之文者"喜读《春秋后语》之情形。

唐人的各种著作中，也多有引用《春秋后语》者。如徐坚《初学记》、白居易《白氏六帖事类集》等类书便都引用过《春秋后语》。对后世影响甚大的胡曾《咏史诗》中，有十余首诗的注文都大量抄录《春秋后语》。据赵望秦先生考证，此为晚唐人陈盖所注[27]。甚至在李吉甫《元和郡县图志》中，亦引用到《春秋后语》，其书卷一六"河南道·太原府·晋阳县"下有：

> 《史记》云："智伯攻襄子于晋阳，引汾水灌其城，城不浸者三版。"《春秋后语》云："智伯攻晋阳，决晋水灌之，城中悬釜而炊。"今按城东有汾水南流城西又有晋水入城，而《史记》云引汾水，《后语》云决晋水，二家不同，未详孰是。[28]

是又将《史记》《春秋后语》对举，同样作为重要的参考材料而两存之。总之，无论从敦煌吐鲁番文书中发现的大量写本残片，还是唐人著述中的众多记载来看，目前已散佚的《春秋后语》在唐代确实是十分流行的重要典籍。

《春秋后语》采择《史记》《战国策》而成，卷帙较小，又囊括两书之精华。故在写本时代，《春秋后语》更便于流传[29]。实际上，魏晋隋唐之际，改编史书是一种十分常见的现象。《新唐书·艺文志》载："《东殿新书》二百卷，许敬宗、李义府奉诏

---

26 《柳宗元集》卷二一，中华书局，1979 年，576 页。

27 赵望秦《胡曾〈咏史诗〉注本考索》，《中华文史论丛》第 75 辑，2004 年，220 页。

28 《元和郡县图志》卷一六，中华书局，1983 年，365 页。

29 参见康世昌《孔衍〈春秋后语〉试探》，115 页。

于武德内殿修撰。其书自《史记》至《晋书》删其繁辞。龙朔元年上，高宗制序。"[30] 此《东殿新书》与《春秋后语》类似，也是删削史籍而成。不过宋代以后，此类著作的功用逐渐被其他相关图书替代，学者也更加重视原典，《春秋后语》等书也就逐渐散佚了[31]。

总之，旅顺博物馆藏 LM20-1523-12-120 号文书应为《春秋后语》，且与德藏 Ch. 734 文书为同一写本，是唐代流行的卢藏用注本。其中记载的"白起"、"帝号还"、"置南郡"等，皆为秦昭王事，极有可能是改编自《史记·穰侯列传》。而其在《春秋后语》中的位置当是在《秦语》第三。此亦吐鲁番文书中之珍品，使我们得窥《春秋后语》流行于唐代之一斑。

（刘子凡，中国社会科学院古代史研究所暨敦煌学研究中心副研究员。原刊《文献》2018 年第 5 期）

---

[30] 《新唐书》卷五九，1543 页。
[31] 参见张宗品《从古写本看汉唐时期〈史记〉在西域的流播》，91—92 页。

旅顺博物馆本《列女传》初步研究

王卫平

　　旅顺博物馆本《列女传》为首次发现的写本时代《列女传》原文，根据其残留的文字对该写本式样进行复原，不仅得出一个新的写本式样，更重要的是《列女传》的流传史亦因此新证而大有改观。虽然在内容上无补刻本系统的《列女传》，但它的出现令我们不得不注意到，写本与刻本的区别不仅是书写方式的改变，因为王回的工作，刻本《列女传》的卷数结构也发生重大变化。

　　近代以来，出土文献的学术价值已经为学界熟知，残简片纸，即使不成篇章，也常常给学术带来意外惊喜。本文讨论的是一件旅顺博物馆藏品——来自新疆吐鲁番的文书，即唐代《列女传》残件，确实具有如此这般的价值。

一　残片简介

　　旅顺博物馆藏文书，编号为 LM20-1452-37-06，残纸高 8.3 厘米、宽 6 厘米，文书前后皆阙，残留文字 3 行，总计 16 字，仅仅是一个残片。就字体而言，是标准的楷书，为唐代写本无疑。文书来源清楚，为 20 世纪初日本大谷光瑞得之于新疆吐鲁番。文字排列整齐，字与字之间间隔清晰、疏密得当，书写工整严谨，为成熟的楷书体。纸色褐黄，纸质薄脆，可见乌丝栏格。从基本信息来看，应该属于官府的标准书籍抄写，虽然不如佛经那样整齐划一，但书手抄写认真，书法造诣可称。根据残片文字，录文如下：

　　　（前缺）
　1　　　　]□[
　2　　　　]莘燔烧未央[
　3　　]□自投火中死君[

4 □之行□不以存□

（后缺）

依据现存文字，核检古代文献，最为接近的文献有二：一是《汉书》卷九七下《外戚传·孝平王皇后》，二是《古列女传》卷八《汉孝平皇后》。两件文献所描述的都是孝平王皇后的故事。王皇后是王莽的女儿，为西汉平帝皇后，王莽篡汉之后，号为定安公太后。王莽败，皇后投火自尽。下列表对比，以考察旅顺博物馆所藏文书究竟属于什么文献。

表 1

《汉书·外戚传·孝平王皇后》	《古列女传·汉孝平皇后》
因发病，不肯起，莽遂不复强也。及汉兵诛莽，燔烧未央宫，后曰："何面目以见汉家！"自投火中而死。赞曰：《易》著吉凶而言谦盈之效，天地鬼神至于人道靡不同之……[1]	因废疾，不肯起，莽遂不敢强也。及汉兵诛莽，燔烧未央。后曰："何面目以见汉家！"自投火中而死。君子谓：平后体自然贞淑之行，不为存亡改意，可谓节行不亏污者矣[2]。

《汉书》与《列女传》所述故事，几乎完全一致，个别用字差异，但丝毫不影响文意。《汉书》在叙述孝平皇后死后，全篇即告完成，后文的"赞曰"是对整个类传进行的评论，并非专门针对孝平皇后。而《列女传》的"君子谓"云云，都是针对孝平皇后的评论，这与《汉书》体例不同。考察旅博残文书最后一行，正是"君子谓"的内容。所以，旅顺博物馆藏该件文书，属于《列女传》写本无疑。

这是一个重要发现，写本时代《列女传》原文，这是首次发现。

考察通行《列女传》（或称《古列女传》），就这部分文字而言，无有不同。根据旅博本残留文字，可以大体恢复原来的写本面貌。比较通行本《列女传》，旅博本《列女传》的最后一句"自投火中死"，而通行本为"自投火中而死"，少一连词"而"字。另外，"君子谓"中"不为存亡改意"，旅博本为"不以存亡改意"。这些差异，并不影响文意，但是却能体现旅博本《列女传》的特殊之处。依照现存旅博本的文字残留，该本的式样大约如下：

　　答鞭旁侍御因廢疾不肯起莽遂不敢
　　强也及漢兵誅**莽燔燒未央**后曰何面
　　目以見漢家**自投火中死君**子謂平后
　　體自然貞淑**之行不以存**亡改意可謂

如此恢复，每行大约十五字。然而，旅博本《列女传》不仅提供了一个新的写本式

[1]《汉书》卷九七下《外戚传·孝平王皇后》，中华书局，1962年，4011页。
[2]《续古列女传》，《景印文渊阁四库全书》第448册，台湾商务印书馆，1986年，80—81页。

样，更重要的是,《列女传》的流传史因此新证，也大有改观。

二 《列女传》的流传

《列女传》为西汉刘向所著，是女性传记的经典之作[3]。《汉书·楚元王传》记载刘向"睹俗弥奢淫，而赵、卫之属起微贱，踰礼制。向以为王教由内及外，自近者始。故采取诗书所载贤妃贞妇，兴国显家可法则，及孽嬖乱亡者，序次为《列女传》，凡八篇，以戒天子"[4]。要更清楚地理解旅博本《列女传》及其意义，必须从《列女传》的流传史入手。

刘向所著《列女传》，最初应该在《七略》中留下记录，而现在能够看到的《汉书·艺文志》，就是来自《七略》。《七略》最初与刘向关系密切，汉成帝时他与任宏等奉命整理国家所得图书，"每一书已，向辄条其篇目，撮其指意，录而奏之。会向卒，哀帝复使向子侍中奉车都尉歆卒父业。歆于是总群书而奏其《七略》",《汉书·艺文志》就是在《七略》基础上，"删其要，以备篇籍"的结果[5]。在《汉书·艺文志》中，《列女传》没有单独排列，而是与刘向的所有著述一同写入的，"刘向所序六十七篇"，注释为"《新序》《说苑》《世说》《列女传颂图》也"[6]。这是刘向《列女传》历史文献上第一次示人的姿态，不仅有传，还有颂和图。

至《隋书·经籍志》,《列女传》有了新的面貌，最重要的是以《列女传》为名的书籍，纷纷涌现，无不反映了刘向《列女传》的巨大影响力。《隋书》反映的隋朝书籍拥有状况，可以看作是对此前魏晋南北朝以来的总结。之后的书目代表为《新唐书·艺文志》，可见《列女传》及其同类书籍的基本情况。先将《隋书》与《新唐书》的相关书目列表如下，以方便之后的讨论。

---

[3] 讨论《列女传》的文章甚多，可参见宫本胜《〈列女传〉の刊本及び颂图について》，《北海道大学文学部纪要》第 32 号，1983 年；刘颖《刘向〈列女传〉研究综述》,《宜春学院学报》2008 年 S1 期，79—80 页；王子今《论〈列女传·母仪传〉早期教育故事》,《徐州师范大学学报》2009 年第 6 期，68—73 页；仙石知子《〈列女传〉研究序说——中国近世もにおける流布と受容》,《东洋の思想と宗教》第 35 号，2018 年，45—63 页。

[4] 《汉书》卷三六《楚元王传》，1957—1958 页。

[5] 《汉书》卷三〇《艺文志》序，1701 页。

[6] 《汉书》卷三〇《艺文志》，1727 页。

表 2 《隋书》与《新唐书》所著录列女传类图书一览表

序号	《隋书·经籍志》[7]	《新唐书·艺文志》[8]
1	《列女传》十五卷，刘向撰，曹大家注	刘向《列女传》十五卷，曹大家注
2	《列女传》七卷，赵母注	赵母《列女传》七卷
3	《列女传》八卷，高氏撰	
4	《列女传颂》一卷，刘歆撰	
5	《列女传颂》一卷，曹植撰	曹植《列女传颂》一卷
6	《列女传赞》一卷，缪袭撰	
7	《列女后传》十卷，项原撰	项宗《列女后传》十卷★
8	《列女传》六卷，皇甫谧撰	皇甫谧《列女传》六卷★
9	《列女传》七卷，綦毋邃撰	綦毋邃《列女传》七卷★
10	《列女传要录》三卷	
11		刘熙《列女传》八卷
12		孙夫人《列女序赞》一卷★
		杜预《列女记》十卷★

上表中标★号的是《旧唐书·经籍志》所著录的书籍。从《隋书》的情况看，列女传书籍至此已经形成系列，可见列女主题获得普遍响应。《隋书·经籍志》在排列图书的时候，存亡状况有明确标志，如果已经亡佚，会注一"亡"字。此处十部列女传类图书，都没有注释亡佚，可以证明唐初这些书籍都是存在的。《新唐书·艺文志》所著录的图书情况复杂，看上去蔚为壮观，但只是开元时期的盛况而已，安史之乱后多遭厄乱，《艺文志》明确说明"今著于篇，有其名而亡其书者，十盖五六也"[9]。所以，《新唐书》所著录列女传类书籍，仅仅表示存在过而已。刘向所著《列女传》，依然是曹大家注释本，以十五卷的姿态一直保存到安史之乱，应该是没有问题的。

但是，这个结论在面对《旧唐书·经籍志》的时候，就变得根据飘渺了。《旧唐书·经籍志》明确说"今录开元盛时四部诸书，以表艺文之盛"[10]，足以说明《经籍志》的书录也是来自开元时代的唐廷藏书。而列女类图书，《旧唐书·经籍志》共有七种，而关于刘向所著，记录即："《列女传》二卷，刘向撰。"[11] 此处著录为"二

---

[7] 《隋书》卷三三《经籍志》，中华书局，1973 年，978 页。

[8] 《新唐书》卷五八《艺文志二》，中华书局，1973 年，1486 页。

[9] 《新唐书》卷五七《艺文志序》，1422 页。

[10] 《旧唐书》卷四六《经籍志序》，中华书局，1975 年，1963 页。

[11] 《旧唐书》卷四六《经籍志上》，2002 页。《列女后传》十卷，其作者三部书分别写作项原、项宗和颜原，情况不明。《旧唐书·经籍志》有《列女传》一百卷，作者是大圣天后，即武则天，但《新唐书》未记此书。

卷"，十分突然，除非错误，难以解释。

刘向《列女传》的流传，依照隋唐史书著录的情况，最后的情形变得模糊难辨。进入宋朝，时代的变化更加剧烈，写本终成东流逝水，有关《列女传》的流传故事，后来居上的刻本成为时代的焦点。不过，唐宋之间的《列女传》流传并没有发生更多意外，即使宋代开创了刻本时代。毕竟，宋代开始的刻本时代也是从唐代的写本转化而来。宋代对于《列女传》的意见，多被后代继承，成为今日所见通行本的源泉，不过，宋人如何改造写本传统，还是有案可稽的。

前文所述，《汉书·艺文志》并未交代《列女传》的卷数，但说总六十七篇。顾实先生解释为：

> 《疾谗》《摘要》《救危》《世颂》，盖皆《世说》中篇目，即《世说》也。《隋志》：《新序》三十卷、《说苑》二十卷。卷即是篇，是五十篇。合《世说》八篇，《列女传》八篇，凡十六篇。又加《列女传》《颂》《图》一篇，恰符《汉志》六十七篇之数。[12]

刘向的传记中有"序次为《列女传》，凡八篇，以戒天子"的字样，其中的"凡八篇"，当即八卷之意。唐徐坚等所撰《初学记》引刘向《七略别录》云：

> 臣向与黄门侍郎歆所校《列女传》，种类相从为七篇。以著祸福荣辱之效、是非得失之分，画之于屏风四堵。[13]

那么，此处又为七卷。《列女传》究竟是七卷还是八卷呢？或许因为颂词部分不能成为作画的资料，《七略别录》才强调七篇。颜之推对此也有思考，给我们提供很大帮助，他在所撰《颜氏家训·书证》中说道：

> 《列女传》亦向所造，其子歆又作《颂》，终于赵悼后，而传有更始韩夫人、明德马后及梁夫人嫕。皆由后人所羼，非本文也。[14]

颜之推所指为后人所羼的部分，在今通行本中，正是《续列女传》的内容，颜之推的观点显然影响了宋人。

北宋仁宗时期修《崇文总目》，其序有如下内容：

> 右《列女传》，刘向撰，后汉班氏注。按向作《列女传》八篇，一曰母仪、二

12　顾实《汉书艺文志讲疏》，上海古籍出版社，2009 年，109 页。

13　《初学记》卷二五《器物部·屏风第三》，中华书局，1962 年，599 页。

14　颜之推著、王利器集解《颜氏家训集解》（增订本）卷六《书证》，中华书局，1993 年，484 页。

曰贤明、三曰仁智、四曰贞顺、五曰节义、六曰辩通、七曰孽嬖、八曰传颂。[15]

汉唐时期，《列女传》主要流传的是十五卷本，班氏（班昭，曹大家）注释，颜之推所见也应该是这个版本。从《崇文总目》的提要看，并没有提及卷数，仅仅指出八篇的原始结构。《列女传》名称依旧，明列各篇内容，最后以"传颂"为第八篇。既然如此，颜之推讨论的问题，现存的《崇文总目》并没有回应。即《列女传》的部分人物，有的晚于刘向，不可能在刘向的《列女传》中出现。所以颜之推断定，有刘向之后的人进行了续写，他称之为"羼"。曾巩的《列女传》序言提及另外一次《列女传》的修订工作："嘉祐中，集贤校理苏颂始以《颂义》编次，复定其书为八篇，与十五篇者并藏于馆阁。"[16] 对照《崇文总目》，曾巩之所以归功于苏颂，应该是《崇文总目》仅仅描述刘向《列女传》的结构，并没有进行重新分割，依然录为十五卷。

北宋开始，重新恢复《列女传》的传统结构，影响最大的是王回的工作。晁公武《郡斋读书志》引用王回序言，内容如下：

> 此书有母仪、贤明、仁智、贞顺、节义、辩通、孽嬖等篇，而各颂其义，图其状，总为卒篇。传如《太史公记》，颂如《诗》之四言，而图为屏风。然世所行向书，乃分传每篇上下，并颂为十五卷。其十二传无颂，三传同时人，无传其后人，通题曰"向撰"，题其颂曰"向子歆撰"，与《汉史》不合。故《崇文总目》以"陈婴母"等十六传为后人所附。予以颂考之，每篇皆十五传耳，则凡无颂者，宜皆非向所奏书，不特自"陈婴母"为断也。颂云画之屏风，而史有《颂图》在八篇中，莫得而考。以向所序书多散亡，独此幸存而完，复为他手窜疑于其真，故并录其目，而以颂证之，删为八篇，号为《古列女传》。余二十传，其文亦奥雅可喜，故又以时次之，别为一篇，号《续列女传》。[17]

王回重新分割《列女传》为八篇（卷），不同于苏颂，苏颂仅仅是合并卷数，两卷变成一卷，并没有分割内容。而王回把凡是没有"颂"这部分内容的，都单独出来另成《续列女传》，于是八卷本《列女传》被他重新组装为《古列女传》八卷，外加《续列女传》一卷，完成了两个《列女传》共九卷的新构造。《古列女传》及其名目从

---

[15] 北宋修《崇文总目》是在仁宗景祐元年（1034）开始，庆历元年（1041）由翰林学士王尧臣奏上，赐名《崇文总目》。《崇文总目》后多散失，所余《崇文总目》见《丛书集成初编》，已经没有这些文字，但依然称作《列女传》十五卷。见《丛书集成》第0021号，中华书局，1985年，105页。此处所引为《四库全书·古列女传》，称作《崇文总目序》，《景印文渊阁四库全书》第448册，5页。

[16] 《文献通考》卷一九八《经籍考二五》，中华书局，2011年，5698页。

[17] 晁公武著、孙猛校证《郡斋读书志校证》，上海古籍出版社，2011年，367—368页。后文有晁公武按语，十分赞成王回的做法。

此开始流传[18]。

苏颂的工作之后，根据曾巩的说法，虽然恢复了八卷本，但并不是取代十五卷本，而是让两个版本并存，"藏于馆阁"。那么，十五卷本的注释部分呢？苏颂显然也没有触动。至王回，虽然割裂了十五卷本，但也没有提及注释问题。十五卷本是班昭的注释本，八卷本仅仅改变了卷数，那么班昭的注释应该依旧保留。此后的目录书所著录的图书，都是王回更改之后的版本，那么班昭的注释呢？王回没有交代，按理应该照常保留。王回的工作影响巨大，《直斋书录解题》[19]、《文献通考》皆可证明，无不注明《古列女传》八卷，《续列女传》一卷。《文献通考》并录南丰曾巩、晁公武和陈振孙的论述文字[20]，在赞成王回意见问题上，大家几乎无有不同。

至南宋时，《列女传》开始出现刻本，根据蔡骥的序言，刻本基本上采用了王回的版本。其言为：

> 谨按《列女传》颂义、大序、小序及颂，或者皆以为刘向子刘歆作。骥谨按《隋书》《崇文总目》及本朝曾校书序，则非歆作明矣。然《崇文总目》则以续二十传无颂附入向七篇中，分上下为一十四篇，并传颂一篇，共成一十五篇。今人则以向所撰《列女传》七篇并《续列女传》二十传为一篇，共计八篇。今止依此将颂义、大序列于目录前，小序七篇散见目录中间，颂见各人传后，观者宜详察焉。嘉定七年甲戌十二月初五日，武夷蔡骥孔良拜手谨书。[21]

嘉定是南宋宁宗年号，嘉定七年是公元1214年。《列女传》从此进入刻本时代，而王回的影响依然是决定性的[22]。稍有不同，即传颂不再单成一篇，而是附在传后，看上去更加一体化。必须强调的是，这个后来流行的版本，是北宋以后的产物，与汉唐之间流行的版本有着完全不同的面貌。

三　汉唐写本《列女传》面貌蠡测

北宋王回改造班昭以来的《列女传》结构，成为后代刻本的主流。与此同时，传统的十五卷本《列女传》却悄无声息地离开了人们的视野。汉唐之际一直占据《列女传》流传历史核心地位的十五卷本，到底是怎样的面貌？如今旅博本《列女

18　王回卒年是神宗熙宁六年（1073），与曾巩、欧阳修等同时，与王安石也有交游，参见袁贝贝《王回考》，《温州大学学报》2012年第6期，77—82页。

19　参见陈振孙《直斋书录解题》卷七，上海古籍出版社，1987年，193—194页。

20　《文献通考》卷一九八《经籍考二五》，5698—5699页。

21　《四库全书·古列女传》，称作《崇文总目序》，《景印文渊阁四库全书》第448册，7—8页。

22　有关《列女传》的研究，尤其是刻本时代的流传，参见张涛《刘向〈列女传〉的版本问题》，《文献》1989年第3期，249—257页。

传》的出现，给我们带来了一线复原的希望与动力。

王回的研究，获得大家的一致认可：班昭注释的刘向《列女传》，原本七卷被分割为十四卷，加上颂义部分单独成为一卷，如此共成十五卷。王回的新造，其本意或者是回归刘向原貌，但是否回归正确，不在本文考察范围之内。王回的工作，留下了原来十五卷本的线索，这让我们恢复十五卷本有了重要依据。

在王回本的《续列女传》一卷中，共涉及传记二十人，其中十二人是汉成帝之前的人物，三人属于汉成帝同时代的人物，五人是汉成帝之后的人物。在传统的写本时代，《列女传》这二十人都缺乏"颂"的内容，于是王回认定这些属于刘向之后的续写部分。现在有学者指出，《列女传》的"颂"其实是《列女传》的目录，那么王回以颂为标准的看法就获得了新的支持，越发变得正确[23]。王回虽然把部分内容新编为《续列女传》，但在十五卷本属于哪一卷，王回留下了文字著录，比如"周郊妇人（续仁智第十二）"，即现在归属于《续列女传》的"周郊妇人"原来属于"仁智"篇的第十二位传主，如此等等。这样，我们便可以利用这个线索，把续传中的人物，都回归原来的位置，那就是汉唐之际《列女传》的基本构成。因为涉及序列问题，为了更清楚地显示对比效果，制作表格如下，把《续列女传》的部分分别放置在各卷的最后，虽然不参与排序（阿拉伯数字表达），但相互关系一目了然。

表 3　传统《列女传》篇章结构一览表

第一卷　母仪传	
1 有虞二妃；2 弃母姜嫄；3 契母简狄；4 启母涂山；5 汤妃有㜪；6 周室三母；7 卫姑定姜；8 齐女傅母；9 鲁季敬姜；10 楚子发母；11 邹孟轲母；12 鲁之母师；13 魏芒慈母；14 齐田稷母。明德马后（续母仪第七），隽不疑母（续母仪第十七）。	
第二卷　贤明传	有
1 周宣姜后；2 齐桓卫姬；3 晋文齐姜；4 秦穆公姬；5 楚庄樊姬；6 周南之妻；7 宋鲍女宗；8 晋赵衰妻；9 陶荅子妻；10 柳下惠妻；11 鲁黔娄妻；12 齐相御妻；13 楚接舆妻；14 楚老莱妻；15 楚於陵妻。陈婴之母（续贤明第十六），梁鸿之妻（续贤明第十七），汉杨夫人（续贤明第十八）。	
第三卷　仁智传	有
1 密康公母；2 楚武邓曼；3 许穆夫人；4 曹僖氏妻；5 孙叔敖母；6 晋伯宗妻；7 卫灵夫人；8 齐灵仲子；9 鲁臧孙母；10 晋羊叔姬；11 晋范氏母；12 鲁公乘姒；13 鲁漆室女；14 魏曲沃妇；15 赵将括母。周郊妇人（续仁智第十二），严延年母（续仁智第十七），张汤之母（续仁智第十八），王章妻女（续仁智第十九）。	
第四卷　贞顺传	有

23　段立超、陈剑《〈列女颂〉是〈列女传〉的目录》，《古籍研究整理学刊》2012 年第 4 期，14—16 页。这个观点很有见地，是对王回见解很有力的支持。

1 召南申女；2 宋恭伯姬；3 卫宣夫人；4 蔡人之妻；5 黎庄夫人；6 齐孝孟姬；7 息君夫人；8 齐杞梁妻；9 楚平伯嬴；10 楚昭贞姜；11 楚白贞姬；12 卫宗二顺；13 鲁寡陶婴；14 梁寡高行；15 陈寡孝妇。孝平王后（续贞顺第十一）。	
第五卷　节义传	有
1 鲁孝义保；2 楚成郑瞀；3 晋圉怀嬴；4 赵昭越姬；5 盖将之妻；6 鲁义姑姊；7 代赵夫人；8 齐义继母；9 齐秋洁妇；10 周主忠妾；11 魏节乳母；12 梁节姑姊；13 珠崖二义；14 邰阳友娣；15 京师节女。聂政之姊（续节义第十三），王孙氏母（续节义第十四），汉冯昭仪（续节义第十八），王陵之母（续节义第十九）。	
第六卷　辩通传	有
1 齐管妾倩；2 楚江乙母；3 晋弓工女；4 齐伤槐女；5 楚野辩女；6 阿谷处女；7 赵津女娟；8 赵佛肸母；9 齐钟离春；10 齐威虞姬；11 齐宿瘤女；12 齐孤逐女；13 楚处庄侄；14 齐女徐吾；15 齐太仓女。陈国辩女（续辩通第七），班女婕妤（续辩通第十七），梁夫人嫕（续辩通第十八）。	
第七卷　孽嬖传	有
1 夏桀末喜；2 殷纣妲己；3 周幽褒姒；4 卫宣公姜；5 鲁桓文姜；6 鲁庄哀姜；7 晋献骊姬；8 鲁宣穆姜；9 陈女夏姬；10 齐灵声姬；11 齐东郭姬；12 卫二乱女；13 赵灵吴女；14 楚考李后；15 赵悼倡女。汉赵飞燕（续孽嬖第四），汉霍夫人（续孽嬖第十七），更始夫人（续孽嬖第十八）。	

统计之后发现，除第一卷《母仪传》中少一传外，其他都衔接准确。由此表结构我们可以发现，王回认定的续写人物传，在原来的《列女传》中的排序位置确实靠后者居多，但显然并不固定，说明原来的续写不是简单按时间接续书写。《列女传》中，孝平王后（续贞顺第十一）排在楚昭贞姜和楚白贞姬之间，而她前后两位传主都是战国时代楚国女性。因为《列女传》在每一卷中的顺序关系并不清楚，后来续写者坚持的逻辑关系也难以知晓，所以为什么把孝平王后排在这里，我们并不能作出很准确的解释。但如此恢复十五卷本的原本结构，还是有利于《列女传》的理解与研究的。如孝平王后，在"贞顺传"中位列第十一，在全部十六位传主中属于后部，所以分作十五卷的时候，孝平王后传在第八卷中。

自从武夷蔡骥初刻采用"颂义大序列于目录前，小序七篇散见目录中间，颂见各人传后"这样的结构之后，后来的刻本无不遵照。对照十五卷本的汉唐《列女传》，除了"颂义"单独立为一卷之外，所有传文一分为二卷，结构于是变得很清楚。所以，我们至今仍然得窥汉唐旧本原貌。

旅顺博物馆藏唐代《列女传》文书，在内容上无补刻本系统的《列女传》，但它的出现令我们不得不注意到写本与刻本的区别，在《列女传》流传历史上，写本与刻本的分水岭不仅是书写方式的改变，因为王回的工作，刻本《列女传》的卷数结构也发生重大改变。王回的工作如何评价，这有待于进一步研究，但有一点现在是可以明确的，即王回改变了汉唐以来的《列女传》传统结构，对于研究而言，显然是不利的。

（王卫平，旅顺博物馆馆员。原刊《中国典籍与文化》2019 年第 1 期）

旅顺博物馆藏《刘子》残片的新发现
及《刘子》在西域的流传

徐维焱

近日，"旅顺博物馆藏新疆出土汉文文书整理与研究"工作小组在对旅顺博物馆藏新疆吐鲁番出土文书进行整理、定名的过程中，发现了一枚《刘子》的残片，这也是吐鲁番地区首次发现的写本《刘子》。虽然严重残损，却为我们了解《刘子》一书在西域的流传和使用，增添了一份新的材料。

《刘子》作为一部南北朝时期的杂家类文献，文句整齐、优雅，用典密度极高，因而屡屡被后世征引，佛教也不例外。旅博残片里的只鳞片爪，也出现在了《法苑珠林》之中。道教和《刘子》则更加密切，除了征引之外，敦煌当地的某个道观也曾将《刘子》纳入收藏，并在残卷 P.3562 上留下了线索。

本文在对旅博残片进行录文和整理之外，拟从写本学的角度，研究该残片与其他已知的出土残卷、残片的关系，探讨该书在西域地区的存在形式以及传播和使用的情况。

一 《刘子》其书

《刘子》，又名《流子》《新论》《刘子新论》，作者尚有分歧，有刘昼、刘勰两种主要的说法。注本则有唐代播州录事参军袁孝政注。全书分五十五章，多套用前代旧语，来源广泛，不拘门户，涵盖儒、道、法、农、兵诸家，而少有创见，明人称其"无甚高论，然时有可喜者"[1]。文辞多骈俪，类俳，有齐梁之风。后世对其文采的评价褒贬不一。《清谨轩蓝格钞本序》认为，"其文隽采警拔，殆齐梁之挺秀"[2]，卢文弨也说"其文笔丰美，颇似刘彦和"[3]，晁公武《郡斋读书志》则讥其"辞颇俗薄"[4]。

---

[1] 林其锬、陈凤金《刘子集校合编》，华东师范大学出版社，2012 年，1133 页。
[2] 同上书，页 1134。
[3] 卢文弨《抱经堂文集·刘子跋》，《续修四库全书》本，上海古籍出版社，2002 年，1423 册 664 页。
[4] 宋晁公武撰，孙猛校证《郡斋读书志校证》，上海古籍出版社，1990 年，517 页。

《刘子》内容博杂，囊括各家，没有鲜明的主题思想。自《隋书·经籍志》始，官修目录如《旧唐书·经籍志》《宋史·艺文志》《四库全书总目》，私人书目如《郡斋读书志》《直斋书录解题》等，都将其归入"杂家类"。宋代郑樵《通志》则将《刘子》置于子部的"儒家类"，后世钱遵王《述古堂藏书目录》因循之。《道藏》亦收此书，归入"太玄部"。

二 旅顺博物馆藏《刘子》残片

旅博残片编号 LM20-1464-10-09，抄录自《刘子·和性》第三十八。存十一字，其中九字清晰可辨，一字缺上半，或为"乖"字，另一字残缺太多，或为"于"字残笔。

残片仅存三行，四界未知。有乌丝界栏，左侧界栏尤为清晰，当为纸本之正面。浅黄色纸，有轻微水渍。字迹清晰，行书，书体尚佳。"性"字正上似有朱笔逗点。"天"字前似有朱笔字迹，右侧有朱笔逗点，"正"字下方亦有朱笔逗点。

现将残片录文如下：

（前缺）

1]　□性缓带□[

2]　　天之和[

3]乖正则身[

（后缺）

将其与今通行本《刘子·和性》第三十八相对照，文字有细微出入。通行本中的完整表述是：

> 西门豹性急，佩韦皮以自缓；董安于**性缓，带**丝弦以自急。彼各能以一物所长，攻其所短也。故阴阳调，天地和也；刚柔均，**人之和**也。阴阳不和，则水旱失节；刚柔不均，则强弱乖政。水旱失节则岁败，强弱**乖政则身亡**。[5]

二者文字上的差别主要体现在两处：

其一，残片作"正"，通行本作"政"。同音异字，为出土写卷的常见特征。

其二，残片作"天之和"，传世诸版本多作"人之和"。疑为抄录者因上承"天地和"一句，而将下句之"人"误作为"天"。残片中，"性缓带"、"天之和"、"则

身"三者分别间距一整行,从文字间距上能够做出旁证。据通行本《刘子》,"性"与"人"间距三十一字,"人"与"间"间距三十二字。考虑到抄写本有基本的整齐要求,一字之差比较接近于抄写者在整齐要求下字数的合理误差。"天"字前的朱笔字迹或许就是二次修改的痕迹。

还有另一种可能,抄录者误将"天地和"作"天之和",且由于本段出现了两次"乖正",而将"乖正则身亡"误置于"强弱乖正"处。从文字间距上看,"性"与"天"间距二十三字,"天"与"强弱乖正"之"乖"间距二十五字,似乎也能成立。但根据古籍校勘的一般原则,一段之内同时出现两处错误的可能性较小,且纸本和字迹上,看不出抄录者如此粗疏草率的态度。这种假设成立的可能性不大。

关于残片的定名,《法苑珠林》《韩非子》中亦有相似的文字,但只有《刘子》的内容与之完全吻合,详见下文论述。

三　已出土的西域《刘子》残片

目前已知的《刘子》出土残片和残卷,共有九种,残卷及残存的章节如下表所示[6]:

出土《刘子》残存章节一览									
章节	P.3562	P.2546	P.3704	何藏	刘藏	S.6029	麻扎塔格	S.12042	S.10411	旅博
1										
2										
3				●						
4	●			●						
5	●			●						
6	●			●						
7	●			●						
8	●			●						
9	●			●					●	
10	●									
11								●		
12	●				●			●		
13	●				●					

6　表格改编自林其锬、陈凤金《刘子集校合编》,增补残片 S.10411 及旅博残片。

续表

章节	P.3562	P.2546	P.3704	何藏	刘藏	S.6029	麻扎塔格	S.12042	S.10411	旅博
	出土《刘子》残存章节一览									
14	●				●					
15					●					
16					●					
17		●			●					
18		●			●					
19		●			●					
20		●								
21		●								
22										
23										
24										
25										
26										
27										
28										
29										
30										
31										
32										
33										
34										
35										
36										
37										
38										
39										●
40						●				
41										
42										
43										

续表

章节										
				出土《刘子》残存章节一览						
章节	P.3562	P.2546	P.3704	何藏	刘藏	S.6029	麻扎塔格	S.12042	S.10411	旅博
44										
45										
46										
47			●							
48			●				●			
49			●							
50			●							
51			●							
52										
53										
54										
55										

　　旅博残片与敦煌、和田等地的出土残卷均无章节上的重合，因而无法提供新的校勘信息。但在写本形态方面，旅博残片与其他残卷、残片有一定的相似性。

　　目前已知的所有《刘子》残卷中，除麻扎塔格出土残片外，均有朱笔句读，一些残卷还有校改之处，但所有残片均未见注释和批语。这种低程度的阅读痕迹，显然无法媲美儒家、道家经典。在中原，《刘子》的受重视程度不高，更多时候被人们当作资料汇编或工具书来使用，所以常见于其他文献中。而在文化落后、缺乏典籍的西域，其地位则稍高于中原地区。

四　《刘子》在西域地区的流传和使用

　　西域《刘子》从何而来、分几次传入，如今已经不得而知。但是，通过考察上述残片和其他类型残卷中的《刘子》，我们可以管窥西域的居民如何阅读和使用这本书。

　　（一）类书中的《刘子》

　　在中原地区，《北堂书钞》是最早引用《刘子》的类书。后有《帝范》《臣轨》，也多摘抄《刘子》的文句。

　　地位偏远的敦煌地区，也有这种情况，在单行本之外，《刘子》的部分内容被摘抄和重新整理，以"杂抄"的形式进一步流传，而"杂抄"的受重视程度又高于中原的类书。

"杂抄"是一种部头较小的类书，又名"随身宝"、"珠玉抄"。那波利贞指出，它是当日庶民普通教育的重要教材[7]，王重民也说："《杂抄》是唐末在农村和城市居民中流行很广的一部小类书。"[8]王三庆进一步指出，《杂抄》是供蒙童诵习事类、格言的教材[9]。葛兆光曾将其与《初学记》等重要类书相提并论，认为它们共同反映了时人的世界观与价值观[10]。

《敦煌古籍叙录》列举数卷《杂抄》，P.3636 中道、儒等九条，旁注云"事在《流子》第五十五章"。因其内容芜杂，王重民认为其"编次无法，且无类目，颇似学人之读书札记"[11]。此卷《杂抄》按义系分类编排，以大字"直谏"、"降雨"、"霹雳"、"九天"等为类目，下列资料，并说明出处，虽然分类不甚合理，但已经具备了类书的基本体例。每一类中引用一种或数种文献，行列工整，字迹清晰，书法尚佳，且有朱笔句读。另一卷《杂抄》P.2721 著录"流子，刘协注"，显然也是指《刘子》。

如果真如那波利贞和王三庆所说，《杂抄》不仅仅是参考资料，而是学童的启蒙教材，那么《刘子》很可能已经被当地人视为重要的基础典籍，而非简单的工具书。就已知的部分而言，《杂抄》P.3636 所摘录的《刘子·九流》一篇，已在作用上替代《汉书·艺文志》，成为了学童学习先秦诸子的纲领。

（二）佛教典籍的征引

从隋代（581-618）开始，佛教徒为了弘扬佛法，光大门派，不断地从包括《刘子》在内的各种本土文化成果中借鉴文句和典故，为自己的著作增添本土色彩，推动佛教的本土化进程，与道教相抗衡。唐代名僧如法琳、道宣、道世、清凉大师等，都曾在自己的文章中引用过《刘子》。

在为新出旅博残片定名的过程中，笔者发现，残片上的内容也出现在《法苑珠林》之中。或许由于《刘子》声名未广，今人在校注《法苑珠林》时，误认为此段内容出自《韩非子·观行》。虽然从史源的角度，《刘子》里的这段话确实承袭自《韩非子》，但如果我们忽视了这个中间环节，不仅湮没了《刘子》一类文献在中古

7　那波利贞《唐钞本杂抄考——唐代庶民教育史研究の一资料——》（初刊 1942 年），收入其《唐代社会文化史研究》，创文社，1974 年，197—268 页。周一良《敦煌写本杂钞考》专门对 P.2721 号进行了研究，见其《魏晋南北朝史论集》，中华书局，1963 年，345—351 页。

8　王重民《中国目录学史》（1962 年讲义），见其《中国目录学史论丛》，中华书局，1984 年，131 页。

9　王三庆《从文学标准化到文学程序化的发展探索》，见章培恒主编《中国中世文学研究论集》（上），上海古籍出版社，2006 年，169 页。

10　葛兆光《目录、类书和经典注疏中所见七世纪中国知识与思想世界的轮廓》，《中国思想史·第一卷》，复旦大学出版社，2001 年，459 页。

11　王重民《敦煌古籍叙录》，商务印书馆，1958 年，218 页。

时期传承和保留上古文化的历史功绩，也会对我们了解唐代典籍的保存和流传形式增添更多的阻碍。

这段内容出现在《法苑珠林》的"述意部"。《法苑珠林》是一部汇总佛教经论的类书，内容来源十分广泛，但"述意部"作为每一篇的总纲，却毫无疑问地出自道世本人之手，苏晋仁指出：

> 述意部占的篇幅相当多，为本书的重点，使用骈俪文字撰写的。每篇都是作者精心的制作，寓意弘深，而且对仗工稳，运点惬当，辞藻华丽，文采斐然，是道世得意之作。其中偶尔也借用古人的作品，……都是借前人之说，进行再创作，而为自己立言。[12]

在《和顺篇》第四十七，道世引用了一段"俗书"：

> 俗书云：西门豹性急，佩韦以自缓；董安于性缓，带弦以自急。故阴阳调，天地之和也；刚柔均，人物之性也。

整理者误认为此语出自《韩非子·观行》[13]。杨明照《刘子斠注》即明确指出《刘子》此语化用自《韩非子》，同时见于《论衡》[14]。然而，《韩非子·观行》原文作："西门豹之性急，故佩韦以缓己；董安于之心缓，故佩弦以自急。"《刘子》作："西门豹性急，佩韦皮以自缓；董安于性缓，带丝弦以自急。彼各能以一物所长，攻其所短也。故阴阳调，天地和也；刚柔均，人之和也。阴阳不和，则水旱失节；刚柔不均，则强弱乖政。水旱失节则岁败，强弱乖政则身亡。"从词语的相似性和后半句的内容来看，无疑转引自《刘子·和性》第三十八，也正是旅博残片残存的部分。

《法苑珠林》的事例说明，《刘子》作为佛教僧人著书立说的参考文献之一，其价值并不仅限于少量创新的部分，其中的旧语和成句，也是后世了解先秦诸子文献的一种便捷的途径。这种以通行文献征引原典状况并非孤例，在唐代的吐鲁番地区，改编自《战国策》和《史记》的《春秋后语》也广为流行，颇能满足一般读者的需求[15]。

反过来说，既然《刘子》对佛教的发扬光大有着不可忽视的作用，那《刘子》有没有受到过佛教思想的影响？一些主张《刘子》作者为刘勰的学者曾试图发掘其

---

[12] 周叔迦、苏晋仁《法苑珠林校注·校注叙录》，中华书局，2003 年，4 页。

[13] 《法苑珠林校注》卷四七，校注〔二〕，1437 页。

[14] 杨明照《刘子斠注——海宁陈氏景印旧合字本》，《文学年报》1938 年第 4 期，115 页。

[15] 参荣新江《德藏吐鲁番出土〈春秋后语〉注本残卷考释》，《北京图书馆馆刊》1999 年第 2 期，72 页。

中的佛教来源，但其论据始终难以成立[16]。传统观点认为，《刘子》的作者为北齐刘昼，而刘昼是一位激烈的反佛者。《广弘明集》卷六《列代王臣滞惑解上》：

> 十三刘昼，渤海人。才术不能自给，齐不仕之。著《高才不遇传》以自况也。上书言："佛法诡诳，避役者以为林薮。又诋诃淫荡，有尼有优婆夷，实是僧之妻妾。损胎杀子，其状难言。今僧尼二百许万，并俗女向有四百余万，六月一损胎，如是则年族二百万户矣。验此佛是疫胎之鬼也，全非圣人，亦言道士，非老庄之本，籍佛邪说为其配坐而已。"详昼此言，殊尘听视。专言堕胎杀子，岂是正士言哉？孔子见人一善而忘其百非，鲍生见人一恶而终身不忘。弘隘之迹断可知矣，狂哲之心相去远矣。然则天下高尚沙门有逾百万、财色不顾、名位莫缘，斯德隐之妄张淫杀，一年诛二子，沙门且然；一岁有二，编户谁是。吐言孟浪未足广之，而奕重为正谏。及后上事还陈此略，考校则刘昼之门人矣。[17]

不难看出，《刘子》和佛教之间仅有单向的联系。在敦煌、吐鲁番等地，《刘子》虽然常与佛教文献一同出土（或许是佛寺的藏品），但在内容上却保持着一如既往的世俗性。

（三）道教的收藏

历史上即有不少人认为《刘子》包含有道家的思想，《刘子》也因此被收入道教典籍的渊府——《道藏》之中。《四库全书总目提要》：

> 此书末篇乃归心道教，与飗志趣迥殊。《白云霁道藏目录》亦收之《太玄部·无字号》中，其非奉佛者明甚。[18]

卢文弨《抱经堂文集·刘子跋》：

> 其书首言清神、防欲、去情、韬光，近乎道家所言。末叙九流，《道藏》本先道家，外间本先儒家，观其总括之语，则《道藏》本实据其本书次第如此，非由后来黄冠所妄为移易也。[19]

当代研究者也持有相同观点。荣新江教授认为，在和田的麻扎塔格遗址发现的《刘子·祸福》第四十八，"或许代表了道家思想的流传"[20]。即使认为《刘子》属于儒家

---

[16] 林其锬《〈刘子〉作者综考释疑兼论〈刘子〉的学术史意义》（《文史哲》2014年第2期）认为，《刘子》"政之于人，犹琴瑟也，大弦急，则小弦绝；小弦绝，大弦间矣"一句采撷自《四十二章经》。杨明照《刘子斠注》指出此句源自《韩诗外传》："治国者，譬如乎张琴然；大弦急，则小弦绝矣。"林氏之论难以成立。

[17] 唐道宣《解惑篇》第二，见《广弘明集》卷六，CBETA，T52，no.2103，p.128，a28-b14。

[18] 《四库全书总目提要》，河北人民出版社，2000年，3039页。

[19] 卢文弨《抱经堂文集·刘子跋》，《续修四库全书》本，1423册664页。

[20] 荣新江《接受与排斥——唐朝时期汉籍的西域流布》，收入氏著《丝绸之路与东西文化交流》，北京大学出版社，2015年，216页。

之言的傅亚庶也不否认这一点：

> 其首四篇载道家言，在于帮助出仕思想不合时宜，不可为治国所用，作为全帙的前提，以其反衬儒学在治国理民中的必行性与可行性。[21]

敦煌残卷 P.3562 更能够证明，在敦煌地区《刘子》颇受道教徒的重视，也曾被道观收藏。该卷正面为六朝时期写本《刘子》，背面则是《道教斋醮度亡祈愿文集》（又称《道家杂斋文文范》、《道家杂斋文范集》），共包含 24 篇斋文。依据刘永明的断代，这些斋愿文的上限在唐玄宗时期（712—756），下限可至归义军时期（815—1036），是敦煌地区的道士为了便于法事活动而逐渐抄录积累的、实用性的斋愿文汇集[22]。显而易见，该残卷极有可能是道观的收藏。更重要的是，《刘子》中留下了两位读者阅读过的痕迹，这些痕迹也可在背面的斋愿文里找到相关的线索。

其中一位读者具有较高的文化水平，曾对整卷《刘子》做过校点。在背面的二十四篇斋愿文中，第十六篇《回礼席文》纯用朱笔写就。在其之前的一共十五篇斋愿文里，有着相同墨色的校点痕迹。而其后的九篇，却只有墨色和浅红色的句读。不难推断，《回礼席文》的抄写者，曾经对之前的所有斋愿文做过一次全面的校点。而类似的痕迹也出现在正面的《刘子》之中。虽然朱笔的墨色和句读的形状略有不同，但在错字之上以朱笔径改的体例却完全一致。即使不能肯定与《回礼席文》的作者为同一人，但校改体例上的高相似度，也说明了《刘子》的校点者具有与《回礼席文》作者不相上下的文化程度。况且，校雠过程中，必有另一版本作为参照，方能得其谬误，也说明了在同一时期的敦煌地区，此残卷之外，还有其它《刘子》写卷在流传。

另一位读者则是个初学乍练的抄手，根据我的推测，很有可能是个小道士。该卷《刘子·爱民》第十二下有墨笔"至心归衣十方道宝"八字，《法术》第十四前后有数行淡墨习字（括注的部分）：

1　世之论事取其多以为之第今言者（也也）当领言外
2　之指不得狗父以言音（意思今哈念当者）
3　法术第十四（法法？法也也也也也恭忝秘本）

《慎独》第十题名下亦有难以辨认的文字。三处习字均系硬笔书写，从墨色和字迹来看，当为同一人的手笔。有学者认为，"至心归衣十方道宝"和"恭忝秘本"两处，

21　傅亚庶《〈刘子〉的思想及史料价值》，东北师范大学古籍整理研究所编《古籍整理研究学刊》1989 年第 6 期，2 页。
22　刘永明《P.3562V〈道教斋醮度亡祈愿文集〉与唐代的敦煌道教》（一），《敦煌学辑刊》2013 年第 4 期，10 页。

是佛教信徒将《刘子》写卷呈献给佛寺的证据[23]。如果情况真的是这样，献书者为何不在卷首或卷尾使用正式的题记，或留下自己的姓名，反而见缝插针般地写在空白之处？"恭忝秘本"四字又为何无头无尾，突兀地陈列于一堆重复的涂鸦习字之中？这些粗糙的字迹，真的是献书者"恭敬"地呈献给当地佛寺的吗？——一个更加合理的解释是，P.3562 是道观的藏卷，习字为道观的某位道士所留。这些淡墨的习字，书法稚拙，内容也有些匪夷所思，"意"、"法"、"也"等字抄自《刘子》，"恭忝秘本"四字则不知源自何处，且整句话文理不通。至于"至心归衣十方道宝"，此八字常见于道教的威仪文献之中，是道教"三皈依"（道宝、经宝、师宝）之一，亦非佛教用语。

还有一条证据隐藏在背面的斋愿文之中。斋愿文的第十九篇《亡考文（二）》（刘永明编号），字迹绝类《刘子》中的习字，当出自同一人之手。

上述迹象表明，残卷 P.3562 是敦煌地区某个道观的收藏，且对当时的收藏者具有重要的参考价值，因此会被精心校改。在晚唐五代敦煌地区道教衰落的大环境之下，该残卷虽被挪为他用，而并未完全废弃。

结　语

《刘子》作为一部杂家的著作，因其内容广博、思想多元，而在中原广为流传，并被各种类书、佛典、道籍征引。但相较于儒、道经典而言，此书的地位较为边缘，无论从官私目录还是出土文献来看，多被时人视为一种资料汇编，用以查找文句和典故。在西域，《刘子》中的内容被选入《杂抄》一类的小型类书之中，作为学童启蒙的读物。佛教和道教徒也都曾使用和阅读过《刘子》，因此常伴随佛典和道教斋愿文出土。但《刘子》自身仅包含有一定的道家思想，并未受到佛教的影响。

此次新发现的旅顺博物馆藏《刘子》残片，在吐鲁番地区尚属首例，不仅填补了《刘子》的传播路线在敦煌和于阗之间的空白，也是我们了解该书在西域流传状况的一块极有价值的拼图，为进一步研究当地居民的文化结构提供了新的证据。

论文写作过程中获同项目诸位老师和学长的多方帮助，在此表示诚挚感谢。

（徐维焱，北京大学历史学系博士生。原刊《唐研究》第 22 卷）

---

[23] 林其锬《〈刘子〉作者综考释疑兼论〈刘子〉的学术史意义》（《文史哲》2014 年第 2 期）："显然是此残卷持有者所涂鸦。这表明：此卷的持有者乃虔诚的佛教徒，是他把当时就视为珍宝的'秘本'，献给了佛寺。"（116 页）

吐鲁番本《文选》李善注《七命》的再发现

李　昀

一　前言

　　《文选》学为隋唐以来应科举制度而产生的一门学问。早在 20 世纪初，敦煌藏经洞发现的《文选》残本 P. 2527 东方曼倩《答客难》、扬子云《解嘲》与 P. 2528《西京赋》，即引发了广大学者的关注。近年随着《俄藏敦煌文献》、龙谷大学藏大谷文书，以及旅顺博物馆藏大谷探险队所获新疆汉文文书等资料的陆续刊布，其所藏多件吐鲁番出土的《文选》又一次带动了《文选》学的兴盛。

　　其中的 11 件均为李善注《文选》卷三五张景阳《七命》，最早为学界所知的是德藏 Ch.3164v 与俄藏 Дx. 1551。德藏 Ch.3164v 的图版最早由王重民先生赴德国摄回[1]，经荣新江先生比定为《文选·七命》，背面则为《金刚经》[2]；待俄藏敦煌吐鲁番文献陆续发表后，又比定与俄藏 Дx.1551 字迹格式一致，为同一文书[3]；后由饶宗颐先生收录于《敦煌吐鲁番本〈文选〉》[4]，却一直未有人深入研究。日后，张涌泉又指出《俄藏》中的 Дx. 8011 与 Дx. 8462 亦为李善注《七命》[5]。2010 年，小田义久主编的《大谷文书集成》（肆）出版，其中 Ot. 10374 与 Ot. 11030 文书（橘资料）亦为李善注《七

1　相关信息可参阅荣新江《中国国家图书馆善本部藏德国吐鲁番文献旧照片的学术价值》，《敦煌学国际研讨会论文集》，北京：北京图书馆出版社，2005 年，267—276 页。文章指出，中国国家图书馆善本部藏有王重民 1935 年所获照片，其上的原编号 T Ⅲ 1085，与现在留存的 T Ⅱ 1068 不同，是为德国吐鲁番考察队第三次考察所获。

2　荣新江《柏林通讯》，1996 年 6—8 月写于柏林，9 月增订于北京，翌年发表于《学术集林》卷一〇，远东出版社，1997 年，396 页。

3　荣新江《德国"吐鲁番收集品"中的汉文典籍与文书》，《华学》，紫禁城出版社，1998 年，309—325 页；荣新江主编《吐鲁番文书总目（欧美收藏卷）》，武汉大学出版社，2005 年，230 页。

4　饶宗颐编《敦煌吐鲁番本〈文选〉》，中华书局，2000 年。

5　李梅《敦煌吐鲁番写本〈文选〉研究—从语言文献学的角度考察》，浙江大学硕士学位论文，2003 年，6—7 页；文中云："张涌泉师指出：Дx. 08011 和 Дx. 08462，其卷背之字体也相同，当皆为李善文选注之属。"并做了录文及注释；金少华《敦煌吐鲁番本〈文选〉研究》，浙江大学硕士学位论文，2008 年，92 页援引之，并认为此当李善注原貌。详情参阅张涌泉《敦煌写本献学》，甘肃教育出版社，2013 年，599 页。案，原图版见俄罗斯科学出版社东方文学部编《俄藏敦煌文献》第 14 册，上海古籍出版社，2000 年，13、54—55 页。

命》[6]。经笔者比定，上述6残片皆为同一文书。此外，笔者又检得大谷文书Ot. 5028、Ot.5423、Ot. 5468（26），以及俄藏 Дx.7305v、旅博藏 LM20-1517-275 亦为相同写本残片[7]，前后所得德藏、俄藏、龙谷大学藏、以及旅博藏残片共11片。其中Ch.3164、Дx.7305 的正背面是收藏单位所误断，其实所有写本正面都是《文选》，有乌丝栏，字迹工整；背面则经笔者重新比定为《金刚经疏》古逸本，文字与正面上下倒置，正背字迹不同。

透过分析《七命》写本的写作背景与年代，将有助于了解李善注《文选》的原型，以及唐代西州受科举制度影响的具体呈现；在《文选》学方面则补齐前人对李善注体例的理解不足。文书背面经笔者考证为世亲系统的《金刚经疏》，显示世亲一系思想在吐鲁番地区的流行情况，重要性不言而喻。笔者才疏学浅，望各方不吝指教。

二　前人对敦煌吐鲁番写本《文选》李善注的研究

早在 1908 年伯希和进入敦煌藏经洞之初，他从莫高窟给法国中亚协会总部写了一份报告书，其中便有《文选》以及李善注的著录[8]。1909 年罗振玉《莫高窟石室秘录》也提及伯希和获有《文选》李善注，但提示说未见原件[9]。1910 年蒋斧见到端方提供的 P. 2525、P. 2527、P. 2528 照片后，曾为之题记[10]，其中 P. 2528 为今日所见年代可考的最早李善注《文选》写本。随后的 1911 年，刘师培亦撰文《敦煌新出唐写本提要》，讨论了 P. 2525、P. 2527、P. 2528 等，言 P. 2527、P. 2528 "乃李注未经纂乱之本也"[11]。1929 年高步瀛的《〈文选〉李注义疏》，为早期使用敦煌文书对李善注进行研究

---

[6]　小田义久主编《大谷文书集成》肆，法藏馆，2010 年，149、195 页。

[7]　小田义久主编《大谷文书集成》叁，法藏馆，2003 年，101、185 页；其中 Ot. 5468（26）作 Ot. 5468（25），此处据 IDP 改，作 Ot. 5468（26）。

[8]　Paul Pelliot, Une bibliothèque médiévale retrouvée au Kan-sou, *Bulletin de l'Ecole Française d'Extrême-Orient*, 1908, p. 43. 这篇文章先后有二个中译本，一是陆翔译《敦煌石室访书记》，载《国立北平图书馆馆刊》第 9 卷第 5 号，1935 年，3—27 页；另一篇是耿昇译《敦煌藏经洞访书记》，收录于《伯希和西域探险记》，云南人民出版社，2001 年，257—301 页。其中前者译作"有《文选》李善注卷二卷二十五卷二十七"（23 页），后者则为"《文选》卷 2、25、27 以及李善的通行注释"（293 页），案，伯希和所获敦煌卷子中，仅 P. 2527、P. 2528 为李善注，故此处以耿昇所译较为准确，然唐写本卷次与传世本有异，故学者或认为伯希和著录有误，著录错误相关研究参看金少华《敦煌吐鲁番本〈文选〉研究》，8 页。

[9]　《莫高窟石室秘录》，《东方杂志》第 6 卷第 11 期，1909 年，65 页，明标"未见"，下记"存卷二十五二十七"。

[10]　蒋斧一文末记宣统二年（1910），收入罗振玉《鸣沙石室古籍丛残》，上虞罗氏景印本，1917 年，689—690 页；今见于《敦煌丛刊初集》第 8 册，新文丰出版公司，1985 年，书影分别为 P. 2528、P. 2527、P. 2525 以及 P. 2543 诸号。

[11]　刘师培《刘申叔遗书》，江苏古籍出版社，1997 年，2008—2012 页，此文最早刊于《国粹学报》第 7 卷第 1—8 期。

之专著[12]。1934 年王重民先生远赴法国搜集敦煌文书，其中集部包含《文选》诸号[13]。1957 年饶宗颐的《敦煌本文选斠证》[14]，使用较大篇幅校勘 P. 2528。1958 年王重民编撰《敦煌古籍叙录》时，除收录上述前人成果之外，又增加 S. 3663 叙录[15]。1994 年伏俊琏的《敦煌赋校注》、1996 年张锡厚的《敦煌赋汇》，多着眼于 P. 2528[16]。

狩野直喜的《唐钞本〈文选〉残卷跋》则是最早探讨俄藏敦煌文献《文选》者。《俄藏敦煌文献》的刊布使《文选》学再掀高潮。近人研究敦煌吐鲁番本《文选》者如罗国威撰有《俄藏敦煌本 Φ242〈文选注〉的文献价值》[17]、《敦煌石室〈文选〉李善注本残卷考》等多篇论文[18]，后集成《六朝文学与六朝文献》，对 P. 2527、P. 2528、Φ. 242 以及 Дх. 1551、Ch.3164 等多件敦煌吐鲁番本《文选》进行文字考释[19]，作者还另著有《敦煌本〈昭明文选〉研究》[20]。傅刚《〈文选〉版本研究》参考版本全面，系统性地介绍了所有《文选》版本，其中对各家《文选》写本、抄本与刻本，做了细致的比较，并对李善注《文选》有较多篇幅的讨论，兼及探讨敦煌吐鲁番本写本[21]，其中收录了《永隆本〈西京赋〉非尽出李善本说》[22]。范志新《〈文选〉版本论稿》，对尤刻本李善注、敦煌本的《文选》版本，有诸多笔墨，其中收录了《敦煌吐鲁番本〈文选〉》的书评，对饶宗颐《唐代〈文选〉学略述（代前言）》进行质问，并反驳傅刚的"非尽出李善本说"[23]。许云和《俄藏敦煌写本 Φ242 号文选注残卷考辨》将俄藏 Φ. 242《文选注》定位为学生记录的乡塾选学讲章之本[24]。斯波六郎以胡刻本对敦煌本李善注《文选》进行了校勘，认为胡刻本与李善注原貌乖违，并与冈村繁对《文选》版本、永青文库藏《文选注》的价值有不同意见的争论[25]。

饶宗颐的《敦煌吐鲁番本〈文选〉》最早做了敦煌吐鲁番本《文选》的搜集工作，是一不可多得之目录型工具书，兼附图版。后来李梅《敦煌吐鲁番写本〈文选〉

[12] 高步瀛《〈文选〉李注义疏》，1929 年写成，广文书局标点本，1966 年；以及中华书局标点本，1985 年。
[13] 1934—1935 年王重民赴法国国家图书馆整理敦煌遗书，编《伯希和劫经录》，并节选出《巴黎敦煌残卷叙录》二辑，1936、1941 年。
[14] 饶宗颐《敦煌本文选斠证》，《新亚学报》第 3 卷第 1 期，1957 年，333 页。
[15] 王重民编《敦煌古籍叙录》卷五，商务印书馆，1958 年。
[16] 伏俊琏《敦煌赋校注》，甘肃人民出版社，1994 年，1—97 页。张锡厚《敦煌赋汇》，江苏古籍出版社，1996 年，1—96 页。
[17] 罗国威《俄藏敦煌本 Φ242〈文选注〉的文献价值》，《古籍整理研究学刊》1998 年第 2 期，11—14 页。
[18] 罗国威《敦煌石室〈文选〉李善注本残卷考》，《西南民族大学学报》2007 年第 1 期，104—111 页。
[19] 罗国威《六朝文学与六朝文献》，巴蜀书社，2010 年。
[20] 罗国威《敦煌本〈昭明文选〉研究》，黑龙江教育出版社，1999 年。
[21] 傅刚《〈文选〉版本研究》，北京大学出版社，2000 年。
[22] 原载《中华文史论丛》第 60 辑，上海古籍出版社，1999 年，210—221 页。
[23] 范志新《〈文选〉版本论稿》，江西人民出版社，2003 年，两文分别见 263—267 页，233—244 页。
[24] 许云和《俄藏敦煌写本 Φ242 号文选注残卷考辨》，《学术研究》，2007 年第 11 期，116—122 页。
[25] 斯波六郎《文选诸本の研究》，见《文选索引》卷首，京都大学人文科学研究所，1957 年，13—26 页。冈村繁的看法见所著《文选の研究》，岩波书店，1999 年；陆晓光中译本《文选之研究》，上海古籍出版社，2002 年。

研究——从语言文献学的角度考察》、金少华《敦煌吐鲁番本〈文选〉研究》等，都从不同视角对不断出土的敦煌吐鲁番《文选》做了再补充。

《文选》学方面，富永一登《文选李善注の研究》[26] 与王书才《〈昭明文选〉研究发展史》[27] 属于研究史论著，对其中关键性的问题，例如李善的生年、《文选》补益之疑等，做了收集分析，并提出自己的看法。

纵观研究情况，关于《七命》写本的讨论乏善可陈，写本年代没有定论。《俄藏敦煌汉文写卷叙录》以《七命》不避世、治，定为9至11世纪写本[28]。罗国威有《吐鲁番本〈文选·七命〉残卷考》一篇札记，以《七命》写本与尤刻本相似为由，认为："此写卷当是在有刻本流传的情况之下根据某种刻本传钞而成的。德藏 Ch.3164 写卷正文和注语与今本《文选》（特别是尤刻本）文字高度吻合这一事实，也充分证明了这一点。"[29] 鉴于当时所见材料只有俄藏 Дx.1551 与德藏 Ch.3164v 二件，加以忽略吐鲁番历史文化背景，并不能对《七命》写本的价值做最好的诠释，甚而有错误的判断。金少华《敦煌吐鲁番本〈文选〉研究》又见 Дx.8011 与 Дx.8462 后，则肯定了荣新江先生所推断的"初唐写本"说[30]。由于大谷文书的刊布与以往被遗漏之残片的检出，为我们分析写本的年代提供了有力证据，便于进一步为这件写本的价值定位。

三 《七命》写本录文

《七命》写本现存德藏 Ch.3164v 和俄藏 Дx.1551、Дx.8011、Дx.8462、Дx.7305v，以及龙谷大学藏大谷文书 Ot.5028、Ot.5423、Ot.5468（26）、Ot.10374、Ot.11030、旅博藏 LM20-1517-275 等 11 片，互不能直接缀合。写本有乌丝栏，正文大字，双行小字注。

将写本残片依照前后顺序排列，Ot.5028 为（A）；Ot.5423、Ot.10374、LM20-1517-275 为（B）（复原图参见附图 1，1）；Ot.11030、Дx.8011、Дx.1551、Ch.3164v 皆属同一段落，各纸间相隔一至二行，是为（C）（复原图参见附图 1，2）；Дx.7305v、Ot.5468（26）则为（D）；卷末第五行起为 Дx.8462，作为（E）；录文如

[26] 富永一登《文选李善注の研究》，研文出版（山本书店出版部），1999 年。

[27] 王书才《〈昭明文选〉研究发展史》，学习出版社，2008 年。

[28] 孟列夫主编，袁席箴、陈华平译《俄藏敦煌汉文写卷叙录》下册，上海古籍出版社，1999 年，473 页。案，Ch.3164v 的"销逾羊头，镤越锻成"，"镤"作"鍱"，唐初避讳未必讳偏旁；且"治"为"冶"之错写，详情见下文。

[29] 罗国威《六朝文学与六朝文献》，55—62 页，引文在 62 页。

[30] 金少华《敦煌吐鲁番本〈文选〉研究》，38 页。

下（图版参见附图 2）：

（A）Ot. 5028 正面存 2 行，第 1 行存正文 2 字，第 2 行为小字 4 字（附图 2，1）。

（前缺）

1　啟中[

2　^{副也劉向□}
□□[

（后缺）

（B）Ot.5423 正面存 3 行（附图 2，2），Ot.10374 正面存 4 行（附图 2，3），LM20-1517-275 正面存 5 行（附图 2，4）。Ot.5423 与 Ot.10374 几乎上下可缀；Ot.10374 第 3 行与 LM20-1517-275 第 1 行在同一行，之间仅残缺小字注 1 字。

（前缺）

1　]□□□華草錦繁飛

2　]承意忩歡仰折神蘦

3　]□椒塗於瑤壇^達_簟

4　]^衡[　]^而_圖爾乃浮三

5　^{醴長十丈中}
^{在水中沚}潛鰓

6　]沈絲結飛矰[

7　]^繇□[

（后缺）

（C）Ot. 11030 正面存 6 行，共存正文 7 字，小字 59 字（附图 2，5）；Дx. 8011 正面存 3 行，共存正文 8 字，小字 34 字（附图 2，6）；Дx. 1551 正面存 3 行，共存正文 9 字，小字 7 字（附图 2，7）；Ch.3164v 存 6 行，共存正文 25 字，小字 158 字（附图 2，8），皆属同一段落，各纸间相隔一至二行，参见文末复原图（附图 1）。

（前缺）

1　]□然此妍[

2　]足撥飛鋒^{説文曰□}
_{反廣雅曰撥}[

3　^{物也五忽反郭璞爾雅注曰□}
^{反孔安國論語注曰扣撃}[

4　]石逞伎^{史記曰裴廉以}
_{尸子中黄伯}[

5　]^困行不避蚖龍陘[
_{之不吉王怒}]

6　]^{淮南子}[

7　　　　　]^{虎麟黑虎}
□揖漢書注曰獅豸似

8　　　]_{買反}瀾漫狼藉傾榛倒壑

9　　_{西京賦注日嘗死禽獸}
_{名也又曰僵仆也郭璞爾雅}[

10　（闕文）

11　　　　　　]虞人數獸[

12　　　]息馬韜弦_{張晏}
_{犒勤}[

13　　　　 軒_{説文曰}[

14　（闕文）

15　（闕文）

16　　　 爲之于 □□□
_{天下}之壯觀公子曰余病未能[

17　　　　　]營_{越絶書曰楚王召風湖子而問之曰寡人聞吳有干將}
_{越有歐冶子寡人願齎邦之重寶請此二人作爲劍可乎}

18　　_{之吳見歐冶子干將使之作鐵劍}
_{二曰太阿三曰工市陽劍見下文}邪溪之鋌赤山之精_{越絶書}
_{曰越王}

19　　　　]寶_{劍五聞於天下客有能相劍者名曰薛燭王召而問之對曰當　劍}
_{之時赤堇之山破而出錫若耶之溪涸而出銅許慎淮南子注曰鋌}

20　]_{鐵璞}也[ ]_徒鼎反精謂銷逾羊頭鏶越鍛成_{淮南子曰苗之鋌羊頭}
_{之銷雖水斷龍}劉

21　　　　　]_{生鐵}
_廣[

（D）Дх. 7305 背面存 3 行，共大字约 16 字，小字、残划少数（附图 2，9）；Ot. 5468（26）正面为双行小字注 4 行，共存小字 12 字（附图 2，10），属同一段落，两纸间相隔数字，不可缀合。

　　（前缺）

1　　　]□□[　　]□[

2　　]_二
_哉耕父推畔魚豎讓[

3　]_{天下}□[
]_{黄帝治天}　]危冠之飾輿台咲短後[

4　]_{賦曰士}面[
]□□□[

　　（后缺）

（E）Дх. 8462 正面存 6 行，共存正文 10 字，小字 26 字（附图 2，11）。

　　（前缺）

1　　　]□[

2　　]闈皇風載鼙[

3　　]寶爲秋擒藻爲[

4　　 _{□簡主吾不復樹}
_{□其實今子樹非}[

5　　]君_{尚書大傳曰周人可}
_{比屋而封}[

6　　　]_{敏已}[

（后缺）

四　李善注的原貌

（一）五臣乱善

俄藏 Φ.242《文选注》备受学者瞩目，相反地，与今存刻本相似度高、残存文字较少的李善注《七命》，显得价值不高。今存较早的李善注单行本有北宋国子监天圣明道本（1023—1034，以下简称"监本"），南宋淳熙八年（1181）尤袤池阳郡斋刻本（以下简称"尤刻本"）。清嘉庆十四年（1809）胡克家曾主持重刻尤刻本（以下简称"胡刻本"）。《四库全书总目》"《文选注》六十卷，内府藏本"条提出：

> 其书自南宋以来，皆与五臣注合刊，名曰六臣注文选。而善注单行之本，世遂罕传。此本为毛晋所刻，虽称从宋本校正，今考其第二十五卷陆云《答兄机诗》注中有向曰一条、济曰一条；又《答张士然诗》注中有翰曰、铣曰、向曰、济曰各一条，殆因六臣之本削去五臣独留善注，故刊除不尽，未必真见单行本也。[31]

学者多认为南宋以后的李善注单行本皆是从六臣本中摘出，而有"五臣乱善"的说法[32]。北京国家图书馆所藏北宋国子监天圣明道本《文选》，虽为所有李善注单行本与五臣注杂糅提出了反证，然而尤刻本杂入五臣注仍为不容否认的事实，可惜国子监本的《七命》已佚。今天敦煌吐鲁番文书的发现，使我们对于唐代李善注的形态有了更多认识。P.2527 与 P.2528《文选》被视为最接近李善注本原貌的写本[33]，与今本相校成果丰硕。

近代学者亦有不赞同《四库总目》者，如白化文、程毅中在《略谈李善注〈文选〉的尤刻本》中，以尤袤《遂初堂书目》言家中藏有李善注单行本与五臣注本，却无六臣注本，宋代书目也多有著录李善注单行本，反驳《总目》以及顾广圻、胡

---

[31]《四库全书总目》卷一八六集部总集类一，中华书局影印本，1965 年，1685 页。

[32] 梁章钜撰、穆克宏点校《文选旁证》，福建人民出版社，2000 年；顾广圻《文选考异序》，《思适斋集》卷一〇序，巩固了《总目》的说法。

[33] 案，P.2527、P.2528 皆存有"臣善曰"，且 P.2528《西京赋》卷末存有"永隆年二月十九日弘济寺写"一行题记，故大部分研究者都肯定为李善注本的初注本，或者相去不远。罗振玉认为"此善注二卷，可正今本之失，其可贵不待言"。蒋斧也谓其"庐山真面，隐晦千年，一旦见之，能无狂喜？"（《鸣沙石室古籍丛残》，1917 年）傅刚《永隆本〈西京赋〉非尽出李善本说》认为永隆本乃寺僧抄写时，依据薛综和李善两种底本，而正文部分采用的是薛综的底本（《中华文史论丛》第 60 辑，210—221 页）。金少华则反对傅刚的看法，认为今本多杂后人补注擅改，写本与刻本的不同不足证明较早写本非原貌（《敦煌吐鲁番本〈文选〉研究》，11 页）。由于永隆年间李善仍在世，故此二本接近善注原貌应是毋庸置疑。

克家等人的说法[34]，但证据略显单薄。

斯波六郎认为："此类（李善单注本）祖本的尤刻本，今不得见。以影模重镌尤刻本的胡刻本推之，是本所据非唐之李善单注本。"这种观点较为独断[35]，受到冈村繁的批判："它只不过是校勘学角度的推断。斯波并没有进一步考察整个宋代的《文选》诸本之出版情况及其推移过程，他的视野也未及于尤刻本以前已经有北宋国子监本《李善注文选》'模板印行'的事实。因而可以说，这种推断不是以整体为背景的观照为基础的。"并指出："既然北宋国子监本的存在已经确凿无疑，那么将南宋淳熙年间的尤刻本视为李善单注本之祖本的立论，当是很难站得住脚的了。"即尤刻本并非当时所能见最佳的李善注《文选》版本，况且胡刻本所采用的尤刻本为一个屡经补版的版本，不能代表尤刻本。冈村氏虽否认尤刻本自六臣本中抽出，但仍承认传世《文选》李善注非唐代原貌，而是官方以北宋国子监本为第一教材版本，其他各本在不脱离李善注的框架下增补，因而衍生出各种相似却又不同的版本[36]。傅刚见解则是："尤刻本（或可说是其底本）是一个以李善本为主要依据，又旁参五臣、六臣而合成的本子。之所以这样说，是基于它大体上合于李善本（国子监本），但却又有大量注文及正文遵从五臣的事实。"[37]与冈村氏的推断不谋而合，即宋代以后一系列李善单注本的歧异，很可能是以北宋国子监本为底本并杂糅他注，而非合为六臣本的结果，可惜监本《七命》今不得见。又，与敦煌本《文选》相校可知，监本亦非唐本貌。

刘师培所说的"后世传本均与唐本乖违"已成定论[38]。然而，正因为南宋尤刻本与《七命》写本的相似极高，透过对写本年代的考订，将有助于我们厘清李善注的原貌，并区别尤刻本中李善原注的成分。

（二）李善注体例考释

李善注《文选·西京赋》"薛综注"条下有云："善曰：旧注是者，因而留之，并于篇首题其姓名，其有乖谬，臣乃具释，并称'臣善'以别之，他皆类此。"[39]然今所见善注单刻本俱作"善曰"，脱去"臣"字。傅刚曾以 P. 2527、P. 2528 为证，说明"臣善曰"是李善注的原貌，而后世刻本将"臣"字挖去，失其原貌[40]；伏俊琏也认为，P. 2528 中"倘若旧注是集注，李善引用时于篇内列其姓名；他补充的批注，则标'臣善曰'以相别"，他又以 P. 2527 与今本相较，认为"今本皆失'臣善曰'三

[34] 程毅中、白化文《略谈李善注〈文选〉的尤刻本》，《文物》1976 年第 11 期，收入于俞绍初、许逸民《中外学者文选学论集》，中华书局，1998 年，224—232 页。

[35] 斯波六郎《文选诸本的研究》，6—7 页。

[36] 冈村繁《文选の研究》，31—34 页；冈村繁著、陆晓光译《文选之研究》，46—50 页。

[37] 傅刚《〈文选〉版本研究》，《论李善注〈文选〉版本》，165 页。

[38] 刘师培《刘申叔遗书》，2012 页。

[39] 尤刻本《文选》第 1 册，卷二，叶 1。金泽文库藏《文选集注》作"李善曰"。

[40] 傅刚《〈文选〉版本研究》，116 页。

字，使旧注与李氏自注混淆不清"[41]。以上结论实际上出现了部分错误。据《资暇集》所言：

> 盖李氏不欲窃人之功，有旧注者，必逐每篇存之，仍题原注人之姓字，或有迂阔乖谬，犹不削去之。苟旧注未备，或兴新意，必于旧注中称"臣善"以分别，既存原注，例皆引据。李续之雅，宜殷勤也[42]。

说明写本与刻本同样有旧注记名以别善注的体例。今考善注单刻本，发现果如《资暇集》《总目》所言：

1. 凡有旧注为底本者，以"善曰"（抑或"臣善曰"）别原注，底本注在前，善注在后。《四库总目》说得很明白："左思《三都赋》，善明称刘逵注《蜀都》、《吴都》，张载注《魏都》，乃三篇俱题刘渊林字。又如《楚辞》用王逸注，《子虚》、《上林赋》用郭璞注，《两京赋》用薛综注，《思元赋》用旧注；《鲁灵光殿赋》用张载注，《咏怀诗》用颜延年、沈约注，《射雉赋》用徐爰注，皆题本名。而补注，则别称'善曰'，于薛综条下发例甚明。乃于扬雄《羽猎赋》用颜师古注之类，则竟漏本名。于班固《幽通赋》用曹大家注之类，则散标句下。又《文选》之例，于作者皆书其字，而杜预《春秋传序》则独题名。"[43]

2. 非引用单一注者，有"善曰"，善注在前，他注在后，或作"善曰某曰"。扬雄《长杨赋》、韦孟《讽谏诗》、邹阳《上书吴王》《狱中上书自明》、司马长卿《上书谏猎》、枚叔《上书谏吴王》《上书重谏吴王》以及班叔皮《王命论》等篇。由于六臣注或六家注《文选》皆以"善曰"别于五臣，笔者认为此处有六臣注本混淆的嫌疑。

3. 非引用单一注者，无"善曰"，善注在前。除上述各篇之外，余下包含《七命》在内的数百篇皆无"善曰"字样。今《七命》写本存李善注十九条，不见"善曰"二字，可见李善注《文选》原貌应当如此。

4. 非引用单一注者，有"臣善曰"，善注在后。仔细比对今天所见唯一存在"臣善曰"体例的写本是 P. 2527、P. 2528，可以发现，P. 2528 既以薛综注为底本，当有"臣善曰"体例，但是 P. 2527 并未使用旧注再行补注，应无"善曰"体例，何以 P. 2527 写本存有"臣善曰"？对此，蒋斧曾作出解释，认为："多采汉书旧注，故凡崇贤自注，皆称名别之，今本则漫无界限。"[44]但与其他各篇相较，P. 2527"多用汉书注"其实并不成立；笔者推断，P. 2527 很可能是以李善注为底本，再行补注之本，

---

[41] 伏俊琏《从敦煌唐写本残卷看李善〈文选注〉的体例》，收录于《敦煌文学文献丛稿》，21—22 页。

[42] 李匡乂《资暇集》卷上《非五臣》，5 页。

[43] 《四库全书总目》卷一八六集部总集类一，1685 页。

[44] 罗振玉《鸣沙石室古籍丛残》，《敦煌丛刊初编》，689 页。

最好的证明即为"臣善曰"的体例，引用非单一注者，应是善注在前，他注在后；但 P. 2527 的注文却是以"如淳曰"、"服虔曰"在前，后加上"臣善曰"这样的形式，明显与李善注的体例不合，且 P. 2527 用"已见某某"取代前篇相同注文，如此严谨的体例绝非李善未定之本。虽刻本成于写本之后，确实有若干变动，但若言后世传本将绝大部分善注转移到前面，又删削了大多数的"善曰"，恐怕不可能。

李善注《文选》的最早定本，凡是引用某人旧注底本者，皆以"臣善曰"辨别之，而李善未采底本而自行阐释字义或纳多家注的篇目，应是不存在"善曰"或是"臣善曰"这样的形式，既是本人，何必区分？ P. 2527 中的"臣善曰"定为他人补入。因此我们可以将初唐所抄《七命》写本，视为最接近李善注原貌的唐代写本之一。

《七命》写本的注文还可补今本之缺。虽然其每行字数并不规范，且残缺较多，但以现有行数来看，其注释与尤刻本有异，如 Дx. 8011 的"殒觞挂山"的"觞"字下存有"《西京赋》注曰：觞，死禽兽〔将腐之名也。〕"一句小字注，今本皆无；而写本"将腐之名也"后接"又曰：僵，仆也"，今本则作"周礼注曰：四足死者曰觞。尔雅曰：僵，仆也"，足见传世本与善注原貌迥异。依李善注体例可知，稍晚期的写本如 P. 2527，出现用"已见某某"取代《文选》中重复作注者的情形。由上述脱失注文可知，《七命》写本应属李善注体系中较早的抄本。吐鲁番《七命》的格式谨严，非一般学子所用，而应是正规的图书抄本，所以李善注的方式，应当是当时正规李善注本的格式。

（三）监本、尤刻本、胡刻本与善注体例

笔者认为，李善注存在两种正规体例，即一、有旧注为底本者，有"善曰"，底本注在前，善注在后；二、非以旧注为底本者，无"善曰"，善注在前，他注在后。下面欲考三种李善单注本体例，以论证拙文所言善注体例，在目前认为所据为写本、相对可靠的监本上，也能完全体现。

前辈学者有以尤刻本系统论《文选》者，如胡克家、斯波六郎等[45]；也有以监本系统为李善单刻祖本者，如冈村繁、傅刚等[46]。傅刚先生曾指出"他们（胡克家、斯波六郎）更根本的错误则在于误以尤刻代指李善本"[47]；冈村繁则批评："斯波并没有进一步考察整个宋代的《文选》诸本之出版情况及其推移过程，他的视野也未及于尤刻本以前已经有北宋国子监本《李善注文选》'范本印行'的事实。因而可以说，

---

[45] 顾广圻《文选考异序》、胡克家《文选考异》十卷，见《文选》，中华书局影印本，1977 年，841—982 页。梁章巨撰、穆克宏点校《文选旁证》，福建人民出版社，2000 年。斯波六郎《文选诸本の研究》，见《文选索引》卷首，京都大学人文科学研究所，1957 年，13—26 页。

[46] 冈村繁的看法见所著《文选の研究》，岩波书店，1999 年；陆晓光中译本《文选之研究》，上海古籍出版社，2002 年。傅刚《〈文选〉版本研究》，北京大学出版社，2000 年。

[47] 傅刚《〈文选〉版本研究》，163—164 页。

这种推断不是以整体为背景的观照为基础的。"[48]

1. 监本

半叶 10 行，双行小字注，大字 17—19 字，小字 24—26 字，细黑口，左右双边，由散叶装裱成册，分藏二处，分列三部分，实为同版，台北故宫藏二册（卷一，卷三，共十一叶，不同帙）、四册（卷一至六、八至十一、十六），目前未能亲见原本[49]；北京国图藏十四册（卷十五至十九[50]、三十至三一、三六至三八、四六至四七、四九至六十[51]），考察其分册如下：

分册	卷次分布	分册	卷次分布
册一	卷一五《思玄赋》残叶；卷一六《叹逝赋》残叶；卷一七《文赋》（首尾阙）《洞箫赋》（尾阙）《舞赋》（首尾阙）残叶；卷一八《琴赋》（首阙）至《啸赋》	册七	卷四六王元长《三月三日曲水诗序》（"幽明献期"前残）至《王文宪集序》
册二	卷一九《高唐赋》至《洛神赋》、《补亡》残第一首（南陔孝子……匪情其恪）	册八	卷四七《圣主得贤臣颂》至《三国名臣序赞》
册三	卷三〇《读山海经诗》（残半叶）至《拟魏太子邺中集诗》八首	册九	卷四九《晋纪总论》至《后汉书皇后纪论》；卷五〇《后汉二十八将传论》至《后汉光武纪赞》
册四	卷三一《劝曹子建乐府白马篇》至江文通《杂体诗》三十首（"未足识行藏"下残）	册一〇	卷五一《过秦论》至《四子讲德论》（尾阙）；卷五二《王命论》至《博弈论》
册五	卷三六《宣德皇后令》至《天监三年策秀才文》三首；卷三七《荐祢衡表》至《劝进表》	册一一	卷五三《养生论》（"之何以言"前阙）至《辩亡论》
册六	卷三八《为吴令谢询求为诸孙置守冢人表》至《为范始兴作求立太宰碑表》	册一二	卷五四《五等论》（"〔数世奸轨〕充斥"前阙）至《辩命论》；卷五五《广绝交论》（有朱点批改）至《演连珠》五十首（善注"善曰言舟〔本〕摇荡"前阙，至"〔故据图无挥剑〕之痛，义贵〔于身〕"下阙）

[48] 冈村繁《文选の研究》，31—34 页；冈村繁著、陆晓光译《文选之研究》，46—50 页。

[49] 张月云《宋刊〈文选〉李善单注本考》，原刊〈故宫学术季刊〉（第 4 期），1985 年，后收入俞绍初、许逸民编《中外学者文选学论集》，中华书局，1998 年，764—813 页。

[50] 北京图书馆编《北京图书馆古籍善本书目》，书目文献出版社，1989 年，著录为卷十五、卷十七至卷十九。傅刚《〈文选〉版本研究》，157 页，已对《北京图书馆古籍善本书目》所录卷次作出修正，情况与笔者所见大致相符，略有不同，仔细说明如下：《北京图书馆古籍善本书目》未录，见卷一五《思玄赋》残叶，存正文大字"增繁（烦）毒以……白露之为霜"、"命王良掌策……伐河鼓之磅磕"，间有白页（有栏格）；又见卷一六《叹逝赋》数叶（及之在条……）；下接卷一七《文赋》残叶。

[51] 《北京图书馆古籍善本书目》著录为卷四九至卷五八，实则卷五八后接卷五九两叶，上有夹条说明，盖后人整理编目时，未细察以致著录有误。

续表

分册	卷次分布	分册	卷次分布
册一三	卷五六《王仲宣诔》（"〔入侍帷〕幄出拥华盖"前阙）至《杨仲武诔》；卷五七《夏侯常侍诔》至《哀永逝文》	册一四	卷五八《宋文皇帝元皇后哀策文》至《褚渊碑文》（"爱深善诱"下阙）；卷五九《故安陆昭王碑文》（"南山群盗……"残叶）、《刘先生夫人墓志》（"欣欣负载"前阙）；卷六〇《齐竟陵文宣王行状》至《吊屈原文》，中有阙页，《吊魏武帝文》（"举勋敌其如遗"下阙）

2. 尤刻本与胡刻本

尤刻本版框高 20 厘米，宽 14.1 厘米，半叶 10 行，行字 21 字，双行小字注，书口白口，左右双边[52]，《中国版刻图录》称其"原为杨氏宝选楼藏书，初印精湛，字字如新硎，无一补版，可称文选李注唯一善本"[53]。胡刻本则以尤刻本为底本摹刻，但历经 9—12 次的修补，重刊 839 版，屡经修补几占半数之多[54]。

"欲读书必先精校书"[55]，想读《文选》善注，厘清版本优劣、他注混入情况等十分有必要。已知尤、胡刻本与监本分属两个系统，则首先考察尤、胡刻本的体例与监本之异同。中华书局影印胡刻本序称："我们把尤刻本和胡刻本相校，证明胡刻本较好，胡克家改正了尤刻本明显的错误多达七百余处……"[56]后印本是否优于先印本，仍存在较大争议，二本间则毫无疑问存在一定距离。然而，胡刻本是否丢失善注体例的信息？二者差距又该如何定位？以下笔者据尤、胡二影印本，考其善注体例异同。

将尤、胡二本对勘，整理出不符合前述"善注有无旧注体例二种"（旧注、善曰、顺序当为"有有后"与"无无前"，本文所讨论的"体例"基本上局限于此）情况如下：

卷次	篇名	旧善序[57]	情况概述
卷六	左太冲魏都赋	有有后	没写原注，有张载旧注，《四库提要》明载
卷八	杨子云羽猎赋	有有后	没写原注，颜师古旧注，《四库提要》指出漏本名
卷九	杨子云长杨赋	有有后	没写原注，疑漏标旧注
卷一三	贾谊鹏鸟赋	无有前	混有"善曰"5 处，尤、胡刻本俱同[58]
卷一四	班孟坚幽通赋	无无前	《四库提要》指出用曹大家注，散标句下[59]

---

52 《宋尤袤刻本文选》，国家图书馆出版社，2017 年。
53 北京图书馆编《中国版刻图录》第 1 册，文物出版社，1960 年，29 页
54 郭宝军《胡克家本〈文选〉研究》，河南大学出版社，2014 年，7 页。
55 王鸣盛撰、黄曙辉点校《十七史商榷》序，上海古籍出版社，2013 年，2 页。
56 胡刻本《文选》，3 页。
57 即指旧注、善曰、顺序。
58 案，这种情况应是六臣本删改不尽所致。
59 案，此条符合拙文"善注有无旧注体例二种"。

卷次	篇名	旧善序	情况概述
卷一九	韦孟讽谏诗	无有后	混有"善曰"29处，尤、胡刻本俱同
卷三五	汉武帝诏	无有后	混有"善曰"4处，尤、胡刻本俱同
	贤良诏	无有后	混有"善曰"9处，尤、胡刻本俱同
卷三九	邹阳上书吴王	无有后	混有"善曰"14处，尤、胡刻本俱同，有一注出现两处"善曰"的情况
	于狱中上书自明	无有后	混有"善曰"50处，尤、胡刻本俱同，大多在前
	司马长卿上疏谏猎	无有后	混有"善曰"7处，尤、胡刻本俱同
	枚叔奏书谏吴王濞	无有后	混有"善曰"19处，大多在前，一处在后
	重谏举兵	无有后	混有"善曰"14处，尤、胡刻本俱同
卷四一	司马子长报任少卿书	无有后	混有"善曰"2处，尤、胡刻本俱同
卷四四	司马长卿难蜀父老	无有后	混有"善曰"3处，尤、胡刻本俱同
卷四五	杨子云解嘲	无有后	混有"善曰"1处，尤刻本作"善白"，余同胡刻本
	班孟坚答宾戏	无有后	混有"善曰"12处，尤、胡刻本俱同
卷四七	王子渊圣主得贤臣颂	无有后	混有"善曰"2处，尤、胡刻本俱同
卷四八	司马长卿封禅文	无有后	混有"善曰"1处，尤、胡刻本俱同
卷五二	班叔皮王命论	无有后	混有"善曰"57处，尤、胡刻本俱同，大多在前
卷五七	潘安仁马汧督诔	无有后	混有"善曰"1处，尤、胡刻本俱同
卷六〇	贾谊吊屈原文	无有后	混有"善曰"2处，尤、胡刻本俱同

尽管混入"善曰"的原因相当复杂，仍待考察，且尤刻本系统并不能代表善注体例，但从上表可以看出，尤刻本与胡刻本之间的差距或许没有想象中巨大。下面我们接着探讨监本与尤刻本的体例差异。

3. 监本与尤刻本

考察监本既存卷次残叶体例，与尤刻本对比不同之处，有如下发现：

卷次	篇名	情况概述
卷四七	王子渊圣主得贤臣颂	通篇有"善曰"，"善曰"在后，或有旧注脱其名（尤刻本存2处）
	杨子云赵充国颂	通篇有"善曰"，"善曰"在后，或有旧注脱其名（尤刻本删尽）
卷五〇	班孟坚史述赞三首	通篇有"善曰"[60]，"善曰"在后，或有旧注脱其名（尤刻本删尽）
卷五一	贾谊过秦论	通篇有"善曰"，"善曰"在后，或有旧注脱其名（尤刻本删尽）
卷六〇	贾谊吊屈原文	通篇有"善曰"，"善曰"在后，或有旧注脱其名（尤刻本存2处）

从上表所列监本与尤刻本不同的五篇可以发现，通篇有"善曰"，并且"善曰"在后，符合有旧注的善注体例，恐怕是北宋至南宋间，因旧注者名脱佚，镌刻《文选》的人不明李善体例，随意删改所致，却又删削不尽，留下尤刻本中混入"善曰"、不合体例的情况。由此可见，北宋监本的错误较南宋尤刻本为少，且二者恐非独立系统，存在沿革关系。

在清代考据学流行之前，学术规范宽松，后注本以前注本为参照是极为普遍的情况，其中尤以唐初至开元年间最为盛行，如王鸣盛《十七史商榷》言李贤注《后汉书》抄袭刘昭注本并"枉使刘注零落不全，恐有意存掩美改坏旧注，并袭取旧注攘为己有者"[61]；颜师古注《汉书》，司马贞、张守节注《史记》都有同样现象，旨在吸纳汉魏六朝学术成果[62]。李善作《文选》注，自成体例，以"善曰"别旧注。而后五臣本通行，又合为六臣注或六家注，李善单注本逐渐湮灭，其注释体例便不被后人明了，史料信息也在各版本间不断丢失。现在，尽管各本之间存在优劣，但透过对李善单注写本与刻本的考察，我们可以确定"善注有无旧注体例二种"成立。

五　《七命》写本的价值

（一）《文选》学之兴

隋文帝开皇七年（587）正月"乙未，制诸州岁贡三人"[63]。即是科举制度萌发之时[64]，并且"《文选》成为试士出题之读本"[65]。科举制度与考试用书的确立，当务之急就是为《文选》作注。自隋以来，有萧该、曹宪、李善、公孙罗、五臣（吕向、吕延济、刘良、张铣与李周翰）等作《文选》音、义注本；其中又以李善注本与五臣注本最受瞩目，二种注本曾合编为六臣注。

李善注作为将唐朝《文选》学推向高峰的奠基性注本，后人对其注释的取舍褒贬不一。主要是因为李善多作典故的阐释堆积，而忽略对文意的理解，使读者无法通透了解文意，便觉繁琐枯燥，因此唐玄宗年间有五臣注本的出现，但各家夹注位置与注释本身大体不能不受李善注影响。由于唐朝李善注本的阙失与今存刻本各家

60　案，部分不能确定为旧注，或善注脱"善曰"二字。

61　王鸣盛撰、黄曙辉点校《十七史商榷》，312—313 页。

62　辛德勇《〈后汉书〉对研究西汉以前政区地理的史料价值及相关文献学问题》，《中国历史地理论丛》2012 年第 4 期，22—23 页。

63　《隋书》卷一《高组纪上》，中华书局，1973 年，25 页。

64　吴宗国《唐代科举制度研究》，辽宁大学出版社，1992 年，4—11 页。

65　饶宗颐《唐代文选学略述（代前言）》，收录于《敦煌吐鲁番本文选》，2 页；案，隋文帝制岁贡三人的科目史书阙载，但秀才、明经见于《北史·杜正玄传》《隋书·高祖纪》等；又《通典》载炀帝始建进士科，足见科举制度奠基于隋朝。

歧异，其本来面貌一直是《文选》学中的重要议题，《七命》李善注写本的价值毋须赘言。

（二）《七命》的写本年代

由于较为可靠的国子监本《七命》已不存，笔者以中华书局影印北京图书馆所藏尤刻本[66]、《四部丛刊》影印上海涵芬楼所藏南宋建州六臣注刻本（简称建州本）[67]，以及日本足利学校遗迹图书馆藏南宋明州六家注刻本（简称明州本）[68] 三版本相互比对[69]，并分析《七命》写本中的俗体字，一探写本年代端倪[70]。并从相对可靠的监本上，寻找共性，论证李善注体例。

1. 补益之疑

《资暇集》中有这么一段话：

> 代传数本李氏《文选》，有初注成者，覆注者，有三注、四注者，当时旋被传写之。其绝笔之本，皆释音训义，注解甚多。余家幸而有焉，尝将数本并校，不惟注之赡略有异，至于科段，互相不同，无似余家之本该备也[71]。

说明在唐末的时候，李善传世注本至少有五种写本。《新唐书·李邕传》里的记载可以佐证之："始善注《文选》，释事而忘意。书成以问邕，邕不敢对。善诘之，邕意欲有所更。善曰：'试为我补益之。'邕附事见义，善以其不可夺，故两书并行。"[72] 据史载，李善于高宗显庆三年（658）上《文选注表》，高宗嘉之，藏于秘阁，获绢一百二十匹的赏赐，并被拔擢[73]。上元二年（675）年生邕[74]，而善于载初元年（689）

---

66 尤袤刻本《文选》，中华书局影印本，1974 年。此尤刻本据北京图书馆所藏尤袤刻本影印，《中国版刻图录》称其"原为杨氏宝选楼藏书，初印精湛，字字如新硎，无一补版，可称文选李注唯一善本"（北京图书馆编《中国版刻图录》第 1 册，文物出版社，1960 年，29 页）。

67 《六臣注文选》，《四部丛刊初编》《六臣注文选》（三十卷本），商务印书馆，1934 年影印本。

68 遗迹图书馆后援会《文选》（全六卷），汲古书院，1975 年。

69 罗国威《吐鲁番本〈文选·七命〉残卷考》，以尤刻本、建州本、明州本、韩国奎章阁本做了文字校勘，见《六朝文学与六朝文献》，55—60 页。

70 选择版本标准：其一，尽量使用未补版宋刻本；其二，使用今存《七命》之版本；其三，使用李善注单行本的尤刻本，以及善注在前、五臣注在后的六臣本建州本，加上五臣注在前、善注在后的六家本明州本；以此三个迥异版本作为比较对象，以期对善注原貌能有更多了解。

71 李匡义《资暇集》卷上《非五臣》，收录于中华书局《丛书集成初编》0279，中华书局，1985 年，新一版，4—5 页。

72 《新唐书》卷二二〇，中华书局，1975 年，5754 页。

73 《旧唐书》卷一八九，中华书局，1975 年，4946 页。

74 《资治通鉴》记载，李邕于天宝六年（747）因罪被杖杀（《资治通鉴》卷二一五，中华书局标点本，1976 年，6875 页），观其墓志，明载享年七十三（《唐故北海郡守赠秘书监江夏李公墓志铭》，收入周绍良、赵超主编《唐代墓志汇编》，上海古籍出版社，1992 年，1766 页），故当为 675 年出生。

去世[75]。可知李善上《文选注表》时李邕尚未出世，因此《四库总目》曾对《新唐书》作出"喜采小说未详考也"的批评[76]。但事实上，李邕补注一事加上善注写本的多元以及《资暇集》所言，足见《文选》李善注的歧异发生在刻本出现之前[77]。

2. 写本避讳情况

《七命》残本文字不见避讳缺笔，惟 Ch.3164v 中"见欧治、干将，使之作铁剑三枚"存一"治"字；Ot. 5468（26）"黄帝治天下"也存有一"治"字。仔细观察其书写笔法可以发现，前者将"冶"错写为"治"，乃因唐人行文常见"氵"、"冫"不分的情况，不能为避讳证据。后者"黄帝治天下"一句，则提示出一个重要事实。

（1）黄帝治天下与黄帝化天下

Ot. 5468（26）仅存双行小字注文四行，无正文，第二行存"黄帝治天下"，此句对应上下文当为：

耕父推畔，鱼竖让陆。_{文子曰：黄帝之治天下，田者让畔。《淮南子》曰：黄帝治天下，渔者不争坻。}樵夫耻危冠之饰，

與台笑短后之服。_{《长扬赋》曰：士有不谈王道者，即樵夫笑之。《韩非子》曰：解其长剑，免其[78]危冠。《左氏传》曰：人有十等，皂臣舆，仆臣台，庄子、魏太子谓庄庄周……}

这里的典故出自于《淮南子》卷六的"昔者黄帝治天下，而力牧、太山稽辅之"[79]，有趣的是，今本李善注《七命》文中曾两次使用这个典故，一是开篇的"乃敕云辂，骖飞黄"一句，注文为"《淮南子》曰：黄帝治天下，于是飞黄服皁"[80]；二即"耕父推畔，鱼竖让陆"之注文。前者与《淮南子》原文中的"黄帝治天下"一致，后者则均为"黄帝化天下"，可见《文选·七命》曾因为避唐高祖李治之讳，而改"治"为"化"，后人回改却未改全[81]。《七命》写本仅存后一句"黄帝治天下"，与刻本"黄

---

[75] 李善生年不详，卒于载初元年（689），其年龄跨度一直是《文选》学的热点之一。《四库总目》认为李善七十生邕（598—689）；高步瀛认为李善生于贞观初（627—689）；朱关田认为李善享年六十岁（631—689）；屈守元则认为李善生于隋大业六年（610—689）；孙善钦认为李善生于贞观中（630—689）；富永一登、王书才都认为李善生于615—620年左右。

[76] 《四库全书总目》卷一八六集部总集类一，1685页。

[77] 因法藏 P. 2527、P. 2528 的发现，许多学者开始持与《四库总目》不同的意见。1910年蒋斧题记云："今此卷同今本相校，凡今本释意之处，此皆从略，知此为崇贤初次表上之本，而今本北海补益之本也。"（《鸣沙石室古籍丛残》，1917年）刘师培也肯定"或为李邕所增，或为他注所窜"这样的说法（《刘申叔遗书》，2010页）。今人伏俊琏亦认为，李邕少年天才，读《文选》重意轻事，为乃父补益不是不可能，唐人去古未远，家法之学尚存，同为一家流者，可同归一家代表之名下，所以后人读公孙（罗）、魏（模）之注，归辑李善注之中，也是有可能的；参《从敦煌唐写本残卷看李善〈文选注〉的体例》，《敦煌文学文献丛稿》，中华书局，2004年，21—22页。

[78] 尤刻本第12册，卷三五，叶16；建州本卷一八，叶22；明州本第四卷，2181页。

[79] 《淮南鸿烈解》卷六，收录于《四部丛刊初编》《淮南子》第2册，商务印书馆，1934年影印本，叶6。

[80] 尤刻本第12册，卷三五，叶1；建州本卷一八，叶1；明州本第四卷，2149页。

[81] 陈垣《史讳举例》第五十二《避讳经后人回改未尽例》，74—77页。案，李善作注忠于原本，李匡乂《资暇集》就曾以五臣妄改善注而非五臣，金少华《敦煌吐鲁番本〈文选〉研究》即指出，李善注义例其一为"引古籍各依所据本"，故文中改"治"为"化"定非李善原意。

帝化天下"不同，可证明《七命》写本应是宋刻本之前的本子，可以辨别刻本中未经"五臣乱善"的部分。

（2）玄字的缺笔

比较尤刻本、建州本与明州本，可以发现三个版本皆避宋人讳"玄"[82]，其中尤刻本与明州本"息马韬弦"的"弦"字皆缺末笔，建州本则偏旁、同音不避讳，不符合《淳熙重修文书式》的规范。《七命》写本"息马韬弦"并未缺笔，不似如罗国威所说为依刻本所抄。

（3）反切

《七命》写本中，音注作"反"，与 P. 2527、P. 2528 同，与刻本"切"不同，乃因唐大历（766—779）以后，避"反"字讳，常以"翻"或"切"代替[83]，因此《七命》写本的抄写年代应于唐大历以前。

（4）卒哭乃讳

今存最早的《文选》李善注写本 P. 2528《西京赋》卷末题记为永隆年[84]，不讳"治"字；P. 2527 注例严格，避"治"之讳，抄写年代应稍晚于 P. 2528。我们可以知道，具有年代题记的 P. 2528 满足"不卒哭不讳"之礼。《七命》写本不避"治"字，年代当与 P. 2528 相近。

3. 历史文化背景

敦煌吐鲁番文献避讳异于传世文献，偶有避讳混乱的情况，因此结合吐鲁番地区的历史文化背景，为我们判断写本年代的重要依据[85]。汉文化对于吐鲁番地区的影响由来已久，唐代西州军政紧密结合的政治力量，对于西州融入唐朝的行政体制具有极大约束力[86]，教育制度也不例外。我们可以看到《七命》写本使用的俗体字与中原用字并无不同，可见西州的汉语教育与中原无异。

字形混用的情况也有助于我们分析写本年代[87]。《七命》写本的俗体字如士作土、治作冶、寡作宜、剑作劒、召作名、吉作吉、安作安等；同时还有偏旁混用的情况，如辶与辶、犭与女、氵与冫等，都相当接近北魏、隋、唐前期的书写习惯。由于宋

---

[82] 陈垣《史讳举例》言宋讳"玄"乃因"始祖玄朗"，又言据《绍定礼部韵略》《淳熙重修文书式》，玄、悬、县、泫等二十个字都必须避讳。

[83] 顾炎武《音学五书·音论》卷下，"反切之名"条。

[84] 案，卷末题记云"永隆年二月十九日弘济寺写"，永隆是唐高宗年号，自 680 年农历八月廿二日改元，到 681 年十月为止（《新唐书》作九月），故可知写本年代为 681 年，也就是永隆二年；傅刚、伏俊琏、罗国威等人看法皆然；斯波六郎、IDP 作永隆元年（《文选索引》下篇 I《唐钞李善单注本文选残卷二种》，81 页）。

[85] 窦怀永《敦煌文献避讳研究》，甘肃教育出版社，2010 年，255—284 页。

[86] 张广达《唐灭高昌国后的西州形势》，作者著《西域史地丛稿初编》，上海古籍出版社，1995 年，113—173 页。孟宪实《试论唐朝在高昌推行州县制的历史与文化基础》，《新疆文物》1993 年第 3 期，128—136 页。

[87] 臧克和主编《汉魏六朝随唐五代字形表》，南方日报出版社，2011 年，1 页。

代刻书发达，俗体字大幅度减少[88]，所以《七命》写本当抄写于唐代初期。

脱离唐朝统治的回鹘高昌（803—866）与高昌回鹘（866—1283）时期的吐鲁番地区，文化呈现多元样貌，后来回鹘语更在高昌地区占有统治地位。宋代王延德出使高昌时所见《大藏经》《唐韵》《玉篇》《经音》等[89]，固然是汉文化在高昌地区的呈现，但是更多的汉译本佛经被转译为回鹘语，则呈现文化的巨变。

由上面讨论我们可以知道，唐西州时期，当地推行唐制相当彻底，存有士人皆备的考试教材《文选》不足为奇；相较于西州陷蕃、为回鹘所统治后的文化形态，笔者推断此《七命》写本年代不应晚于西州陷蕃。又考其俗体字字形，加以避讳情况，此文书当是初唐之作。

（三）《七命》写本的性质

《七命》写本既符合李善注体例，其性质饶有兴味，值得细究。与敦煌本李善注《文选》比较，P. 2527 为楷书，有乌丝栏，行大字 14 字，或小字 18—19 字，格式相当工整，字体遒美，故蒋斧怀疑其为高宗时的内府库本[90]。P. 2528 为行书，有乌丝栏，行大字 17—19，或小字 26—27 字，卷末题记"永隆年二月十九日弘济寺写"，弘济寺在长安，此本无疑来自长安。而《七命》写本楷书工整，有乌丝栏，行大字约 19—20 字，或小字 27—28 字不等，依抄写模式可知，三写本俱有底本，相当严谨，因此笔者认为，《七命》写本当唐灭高昌设西州以后，当地士人饱受中原文化的熏陶，加以政治制度的控制，为因应科举而从内地传入的"标本"。

我们还应该注意的是李善注《文选》在唐代的特殊地位，即在逾 30 种敦煌吐鲁番本《文选》中，扣除白文本，余下注本多可见李善注踪迹，其中又以 P. 2527、P. 2528 以及《七命》写本格式较为规范，虽前二者有他注窜入的嫌疑，但无疑包含大量李善注且自中原传入。《资暇集》里曾提到时人对李善注的批评："世人多谓李氏立意注《文选》，过为迂繁，徒自骋学，且不解文意，遂相尚习五臣者……"[91] 但由实际情况可知，李善注在唐代具有不可撼动的地位，影响远至敦煌、吐鲁番。今见 P. 2528 卷末题记旁存有藏文一行，显示此写本直到沙州陷蕃之后，仍被有意识地妥善保存，相当耐人寻味。

88　案，刻本大量使用俗体字、简化字的现象出现于元朝，宋本并不多见。

89　《宋史》卷四九〇《高昌传》，中华书局，1977 年，14112 页。

90　罗振玉《鸣沙石室古籍丛残》，《敦煌丛刊初编》，689 页。

91　李匡乂《资暇集》卷上《非五臣》，4—5 页。

六 《金刚经疏》古逸本

《七命》写本背面存《金刚经疏》（拟）古逸本[92]，与今存各版本《金刚经》《金刚经疏》比对[93]，笔者发现此写本与《御注金刚般若波罗蜜经宣演》卷上（以下简称《宣演》）[94]，具有较为密切的关联，二者性质形式雷同，但文字有异。《宣演》为唐僧道氤所集，其序文言唐开元二十三年（735）玄宗御注《金刚经》[95]，为此写作《宣演》，以"君唱臣和，丝发轮行"[96]。因此笔者推断《金刚经疏》为《御注金刚经》引领时代宗教风气之下的产物[97]，成书年代早于《宣演》。

（一）写本录文与拼接

《金刚经疏》前后存 11 片，文字介于楷书与行书之间，无界栏，字体较《七命》稍大，每行 17—19 字不等，据书写字距，似依底本抄写，但抄写不甚工整。写本录文依《七命》次序分为（A）至（E）组排列如下（图版参见附图 3），《金刚经》正文以粗体表示：

（A）Ot.5028 背面存 1 行（附图 3，1）。

（前缺）

1　]□不應如[

（后缺）

（B）第三、四行间夹写小字"菩"。Ot.5423 背面存 3 行（附图 3，2），Ot.10374 背面存 3 行（附图 3，3），有墨渍涂抹，二者前后差半字，不直接缀合，参《宣演》CBETA, T85, no. 2733, p. 23, a29-b4。LM20-1517-275 背面（附图 3，4）应于

92　荣新江最早在 1996 年《柏林通讯》文中比定为《金刚经》；孟列夫认为 Дx. 1551v 是"未定经藏"，内容为"描述集会开初的片段，某弟子向佛陀提出请求"；张涌泉认为"不知名佛经"。

93　参考董大学《敦煌本〈金刚经〉注疏研究》，首都师范大学博士论文，2013 年。

94　定源《御注金刚般若波罗蜜经宣演卷上》录文（《藏外佛教文献》第 2 编总第 15 辑，32—195 页）以 P. 2173 为底本，S. 1389、S. 8078、S. 2738+S. 771+S. 2671、S. 5905、P. 2330、P. 2182、P. 3080、北敦 7387、北大 22 相校，并参考《金刚经》《金刚般若经旨赞》《金刚般若论》等经疏补行间缺字。本文参照其录文。

95　有关《御注金刚般若经》原文与研究情况，可参见衣川贤次《御注金刚般若经》，《藏外佛教文献》第 2 编总第 10 辑，39—107 页。

96　中华大藏经编辑局《中华大藏经》第 92 册，中华书局，2004 年，1—13 页。原为三卷本形式，今收录于《赵城金藏》本为六卷本，仅存第五卷，由《中华大藏经》影印出版，其他各藏未收。《赵城金藏》为行 14 字版，今所收录《御注金刚般若波罗蜜经宣演》卷五为行 18—20 字版，末记"底本，金藏广胜寺本。共六卷，今仅存此一卷。无校本"。亦收入《宋藏遗珍》上集第二函，名为三卷，实上、下卷据敦煌残卷 P. 2132 等补，卷中即六卷本之第五卷；日本《大正藏》卷八五收入 P. 2173（卷上）、P. 2330（卷上）、P. 2132（卷下）等。

97　荣新江言 P. 2132《御注金刚般若波罗蜜经宣演》卷下，虽出土于敦煌藏经洞，但实为西州僧人义琳于西州写成。P. 2132 题记中的"听第三遍了"云云，充分显示《宣演》在唐代西州的影响力并不低于沙州。见所撰《摩尼教在高昌的初传》，《中国学术》第 1 辑，商务印书馆，2000 年，158—171 页。

Ot.10374 背面左上，存 3 行，第一行与 Ot.10374 背面最后一行几乎相缀，间差 3/4 残字，第三行"也"字空一隔写"经"字，则是引另一条经文作注，再次证明《金刚经疏》注文较《宣演》要简短得多。

（前缺）

1　　]□㸐火所烧練[

2　　]圓滿無不知故一切[

3　　]常起方便利[

　　　　　　菩[

4　　]□煩惱四魔[

5　　]也　經[

6　　　]□[

（后缺）

（C）Ot.11030 背面存 4 行（附图 3，5）；Дx.8011 背面存 3 行（附图 3，6）；Дx.1551 背面存 2 行（附图 3，7）；Ch.3164 正面存 6 行（附图 3，8）；各残片间相差一至二行不等，详细经文对照见下文。

（前缺）

1　　　]修般若增長[

2　　　]□也大城者尸羅□[

3　　　]二示平等三明歸[

4　　　　]第乞已[

5　　]而言□□[

6　　]家及降迦葉　經□[

7　　]返本歸真般若[

8　（闕文）

9　　　　　]之攝資[

10　　　]起偏袒右[

11　（闕文）

12　　]對治五不失六□地七立名[

13　]所做究竟第七義句顯示成立此諸法門[

14　經希有世尊如來善護念諸菩薩善付屬諸[

15　　]□此正申不斷有二初惣歎稀有後別歎勝能

16　　　　　曠劫難逢 故二處 稀有[

17　　　　　　　　　]□[

（后缺）

（D）Дx.7305 正面存 3 行，约 18 字（附图 2，9）；Ot.5468（26）v 存 2 行，共 4 残字（附图 2，10）。

（前缺）

1　　]□□□□□[

2　　]相觀空即□[　]相 所[

3　　]□□一心故云即見[　]切□[

（后缺）

（E）Дx.8462v 存 5 行，约 19 字（附图 2，11）。

（前缺）

1　　　　]□□[

2　　　]□ 此之子[

3　　]體 真俗 二諦[

4　　]□ 舡筏以喻 □[

5　　　　]□ 衆[

（后缺）

（二）《金刚经疏》写本性质考释

《金刚经疏》为单行注，注文与正文大小无异，相对于敦煌本《宣演》以朱笔△区隔经文与注文，此注本则不见标示。此写本注文简短，形式为以"经"字引一句经文，空一格再作疏，疏文最长约莫二行，所注经文辞条较《宣演》多。今存《宣演》卷上尾阙，P.2330、S.2671 残存卷末可以比对《金刚经疏》（B）（C）组文字，如下所示。

（B）组由 LM20-1517-275v、Ot.5423v、Ot.10374v 三件几乎缀合，完全对应《宣演》："炎猛智火，所烧练故。三十二大士相等，所庄饰故。殊胜功德圆满，无不知故。一切世间，亲近供养，咸称赞故。具一切德，常起方便，利益安乐，一切有情，无懈废故。"[98] "炽"作"智"，"猛"字似阙。全文俱见于道氤演曰。

（C）组第 1 行"修 般若增长"见于《宣演》，解经"尔时世尊至大城乞食"一

---

[98]　定源《御注金刚般若波罗蜜经宣演卷上》，130 页。

条，对应经文为"显修般若，增长法身"[99]。第2行"也大城者尸罗□"即解经"入舍卫大城"，舍卫城别名曰"尸罗跋提"[100]，此句不见于《宣演》。第3行"二示平等三明归本"为解经"乞食"，对应《宣演》前后文为"第五化事，于中有四。一为世福田，二示平等，三明归本，四显事终"[101]。第4行"第乞已"即经"于其城中次第乞已"。第5行与第6行应为《宣演》"次第乞已"条之解，但注文略有不同，写本仅见"及（即）降迦叶"[102]，"叶"下空一格，接续"经"，应为另一条经疏，可见其注文较《宣演》简短。第7行"返本归真般若"解经"还至本处"，前后文为"表还源返本，归真住寂，将说般若深妙理故"[103]，与《金刚经疏》注文略有不同。第8行缺。第9行"之摄资"与《宣演》解经"收衣钵"的注文"一摄资缘，二净身业，三入寂定"相似[104]。第10行"起偏袒右"，对应《金刚经》经文可知"收衣钵"、"洗足"、"敷座而坐"后，紧接着"长老须菩提在大众中即从座起，偏袒右肩"一句。第11行缺。第12行"对治五不失六□地七立名"、第13行"所做究竟第七义句显示成立此诸法门"解经"时长老须菩提至而白佛言"，对应《宣演》"四对治，五不失，六地，七立名。前六义句，显示菩萨，所作究竟。第七义句，显示成立此法门故"[105]，二者文字略有不同。第14行"经希（稀）有世尊如来善护念诸菩萨善付属（嘱）诸"即《金刚经》长老须菩提告诉佛的"稀有！世尊！如来善护念诸菩萨"一段。第15、16行"□此正申不断有二初惣叹稀有后别叹胜能"、"旷劫难逢故二处稀有"解经"稀有世尊"条，《宣演》作"稀有至菩萨"，注文为"演曰：此正申不断有二：初惣叹稀有，后别叹胜能。稀有有四：一时稀有，旷劫难逢故；二处稀有"[106]。

（A）组因间距较远、残字较少，无法对应；（D）、（E）组因《宣演》其下阙文残佚，难以判别，但根据《七命》卷末的 Дx.8462v 存"舡筏以喻"一句，应是解《金刚经》"以是义故，如来常说：'汝等比丘，知我说法，如筏喻者，法尚应舍，何况非法。'"其下还有近六分之五的《金刚经》内容已残，故我们不排除文书正面不仅抄写《文选·七命》一篇，还有其他内容，或者也可能是僧人利用纸背空白处，多纸粘贴以抄经疏。

由上面比对我们可以发现，《金刚经疏》与《宣演》内容雷同，注文简略，解释

99　定源《御注金刚般若波罗蜜经宣演卷上》，141 页。
100　丁福宝编《佛学大辞典》，文物出版社，1984 年，224 页"尸罗跋提"条、764 页"舍卫"、"舍卫城"条。
101　定源《御注金刚般若波罗蜜经宣演卷上》，145 页。
102　定源《御注金刚般若波罗蜜经宣演卷上》，146 页，注 16："除"底（P.2173）、丙（P.2330）、己本（P.2182）作"降"，据壬本（P.3038）改。
103　定源《御注金刚般若波罗蜜经宣演卷上》，147 页。
104　定源《御注金刚般若波罗蜜经宣演卷上》，148 页。
105　定源《御注金刚般若波罗蜜经宣演卷上》，151 页。
106　定源《御注金刚般若波罗蜜经宣演卷上》，155 页。

辞条虽然与《宣演》相似，但并不完全一致，可以排除为《宣演》经疏抄或是祖本的可能性，应是自玄宗《御注金刚般若波罗蜜经》后，当时的僧人为了学习《金刚经》而产生一批相关著作。此写本即为这批相似于《宣演》之著作的经疏之一，呈现世亲思想的流传，此经疏在传世文献中佚失，却被保留在敦煌吐鲁番文书之中。巧合的是，敦煌写本 Φ.242《文选注》背面为与《宣演》相同的世亲系统的《金刚般若经旨赞》，充分显示世亲一系思想，不仅流行于敦煌，在吐鲁番地区也一样风行。

七　小结

吐鲁番发现的《文选·七命》李善注本，现分藏于中国、日本、俄国与德国等处，同一写本残片存 11 片。本文透过避讳字与俗体字使用情况，以及比对与刻本的异同，加上吐鲁番盆地历史文化背景，将《七命》写本的抄写年代订于唐高宗年间，或相去不远。此唐初李善注《文选·七命》提示了一个重要事实，即唐设西州后，西州的制度与中原一致化；尽管至今未见有西州贡举人的相关记载，但唐代科举教材对西州的教育存在实质影响，这样接纳的态度也反映西州人对中原王朝存有归属感。此写本由中原传入，为士人所宝，呈现一统盛世下，教材的一致对边疆地区管理的重要性。同时藉由区别"善曰"（或"臣善曰"）的体例，也使我们重新认识以往所忽略的李善注《文选》原貌，即未引用旧注之篇目，实际上不存在"善曰"（或"臣善曰"），惟与五臣注合并后，以"善曰"别五臣。由于《七命》写本发现，对区别传世李善注《文选》中未经"五臣乱善"的条目，极具意义。

文书背面所存《金刚经疏》，使我们进一步了解唐代西州世亲系统经论的流传与信仰情况。因此，不论是文书正面的李善注《文选·七命》写本，或是背面的《金刚经疏》，都对我们研究唐代西州受中原科举制的影响程度与佛教信仰，提供了一个很好的侧面。

论文写作，曾蒙史睿、李新峰等老师教示。

（李昀，北京大学历史学系博士生。原刊《西域文史》第 9 辑，科学出版社，2014 年。2019 年 8 月 31 日于畅春新园修订）

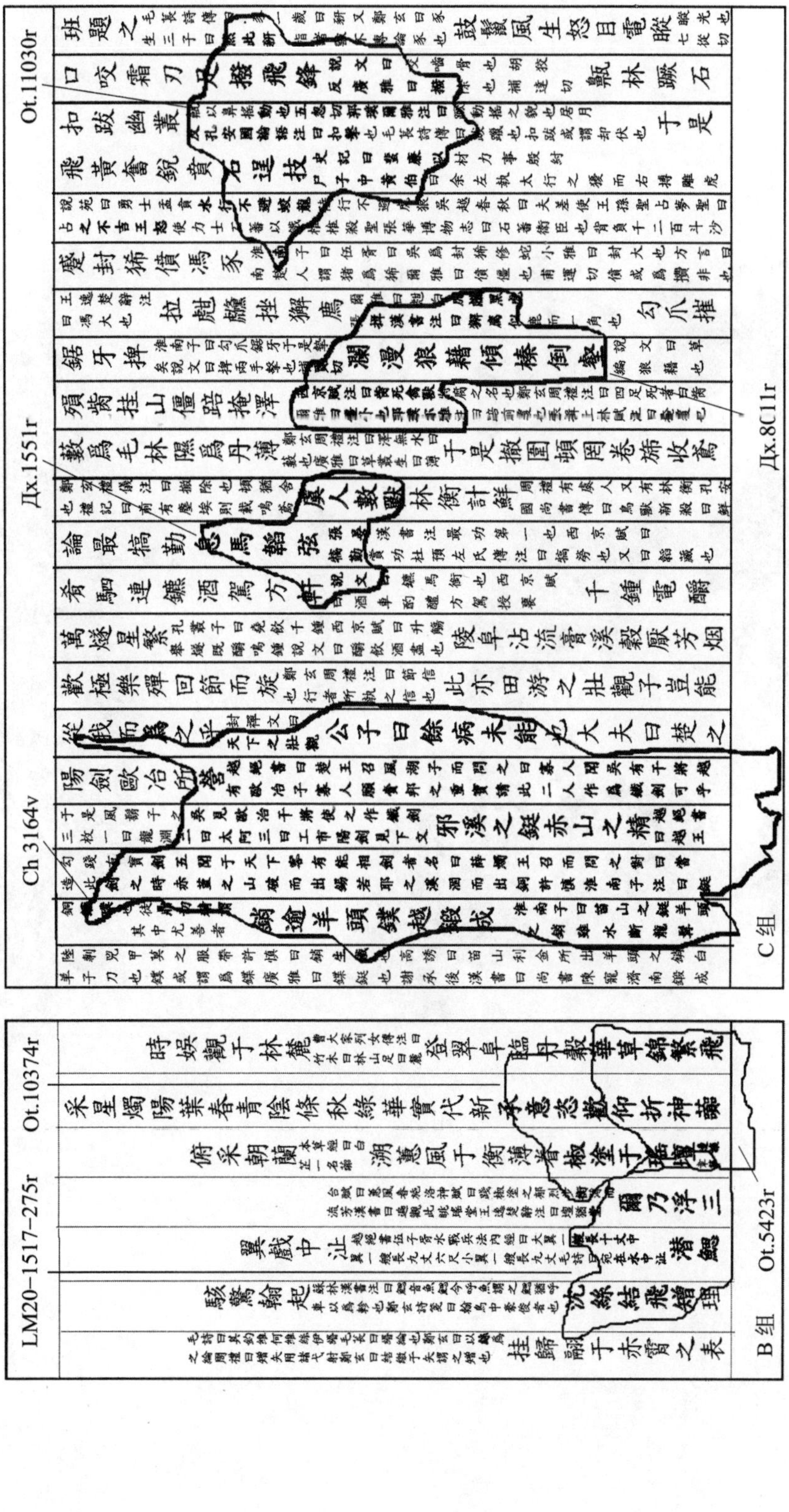

附图 1

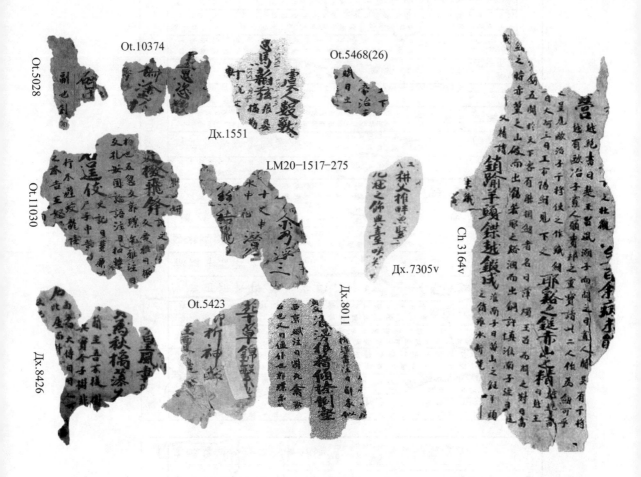

附图 2

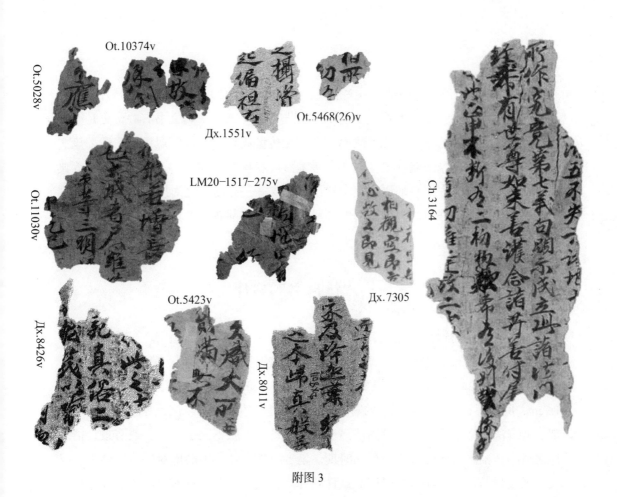

附图 3

旅顺博物馆藏吐鲁番出土"律吕书"考释

段真子

在旅顺博物馆所藏吐鲁番出土文书中,一件编号 LM20-1456-23-22 的残片,记载了"应钟"、地支、"肴(爻)"等词语,不仅与《易》或占卜类文书有关,更是律吕系统在吐鲁番地区的首次出现。然而,由于在传世典籍中未曾发现相近记载,该文书之性质、名称至今未能判定。本文参考《吕氏春秋》《淮南子》《五行大义》等典籍,尝试根据文书中核心词语建立"肴——地支——律吕"之对应关系,并以此推补文书部分内容,进而认为该文书的性质,当是对某部数术类典籍的抄写,拟定名为"律吕书"。

一 "律吕书"残片

本文所探讨的这件文书残片,为旅顺博物馆(以下简称"旅博")所藏吐鲁番出土汉文非佛教写本文献之一例,粘贴于"大蓝册"之第七本[1]、第 23 页上,编号为 LM20-1456-23-22(图 1)。该文书尺寸为 9.6×8cm,现残存六行、36 字,行距约 1.7cm,间有界栏,是比较标准的写本文书。由地脚边栏可知,该残片原位于文书底部。从书法风格上看,文字笔划严谨、朴厚灵动,丰腴不失于板刻,兼有隶、楷两体之风格,推测大体写作于高昌国时期。笔者有幸参加"旅顺博物馆藏新疆出土汉文文书整理与研究"项目,得以对这件残片之性质、定名进行考察。现迻录整理小组所作录文如下:

(前缺)

1　]□[　]肴没此□□

---

[1]　所谓"大蓝册",即日本时期特别制作的册子,封面用蓝色毛纸加装了套子,根据册子大小尺寸不同,又分为大蓝册和小蓝册。详见郭富纯、王振芬《旅顺博物馆藏西域文书研究》第二章《馆藏西域文书的基本构成》,万卷出版公司,2007 年,13—17 页。

2　]陽肴没二者酉㸚

3　]亥爲應鍾配□

4　]□陰肴没二陽

5　]陰肴没六者巳

6　]□上達五經者

（后缺）

图 1

仅从录文中出现的"肴"[2]"阳肴""阴肴"等词语考察，此文书非道非佛，或为与《易》相关的某部典籍；而若以"酉""亥""巳"等字词角度分析，此文书亦有可能属于吐鲁番地区常见的占卜类文书[3]。但若与以往敦煌吐鲁番出土的这两类文书进行对照，该文书特征十分明显。首先，该文书的书法风格、行间界栏，相较于其他随意书写的民间占卜活动文书，更类似于典籍，或对典籍的誊抄。其次，虽然该文书中"阴""阳"、地支等词语在敦煌吐鲁番出土《易》类典籍、占卜类文书中屡见不鲜，但"肴没""应钟"等词语当属首次出现。第三，虽然"以乐律为占卜，继秦简之后的《吕氏春秋》《淮南子》《史记》等书均留有记载"[4]，但其论述至多涉及乐律与地支，而未见与爻变的对应关系。也就是说，该文书所残存的语句，未能在现存传世典籍中找到完全对应的文本，这也为确定文书名类，以及进一步研究造成困难。有鉴于此，本文希望通过对比传世典籍的相关记载，从以下两点对该残片进行考释，由此解读其学术价值。

第一，文书第三行"亥为应钟配□"，体现的是"地支—律吕"之间的固定搭配关系，以此逻辑为线索，可以推导出与"酉""巳"地支相配合的律吕。能否根据传世典籍，推导出符合文书格式的"十二地支—十二律吕"框架？第二，文书中反复出现的"肴没"句（含"阴肴没""阳肴没"），似在叙述阴、阳爻之间的变化，"没"后的"二""六"等数字应当是变化的内容。那么，现存传世典籍对于"没"和数字的具体解释，能否合理解答文书中二者含义？由此能否阐述阴、阳爻之间存在的变化，以及与"酉""巳"等地支的关系？

2　结合整段文字可知，"肴"即为"爻"，因此"阴肴""阳肴"即为"阴爻""阳爻"。

3　关于占卜文书中是否包含《易》类典籍文书，中外学者持不同看法。日本学者菅原信海著《占筮书》一章，介绍了十五类占卜文书，其中《周易》、易三备分列一、二（收入池田温主编《敦煌汉文文献》，大东出版社，1992年）；对此分类，黄正建先生并不赞同，认为《周易》"一般不作为占卜书对待"，并提出敦煌占卜文书是指"敦煌文书中涉及'预测术'的所有文书"，详见氏著《敦煌占卜文书与唐五代占卜研究》（增订版），中国社会科学出版社，2014年，6页、214—216页。

4　戴念祖《试析秦简〈律书〉中的乐律与占卜》，《中国音乐学》2001年第2期，7页。

二 "地支—律吕" 框架推导

在文书所存的六行文字中，语句相对完整的是第三行"亥为应钟配□"，其句读方式大体有三种：

1、"亥，为应钟配□"，即"亥"为上句末字，"为应钟配□"作为上句内容的补充；

2、"亥为应钟，配□"，即表明上句满足某种包含"亥"的条件后，出现了"为应钟"的结果，"配□"作为补充；

3、"亥为应钟配，□"，即以"亥为应钟配"为主体内容，"□"作为下句发端，进行具体描述。

但无论是哪种断句，"亥"与"应钟"之间的对应关系都固定不变。中国古代乐律学的产生、发展，很大程度上受到五行、数术系统理论的影响。从"五音"与五行、五时的对应，到"十二律"与十二月份的关系，数字的相关性令不同系统的理论建立联系。从现存传世典籍情况看，十二律吕与十二地支、一年十二月份之间的对应关系，早在《淮南子·天文训》中便已明确指出，其文如下：

> 帝张四维，运之以斗，月徙一辰，复反其所。正月指寅，十二月指丑，一岁而匝，终而复始。指寅，则万物螾螾也，律受太蔟。太蔟者，蔟而未出也。指卯，卯则茂茂然，律受夹钟。夹钟者，种始英也。指辰，辰则振之也，律受姑洗。姑洗者，陈去而新来也。指巳，巳则生巳定也，律受仲吕。仲吕者，中充大也。指午，午者，忤也，律受蕤宾。蕤宾者，安而服也。指未，未，昧也，律受林钟。林钟者，引而止也。指申，申者，呻之也，律受夷则。夷则者，易其则也，德以去矣。指酉，酉者，饱也，律受南吕。南吕者，任包大也。指戌，戌者，灭也，律受无射。无射，入无厌也。指亥，亥者，阂也，律受应钟。应钟者，应其钟也。指子，子者，兹也，律受黄钟。黄钟者，钟已黄也。指丑，丑者，纽也，律受大吕。大吕者，旅旅而去也。[5]

《淮南子》将寅作为一年之始，是从"万物螾螾"的始生状态进行解释的，与此相配，"太蔟"亦取其"未出"之义。以此为序，十二地支、十二律吕的对应关系自然产生，如表1所示：

5　何宁集释《淮南子集释》卷三《天文训》，中华书局，1998 年，238—243 页。

表1　十二地支、十二律吕对应关系表

地支	寅	卯	辰	巳	午	未	申	酉	戌	亥	子	丑
律吕	太簇	夹钟	姑洗	仲吕	蕤宾	林钟	夷则	南吕	无射	应钟	黄钟	大吕

在表1中，"亥"确与"应钟"相对应，满足文书"亥为应钟配"的要求，且"巳""酉"、亦为明确出现于文书中的文字，假设将与其对应的"仲吕""南吕"，甚至全部十二地支、十二律吕对应关系全部展开，从而推演出更完整、丰富的文书内容，或许能够验证文书与《淮南子·天文训》的相近程度。

根据文书第二行"阳肴没二者酉为"，可以获知"亥为应钟配□"之前语句的内容及格式，由此一来，表达十二地支、十二律吕对应关系的完整语句结构疑为"某肴没某者（地支）为（律吕）配某"。综合以上文字内容以及语句结构，该文书残片之外部分文字的推补内容大致如下：

> 某肴没某者寅，为太族，配□；**阴肴没二阳卯，为夹钟，配□**；某肴没某者辰，为姑洗，配□；**阴肴没六者巳，为仲吕，配□**；某肴没某者午，为蕤宾，配□；某肴没某者未，为林钟，配□；某肴没某者申，为夷则，配□；**阳肴没二者酉，为南吕，配□**；某肴没某者戌，为无射，配□；某肴没某者亥，**为应钟，配□**；某肴没某者子，为黄钟，配□；某肴没某者丑，为大吕，配□。

这段推补文字仅严格规定地支与律吕的对应关系、排列顺序，并未涉及地支以前"肴没"句的具体内容，因为无论"阳肴没二者"还是"阴肴没二阳"，字数并无太大变化，故暂用"某肴没某者"代替。以上推导文字若照文书格式编排，此残片文字可复原如下：

1　　　　　　　　某肴没某者寅爲太族配□] **陰肴没二陽**

2　　　　卯爲夾鐘配□某肴没某者辰爲姑洗配□] **陰肴没六者巳**

3　　　爲仲吕配□某肴没某者午爲蕤賓配□某肴没某者未爲林鐘配□某肴没某者申爲夷則配□] **陽肴没二者酉爲**

4　　　南吕配□某肴没某者戌爲無射配□某肴没某者] **亥爲應鐘配□**

5　　　某肴没某者子爲黄鐘配□某肴没某者丑爲大吕配□

这样的复原结果存在两个问题。其一，排列顺序不一致。文书中"阳肴没二者酉为""亥为应钟配□""阴肴没二阳""阴肴没六者巳"虽然均出现于推导文字中，但文书中"酉—亥—巳"的排列顺序在推导文字中变为"巳—酉—亥"，即便按照《殷历》起子月"[6]的顺序进行"子—丑—寅—卯—辰—巳—午—未—申—酉—戌—

6　何宁集释《淮南子集释》卷三《天文训》，238页。

亥"的排列，"巳"也不可能列于"酉""亥"之前。

其二，行字不符合文书格式。依文书图片显示，该文书字体大小正常，每行不应超过20字，但推导文字除第一行为16字以外，其余四行均超过该字数，分别为23、45、26、22，行字差异明显，第三行字数更是不甚合理。这一点与文书具备界栏，书写工整等细节出入过大。

由此可知，文书中的这段文字虽体现了十二地支、十二律吕的对应关系，但并非以《淮南子》十二地支的纪月顺序为叙述逻辑。而推补文字中出现的第三行字数过多，且各行字数差异明显等问题，似乎透露出文书所进行的抄写，并非涵盖全部的对应关系。那么，是否还存在其他典籍，能够提供更为合理的叙述逻辑？

除了与十二地支相对应而产生的纪月顺序以外，十二律吕自产生伊始便自有一套相生体系，本源即为"黄钟"。据《吕氏春秋·古乐》载：

> 昔黄帝令伶伦作为律。伶伦自大夏之西，乃之阮隃之阴，取竹于嶰谿之谷，以生空窍厚钧者，断两节间，其长三寸九分，而吹之以为黄钟之宫，吹曰舍少。次制十二筒，以之阮隃之下，听凤皇之鸣，以别十二律。其雄鸣为六，雌鸣亦六，以比黄钟之宫适合。黄钟之宫皆可以生之，故曰"黄钟之宫，律吕之本"。[7]

也就是说，伶伦作律是以三寸九分长的竹子作为黄钟宫调，并以凤凰之声进行必定而成的。在黄钟之调确定之后，《吕氏春秋·音律》又记载了十二律吕的相生关系：

> 黄钟生林钟，林钟生太蔟，太蔟生南吕，南吕生姑洗，姑洗生应钟，应钟生蕤宾，蕤宾生大吕，大吕生夷则，夷则生夹钟，夹钟生无射，无射生仲吕。[8]

若以相生关系为逻辑，十二律吕和对应的十二地支先后顺序如表2所示：

表2　十二律吕相生及十二地支对应表

律吕	黄钟	林钟	太蔟	南吕	姑洗	应钟	蕤宾	大吕	夷则	夹钟	无射	仲吕
地支	子	未	寅	酉	辰	亥	午	丑	申	卯	戌	巳

由"律吕之本"黄钟出发，十二律吕依次产生，至仲吕而终。由此，十二地支亦产生了某种先后次序，始于"子"而终于"巳"，这一顺序与因十二地支纪月逻辑产生的先后顺序明显不同。若按此逻辑重新推补、排列文字，文书中"酉—亥—巳"的先后顺序便得以满足：

7　许维遹撰，梁运华整理《吕氏春秋集释》卷五《古乐》，中华书局，2009年，120—123页。

8　许维遹撰，梁运华整理《吕氏春秋集释》卷六《音律》，134页。

（前缺）

1　　　　　　　某肴没某者午爲蕤賓配]□[　　]肴没此□□

2　　某者未爲林鐘配□某肴没某者申爲夷則配]陽肴没二者酉爲

3　南呂配□某肴没某者戌爲無射配□某肴没某者]亥爲應鐘配□

4　某肴没某者子爲黃鐘配□某肴没某者丑爲大呂配□某肴没某者寅爲太
族配]陰肴没二陽

5　　　　　卯爲夾鐘配□某肴没某者辰爲姑洗配]陰肴没六者巳

6　爲仲呂配□□□□□]□□□□□□□□□□]□上達五經者

（后缺）

相较于以《淮南子·天文训》作为参照进行的文字推补，参考《吕氏春秋》所推补的文字，在内容及格式等方面皆更符合文书要求，但行字问题依旧存在。显然，抄写全部对应关系则无法满足文书行字要求，而汉代高诱对《吕氏春秋·察传》所作注解的一段文字，似乎能够为选择性书写十二地支、十二律吕对应关系提供理论依据：

> 六律，六气之律。阳为律，阴为吕，合十二也。[9]

高诱此言，表明"阳""阴"分别为律、吕的属性，其中"应钟，阴律也"[10]，即可知"应钟"的属性为"阴"。而十二地支亦分阴、阳，《太平经》有相关内容为："子、寅、辰、午、申、戌，阳也，主生；丑、卯、巳、未、酉、亥，阴也，主养"[11]，且其阴阳属性与所对应的十二律吕属性刚好匹配。尤其是，文书所存"酉""亥""巳"以及"应钟"，其属性皆为"阴"，若仅仅将六阴支、六吕对应关系择出抄写，所得推补文字、结构如下：

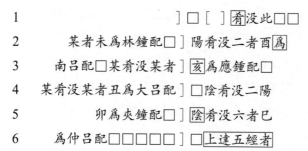

（前缺）

1　　　　　　　　]□[　]肴没此□□

2　　某者未爲林鐘配□]陽肴没二者酉爲

3　南呂配□某肴没某者]亥爲應鐘配□

4　某肴没某者丑爲大呂配]□陰肴没二陽

5　　　　　卯爲夾鐘配□]陰肴没六者巳

6　爲仲呂配□□□□]□上達五經者

9　许维遹撰，梁运华整理《吕氏春秋集释》卷二二《察传》，618 页。

10　许维遹撰，梁运华整理《吕氏春秋集释》卷一〇《孟冬纪第十》，216 页。

11　王明编《太平经合校》卷五二《胞胎阴阳规矩正行消恶图》，中华书局，1960 年，193—194 页。

（后缺）

这段文字虽只选择六吕进行推导，却在保证十二地支整体的相生关系基础上，满足文书"酉—亥—巳"的既定顺序。从行字、格式方面看，除第五行行字略少以外，第二、三、四行每行约为15字，参考图片中第二行"为"字勉强写于末尾的情况，第四行书写16字也不无可能。综合这两方面因素分析，此种推补更为合理，某种程度上接近《吕氏春秋》中与乐律、阴阳等方面相关的理论。通过对"亥为应钟配□"语句的分析，该文书的基本框架已较为清晰，即以十二律吕相生关系为逻辑，以"阴""阳"为六律、六吕的属性区分，再以六吕为顺序，以"某肴没某者（地支）为（律吕）配某"为句式。如果说"（地支）为（律吕）配某"是每一句的结论，那么"某肴没某者"则是得出结论的必备条件。因此，"阳肴没二者""阴肴没二阳""阴肴没六者"等文字所表达的内容，便成为接下来需要考察的重点，更是解读该文书的关键。

三 "肴没"含义推测

文书所存六行文字，除第三行"亥亥为应钟配□"、第六行字迹不清（疑为"□上达五经者"）外，其余第一、二、四、五行均出现了相同的内容——"肴没"。以此为主体展开，"某肴没某者"与六阴支、六吕进行搭配，成为整段文字的叙述框架。因此，想要解读"某肴没某者"的含义，势必需要理解其中各文字具体含义。

首先，"某肴"作为"某肴没某者"语句的主语，共出现过四次，其中"阴肴"出现两次，"阳肴"出现一次，另有一"肴"字因纸张残缺，其"阴""阳"属性不得而知，但至少表明"某肴"并不特指"阴肴""阳肴"中的某一类，"肴"的"阴""阳"属性会根据具体条件的变化而改变。

其次，相对于比较固定的"某肴"，"没"字之后的"某者"每次指代内容均不相同，分别为"二者""二阳""六者"，其中"二""六"既可以作为表示个数的数字，即"两个""六个"，又可以指代爻的位数，即九二爻（或六二爻）、初六爻（或上六爻）。因此，"二""六"的具体含义，需要结合"没"字含义共同分析。

"没"字与"某肴"出现次数相同，且始终处在"肴"字之后，未曾单独使用。可见，就该文书而言，"肴没"之"肴"为名词，"没"为动词，"没"的含义体现着"肴"的状态或行为。然而，这种在文书中看似固定的搭配，并非《易》类典籍或数术类典籍的传统话语，仅见清人胡煦所撰《周易函书》卷一〇《周易下经四·困》："泽水下漏，爻没坎中，是为酒食所苦而受其困者"，用以解释《困》卦九二爻"困于酒食，朱绂方来"之象[12]。"泽"指上卦兑，"水"指下卦"坎"，"爻没坎中"，是指九二阳爻处在下卦中位，成"困"之象，这种用法与"没"字本意十分接近。据《说文解字》卷一一上"水部"解"没"云：

> 没，沈也。从水从叟。[13]

又解"叟"云：

> 叟，入水有所取也。从又在回下。回，古文回。回，渊水也。读若沬。[14]

许慎通过分解"没"的形声——从"水"部又从"叟"声，将"没"解释为"沈"，即"沉没"。然而，"沉于水中"虽可以为"爻没坎中"之"没"作解，却不能合理解释本文书中"没"的含义，因为"爻没坎中"表达的是某一爻与某一卦之间的关系，《易》六十四卦，每一卦都由六个爻组成，相对于坎卦而言，九二爻只是其中的一个部分，因而可以没于其中。但该文书中并未出现任何卦名，且"没"字后接之"二""六"，或表数字，或表数位，并不存在没于其中的情况，也就不能解释为"沉没"。

收录于《汉书·艺文志》的久佚之书《小尔雅》，以"勿、蔑、微、末、没，无也"[15]对"没"进行了训诂分类，以"无"解"没"，这一解释较许慎之解更为丰富，因为"无"既可表示一种事物并不存在的状态，也可表示一种从有到无的变化过程。这两层含义经过历代学者的阐发，成为共识。清人段玉裁注《说文解字》云：

> 没，湛也。"湛"各本作沈。浅人以今字改之也。今正。没者全入于水。故引伸之义训"尽"。《小雅》"曷其没矣"，《传》云"没，尽也"，《论语》"没，阶"，孔安国曰"没，尽也"。凡贪没、干没皆沈溺之引伸。从水声。莫勃切。十五部。[16]

虽然段氏注疏仍延续许慎"沉没""沉溺"之解，但也同时提到"引伸之义训'尽'"，并解"尽"为"器中空也……空义之引伸"[17]。因此，"没"亦可解释为"没有""消失"，那么与此对应，"没二""没六"中的"二"和"六"则应作为数词，用于解释阳爻、阴爻消失的个数。由此可知，文书中"阳看没二者""阴看没二阳"以及"阴看没六者"等文字，表达的是阳爻、阴爻各自发生的变化，而这种变化则

---

[12] 胡煦著，程林点校《周易函书》卷一〇《周易下经四·困》，中华书局，2008年，682页。
[13] 许慎撰，徐铉校定《说文解字》第一一上"水部"，中华书局，2013年，233页。
[14] 许慎撰，徐铉校定《说文解字》第三下"又部"，59页。
[15] 迟铎集释《小尔雅集释·广诂第一》，中华书局，2008年，21页。
[16] 许慎撰，段玉裁注《说文解字注》十一篇上二"水部"，上海古籍出版社，1988年，557页。
[17] 许慎撰，段玉裁注《说文解字注》五篇上"皿部"，212页。

是《易》的重要内容。

东汉刘熙撰《释名》云："《易》，易也，言变易也。"清人毕沅引郑康成《易赞》作疏："《易》之为名也，一言而含三义：易简一也；变易二也；不易三也。"虽认为刘氏所言"此止言变易，其义未备"[18]，但并不能否认"变化"对于《易》的重要意义。作为《易》的最基本内容，爻的变化即是六十四卦变化的直观体现，因此文书中"阴肴""阳肴"的变化，定会产生不同卦象，而从卦象进行反推，亦可得知阴、阳二爻变化的方式。

尽管文书残存文字并未包含任何卦名，但"阳爻没二者酉""阴爻没六者巳"中指示的"酉""巳"地支，为确定卦名提供了线索。在现存典籍中，隋代萧吉所撰写的《五行大义》，记载了地支与卦的对应关系。《五行大义》卷二《第七论德》曰：

> 从乾坤二卦之气者，十月坤卦用事，自十一月而阳气动，阴爻变。四月乾卦用事，自五月而阴气动，阳爻变。故黄钟蕤宾，阴阳之气始也，德刑在焉。建子之月，坤初六爻变为阳，复卦用事。阳气动于黄泉之下，阴气布在苍天之上，为德在室，而刑在野。建丑之月，坤六二爻变为阳，临卦用事，阳气稍出，万物萌芽，阴气将降，威怒已衰，为德在堂，而刑在街。建寅之月，坤六三爻变为阳，泰卦用事，阳气已达，阴气降入，阴阳交泰，万物抽其牙叶，为德在庭，而刑在巷。建卯之月，坤六四爻变为阳，大壮卦用事，阳气上腾乎天，阴气下入乎地，阴阳气交，万物成出，德刑俱会于门。建辰之月，坤六五爻变为阳，夬卦用事，阳气上达，阴气衰微，为德在巷，而刑在庭。建巳之月，坤上六爻变为阳，纯阳用事，阳气大盛，阴气消除，万物悦壮，无复刑杀，为德在街，而刑在堂。建午之月，乾初九爻变为阴，姤卦用事，阴气动于黄泉之下，阳气布于苍天之上，为德在野，而刑在室。建未之月，乾九二爻变为阴，遁卦用事，阴气稍升，阳气将损，万物壮极，皆以衰老，为德在街，而刑在堂。建申之月，乾九三爻变为阴，否卦用事，阳气沈退，阴气进升，阴阳否隔，杀威方盛，为德在巷，而刑在庭。建酉之月，乾九四爻变为阴，观卦用事，阳气内入，阴气外施，阴阳合争，万物变衰，为德在门，刑复会于门。建戌之月，乾九五爻变为阴，剥卦用事，阳气将尽，阴气上达，万物枯悴，杀害盛行，为德在庭，而刑在巷。建亥之月，乾上九爻变为阴，纯坤复位，阳气消除，阴气大盛，万物收藏，未见刑犯，为德在堂，而刑在街。此刑德二事，出入向趣，皆以用之，弥忘拙凿，遇德则吉，逢刑则凶，故于此释。[19]

18　刘熙撰，毕沅疏证，王先谦补《释名疏证补》卷六《释典艺第二十》，中华书局，2008 年，212 页。

19　萧吉《五行大义》卷二《第七论德》，中华书局，1985 年，35—36 页。

在这段论述中，乾坤二卦与阴阳二气、阴阳二爻形成互动：十月至三月，坤卦（☷☷）为主，阳气起导致阴爻发生变化；四月至九月，乾卦（☰☰）为主，阴气起导致阳爻发生变化。由此，十二地支与乾坤二卦、十二爻变化，以及所形成的卦名发生关联，如表3所示：

表3 十二地支、十二卦对应关系表

十二月	十二地支	卦象	卦名	律吕
十一月	子	䷗	复	黄钟
十二月	丑	䷒	临	大吕
正月	寅	䷊	泰	太簇
二月	卯	䷡	大壮	夹钟
三月	辰	䷪	夬	姑洗
四月	巳	䷀	乾	仲吕
五月	午	䷫	遘	蕤宾
六月	未	䷠	遁	林钟
七月	申	䷋	否	夷则
八月	酉	䷓	观	南吕
九月	戌	䷖	剥	无射
十月	亥	䷁	坤	应钟

按照《五行大义》的说法，从建子之月（十一月）到建巳之月（四月），坤卦之初六、六二、六三、六四、六五、上六爻依次变为阳；与此同时，坤卦原本包含的六个阴爻，依次少了一个、两个、三个、四个、五个、六个，这一变化所生之卦依次为复、临、泰、大壮、夬、乾等六卦，并在三月达到"纯阳"。从建午之月（五月）到建亥之月（十月），乾卦之初九、九二、九三、九四、九五、上九爻依次变为阴；与此同时，乾卦原本包含的六个阳爻，依次少了一个、两个、三个、四个、五个、六个，这一变化所生之卦依次为遘、遁、否、观、剥、坤等六卦，并在十月达到"纯阴"。

对照文书文字，在"阳肴没二者酉""阴肴没二阳""阴肴没六者巳"三句中，似乎只有"阴肴没六者巳"体现了《五行大义》所述变化。建巳之月对应乾卦，由六阳爻组成，从坤卦变化而来，六阴爻全部消失，若以此理解"阴爻没六者"，则"没"意为"没有""消失"，"六"表示"六个"。那么，"阳爻没二者""阴肴没二阳"二句中"没""二"的含义理应一致，以表明阳爻消失了两个。然而，这一表述却与建酉之月（八月）对应的观卦（☷☴）不同，由乾卦出发，观卦的产生应当表述为"阳爻没四"。这一矛盾如何解释？

事实上，无论《五行大义·论德》还是《淮南子·天文训》，都是以地支纪月为理论基础展开论述[20]，这一逻辑虽符合中国古代历法传统，却不是本文文书书写时的依据，对此，上文的推导过程已尽力证明。按照得出的框架，似乎可以换一个思路解决文书与卦象之间的矛盾。

首先，文书所涉及到的六阴支依次是未、酉、亥、丑、卯、巳，所对应的卦名分别是遁（☰☴）、观、坤、临（☷☳）、大壮（☳☰）、乾。按照《五行大义》的理论，遁卦相比于坤卦而言，阳爻少了两个；观卦相比于坤卦而言，阳爻少了四个，但相对于遁卦而言，阳爻同样只少了两个，这就符合文书"阳肴没二者酉"的文字。这样一来，前后两卦所变化的爻数皆为"二"，似乎恰好符合文书中出现"二"却未出现"四"的现象。

其次，文书第二行与第四、五行发生了主语转换，即"阳肴"变为"阴肴"，这一转换通过文书中第三行"亥为应钟配□"得到划分，恰好满足《五行大义》所论达到坤卦"纯阳"状态后，"阴气动，阳爻变"的趋势。此外，文书第五行出现"阴肴没六者巳"，正是突出乾卦"纯阳"之特殊地位的体现，以此推测，"亥为应钟配□"句之前文字可能为"阳肴没六者"。

通过以上分析可知，"某肴没某者"语句表达的是阴爻、阳爻各自在数量上的变化，并由此变化产生新的卦象，从而与地支、律吕相配。据此推测，该文书文字可进一步补充如下：

（前缺）

1	］□〔 〕肴没此二
2	者未爲林鐘配□］陽肴没二者酉爲
3	南吕配□陽肴没六者］亥爲應鐘配□
4	陰肴没二者丑爲大吕配］□陰肴没二陽
5	者卯爲夾鐘配□］陰肴没六者巳
6	爲仲吕配□□□□□］□上達五經者

（后缺）

通过以上分析可知，文书残片仅存三十六字，却同时包含爻、卦、地支、律吕

---

[20] 参见陈遵妫《中国天文学史》第三卷，上海人民出版社，1984 年，1364—1366 页。

等多类信息，其中阴、阳二爻的变化又导致了之后阴支、阴吕的对应关系，即为该文书的核心内容。虽然《五行大义》的地支纪月逻辑与文书内容并不完全一致，但其中记载的地支与卦之间的对应关系，依旧为推测文书内容提供了重要理论依据。

四　文书性质与定名

利用传世典籍研究出土文献，是以"二重证据法"讨论出土文献、传世典籍二者相互关系的题中之义。通过传世典籍系统、固定的记载，出土文献所呈现的或零散、或多样的内容，大多能够得到释读和考证。然而，对于未见传世典籍记载的出土文献内容，根据相近典籍、思想理论进行推释，亦为一种尝试。马王堆出土帛书别本《战国策》，尽管其中文字的"百分之六十左右不见于今本《战国策》和《史记》"[21]，但通过与后二者内容的比对，以及帛书本内容中体现的纵横家思想，最终将定名推进为《战国纵横家书》[22]，这为本文定性、定名工作提供了可以借鉴的思路。

旅博所藏 LM20-1456-23-22 号文书之内容，未能于现存传世文献中找到完全对应的文本，但通过上文讨论可知，其逻辑框架与《吕氏春秋》《淮南子》《五行大义》等典籍所涉及的阴阳五行理论不无关联。此外，文书内容涉及律吕，而这一乐律学概念与中国古代之数术理论密切相关，仅从《后汉书·律历志》所载京房之言"以六十律分期之日，黄钟自冬至始，及冬至而复，阴阳寒燠风雨之占生焉。于以检摄群音，考其高下，苟非草木之声，则无不有所合。《虞书》曰'律和声'，此之谓也"[23]，又"房言律详于歆所奏，其术施行于史官，候部用之"[24] 便可知晓。

根据对《汉书·艺文志》《隋书·经籍志》所录汉、唐间典籍的不完全统计，我们能够大体了解与律吕、阴阳五行相关之典籍的分布情况：[25]

表 4　《汉志》《隋志》所见乐律占候典籍表

《汉书·艺文志·数术略》	《隋书·经籍志·五行》
《律历数法》三卷	《五音相动法》二卷
《钟律灾异》二十六卷	《风角五音图》二卷

---

[21] 杨宽《马王堆帛书〈战国策〉的史料价值》，《文物》1975 年第 2 期，26 页。

[22] 相关讨论，可参见马雍《帛书〈别本战国策〉各篇的年代和历史背景》（《文物》1975 年第 4 期，27—40 转 26 页）；马雍《再论〈战国纵横家书〉第四篇及其有关的年代问题——答曾鸣同志》（《文物》1978 年第 12 期，77—80 页）。

[23] 《后汉书·律历志》上，中华书局，1965 年，3000 页。

[24] 《后汉书·律历志》上，3001 页。

[25] 表中所涉典籍仅为《汉志》《隋志》所著录相关典籍的一部分，且并未关注《汉志》所录典籍至《隋志》的存世、著录情况，相关介绍、研究，参见罗艺峰《中国音乐思想与古代的音乐占候术》，《音乐艺术（上海音乐学院学报）》2007 年第 1 期，31—33 页。

《汉书·艺文志·数术略》	《隋书·经籍志·五行》
《钟律丛辰日苑》二十三卷	《风角杂占五音图》五卷
《钟律消息》二十九卷	《风角五音六情经》一十三卷
《黄钟》七卷	《风角五音占》五卷
《风后孤虚》二十卷	《易历律》一卷
《五音奇胲用兵》二十三卷	《京房风角书》
《五音奇胲刑德》二十一卷	《师旷书》三卷
《五音定名》十五卷	《师旷占》五卷

以上典籍大都失佚，无从得知其具体内容。但阴阳五行实为数术的基础理论，因此律吕相关典籍在《汉志》归于数术略，《隋志》系于子部五行类的差别，为图书分类自"六分法"向"四分法"转变的结果，并不代表典籍内容性质有异。也就是说，该残片当属于对某种数术类典籍的誊抄文本。依照以往所出土的敦煌吐鲁番占卜文献的定名方式，我们大致可以根据律吕在这段文字中的重要意义，拟定名为"律吕书"。

"数术者，皆明堂羲和史卜之职也。"[26] 古代社会中，只有知识丰富的人才能从事数术占卜活动，因为占卜即人们通过观察自然、人类现象与灾祥瑞应之间的关系，获得感知自然、预知吉凶的一种能力，所以掌握不同事物之间的对应关系，无疑成为进行占卜活动应当掌握的基本知识。而相比于中原地区，吐鲁番地区的普遍文化层次较低，数术知识掌握者甚少，于是目前所见吐鲁番地区出土的占卜类文书，大多属于实用型文书，如"葬书""禄命书"，等等。本文所讨论的这件旅博文书，不仅杂糅阴阳、五行、地支、爻卦，更结合了律吕所代表的乐律体系，其所透露的知识层次，以及所展现的书法、栏格等形态，明显不同于其他实用性文书。虽然该文书的具体出土地点尚不得而知，但更有可能掌握、保存于高层手中，而非普通民众所有。从这一意义上讲，该文书的发现对了解吐鲁番地区高层群体的知识体系，具有重要学术价值。

承蒙旅顺博物馆藏新疆文书整理小组提供相关图片及初步录文，论文写作过程中曾获得多方帮助，在此表示诚挚感谢。

（段真子，中国人民大学图书馆馆员。原刊《文史》2017 年第 4 辑）

---

[26] 《汉书》卷三〇《艺文志》中华书局，1962 年，1775 页。

旅顺博物馆藏吐鲁番本《唐天下诸郡姓氏谱》考释

沈　琛

自 2015 年以来，笔者有幸参与旅顺博物馆、中国人民大学国学院、北京大学中国古代史研究中心合作开展的"旅顺博物馆藏新疆出土汉文文书整理与研究"项目，对《旅顺博物馆藏西域文书研究》进行仔细翻检[1]，发现其中不乏未能比定的重要典籍，最重要的一件当属编号为 LM20-1523-11-103 的典籍残片[2]，实际上这是一件姓氏谱或氏族谱一类的重要文书。此次根据馆方提供的该文书的高清晰图片，并核对原卷，对文书进行重新录文，并通过与敦煌所出的同一性质文书的比对，基本可以确定，该文书是一件《唐天下诸郡姓氏谱》的抄本，这在吐鲁番文书中还是首次发现。

一　录文与复原

该文书现编号为 LM20-1523-11-103，首尾俱缺，残存 3 行文字，第 1、2 行末有朱字各一，姓氏之前皆有朱笔点断。整理者将其归入"典籍"类，并对其进行了录文，并未定名。现据照片重新录文，朱字加黑表示：

LM20-1523-11-103

　　（前缺）
1　　]賀蘭、丘、褚、穆、士、祝、蘭[
2　　]何、白、韓、鄧、姬、**韓**
3　　]**都**郡一果州：冄
　　（后缺）

《旅顺博物馆藏西域文书研究》将第 1 行末的朱字识作"商"，第 2 行末的朱字识

---

[1] 　郭富纯、王振芬《旅顺博物馆藏西域文书研究》，万卷出版公司，2007 年。
[2] 　《旅顺博物馆藏西域文书研究》，198 页。

作"井",我们经过仔细辨认,认为应是"兰"、"韩"字,二字笔迹不同,显然是后来人所写,而且只是抄写文书中的个别字,属习字性质。

这件文书与中国国家图书馆 BD08679(北图位字 79 号)《唐贞观八年(634)五月十日高士廉等条举氏族奏抄》的相关文字高度雷同,现将 BD08679 相关文字录出,以资参照:

> 黎陽郡二姓,衛州:璩桑。河南郡七姓,潞(洛)州:賀蘭丘士穆祝。
>
> 弘農郡四姓,郭州:楊劉張晉。南陽[郡]十姓,[鄧]州:張、樂、趙、藤、井、何、白、鄧、姬。
>
> (中略 19 郡)
>
> 武陵郡二姓,□州:供仟。長沙郡四姓,譚州:劉、茹、曾、秦。
>
> 武都郡一姓,果州:冉。　　南安郡五姓,泉州:黃、林、單、仇、盛。[3]

BD08679 的主体部分是一件姓氏谱残抄本,著录唐前期的诸郡著姓,卷末敕旨称其为贞观年间高士廉所撰,凡著录八十五郡、三百九十八姓,残存六十六郡、二百五十九姓,是目前发现的姓氏谱中保存较为完整的一件。根据卷末题记,该卷为敦煌僧人悟真在 836 年抄成,错漏颇多,格式也并不严谨,但保存了主要内容和基本格式,可资参照。通过比较可以看出,LM20-1523-11-103 中残存的文字与 BD08679 中"河南郡"、"南阳郡"和"武都郡"三条的文字大体吻合,两者都是按照"郡—姓氏数—州—姓氏"的排列方式列举诸郡姓氏,三郡姓氏也基本相同,应是属于同一性质的文书。此外,BD08679 姓氏部分采取上下两栏书写,"河南郡"、"南阳郡"中间隔了"弘农郡"条,因此两条在下栏中恰好左右并列,LM20-1523-11-103 也是左右并列,这种排列顺序与其他分道排序的《姓氏谱》有着明显差别。虽然从文字位置推断,LM20-1523-11-103 未必所有郡姓都严格按照上下两栏方式书写,但第 2 行上部残缺的很有可能就是"弘农郡"条。

但是两件文书又存在着明显的差别:首先,从格式上来看,LM20-1523-11-103 中的姓氏数仅列数字而省略"姓"字;其次,从姓氏数量上来看,LM20-1523-11-103 校之 BD08679 在河南郡和南阳郡姓氏上似乎略多,如河南郡,多出"褚"姓,南阳郡则多出"韩"姓,这是什么原因呢?原来 BD08679 本身抄写存在不少错漏,河南郡七姓但仅列五姓,南阳郡十姓仅列九姓,LM20-1523-11-103 多出的两姓正好可

[3]　录文参池田温《唐代の郡望表——九·十世纪の敦煌写本を中心として》,《东洋学报》42(3),1959 年,42(4),1960 年,收入氏著《唐史论考——氏族制と均田制》,汲古书院,2014 年,5—64 页。唐耕耦、陆宏基编《敦煌社会经济文献真迹释录》第 1 辑,书目文献出版社,1986 年,85—86 页。图版见《国家图书馆藏敦煌遗书》第 103 册,北京图书馆出版社,2008 年,385—386 页。

补前者之缺，只是河南郡仍然缺一姓[4]，应该存在于文书残缺的上半部分中；第三，BD08679 的"南阳郡"条至"武都郡"条中间尚存 21 条，LM20-1523-11-103 上部残损，很有可能是"长沙郡"条，但是仍然欠缺 10 行 20 条之多，这与现存的所有《姓氏谱》都迥然不同，笔者推测，这很有可能是抄写者在抄写过程中所造成的错简。

基于以上判断，我们根据 BD08679《唐贞观八年五月十日高士廉等条举氏族奏抄》，对 LM20-1523-11-103 进行文字复原：

1 黎陽郡二衛州 璩桑 　　　　　河南郡七洛州 □賀蘭丘諸穆士祝

2 弘農郡四郭州 楊劉張晉　南陽郡十鄧州 張樂趙藤井 何白韓鄧姬

3 長沙郡四譚州 劉茹曾秦 　　　　　武都郡一果州 冉

二　与其他姓氏谱的文本比较

敦煌写本中目前总共发现 9 件姓氏谱，其中 S.2052、P.3191、S.5861、P.3421 与 BD08679 五件最早为学界所知，近年来随着各国敦煌遗书的刊布和整理，又有 S.9951、BD10076、BD10613、羽 59R 四件姓氏谱陆续刊布。陈丽萍先生在 2014 年发表了《敦煌本〈大唐天下郡姓氏族谱〉的缀合与研究——以 S.5861 为中心》一文，从文书学的角度对这 9 件姓氏谱进行了分类，并将羽 59R、P.3191、BD10613、BD10076、S.9951、S.5861 这 6 件文书缀合为一卷，定名为李林甫撰《大唐天下郡姓氏族谱》，是近年对于敦煌姓氏谱研究的重要成果，为我们的讨论奠定了基础。

我们将缀合的 6 件文书视为一件姓氏谱，则目前所存的敦煌本姓氏谱总共有 4 件。其中，P.3421 主要记录各郡姓之姓源，属于姓源谱，有别于一般意义上所说的姓氏谱，因此将其排除在外。因此只剩下 S.2052《新集天下姓望氏族谱》(简称 A)、羽 59R+ P.3191+ S.5861D+ BD10613+ BD10076+ S.9951+ S.5861C+ S.5861A 李林甫撰《大唐天下郡望姓氏族谱》(简称 B) 和 BD08679 (简称 C) 三件姓氏谱。这三件姓氏谱中 S.2052《新集天下姓望氏族谱》时代最晚，约撰成于元和十五年至咸通十三年（820—872）之间[5]，李林甫撰《大唐天下郡望姓氏族谱》根据《直斋书录解题》的记载成书于天宝八年（749）[6]，BD08679 虽然争议纷纭，但是其姓氏谱部分反映了唐

---

[4]　王仲荦据《太平寰宇记》认为河南郡缺漏的两姓应该是"窦、独孤"，参王仲荦《〈唐贞观八年条举氏族事件〉残卷考释》，《文史》第 9 辑，1980 年，96 页。

[5]　毛汉光《敦煌唐代氏族谱之商榷》，《中研院史语所集刊》第 43 本第 2 分册，1971 年，此据氏著《中国中古社会史论》，联经出版社，1988 年，425—443 页。

[6]　陈振孙《直斋书录解题》，上海古籍出版社，1987 年，229 页。

初甚至唐以前的郡望情况，年代最早，这一点为大多数学者所赞成[7]。前两件姓氏谱在格式的共同点在于以十道为单位按照"州—郡—姓氏数—姓氏"的次序抄写，这与BD08679 不分道径列"郡—姓氏数—州—姓氏"的抄写方式迥然有别，而在具体的姓氏数量上，前两者也大为扩充。

我们来对比这三件文书与吐鲁番本姓氏谱（简称 D）的相关条目，能够清晰地看出四者之间的差别，姓氏谱 A 则不载武都郡望，河南郡、南阳郡分属于第七河南道、第三山南道，姓氏谱 B 因文书残缺仅存第五河东道以下，河南郡、武都郡，分别属于第六河南道、第九剑南道。此外，根据池田温的研究可知，《太平寰宇记》中所记载诸郡"人物"条实际上是取自于李林甫《大唐天下郡望姓氏族谱》，可补姓氏谱 B 之缺，因此笔者也将其列入对比（简称"H"）：

> 河南郡
>
> A 洛州 河南郡 出廿三姓 褚穆独孤丘祝元闻人贺兰慕容商南宫古山方蔺庆同丘利芮侯莫陈房庸宇文
>
> B 洛州 河南郡 九姓 贺褚穆祝蔺丘窦南宫独孤
>
> H 河南郡 九姓 贺邱褚祝兰窦南宫穆独孤
>
> C 河南郡 七姓 潞（洛）州 贺兰丘士穆祝
>
> D 河南郡 七 洛州] 贺兰丘褚穆士祝
>
> 南阳郡
>
> A 邓州 南阳郡 出十七姓 白韩滕乐邓宋叶穰岑翟旷井赵□仇鹿
>
> B 残
>
> H 南阳郡 十一姓 张乐赵井何白韩邓姬周滕
>
> C 南阳[郡] 十姓 [邓]州 张乐赵藤井何白邓姬
>
> D 南阳郡 十 邓州 张乐赵藤井]何白韩邓姬
>
> 武都郡
>
> A 无郡望
>
> B 果州 武都郡 二姓[
>
> H 果州失载
>
> C 武都郡 一姓 果州 冉
>
> D 武]都郡 一 果州 冉

通过对比，我们可以看出，除去果州的郡姓已不见于姓氏谱 A 以外，关于河南郡和

南阳郡的郡姓，姓氏谱 A 所列郡姓最多，分别有 23 姓和 17 姓，排除《太平寰宇记》流传中出现的错字外，《太平寰宇记》与姓氏谱 B 基本一致，分别有 9 姓和 11 姓，姓氏较 C、D 稍多，河南郡多 2 姓，南阳郡多 1 姓，武都郡多 1 姓。姓氏谱 C 与 D 相似度最高，不但所著郡姓数量相同，而且所列郡姓也基本一致，基本可以断定属于同一版本的姓氏谱，其所著诸郡姓氏最少，年代也最早。

三 BD08679 性质再探

涉及到吐鲁番本《天下诸郡姓氏谱》的年代，我们无法避开 BD08679 的真伪与性质问题。一百年来，学界围绕这一问题进行了大量的研究，争议主要围绕 BD08679 末尾的敕旨展开。BD08679 主要由两部分构成，卷首残缺，主体部分是残存的 66 郡姓氏谱，末尾为《贞观八年五月十日高士廉等条举氏族奏抄》，今录文如下：

> 以前太史因尧置九州，今为八千（十）五郡，合三百九十八姓。今贞观八年五月十日壬辰，自今已后，明加禁约，前件郡姓出处，许其通婚媾。结婚之始，非旧委急（悉），必须精加研究，知其谱囊，谱囊相承不虚，然可为匹。其三百九十八姓之外，又千一百杂姓，非史籍所载。虽预三百九十八姓之限，而或媾官混杂，或从贱入良，营门杂户，慕容商贾之类，虽有谱，亦不通。如有犯者，别除籍。光禄大夫兼吏部尚书许国公士廉等奉敕，令臣等定天下氏族，若不别条举，恐无所凭，准令详事讫，件录如前。敕旨依奏。

早期学者多认定敕旨所记为真，有的人认为该卷是贞观十二年官方正式颁行的正式本《大唐氏族志》，有的人认为是贞观八年的初奏本《贞观氏族条举》，但都认为该卷确为贞观年间高士廉所修，如缪荃孙、陈寅恪、陈垣、向达、宇都宫清吉、仁井田陞、王仲荦等人均持此说[8]。然而牟润孙、池田温先生指出[9]，《贞观氏族志》乃一百卷之巨著，除列郡姓外，还记录各家族谱系、人物官品等等，《显庆姓氏录》亦然，

8 缪荃孙《辛壬稿》卷三，1911年，叶4—6；此据王重民《敦煌古籍叙录》，中华书局，1979年，101—102页。陈寅恪《〈敦煌劫余录〉序》，《历史语言研究所集刊》第1本第2分，1930年，收入《金明馆丛稿二编》，三联书店，2001年，267页。陈垣《敦煌劫余录》，1931年，收入《敦煌丛刊初集》第3-4册，新文丰出版公司，1985年，1224页。向达《敦煌丛抄叙录》，《北平图书馆馆刊》第5卷第6号，1931年，60—62页。宇都宫清吉《唐代贵人についての一考察》，《史林》19卷3期，1934年，50—106页。仁井田陞《六朝及び唐初の身份性内婚制》，《历史学研究》第9卷第8号，1939年，收入《中国法制史研究》第3卷《奴隶农奴法·家族村落法》，东京，1962年，600—621页。王仲荦《〈唐贞观八年条举氏族事件〉残卷考释》，91—121页。

9 牟润孙《敦煌唐写姓氏录残卷考》，《台大文史哲学报》第3期，1951年。池田温《唐代の郡望表——九·十世纪の敦煌写本を中心として》，17—26页。

与此类姓氏谱判然有别。且据《唐会要》卷三六"氏族"条,《贞观氏族志》"合二百九十三姓",《显庆姓氏录》"凡二百四十五姓"[10],而文书云三百九十八姓,与两书相去甚远。另一方面,该文书之敕旨却与 S.5861 李林甫撰《天下郡望姓氏族谱》卷末残敕旨记载高度雷同,除去时间人物外,其余内容如出一辙,连 398 姓之数也完全一致,因此认为该敕旨系在李林甫撰《天下郡望姓氏族谱》基础上伪造而成,此说一出,几为定论。

对于 BD08679 前半部分的 66 郡姓氏谱的年代,毛汉光先生对州郡改名和避讳的研究也都显示其最终撰成于天宝元年至乾元元年(742—758)之间,这一结论也为华林甫先生所证实[11],但毛汉光先生进一步指出 BD08679 的郡姓内容与《古今姓氏书辩证》所引用的贞观郡姓相近[12],因此认为 BD08679 反映的是唐前期的内容,《贞观氏族志》修成后衍化出了士大夫私修姓氏谱的传统,这些姓氏谱以《贞观氏族志》初奏本为底本不断修改,BD08679 即是此例,而李林甫《天下郡望姓氏族谱》乃是抄袭民间私修本而来,故而与 BD08679 敕旨文字雷同。笔者认为这一论断难以成立,李林甫《天下郡望姓氏族谱》已经在文书中得到证实,即姓氏谱 B,然诸郡所列郡姓较之姓氏谱 A 多出不少,李林甫之书 398 姓已经非常明确,姓氏谱 A 断不可能到398 姓,因此只有可能是姓氏谱 A 的敕旨并非自身原有,而是抄自他书,很可能就是抄自于李林甫《天下郡望姓氏族谱》。

邓文宽先生在《敦煌文献〈唐贞观八年高士廉条举氏族奏抄〉辨证》一文中,通过对 BD08679 末尾敕旨格式的分析指出其为奏抄,从官文书格式的角度指出该奏抄契合唐制,并非如牟润孙所说的由"无识者所为",其中错漏之处是传抄之误,并将其定名为《唐贞观八年高士廉条举氏族奏抄》。但是这一观点仍然难以解释上述疑点,只能证明该文书并非杜撰,但是却不能排除抄袭他书的可能;可以证明该敕旨为唐代官文书,却不能证明其属于贞观时期的官文书。

吐鲁番本《姓氏谱》的出现可以证明 BD08679 的姓氏谱部分并非孤本,至少在敦煌、吐鲁番地区均有流行。从其姓氏数量上来看,较之于李林甫的《天下郡望姓氏族谱》所载姓氏明显要少,但是基本上都见于李林甫之书中,可以佐证李书是在BD08679 的基础上增补而成的,而 S.2052 又是在李林甫之书的基础上扩充而成,私

---

[10] 《唐会要》卷三六,上海古籍出版社,1991 年,775 页。

[11] 毛汉光因"吴郡四姓"条下之"豫州"不避代宗李豫之讳,因此指文书应在宝应元年(762)李豫即位之前,见毛汉光《敦煌唐代氏族谱之商榷》,428 页。华林甫则称文书作"苏州"非"豫州",指毛汉此说失据,另引豫章郡为证,见华林甫《〈姓氏录〉写作年代考》,《敦煌研究》1995 年第 4 期,103 页。核对图版,应是"豫州",非"苏州"。

[12] 池田温考证出《古今姓氏书辩证》所引用的贞观姓氏并非《贞观氏族志》,而是魏征所定《天下诸州姓谱》,见池田温《唐代の郡望表——九·十世纪の敦煌写本を中心として》,18—19 页。

人撰修的性质非常明显。

唐代承六朝门阀社会之余绪，一为士族自矜门第、保障通婚，二为死后撰写碑文、标明家世，故而姓氏谱一类的谱牒之书仍然非常盛行，至宋代余风犹存，基于前辈学者的钩稽，至少有以下几种姓氏谱见诸史籍[13]：

1. 梁·王僧孺撰《诸氏族谱》

《玉海》卷五〇"唐编古命氏"条：《书目》：永隆二年（681）李利涉撰，三卷，凡二百五十六姓，著胄系之始。其末又载《诸氏族谱》一卷，云梁天监七年（508）中丞王僧孺所撰[14]，俾士流案此谱乃通昏姻。正（贞）观六年又命高士廉等定氏族，明加禁约云。《崇文目》同[15]。

2. 魏征《天下诸州姓谱》

《古今姓氏书辩证》卷五"崔氏"条：唐魏郑公定《天下诸州姓谱》，以崔、张、房、何、傅、靳为贝州清河郡六姓[16]。

3. 李林甫《天下郡望姓氏族谱》，又名《唐新定诸家谱录》

《玉海》卷五〇"唐新定诸家谱录"：《书目》：《天下郡望姓氏族谱》一卷，李林甫等撰，《崇文目》同，记郡望出处，凡三百九十八姓，天宝中颁下，非谱裔相承者，不许昏姻[17]。

4. 作者不明《诸郡氏谱》

《唐相门甲族》《诸郡氏谱》一卷，不著名氏，甲族八十六家，氏谱自京兆八姓而下，凡三百五十姓[18]。

5. 作者不明《天下姓望郡谱》

《通志·艺文略》四"郡谱类"：《天下姓望郡谱》一卷[19]。

6. 作者不明《氏族谱》

《通志·艺文略》四"总谱类"：《氏族谱》一卷[20]。

7. 刘昉等定《四海姓望谱》

《日本国见在书目》"廿二谱系家"：刘昉等定《四海姓望谱》一卷[21]。

---

[13] 参池田温《唐代の郡望表——九·十世纪の敦煌写本を中心として》，41—42 页。张弓主编《敦煌典籍与唐五代历史文化》上卷，中国社会科学出版社，2006 年，532—533 页。

[14] 李锦绣指出此书应是贞观六年以后所写，假托王僧孺之名流行（李锦绣《敦煌文书中的谱牒写本》，《文史知识》2003 年第 5 期，39 页）。

[15] 王应麟《玉海》卷五〇，广陵书社影印本，2016 年，953 页。

[16] 邓名世撰，王力平点校《古今姓氏书辩证》卷五，江西人民出版社，2006 年，79 页。

[17] 王应麟《玉海》卷五〇，953 页。

[18] 陈振孙《直斋书录解题》卷八"谱牒类"，228 页。

[19] 郑樵撰，王树民点校《通志二十略》，中华书局，1995 年，1589 页。

[20] 《通志二十略》，1588 页。

[21] 孙猛《日本国见在书目详考》，上海古籍出版社，2015 年，12 页。

唐朝的姓氏谱有官修和私修两种，官修者仅见魏征《天下诸州姓谱》、李林甫《天下郡望姓氏族谱》两例，大部分姓氏谱属私下撰述，其中不著名氏者甚多，如S.2052《新集天下姓望氏族谱》、《直斋书录解题》所载《诸郡氏谱》、《通志·艺文略》所载《天下姓望郡谱》《氏族谱》即是其例。又有伪托官修者，如BD08679即是抄袭李林甫原书之敕旨而伪托为高士廉所作，这也证明高士廉《贞观氏族志》初奏本在唐前期的士族中地位之高。吐鲁番本《诸郡姓氏谱》虽然无法佐证BD08679与高士廉《贞观氏族志》初奏本是否有承袭关系，但是却证明该《诸郡姓氏谱》在敦煌、吐鲁番地区流行之广，并不逊于李林甫《天下郡望姓氏族谱》。

四 结论

综上所述，我们可以得出以下几点结论：

一、旅顺博物馆藏吐鲁番出土 LM20-1523-11-103 号文书的内容与国家图书馆藏 BD08679 号敦煌本《天下诸郡姓氏谱》内容基本一致，应定名为《天下诸郡姓氏谱》。旅顺博物馆藏吐鲁番本《天下诸郡姓氏谱》可以补充敦煌本所载郡姓之缺，即河南郡的"褚"姓和南阳郡的"韩"姓。

二、敦煌吐鲁番地区目前总共出土了 3 个系统的 4 件《诸郡姓氏谱》（池田温称之为《郡望表》）：S.2052《新集天下姓望氏族谱》、羽 59R+ P.3191+ S.5861D+ BD10613+ BD10076+ S9951+ S.5861C+ S.5861A 李林甫撰《大唐天下郡望姓氏族谱》、BD08679 号敦煌本《天下诸郡姓氏谱》和 LM20-1523-11-103 号吐鲁番本《天下诸郡姓氏谱》，后两者为同一系统，年代最早，郡姓数量最少，S.2052《新集天下姓望氏族谱》年代最晚，郡姓数量最多。

三、BD08679 号敦煌本《天下诸郡姓氏谱》的 66 郡姓氏谱部分最终撰成于天宝元年至乾元元年（742—758）之间，但反映了唐前期的郡姓情况，或是民间在《贞观氏族志》初奏本的基础上递修而成，为了便于流传，便修改李林甫颁行的《天下郡望姓氏族谱》文末所载修谱敕旨，伪托为贞观八年高士廉所撰。

论文写作过程中得到同项目诸位师友的多方帮助，在此表示诚挚谢意。

（沈琛，南开大学历史学院助理研究员。原刊《文献》2018 年第 5 期）

新发现旅顺博物馆藏吐鲁番经录

——以《大唐内典录·入藏录》及其比定为中心

王振芬　　孟彦弘

　　旅顺博物馆藏有相当数量的新疆出土文献，此前已有介绍和公布[1]。此次进行全面整理，经录文书引起了我们的关注。经比对，我们发现了不见于流传至今的经录。此前公布的经录定名，也有不妥之处。今略作探讨，求正于方家。

一

【经录1】LM20-1494-29-03[2]：

　　（前缺）

1　]　室　經　　一　　卷
2　]施王行檀波羅蜜經一卷
3　]　首　經　　一　　卷
4　]　可得　經　一　　卷
5　　　　　]一　卷

　　（后缺）

图版见《旅博选粹》，但未定名[3]。所涉及的经名，见于传世经典，其中"施王行檀波罗蜜经"仅见于《大唐内典录》（下简称《内典录》）卷九[4]。在《内典录》中，

图1　旅博 LM20-1494-29-03

1　主要有旅顺博物馆、龙谷大学主编《旅顺博物馆藏新疆出土汉文佛经选粹》（以下简称《旅博选粹》），法藏馆，2006年；《旅顺博物馆藏西域书迹选》，《书法丛刊》2006年第6期"旅顺博物馆藏品专辑"；郭富纯、王振芬《旅顺博物馆藏西域文书研究》，万卷出版公司，2007年，等。

2　为方便讨论，本文将所引文书加引用序号，作【经录1】【经录2】……等。

3　《旅博选粹》，190页。

4　《大周刊定众经目录》卷一一有"一切施王所行檀波罗蜜经"，或名"行檀波罗蜜经"，CBETA, T55, no.2153, p.438, c9。《开元释教录》卷一，注云"亦直云行檀波罗蜜经，亦名萨和檀王经"，CBETA, T55, no.2154, p.484, c23。

这些经也分别见于若干处，如《温室经》见于卷二、卷八，《贤首经》《四不可得经》见于卷二、卷六、卷八、卷九；同见于卷八者尤多。据方广锠对敦煌经录的研究，唐代敦煌寺院的藏经是依据《内典录》卷八《历代众经见入藏录第三》（以下简称《内典录·入藏录》）来组织、管理的[5]。《内典录·入藏录》相关部分作：

长者音悦经	太子慕魄经
须摩提经	坚固女经
不增不减经	法律三昧经
心明经	**四不可得经**

……（按，以下隔 28 个经，其中有一帙 16 经）

鹿子经	**温室经**
一切施主行檀罗蜜经	
萨罗国经	太子辟罗经
长者法志妻经	阿弥陁鼓音声王经
八吉祥神咒经	八部佛名经
八阳神咒经	十吉祥经
贤者五福经	**贤首经**[6]

《温室经》《一切施主〔王〕行檀罗蜜经》与【经录1】位置相邻，但如欲符合写本格式，则《一切施主〔王〕行檀罗蜜经》之上即空一经；《贤首经》《四不可得经》的排序与【经录1】完全不同，经帙也不可能相同。【经录1】显然不是抄自《内典录》，甚至不可能是"摘抄"（参图2）。

图2　金藏广胜寺本《内典录·入藏录》（据《中华大藏经》制作，中华书局）

5　方广锠《中国写本大藏经研究》（初刊 1991 年），第二次增补修订本，上海古籍出版社，2006 年，第二章第二节，118—209 页；方广锠《敦煌佛教经录辑校》第三部分 "藏经录"，江苏古籍出版社，1997 年，444—508 页。

6　据金藏广胜寺本，《中华大藏经》影印，中华书局，1992 年，第 54 册 632—633 页。金藏广胜寺本的经名排列，有的是一行作上下两栏，有的则是一行一经。因旅博所藏经录写本是一行上下两栏，以下引用《内典录·入藏录》时，均排作一行上下两栏，并据写本情形，调整经名位置，以方便比对。

非常幸运的是，它与方广锠定名为"龙兴寺藏经目录"的敦煌文书 P.3807 几可完全对应。方氏认为 P.3807 和 S.2079 是《龙兴寺藏经目录》的不同抄本[7]。S.2079 抄写甚密，无经帙纪录。P.3807 有经帙纪录，且抄写疏朗，与【经录 1】写本形式极为相似。今将与【经录 1】相对应的 P.3807 的内容移录如下，并附 S.2079 图版，以作参照：

- ・鹿母經一卷　　　　　　　・温室經一卷
- ・一切施王行檀波羅蜜經一卷・心明經一卷
- ・賢首經一卷　　　　　　　・長者音悦經一卷
- ・四不可得經一卷　　　　　・阿彌陁音聲陁羅尼經一卷

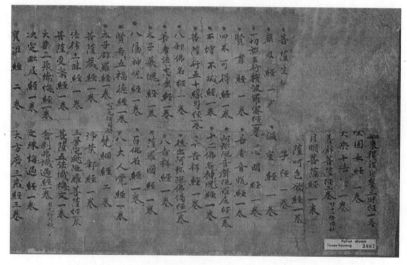

图 3　P.3807（据 IDP）

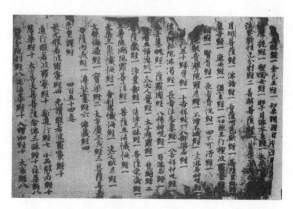

图 4　S.2079（据《敦煌宝藏》，新文丰公司）

7　方广锠《中国写本大藏经研究》第二章第二节"五、《吐蕃统治时期敦煌龙兴寺藏经目录》"，145—193 页；参其《敦煌佛教经录辑校》，447 页。王重民《伯希和劫经录》将 P.3807 定名为"大唐内典录卷第八"，《敦煌遗书总目索引》（初刊 1962 年），中华书局，1983 年，295 页。刘铭恕《斯坦因劫经录》将 S.2079 定名为"大小乘及新翻经卷数目录"，《敦煌遗书总目索引》150 页。

比照 P.3807 的抄录情形，我们将【经录 1】复原为：

> （前缺）
>
> 1　〔鹿母经一卷〕　　　温 室　经　一　卷
> 2　〔　　　？　　　〕一切 施王行檀波罗蜜经一卷
> 3　〔心明经一卷〕　　　贤 首 经　一　卷
> 4　〔长者音悦经一卷〕四不 可 得 经 一 卷
> 5　　　　　　　　　　　　　　　〕一 卷
>
> （后缺）

第 2 行，"一切施王行檀波罗蜜经一卷"之上，疑未按顺序，抄了另外一部佛典（详后）。可以肯定，【经录 1】与 P.3807 及 S.2079，所据为同一底本。

《旅博选粹》曾公布过一件编号为 LM20-1451-38-01r 的文书图版，《旅顺博物馆藏西域文书研究》作了录文，并定名为"《大唐内典录》残片"[8]。

【经录 2】旅博 LM20-1451-38-01r：

> （前缺）
>
> 1　　]　　　□□□□[
> 2　　]　□子□□菩薩問經[
> 3　　]　　□聚陀羅尼經一□[
> 4　　]　　　兜沙經一卷[
> 5　　]秩　　　　[
> 6　　法念處經七十卷 七秩 二千一百□□[
> 7　　中阿含經六十經 六秩 九百五十五紙
> 8　　]長阿含經廿二卷 二秩 四百卅七紙
> 9　　]雜寶藏經□卷□[
> 10　　]愚經十三卷 二秩 二百□[
> 11　　]行道地經六卷 二秩 二百廿[
> 12　　]胎經一卷
> 13　　]經 一卷[
> 14　　]□緣經一卷[
>
> （后缺）

---

[8]　《旅博选粹》，152 页。郭富纯、王振芬《旅顺博物馆藏西域文书研究》，222 页。此处录文，据图版有所订正。

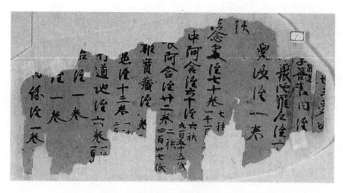

图 5　旅博 LM20-1451-38-01r

装裱文书时，右上角写有字母 K，是该片的出土地点。课题组何亦凡、朱月仁正在研究一组大足元午户籍，指出其中　件的背面正是【经录 2】[9]。据正面的籍，我们可以知道【经录 2】所余者为这一纸的下半部分，故将《内典录·入藏录》与此相对应的经名排列为：

1	金刚秘密陁罗尼经	阿阇世王受决经
2	采华违王上佛经	师子奋迅菩萨问经
3	花积陀罗尼神咒经	华聚陀罗尼咒经
4	放钵经	兜沙经 上二十三 经同帙
5	小乘经一译三十九帙	正法念处经 七十卷 七
6	增一阿含经 五十一卷 五帙	中阿含经 六十卷 六
7	杂阿含经 五十卷 五帙	长阿含经 二十二 二卷 帙
8	别译杂阿含经 二十卷 二帙	杂宝藏经 八卷 一帙
9	起世经 十卷 一帙	贤愚经 十三卷 一帙
10	普曜经 八卷 一帙	修行道地经 六卷 二帙
11	本事经 七卷 一帙	胞胎经
12	生经五卷　　　处处经	泥犁经
13	五百弟子自说本起经一卷	僧护因缘经 上七经 同帙

当然，《内典录》中的架位记录，写本是没有的。如果是实用摆架目录，则换一房间，这样的摆架记录即无意义——可以依据其顺序收藏、摆放，但不太可能连方向、第几阁都相同；只有顺序和合帙，是有意义的。所以这一不同，不足以判定其间的

9　何亦凡、朱月仁《武周大足元年西州高昌县籍拾遗复原研究》(《文史》2017 年第 4 辑，见本书 402—419 页)，对书式、字迹、纸张情况等进行了细致的比对，推测此户籍为同一件写本 (此件写本内容的正背与博物馆对文物藏品编号的正背正相反)。根据对经录内容的比对，这个结论，我们认为是可信从的。

关系。但以下三点差异，应予重视。

首先，是用纸数的不同。用纸数的记录，《内典录》不在卷八，而在卷七、卷九。卷七、卷九的用纸著录，也时有不同，如《法念处经》两处纸数相差 1 张。【经录 2】所记用纸数，与《内典录》也有不同，如《长阿含经》，【经录 2】作用纸四百卅七，《内典录》作四百二十六；《贤愚经》，【经录 2】作二百余，而《内典录》作三百七十五。

其次，经名及卷数的不同。第 10 行《贤愚经》，《内典录》作十二卷，【经录 2】作十三卷；这个差别很小，很容易视作写本与流传本的细微差异。但 P.3807 以及被方广锠定名为灵图寺经录的 BD14646，均作"十三卷"。这恐怕就不是偶然的歧异了。

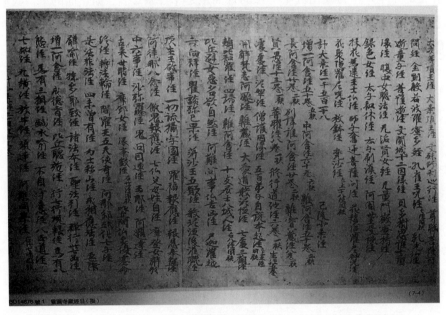

图 6　BD14646（据《国家图书馆藏敦煌遗书》，北京图书馆出版社）

第三，关于顺序。如果要与【经录 2】写本格式对上，则《杂宝藏经》与《起世经》、《胞胎经》与《生经》需分别互乙。另外，第 12 行，或者是"破例"，一行写了三种经，否则，即需作如下排列：

11	本事经七卷一帙	胞胎经
12	生经五卷	处处经
13	泥犁经	僧护因缘经上七经同帙
14	五百弟子自说本起经一卷	达摩多罗禅经

其中,《僧护因缘经》与《五百弟子自说本起经》亦需互乙,才能对上。倘将【经录2】与 P.3807 相比对,各经顺序,除《起世经》与《杂宝藏经》互乙外,其余完全一致(均无《本事经》七卷一帙)。

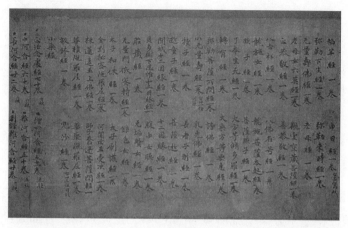

图 7　P.3807

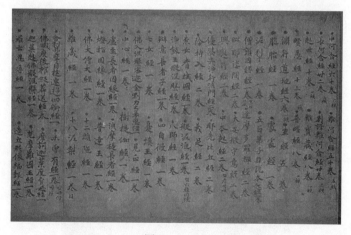

图 8　P.3807

参照 P.3807,我们可以将【经录 2】复原为:

(前缺)

1	〔金刚秘密陁罗尼经一卷	阿阇〔世王受决〕经一卷
2	〔榢莲违王上佛经一卷	师〕子奋迅菩萨问经一卷
3	〔华积陁罗尼经一卷〕	华聚陀罗尼经一卷
4	放 钵 经 一 卷	兜 沙 经 一 卷
5	〔右廿三经同〕帙	
6	〔小乘经〕	法念处经七十卷 七帙一千一百□□

7　〔增一阿含经五十一卷^{五帙……纸}〕　　中阿含经六十经^{六帙 九百五十五纸}

8　〔杂阿含经五十卷^{五帙……纸}〕　　长阿含经廿二卷^{二帙 四百卅七纸}

9　〔别译杂阿含经廿卷^{二帙……纸}〕　　杂宝藏经八卷^{一帙……纸}

10　〔起世经十卷^{一帙……纸}〕　　贤〕愚经十三卷^{二帙 二百□}〔

11　〔普曜经八卷^{一帙……纸}〕　　俯〕行道地经六卷^{一帙 一百廿}〔

12　〔生　经^{五卷……纸}〕　　胞〕胎经一卷

13　〔处处经^{一卷……纸}〕　　泥犁〕经一卷

14　〔五百弟子自说本起经^{一卷……纸}〕　　僧护〕因缘经一卷

（后缺）

因此，【经录2】并非抄自《内典录·入藏录》，而是与 P.3807 所据为同一底本的经录。这一点，也可由以下几件经录残片的笔迹及其正面同属一件武周大足元年籍来得到证实。

俄罗斯圣彼得堡东方学研究所藏 Kr 4/654v，正面是籍，背面是经录。【经录3】Kr 4/654v：

（前缺）

1　　　〕三昧經三卷　　　　　　　集一切福〔

2　右三經十卷同秩^{一百八十二纸}　　阿惟〔

3　羅摩伽經三卷　　　　　　　　寶女〔

4　右三經九卷同秩^{二百纸}　　　大乘方〔

5　菩薩行經三卷　　　　　　　　文殊現〔

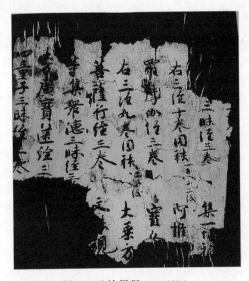

图 9　圣彼得堡 Kr 4/654v

6　　等集衆德三昧經三卷[

7　　大方廣寶篋經三[

8　　四童子三昧經三卷[

　　（后缺）

第 5 行 "菩萨行经"，《内典录》作 "菩萨行方便境界神通变化经"；"文殊现 ["，《内典录》作 "文殊师利现宝藏经"。但这两处，均与 P.3807 相同。

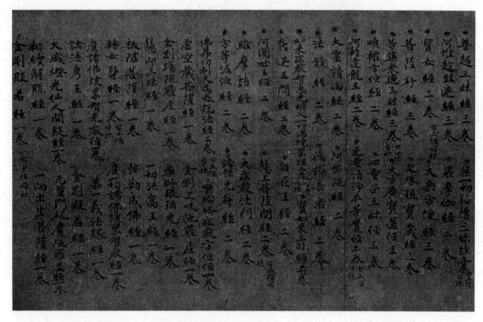

图 10　P.3807

这说明，【经录 3】与 P.3807 所据为同一底本[10]。就笔迹而言，【经录 3】与【经录 2】无疑为同一写本。

　　【经录 4 之 1】Ot.5452v 的经录作[11]：

　　（前缺）

1　　優婆[

2　　陰持[入經？

[10] 吉田章人《东洋文库における IOM RAS 所藏非佛教汉语文书の整理と考察》将此比对为《大唐内典录》卷八，误，录文亦间有讹漏，见土肥义和、气贺泽保规编《敦煌·吐鲁番文书の世界とその时代》，汲古书院，2017 年，449—450 页。另，该文还公布了 Kr 4/692 号 b，系仅余 2 行的残片，比定为《大周刊定众经目录》卷一四，同时亦疑为《大唐内典录》卷八（上引书 452—453 页），因未见图版，且残缺过甚，本文暂不讨论。

[11] 小田义久主编《大谷文书集成》叁，法藏馆，2005 年，178 页。

3　奈女耆域[（經）

4　右六經十[

（后缺）

图 11　Ot.5452v

末一行小字"顺义乡"是正面籍在背面纸缝处所写的粘连标识。《大谷文书集成》录文当作背面文字，与经录录在了一起。这当然是不妥的（应录在正面籍的纸缝处）。经名亦见于《内典录·入藏录》：

1　优婆夷净法门经二卷　　那先比丘经二卷

2　阴持入经二卷　　　　　义足经二卷

3　奈女耆域国经　　　　　般泥洹经

4　大安般经^{二卷上七}_{经　同帙}

但合帙著录，与《内典录》不同，却与 P.3807（见图 8）相同：

1　·優婆夷净行法門經二卷　·那先比丘經二卷

2　·陰持入經二卷　　　　　·義足經二卷

3　·奈女耆域國經一卷　　　·般泥洹經一卷^{右六經同帙}

旅博 LM20-1523-06-53v 即【经录 4 之 2】，正可与【经录 4 之 1】缀合：

图 12　Ot.5452v+LM20-1523-06-53v（何亦凡制作）

末行复原应作 "右六经十 卷同帙 一百七十五纸"

【经录 5】Ot.5059v，《大谷文书集成》作了录文，暂拟名为 "佛教关系文书"[12]：

　　　　（前缺）
1　法律三[
2　菩萨平（？）[
3　大乘三[
4　□□□[
　　　　（后缺）

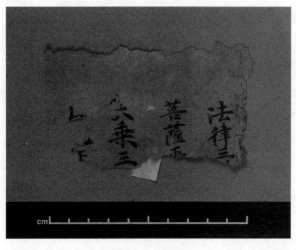

图 13　Ot.5059v

12　小田义久主编《大谷文书集成》叁，111 页。

刘安志等将其定名为"《佛说佛名经卷第四》残片"[13]。这恐怕是不对的。在P.3807（见图3），却正有此对应的经名：

法律三昧經一卷　　　　　　三曼陁颭陁羅菩薩經一卷

菩薩受齋經一卷　　　　　　菩薩五法懺悔文一卷

大乘三聚懺悔經一卷　　　　舍利弗悔過經一卷^{右九經同帙}

可见原录文第2行末字，疑为"平"者，应作"受"；第4行残存笔划，即"右九经"三字。该残片录文应作：

（前缺）

1　法律三[

2　菩萨受[

3　大乘三[

4　右九经[

（后缺）

因此，大谷所藏【经录4之1】、旅博所藏【经录4之2】、大谷所藏【经录5】无疑也是与P.3807所据底本相同的经录。且由字迹来看，都与【经录2】【经录3】是同一件写本。

　　通过笔迹的对勘，我们还能比定此前无法比对的残片。【经录6】旅博LM20-1507-1130c：

（前缺）

1　]卷[

2　]經一卷[

3　]婆塞空命終[

4　]□泥十[

（后缺）

图14　旅博 LM20-1507-1130c

P.3807亦有可与此相对应者（见图15）：

長壽王經一卷　　　　　　　恒水經一卷

摩鄧女經一卷　　　　　　　緣本智經一卷

齋經一卷^{右卅經同帙}　　　　比丘問佛名優婆塞命終經一

13　刘安志、石墨林《〈大谷文书集成〉佛教资料考辨》，《魏晋南北朝隋唐史资料》第20辑，2003年，241页；参陈国灿、刘安志主编《吐鲁番文书总目（日本收藏卷）》，武汉大学出版社，2005年，325页。

波斯匿王太后崩塵坌身經一　　　　國王不犁先泥十夢經一

图 15　P.3807

第 2—3 行间的"空"字，按说是指"塞"应作"空"。但 P.3807 亦作"塞"。据【经录 2】【经录 3】写本的格式，"右卅经同帙"应另起行，则【经录 6】可复原为：

恒水经一卷　　　　　　　　摩邓女经一卷

缘本智经一卷　　　　　　　斋　经　一　卷

右卅经同帙　　　　　　　　比丘问佛名优婆塞命终经一

波斯匿王太后崩塵坌身经一　国王不犁先泥十梦经一卷

仅残留数字者，亦可加以比对。【经录 7】旅博 LM20-1469-02-05：

（前缺）

1　　]大[

2　　]□經一卷[

（后缺）

此或应即 P.3807（见图 8）的如下几行：

佛大僧太經一卷　　　十二頭陁經一卷

雜歲經一卷　　　　　十八泥梨經一卷同

这几件残片经录的比定，无疑得益于笔迹及正面的籍（就内容而言，【经录 6】【经录 7】原是写

图 16　旅博 LM20-1469-02-05

本的背面）。因系同一写本，即使是与《内典录·入藏录》相关经名排列顺序完全相同的残片，我们也不应将其比定为《内典录·入藏录》。【经录 8】书道博物馆 SH. 125-1v[14]：

（前缺）

1　彌勒　　　　　轉[

2　右十經十卷同秩□□□[

3　第一義法勝經一卷　　度一[

4　諸法勇王經一卷　　　金[

（后缺）

图 17　书道博物馆 SH.125-1v

P.3807（见图 10）作：

彌勒成佛經一卷　　　　　　轉女身經一卷 右十經同帙

度一切諸佛境界智嚴經一卷　度諸佛境界智光嚴經一卷

第一義法勝經一卷　　　　　諸法勇王經一卷

金剛波若經一卷　　　　　　大威燈光仙人問疑經一卷

S.2079（见图 18。原无格式，一经连接一经抄写；今为醒目，录作上下两栏）作：

彌勒成佛經一　　　　　　　轉女身經一

14　包晓悦《日本书道博物馆藏吐鲁番文献目录》（上篇），未著录背面内容，《吐鲁番学研究》2015 年第 2 期，105 页。

度諸佛境界智光嚴經一　　　　　第一義法勝經一

諸法勇王經一　　　　　　　　　度一切諸佛境界智嚴經一

金光波若經一　　　　　　　　　大威燈光仙人問疑經一

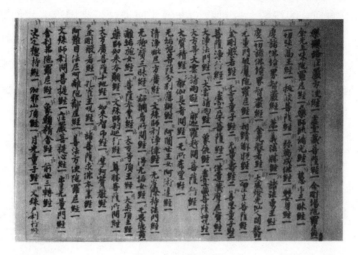

图 18　S.2079(3)

《内典录·入藏录》的顺序与【经录 8】完全相同:

弥勒成佛经　　　　　　　　　转女身经^{上十经}_{同帙}

度诸佛境界智光严经　　　　　第一义法胜经

度一切诸佛境界智严经　　　　诸法勇王经

金刚般若波罗蜜经　　　　　　大威灯光仙人经

　　尽管同为一个底本的 P.3807 与 S.2079,经名顺序不尽相同,而与《内典录·入藏录》的顺序完全相同,但我们据笔迹及正面的籍,仍认定【经录 8】与【经录 2】至【经录 7】为同一写本,故应复原为:

弥勒〔成佛经一卷〕　　　　　转 女 身 经 一 卷

右 十 经 同 帙　　　　　　　〔度诸佛境界智光严经一卷〕

第一义法胜经一卷　　　　　　〔度一切诸佛境界智严经一卷〕

诸法勇王经一卷　　　　　　　〔金刚波若经一卷〕

　　总之,根据正面的武周大足元年西州高昌县籍以及背面经录的笔迹,我们认为【经录 2】至【经录 8】,是同一件写本。经过前面的比勘,我们还可以认定这件写本与 P.3807 所依据的,是同一个底本。虽然在书写格式上有所不同,如何亦凡、朱月仁在复原正面的籍时，就发现背面的这件经录写本，在记录合帙时[15]，均另起行、大字抄写；同一经所用经帙，则用小字双行、随写于该经之末。这与 P.3807 所有经帙的纪录均随经写于该经之末，是不同的。这一不同，无疑会影响到双栏抄写时的上下位置，进而影响到总的行数。这对我们准确复原经录带来困难。我们即根据 P.3807 及何亦凡、朱月仁对正面籍的复原，可将七个残片的顺序作一复原：

【经录 5】Ot.5059v…【经录 3】Kr 4/654v…【经录 8】SH.125-1v…【经录 2】LM20-1451-38-01r…【经录 4】Ot.5452v+LM20-1523-06-53v…【经录 7】LM20-1469-02-05…【经录 6】LM20-1507-1130c

二

方广锠将 P.3807 及 S.2097 定名为"龙兴寺藏经录"，并且认为当时敦煌寺院藏经目录，根据《内典录》来编制[16]，"而又根据敦煌的实际情况或实际需要有所斟酌损益"[17]。他反复强调：

> 敦煌僧人并非忠实地完全依据《内典录·入藏录》来组织藏经，而是依照自己的现实目的而有所改造，有所创新。[18]

他在将北新 876 号之一定名为《灵图寺藏经录》的解题中，又明确地说：

> 张议潮光复敦煌初年，敦煌教团整理佛教大藏经所用的仍是依据《大唐内典录》改制的当地的自编目录。从本号可知，直到咸通年间，敦煌流通的仍是《大唐内典录》以及据《大唐内典录》改制的当地目录。[19]

他在讨论 P.4962 号尾题"龙大录内无名，藏中见有经数"一语中的"大录"问题时，又强调说：

> "大录"的依据应是《内典录》，而不是《大周录》。具体地说，应该是经敦

---

[15] 方广锠经常使用"合帙"的概念。合帙，既指不同的经包在同一个帙中，也指同一种经包入一帙或多帙。吐鲁番出土的这件写本，只有在不同的经包入一帙时，方另行用大字抄写。其实，经录在著录经帙时，也是将同一种经，著录为有若干帙；不同的经，才称若干经"同帙"。这说明，某一种经用了几个帙，并不是"合帙"；不同的经，被包入同一个帙中，才是"合帙"，才能体现或说明藏经的结构或"组织"。

[16] 方广锠《中国写本大藏经研究》将此目录与《内典录》的合帙情况作了详细比对，除前五帙合帙情况不同外（这是因为《大唐内典录》将大乘律分散到各帙所致，见 147—150 页），其他均相合。详见该书第二章第二节第五目所附《吐蕃统治时期敦煌龙兴寺藏经目录》，157—159 页。

[17] 《敦煌佛教经录辑校》，445 页。

[18] 《中国写本大藏经研究》，151 页。

[19] 这是方氏在北新 876 号之一的解题中的话，见其《敦煌佛教经录辑校》，494 页。

煌僧众改造过的《吐蕃统治时期敦煌龙兴寺藏经目录》。[20]

可见，方氏认为，这部龙兴寺藏经目录，是敦煌僧人根据《大唐内典录》改造而成的**当地自编目录**。

在只能见到龙兴寺的这部经录时，得出这一结论，是可以理解的。但参以吐鲁番出土的【经录2】至【经录8】的写本，以往的这一认识，即需加以修正。——旅博所藏新疆出土文献，来源复杂，虽然有些标识了出土地，但大多没有作标识，所标者也未必准确。这组文书，因有正面的籍的信息，我们可以肯定此经录即出自今吐鲁番。为什么今吐鲁番地区所藏的经录，与敦煌龙兴寺所藏经录会一样呢？这一组残片，使我们明白，这一经录，也流行于敦煌以外的地区。两地所作"改编"，能如此"不谋而合"吗？因此，它们所依据的这同一个底本，显然不是敦煌僧众**自编**的**当地**甚至**当寺**的一个经录。

龙兴寺藏经录抄本，分类是大乘重译经、小乘单译经、小乘重翻经、小乘律、大乘论、小乘论、圣贤集传，其后是"新翻经目录"，有96部。方广锠认为：

> 顾名思义，所谓"新翻经"，应是《内典录》完成之后新译之经，因无法插入《内典录》中，故单列一目，附于末尾。但仔细一查，事实并非如此。有49部664卷均系《内典录·入藏录》已收的。……从中一时还找不出规律性的东西。但是在此可以肯定，敦煌僧人编纂这一"新翻经目录"，与前述关于大乘戒律的典籍自行合袟一样，都说明敦煌僧人并非忠实地完全依据《内典录·入藏录》来组织藏经，而是依照自己的现实目的而有所改造，有所创新。

随后，他又联系S.2447号的所谓"新写经"，推测道："也许当时发现藏内缺本，曾经大规模地抄补，……抄完以后没有及时按照藏经结构插入藏，形成新抄经游离藏外，自成一体的局面。"[21]龙兴寺藏经目，是否即"藏经"的目录，我们不得而知（我很怀疑，他们收藏有整部藏经）。就目录而言，如果这个目录是据《内典录·入藏录》来抄，这个目录之末的"新翻经目录"的近半佛典，已见于《内典录·入藏录》，为什么在抄时弃置、而后又补缀在后面呢？如果确实是依据《内典录·入藏录》，则他们至少应该知道，这些所谓的"新翻"早就著录在《内典录·入藏录》中了。况且，其中至少有两种已在前面作了著录，即《后出阿弥陀偈》《优婆塞戒

[20] 《中国写本大藏经研究》第二章"六大录内无名典籍"，特别是204—207页；引语见207页。
[21] 《中国写本大藏经研究》，150—151页。

经》[22]。新翻经目录中，著录了"《内典录》十卷"；此即《大唐内典录》。如果龙兴寺经录即据《内典录·入藏录》来抄，为什么要到编写"新翻经目录"时，方才著录呢？

我们认为，方氏定名为"龙兴寺藏经录"的 P.3807 及 S.2079，是龙兴寺用于搜集、入藏、点勘佛典的目录。是该寺的藏（cang）经目录，而不是"藏（zang）经"目录。他们收藏佛典，是据目来搜集的；这个目，并不是《内典录·入藏录》，而是另外一种更为实用的目录——就如同一般的图书馆不会根据《四库总目》来配馆藏古籍一样，一般的寺院，也不大可能依据《内典录·入藏录》来搜集其所想要收藏的佛典。这个实用的经录，无疑是依据《内典录·入藏录》来编写的；它之于《内典录·入藏录》，或许有点像《书目答问》之于《四库总目》。

龙兴寺藏经录后的"新翻经目录"，并不真是新近翻译出来的佛典，而是在原来所依据的经录之外，新近抄写、收藏的经典。这也可知，各寺在据此经录收藏佛典的同时，也会据所知所见或新知新见，不断扩大自己的收藏。

这部经录，不仅敦煌龙兴寺在使用，今吐鲁番地区的寺院也在使用。它流行于敦煌、吐鲁番等河西地区，且不止一个抄本（P.3807 和 S.2079 是流行于敦煌的两个本子，【经录1】与【经录2】至【经录8】，又是流行于吐鲁番地区的两个本子）。这似乎说明，它不是由某人或某寺出面编就的"个人行为"，而是具有相当的权威性，故相当流行。据前引何亦凡、朱月仁的研究，【经录2】至【经录8】正面是大足元年（701）籍，州县保存籍需五比即 15 年，则纸背的二次利用是在开元四年（716）之后。

三

在旅博所藏新疆出土文献中，也有可以准确比对为《内典录》的写本。如：

【经录9】旅博 LM20-1494-18-03，为《内典录序》[23]：

(前缺)

1　傳譯所[

2　覽者知其[

3　後漢傳譯佛[

22　见《中国写本大藏经研究》，第 190 页（630 号）和 192 页（686 号）。这两种佛典分别对《内典录·入典录》的第 204 号和第 54 号。另，《金刚般若经》两卷（651 号，见 191 页），方氏比对为《内典录》第 681 号，即《金刚般若论》。若此，则有三种见于前面的著录。

23　唐道宣撰，CBETA, T55, no. 2149, p. 220, a25-28。《旅博选粹》，152 页。

4　　□曰教流源[

　　　（后缺）

图 19　旅博 LM20-1494-18-03

也有一些残片的文字，见于两种经录。如【经录 10】旅博 LM20-1467-01-14：

　　（前缺）

1　　]□國沙□曇[

2　　]質像璜偉讀書[

3　　]風雲星月圖讖[

4　　]畢己心目年廿五[

5　　]□心聊取觀[

　　（后缺）

图 20　旅博 LM20-1467-01-14

此段文字同时见于《历代三宝记》卷五和《内典录》卷二[24]。历代出经情况，后代经

---

[24]　图版见《旅博选粹》，152 页。文字见《历代三宝纪》卷五，CBETA，T49，no.2034，p.56，b9-13；《内典录》卷二，
CBETA，T55，no.2149，p.226，c13-17。

录往往以前代经录作为判断佛典真伪的依据，甚至直接过录[25]，故仅据此残存文字，不能简单确定为出自何种经录。但课题组在比定【经录9】时，发现与此片字迹相同，无疑为同一写本，可知此残片即为《大唐内典录》。

与【经录9】【经录10】字迹相同的还有一片，为同一写本，即【经录11】LM20-1517-550，也被课组识别出来，是《内典录》卷一[26]：

（前缺）

1　　　]伏□[

2　　]姚氏傳譯□[

3　　]沮渠氏傳譯□[

4　　]朝傳譯道□[

（后缺）

图 21　LM20-1517-550

还有一片，与上述三片为同一写本，虽与【经录11】不能直接缀合，却相距不远，即【经录12】旅博 LM20-1517-366b[27]：

（前缺）

1　　]□□□□ 三百卅八[[28]

2　　]經十四部廿一卷并失譯[

---

[25]　汤用彤《汉魏两晋南北朝佛教史》（初刊 1938 年）表彰道安的《综理众经目录》，即称"后人作目录时，每有前人目录为依据，故虽未见其经，亦可列入目中。但道安则似毫无凭藉，故必须目见经本，乃可入录"，台湾商务印书馆，1979 年，151 页。

[26]　图版见《旅博选粹》，152 页。文字见《内典录》卷一，CBETA, T55, no. 2149, p. 219, c28-p. 220, a6。

[27]　《内典录》卷一，CBETA, T55, no. 2149, p. 219, c26-28。

[28]　"卅八"，《中华大藏经》影印金藏广胜寺本作"四十八"（54 册 461 页）；CBETA 作"三十九"，有校勘记，称"三＝四【宋】"，"九＝八【宋】【元】【明】"。写本与宋本同，作"三十八"，是。

3　　┃經傳┃
　　（后缺）

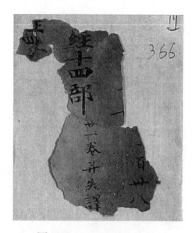

图 22　LM20-1517-366b

【经录 11】（在后）与【经录 12】（在前）的间接拼接的位置关系如下（底字，据
CBETA）：

图 23　【经录 12】…【经录 11】（何亦凡制作）

【经录 13】旅博 LM20-1458-25-15，为《内典录》卷八[29]。

（前缺）

1　｜文｜殊師[

2　出生無量｜門｜[

3　｜象｜頭[

4　｜決｜[

（后缺）

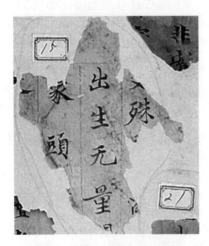

图 24　旅博 LM20-1458-25-15

【经录 14】旅博 LM20-1467-23-07，为《内典录》卷八[30]。

（前缺）

1　]｜婆離｜問｜佛｜[

2　沙彌十戒法｜开｜[

3　沙彌尼離[

4　大乘論五十二[

5　□□[

（后缺）

29　唐道宣撰，CBETA,T55,no.2149,p.307,a20-26。
30　唐道宣撰，CBETA, T55, no. 2149, p. 310, c9-16。参《旅博选粹》，175 页。

图 25　旅博 LM20-1467-23-07

　　【经录 9】至【经录 14】，书写极为工整，一丝不苟，与【经录 1】至【经录 8】，差别较大。这是由所写经录的功能不同所致。【经录 9】至【经录 13】是将经录视为经典，与我们通常所见的写经完全相同，遵守固定的行款格式，恭恭敬敬，认真照写[31]；【经录 1】至【经录 8】则是将经录视作实用目录，用以搜集、入藏、点勘佛典，故书写较为随意，有时是一行两个经名，有时则是连写，有时标明卷次，甚至有用纸数、经帙数的记录，有时则不加标识。有的甚至将类别都忘了抄写，如 P.3807，就漏了"大乘经重翻"这一类别标目，甚至有写错者[32]。因此，在抄写时，经名前后位置互乙，就是常有的现象，如上引方氏书，认为 P.3807 与 S.2079 是同一种经录的不同写本、甚至彼此直接抄写，但 P.3807《度一切诸佛境界智严经》《度诸佛境罗智光严经》《第一义法胜经》，S.2079《度一切诸佛境界智严经》就抄写在了《第一义法胜经》的后面。这几部经，正是【经录 8】所涉及者。【经录 2】《起世经》《杂宝藏经》的顺序，也与 P.3807、S.2079 的顺序互乙。【经录 5】《三曼陁颰陁罗菩萨经》与《菩萨受斋经》，P.3807 与 S.2079 的顺序互乙。由此亦可见，【经录 1】复原第 2 行上栏，

---

[31]　中古佛典之"抄"与"写"的含义并不相同。抄，指抄略、撮略、摘抄、节录之义，如僧佑在《出三藏记集》卷四《新集续撰失译杂经录》的序中说："其两卷以上，凡二十六部，虽阙译人，悉是全典。其一卷已还，五百余部，率抄众经，全典盖寡。观其所抄，多出《四含》《六度》……《生经》，并割品截偈，撮略取义，强制名号，仍成卷轴。"苏晋仁、萧炼子点校本，中华书局，1995 年，123 页。唐人已在宽泛意义上用"抄写"一词，如《大唐内典录》卷三："右六部二十四卷，平阳沙门释法显以安帝隆安三年发趾长安，游历天竺，远访灵迹，求晋所无众经律论，经涉诸国，学梵书语，自手抄写前件梵本。"（CBETA, T55, no. 2149, p. 247, b2-5.）本文"抄写"，即用泛指。

[32]　方广锠《中国写本大藏经研究》称，S.2079 是据"P.3807 号的原本（也可能就是 P.3807 号本身）抄录下来的。抄录时，还顺手纠正了几个经名方面的错误"（157 页）。据同一祖本，甚至就是直接相互抄录，也有出错。

所空一经，或即抄写作他经。

在我们所寓目的作为经典的写经中，也有字迹略差，且抄经时，相邻两经互乙的现象。如【经录15】旅博 LM20-1506-944：

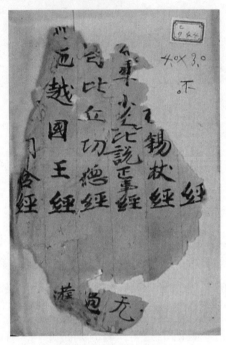

图 26　LM20-1506-944

经核，此为《内典卷八》[33]。按其抄写格式，可复原为：

1　　　　　　　]经　　　　　[

2　得道梯隥锡杖经　　　　长者子懊恼三处经

3　佛为年少比丘说正事经　无垢优婆夷问经

4　沙曷比丘功德经　　　　过去佛分卫经

5　栴陀越国王经　　　　　灌洗佛形像经

7　呵雕阿那含经　　　　　[

与《内典录》唯一的不同，就是《过去佛分卫经》与《灌洗佛形像经》位置互乙。

结　语

旅博所藏的 5 个残片、俄藏 1 个残片、大谷 2 个残片、书道博物馆 1 个残片，经

33　唐道宣撰，CBETA, T55, no. 2149, p. 308, c19-29。

与 P.3807 及 S.2079 比对，知其所依据的是同一个底本。其中的 8 个残片（即【经录 2】至【经录 8】，其中【经录 4】可由 2 个残片直接缀合）更可依据其正面的籍，确定为同一个写本。这可以证明，作为共同底本的这部经录，至少同时流行于敦煌和吐鲁番地区，用以搜集、入藏、点勘各寺佛典。是一个"理想的藏书（经）目录"。我们对这部经录产生的具体过程还不十分明了——或许是河西僧团以《内典录·入藏录》为蓝本，根据河西地区的佛典实际流通、收藏、译介及研究等情况，编纂的一部指导各寺搜集、收藏、点勘佛典的实用目录。它在敦煌以外地区的首次发现，具有重要意义，纠正了该经录只是敦煌地区乃至敦煌某寺所自编的藏经目录的认识。随着更多新资料的发现，我们一定还会有更丰富的认识。

（王振芬，旅顺博物馆馆长、研究馆员；孟彦弘，中国社会科学院古代史研究所研究员。原刊《文史》2017 年第 4 辑）

"康家一切经"考

荣新江

　　旅顺博物馆藏及《西域考古图谱》所刊吐鲁番出土文书中有题作"康家一切经"的纸片两件，本文指出这些残片应当是写经的"外题"。由此联系到高昌城出土的《武周康居士写经功德记碑》所列拟写经目，推测这位粟特出身的佛教徒曾经有抄写"一切经"的计划。文章据新见材料复原该碑形制，并对所列经目分为大乘经论、圣贤集传、唐朝新译大乘经论等类，由此推断康居士写经所表现出来的佛教思想。文章还从现存吐鲁番出土文书中，搜寻该碑经目所记的佛典断片，来印证"康家一切经"的存在。

一　"康家一切经"残片

　　最近一年来，笔者参加"旅顺博物馆藏新疆出土汉文文书整理与研究"项目，与课题组其他成员一起，经眼了成千上万片佛教典籍写本，其中一件只有五个字的纸片，引起我的注意。这就是编号 LM20-1454-11-07 的写本（图 1），其上部残缺，下部完整，左右似为纸缝，尺寸为 11×17cm，正面左侧接近纸缝处写"康家一切经"五个字，工工整整，从整幅纸来看，是在一行偏下的位置，纸背无字[1]。根据敦煌、吐鲁番保存的唐朝标准写经，一纸的尺寸为 26×39cm，"康家一切经"前面空白很多，不像是写经题记，倒是很可能是写经开头一纸的背面，即"外题"，但上面的题目残失，在一般写寺院或所属人的位置上，写着"康家一切经"。

　　我之所以特别关注这件残片，是因为我在此前研究《武周康居士写经功德记碑》时，曾在大谷探险队的收集品中，看到一件出自吐峪沟的写经题签，上面也题的是

---

[1]　图版见旅顺博物馆、龙谷大学主编《旅顺博物馆藏新疆出土汉文佛经选粹》，法藏馆，2006 年，202 页。

"康家一切经"（图2）[2]。现在来重新观察《图谱》所刊这件残片，上部、右侧都已残失，下部似为原卷底部，而左侧整齐，当是纸缝处。"康家一切经"五个字，也是写在一纸左侧接近纸缝处的下部，和旅博的一件形制完全一样。审其字体，也似出一人之手。

图1　LM20-1454-11-07　写本"康家一切经"外题

图2　《西域考古图谱》刊"康家一切经"外题

---

[2]　香川默识编《西域考古图谱》下，佛典附录，第5-3号。又见井之口泰淳《西域出土佛典之研究》，京都：法藏馆，1980年，图版LXXXIX；研究册，134页。这件文书原件后来不知所在，让人惊喜的是，真迹竟然在2016年10月29-30日"横滨国际2016秋季五周年拍卖会"上出现，图载本次拍卖会图录《中国书画》册，第739号"敦煌写经三"，纸有折叠。根据笔者在东京拍卖会现场目验，和《图谱》发表时相同，基本没有破损。

二 《武周康居士写经功德记碑》再考

1996 年，我曾在讨论胡人对武周政权之态度的时候，注意到大谷探险队在吐鲁番高昌故城所获的一方石碑，碑文前列有一些佛经目录，后面是写经发愿的文字，功德主是一位康姓的居士，文字用武周新字，因此罗振玉将其定名为"武周康居士写经功德记碑"（以下简称《康居士碑》），可以信从。联系到当时从《图谱》所见"康家一切经"的题签，推测这"或许是这次写经活动留下的一点残迹"[3]。

二十年过去了，有关《康居士碑》的资料又有了一些新的知见，这里略作交待，并根据新的材料，对碑文做进一步的整理。

《康居士碑》原本应当立在吐鲁番高昌古城（喀喇和卓）城中，1912 年 6 月为大谷探险队第三次中亚考察队员吉川小一郎购得[4]，运回日本神户大谷光瑞的别墅六甲山庄。1914 年夏，罗振玉在大谷的别墅看到此碑，著录于罗氏《西陲石刻后录》，并做了录文和拓本。据罗氏的记录，此碑运回日本时已经断为十块，一大九小。罗氏录文在很长时间里一直是此碑唯一的一篇录文，但其拓本多年不知所在。我们所能见到的此碑图片，就只有 1937 年《新西域记》刊布吉川小一郎《支那纪行》时所配的一帧图版，对照罗氏录文，只有大石部分[5]。此碑的下落，据《新西域记》卷下附录二《朝鲜总督府博物馆中央亚细亚发掘品目录》No.65 号，记有"经堂碑，石、其它，一，高昌国，破片缀合成一函"[6]，或许就是此碑。我曾经向负责韩国中央博物馆大谷收集品整理工作的闵炳勋先生咨询，回答说战后已不知所在。

与大石图片对照，罗氏录文要较今天我们从图版上所见到的字要多，可能是 1912 年至 1937 年间又有破损。1996 年我整理这方碑文时，就只能对照《新西域记》的图版和罗振玉录文，提供一篇按照原文格式而没有标点的录文，其他小石上的文字，也只能照录罗氏的录文。

2004 年，我与中国国家图书馆善本部的同仁们一起筹备"粟特人在中国——历史、考古、语言的新探索"国际学术研讨会，我们商量在会议期间举办一个"从撒

3 荣新江《胡人对武周政权之态度——吐鲁番出土〈武周康居士写经功德记碑〉校考》，原载《民大史学》第 1 期，1996 年，6—18 页；后收入拙著《中古中国与外来文明》，三联书店，2001 年，204—221 页。（以下简称"前文"。）

4 吉川小一郎在所著《支那纪行》卷二中对获得石碑有简要描述，并推测是方唐碑。见上原芳太郎编《新西域记》下卷，有光社，1937 年，617 页。

5 图载《新西域记》下卷 604—605 页间图版第三幅。

6 同上《新西域记》附录 4 页。

马尔干到中国——粟特人在中国的文化遗迹"展览，陈列国图所藏的一些相关的拓本、书籍。让我感到又惊又喜的是，国图竟然保存着罗振玉的旧拓本，据记录，该拓本是 1935 年入藏国立北平图书馆的，现存国家图书馆善本部。拓本除一块大石外，右上方还有一块小石，相当于录文第 6-7 行最上方的两行四个字，这也就能让我们知道罗氏为何把这两个字孤悬到上面的缘故了。照片收入我和张志清主编的《从撒马尔干到中国——粟特人在中国的文化遗迹》，解题由我撰写，碑文录文加了标点，文字也有个别订正[7]。与此同时，陈尚君先生也据《西陲石刻后录》和《民大史学》所刊拙稿，录文并加句读，题"周康居士缮经记"，收入他所编《全唐文补编》卷一三七[8]。

学术真的是没有止境的。2009 年，余欣教授访问日本期间，在东京的宫内厅书陵部找到一张此碑的拓本，钤"宫内省图书印"，上面不仅拓有大石一方，还有另外九块小石，甚至三个残字块，他知道我研究这方碑石，特别订购了照片给我，真的是感激不尽。这件保存在皇室的拓本显然来自大谷光瑞本人，因为他的夫人筹子就是大正天皇的贞明皇后的姐姐，所以把最好的拓本赠送给了天皇，得以完整保存在宫内厅书陵部[9]。我一直想据此拓本重新整理《康居士碑》，但长期以来未能顾及于此，这次整理旅博藏卷，看到"康家一切经"纸片，让我得以重新回到这方碑石的整理上来。

现在我们拥有了所有《康居士碑》的拓本照片，似乎对于碑石的拼接照亮了曙光。在九块小石中，有三块（前文编号 G、H、I，下同）属于碑文的功德记部分，经过缺口痕迹和文章理路的分析，我们拟将 H、I 缀合到大石的左侧（后部），H 在上，I 在下方，G 则根据内容放在大石和 H 之间（图 3）。其他小石为前面的佛经名录部分（图 4），根据图版所示的裂痕以及复原的经名，本来希望能有所拼接，但最后还是没有太大希望，只是把极小的 A 片缀合到 E 片的上方。从内容上看，这些小石块应当在大石的前部。

现在根据我们的复原结果，先按照原本形制，录出碑文现存文字。依内容顺序，先把属于佛经目录的小石录出，然后是缀合后的大石部分，佛经部分根据残字做了推补，补充的文字放在 [ ] 内，录文用繁体字。

7　荣新江、张志清主编《从撒马尔干到中国——粟特人在中国的文化遗迹》，北京图书馆出版社，2005 年 12 月，No. 43，132—133 页。

8　陈尚君辑校《全唐文补编》下册，中华书局，2005 年 9 月，1669 页。

9　既然大谷光瑞曾经制作了比罗振玉更全的拓本，是否还有副本保存在西本愿寺、龙谷大学图书馆或旅顺博物馆，是今后调查的方向。

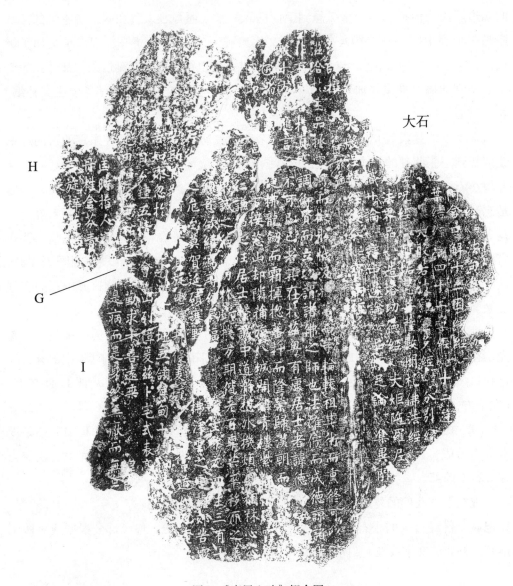

图 3 《康居士碑》缀合图

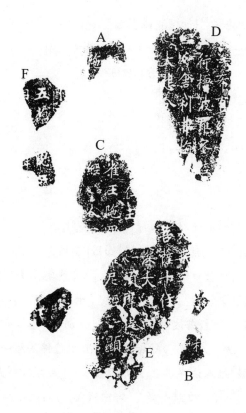

图 4 《康居士碑》小石块

小石：

A+E.1　　　　]大乘三[聚懺悔經_卷]

　　2　　　　]菩薩十住經_卷[

　　3　　　][甚]深大回向[經_卷][

　　4　　[太子慕]魄經_卷須摩提經_卷□[

　　5　　][諸佛心陀]羅尼經_卷顯無[邊佛土功德經_卷][

　　　　　　　　]佛臨[涅槃記法住經_卷][

B.　1　　][十一]相思[念如來經_卷][

　　2　　　]□　解[深密經_五卷][

C.　1　　　　　　]□　仁王[般若波羅蜜經_卷][

　　2　　　　][孔]雀王陀羅[尼咒經_卷][

　　3　　][阿闍世王女無憂施]經_卷人所[從來經_卷][

D.　1　　　]甚深稀有經_卷□[

　2　　　][一切施主[10]]行檀波羅密經[_卷][

　3　　　][舍利弗悔過]經_卷舍利弗悔[過經_卷][

　4　　　　　　　_十卷大悲分[陀利經_八卷][

F.　1　　　][金]剛[般若論_二卷][

　2　　　][大乘]五蘊[論_一卷][

　3　　　][無]相[思塵論_一卷][

大石：

（前缺）

1　　　　　][聖賢]集傳 佛[本行]集[經_六○卷][

2　　][百喻]經_四卷法句集[_二卷僧]伽羅[刹所集經_三卷][

3　　　　　]阿含口解十二因緣經_一卷婆[藪槃豆法師傳_一卷][

4　　　　]迦葉結經_一卷四十二章經_一卷十二遊[經_一卷][

5　　　] 大般若波羅蜜多經_六百卷分別緣[起初勝法門經_二卷][

6 菩薩[　　　　　]羅尼咒經_二卷離垢慧菩薩數聞禮佛法經一卷[11]□[

7 藏經_廿卷[大方廣佛華嚴]經入法界品_一卷造塔功德經_一卷大炬陀羅尼經_廿卷[ ][瑜伽師]

8 地[論_一百卷][　　　]論 唯識廿論_一卷辯中邊論_一卷品類足論_十八卷集異門[足論_廿卷]

9　　　　]經□卷大般涅槃經後分_二卷寶雨經_十卷

10　　　　]法師撰　　法何都通

11　　]滋洽於生品拯愛河而擬船栿汲□第而等輪轅祖其術而薰修可以階[

12　　]空非有□□於真空調御資而立功謂諸佛之師也法雄佇而成德諒諸佛[

13　　]數十方□應言之不可已已者其在於兹粵有康居士者諱德□望□□[

14　　]而月滿或勁勇過捷拂龍劍而霜揮總蕃捍而隆榮歸漢朝而□寵□□[

15　　]□國即以高昌立名右接蔥山卻鄰蒲海八城開鎮青樓紫□□煙霞□[

16　　]□資□義依仁謙撝是任居士繫誠中道滌想外機煩惑稠林心□[

17　　]□之□□□□□申誠之德進功于斷機方期偕老百年共卒移天之義[

18　　　　]願意欲繕寫尊經奉福　　　帝主黎元四生三有七[

19　　]倚□□□□存禦□之危至莫賀延磧塞野□飆□拂浮雲之響荒郊苦霧[

20　　　]凜若斯前對□途亦宜旋彎娘都侵麥壐海分□之常道如□奄□[

21　　　]□苦如瘳忽於□□迷津之間□□墟五翕侯甸十姓日[

10　　按，《一切施主行檀波罗蜜经》见于《大唐内典录》卷九。孟彦弘先生指出，旅顺博物馆藏 LM20-1494-29-03 某种经录有此经题名，其中"主"作"王"，敦煌本 P.3807 亦同。今本作"主"或为传抄之误。若然，则碑文此处亦当作"王"。

11　　大石第 6 行"数闻"，《续古今译经图纪》作"所问"。

22　　　　]海而退食自公鍾五情會□□山列障爰茲卜宅式表豪[

23　　　　]寫經論寔由福履所佑諸侯勤求十善遠乘皇[

24　　　　　]侶□匡時哲人奕□□雖是病而是身終無厭而無足[

25　　　　　　]丹桂含芬青松[

26　　　　　　　]言旋梓第[

27　　　　　　　　]凝[

（后缺）

我们先把碑文前面提到的经名列表如下，后附作者、年代和《大正新修大藏经》（简称 T）的编号：

经名卷数	译者	年代	大正藏
（A+E）大乘三聚忏悔经一卷	阇那崛多共笈多	隋	T.1493
菩萨十住经一卷	竺法护	西晋	T.283
甚深大回向经一卷	失译	刘宋	T.825
太子慕魄经一卷	安世高 / 竺法护	汉 / 晋	T.167/168
须摩提经一卷	菩提流支	唐	T.336
诸佛心陀罗尼经一卷	玄奘	唐	T.918
显无边佛土功德经一卷	玄奘	唐	T.289
佛临涅槃记法住经一卷	玄奘	唐	T.390
（B）十一相思念如来经一卷	求那跋陀罗	刘宋	无（长房录）
解深密经五卷	玄奘	唐	T.676
（C）仁王般若波罗蜜经二卷	鸠摩罗什	姚秦	T.245
孔雀王陀罗尼咒经二卷	僧伽婆罗	梁	T.984
阿阇世王女无忧施经一卷	竺法护	西晋	无（僧佑录）
人所从来经一卷	竺法护	西晋	无（僧佑录）
（D）甚深稀有经一卷	玄奘	唐	T.689
一切施主行檀波罗蜜经	失译		无
舍利弗悔过经一卷	竺法护		无
舍利弗悔过经一卷	安世高	后汉	T.1492
大悲分陀利经八卷	失译	后秦	T.158
（F）金刚般若论二卷	达磨笈多	隋	T.1510
大乘五蕴论一卷	玄奘	唐	T.1612
无相思尘论一卷	真谛	陈	T.1619
（大石）			
佛本行集经六○卷	阇那崛多	隋	T.190
百喻经四卷	求那毗地	南齐	T.209

经名卷数	译者	年代	大正藏
法句集二卷	支谦	孙吴	无
僧伽罗刹所集经三卷	僧伽跋澄等	苻秦	T.194
阿含口解十二因缘经一卷	安玄共严佛调	后汉	T.1508
婆薮槃豆法师传一卷	真谛	陈	T.2049
迦叶结经一卷	安世高	后汉	T.2027
四十二章经一卷	迦叶摩腾共法兰	后汉	T.784
十二游经一卷	迦留陀伽	东晋	T.195
大般若波罗蜜多经六百卷	玄奘	唐	T.220
分别缘起初胜法门经二卷	玄奘	唐	T.717
菩萨〔 〕罗尼咒经二卷			
离垢慧菩萨数闻礼佛法经一卷	那提	唐	T.487
大菩萨藏经廿卷	玄奘	唐	无
大方广佛华严经入法界品一卷	地婆诃罗	唐	T.295
造塔功德经一卷	地婆诃罗	唐	T.699
大法炬陀罗尼经廿卷	阇那崛多	隋	T.1340
瑜伽师地论一百卷	玄奘	唐	T.1579
唯识廿论一卷	玄奘	唐	T.1590
辩中边论一卷（今本为三卷本）	玄奘	唐	T.1600
〔阿毗达磨〕品类足论十八卷	玄奘	唐	T.1542
〔阿毗达磨〕集异门足论廿卷	玄奘	唐	T.1536
大般涅槃经后分二卷	若那跋陀罗	唐	T.377
宝雨经十卷	达摩流支	唐	T.660

下面再按照碑文的文理，把功德记部分的文字标点录文如下：

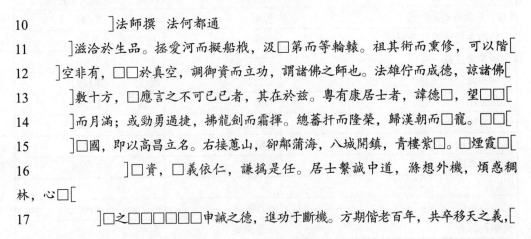

10   ]法師撰　法何都通

11]滋洽於生品。拯愛河而擬船栿，汲口第而等輪轅。祖其術而熏修，可以階[

12]空非有，口口於真空，調御資而立功，謂諸佛之師也。法雄佇而成德，諒諸佛[

13]敷十方，口應言之不可已已者，其在於兹。粵有康居士者，諱德口，望口口[

14]而月滿；或勁勇過捷，拂龍劍而霜揮。總蕃扞而隆榮，歸漢朝而口寵。口口[

15]口國，即以高昌立名。右接蔥山，卻鄰蒲海，八城開鎮，青樓紫口。口煙霞口[

16   ]口資，口義依仁，謙撝是任。居士繫誠中道，滌想外機，煩惑稠林，心口[

17]口之口口口口口口申誠之德，進功于斷機。方期偕老百年，共卒移天之義，[

18　　　　　　　　　]願，意欲繕寫尊經，奉福　帝主，黎元四生，三有七[

19　　　　　　　　　]倚□□□□存御□之危，至莫賀延磧，塞野□飆，□拂浮雲之巒；荒郊苦霧，[

20　　　　　　　　　]凜若斯，前對□途，亦宜旋彎娘都。侵麥壑海，分□之常道，如□奄□[

21　　　　　　　　　]□苦如瘳，忽於迷津之間，□□墟五翕侯甸，十姓日[

22　　　　　　　　　]海而退食，自公鍾五情，會□□山列障，爰茲卜宅，式表豪[

23　　　　　　　　]寫經論，寔由福履所佑，諸侯勤求十善，遠乘皇[

24　　　　　　　　　]侶□匡時哲人，奕□□雖是病而是身，終無厭而無足。[

25　　　　　　　　　]丹桂含芬，青松[

26　　　　　　　　]言旋梓第[

27　　　　　　　　　]凝[

笔者在前文中曾对康居士写经的背景、缘由和康居士本人略有探讨，这里根据重新拼合录写的碑文，阐释一下这篇写经功德记的内涵。

原文的标题已经失去，罗振玉推测为"武周康居士写经功德记"，可以信从。作者是某法师，可惜第 10 行名字的地方残缺。其下有小字"法何都通"，似乎是后人所加，"都通"若是"都统"的假借，则表示是吐鲁番地区的最高僧官；而这种"都僧统"的简称，是高昌回鹘时代常见的用法[12]，则或许是 9、10 世纪所加。

碑文先是赞颂诸佛之师威力广大，佛教法力无边。然后是对康居士的描述，这位佛教的在家信徒，名讳"德□"，后一字残失，十分可惜。"望"字罗振玉录作"印"，细审拓片，当是"望"字，是说康居士地望，所缺部分，应当提到这位粟特人的本籍康国（今撒马尔罕）。他作为一方领袖，不知何时率众归附唐朝，此即碑文所说"总蕃捍而隆荣，归汉朝而□宠"，很像是唐初康国大首领康艳典率众归朝，在石城镇一带建立殖民地一样[13]。不过康居士却是在高昌立足成名，这里"右接葱山（帕米尔），却邻蒲海（罗布泊）"，是笼统的高昌地理位置，"八城"则是高昌的代称，《魏书》《北史》的《高昌传》都称高昌"国有八城"。康居士"□义依仁，谦揭是任"，"系诚中道，涤想外机"，是兼通儒家与释教的地方士人，同时又是胡人首领。以下"申诚之德，进功于断机"，应当是对康居士夫人的赞颂，但她未能与康居士"偕老百年，共卒移天之义"，提前离世，这应当是康居士发愿"繕写尊经"的直

12　关于高昌回鹘的都统，参看张广达、荣新江《有关西州回鹘的一篇敦煌汉文文献——S.6551 讲经文的历史学研究》，原载《北京大学学报》1989 年第 2 期；收入张广达《文书、典籍与西域史地》，广西师范大学出版社，2008 年，169—170 页。

13　关于康艳典，参看荣新江《北朝隋唐粟特人之迁徙及其聚落》，作者《中古中国与外来文明》，41—43 页。

接原因。最后是发愿部分，和其他发愿文一样，上至皇帝，下到黎元百姓，以及他的夫人早回"娘都"，也祝愿自己病体康健。但由于残缺过多，有些文意已经不太明白了。

三　康家一切经

前文在讨论《康居士碑》所记的抄写佛经目录时，推测《图谱》所载吐峪沟出土的"康家一切经"题签，或许是这次写经活动留下的一点残迹。现在我们又发现了旅顺博物馆收藏的同样一条写经卷轴的外题，似乎表明真的有"康家一切经"的存在。

所谓"一切经"，一般是指包含了所有佛经的一处经藏。但有时按收藏的大小，也不可能经律论三藏俱全，即便是号称"一切经音义"的慧琳著作，也没有收全当时的所有佛典。所以，康家以一家之力集中的一切经，恐怕也不是一个全面的藏经。

从目前所见吐鲁番文书展现的高昌地区粟特人的情形来看，拥有一切经的"康家"，很可能就是这方石碑的主人康居士，碑文虽然已残，但仍然值得我们仔细分析他要抄的都是些什么经。前文主要探讨了玄奘之后新译的几种佛经，特别揭示康居士借抄写《宝雨经》这部最新译经表示对武周政权的支持。今天我们能够看到其他小石块上的文字和排列顺序，这样有助于我们进一步分析康居士所抄佛经的内涵。

目前我们很难把这几个记录经名的小石块和大石缀合，表明它们或许并不黏连，小石原本应当在大石的前面。这样说的一个原因就是，A+E、B、C、D 这些小石上所列的经名，基本都是属于佛经目录中的"大乘经"，或者是"大乘经一译"一类，是从后汉安世高到唐朝玄奘、菩提流支翻译的小经，其中只有《阿阇世王女无忧施经》一卷和《十一相思念如来经》一卷不见于唐初道宣所编的《大唐内典录》，因此我们相信这批佛典是被分作一组的，应当在碑石的最前面。

F 残片的内容如果我们的复原不误，应当是三部论的名字，那么从内容上说，它们应当是与大石上论的部分同为一组，但从碑石的文字来看，那里放不下这三部论的名字。其实这三部论，两部是陈真谛译的《无相思尘论》一卷和隋达磨笈多译的《金刚般若论》二卷，还有玄奘的《大乘五蕴论》一卷，篇幅都不大，也可能是在前面"大乘经"后面的一个小类，即"大乘论"。其中《金刚般若论》和《大乘五蕴论》见于《大唐内典录》。

　　然后是大石上的经录,第一行开始残存有"[圣贤]集传",这是另一组佛典的类目,以下从《佛本行集经》到《十二游经》,正是一般佛经目录所分类的"圣贤集传"部分的佛典。其后也可能还有其他佛经名目,无疑也是属于"圣贤集传"的部分。这一部分佛典的名目,全都见于《大唐内典录》。

　　随后第 5 行"《大般若波罗蜜多经》六百卷"的前面,明显有至少三字格的空白,表明这是又一类的开始,这三字空格的上面也可能有这一类别的名称,也可能没有,即用空格与上面"圣贤集传"类加以区分。从《大般若》开始,前面八种是经,后面五种是论,最后两种也是经。从年代上看,有隋阇那崛多译的《大法炬陀罗尼经》,大多数是玄奘译的经论,还有就是那提、地婆诃罗、若那跋陀罗、达摩流支(菩提流支)等在高宗、武后时期翻译的佛经。写在论后面的两种,前文已经指出,《大般涅槃经后分》是若那跋陀罗(智贤)在波凌国所译,仪凤初年(676)送至京城,三年(678)施行;《宝雨经》是达摩流支于长寿二年(693)译出[14],应当都是比较晚出,可能是康居士后来得到而最后补入写经名表的。以上这组经论,基本上是唐朝的新译文本,其中只有《大菩萨藏经》《大法炬陀罗尼经》《瑜伽师地论》三部《大唐内典录》著录,其他均无。所以,这一部分可以归类为"大唐新译经论"。

　　上文我们特意指出康居士所写的佛经在《大唐内典录》中是否存在,这是因为根据敦煌文书反映的情况来看,《大唐内典录》一直是高宗到晚唐时期沙州寺院经藏组织所依据的目录[15],吐鲁番所在的西州情形应当相同,我们也在吐鲁番文书中找到了《大唐内典录》的写本残卷[16],但没有见到过明佺的《大周刊定众经目录》和智升的《开元释教录》。因此可以说,康居士抄写的佛经许多恐怕当时还不见于西州寺院图书馆,而是另有来历。

　　由此我们可以看出,康居士缮写的佛典,包括一部分传统的大乘经、大乘论以及圣贤集传,分量更大的则是唐朝新译的经论,包括六百卷的《大般若波罗蜜多经》、一百卷的《瑜伽师地论》等等,现存的经目已经不全,但仅就所残存的写经卷数来统计,有 858 卷之多。按《大唐内典录》入藏录,当时一个寺院完整收藏的众经律论传总计应当是八百部、3361 卷,其中大乘经一译 685 卷、大乘经重翻 497 卷、小乘经一译 435 卷、小乘经重翻 114 四卷、小乘律 274 卷、大乘论 502 卷、小乘论 676 卷、贤圣集传 184 卷(统计为 3367 卷)[17]。可以说,康居士以

---

[14]　智昇《续古今译经图纪》,《大正藏》第 55 卷,368、371 页。

[15]　方广锠《中国写本大藏经研究》,上海古籍出版社,2006 年,120—209 页。

[16]　我们已经比定出来的旅顺博物馆藏卷就有八片,另外,俄藏吐鲁番文献中至少也有两片。

[17]　道宣《大唐内典录》卷八,《大正藏》第 55 卷,302—303 页。

一人之力抄写的佛经卷数，约相当于一般图书馆的 1/4，可见此举的确是一项伟大的事业。

康居士一个人或康家一家人要写这八百多卷写经，没有雄厚的财力是完不成的。可资对比的有敦煌文书 P.2912《丑年（821）康秀华写经施入疏》：

1　　写《大般若经》一部，施银盘子三枚共卅五两、
2　　麦壹佰硕、粟伍拾硕、粉肆斤。
3　　右施上件物写经，谨请
4　　炫和尚收掌货卖，充写经
5　　直，纸墨笔自供足，谨疏。
6　　　　　　四月八日弟子康秀华疏。[18]

康秀华是生活在吐蕃统治下的敦煌的一位粟特后裔，大概以经营胡粉为生，是当地的富户。他在 821 年佛诞日捐出银盘子三枚共 35 两、麦 100 硕、粟 50 硕、胡粉 4 斤，约相当于敦煌另一富户齐周所开两个酒店整整一年的收入（麦 724 石），可见康秀华的财力非一般农户可比[19]。西州的康居士在一百多年前的武周时期抄写一部六百卷的《大般若波罗蜜多经》，所用的花费也应当不少，而且他所抄佛典，还不只是六百卷而已，其财力投入之大，可想而知。

还有一点值得指出，就是康居士抄写的佛经，在《功德记》中记录下经名卷数，所以可知他抄写的佛经，并非像西魏、北周时瓜州（敦煌）刺史东阳王元荣那样，一种佛经抄写多部，如永安三年（530）写《仁王般若经》300 部[20]，普泰二年（532）写《无量寿经》100 部、《摩诃衍经》100 卷、《内律一部》50 卷、《贤愚经》一部、《观佛三昧海经》一部、《大云经》一部[21]。这样的写经，只为求佛保佑，积累功德。而康居士在碑文中列出卷数，显然是一种佛典只抄一份，没有重复，表明是一种为了构建一套藏经而抄写的情形，这与我们在文书上看到的"康家一切经"，再符合不过了。

但康家毕竟不是寺院，我们看到康居士写经目录的一个重要特征，就是没有律典。因为不是佛寺，没有僧尼大众，所以律是没有实际用途的。康居士所要缮写的，主要是经和论。这让我们看到康居士学术的一面，他抄写这些经典，恐怕不仅仅是

18　图版见上海古籍出版社、法国国家图书馆编《法藏敦煌西域文献》第 20 册，上海古籍出版社，2002 年，37 页。
19　郑炳林《〈康秀华写经施入疏〉与〈炫和尚货卖胡粉历〉研究》，《敦煌吐鲁番研究》第 3 卷，北京大学出版社，1998 年，191—208 页。
20　北图藏殷字 46 号题记，池田温《中国古代写本识语集录》，东京大学东洋文化研究所，1990 年，114 页，No.193。
21　P.2143 题记，池田温《中国古代写本识语集录》，第 116 页，No.196。

做功德，其实更主要的目的，还是作为自家藏书、阅读之用。

《康居士碑》出土于高昌故城，说明写经的地点应当在高昌城中。但目前所见《图谱》刊出的"康家一切经"残纸，是出土于吐峪沟佛寺遗址，虽然大谷探险队的考古训练不够，常常把出土地点标错，但我们现在也只能姑且信之，以为残纸出自吐峪沟。那么这卷原属康家的写经，很可能后来流入佛寺，被保存下来。

四 康家一切经的"遗存"

笔者在前文讨论康居士写经时，曾检索已刊的吐鲁番写卷，包括原东柏林德国科学院藏卷、英国图书馆藏卷、大谷收集品、黄文弼收集品、日本出口常顺藏卷以及未刊的德国国家图书馆、日本静嘉堂文库藏卷等[22]，结论是"除有一些《大般若波罗蜜多经》的唐朝写本外，几乎不见上列目录中的佛经抄本"，因此认为"康居士尽管有钱有势，恐怕一时也难克成"，"康居士似没能完成他的宏愿"。时间过去二十年，这中间日本大谷文书又公布了新的残片[23]，同时大部分残片也有新的定名[24]；书道博物馆刊布了所有藏品的图版[25]，包晓悦对其中的大量佛典断片做了新的比定[26]；德国、俄国等欧美所藏吐鲁番文献也有新的目录[27]；旅顺博物馆收藏的大量吐鲁番出土佛典断片，也部分展现真容[28]，特别是我们目前进行的"旅顺博物馆藏新疆出土汉文文书整理与研究"项目，又比定出大量佛典残片。因此，我们现在有必要重新核对康居士所抄佛典名目是否见于吐鲁番出土文献，这将有助于我们理解"康家一切经"的存在。

现将我们能够检索到的属于《康居士碑》所见经名的出土写卷编号列于下表的

[22] 参看 G. Schmitt & T. Thilo, *Katalog chinesischer buddhistischer Textfragmente*, I, Berlin 1975；II, Berlin 1985；H. Maspero, *Les documents chinois de la troisieme expedition de Sir Aurel Stein en Asie Centrale*, London 1953；郭锋《斯坦因第三次中亚探险所获甘肃新疆出土汉文文书——未经马斯伯乐刊布的部分》，甘肃人民出版社，1993 年；井之口泰淳《西域出土佛典之研究》，法藏馆，1980 年；小田义久主编《大谷文书集成》壹、贰，法藏馆，1984、1990 年；黄文弼《吐鲁番考古记》，中国科学院，1957 年；藤枝晃编《高昌残影》，法藏馆，1980 年。

[23] 小田义久主编《大谷文书集成》叁、肆，法藏馆，2003、2010 年。

[24] 陈国灿、刘安志主编《吐鲁番文书总目（日本收藏卷）》，武汉大学出版社，2005 年；张娜丽《西域出土文书の基础的研究——中国古代における小学书・童蒙书の诸相》，汲古书院，2006 年。

[25] 矶部彰编《台东区立书道博物馆中村不折旧藏禹域墨书集成》，非卖品，2005 年。

[26] 包晓悦《日本书道博物馆藏吐鲁番文献目录》（上、中、下），《吐鲁番学研究》2015 年第 2 期，96—146 页；2016 年第 1 期，132—156 页；2017 年第 1 期，125—153 页。

[27] Tsuneki Nishiwaki, *Chinesische Texte vermischten Inhalts aus der Berliner Turfansammlung* (*Chinesische und manjurische Handschriften und seltene Drucke*. Teil 3), Stuttgart: Franz Steiner Verlag 2001；K. Kudara, *Chinese Buddhist Texts from the Berlin Turfan Collections*, 3 (*Chinesische und manjurische Handschriften und seltene Drucke*. Teil 4), Franz Steiner Verlag Stuttgart, 2005；荣新江主编《吐鲁番文书总目（欧美收藏卷）》，武汉大学出版社，2007 年。

[28] 旅顺博物馆、龙谷大学主编《旅顺博物馆藏新疆出土汉文佛经选粹》，法藏馆，2006 年。

最后一栏：

经名卷数	译者	年代	出土文献编号
大乘三聚忏悔经一卷	阇那崛多	隋	无
菩萨十住经一卷	竺法护	西晋	无
甚深大回向经一卷	失译	刘宋	无
太子慕魄经一卷	安世高 / 竺法护	汉 / 晋	旅博 LM20-1459-24-10
须摩提经一卷（又名：佛说须摩提菩萨经）	菩提流支	唐	旅博 LM20-1465-04-06，LM20-1507-1090-04
诸佛心陀罗尼经一卷	玄奘	唐	无
显无边佛土功德经一卷	玄奘	唐	无
佛临涅槃记法住经一卷	玄奘	唐	无
十一相思念如来经一卷	求那跋陀罗	刘宋	无
解深密经五卷	玄奘	唐	德藏 Ch.1576（T II D 316），Ch/U.7253；大谷 3240，3250；旅博 LM20-1457-35-01
仁王般若波罗蜜经二卷	鸠摩罗什	姚秦	书道 SH. 170-9 (B)；德藏 Ch.31（T III T 324）等 24 件；旅博 LM20-1451-11-05 等 102 件；《图谱》下佛典附录 1-2，芬兰；英藏 Or.8212/680（Toy.III.032.iii）；吐博；出口常顺藏卷
孔雀王陀罗尼咒经二卷	僧伽婆罗	梁	无
阿阇世王女无忧施经一卷	竺法护	西晋	无
人所从来经一卷	竺法护	西晋	无
甚深稀有经一卷	玄奘	唐	无
一切施主行檀波罗密经一卷	失译		无
舍利弗悔过经一卷	竺法护		无
舍利弗悔过经一卷	安世高	后汉	无
大悲分陀利经八卷	失译	姚秦	无
金刚般若论二卷	达磨笈多	隋	德藏 Ch/U.6221（T II S 69.503）
大乘五蕴论一卷	玄奘	唐	无
无相思尘论一卷	真谛	陈	无
佛本行集经六〇卷	阇那崛多	隋	德藏 Ch/U.6245r（T III M 117）等 26 片；吐博；旅博 LM20-1467-28-01 等 110 片
百喻经四卷	求那毗地	南齐	德藏 Ch/U.7555r；《图谱》下佛典 50-2；出口常顺《高昌残影》52 页；旅博 LM20-1456-11-19，LM20-1456-31-02
法句集二卷	支谦	孙吴	无
伽罗刹所集经三卷	僧伽跋澄等	苻秦	无
阿含口解十二因缘经一卷	安玄共严佛调	后汉	无
婆薮槃豆法师传一卷	真谛	陈	无

续表

经名卷数	译者	年代	出土文献编号
迦叶结经一卷	安世高	后汉	无
四十二章经一卷	迦叶摩腾共法兰	后汉	无
十二游经一卷	迦留陀伽	东晋	无
大般若波罗蜜多经六百卷	玄奘	唐	书道 SH. 170-19 等；德藏 Ch.2r（T II T 2035）等多件；大谷 1548 等多件；英藏 Or.8212/661（Toy.II.ii.01.a.1-2） 等 6 件；俄藏；吐博；旅博 LM20-1452-11-04 等
分别缘起初胜法门经二卷	玄奘	唐	无
离垢慧菩萨数闻礼佛法经一卷	那提	唐	无
大菩萨藏经廿卷	玄奘	唐	无
大方广佛华严经入法界品一卷	地婆诃罗	唐	无
造塔功德经一卷	地婆诃罗	唐	旅博（2 件，未编号）
大法炬陀罗尼经廿卷	阇那崛多	隋	德藏 Ch.2r（T II T 2035），Ch/U.8152r（T II Y 23.15）；吐博；旅博 LM20-1468-09-01，LM20-1499-19-02，LM20-1500-02-01，LM20-1507-1051-02，LM20-1507-1057-02
瑜伽师地论一百卷	玄奘	唐	德藏 Ch.362r（T II S 21.20）等 18 件；大谷 3812，3997；旅博 LM20-1450-38-05，LM20-1464-05-06，LM20-1460-29-13，LM20-1453-21-01、LM20-1508-1324d
唯识廿论一卷	玄奘	唐	无
辩中边论一卷（今本为三卷本）	玄奘	唐	大谷 3251，3885，4735，4739，4774；旅博 LM20-1451-32-02，LM20-1452-05-20
品类足论十八卷（又名：阿毗达磨品类足论）	玄奘	唐	书道 SH. 176-43；旅博 LM20-1509-1581-04
集异门足论廿卷（又名：阿毗达磨集异门足论）	玄奘	唐	德藏Ch/U.6583（T II Y 59.510），Ch/U. 6845（T III 1004），Ch/U.6953（T III M 117）
大般涅槃经后分二卷	若那跋陀罗	唐	德藏 Ch.414（T III T 617），Tu 8v（T I α）；旅博 LM20-1451-24-02，LM20-1452-14-14，LM20-1459-18-01，LM20-1459-33-02，LM20-1464-07-14，LM20-1464-32-06，LM20-1495-02-03，LM20-1497-25-06，LM20-1491-33-04，LM20-1503-c303，LM20-1503-c317，LM20-1506-0727-03，LM20-1507-1086-04，LM20-1508-1327b，LM20-1509-1624-01

经名卷数	译者	年代	出土文献编号
宝雨经十卷	达摩流支	唐	德藏 Ch/U.6269（T II S 512），Ch/U.6687，Ch/U.6691，Ch/U.7540，Ch/U.7542，Ch/U.7547，Ch/U.7750，MIK III 113（T II）；旅 博 LM20-1464-31-17，LM20-1457-11-15，LM20-1451-24-07，LM20-1456-20-05，LM20-1460-38-22，LM20-1492-03-04，LM20-1506-0780d，LM20-1506-0976-01，LM20-1509-1561-01

　　写作前文时，由于没有见到九块小石的照片，所以经名也复原的不全。现在所得《康居士碑》残存的经名总计有 44 种，我们拿来和已知现存的吐鲁番出土佛典残片相对照，可知有 16 种见于出土残片，28 种未见。特别值得注意的是，一些大部头的经，如六百卷的《大般若波罗蜜多经》、一百卷的《瑜伽师地论》、二十卷的《大法炬陀罗尼经》《集异门足论》、十八卷的《品类足论》都有遗存，反倒是一卷、两卷的小经，没有找到残存的写卷，最后译出的十卷《宝雨经》，前文只知道有一件吐鲁番本，这次增加了至少 12 件。虽然我们不能肯定这些遗存的残片中有属于"康家一切经"的组成部分，但这样多的残片，也不能说就没有"康家一切经"，因为带有"康家一切经"文字的两件残片，也是和其他这些佛典残片同样出土于吐鲁番佛教寺院或洞窟遗址，与其同出的，我想一定有"康家一切经"。

　　总结本文的讨论，我们从旅顺博物馆所藏和《西域考古图谱》所刊吐鲁番出土"康家一切经"两残片，联系到吐鲁番高昌古城出土的《武周康居士写经功德记》碑文，从碑文所列举的佛典目录的残文，复原出康居士写经的基本构成，即大乘经论、圣贤集传、唐朝新译大乘经论，从而可以看到这位入华粟特人以其雄厚的财力为支撑，为了政治和学术的目的，缮写至少 858 卷之多的写经，这的确不是一件简单的事情，让我们对于唐朝高昌私家写经奉佛的情况，有了相当程度的新认识。经过对比吐鲁番出土写本收藏各家目录，特别是通过"旅顺博物馆藏新疆出土汉文文书整理与研究"课题组的比定结果，我们对于《康居士碑》所列经典的情形也有了新的认识，相信其中一定包含有"康家一切经"。

　　（荣新江，北京大学中国古代史研究中心教授。原刊王振芬主编《旅顺博物馆学苑·2016》，2017 年）

旅顺博物馆所藏"佛说救护身命经"考

孟彦弘

"佛说护身命经",有多种异称或简称。敦煌发现的写本,以往被学界视作同一种经的两个系统;《大正藏》分别以 No.2865(以 P.2340 为底本)和 No.2866(以书道博物馆藏 173 号为底本)为编号,收入第 85 卷。在旅顺博物馆所藏新疆出土文献中,又发现至少 17 件残片,其中属前一系统的有 11 片,后一系统的有 6 片;另有一件写卷的外题。说明这部疑伪经在吐鲁番地区也很流行。同时,通过对两个系统的写本的比对,以及对相关经录著录的考察,我们认为这应该是两部经,甲本(No.2865)系统是大乘疑伪经,乙本(No.2866)系统是小乘真经。

一

佛说救护身命经,在敦煌、吐鲁番写本中有多种题名(见表 1):

表 1

编号	外题	首题	尾题
LM20-1475-10A-01	佛说救病苦厄经		
LM20-1475-10A-02		〕厄疾病经	
BD646		佛说救护身命经	佛说救护身命经
P.2340	佛说护身命经	佛说救 护身 命经济人疾病苦 厄	救护身命经
BD15159			佛说救护身命济人疾病苦厄经
房山石经		佛说救护身命经	佛说救护身命经(碑侧)
敦煌秘笈羽 387			佛说救护身命经

续表

编号	外题	首题	尾题
书道 173			护身命经[1]
七寺		佛说救护身命经	佛说救护身命经
Д x 11679			﹈护身命经（题记"敬造救护身经"）

P.2340 写卷首题"佛说救护身命经济人疾病苦厄"[2]，尾题"救护身命经一卷"。不含首尾题，共 104 行。书法极为精整，每行约 17 字，可以说是正规的写经行款。卷前有护首纸，题"佛说护身命经一卷界比丘道真"[3]。这应是三界寺道真和尚寻访古坏经文，修补头尾的工作的一个实例，但经文既非道真所译，也不是道真所写[4]。日本书道博物馆第 173 号，首残尾全，含题记，共 72 行（无尾题）。末有两行题记称：

71　正光二年十二月十五日　信士張阿宜寫《護身命經》，受持讀

72　誦供養經。上及七世父母、下及己身，皆誠（成）善啼（提）之道[5]

题记所称此经为"护身命经"。但内容却与 P.2340 不同。《大正藏》"疑似部"将此二者收入第 85 卷，分别编号为 No.2865 和 No.2866 号。

日本和韩国也有藏本，增尾伸一郎曾将 P.2340、BD646（日 46、北 8298）、京都国立博物馆藏守屋孝藏氏古写经这三种敦煌本与韩国所藏的本子作过仔细比勘，研究了此经与《压魅蛊毒》的关系[6]。曹凌对中国佛教疑伪经作著录和解题时，以"救护身命济人病苦厄经"为题，对该经的这两个系列分别作了系统的叙录，并列出了该经现存的情况[7]。日本学者编大正藏与敦煌出土佛典的对照目录，在 No.2865 和

---

[1]　此写本存尾部，但无尾题；后有正光二年题记，称其所抄为"护身命经"，故附入"尾题"栏。

[2]　缺字据《敦煌汉文写本目录》（Fonds Pelliot Chinois: *Catalogue des Manuscrits chinois de Touen-houang*,Paris, Bibliothèque Nationale,1970,p.213）补。BD15159 写本首残尾全，尾题亦作"佛说救护身命济人疾病苦厄经一卷"。

[3]　敦煌研究院《敦煌遗书总目索引新编》该号说明有"'背有界比丘道真'字样"（中华书局，2000 年，233 页）。此恐是补经的护首纸。《房山石经》第 3 册目录将其所拓九洞 206《佛说救护身命经》署为"比丘道真译"（华夏出版社，2000 年，7 页），误。

[4]　曹凌《中国佛教疑伪经综录》（上海古籍出版社，2011 年）称"此经为敦煌僧道真所记录并抄写"（209 页），误。道真只是收集到该经写本，加了护首，并在护首题了签而已。道真的相关活动，参施萍婷《三界寺·道真·敦煌藏经》，1995 年初刊，此据氏著《敦煌习学集》，甘肃民族出版社，2004 年，140—169 页；荣新江《敦煌藏经洞的性质及其封闭原因》，1997 年初刊，此据氏著《辨伪与存真：敦煌学论集》，上海古籍出版社，1997 年，14—16 页。最近的综合叙述，则可参林世田等《敦煌佛典的流通与改造》，甘肃教育出版社，2013 年，119—131 页。

[5]　池田温编《中国古代写本识语集录》第 180 号，东京大学东洋文化研究所，1990 年，107 页。

[6]　增尾伸一郎《"救护身命经"的传播与〈压魅蛊毒〉—敦煌、朝鲜的传本の七寺本をめぐって—》，牧田谛亮监·落合俊典编《七寺古逸经典研究丛书》第二卷《中国撰述经典》（其之二），大东出版社，1996 年，815—851 页。

[7]　曹凌《中国佛教疑伪经综录》095 号，204—209 页。

No.2866 号下，分别将所收集到的敦煌《护身命经》与《大正藏》作了核对，标明了各写本残片与《大正藏》对应的行数[8]。最近，张小艳又对该经的敦煌写本情况进行了调查，认为属于甲本者共计 14 个号，属于乙本者共计 6 个号；并对其中 BD10108-2 与 BD11465 进行了缀合[9]。今为醒目，列表 2 如下：

表 2

甲本 大正藏 No.2865		乙本 大正藏 No.2866	
曹氏《综录》095.1	《对照目录》	曹氏《综录》095.2	《对照目录》
P.2340	1325a4-1326a27	书道博物馆 173 号（有正光二年题记）	1326b5-1327a19
BD646（日 46，北 8298）	1325a4-1326a27		Дx988 （1326b8-18）
房山石经 248 号		BD10108 之 1（临 237）	1327a15-16
名古屋七寺藏写经			
韩国中央大学图书馆藏本			
BD10108 之 2（临 237）	1325a8-16		
BD11465	1325a9-26		
BD9796	1325a12-28		
BD15159	1325b3-1326a27		
Дx11679（有咸亨元年四月题记）			
	羽 387-3 （1326a11-27）		
	Дx660（1326a15-16）		
京都博物馆藏守屋氏古写经 247 号[10]			
Дx4227			
Дx15954			

---

[8] 《大正藏·敦煌出土佛典对照目录》（暂定第 3 版，以下简称《对照目录》），国际佛教学大学院大学附属图书馆，2015 年，261—262 页。

[9] 张小艳《敦煌疑伪经六种残卷缀合研究》，《文献》2017 年第 1 期。张文所列甲本系列的 Дx660 号，曹氏及《对照目录》均未提及；乙本系列的 Дx988 号，《对照目录》已列出，张文未及（据张文注 18，称"此次笔者新增羽 387-3 号"；但羽 387-3 号亦为《对照目录》列入，知张氏失检此目）。另，斯坦因编号 4 件残片，曹氏归入不明，张氏分别归入甲本和乙本各 2 件；2 件俄敦残片，曹氏归入甲本，张氏归入乙本。

[10] 曹凌将此件归入 095.2，即 No.2866 乙本系列，误。参增尾伸一郎对七寺藏古写本、P.2340、守屋氏本、韩国中央图书馆藏本的详细校勘（《七寺古逸经典研究丛书》第二卷《中国撰述经典》〔其之二〕，504—521 页）。

续表

甲本 大正藏 No.2865		乙本 大正藏 No.2866	
Дх16352			
Дх17683			
S.10136（曹氏归于不明，张氏归入甲本）		Дх7976（曹氏归入甲本，张氏归入乙本）	
S.10477（曹氏归于不明，张氏归入甲本）		Дх8373（按，曹氏归入甲本，张氏归入乙本）	
		S.12652（曹氏归于不明，张氏归入乙本）	
		S.12952（曹氏归入不明，张氏归入乙本）	

此表可以看出曹凌《综录》和《对照目录》对"佛说救护身命经"写本的著录情况。这里有几点需作说明。

第一，京都博物馆所藏守屋氏古写本 247 号，曹凌归入大正藏 No.2866，也就是本文所谓乙本系统。这是错误的。据增尾伸一郎的校勘，可知其应为甲本系统，也就是大正藏 No.2865 一系。

第二，羽 387-3 的这个写本，《敦煌遗书总目索引》"四、敦煌遗书散录"，将此编为三个号，即第 519 号、520 号、521 号。其中第 521 号作："佛说救护身命经一卷又普门品（线装巾箱本）。"[11] 据现藏北京大学图书馆的《李木斋氏鉴藏敦煌写本目录》，第三百八十七号，作"般若波罗蜜多心经一卷佛说天问经一卷佛说救护身命经一卷普门品首尾全线装巾箱本"。这是一个册子本，该写本中间至少脱落了 5 叶，内容是《佛说天请问经》的后大半、《佛说救护身命经》的前大半[12]。《敦煌秘笈》依册子内容作了分别著录[13]。

甲本结尾部分，BD15159 号，最末是"尔时阿难在世尊前，一心合掌，身毛悉竖，战战竞竞，一心谛听佛语，不敢妄失一句一偈。流泪而言，世尊所嘱，至心受持，广令流布。阿难言，受天尊教，顶礼佛足，一心奉行"；即在偈语之后。七寺

---

[11] 《李氏鉴藏敦煌写本目录》，《敦煌遗书总目索引》，中华书局，1983 年，323 页。

[12] 关于杏雨书屋羽田亨收集的敦煌文书的来历，请参荣新江《李盛铎藏敦煌写卷的真伪》（1997 年初刊）、《追寻最后的宝藏——李盛铎旧藏敦煌文献调查记》（2007 年初刊）二文，均收入氏著《辨伪与存真：敦煌学论集》。《李木斋氏鉴藏敦煌写本目录》，附于前一文之末。荣新江指出，这是 1935 年李氏子女出售其所藏敦煌写本时目录底本，现藏北京大学图书馆；《敦煌遗书总目索引》的散录四，是王重民雇人抄录此目录，但错讹颇多（《辨伪与存真：敦煌学论集》，51—52 页）。按，这件写本的实际情况与《敦煌遗书总目索引》著录的差异，正可证明荣氏的判断。

[13] 《敦煌秘笈·目录册》，武田科学振兴财团杏雨书屋，2009 年，135—137 页。

本相同[14]。我们将房山石经本与七寺本进行了通校，可知房山石经本与七寺本更为接近。房山石经将该经的偈刻在碑侧，故 CBETA（Chinese Buddhist Electronic Text Association，台湾地区编制"汉文大藏经"电子版）录文漏录了偈文。同时，房山石经的偈文多出了几句：

> □□守志恼割爱無所親出家求聖道願度一切人吾得超世 命 名日最福田供養獲永安此其福第一等

这几句偈，与西晋法立、法炬共译的《佛说诸德福田经》卷一中偈相近：

> 尔时世尊以偈颂曰：毁形守志节，割爱无所亲，出家弘圣道，愿度一切人，五德超世务，名日最福田，供养获永安，其福第一尊。[15]

这首偈的前半，又多见于戒律。

二

上表所列，均为敦煌本。吐鲁番出土的写本，此前曾公布过旅顺博物馆所藏的一个残片，即 LM20-1466-35-04（即本文【经片Ⅱ-3】）[16]，但似未引起学界的关注。此次有幸参与旅顺博物馆藏新疆出土文献的整理和研究，得以拜观更多写本；到目前为止，有关此经的写本，初步翻检，已达 17 片之多。就写本时代而言，既有高昌国时期，也有唐时期；就内容而言，仍可分作两个系统。

表3

	旅博藏写本编号	CBETA 信息	写本时代
甲本 T85,No.2865（底本为 P.2340）	LM20-1489-38-02	p. 1325, c7-15	高昌国
	LM20-1500-31-06	p. 1325, c20-22	高昌国
	LM20-1500-29-06	p. 1325, c28-p. 1326, a1	高昌国
	LM20-1517-054	p. 1325, c28-29	高昌国
	LM20-1500-32-04	p. 1326, a1-4	高昌国
	LM20-1454-14-02	p. 1325, a21-28	唐
	LM20-1455-09-02	p. 1325, b1-7	唐
	LM20-1509-1613c	p. 1325, b27-c1	唐

[14]　BD646 号，偈语在最末。
[15]　CBETA, T16, no. 683, p. 777, a26-b1。
[16]　旅顺博物馆、龙谷大学主编《旅顺博物馆藏新疆汉文佛经选粹》，法藏馆，2006 年，154 页。整理者不仅给出了定名，即《护身命经》，而且给出大正藏的对应位置，即 CBETA, T85,No.2866,p.1327,a6-10（231 页）。

续表

甲本 T85,No.2865（底本为 P.2340）	LM20-1501-17-02	p. 1325, c5-7	唐
	LM20-1465-34-06	p. 1325, c7-9	唐
	LM20-1509-1563d	p. 1325, c8-10	唐
乙本 T85,No.2866（底本为书道博物馆藏 173 号）	LM20-1492-31-03	p. 1326, b21-24	高昌国
	LM20-1457-24-01	p. 1326, c14-21	高昌国
	LM20-1466-35-04	p. 1327, a6-11	高昌国
	LM20-1461-20-03	p. 1326, b3-8	唐
	LM20-1452-23-12	p. 1326, c4-8	唐
	LM20-1495-29-03	p. 1327, a9-13	唐

（一）甲本（T85，No.2865，底本是 P.2340）

【经片Ⅰ-1】LM20-1489-38-02（见图 1）

（前缺）

1　　]□[

2　　會晝夜精進□□[

3　　所住之處在其左[

4　　惡鬼神不得侵近不[

5　　是人卧安覺安修行[

（后缺）

图 1

在 CBETA, T85, no. 2865, p. 1325, c7-15 中，分别有与之相对应的文字，但并不是按行款一一对应的关系。似乎是跳着摘抄。但内容则属《救护身命经》无疑。

【经片Ⅰ-2】LM20-1500-31-06（见图 2）

（前缺）

1　　]量无邊[

2　　]囑之法令[

（后缺）

图 2

此段文字见于 CBETA, T85, no. 2865, p. 1325, c20-22。

【经片Ⅰ-3】LM20-1500-29-06（见图 3）

（前缺）

1　　]□□頂[

2　　]汝好慇心[

图 3

3]阿難汝最[
　（后缺）

此段文字见于 CBETA, T85, no. 2865, p. 1325, c28-p. 1326, a1，"汝好憝心"作"阿难勤"。

　【经片Ⅰ－4】LM20-1500-32-04（见图4）

图4

　　（前缺）
1]汝[
2]囑汝吾[
3]还正坐□□[
4]令一切[
　　（后缺）

此段文字见于 CBETA, T85, no. 2865, p. 1326, a1-4，"囑汝吾"作"囑汝等吾"。我们怀疑，【经片Ⅰ－2】【经片Ⅰ－3】【经Ⅰ－4】是同一件写本。

　【经片Ⅰ－5】LM20-1454-14-02（见图5）

图5

　　（前缺）
1]心受[
2]佛神力若欲遠行則
3]听受所願皆得
4]甚难可得譬
5]斷惡毒有人
6]諍害聞此藥
7]復如人有病
　　（后缺）

此段文字见于 CBETA, T85, no. 2865, p. 1325, a21-28，"受"作"者"，"皆"作"悉"，"諍"作"侵"，"有"作"若有"。第2至第3行之间，似乎漏写了1行。

　【经片Ⅰ－6】LM20-1455-09-02（见图6）

　　（前缺）
1 使[
2 此魔[
3 餘佛即[

4　弟三随[業][
5　尼佛弟[
6　厄病痛[者][
7　□□消減[
　　（后缺）

图 6

此段文字见于 CBETA, T85, no. 2865, p. 1325, b1-7。

【经片Ⅰ－7】LM20-1465-34-06（见图 7）

　　（前缺）
1　□誦□[
2　眷属□[
3　晝夜[
　　（后缺）

图 7

此段文字，可与 CBETA, T85, no. 2865, p. 1325, c7-9 对应。这是两件具有代表性的唐时期的写本。其他几件，可参上表，不具列。

（二）乙本（T85，No.2866，底本据书道博物馆藏 173 号）

【经片Ⅱ－1】LM20-1492-31-03（见图 8）

　　（前缺）
1　]□[女人][
2　][世]世常与[
3　]□一切所[
　　（后缺）

图 8

文字可与 CBETA, T85, no. 2866, p. 1326, b21-24。

【经片Ⅱ－2】LM20-1457-24-01（见图 9）

　　（前缺）
1　　　　]緣或[
2　]或負三寶財[物或][
3　　　]所作衆罪不可稱計
4　]□心聽是法故今得見佛

图 9

5]世罪所行爲非等信同輩自

6 [來]奉佛法戒并持此經世世

7]賜五戒

8]聽所謂五戒一者守[仁不]

9 [二者義護不盗][

（后缺）

这段文字可与 CBETA, T85, no. 2866, p. 1326, c14-21 大致相对应。"宝"，CBETA 作"尊"；第 4 行"心听是法故今"、第 5 行"罪"，CBETA 无；"佛法"，CBETA 作"佛尊"，"所谓五戒"，CBETA 作"受持"。

【经片Ⅱ-3】LM20-1466-35-04（见图 10）

（前缺）

1]子

2 [皆]大歡喜[嘆]未曾有

3 [道]意前已頭面著地作礼奉

4]

5]廣宣[流布]令一切衆生

6]此經乃是諸

7 [度无量][

（后缺）

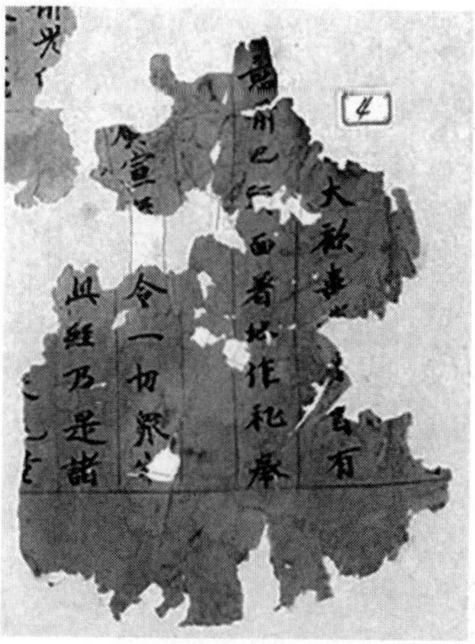

图 10

文字与 CBETA, T85, no. 2866, p. 1327, a6-11 大致相对应。"此经乃是诸"，CBETA 无。

【经片Ⅱ-4】LM20-1461-20-03（见图 11）

（前缺）

1 □□[

2 佛妙法受[

3 □□愿習聖[

（后缺）

图 11

此段文字可与 CBETA, T85, no. 2866, p. 1326, b3-8 相对应。

【经片Ⅱ-5】LM20-1452-23-12（见图 12）

（前缺）

1]善信与五

2 ⌉投地長跪

3 ⌉蒙佛恩慈

（后缺）

图 12

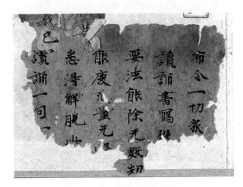

图 13

文字可与 CBETA, T85, no. 2866, p. 1326, c4-8，"恩慈"，CBETA 作"慈恩"。

【经片Ⅱ－6】LM20-1495-29-03（见图 13）

（前缺）

1 布令一切衆[

2 讀誦書寫供[

3 要法能除无數劫[

4 能度无量无邊[

5 悉得解脱此[

6 讀誦一句一[

（后缺）

文字与 CBETA, T85, no. 2866, p. 1327, a9-13 相对应。

从笔迹、纸张等写本形态看，【经片Ⅱ－2】与【经片Ⅱ－3】应属同一件写本，虽然无法直接缀合。这一写本，与中村不折本（即 CBETA,No.2866 的底本）在字句上存在较多的差异。【经片Ⅰ－1】的内容，属甲本系《救护身命经》无疑，但却与甲本系的其他本子无法据其行款确定其一一对应的位置；似乎是跳着摘抄的。敦煌写本中也确有只摘抄《救护身命经》中的某一部分（具体到行款，也可以称摘抄了若干行）。如 S.4456，就只抄出了该经中的七佛六神名，且在抄写时，标明了"护身经七佛六神名"（见图 14）。

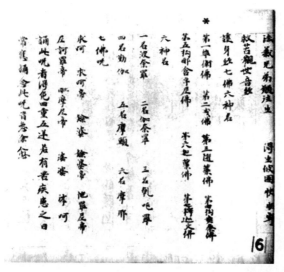

图 14 （图片来源:《敦煌宝藏》第 36 册，新文丰出版公司，1982 年，205 页）

　　其实，我们从日本学者对同属甲本系列的韩国中央图书馆藏本、P2340、BD8298、日本京都博物馆藏守屋氏本的对勘，以及我们将房山石经本与这个校勘本的比勘，可知甲本系统的各写本之间，也有很多文字的差异，甚至有整句的不同。比如七寺本第 34—35 行：

　　34　当称说六神名字所患消除众疫恶气皆不

　　35　尽无有遗馀

房山石经本作：

　　皆当称说六神名字所患消除众疫恶气皆不得近一切灭尽无有遗馀

再如七寺本第 48—49 行：

　　48　人欲行旷野中我常随逐导从勤心拥护是

　　49　人饥渴所欲求者我等神王悉令供给如其所

房山石经本作：

　　人欲行旷野中我常随逐导从勤心拥护是人<u>不令恶鬼忘来侵近常得充足不令</u>饥渴所欲求者我等神王悉令供给如其所

又如七寺本第 71 行：

　　71　荨眷属曾于阿僧祇劫中值遇百千万亿劫

房山石经本作：

等眷属曾于阿僧祇劫中值遇百千万亿劫诸佛令拥护我百千亿劫

可见，这在写本时代是常见的现象。因
此，【经片Ⅰ-1】、【经片Ⅱ-2】…【经
片Ⅱ-3】，我们仍然认为它们是所谓
"救护身命经"，分别属于甲本和乙本系
统，而非别有所本或其他佛典。

　　另有一件高昌国时期的经卷外题，
也就是通常所谓"护首"的那一叶。题
作"佛说救病苦厄经"，即【经片Ⅲ-1】
LM20-1475-10A-01。比勘表 1 该经题名
情形，我们认为此件即"佛说救护身命
经"的外题。

三

　　关于这部经，曹凌的叙录称：

> 《救护身命济人病苦厄经》，又名《救护身命经》《护身命经》《救护身经》
> 《护身经》《大佛顶陀罗尼经》，或谓昙无兰译，或题作流支译，一卷。

随之，又列举了关于此经的著录情况：

> 《出三藏记集》卷四（55:19a）将此经收入失译经录；《法经录》卷
> 四（55:138a）、《静泰录》卷四（55:212a）将此经收入疑经录；《房录》卷七
> （49:70a）与卷十四（55:119a）将此经作为昙无兰译经收入代录及入藏录；《仁
> 寿录》卷四（55:173a）将此经收入伪经录；《内典录》卷三（55:245c）与卷十
> （55:335c）将此经收入代录及伪经录；《大周录》卷七（55:441c）将此经作为
> 昙无兰译经收入单译经录；《大周录》卷十一（55:440a）将此经收入失译经录；
> 《大周录》卷十四（55:467c）将此经收入入藏录；《开元录》卷十八（55:671b、
> 55:676a）与《贞元录》卷二十八（55:1015c、55:1020b 至 1020c）将此经分为两
> 条分别收入疑经与伪经录。[17]

这让我们知道了，历代经录对这部经的著录情况有不同，有的经录认为它属疑伪经

17　曹凌《中国佛教疑伪经综录》，204—205 页。

甚至是伪妄乱真，有的则认为不是。但这些著录之间是什么关系？为什么同一部经录，对它的著录却不尽相同呢？为此，我又以"护身命"为关键词，重新通检了CBETA，以尽可以无遗漏地反映经录的著录情况，并制成表格（见文末所附表4）。

我们虽然没有检得更多的著录情况（靖迈《古今译经图纪》，严格说并不是经录），但却发现：同一部经录对这部佛典的著录有着明显的彼此矛盾之处。如《大唐内典录》，卷三著录为竺昙无兰译，但卷一〇即著录为疑伪经；再如《大周刊定众经目录》，三处著录此经，其中卷一一著录为大乘失译，但卷一四"见定流行入藏录"中又著录为小乘单译经；又如《开元释教录》《贞元新定释教目录》，既著录于"疑惑再详录"，又同时著作于"伪妄乱真录"。

僧祐（445—518）《出三藏记集》是将此经列入"新集"，说明在《出三藏记集》行世前，即515年前，此经即已面世[18]。书道博物馆173号《护身命经》的题记作北魏正光二年十二月十五日，即公元522年。两者相距时间甚近，虽一南一北，至少说明僧祐的著录，不是毫无依据。开皇十四年（594）法经的《众经目录》，视之为"疑惑"。但随后开皇十七年费长房《历代三宝纪》（又名《开皇三宝录》），却一方面说《救护身命经》是东晋法正译出，但同时在小乘入藏录中，又视为"失译"。前后如此失于照应，令人疑惑；同时，与法经的《众经目录》仅隔四年，不会无视法经的判定（此后不久的彦琮于仁寿二年，即公元602年修撰的《众经目录》以及唐麟德元年，即公元664年静泰的《众经目录》，都据法经的看法，将此经视作"疑伪"）。《大唐内典录》一方面在卷一〇明确指出，依据法经的判定，将此经列入"疑伪经论录"；但同时在卷三又照录费长房的意见，视之为东晋法正所出。

现有的认识，都认为这是同一部经的两个本子。但如果我们比对这两个本子，内容却差别甚大。上述经录的"歧异"，特别是《大周刊定众经目录》，既将此经归入"小乘单译"并入藏，同时又著录于"大乘失译"（未入藏），让我们意识到，与其说是同一部经的两个本子，不如说根本就是两部不同的经[19]——一部属小乘，一部属大乘；因经名相近，又常用略称或简称（见上文所列写本的题名），遂将此二经混为一经，于是才出现了著录的混乱。

《开元释教录》卷一八"疑惑再详录"中有"救护身命济人病苦厄经一卷"；在"伪妄乱真录"中又有"救护身命济人病苦厄经一卷"。后者，又称：

---

[18] 关于此书撰写年代，据苏晋仁《出三藏记集·序言》（中国佛教典籍选刊本，中华书局，1995年，11页）。

[19] 熊娟《汉文佛典疑伪经研究》"汉文佛典中未收入《开元录·入藏录》的现存疑伪经汇总表"中，第4号《护身命经》（A）一卷"出注称："值得注意的是，《大正藏》第85册另有一以中村不折藏敦煌本为底本、经号为2866的《护身命经》，即本表所列第31号。我们认为这是同名的两部不同疑伪经，虽然经名相同，但内容相差很远；不过也有学者把它们看作是同一部疑伪经的两个系统，见曹凌《中国佛教疑伪经综录》。"（上海古籍出版社，2015年，58页）

右此经更有一本，题云'大佛顶陀罗尼经'，初云婆罗门三藏流支译，加咒
一首，馀文大同。

上引增尾伸一郎文即明确指出，该经与《大佛顶广聚陀罗尼经》有密切关系[20]。所谓
加咒一首，是否指上引房山石经刻在碑侧的偈语中多出其他本子的末几行文字呢?
陀罗尼经，是大乘经。日本七寺古写本《佛说救护身命经》，经日本学者的详细校
勘，我们知道它属于甲本系统。第81—82行有"转读大乘□人疾病若厄之者"一
句[21]。正仓院文书天平三年（731）《写经目录》，有"大乘 救护身命经一卷 用四"[22]，
明确标明该经为大乘经。因此，我们认为列入伪妄的这部经，是大乘经。

总之，我们认为，在经录中被著录为"救护身命经"者，是两部经，一部属大
乘，即甲本，乃疑伪经；一部属小乘，即乙本，是失译的真经（基本没有病苦厄的
内容）。这不是一部经的两个本子，而是两部经。

（孟彦弘，中国社会科学院古代史研究所研究员。原刊《文献》2018年第5期。
刊发时囿于版面，将表4"历代经录关于救护身命经的著录"删去，今补上，以便
查对。写作过程中，得到了项目组成员的多方帮助，谨致谢忱。）

---

[20] 《七寺古逸经典研究丛书》第二卷《中国撰述经典》（其之二），846页。
[21] 《七寺古逸经典研究丛书第二卷中国撰述经典（其之二）》，501页。此句校勘记第211条称"转读大乘□"，
P.2340和京都博物馆藏守屋氏本作"流转读诵皆救"，BD8298和韩国中央图书馆藏本作"转读诵习"，见
519页。
[22] 《大日本古文书·正仓院编年文书》卷七，东京大学出版会，1965年，12页。

表 4　历代经录关于救护身命经的著录

	总述	小乘	大乘	疑惑	伪妄	入藏否
僧祐《出三藏纪集》	卷4《新集续撰失译杂经录第一》：救护身命经一部……右八百四十六部，凡八百九十五卷。新集所得，今并有其本，悉在经藏。					
开皇十四年（594）法经《法经众经目录》		卷4（小乘修多罗藏录·众经疑惑）：救护身命苦厄经一卷……右二十九经，多以题注参差，文理复杂，真伪未分。目附疑录。				
开皇十七年（597）费长房《历代三宝记》	卷7《东晋录》：救护身命经一卷……右一百二十一部，合一百二十二卷。孝武帝世，西域沙门竺昙无兰，晋言法正，于杨都谢镇西寺简取世要略大部出。唯二经是僧祐是见别录，自余杂见群录，并有正本，既复别行，故悉列之，示有所据。	卷14（小乘录·小乘修多罗失译录第二，小乘录人）：救护身命济人病苦厄经一卷。				
仁寿二年（602）彦琮《众经目录》				卷4（〔第〕五分疑伪。名虽似三藏，涉人造）：救护身命济人病苦厄经一卷。		

续表

	总述	小乘	大乘	疑惑	伪妄	入藏否
麟德元年（664）《大唐内典录》	卷3（东晋朝传译佛经录第五）：救护身命经……右一百一十二部，合一百一十二卷。孝武帝世，西域沙门竺昙无兰，晋言法正，于扬都谢镇西寺兰（简）取西域大部出。唯一经是僧佑录载，自余离（杂）见僧佑录载，正本，既复别行，故有所据，示有所据。			卷10（历代所出疑伪经论录第八）：救护身命经……右二十八部，入藏师经法分。		
麟德元年（664）静泰《众经目录》				卷4（众经疑惑二十九部）：救护身命济二十九病苦厄经一卷……右二十九经多以题注参差，真伪录致惑，文理复杂，事须更详，且附疑录。众录未分，伪妄致惑，疑录。		
麟德二年（665）靖迈《古今译经图纪》	卷29（东晋）：沙门竺昙无兰，此云法正，西域人也。以晋孝武帝太元六年岁次辛巳至太元二十年岁次乙未，于扬都谢镇西寺译出经一百一十一部，合一百一十二卷。其中或有自译，或从大部简出……救护身命经（一卷）。					

续表

	总述	小乘	大乘	疑惑	伪妄	入藏否
天册万岁元年（695）《大周刊定众经目录》		卷7（小乘单译经）：救护身命济人病苦厄经一卷。右东晋孝武帝代昙无兰译。出长房录。卷14（见定流行入藏录·小乘修多罗藏单译经）：沙曷比丘功德经、救护身命济人病苦厄经。右二经同卷。	卷11（大乘失译经）：救病苦厄经一卷（一名救病苦，又一名别译护身命经，出宝唱录）。			
开元十八年（730）《开元释教录》	卷3（总括群经录）：更有四十八经，亦云法正所译，今以并是别生抄经或是疑伪，故并所述。救护身命济人病苦厄经（亦云救护身命济人病苦厄经。周录云伪，旧录云正经，今依旧编）。			卷18（别录中疑惑再详录第六）：救护身命济人病苦厄经一卷（与救疾经文势相似，一真一伪，将为未可）……右此罗三昧经以八部九卷，旧录中皆编伪妄，大周刊定定附入正经，寻阅宗徒，理多乖舛，句，颇涉凡情，且附疑科，难从正录。或云收量圣教，罪有所归。佛有诚言，于我所说，非生疑者，尚不应受，况此疑乎，准斯道理，须简伪真，如是等，仍候诸贤共详真伪。今之八经，旧录疑伪，亦存而不削。此伪录之次，旧录伪经，周录刊为正者，更有数部，余未见真本，故此不论）。	卷18（别录中伪妄乱真录第七）：救护身命济人病苦厄经一卷（亦直云救护身命经，亦云救苦经。右此经更有一本，题云大佛顶陀罗尼经，初云婆罗门三藏流支译。加兄一首，余文大同。题魏流支再译，未详何者，若真流支再译，与旧流支所译合殊，余文无异，推寻无据，故依旧录，列之于此）。	卷20（入藏录下）：救护身命济人病苦厄经一卷……净度经下十卷一十五卷。并是古旧录中伪经之疑之。周录虽编入正文，理并涉人谋，此录中除之不载，已上都有一百一十八部是二百四十七卷。今以诸录见有寻求者未是，皆是人藏重或有根由，且略述之。若欲委有寻定见之数，恐不知委，故不为定录述。若如删繁录根由，并于繁录中广述）。

续表

	总述	小乘	大乘	疑惑	伪妄	入藏否
开元十八年(730)《开元释教录略出》						卷4(未不入藏经等):救护身命济人病苦厄经一卷……净度下一十部经一十五卷并是古旧录中伪疑之经,理周录虽编入正文,故此录编入正文,故此录人谋涉录之不载。
800年《贞元新定释教目录》	卷5(总集群经录上之五):救护身命济人病苦经(亦云救护身命济人病苦厄经,旧录云伪)。同录编入正经,今依旧编)。			卷28(别录中疑或再详录第六):救护身命济人病苦厄经一卷……右毗罗三昧经下八部九卷。古旧录中皆编伪妄。大周刊定即附人正经。寻阅宗徒理多乖忤。且论量又句颇涉凡情。疑惑科难从正录。或云诚言圣教罪有所归。佛有诚言。于我责难。此非是非。说非罪者尚不应受况如是等。准其疑真伪仍依诸贤共详真伪,今此伪录之次亦存而不削。旧伪录人经今削,更有数部,目录刊定为正者,今未见本故此不论。	卷28(别录中伪妄乱真录第七):救护身命济人病苦厄经一卷(亦云救护身命济人身命经)右此经亦云救护身命。更有一本。题云救护身命。初云罗婆罗门三藏佛顶经。加咒门三藏婆罗门(撰录未详一首余文题云大同)者曰经题流支译。何者。若流支再译。经语与旧经合殊今。乃见异,余同,未能合人除感。推寻无据,不可安编,故依旧录列之于此)。	

旅顺博物馆藏《俱舍论颂释序》写本考

史　睿

　　玄奘再传弟子长安大云寺圆晖所著《俱舍论颂释》是俱舍论疏中重要的一部，流传广泛，影响深远，惜中土久佚，赖有西域出土断简，日本尚存全帙。吐鲁番土峪沟不仅出土了此论疏正文，且有一部已佚的带注本序言，其残卷分散于旅顺博物馆和龙谷大学图书馆。笔者在前人研究基础上重新缀合、释录并复原，可以获得此带注本序言的大致面貌，又将之与日本入唐求法僧自唐朝抄录的另外两种注本作一比较，试图追溯他们各自的知识来源，分析其文化地位。

一　缘起和背景

　　《大谷文书集成》第三卷所收吐鲁番土峪沟出土失名撰《俱舍论颂疏论本序》（以下简称《俱舍论颂释序》）写本引起笔者的关注[1]，小田义久、张娜丽、刘安志、石墨林等已经做了一部分基础文献研究[2]，但是还有一些未能完成的工作。近来发现旅顺博物馆的残片能够与大谷文书缀合，更激发了笔者对于这组文书的兴趣。

　　《俱舍论》的翻译史及俱舍学的传承是本文所论吐鲁番出土圆晖《俱舍论颂释》的背景。中国翻译《俱舍论》始于南朝陈真谛（拘那罗陀），南朝末期至唐初，普遍流行真谛译本《俱舍论》及相关论疏（成书于557—569年）。隋费长房《历代三宝纪》著录了陈真谛翻译《俱舍论》《俱舍颂》及论疏如下：

---

[1]　圆晖《俱舍论颂疏论本》卷一自序云："课以庸虚，聊为颂释。"（CBETA, T41, no. 1823, p. 813, b23.）故当名从主人，称《俱舍论颂释》为当。

[2]　小田义久主编《大谷文书集成》第一卷，法藏馆，1984年，释文10页；第二卷，法藏馆，1990年，释文176—177页；第三卷，法藏馆，2003年，释文242—243页。刘安志、石墨林《〈大谷文书集成〉佛教资料考辨》，《魏晋南北朝隋唐史资料》第20辑，2003年，260—263页。张娜丽《西域发见的的文字资料——「大谷文书」中的的诸断片について（二）》，《学苑》第753号，2003年，22—23页，后收入同作者《西域出土文书の基础研究》，汲古书院，2006年，369—379页。刘安志《吐鲁番出土的几件佛典注疏残片》，《敦煌吐鲁番研究》第九卷，中华书局，2006年，27—31页；同作者《唐代贾曾任晋州刺史的年代及相关问题》，《中国史研究》2005年2期，66页。

《俱舍释论》二十一卷（二十一卷是二十二卷之误，参见道宣《大唐内典录》卷五）

《俱舍论本》一十六卷

《俱舍论偈》一卷

《俱舍论疏》十六卷（或为一十六卷之脱误，参见道宣《大唐内典录》卷五）[3]

及至唐代，玄奘重新翻译《俱舍论本颂》和《俱舍论》（成书于651—660年）。汤用彤指出玄奘赴印度之前直接继承了真谛的俱舍学，他"学于真谛弟子道尼，又得真谛弟子智恺手记《俱舍疏》本、《十八部论》（即《部异执论》）本，因穷研《俱舍》，弘兹论宗，玄奘从之学此论。"[4]玄奘回国后翻译佛经分为三个阶段，自贞观十九年（645）至永徽元年（650），翻译以《瑜伽师地论》为主的大乘经论，永徽二年（651）至显庆五年（660），翻译《俱舍论》为中心的小乘经论，如《俱舍论》之前的《发智论》《毗婆沙论》《六足论》；《俱舍论》之后对它批评的《顺正理论》《显宗论》等论，这段工作算是纠正了以前对《俱舍论》翻译的错误，同时对于这一整个系统的思想作了介绍，尽管这些书的分量都很大，并不是他所推崇的，为了学术的需要，他还是公正地原原本本地译传了它们[5]。显庆六年（661）至麟德元年（664）则以编译《大般若经》为中心。道宣《大唐内典录》、智升《开元释教录》记载玄奘新译《俱舍论本颂》一卷（译于651年）及《俱舍论》三十卷（译于651—654年），开辟了小乘经论的新时代。关于玄奘学问的特征，吕澂指出："玄奘的翻译不管属于哪个阶段，他都注意学说的源流变化，尽可能地作出完整的介绍。这也可以看出玄奘的学问，不但规模广阔，而且根柢也是极其深厚的。"[6]我们应该注意玄奘所译小乘论疏的系统性，《大唐内典录》著录小乘论十一部，玄奘所翻译《俱舍论》等小乘经论，是重视其论题在佛教义理体系中的基础性。

玄奘的弟子神泰、普光、法宝、窥基、元瑜、玄则、嘉尚等，均曾参与玄奘小乘经论译场，根据玄奘的口授，各自撰有论疏。窥基撰有《俱舍论抄》十卷[7]，或为玄奘译本的略出本。作《俱舍论》注疏者有普光（《俱舍论记》三十卷，圆晖编有十卷节略本）[8]、神泰（《俱舍论疏》二十卷）[9]、法宝（《俱舍论疏》十五卷，今传本为

3　费长房《历代三宝纪》卷九，CBETA, T49, no. 2034, p. 87, c18 - p. 88, a15.
4　汤用彤《隋唐佛教史稿》，中华书局，1982年，141页。
5　吕澂《中国佛学源流略讲》，中华书局，1979年，184—185页。
6　吕澂《中国佛学源流略讲》，中华书局，1979年，184—185页
7　藏俊《注进法相宗章疏》，CBETA, T55, no. 2181, p. 1144, b3.
8　赞宁《宋高僧传》卷四《唐京兆大慈恩寺普光传》，中华书局，1987年，68页。普光尚有《俱舍论法源章》一卷，见高丽义天《新编诸宗教藏总录》卷3《海东有本见行录》下，CBETA, T55, no. 2184, p. 1177, b6.
9　神泰《俱舍论疏》今存七卷，CBETA, X53, no. 836, p. 1-105. 著录见平祚《法相宗章疏》，CBETA, T55, no. 2180, p. 1139, c23.

三十卷）三杰[10]，普光、法宝二疏完整流传至今，神泰疏则仅有残本传世。以上三杰中普光弟子圆晖所作《俱舍论颂释》，继承普光，兼祧法宝，简明扼要，传播广泛。其书虽名曰《俱舍论颂释》，实则兼注《俱舍论》和《俱舍论颂》[11]。圆晖弟子慧晖又作《俱舍论释颂疏钞》三卷（今传本作《俱舍论释颂疏义钞》六卷）[12]，是圆晖疏的注释。圆晖俱舍学的后世传人也都撰有注疏，如唐崇廙《〔俱舍论颂疏论本〕金华钞》十卷[13]、遁麟《俱舍论颂疏记》五卷（今传本二十九卷）[14]、法盈《俱舍论颂疏序记》一卷[15]、常真《俱舍论颂疏钞》八卷[16]、后唐虚受《俱舍论颂疏序钞》[17]，又宋僧义楚传讲圆晖疏（即《俱舍论颂释》）十余遍，可能撰有讲疏[18]。

唐代圆晖疏传入日本，也有众多注本，其中专注序文今存者尚有定珍《俱舍论颂疏序私〔注〕》一卷（大谷大学藏写本）、失名《俱舍论颂疏序纂注》一卷（哲学堂藏）、失名《俱舍论颂疏序注》（大谷大学藏贞享四年刊本）[19]，以上各本尚无影印本流传，调查、比勘当俟诸来日。

二　文书学分析：释录、缀合与复原

这组文书中的两个残片最早刊布于《西域考古图谱》时，特别注明出土于吐峪沟。据此，则同卷写本当皆出自吐峪沟。此地石窟寺众多，始建年代久远，根据最新考古成果，寺庙自四世纪一直延续至十一世纪。石窟寺中出土多为佛教典籍，兼有世俗典籍、道教经典、摩尼教经典等。其中佛经多有古逸经典，带注本《俱舍论颂释序》即为其中之一。《西域考古图谱》公布两件，即大谷8117和8119，置于"经籍类"，称为唐钞古书断片。其后《大谷文书集成》公布了五件残片，即大谷1045、3945、4404、8117和8119，但皆未能正确定名，张娜丽将其中三件，即大谷1045、

---

[10] 圆珍《智证大师请来目录》，CBETA, T55, no. 2173, p. 1106, a28. 平祚《法相宗章疏》，CBETA, T55, no. 2180, p. 1139, c22.

[11] 《宋高僧传》卷五《唐中大云寺圆晖传》，95—96 页。

[12] 慧晖《俱舍论颂疏义钞》，CBETA, X53, no. 839, p. 124 - 212. 著录见圆珍《智证大师请来目录》，CBETA, T55, no. 2173, p. 1106, b2. 此书所注"西明"，即指西明寺僧慧晖。

[13] 《宋高僧传》卷五《唐中大云寺圆晖传》，96 页。此书又名《俱舍论颂疏义府钞》十卷，传入高丽或为二十卷，见高丽僧义天《新编诸宗教藏总录》卷三《海东有本见行录》，CBETA, T55, no. 2184, p. 1177, a29.

[14] 遁麟《俱舍论颂疏记》，CBETA, X53, no. 841, p. 376 - 520. 著录见圆珍《智证大师请来目录》，CBETA, T55, no. 2173, p. 1106, b1.

[15] 法盈《俱舍论颂疏序记》，CBETA, X53, no. 838, p. 118 - 123. 著录见圆珍《开元寺求得经疏记等目录》，CBETA, T55, no. 2169, p. 1092, c8.

[16] 《新编诸宗教藏总录》卷三《海东有本见行录》，CBETA, T55, no. 2184, p. 1177, b2.

[17] 《宋高僧传》卷七《后唐会稽郡大善寺虚受传》，146 页。义天《新编诸宗教藏总录》卷三，CBETA, T55, no. 2184, p. 1177, b1.

[18] 《宋高僧传》卷七《宋齐州开元寺义楚传》，160 页。

[19] 《佛书解说大辞典》第二册，大东出版社，1980 年，342 页。

8117 和 8119，定名为《俱舍论颂释》，并缀合了大谷 8117 和 8119 两件[20]。《吐鲁番文书总目（日本收藏卷）》比定了大谷 3945[21]。旅顺博物馆藏吐鲁番文书整理工作开展之后，整理小组发现了 LM20-1454-06-12 和大谷 4404 亦为带注本《俱舍论疏论本序》，LM20-1454-06-12 可与大谷 1045 缀合，大谷 4404 可与大谷 8117 缀合。

此外，日本探险队收集品中还有一组圆晖《俱舍论颂释》正文残卷，根据刘安志、石墨林的研究，并补入新发现的旅顺博物馆藏品，胪列如下表：

圆晖疏卷次	馆藏编号	图版及释文所在	对应《大正藏》位置
卷二	大谷 4411	《集成》二，图版七六，释文 249—250 页	《大正藏》41 册，826 页，b、c 栏
卷四	LM20-1460-31-12	经帖十一	《大正藏》41 册，845 页，b 栏
卷五	大谷 3265	《集成》二，图版六九，释文 59 页	《大正藏》41 册，852 页，a、b 栏
卷二〇	大谷 8086	《集成》三，图版四六，释文 231—232 页	《大正藏》41 册，931 页，a、b 栏
卷二一	大谷 4368	《集成》二，图版七五，录文 241 页	《大正藏》41 册，933 页，c 栏
卷二六	大谷 3517	《集成》二，图版七〇，释文 116 页	《大正藏》41 册，937 页，c 栏
	大谷 3239	《集成》二，图版六八，释文 52 页	《大正藏》41 册，961 页，a 栏
	大谷 3224	《集成》二，图版七二，释文 49 页	《大正藏》41 册，961 页，c 栏
	大谷 3228	《集成》二，图版七二，释文 50 页	《大正藏》41 册，961 页，c 栏
	大谷 3238	《集成》二，图版六八，释文 52 页	《大正藏》41 册，961 页，c 栏

以上卷二〇和卷二六各残片纸质、颜色、书体完全相同，当同属一个写本[22]。

前述带注本《俱舍论颂释序》写本的共同特点是正文大字书写，注文小字单行书写，因为正文大字被小字注疏分隔，不连属，故难以定名，即使今天有了"CBETA 电子佛典"这样便捷的工具，还是不易确认，若残片全无正文，例如大谷 3945（正文大字仅残存一个部首）或 LM20-1454-06-12，则更难辨认，好在此残卷书体为唐代章草，特征比较明确，我们可以根据书体加以辨识。章草出现于汉

---

[20] 张娜丽前引文。
[21] 陈国灿、刘安志《吐鲁番文书总目（日本收藏卷）》，武汉大学出版社，2005 年，220 页。
[22] 参考刘安志、石墨林《〈大谷文书集成〉佛教资料考辨》，《魏晋南北朝隋唐史资料》第 20 辑，2003 年，260—263 页。

代，是隶书的草体，二十世纪以来出土的简牍上常常可见，儿童习字的《急就章》也有用章草书写的。西域出土的十六国简纸文书中也偶有所见。至唐代，隶书早已不再是常用书体，故作为隶书草体的章草书体也少有人用，仅有书家用以临摹或创作。最为著名的传世隋唐章草作品有托名索靖的《出师颂》（大约是隋唐间摹本，今藏北京故宫博物院）和《唐人月仪帖》（又名《十二月友朋相闻书》，今藏台北故宫博物院），以及唐孙过庭《书谱》（今藏台北故宫博物院，见图 1），敦煌藏经洞出土了唐人摹本索靖《月仪帖》（Д.х.5748、Д.х.4760、Д.х.6009、Д.х.6025、Д.х.6048，今藏俄罗斯科学院东方文献研究所）[23]。其特征是每字各自草写，而字与字之间并无连属，与牵连书写的今草不同。这种书体在日本称为"独草"，倒也名副其实。王家葵指出，唯识宗的章疏多用章草书体（或是章草书体发展而来的速记字体），如玄奘弟子窥基《法华玄赞》（P.2176）、净眼《因明入正理论后疏》《因明入正理论略抄》（P.2063，见图 2）、法成《瑜伽论手记》（P.2037）、昙旷《大乘起信论略述》（P.2141），甚至形成唯识宗经疏的一个文本特征。笔者可以补充的是，在译场中，玄奘常常向协助翻译的诸弟子传授印度所闻的经义教理，诸弟子记录口义，再编纂成注疏。《宋高僧传·普光传》云："躬得〔《俱舍论》〕梵本，再译真文，乃密授光，多是记忆西印萨婆多师口义，光因著疏解判。"[24]故知最初普光所撰《俱舍论疏》就是在译场中记录玄奘法师口述经义而成，而唐代初期最适用于速记的书体正是章草。又法盈注贾曾《俱舍论颂疏论本序》云："'亲承密诲'者，三藏西方大乘诸师立破口授基法师，小乘义授光法师。"[25]从中可以看出玄奘在译场中口授大小乘佛典经义，再由窥基、普光等人笔录为经论注疏，乃是普遍情形，并非仅在《俱舍论》译场方有此事。经过十余年译场的记录，唯识宗诸弟子及再传弟子逐渐形成了利用章草书写本宗经论注疏的传统，并传之后世，播之四裔。抄写唯识宗章疏的写经生，同样需要具有识读和书写章草的能力。笔者在日本正仓院保留的经师书样中看到一组经师练习或考试的写本，各类特殊书体均备，其中就有一段连续书写的章草字体，并且旁注楷书（见图 3）[26]。这表明为东大寺和日本皇室写经的经师经常练习识读和书写章草，以备抄写章草体章疏之用。东大寺所用经师的地位大致与长安慈恩寺、西明寺等大寺的写经生相似，故可推测长安大寺写经生也需具备这样的技能。

敦煌和吐鲁番出土章草书体的唯识宗经论注疏，大致可以分为两类，一类是书

23　见徐俊博客：http://blog.sina.com.cn/s/blog_50a769280100b843.html（2016 年 8 月 18 日检索）

24　《宋高僧传》卷四《唐京兆大慈恩寺普光传》，68 页。

25　法盈《俱舍论颂疏序记》，CBETA, X53, no. 838, p. 120, a24-b1.

26　《经师书样》，见《正仓院文书续修别集》第四八卷，宫内厅正仓院事务所编《正仓院古文书影印集成》第 13 册，八木书店，2000 年，267 页。

写用笔纯熟，生动跳跃，字体宽壮沉厚，布局行密意疏者[27]，如前述敦煌藏经洞所出各卷及吐鲁番出土《俱舍论颂释》卷二十、卷二十六残片（见图 4）；另外一种则是书写生涩，虽存草法大略，但往往变形严重，甚至以楷书字形代替，全篇布局亦无章法，行气凌乱，如本文所讨论的吐鲁番出土《俱舍论颂释序》即属此类（见图 5）。与这个区别大致相当，凡是书写流畅纯熟的写本，大多用纸考究，纸面细腻光洁，轻薄挺括，而凡是书写拙劣的写本，大多纸质粗疏，笨重绵软。究其原因，纸薄字佳者多为唐代早期写本，抑或就是中原乃至两京地区的写本，书者精熟于章草书体，而纸厚劣字者，多为唐晚期乃至五代边裔写本，书者并不精通章草书体，多为依照底本描画而成。本文所论旅顺博物馆和龙谷大学所藏《俱舍论颂释序》虽书写不佳，但其中"者"、"其"、"相"、"事"、"犹"、"不"、"来"、"明"、"闲"、"我"、"请"、"精"等字都保存了章草字形，故可推知其底本当系如图 4 所示，无论正文还是注释，皆为章草，然经辗转传抄，尤其边裔书手不能如长安经生一样熟习章草，虽参照底本，但已不能传神，多数文字几乎同于楷书。

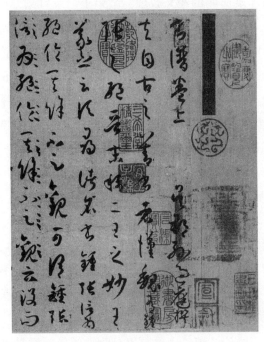

图 1　书谱　　　　　　　　　　　图 2　因明入正理论后疏（P.2063）

---

[27]　饶宗颐《法藏敦煌书苑菁华》写经二，广州人民出版社，1993 年，176—179 页。

图 3 《经师书样》（正仓院文书续修别集卷四八）

图 4 俱舍论颂释（大谷 3239）

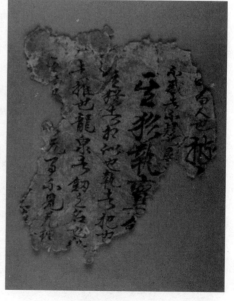

图 5 俱舍论颂释序（大谷 8117）

　　鉴于《俱舍论颂释序》是以章草书体写成，文字辨识不易，公布的照片又模糊不清，故早期释文都有很多错误（尤其小田义久《大谷文书集成》），以至不能成句，严重影响我们对于文献的理解，所以在此重新释录，大字加粗为正文，小字为注文。以下释文按照圆晖序文顺序排列。

第一段，大谷 3945，《大谷文书集成》第一卷，图版九二：

（前缺）

1. 　　　　　　　]賈曾爾。
2. 　　　　]惟公者，稱君尊也。特，謂殊
3. 　　　]者，與。精靈者，神靈精明也。
4. 　　　　　]雄

（后缺）

第二段，大谷 1045+LM20-1454-06-12（缀合见图 6），大谷 1045 见《大谷文书集成》第一卷，图版一一五，LM20-1454-06-12 现藏旅顺博物馆：

（前缺）

1. 也。閑，省也。安，□也。器量寬遠，猶如虛空。□[
2. **紳龜鏡之士也**。蓋者，覆也。過[
3. 牽者行駕，遂置四相，前丞、後疑、左輔、右弼[
4. 常立其前，莊束衣服，令用大帶，若無大帶[
5. 通皆，蓋縉紳龜鏡之士也。**公前任**[
6. 曰公也。禮部侍郎者，禮□□□□奉於□[
7. 曾者，前職任是禮部侍郎也。**省司多**[
8. 也。司者，曹司也。多暇者，多閑，歸向□□。[
9. 台司者，□□務司司事多□□[
10. **談義，遂請造略釋**[
11. 遂者，辭也。請者，求也。造者，[
12. 越五典遂求於我，製造頌□[
13. 大聖善寺，々名也。懷遠律[
14. 懷遠律師者也上[
15. 戒，々律也。稟□[　]□□[
16. 戒□[

（后缺）

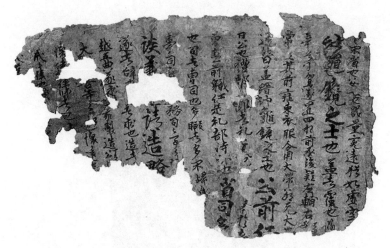

图 6　大谷 1045+LM20-1454-06-12 缀合图（包晓悦制作）

两残片在第 12 行至 14 行之间可以缀合[28]，大谷 1045 第 12 行"遂求于"三字左侧笔画存于旅博 LM20-1454-06-12 之上，第 13 行"也"字两片各有一半，第 14 行"怀"字中间"四"部右上角折笔在大谷 1045，而其余大部分则在旅博 LM20-1454-06-12 之上。但是由于两个残片均有变形，现在没有办法得到完美的缀合图。

第三段，大谷 8117+ 大谷 4404（缀合见图 7），大谷 8117 见《大谷文书集成》第三卷，图版四六，大谷 4404 见《大谷文书集成》第二卷，图版九四：

（前缺）

1. 明爲人也。披之而不惑[

2. 不惑者，不疑也。尋者，尋伺。悟者，解也。[

3. 其猶執鷰鏡而[

4. 其猶者，相似也。執者，把也。鷰[

5. 者，權（握）也。龍泉者，劍之名也。斷[

6. □鑒像者，無事不見，無理

7. 　　　　　　　]□□[

（后缺）

———————————

[28] 大谷 1045 和旅博 LM20-1454-06-12 缀合图承蒙包晓悦制作，谨致谢忱。

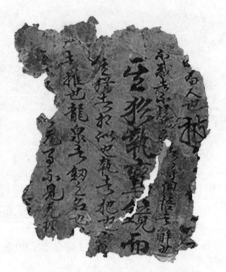

图 7 大谷 8117+4404 缀合图（李昀制作）

两残片在第一行到第四行可以缀合[29]，第三行"鸾镜"两字分在两个残片，恰可完美缀合，大谷 8117 第四行"也"字的一勾在大谷 4404 之上。但两残片同样各有变形，缀合之后仍有缝隙。

第四段，大谷 8119，《大谷文书集成》第三卷，图版四六：

（前缺）

1. 恻其聖□[
2. **士詳**[　]焉[
3. 察也，識也。詳者，看也，見也。正者，改也。焉[
4. 誤者，後來明識之士請尋看而改正[
5. 　　歲丁大荒洛月遊[

（后有余白）

张娜丽将大谷 8119 缀合于大谷 8117 之左，但是考虑到中间残缺正文及注释至少两行以上，如果加上注释，则所缺文字更多；且残片边缘并无明显吻合迹象，故本文不作缀合处理，仍然分作两段释录。

以上释录之后，我们可以根据传世的序文正文以及文例对此残卷加以复原。凡是正文大字，径据《大正藏》本增补，小字注释则据文例稍加推补，并据所存注释确定正文的行款，写本残缺部分仅补正文，其文字位置亦不可知。复原如下：

---

[29] 大谷 8117 和大谷 4404 的缀合承蒙李昀提示，缀合图亦由李昀制作，谨致谢忱。

〔有正議大夫晉州刺史賈曾，□□□□□□□□□□□□〕賈曾爾。

〔惟公特稟異氣，別授精靈，〕惟公者，稱君尊也。特，謂殊

〔稟者，□。異氣者□□。授〕者，与。精靈者，神靈精明也。

〔□□□□□□□□□□□□□□□□。文蓋雲間，聲〕雄

〔日下。雲間者，□□□□□日下者□□□□□□□〕

〔□□□□□□□□□器宇沖邈，容止清閑，□□□□〕

也。閑，省也。安，□也。器量寬遠，猶如虛空。□〔□□。蓋縉〕

紳龜鏡之士也，蓋者，覆也，過〔□□□□□□□□□□〕

牽者行駕，遂置四相，前丞、後疑、左輔、右弼〔□縉紳者□〕

常立其前，莊束衣服，令用大帶，若無大帶〔□龜鏡者□〕

通皆，蓋縉紳龜鏡之上也。公前仕〔禮部侍郎，□□□〕

曰公也。禮部侍郎者，禮□也，奉於□〔□□□□□□賈〕

曾者，前職任是禮部侍郎也。省司多〔眼，歸心正法，省者，□〕

也。司者，曹司也。多眼者，多閑，歸□□□。〔□□□□□〕

臺司者，□□務司司事多□□〔□□□□□□□乃相命〕

談義，遂請造略釋。〔□□□□□談義者□□□□□〕

遂者，辭也。請者，求也。造者，〔□□□□□□□□□□〕

越五典遂求於我，製造頌□〔□□□□。有大聖善寺懷遠律師者，〕

大聖善寺，寺名也。懷遠律〔師者□□□□□□□□〕

懷遠律師者也。上〔□□□□□□□□□清以戒珠，涼以風儀，〕

戒，戒律也，稟□□□□〔□□風儀者□□□□□〕

戒□〔□□□□□□□□□□□□□□□〕

〔既勤勤於法門，亦孜孜以勸誘，志存兼濟，故有請

焉。在圓暉多幸，遭茲像化，咀以真詮，狎以蘭室，

喜朝聞於夕殞，荷嚴命以斯臨。課以庸虛，聊爲頌

釋，刪其枝葉，採以精華。文於廣本有繁，略敘關

節；義於經律有要，必盡根源。頌則再牒而方釋，

論乃有引而具注。木石以銷，質而不文也。〕

冀味道君子，義學精人，□□□□□□□□□〔精人者，精〕

明爲人也。披之而不惑，〔尋之而易悟。批之者□□□□□。〕

不惑者，不疑也。尋者，尋伺。悟者，解也。〔□□□□□□。〕

其猶執鷥鏡〔而鑒像，持龍泉以斷物，蓋述之志矣。〕

其猶者，相似也。執者，把也。[_____。持]
者，權也。龍泉者，劍之名也。斷〔物者[_____]
□鑒像者，無事不見，無理〔[_____]
〔[_____]〕□□〔[_____]
愚見不敏，何必當乎，〔[_____]
惻其聖□〔[_____。]〕**庶通鑑之**
士，詳而正焉。〔[_____。鑑者，]
察也，識也。詳者，看也，見也。正者，改也。焉〔者□。若有〕
誤者，後來明識之士請尋看而改正〔[□。]
　　　　　　歲丁大荒洛月遊〔[_____]

　　复原过程中，正文大字部分，"其犹执鸾镜而鉴像，持龙泉以断物，盖述之志矣"这行最为关键，上一行出现"寻"字的解释，故可推知正文"寻之而易悟"已在前行，而下行行首小字从解释"其犹"一词开始，则知此处小字为前句正文注释之始，前面整行当皆为正文大字。这样我们可以根据"其犹"至"之志矣"这句正文，推知大字每行应为十九左右。小字部分，根据残存面积最大的断片大谷1045来看，大小字比例大约为大字九字相当于小字十六字，如果大字每行十九字，故可推测为小字每行约为三十四字上下。另外，大谷1045断片的高度是15厘米，一般唐代写经纸高度为30厘米左右，这件断片大约为正常纸高的一半，每行所存文字大约也应当为一半，如此推算则大字约为十八字，小字为三十二字。与我们根据文本和比例推算的数字比较相近。此写本所留天头、地脚较之唐代通常写本为小，每行天头地脚仅有大字一字的位置，故每行容字较一般写本为多。

　　此本（大谷8119）卷尾留有余白，尾题之后直至卷尾并未接抄正文，同时吐鲁番所出圆晖《俱舍论颂释》正文部分，并无与此卷字体相似的残片。据此推测此本仅为圆晖《俱舍论颂释》之序作注，注释并未涉及正文，与史传所云五代虚受《俱舍论颂疏序钞》（卷数不详）及今存法盈《俱舍论颂疏序记》一卷相同[30]。

三　文献比较和溯源

　　正如上文所述，圆晖《俱舍论颂释》的注本分为两种类型，一种是注释全文，一种是仅注两篇序文。前者今存有唐遁麟所撰《俱舍论颂疏记》，后者今存有唐法盈

---

[30]　五代虚受《俱舍论颂疏序钞》见《宋高僧传》卷七《后唐会稽郡大善寺虚受传》，146页。

所撰《俱舍论颂疏序记》[31]。

圆珍《入唐求法总目录》与圆晖《俱舍论疏》一起著录了富春《俱舍论颂疏记》五卷[32]，注明为册子本，所谓"富春"即遁麟，因其为富春人，故称。又见圆珍《开元寺求得经疏记等目录》，系唐大中七年自福州开元寺求得[33]。日僧藏俊所编《注进法相宗章疏》及永超所编《东域传灯目录》均著录遁麟《〔俱舍论〕颂疏记》五卷。今传本为二十九卷，见《卍新续藏经》。

唐建安沙门法盈有《俱舍论颂疏序记》一卷，日本僧人道空此书识语云："有人曰法盈者，圆晖弟子，见尚慧《俱舍私抄》第十一，而此记智证大师入唐请来。余皆未能考之，伏俟博洽云尔。"[34]此条所记两事，其一为法盈系圆晖弟子，据尚慧《俱舍私抄》，然尚慧其人其事，检书未获，《俱舍私抄》今亦不存，难以考订。另一事为法盈《俱舍论颂疏序记》系入唐求法日僧圆珍传入日本，此则有据可查。今检圆珍《开元寺求得经疏记等目录》，确有《俱舍序记》一卷。原卷尚有题记云"乾元寺僧令端，时会昌三年（843）值难，唯手抄一卷，将供养。后人有传持者，请当叙之忆而矣。敕福州观察处量（置）等……"，此条题记日僧道空认为"文语鄙俚，未足当一笑，多是妄人欲眩惑人，然纰缪陋拙"[35]，但是笔者认为此条题记确为唐福州乾元寺僧令端所书。令端之名，见于圆珍《福州温州台州求得经律论疏记外书等目录》，著录"天台法华文句十卷（令端大德）"，并云"已上于福州开元寺及大中寺求得"[36]，两者可以勘合。至于令端会昌三年在福州乾元寺，中经会昌法难，至圆珍求法时的大中七年已转至开元寺或大中寺。又，圆珍所得法盈《俱舍序记》一卷，在《开元寺求得经疏记等目录》注明"已上沙门常砒、存式、惠灌、智海、义雄、参寥、履权等舍施"[37]，所记皆为福州开元寺沙门，而《福州温州台州求得经律论疏记外书等目录》在法盈的《俱舍论序记》下注"权"字，表明此书系开元寺僧履权所赠。履权所有的法盈《俱舍论序记》当抄自大德令端之本，同时抄录了令端会昌三年题记，道空所据底本即圆珍求法所得无疑。

以上法盈、遁麟两书可以作为唐代注释圆晖《俱舍论颂释》的代表，我们不妨将两书与吐鲁番出土带注本《俱舍论颂释序》残存部分作一对比，并试作文献来源的追溯。

---

[31] 慧晖《俱舍论释颂疏钞》虽存，但序文无注，故不论。

[32] 白化文、李鼎霞校注《行历抄校注》，花山文艺出版社，2004 年，82 页。

[33] 圆珍《开元寺求得经疏记等目录》，CBETA, T55, no. 2169, p. 1092, c6. 此系福州开元寺。圆珍此求法目录成于大中七年（853）九月二十一日。

[34] 法盈《俱舍论颂疏序记》，CBETA, X53, no. 838, p. 123, c5.

[35] 法盈《俱舍论颂疏序记》，CBETA, X53, no. 838, p. 123, b17-20.

[36] 圆珍《福州温州台州求得经律论疏记外书等目录》，CBETA, T55, no. 2170, p. 1093, b14, c3.

[37] 《开元寺求得经疏记等目录》，CBETA, T55, no. 2169, p. 1092, c9-10.

1.《俱舍论颂释序》注：惟公特禀异气，别授精灵（原注：惟公者，称君尊也。特，谓殊……也。禀者，……也。异气者，……也。授者，与。精灵者，神灵精明也。）

法盈《俱舍论颂疏序记》：无注。

遁麟《俱舍论颂疏记》：言"特禀异气"者，谓挺生之人，别禀清爽之气，异于常流也。

2.《俱舍论颂释序》注：文盖云间，声雄日下，注残。

法盈《俱舍论颂疏序记》："文盖云间"者，《晋书》曰：陆云字士龙，吴郡人也。荀鸣鹤，颍川人。时士龙在司空张华座，鸣鹤后至座上，诸宾素闻鹤名，皆为之起，鸣鹤曰："清风至，飞尘扬。"士龙曰："凡鸟集，凤凰翔。"既而座定，荀陆二人叙温凉，陆曰："云间陆士龙。"荀曰："日下荀鸣鹤。"时人谓之佳对。

遁麟《俱舍论颂疏记》：言"文盖云间，声雄日下"者，《晋书》云：陆云字士龙，吴郡人也。荀鸣鹤，颍川人也时。士龙在司空张华家座，鸣鹤后至，座上诸宾素闻鹤名，皆为之起。鸣鹤曰：清风至，飞尘扬。士龙曰：众鸟集，凤凰翔。既而坐定，荀陆二人叙温凉，陆曰云间陆士龙，荀曰日下荀鸣鹤，时人谓之佳对。今言贾曾文高于士龙，声雄于鸣鹤也。

敦煌本《语对》：云间，《招贤记》曰：晋陆士龙自称云间陆士龙。日下，晋荀鸣鹤自称日下荀鸣鹤[38]。

敦煌本《籯金》卷二：日鹤云龙，声高日鹤，誉重云龙[39]。

3.《俱舍论颂释序》注：器宇冲邈，容止清闲（原注：闲，省也。安，□也。器量宽远，犹如虚空。）

法盈《俱舍论颂疏序记》：无注。

遁麟《俱舍论颂疏记》：言器宇冲邈者，冲，和也，深也，邈远也。

4.《俱舍论颂释序》注：盖缙绅龟镜之士也（原注：盖者，覆也，过……牵者行驾，遂置四相，前丞、后疑、左辅、右弼……缙绅者，……常立其前，庄束衣服，令用大带，若无大带……龟镜者，……通皆，盖缙绅龟镜之士也。）

法盈《俱舍论颂疏序记》：缙绅者，《汉书》云：缙者，插也，字应从手。绅者，大带。古礼插笏于绅，当胸直插，非如今腰间斜贯。今时行礼，犹依古也。缙字若从纟即帛也，赤也。此谓衣冠之士。龟镜者，龟曰卜，蓍曰筮，皆考疑事也。龟可以决疑，镜可以鉴物。又云：为龟之灵也，知先兆之吉凶，为镜之明也，鉴物像之

38　王三庆《敦煌本古类书语对研究》，文史哲出版社，1985 年，153 页。
39　王三庆《敦煌类书》，丽文文化事业有限股份公司，1993 年，417 页。

好丑。言其佩缙绅之服，类龟镜之明也。

遁麟《俱舍论颂疏记》：言缙绅龟镜之士者，按王肃注《家语》云：缙笏，插也，绅，大带也（缙有从手，今此从系），斯乃朝士之服也。龟镜者，龟之灵也，知先兆之吉凶，镜之明也，鉴物像之好丑。言其佩缙绅之服，类龟镜之明故也。

敦煌本《语对》：缙绅，并贵省朝仪之饰也。股肱，《尚书》曰：君为元首，臣为股肱[40]。

陆德明《经典释文》卷二四：绅（音申），大带[41]。

5.《俱舍论颂释序》注：狎以兰室，注残。

法盈《俱舍论颂疏序记》：〔狎以〕，遭遇狎习。兰室者，《家语》云：与善人居如入芝兰之室，久不闻其香，即与之化矣。与不善人居，如入鲍鱼之肆，久不闻其臭，亦与之化矣。今疏主接侍郎如狎芝兰之室也。

遁麟《俱舍论颂疏记》：言狎以兰室者，谓与贾曾、怀远等良友相狎，如狎芝兰之室。故庄子云：与恶人交，如游鲍肆，久而益嗅，与善人交，如游兰室，久而益香。

敦煌本《语对》：兰芷，《大戴记》曰：上亲贤则下择友，与君子游，如入兰芷之室；与小人游，如入鲍鱼之肆[42]。

6.《俱舍论颂释序》注：其犹执鸾镜而鉴像，持龙泉以断物，盖述之志矣。（原注：其犹者，相似也。执者，把也……持者，权（握）也。龙泉者，剑之名也。断〔物者……□鉴像者，无事不见，无理……〕）

法盈《俱舍论颂疏序记》：《吴越春秋》云：楚王召风湖子而告之曰："寡人闻吴有干将，越有欧冶，寡人欲因子请此二人作剑可乎？"风湖子乃往见二子，令作之，一曰龙泉，二曰大阿。《豫章记》云（注云：吴猛未言之前者，未详。依《晋书张华传》，但言初吴之未灭。余所阅《豫章古今记》不载此事，更检。）：吴猛未言之前，常有紫气见于牛斗之间，占者以为吴王再兴，唯张司空以为不然。及吴平后，紫气逾明。华闻雷孔章纱达纬象，乃令观之。章曰：无他象，唯是宝物之精在豫章丰城县。华遂以章为丰城令，至县堀深二丈，得一青玉匣，长八九尺，开之，得二剑，其夕牛斗气不复见。后章留其一匣，龙泉进之张公。张公遇害，此剑飞入襄城水中也。吴猛，豫章人也。少有孝行，夏日常不驱蚊，惧其去已而噬亲。年三十，邑人丁义始授其神方，因还豫章。江波甚急，不假舟楫，以白羽扇画水而渡，睹者殊异之。

---

[40] 《敦煌本语对研究》，202，108 页。

[41] 陆德明《经典释文》卷二四，中华书局，1983 年，353 页。

[42] 《敦煌本语对研究》，145 页。

遁麟《俱舍论颂疏记》：言执鸾镜而鉴像者，如镜能鉴众像，此疏显义亦然。言鸾镜者，昔有人见双鸾舞，持来献王。在路一死，至王不舞，乃问智臣，智臣曰；鸾得双方舞，因镜照之，见影成双，鸾即便舞，因为名焉。言持龙泉以断物者，龙泉即宝剑之名也，故《吴越春秋》云：楚王召风湖子而告之曰：寡人闻吴有干将，越有欧冶，寡人欲因子请此二人作剑，可乎？风湖子乃往见二子，作之，一曰龙泉，二曰太阿。今此判割义理，如剑之断物也。或言慧断烦恼，如剑之断物也。或言慧断烦恼，如剑之断物，非此中意。

经过以上文献对比，不难发现法盈、遁麟注释比较相似，多引用典籍以注序文典故和语词，其内容多与敦煌本《语对》《篝金》等类书相似；而《俱舍论颂疏论本序》注则较少引用典籍，多采用直诂法，大致出自佛经音义或《俗务要名林》等字书。就注释体式而言，法盈、遁麟注释为义疏式，即不存原书正文，每段先点明主旨，再分析段落，其后逐段仅征引其中需要解释的字句，然后加以释义和疏解，这与敦煌本《老子义疏》等典籍有相似之处。而《俱舍论颂疏论本序》注则将注释插入正文之中，并无点明主旨和分析段落的内容。

四　小结

吐鲁番出土失名《俱舍论颂疏论本序》注已经前人比定出四个残片，近来"旅顺博物馆藏新疆出土汉文文书整理小组"又发现新的残片，并可与龙谷大学所藏残片缀合。笔者在前贤所作录文基础上加以复原，推补若干文字，使之更为完整。此书可能是某种佚失的圆晖《俱舍论颂疏论本》的序文单注本，其底本以唯识宗常见的章草书写。其后自中原传至西州，疑由当地书手依样转抄，虽略存章草形体，但多数字迹略同于楷书。大字为正文，小字单行注文，采用直诂式注释，极少引用经典，所据文献多为常用字书。经与传世法盈《俱舍论颂疏序记》、遁麟《俱舍论颂疏记》，均有较大区别。前人曾对于序注作者究属何人作过推测，但并无非常确实的证据。笔者认为，与其作无根据的猜测，不如通过比较来确定此序注的文化定位。法盈或为圆晖弟子，遁麟著作曾为高僧一行引用，其人当活跃于唐代前期。根据上述知识溯源，我们不难发现法盈、遁麟皆为精通内教外典之士，他们引用的典据往往超出通俗类书之外，甚至对于所引典籍还有考证和辨析，殊为难得，可知他们的知识和学养在通俗类书的编者之上。法盈、遁麟所注《俱舍论释序》当以教内外饱学之士为读者，而吐鲁番出土失名所注，则面向文化水平一般的普通信众，将难字和语词稍加疏解，以为读书之助而已。这样的不同的典籍，为不同文化水平的人所诵读，收藏于不同的地点：前者在福州开元寺、乾元寺等官寺中典藏，本寺大德抄写流传，又由入唐求法高僧传至日本；后者则见于边裔的西州石窟寺，为当地书手传写，书法稚拙，文辞浅俗，而今仅有断简传世。本文是圆晖《俱舍论颂释》的写本学和文献学研究，今后笔者还将就此展开唯识宗俱舍学的传承史研究。

（史睿，北京大学中国古代史研究中心副研究馆员。原刊《旅顺博物馆学苑·2016》，2017 年）

旅顺博物馆藏《金刚经》注疏小考

——附李善注《文选·七命》补遗

李　昀

前　言

　　《金刚般若波罗蜜经》由于经文简短、传钞容易等诸多原因，流传甚广，唐玄宗"御注"《金刚经》一举，更是将《金刚经》信仰推向又一高峰。《金刚经》注疏及其相关著作居所有佛典注疏之冠，旅顺博物馆藏吐鲁番出土《金刚经》注疏可视为中古时期新疆地区的《金刚经》信仰的一个缩影。此外，旅博藏 LM20-1517-275 号文书《金刚经疏》（拟）背面为唐钞本《文选·七命》，目前已发现 11 件相关残片，《文选》乃唐代科举考试用书，此批写本在吐鲁番地区的流传，对了解当地的应试教育与文人知识结构极富意义。

　　笔者有幸参加"旅顺博物馆藏新疆出土汉文文书整理与研究"项目，迄今为止共检出各类《金刚般若波罗蜜经》注疏共 29 件，本文第一部分将已检出各类《金刚经》注疏依据可考名称分为 13 类，分别录文讨论，其中第 13 类为历代大藏经所未收，且尚未比对出注疏系统。文章第二部分则着重讨论该批文书中唯一双面书写之《金刚经疏》（拟），该注疏与玄宗御注《金刚经》、道氤《御注金刚般若波罗蜜经宣演》密切相关，展现一时《金刚经》信仰之风尚；文书正面则为李善注《文选》卷三五张景阳《七命》，目前已发现 11 件，由德、俄、龙谷大学，以及旅顺博物馆藏文书所组成。

　　此前有董大学对敦煌本《金刚经》注疏的系统研究[1]，此番旅博所藏吐鲁番文书的刊布，则对研究中古时期新疆地区的《金刚经》信仰具重要意义。

---

[1]　董大学《敦煌本〈金刚经〉注疏研究》，首都师范大学博士学位论文，2013 年。

一 旅顺博物馆藏《金刚般若波罗蜜经》注疏叙录

（一）《御注金刚般若波罗蜜经》

唐玄宗御注，一卷，经文底本为姚秦鸠摩罗什译本。据《房山石经》记载，《御注金刚般若波罗蜜经》（以下简称《御注金刚经》）成于开元二十三年（735）。根据衣川贤次的研究，原定名《金刚般若经挟注》的敦煌本 S.2068，收入《大正藏》第85册《古逸部》，也是《御注金刚经》[2]。旅博文书目前检出4件《御注金刚经》，均作双行小字挟注形式。

Дx.9900 唐慧净撰《金刚般若波罗蜜经注》亦作双行小字挟注形式，该经注为三卷本，收录于《卍新纂续藏经》第24册[3]，本节附录 Дx.4823B+A、LM20-1451-16-01《金刚经集注》，注文就多处采用"御注"和"静（净）注"，可见二者源山　系。与唐僧道氤所集《御注金刚般若波罗蜜经宣演》（以下简称《宣演》）相似，此类《金刚经》注疏、集注的流行与传承，或许为玄宗引领时代宗教风气之下的产物[4]。以下是4件《御注金刚经》的基本情况和录文。

LM20-1456-15-15[5]，相当于 CBETA, T85, no. 2739, p. 133, c6-12。唐写本，楷书（图 1）。

（前缺）
1 圙尔图[
2 然燈佛[
3 般若勝果
入正觀諸佛[
4 菩薩[
5 也世[
（后缺）

LM20-1460-18-14，相当于 CBETA, T85, no. 2739, p. 135, a5。唐写本，楷书（图 2）。

2　衣川贤次《御注金刚般若经》，《藏外佛教文献》第2编总第10辑，中国人民大学出版社，2008年，39—107页。

3　《金刚经注疏》，CBETA, X24, no. 456。

4　荣新江先生言 P.2132 号《御注金刚般若波罗蜜经宣演》卷下，虽出土于敦煌藏经洞，但实为西州僧人义琳于西州写成；P.2132 号题记中的"听第三遍了"云云，充分显示《御注金刚经宣演》在唐代西州的影响力并不低于沙州。见所撰《摩尼教在高昌的初传》，刘东编《中国学术》第1辑，商务印书馆，2000年，158—171页。

5　旅顺博物馆、龙谷大学主编《旅顺博物馆新疆出土汉文佛经选粹》，法藏馆，2006年，153页；董大学《敦煌本〈金刚经〉注疏研究》，120页。

（前缺）

1　是布施菩^名[

2　^盛菩薩^用[

（后缺）

LM20-1464-35-02[6]，相当于 CBETA, T85, no. 2739, p. 134, c22-25。唐写本，楷书（图 3）。

（前缺）

1　羅三藐三菩提[

2　是菩薩發心況
定法發心取相不亦[

3　心不應住聲香味[

4　況六塵乎是假合
不應□□徃於此應[

（后缺）

附：《金刚般若波罗蜜经》挟注

LM20-1493-13-05，相当于 CBETA, T85, no. 2739, p. 135, c12-14，双行小字注，疏释何人译本尚未可知。唐写本，楷书（图 4）。与 Дx.2272B、Дx.2281、Дx.2316、Дx.2444 相似。本写本注文与传世本略有差异。

（前缺）

1　　] □[

2　^{也持經之}
]^量不可思[

3　]白佛[

4　]羅三[

（后缺）

（二）《金刚经集注》

LM20-1451-16-01[7]，与 Дx.4823B+A 为同一写本（图 5），集慧净（作"静曰"）、义曰、严曰等注，暂拟名《金刚经集注》。其中"静曰"见于 CBETA, X24, no. 456, p. 457, c23-24；"义"、"严"则皆不知何人，惟"义"注与唐玄宗"御注"相合。唐写本，正文大字，注文小字单行书写，楷书（图 6）。俄藏文书研究参见董大学《敦煌本〈金刚经〉注疏研究》，该件文书仅存"义"注，故董大学定名为《御注金刚般若

6　旅顺博物馆、龙谷大学主编《旅顺博物馆新疆出土汉文佛经选粹》，169 页；董大学《敦煌本〈金刚经〉注疏研究》，120 页。

7　旅顺博物馆、龙谷大学主编《旅顺博物馆新疆出土汉文佛经选粹》，187 页。

经》[8]，今正之。

（前缺）

1　　]實之慧□□□□[
2　　　]□穩之處故名希有佛[　]□□□[
3　　　]□□法空設聞大乘法空不解自此已下[
4　　聞深慶自幸而歎及人　靜日此歎希有[
5　　不聞約行以顯希有也經是希有故弘雖少而□[
6　　藏曰實相之理名曰深經觀解轉明故言所得[
7　　世尊若復有人得聞[
8　　大乘智慧第一上義若□[
9　　此歎不共何者斯經有實[
10　　]可顯不可生言生實相[
11　　]□則生真實□□[

（后缺）

（三）《御注金刚般若波罗蜜经宣演》

唐僧道氤所集，与玄宗《御注金刚经》"君唱臣和，丝发轮行"[9]。根据定源研究，《宣演》："是站在法相宗的立场上，依无著、世亲之《金刚般若论》，汲取窥基《金刚般若经会释》等思想进行疏释。"[10] 后收入《大正藏》第85册《古逸部》，底本参照敦煌本 P.2132。

LM20-1451-28-01[11]，《宣演》卷下，相当于 CBETA, T85, no. 2733, p. 35, b7-1，"正明"作"正释"，"大三"作"大"。唐写本，草书（图7）。与 Ot.3230+Ot.3237、Ot.3253、Ot.3256、Ot.3257、Ot.3259、Ot.3260、Ot.3262、Ot.3263（图8）、Ot.3264、

8　董大学《敦煌本〈金刚经〉注疏研究》，122—123 页。

9　中华大藏经编辑局编《中华大藏经》第92册，中华书局，2004年，1—13 页。原为三卷本形式，今收录于《赵城金藏》本为六卷本，仅存第五卷，由《中华大藏经》影印出版，其他各藏未收；《赵城金藏》为行14字版，今所收录《御注金刚般若波罗蜜经宣演》卷五为行18至20字版，末记"底本，金藏广胜寺本。共六卷，今仅存此一卷。无校本"。亦收入《宋藏遗珍》上集第二函，名为三卷，实上、下卷据敦煌残卷 P.2132 等补，卷中即六卷本之第五卷；日本《大正藏》第85册《敦煌写本部》收入 P.2173（卷上）、P.2330（卷上）、P.2132（卷下）等号。

10　定源《御注金刚般若波罗蜜经宣演卷上》，《藏外佛教文献》第2编总第15辑，中国人民大学出版社，2010年，32—195 页，以 P.2173 号为底本，S.1389、S.8078、S.2738+S.771+S.2671、S.5905、P.2330、P.2182、P.3080、北敦 7387、北大22号补校，并参考《金刚经》《金刚般若经旨赞》《金刚般若论》等经疏补行间缺字。

11　旅顺博物馆、龙谷大学主编《旅顺博物馆新疆出土汉文佛经选粹》，181 页；《旅顺博物馆藏トルファン出土佛典选影》补遗，《佛教文化研究所纪要》第49集，2010年，91 页。

Ot.3266、Ot.3267、Ot.3268、Ot.3269、Ot.3270 为同一写本[12]。

（前缺）

1　］明不相違也其［

2　］意下六句正明經文於

3　］切處二者功德大三此二

4　　］諸相大者有真如體

5　　］名大身　演曰善現

6　　］説唯是菩薩［

（后缺）

　　LM20-1468-04-08，《宣演》卷下，相当于 CBETA, T85, no. 2733, p. 33, b6-10，"得"作"而"。唐写本，草书（图 9）。与 LM20-1451-28-01 等诸号为同一写本。

（前缺）

1　］如經須

2　］爲如来以

3　］猶如真金

4　　］□得言

（后缺）

（四）《金刚映》

　　唐宝达集，为《宣演》之注释，又称为《金刚经映》、《金刚经义映》。据传为三卷本，敦煌本存 3 件，分别为 S.6537、P.4748，以及日本村山龙平氏藏本，末者收录于《大正藏》第 85 册《古逸部》[13]。LM20-1480-04-08[14]，《金刚映》卷上，相当于 CBETA, T85, no. 2734, p. 53, a11-17，文字略有不同，行字数未明，"僧"作"劫"。唐

---

[12]　刘安志、石墨林《大谷文书集成〈佛教资料考辨〉》，《魏晋南北朝隋唐史资料》第 20 辑，武汉大学文科学报编辑部，2003 年，275 页，认为 Ot.3230+Ot.3237、Ot.3253、Ot.3257、Ot.3259、Ot.3260、Ot.3262、Ot.3263、Ot.3264、Ot.3267、Ot.3270 为一卷，Ot.3256、Ot.3266、Ot.3268、Ot.3269 为一卷，书手相同。Ot.3230+Ot.3237 见 CBETA, T85, no. 2733, p. 33, a29-b5；Ot.3253 见 CBETA, T85, no. 2733, p. 32, c24-27；Ot.3256 见 CBETA, T85, no. 2733, p. 35, b26-c1；Ot.3257 见 CBETA, T85, no. 2733, p. 32, c7-9；Ot.3259 见 CBETA, T85, no. 2733, p. 33, b7-10；Ot.3260 见 CBETA, T85, no. 2733, p. 34, a8-18；Ot.3262 见 CBETA, T85, no. 2733, p. 33, c5-12；Ot.3263 见 CBETA, T85, no. 2733, p. 33, c26-p. 34, a6；Ot.3264 见 CBETA, T85, no. 2733, p. 33, a7-15；Ot.3266 见 CBETA, T85, no. 2733, p. 35, c26-p. 36, a9；Ot.3267 见 CBETA, T85, no. 2733, p. 33, b14-18；Ot.3268 见 CBETA, T85, no. 2733, p. 34, c14-26；Ot.3269 见 CBETA, T85, no. 2733, p. 35, a3-13；Ot.3270 见 CBETA, T85, no. 2733, p. 33, a19-25。

[13]　董大学《敦煌本〈金刚经〉注疏研究》，141—142 页。

[14]　王珍仁、刘广堂、孙慧珍《旅顺博物馆藏新疆出土的古文书（一）》，《新疆文物》1992 年第 4 期，117—118 页。

写本，行书（图 10）。与 Ot.4006 字迹相同（图 11）[15]，该件文书有朱笔句读。

（前缺）

1   ] 信者即是十 善 [

2   ] 第二令生信 者 [

3   ] 法内人入三僧 [

4   者] 則是爲令入 [

5   ] □ 入七住已 [

6   已 [

（后缺）

（五）《金刚经疏》

LM20-1517-275，此写本与《宣演》卷上具有某种程度的关联，详见第二节讨论。LM20-1517-275 与 Ch.3164、Дx.1551、Дx.7305、Дx.8011、Дx.8462、Ot.5028、Ot.5423、Ot.5468（26）、Ot.10374、Ot.11030 为同一写本，前后共 11 件。文书正面为李善注《文选》卷三五张景阳《七命》，背面为《金刚经疏》（见图版二）[16]。

（六）《金刚仙论》

元魏天平二年（535）菩提流支于洛阳译，又名《金刚仙记》，即义记、论释类佛典，十卷。敦煌本《金刚仙论》已见 4 件，分别为卷三 BD00827、卷六 BD02266、卷八 BD00054 以及首博 32.1729[17]，其中，国图藏 BD00054 与《大正藏》本内容一致，旅博文书则见有《金刚仙论》卷八异本，与大正藏本、BD00054 本文字略有差异[18]。

LM20-1451-09-06a+b，卷八，相当于 CBETA, T25, no. 1512, p. 859, c27-p. 860, a1。唐写本，行楷间（图 12）。存残片二，可缀合。残片旁铅笔标注出土地"K"。与 LM20-1463-12-13 字迹相同，当为同卷。

（前缺）

1   ] 經爲 [

2   ] 下 復設問也

3   ] 无 漏善法

4   ] 以 无

[15]　Ot.4006 见 CBETA, T85, no. 2734, p. 53, a3-10。

[16]　参见拙文《吐鲁番本〈文选〉李善注〈七命〉的再发现》，朱玉麒主编《西域文史》第 9 辑，科学出版社，2014 年，135—153 页；修订本收入本书，126—151 页。

[17]　董大学《敦煌本〈金刚经〉注疏研究》，87—89 页。

[18]　国家图书馆编《中国国家图书馆藏敦煌遗书》，江苏古籍出版社，1999 年，223 页。

（后缺）

LM20-1463-12-13，卷八，相当于 CBETA, T25, no. 1512, p. 859, a16-20。唐写本，行楷间（图13）。残片旁铅笔标注出土地"二堡"。与 LM20-1451-09-06a+b 字迹相同，当为同卷。

（前缺）

1　　　　]别慢者以
2　　]有我人等见明一
3　　]劣從本以來清淨
4　　　]□[

（后缺）

LM20-1466-17-03[19]，《金刚仙论》卷八异本，参 CBETA, T25, no. 1512, p. 859, b1-10，"劫修十地"作"修十地"。唐写本，行楷间（图14）。与 LM20-1468-27-03 为同一写本。

（前缺）

1　　　　　　　]得[ ]此[
2　　　　　　]乘聞言法身[
3　　　]乘即生疑[　　　]諸菩薩發菩提[
4　　　]祇劫修十地行竟何所爲故答一切善法
5　]提此是第四句明報佛方便涅槃有修得也
6　]報佛明有修得者然報佛要就行者修得現
7　]既就行者論之便有修行因緣万善満足則
8　　　　　]爲言[ ]不辨其用今

（后缺）

LM20-1468-27-03[20]，《金刚仙论》卷八异本，参 CBETA, T25, no. 1512, p. 855, b2-14。唐写本，行楷间（图15）。与 LM20-1466-17-03 为同一写本。

（前缺）

1　]佛問須菩提佛可以具足色身見不等[
2　]不應作是難所以然者則此三佛亦有[

19　旅顺博物馆、龙谷大学主编《旅顺博物馆新疆出土汉文佛经选粹》，158 页。
20　旅顺博物馆、龙谷大学主编《旅顺博物馆新疆出土汉文佛经选粹》，158 页。

3]義故語一則體同一味无有二相論[

4]不同此三種佛理而言之恒一恒[

5]不傷其體一論一不癡其三用故不應[

6]佛爲冥然一爲條然異爲釋此疑須菩提佛可以具

7]足色身見不者問須菩提法佛如來可同報應二佛

8]具足色身也須菩提言不也世尊如來不應以色身見

9]者須菩提領解也何以故者乘復生疑謂法身如來

（后缺）

（七）《金刚般若波罗蜜经论》

元魏菩提流支译，又名为《金刚般若论》、《金刚般若经论》，为历代大藏经所收录，旅博文书目前检出 3 件，内容与《大正藏》本大致相合，异文出校记。以下是 3 件《金刚般若波罗蜜经论》的基本情况和录文。

LM20-1468-28-01[21]，卷上，相当于 CBETA, T25, no. 1511, p. 782, a10-b1，第 4 行 "提" 作 "萨"。唐写本，楷书（图 16）。

（前缺）

1 菩薩名[ ]是取衆生如[

2 名常心利益云何不顛[

3 故非須菩提若菩薩起衆生[

4 則不名菩提故此示現遠離依止身見衆生

5 等相故

6 論曰自此以下説菩薩如大乘中住修行此

7 事應知

8 經曰復次須菩提菩薩不住於事行於布施

9 无所住行於布施不住色布施不住聲香味觸

10 法布施須菩提菩薩應如是布施不住於

11 相想何以故若菩薩不住相布施其福德聚

12 不可思量須菩提於汝意云何東方虛空可

13 思量不須菩提言不也世尊佛言如是須菩

14 提南西北方四維上下虛空可思量不須菩

15 提言不也世尊佛言如是如是須菩提菩薩

16　无住相布施福德聚亦］　［如是不可思量佛

17　復告須菩提菩薩但應］　［是行於布施

18　无所住行於布施不住色布施不住聲香味觸

19　論曰偈［

20　　　　　　　　　　　　　　］爲修行住

　　　（后缺）

LM20-1452-32-18，卷下，相当于 CBETA, T25, no. 1511, p. 794, b10-14。高昌国写本，楷书带隶（图 17）。

　　（前缺）

1　　］喻此法故［

2　　］故如是此福德［

3

4　　　］來作是［

5　　　］故實［

　　（后缺）

LM20-1494-05-03，卷下，相当于 CBETA, T25, no. 1511, p. 793, b14-20。唐写本，楷书（图 18）。

　　（前缺）

1　　　　］言［

2　　］信者　非衆［

3　　］菩提非衆生非［

4　　］非聖非不聖［

5　　］非衆生非衆［

6　　］夫［

　　（后缺）

（八）《金刚经疏》

失译者，收录于《大正藏》第 85 册《古逸部》，底本为 S.2047，首题新加。方广锠指出，S.2047 在结束一段疏释时，常结一偈诵，这些偈诵与经文大抵没有直接关系，相当于"劝善诗"之类，为其他经疏所未见，并认为这种结构上的特点与讲经文有什么关系，值得研究 [22]。以下是 2 件《金刚经疏》的基本情况和录文。

LM20-1461-24-03，相当于 CBETA, T85, no. 2737, p. 122, a24-28，第 3 行 "卅二相即是非相" 作 "三十二相是随俗相即非三十二相"。唐写本，楷书（图 19）。与 LM20-1466-38-07 为同一写本。

（前缺）

1 ┐最可敬者所謂如來　　觀⌐

2 ┐可以見如來不不⌐

3 ┐卅二相即是非相⌐

（后缺）

LM20-1466-38-07，相当于 CBETA, T85, no. 2737, p. 122, a4-13，文字略有不同。唐写本，楷书（图 20）。与 LM20-1461-24-03 为同一写本。

（前缺）

1 　　┐□□□□□如來⌐

2 ┐法者空斷相也　　於意⌐

3 ┐言是第一答如來无所説者⌐

4 ┐其聽法者无聞无得但以⌐

5 ┐能所等相故名金剛⌐

6 　　　┐□□⌐

（后缺）

（九）《金刚般若疏》

LM20-1456-01-11，失撰者。唐写本，行楷间（图 21）。与 Дx.1661 字迹相同（图 22），可知该件俄藏文书实际出自吐鲁番，历代大藏经未收，Дx.1661 含尾题，存 9 行，一栏书二行，乌丝栏极淡，尾题作 "（前残）刚般若疏一卷"，董大学据尾题定名为《金刚般若疏》，卷末记 "用纸卅张 □曹泛超□" [23]。值得注意的是，P.2159《金刚般若经依天亲菩萨论赞略释秦本义记》卷上，首尾俱全，首题 "金刚般若经依天亲菩萨论赞略释秦本义记，西京崇圣寺沙门知恩集"，尾题则作 "金刚经疏卷上"，P.2159 与《金刚般若疏》无关，因此可以知晓尾题可作缩写形式，与正式经名有所差异。

---

[22] 方广锠《敦煌文献中的〈金刚经〉及其注疏》，《世界宗教研究》1995 年第 1 期，73—80 页。

[23] 董大学《敦煌本〈金刚经〉注疏研究》，203—204 页。

（前缺）

1　　]言我聞者否也□□□□如來滅後凡四時結[

2　　]羅窟中五百比丘結集法藏諸羅漢[

3　　]□[　]□□[　　　　　]□□□[

（后缺）

（十）《金刚般若论会释》

唐窥基撰，三卷，为历代大藏经所收，直接继承无著、世亲的思想，并进一步论释之。大谷文书也出有 1 件，即 Ot.4770，草书，存 3 行，与 LM20-1461-01-21 为不同写本 [24]。LM20-1461-01-21，相当于 CBETA, T40, no. 1816, p. 728, b22-c3，第 2 行与第 3 行间脱 30 余字。唐写本，行草间（图 23）。

（前缺）

1　　]□大涅槃及如來[

2　　]而不願與世間之樂[

3　　]爲苦滅生爲樂[

4　　]所度者皆是生[

（后缺）

（十一）《金刚般若经疏》

失撰者，二卷或三卷，敦煌写本，为较少见元魏菩提流支译本之注疏。华方田进行缀合整理并录文 [25]，底本由 S.6378、S.6021、BD02221、BD02228A、BD02228B 与 BD07737 共 6 件文书组成，字迹相同，当为同一写本，其中 S.6378 卷背题 "金刚般若疏上卷"、BD02228B 尾题 "金刚般若疏卷下"，故拟名。方广锠指出，文内时引世亲《金刚经论》，释义精炼扼要 [26]。LM20-1455-11-01，相当于 CBETA, ZW03, no. 29, p. 268, a5-6。唐写本，楷书（图 24）。

（前缺）

1　　]云共謂同一施一戒一見

2　　　　]大果爲天人王大

（后缺）

---

[24]　陈国灿、刘安志主编《吐鲁番文书总目（日本收藏卷）》，武汉大学出版社，2005 年，263 页。

[25]　华方田《金刚般若经疏》，《藏外佛教文献》第 3 辑，宗教文化出版社，1997 年，259—347 页。

[26]　方广锠《敦煌文献中的〈金刚经〉及其注疏》，76—77 页。

（十二）《金刚般若波罗蜜经》挟注

疏释元魏菩提流支译本，双行小字挟注，根据董大学对敦煌本《挟注金刚般若波罗蜜经》的研究，北敦5件、俄藏3件、英藏4件，以及湖北省图书馆、《晋魏隋唐残墨》中各有1件，总共14件均为鸠摩罗什译本疏释[27]，足见旅博文书中这件疏释菩提流支译本之《金刚般若波罗蜜经》挟注的可贵。

LM20-1452-38-21+LM20-1462-06-17、LM20-1452-39-13、LM20-1461-08-15 为同一写本，以下是基本情况和录文。

LM20-1452-38-21，相当于 CBETA, T08, no. 236a, p. 754, c22。唐写本，楷书（图25）。与 LM20-1462-06-17 可以缀合。

（前缺）

1　菓□□□□□□
　　般若之門受持讀□

2　獲福无窮勝彼捨身□
　　諸勝菓也正以獲福□

3　□佛智慧悉知□

（后缺）

LM20-1452-39-13，相当于 CBETA, T08, no. 236a, p. 754, c21-22。唐写本，楷书（图26）。

（前缺）

1　□若有男□

2　□讀誦修行□□□者讀誦□

3　　行此三事也前□□□
　　□住者依何法□□□

4　□菓乃□□□□

（后缺）

LM20-1461-08-15，相当于 CBETA, T08, no. 236a, p. 754, c18-20。唐写本，楷书（图27）。

（前缺）

1　　无睹□
　　因乎曰

2　□譬如人有

3　□種色若菩

4　□如是菩薩之心不住

27　董大学《敦煌本〈金刚经〉注疏研究》，180—189页。

5　　]□但睹日□

（后缺）

LM20-1462-06-17[28]，相当于CBETA, T08, no. 236a, p. 754, c22。唐写本，楷书（图28）。与 LM20-1452-38-21 可以缀合。

（前缺）

1　　]□菩□
　　　誦而修行
2　　]□之施以
　　　成業故
3　　]是人悉

（后缺）

（十三）《金刚般若波罗蜜经》注释三种

LM20-1464-36-15、LM20-1458-04-03 以及 LM20-1460-21-06 等 3 件文书，分别与鸠摩罗什、菩提流支和达磨笈多所疏释的《金刚经》有关。尚未能找到相关注疏文本或相同敦煌本。分别胪列基本情况及录文如下：

LM20-1464-36-15，参姚秦鸠摩罗什译《金刚般若波罗蜜经》，相当于 CBETA, T08, no. 235, p. 750, a24。唐写本，行草相间（图 29）。

（前缺）

1　　　]□沉淪相縛見
2　　]□殊並因如理能
3　　]□超然无煩致惑
4
5　　]女人以恒河沙等

（后缺）

LM20-1458-04-03，论疏，参元魏菩提流支译《金刚般若波罗蜜经》，相当于 CBETA, T08, no. 236a, p. 756, b20-23。唐写本，楷书（图 30）。

（前缺）

1　　　　]音聲求我[
2　　即[　]佛法體不可[
3　　諸天增益功德宫[
4　　無疾病災役消[

28　旅顺博物馆、龙谷大学主编《旅顺博物馆新疆出土汉文佛经选粹》，169 页。

5　　須使帝王長壽[

（后缺）

LM20-1460-21-06，参隋达磨笈多译《金刚般若波罗蜜经论》卷上，相当于 CBETA, T25, no. 1510b, p. 771, a21-23。唐写本，行楷草皆有（图 31）。

（前缺）

1　　]□名[

2　　]也若不□[　]□[

3　　]量顯勝中依无義[

4　　]此教菩薩求仏大福德身[

5　　]有言説法身出生如[

6　　　]復如來□[

（后缺）

二　吐鲁番本《金刚经疏》与《文选·七命》研究补遗[29]

上述 LM20-1517-275 正面为李善注《文选·七命》，经过字迹对比，此写本与 Ch.3164、Дx.1551、Дx.7305、Дx.8011、Дx.8462、Ot.5028、Ot.5423、Ot.5468（26）、Ot.10374、Ot.11030 为同一写本，共 11 件，其中，LM20-1517-275 与 Ot.5423 为拙文《吐鲁番本〈文选〉李善注〈七命〉的再发现》发表后新检出。

文书背面为《金刚经疏》（拟），经研究，此注疏与《宣演》卷上密切相关，二者性质形式雷同，但文字有异。此写本注文简短，形式为以"经"字引一句经文，空一格再作疏，疏文最长约莫二行，所注经文辞条较《宣演》多。《宣演》为唐僧道氤所集，其序文言唐开元二十三年玄宗御注《金刚经》，为此写作《宣演》，以"君唱臣和，丝发轮行"。因此笔者推断《金刚经疏》为《御注金刚经》引领时代宗教风气之下的产物，成书年代早于《宣演》。

（一）《金刚经疏》写本录文与拼接

《金刚经疏》存 11 片，文字介于楷书与行书之间，无界栏，字体较《七命》稍大，因故残字不多，行 17 至 19 字不等。据书写字距，似依底本抄写，但抄写不甚工整。写本录文依《七命》次序分为（A）至（E）组排列如下，经文以粗体表示：

29　本节原载于拙文《吐鲁番本〈文选〉李善注〈七命〉的再发现》，138—140、148—150 页，今对录文作修订增补，图版见附件二。

（A）Ot.5028v 存 1 行。

（前缺）

1 　]□不應如[

（后缺）

（B）第三、四行间夹写小字"菩"。Ot.5423v 存 3 行，Ot.10374v 存 3 行，有墨渍涂抹，二者前后差半字，不直接缀合，参《宣演》CBETA, T85, no. 2733, p. 23, a29-b4。LM20-1517-275v 应于 Ot.10374v 左上，存 3 行，第一行与 Ot.10374v 最后一行几乎相缀，间差 3/4 残字，第三行"也"字空一隔写"经"字，则是引另一条经文作注，再次证明《金刚经疏》注文较《宣演》要简短得多。

（前缺）

1 　]□熾火所燒練[

2 　]圓滿無不知故一切[

3 　　]常起方便利[

　　　　　　菩[

4 　]□煩惱四魔[

5 　]也　　經[

6 　　]□[

（后缺）

（C）Ot.11030v 存 4 行；Дx.8011v 存 3 行；Дx.1551v 存 2 行；Ch.3164r 存 6 行；各残片间相差一至二行不等，详细经文对照见下文。

（前缺）

1 　　　]修般若增長[

2 　　]□也大城者尸羅□[

3 　　]二示平等三明歸[

4 　　　　]第乞巳[

5 　]而言□□[

6 　]家及降迦葉　經□[

7 　　]返本歸真般若[

8 　（闕文）

9 　　　]之攝資[

10　　　　　]起偏袒右[

11　（阙文）

12　　　　]對│治五不失六□地七│立名│[

13　　　]所做究竟第七義句顯示成立此諸法門[

14　經希有世尊如來善護念諸菩薩善付屬│諸│[

15　　　]□此正申不斷有二初惣歎稀有後別歎勝│能│

16　　　　　]│曠劫難逢│故二處│稀│有[

17　　　　　　　　　]□[

　　　　（后缺）

（D）Дx.7305r 存 3 行；Ot.5468（26）v 存 2 行。

　　　　（前缺）

1　]□□□□□[

2　]　　相觀空即[

3　]□□一心故云即見[

4　　　　　　]│相│所[

5　　　　　　]切□[

　　　　（后缺）

（E）Дx.8462v 存 5 行。

　　　　（前缺）

1　　]□□[

2　]□此之子[

3　]│體│真俗│二諦│[

4　]□舩筏以喻 □[

5　　　　]□│眾│[

　　　　（后缺）

（二）《金刚经疏》写本性质考释

　　《金刚经疏》为单行注，注文与正文大小无异，相对于敦煌本《宣演》以朱笔△区隔经文与注文，此注本则不见标示。形式为以"经"字引经文一条，接着作疏，每条经疏间空一格。今存《宣演》卷上尾阙，P.2330、S.2671 残存卷末可以比对《金刚经疏》（B）（C）组文字，如下所示。

（B）组由 LM20-1517-275v、Ot.5423v、Ot.10374v 三件几乎缀合，完全对应《宣演》："炎猛智火，所烧练故。三十二大士相等，所庄饰故。殊胜功德圆满，无不知故。一切世间，亲近供养，咸称赞故。具一切德，常起方便，利益安乐，一切有情，无懈废故。"[30] "炽"作"智"，"猛"字似阙。全文俱见于道氤演曰。

（C）组第 1 行"修般若增长"见于《宣演》，解经"尔时世尊至大城乞食"一条，对应经文为"显修般若，增长法身"[31]。第 2 行"也大城者尸罗□"即解经"入舍卫大城"，舍卫城别名曰"尸罗跋提"[32]，此句不见于《宣演》。第 3 行"二示平等三明归本"为解经"乞食"，对应《宣演》前后文为"第五化事，于中有四。一为世福田，二示平等，三明归本，四显事终"[33]。第 4 行"第乞已"即经"于其城中次第乞已"。第 5 行与第 6 行应为《宣演》"次第乞已"条之解，但注文略有不同，写本仅见"及（即）降迦叶"[34]，"叶"下空一格，接续"经"，应为另一条经疏，可见其注文较《宣演》简短。第 7 行"返本归真般若"解经"还至本处"，前后文为"表还源返本，归真住寂，将说般若深妙理故"[35]，与《金刚经疏》注文略有不同。第 8 行缺。第 9 行"之摄资"与《宣演》解经"收衣钵"的注文"一摄资缘，二净身业，三入寂定"相似[36]。第 10 行"起偏袒右"，对应《金刚经》经文可知"收衣钵"、"洗足"、"敷座而坐"后，紧接着"长老须菩提在大众中即从座起，偏袒右肩"一句。第 11 行缺。第 12 行"对治五不失六□地七立名"、第 13 行"所做究竟第七义句显示成立此诸法门"解经"时长老须菩提至而白佛言"，对应《宣演》"四对治，五不失，六地，七立名。前六义句，显示菩萨，所作究竟。第七义句，显示成立此法门故"[37]，二者文字略有不同。第 14 行"经希（稀）有世尊如来善护念诸菩萨善付属（嘱）诸"即《金刚经》长老须菩提告诉佛的"稀有！世尊！如来善护念诸菩萨"一段。第 15、16 行"□此正申不断有二初惣叹稀有后别叹胜能"、"旷劫难逢故二处稀有"解经"稀有世尊"条，《宣演》作"稀有至菩萨"，注文为"演曰：此正申不断有二：初惣叹稀有，后别叹胜能。稀有有四：一时稀有，旷劫难逢故；二处稀有"[38]。

（A）组因间距较远、残字较少，无法对应；（D）、（E）组因其下阙文，难以判

30　定源《御注金刚般若波罗蜜经宣演卷上》，130 页。

31　定源《御注金刚般若波罗蜜经宣演卷上》，141 页。

32　丁福宝编《佛学大辞典》，文物出版社，1984 年，224 页"尸罗跋提"条、第 764 页"舍卫"、"舍卫城"条。

33　定源《御注金刚般若波罗蜜经宣演卷上》，145 页。

34　定源《御注金刚般若波罗蜜经宣演卷上》，146 页，注 16："除"底（P.2173）、丙（P.2330）、己本（P.2182）作"降"，据壬本（P.3038）改。

35　定源《御注金刚般若波罗蜜经宣演卷上》，147 页。

36　定源《御注金刚般若波罗蜜经宣演卷上》，148 页。

37　定源《御注金刚般若波罗蜜经宣演卷上》，151 页。

38　定源《御注金刚般若波罗蜜经宣演卷上》，155 页。

别，但根据《七命》卷末的 Дx.8462v 存"舩筏以喻"一句，应是解《金刚经》"以是义故，如来常说：'汝等比丘，知我说法，如筏喻者，法尚应舍，何况非法。'"其下还有近六分之五的《金刚经》内容已残，故我们不排除文书正面不仅抄写《文选·七命》一篇，还有其他内容，或者也可能是僧人利用纸背空白处，多纸粘贴以抄经疏。

由上面比对我们可以发现，《金刚经疏》与《宣演》内容雷同，注文简略，解释辞条虽然与《宣演》相似，但并不完全一致，可以排除为《宣演》经疏抄或是祖本的可能性，应是自玄宗《御注金刚般若波罗蜜经》后，当时的僧人为了学习《金刚经》而产生一批相关著作。此写本即为这批相似于《宣演》之著作的经疏之一，呈现世亲思想的流传，此经疏在传世文献中佚失，却被保留在敦煌吐鲁番文书之中。巧合的是，敦煌写本 Ф.242《文选注》背面为与《宣演》相同的世亲系统的《金刚般若经旨赞》，充分显示世亲一系思想，不仅流行于敦煌，在吐鲁番地区也一样风行。

（三）吐鲁番《文选·七命》写本录文与拼接

吐鲁番本李善注《文选·七命》楷书工整，有乌丝栏，行大字约19—20字，或小字27—28字不等，依抄写模式可知有底本，相当严谨，因此笔者认为，《七命》写本当唐灭高昌设西州以后，当地士人饱受中原文化的熏陶，加以政治制度的控制，为因应科举而从内地传入的"标本"[39]。依照前后顺序排列录文于下：

（A）Ot.5028r 存 2 行。

（前缺）

1　　啟中［

2　^{副也劉向□}　［
　　^{□□}

（后缺）

（B）Ot.5423r 存 3 行，Ot.10374r 存 4 行，LM20-1517-275r 存 5 行。Ot.5423r 与 Ot.10374r 几乎上下可缀；Ot.10374r 第 3 行与 LM20-1517-275r 第 1 行在同一行，之间仅残缺小字注 1 字。

（前缺）

1　　　　　］□□□華草錦繁飛

2　　　　　^承意恣歡仰折神藥

3　　　　　　］椒塗於瑤壇^{遠蘁}

4　　　］^衡　［　　　］^而爾乃浮三

39　拙文《吐鲁番本〈文选〉李善注〈七命〉的再发现》，147 页。

5]艘長十丈中在水中沚潛鰓

6]沈絲結飛矰[

7]絲□[

（后缺）

（C）Ot.11030r 存 6 行；Дx.8011r 存 3 行；Дx.1551r 存 3 行；Ch.3164v 存 6 行，皆属同一段落，各纸间相隔一至二行。

（前缺）

1]□然此妍[

2]足撥飛鋒說文曰□反廣雅曰撥[

3]物也五忽反郭璞爾雅注曰反孔安國論語注曰扣擊[

4]石逞伎史記曰蜚廉以屍子中黄伯[

5]水行不避蛟龍陸之不吉王怒□[

6]淮南子[

7]虎黜黑虎□揖漢書注曰貗豸似

8]買反瀾漫狼藉傾榛倒壑

9]西京賦注曰背死禽獸名也又曰僵僕也郭璞爾雅[

10 （阙文）

11]虞人數獸[

12]息馬韜弦張晏槁勤[

13]軒說文曰[

14 （阙文）

15 （阙文）

16]爲之乎□□□□天下之壯觀公子曰余病未能[

17]營越絶書曰楚王召風湖子而問之曰寡人聞吴有干將越有歐冶子寡人願齎邦之重寶請此二人作爲劍可乎

18]之吴見歐冶子干將使之作鐵劍二曰太阿三曰工市陽劍見下文邪溪之鋌赤山之精越絶書曰越王

19]寶劍五聞於天下客有能相劍者名曰薛燭王召而問之對曰當劍之時赤堇之山破而出錫若耶之溪涸而出銅許慎淮南子注曰鋌

20]鐵璞也[ ]徒鼎反精謂 銷逾羊頭鍱越鍛成淮南子曰苗山之鋌羊頭之銷雖水斷龍髯[

21]生鐵廣[

（后缺）

（D）Дx.7305v 存 3 行；Ot.5468（26）r 为双行小字注 4 行。

（前缺）

1　　　　　]□□[　　　]□[

2　　　　　]二耕父推畔魚豎讓[

3　] 天 下 □ [　　　]危冠之飾輿台哭短後[
　] 黄帝治天 [

4　] 賦曰士園 [
　] □□□ [

（后缺）

（E）Дx.8462r 存 6 行。

（前缺）

1　　　　　]□[

2　　　]聞皇風載題[

3　　　]實爲秋摛藻爲[

4　　　□簡主吾不復樹
　　　其實今子樹非[

5　　]君尚書大傳曰周人
　　　可比屋而封[

6　　]敏已[

（后缺）

（四）吐鲁番《文选·七命》写本考释

前述拙文《吐鲁番本〈文选〉李善注〈七命〉的再发现》已根据中华书局影
印北京图书馆所藏南宋淳熙八年（1181）尤袤李善注刻本、《四部丛刊》影印上
海涵芬楼所藏南宋建州六臣注刻本，以及日本足利学校遗迹图书馆藏南宋明州六
家注刻本三版本相互比对，分析《七命》写本中的俗体字、避讳情况、反切、"卒
哭不讳"之礼等因素，并置于吐鲁番地区的历史背景下讨论，判定此《七命》写
本年代不应晚于西州陷蕃。又考其俗体字字形，加以避讳情况，此文书当是初唐
之作。

并且藉《七命》写本考证李善注释体例，据唐人李匡乂《资暇集》所言：

> 盖李氏不欲窃人之功，有旧注者，必逐每篇存之，仍题原注人之姓字，或
> 有迂阔乖谬，犹不削去之。苟旧注未备，或兴新意，必于旧注中称"臣善"以
> 分别，既存原注，例皆引据。李续之雅，宜殷勤也。[40]

说明写本与刻本同样有旧注记名以别善注的体例。今考善注单刻本，发现李善
注释体例存在四种情况：

1. 凡有旧注为底本者，以"善曰"（或"臣善曰"）别原注，底本注在前，善注

40　李匡乂《资暇集》卷上《非五臣》，收录于《丛书集成初编》0279，中华书局，1985年，5页。

在后。

2.非引用单一注者，有"善曰"，善注在前，他注在后，或作"善曰某曰"。由于六臣注或六家注《文选》皆以"善曰"别于五臣，笔者认为此处有六臣注本混淆的嫌疑。

3.非引用单一注者，无"善曰"，善注在前，他注在后。除上述各篇之外，余下包含《七命》在内的数百篇皆无"善曰"字样。今《七命》写本存李善注 19 条，不见"善曰"二字，可见李善注《文选》原貌应当如此。

4.非引用单一注者，有"臣善曰"，善注在后，目前仅见 P.2527 一件。虽刻本成于写本之后，确实有若干变动，但若言后世传本将绝大部分善注转移到前面，又删削了大多数的"善曰"，恐怕不可能。

综上可知，李善注《文选》的最早定本，凡是引用某人旧注底本者，皆以"臣善曰"辨别之，而李善未采底本而自行阐释字义或纳多家注的篇目，应是不存在"善曰"或是"臣善曰"这样的形式，既是本人，何必区分？因此我们可以将初唐所抄《七命》写本，视为最接近李善注原貌的唐代写本之一。此写本格式谨严，非一般学子所用，而应是正规的图书抄本，所以李善注的方式，应当是当时正规李善注本的格式。

此外，透过 Дx.7305、Ot.5423r、LM20-1517-275r 的再检出，检视文书地脚可以发现，今本李善注《文选》的注文较唐写本要少得多，为研究李善注《文选》原貌提供了重要信息。

三　小结

旅顺博物馆藏新疆出土汉文文书的全面刊布，必将对学术工作的推展有重大帮助。

本文集中讨论目前已检出旅博文书中涉及《金刚般若波罗蜜》经疏的部分，前后对 29 件《金刚经》注疏文书进行录文整理，分为 13 类：（一）《御注金刚般若波罗蜜经》，（二）《金刚经集注》，（三）《御注金刚般若波罗蜜经宣演》，（四）《金刚映》，（五）《金刚经疏》，（六）《金刚仙论》，（七）《金刚般若波罗蜜经论》，（八）《金刚经疏》，（九）《金刚般若疏》，（十）《金刚般若论会释》，（十一）《金刚般若经疏》，（十二）《金刚般若波罗蜜经》挟注，（十三）《金刚般若波罗蜜经》注释三种。其中，唐玄宗《御注金刚经》的影响较为显著，有 8 件文书直接涉及；此外，疏释菩提流支译本之《金刚般若波罗蜜经》挟注亦难能可贵。最后，本文着重提示由 11 件文书组成的两面书写文书,《金刚经疏》与《文选·七命》,兼论李善注《文选》体例。此《金刚经疏》为玄宗引领《金刚经》信仰风潮之下的产物。

这批旅顺博物馆藏《金刚经》注疏的发表是了解吐鲁番地区佛教信仰的重要材料,可补吐鲁番学研究该方面的不足。

论文写作过程中获同项目诸位老师和学长的多方帮助,在此表示诚挚感谢。

（李昀,北京大学历史学系博士生。原刊《旅顺博物馆学苑·2016》,2017 年。2019 年 8 月 31 日于畅春新园修订）

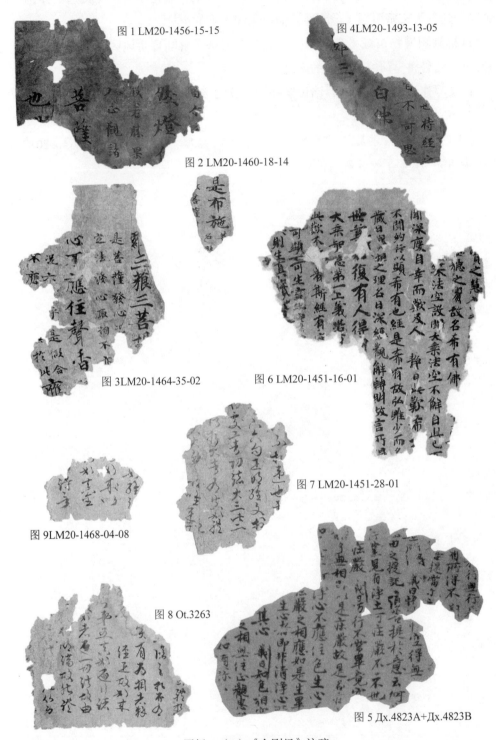

图 1 LM20-1456-15-15

图 4LM20-1493-13-05

图 2 LM20-1460-18-14

图 3LM20-1464-35-02

图 6 LM20-1451-16-01

图 7 LM20-1451-28-01

图 9LM20-1468-04-08

图 8 Ot.3263

图 5 Дх.4823А+Дх.4823В

图板一（1）《金刚经》注疏

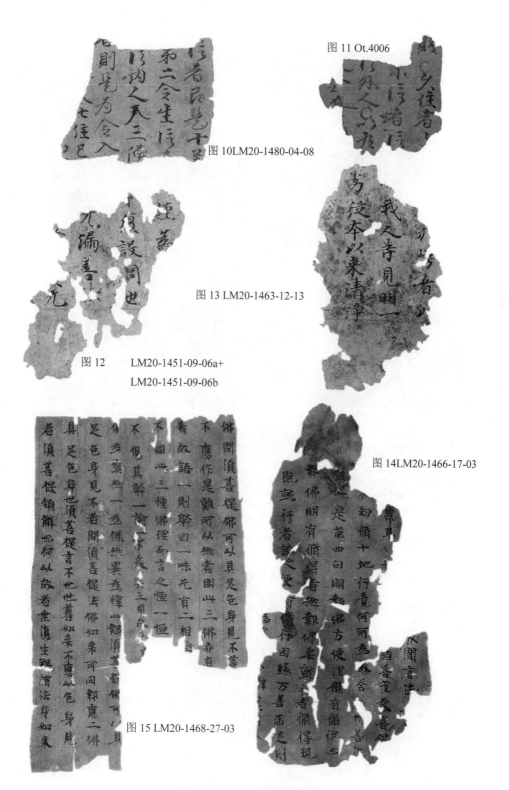

图 11 Ot.4006

图 10LM20-1480-04-08

图 13 LM20-1463-12-13

图 12　　LM20-1451-09-06a+
　　　　LM20-1451-09-06b

图 14LM20-1466-17-03

图 15 LM20-1468-27-03

图板一（2）《金刚经》注疏

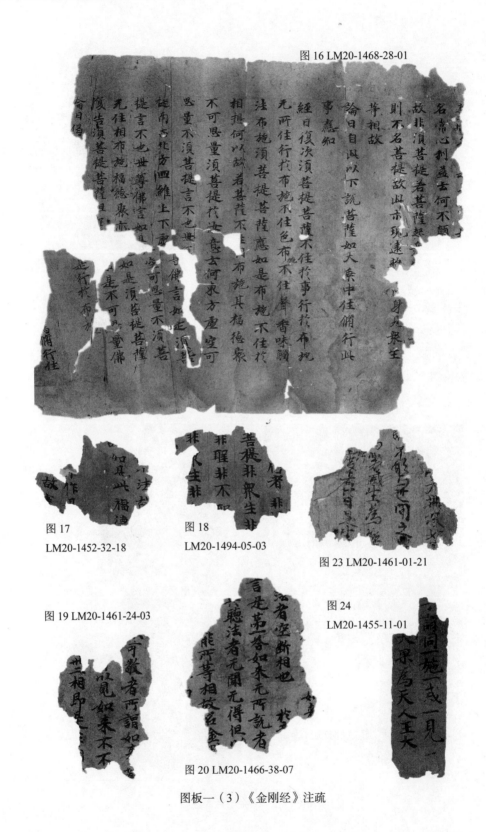

图 16 LM20-1468-28-01

图 17
LM20-1452-32-18

图 18
LM20-1494-05-03

图 23 LM20-1461-01-21

图 19 LM20-1461-24-03

图 24
LM20-1455-11-01

图 20 LM20-1466-38-07

图板一（3）《金刚经》注疏

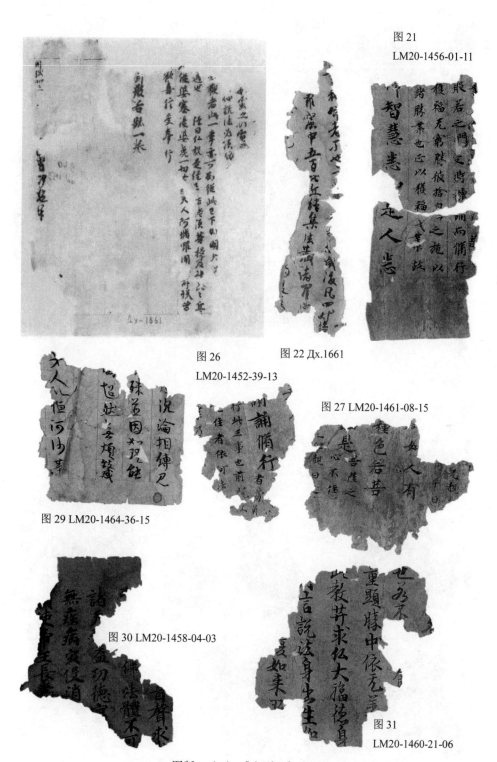

图版一（4）《金剛經》注疏

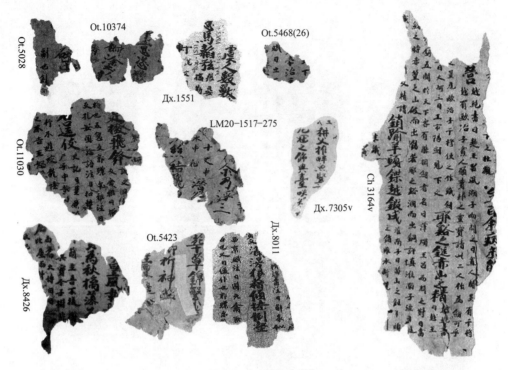

图版二（1）《七命》

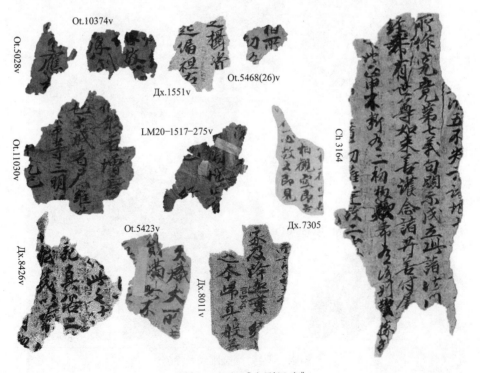

图版二（2）《金刚经疏》

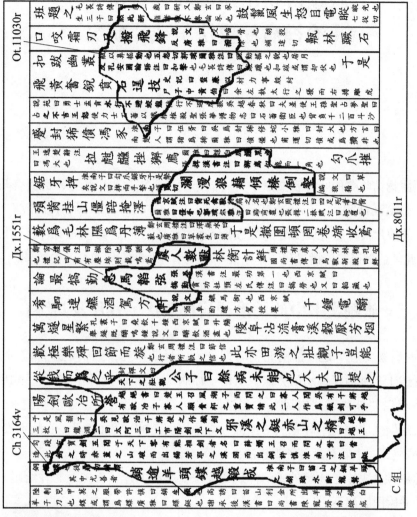

图版三 复原图

旅顺博物馆所藏吐鲁番出土
《治禅病秘要法》残片研究

包晓悦

旅顺博物馆收藏的吐鲁番文献中有《治禅病秘要法》残片数片，经缀合与复原，可知残片分属两件写本，年代为高昌国时期。《治禅病秘要法》共有前后两个译本，本次出土的残片很可能是从江南流入的重译本，可证明此经重译本回传西域时在 5 至 6 世纪。此经的翻译与传播过程，是南北朝时期南方与北方佛教交流的绝佳例证。

一　旅顺文书中的《治禅病秘要法》残片及其缀合

《治禅病秘要法》是一部南北朝时期翻译的早期禅经，经中记述佛陀对舍利弗和阿难所述十七种治疗禅病的方法。所谓"禅病"，是指修行者在修禅过程中因"乱声"、"恶名"、"外风"、"内风"、"贪淫"、"利养"、"犯戒"、"好歌呗偈赞"、"腹泻"、"头痛"、"眼痛"、"耳聋"、"惊怖"等原因引起的"乱心病"（心乱不安）；而所谓"秘要法"，主要是指各种观想法。

目前旅顺文书中已比定的《治禅病秘要法》共有七片，首先录文并给出 CBETA 位置编号并附图版如下：

1、LM20-1450-24-05　《治禅病秘要法》卷上
CBETA, T15, no. 620, p. 337, a17-22。

```
1    □善業智者[
2    乃至次第念於七佛念[
3    後復當念諸菩薩念大[
4    慚愧想一一佛捉澡罐[
5      ]阿鼻地獄十八地[
```

图 1　LM20-1450-24-05

2、LM20-1455-33-07 《治禅病秘要法》卷上

CBETA, T15, no. 620, p. 336, a29-b2。

1 ｜以射其心以貪｜

2 ｜便如貓伺鼠｜

3 ｜養｜

图 2 LM20-1455-33-07

3、LM20-1455-37-16 《治禅病秘要法》卷上

CBETA, T15, no. 620, p. 336, b10-12。

1 ｜□心令定想

2 ｜闍崛山七

3 ｜貪法告

4、LM20-1455-39-01 《治禅病秘要法》卷上

CBETA, T15, no. 620, p. 336, b15-20。

1 ｜是汝坐具

2 ｜亿棘刺痰

3 ｜□尊説是

4 ｜卧七重

5 ｜□□

图 3 LM20-1455-37-16

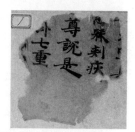

图 4 LM20-1455-39-01

5、LM20-1461-32-18 《治禅病秘要法》卷上

CBETA, T15, no. 620, p. 336, b7。

1 ｜耳諸情閉塞｜

6、LM20-1466-36-03 《治禅病秘要法》卷上

CBETA, T15, no. 620, p. 337, a23-27。

1 ｜稱南无佛南无｜

2 諸佛如來於其夢中｜

3 此事已如負责人心懷｜

4 一意脱僧伽梨著安多｜

5 ｜如大山崩｜

图 5 LM20-1461-32-18

7、LM20-1505-671b 《治禅病秘要法》卷上

CBETA, T15, no. 620, p. 336, b19-24。

1　　　］鐵牛
2　　　　　］中
3　　　豎出定入
4　　　蟲刀林劍
5　　　小蟲

图 6　LM20-1466-36-03

图 7　LM20-1505-671b

　　根据字形判断，这七件残片分属两件写经。其中 LM20-1450-24-05 与 LM20-1466-36-03 为同一件写经（A），年代为高昌国时期，二件残片虽不能直接缀合，但残存的经文显示二者前后紧邻，根据经文相对位置，我们可将其复原，如下图：

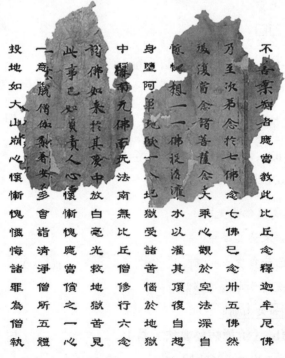

图 8　抄本（A）复原示意 LM20-1450-24-05+LM20-1466-36-03

另外五件残片 LM20-1455-33-07、LM20-1455-37-16、LM20-1455-39-01、LM20-1461-32-18、LM20-1505-671b 也属于同一件写本（B），其中 LM20-1455-39-01 与 LM20-1505-671b 可左右缀合。值得注意的是，书道博物馆所藏 SH.176-97《治禅病秘要法》字迹与它们非常相似，应当也是这件写经一部分。书道所藏残片被贴裱于《流沙碎金册》叶一八，虽然早期的《经卷文书类目录》著录此册文书"新疆出土"，但其中很可能有出自敦煌藏经洞的文书存在，所以其出土地尚不能确定[1]。与旅顺所藏残片比定为同一写经后，书道博物馆所藏的这件残片可确定是吐鲁番出土。现按上述方式给出录文（用繁体字）及 CBETA 位置编号与附图版如下：

图 9　书道博物馆藏 SH.176-97

CBETA, T15, no. 620, p. 336, a11-16。

1　　　　]膝端如[
2　　　]令|此諸蟲衆|不|
3　　]無|處不至見此事
4　　　]天子天女若眼
5　　]地|獄箭半多羅
6　　　]應當諦觀自身

除了 LM20-1455-39-01 与 LM20-1505-671b 可直接缀合以外，抄本（B）的其他几篇残片位置相去不远，但不能直接缀合。这件写经每行 17 字，有乌丝栏格，根据字体判断，年代为高昌国时期。几件残片在写经中的相对位置复原如下图所示：

1　参拙作《日本书道博物馆所藏敦煌吐鲁番"写经残片册"的文献价值》,《文献》2015 年第 5 期，第 41 页;《日本书道博物馆藏吐鲁番文献目录》（下）,《吐鲁番学研究》2017 年第 1 期，147 页。

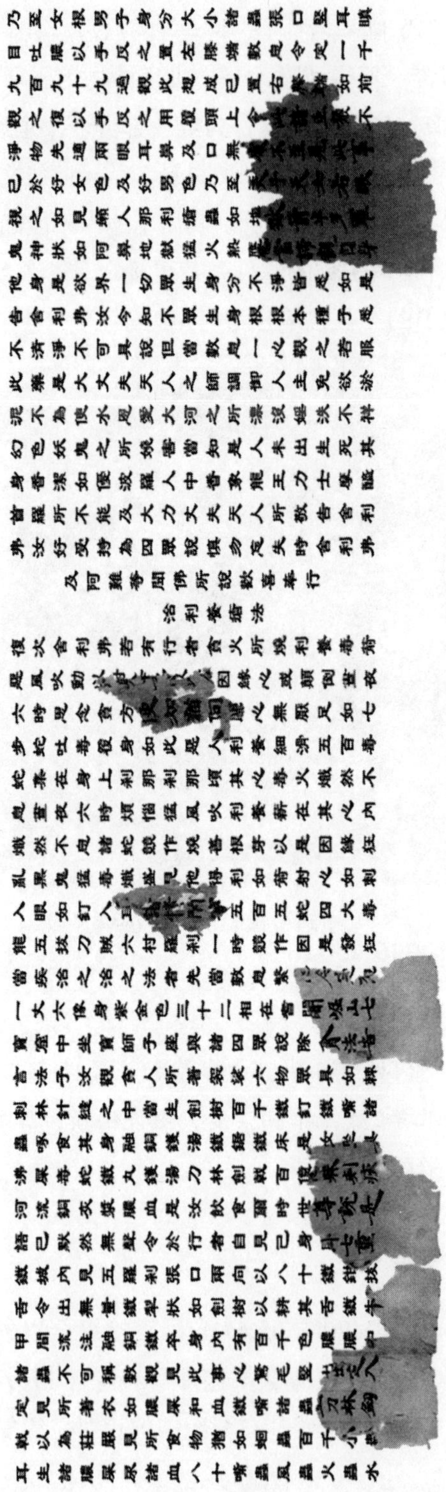

图 10　抄本（B）复原示意图

二 《治禅病秘要法》的翻译与传播

《治禅病秘要法》又名《禅要秘密治病经》，译者为沮渠京声，是北凉王沮渠蒙逊堂弟，封安阳侯。此经后序称：

> 河西王从弟优婆塞大沮渠安阳侯，于于填国衢摩帝大寺金刚阿练若住处，天竺比丘、大乘沙门佛陀斯那，其人天才特拔，国中独步，口诵半亿偈，兼明禅法，内外综博，无籍不练，故世人咸曰"人中师子"。沮渠亲面禀受，忆诵无滞，以孝建二年九月八日，于竹园精舍书出此经，至其月二十五日讫。[2]

序中明言，此经是沮渠京声于于阗国从天竺僧佛陀斯那处习得，并于孝建二年（455）九月八日在竹园精舍译出，但通过其他史料，我们得知此经翻译其实颇多曲折。

沮渠京声之事迹，集中见于《出三藏记集》卷一四：

> 沮渠安阳侯者，其先天水临成县胡人，河西王蒙逊之从弟也。初，蒙逊灭吕氏，窃号凉州，称河西王焉。安阳为人强志疎通，敏朗有智鉴，涉猎书记，善于谈论。幼禀五戒，锐意内典，所读众经，即能讽诵，常以为务学多闻，大士之盛业也。少时尝度流沙，到于阗国，于衢摩帝大寺遇天竺法师佛陀斯那，咨问道义。斯那本学大乘，天才秀出，诵半亿偈，明了禅法，故西方诸国号为"人中师子"。安阳从受《禅要秘密治病经》，因其胡本，口诵通利。既而东归，于高昌郡求得观世音、弥勒二观经各一卷。及还河西，即译出《禅要》，转为汉文。
>
> 居数年，魏虏讬跋焘伐凉州，安阳宗国殄灭，遂南奔于宋，晦志卑身，不交世务，常游止塔寺，以居士自毕。初出弥勒、观世音二观经，丹阳尹孟颛见而善之，请与相见。一面之后，雅相崇爱，亟设供馔，厚相优赡。至孝建二年，竹园寺比丘尼慧浚闻其讽诵《禅经》，请令传写。安阳通习积久，临笔无滞，旬有七日，出为五卷。其年仍于钟山定林上寺续出《佛母泥洹经》一卷。安阳居绝妻挈，无欲荣利，从容法侣，宣通经典，是以京邑黑白咸敬而嘉焉，以大明之末遘疾而卒。[3]

又《梁高僧传》卷二《昙无谶传》后亦附有沮渠京声传，是以《出三藏记集》为基

2　高楠顺次郎主编《大正新修大藏经》第 15 册，342 页。
3　僧佑撰《出三藏记集》，中华书局，1995 年，551 页。

础撰成，内容与之几无二致：

> 蒙逊有从弟沮渠安阳侯者，为人强志疏通，涉猎书记。因谶入河西，弘阐
> 佛法，安阳乃阅意内典，奉持五禁，所读众经，即能讽诵，常以为务学多闻，
> 大士之盛业。少时求法，度流沙，至于阗，于瞿摩帝大寺遇天竺法师佛驮斯那，
> 咨问道义。斯那本学大乘，天才秀发，诵半亿偈，明了禅法，故西方诸国号为
> "人中师子"。安阳从受《禅秘要治病经》，因其梵本，口诵通利。既而东归向
> 邑，于高昌得观世音、弥勒二观经各一卷，及还河西，即译出《禅要》，转为
> 晋文。

> 及伪魏吞并西凉，乃南奔于宋，晦志卑身，不交人世，常游塔寺，以居士
> 身毕世。初出弥勒、观音二观经，丹阳尹孟顗见而善之，深加赏接。后竹园寺
> 慧濬尼复请出《禅经》，安阳既通习积久，临笔无滞，旬有七日，出为五卷，顷
> 之又于钟山定林寺出《佛父般泥洹经》一卷。安阳居绝妻挐，无欲荣利，从容
> 法侣，宣通正法，是以黑白咸敬而嘉焉，后遘疾而终。[4]

由僧传可知，沮渠京声尝两译此经，孝建二年并非首次。沮渠京声年少时曾经西度
流沙至于阗，跟随天竺高僧佛陀斯那学习佛法。《治禅病秘要法》（又称《禅要秘密治
病经》，引文中"《禅经》"、"《禅要》"均指此经）就是他从佛陀斯那处习得，并且能
流利诵读梵本。沮渠京声返回河西后，曾将此经译出，此为第一次翻译。第二次则
是北凉于承和七年（439）为北魏所灭之后，沮渠京声南奔刘宋，战乱辗转之中，原
来在河西所译佛经可能大半散佚，故孝建二年（455）又应比丘尼慧濬之请，于建康
竹园寺将《治禅病秘要法》重新译出，由于"通习积久"，仅十七日就完成。所以历
代藏经所收的《治禅病秘要法》均为重译本。

《治禅病秘要法》是沮渠京声年少时远赴于阗所习得，身为北凉王族，他的这一
段经历颇引人注目，此外早年他与昙无谶的关系也值得关注。《出三藏记集》记载称：
"安阳为人强志疏通，敏朗有智鉴，涉猎书记，善于谈论。幼禀五戒，锐意内典，所
读众经，即能讽诵，常以为务学，多闻大士之盛业也。"[5]慧皎《高僧传》乃参考《出
三藏记集》撰成，这一段记述非常相似，唯有一处不同："因谶入河西，弘阐佛法，
安阳乃阅意内典，奉持五禁，所读众经，即能讽诵，常以为务学，多闻大士之盛
业。"[6]是将沮渠京声皈依佛法归因于受到昙无谶传法的影响。此外《出三藏记集》
中沮渠京声单独成传，而《高僧传》将其附于《昙无谶传》后，也是在强调二者

4　慧皎撰，汤用彤校注《高僧传》卷二，中华书局，1992 年，74 页。
5　僧佑撰《出三藏记集》，551 页。
6　慧皎撰，汤用彤校注《高僧传》卷二，74 页。

关系。

慧皎对于昙无谶与沮渠京声二人关系的补充，所据材料已不可考，但二人从生活年代到地域，的确存在交集。生活年代上，汤用彤先生考证昙无谶于北凉玄始十年（421）由敦煌入姑臧[7]，到义和三年（433）被杀身死，除去中途回国一年多时间，在北凉生活超过十年。沮渠京声生卒年不详，但根据僧传记载我们可以大致推算一下。他"少时"远赴于阗从佛陀斯那学习佛法，既能如此长途跋涉，年纪不会太幼，但也应当未及弱冠，大概年龄在十余岁。从凉都姑臧到于阗，一般是沿传统孔道河西走廊至敦煌，然后取丝路南道，经鄯善至于阗，而据僧传，回程时沮渠京声绕道高昌，在此获得弥勒、观音二观经各一卷，这一段往返路程加上在于阗学习的时间，至少数月，甚至可能一年以上。沮渠京声返回河西后，"居数年"，北魏攻陷凉都。从十余岁往于阗，到返回河西又经过数年，此时他应当是一个二十来岁的青年人，北魏灭凉时在承和七年（439），反推可知，他的出生时间大致在公元419年前后。所以，沮渠京声幼年至少年时代，正是昙无谶受到沮渠蒙逊厚待，并在北凉大兴佛法的时期[8]。昙无谶深受沮渠蒙逊宠信，身为北凉王族的沮渠京声应当有很多机会与其接触，当他展现出对佛法的决心与天赋之后，也能获得昙无谶的教导，二人实为师生关系。

推得沮渠京声大致年龄后，我们发现，他年少时前往于阗的时间与昙无谶之死的时间比较接近。昙无谶被杀在义和三年（433），此时距北魏灭北凉还有六年，这段时间，恰好能与沮渠京声前往于阗，再返回河西，"居数年"的时间线相对应。沮渠京声的于阗之行与昙无谶之死是否有关，仍是一个值得思考的问题，尽管目前尚没有材料能够证实二者间存在直接联系。沮渠京声虽身为北凉王族，但一直远离权力中心，在这一点上与昙无谶以及同门法进都形成鲜明对比[9]。姑臧陷落后，沮渠京声既没有与凉王沮渠茂虔及大多数北凉王族一起被掳至平城，也未随沮渠无讳等人西奔至高昌，而是南下投奔刘宋，在南方，他也是"晦志卑身，不交世务"、"居绝妻拏，无欲荣利"，这或许也部分因为昙无谶悲剧性结局的影响。

接下来我们来谈一下《治禅病秘要法》的传播及其所反映的5世纪南北方佛教的交流。《治禅病秘要法》有前后两译，由于历代藏经中只保留了《治禅病秘要法》的重译本，初译本已经散佚，我们尚不清楚这两个译本有何差异，不过我们推测二者差异不大。沮渠京声最初学习此经时就"忆诵无滞"，能流利背诵梵本，十余年后身

[7] 汤用彤《汉魏两晋南北朝佛教史》，中华书局，1963年，392页。
[8] 参小田义久《沮渠氏と佛教》，《龙谷史坛》第60号，1968年，38—49页。
[9] 孟宪实《北凉高昌初期内争索隐——以法进自杀事件为中心》，《西域文史》第1辑，科学出版社，2006年，135—143页。

处南方仍然可以背诵，比丘尼慧濬正是听到他的讽诵之声才请求翻译形成书面文本，以便传习，而且第二次翻译也极为迅速顺利，说明沮渠京声是非常熟悉通晓此经的，对经文的准确记忆自然会提高译文的准确度，故而我们推测两个译本在内容上鲜有区别，最多在文字上有所不同，但也不会太大。那么吐鲁番出土的这两件写经是初译本还是重译本呢？

从《治禅病秘要法》的传播史看，此经初译本曾经在河西流传过，但随着北魏逐步占领河西，原来在北凉统治下此地繁荣的译经事业有所衰落，频繁战乱也可能导致部分佛典散佚。僧道挺撰《毗婆沙序》称：

> ……以乙丑之岁（425）四月中旬，于凉城内苑闲豫宫寺请令传译理味，沙门智嵩、道朗等三百余人考文详义，务存本旨，除烦就实，质而不野。王亲屡回御驾，陶其幽趣，使文当理诣，片言有寄。至丁卯岁（427）七月都讫，合一百卷。会凉城覆没，沦湮退境，所出经本，零落殆尽。今凉王信向发中，探练幽趣，故每至新异，悕仰奇闻，更写已出本六十卷送至宋台，宣布未闻。庶令日新之美，敞于当时；福祚之与，垂于来叶。挺以微缘，豫参听末，欣遇之诚，窃不自默，粗例时事，以贻来哲。[10]

此为六十卷《阿毗昙毗婆沙》序，《出三藏记集》卷二有著录，其注云"丁丑岁（437）四月出，己卯岁（439）七月讫"，与序文中所记成书年月有歧。据唐长孺先生考证，"乙丑为宋元嘉二年，沮渠蒙逊之玄始十四年（425），丁卯为宋元嘉四年、蒙逊之玄始十六年（427）……而丁丑为宋元嘉十四年、北凉沮渠牧犍之永和五年（437）、己卯为元嘉十六年、牧犍之永和（即承和）七年（439）。即于此年八月魏军围姑臧，九月牧犍降魏"。序中所云"会凉城覆没"正与此合，故此经乃由浮陀跋摩在北凉承和七年（439）译成，共一百卷，但成书之后不久，凉都姑臧便已陷于北魏之手，序中提到的凉王，指的是高昌北凉的沮渠无讳或者沮渠安周，而送往南方的是北凉余部西奔高昌后重新写就的六十卷残本[11]。北魏出兵北凉后，无讳与安周等人在河西与之周旋数年，直到占领鄯善后率部西度流沙，又攻占高昌，北凉余部才最终获得一处较为稳定的安身之所。跟随无讳等人西迁的上万河西人中，有一定数量的僧人，比如已知其名的法进，而且《阿毗昙毗婆沙》能在高昌重新写出泰半，可见到达高昌的僧人中必定有熟悉新译百卷《阿毗昙毗婆沙》，甚至直接参与过翻译工作的人。这些长途跋涉进入高昌的河西人不但极大地提升了高昌的汉文化水

10　高楠顺次郎《大正新修大藏经》第 28 册，1 页。
11　唐长孺《南北朝期间西域与南朝的陆道交通》，《魏晋南北朝史论拾遗》，中华书局，1983 年，172—173 页。

准[12]，也繁荣了此地的佛教事业[13]。另一方面，无讳等人西迁虽是有计划而为之，但毕竟是在战事逼迫之下，况且史籍记载，在通过敦煌至鄯善间的沙漠时，"士卒渴死者太半"[14]，在这一过程中，即使队伍携带了大量佛经，也可能在途中损失。所以综合看来，《治禅病秘要法》初译本无论是跟随北凉余部入据高昌传至此地，还是在中途因时局动荡而散佚，两种可能性皆有。

从新发现的《治禅病秘要法》残片的内容看，其上所存文字与传世藏经所收《治禅病秘要法》重译本没有区别，并且经缀合与复原后发现，残片上文字的相对位置也与重译本相应段落上下文字位置基本相同。如果我们假设两次译本存在文字性差异，那么新发现的残片与重译本更接近。再结合此经传播途径，我们认为，吐鲁番这两件写经是从江南流入的《治禅病秘要法》重译本的可能性更大。从字形看，这两件都是高昌国时期的写经，所以此经重译本从南方重新传回西域的时间在 5 至 6 世纪。

《治禅病秘要法》随着沮渠京声南奔而传入江南，而后其重译本又回传西域，正是体现南北朝时期南方与河西乃至西域间佛教交流的一个绝佳例证。南北朝时期，由于经河西走廊至关中再南下的道路需要经过北方王朝控制的区域，在江南与西域之间往来的使节与求法僧侣，往往取道吐谷浑。经由益州与鄯善之间的"河南道"，南朝与西域依然保持着较为紧密的政治和文化联系，通过往来不绝的使节与求法僧侣，许多佛经也得以在两地之间流通[15]。

宋初南方禅法兴盛之地，以蜀地、荆州、建业为最[16]，而这几处都是西域往南朝道路上的重镇，这一时期的南方禅僧也大多是北方人。我们知道，北凉佛教的一个重要特征是"特重禅法"[17]，沮渠京声往于阗学习《治禅病秘要法》，返回河西后又很快将其译出，都反映了对禅法的重视[18]。随着他的到来，原先流传于河西的《治禅病秘要法》传入江南，而出自南方的新译本，又重新回流到西域。虽然史料中没有明确记载沮渠京声从河西前往江南的道路，但他作为北凉王室，不大可能穿越北魏控制的疆域进入关中，自中原南下，故极可能也是取道"河南道"。而《治禅病秘要

---

[12] 参荣新江《〈且渠安周碑〉与大凉高昌政权》，《燕京学报》新 5 期，北京大学出版社，1998 年，65—92 页。

[13] 姚崇新《北凉王族与高昌佛教》，《新疆师范大学学报》1996 年第 1 期，68—77 页。

[14] 《北史》卷九三，中华书局，1974 年，3086 页。

[15] 唐长孺《南北朝期间西域与南朝的陆道交通》，168—195 页；荣新江《阚氏高昌王国与柔然、西域的关系》，《历史研究》2007 年第 2 期，4—14 页。

[16] 汤用彤《汉魏两晋南北朝佛教史》，773 页。

[17] 汤用彤《汉魏两晋南北朝佛教史》，774 页。

[18] 北凉佛教的另一特征是弥勒净土信仰发达，沮渠京声曾在高昌获得弥勒、观音二观经各一卷，其中观弥勒经当即《观弥勒上升经》，此经是弥勒净土信仰的重要经典，据僧传记载，沮渠京声是南下以后，在建业钟山定林寺译出此经的。我们不知道它是否如《治禅病秘要法》一样，也存在一个河西的初译本。

法》的回传，很可能也经由这条道路。北凉残部入据高昌后，曾四次遣使刘宋，其中宋元嘉十九年（442）至元嘉二十一年（444）连续三年遣使入贡，反映出迫切想与南方政权联合以抵御北魏的意图。但由于之后北魏攻占鄯善，使得高昌经鄯善、吐谷浑至益州的道路被阻隔，高昌北凉与刘宋的官方联系也就此中断[19]。直到十四年后的宋大明三年（459），沮渠安周才又遣使奉献方物[20]，此时距沮渠京声重新译出《治禅病秘要法》已有四年，新译本或许是在此时传入高昌的。

三 余论

前文我们已论述，吐鲁番发现的这两件高昌国时期的《治禅病秘要法》写本应当是沮渠京声在刘宋第二次重译的版本。虽然战乱可能导致初译本散佚，但它毕竟曾在河西乃至高昌流传过。沮渠京声自于阗返回河西后，很快将《治禅病秘要法》译出，此时距离凉都陷落尚有数年，北凉统治者极重佛教[21]，沮渠京声又身为王族成员，在此期间，他的译经在河西流传，尔后又随着沮渠氏西奔而被携至高昌，这种可能性并不能完全排除。因此，若今后吐鲁番出土的写经中出现内容与今本《治禅病秘要法》近似而文字有所区别的写经，或许可以考虑是此经初译本。天壤间若真有《治禅病秘要法》初译本尚存，并能重现于世，对于这一时期译经与佛教思想的研究或将大有助益。

（包晓悦，北京大学历史学系博士生。原刊《旅顺博物馆学苑·2016》，2017 年）

---

19 唐长孺《南北朝期间西域与南朝的陆道交通》，174—178 页。
20 《宋书》卷九八，中华书局，1974 年，2417—2418 页。
21 参小田义久《沮渠氏と佛教》，49—55 页；姚崇新《北凉王族与高昌佛教》，68—77 页。

新见旅顺博物馆藏《一切经音义》研究
——兼论《玄应音义》在吐鲁番的传播

赵 洋

目前所见存世佛经音义有三种，分别是玄应《一切经音义》（简称《玄应音义》），慧琳《一切经音义》（简称《慧琳音义》）和希麟《续·切经音义》（简称《希麟音义》）[1]。《玄应音义》又称《众经音义》，是唐初沙门玄应专门为阐释当时已译出的佛经音义所作。该书作为中古时期佛经音义的承上启下之作，后来的《慧琳经音》也是在此书基础上增补而成。《玄应音义》虽然只是玄应未竟全功的作品，但在其逝世后不久就广泛传抄开来，并远播至日本，目前所见最早刻本则收在宋人编刊的《碛砂藏》中。随着敦煌文书的发现与研究，以及世界各地散藏的吐鲁番文书的公布，其中《玄应音义》的早期写本也得以发现，为其早期面貌的复原提供了坚实的材料基础[2]。旅顺博物馆（简称"旅博"）藏新疆出土汉文文献，与日本大谷文书同属"大谷收集品"，多出自吐鲁番，当中也发现了10余件《玄应音义》的早期写本。以下就这批新见旅博藏《一切经音义》展开讨论，祈请方家指教。

一 新见旅博藏《一切经音义》考

旅博所藏《一切经音义》，之前学界已经比定出2件，编号分别是LM20-1474-19A-03和LM20-1474-19A-01，张娜丽先生曾做过录文和研究，考订出系《玄应音义》[3]。近来，我们在对旅博馆藏新疆出土汉文文献进行整理过程中，又新比定出12件

---

[1] 徐时仪曾对这三种佛经音义做过校注，见《一切经音义三种校本合刊》，上海古籍出版社，2008年。

[2] 关于敦煌吐鲁番写本的《玄应音义》研究，可参石冢晴通《玄应〈一切经音义〉的西域写本》，《敦煌研究》1992年第2期，54—61页；徐时仪《敦煌写本〈玄应音义〉考补》，《敦煌研究》2005年第1期，95—102页；张涌泉《敦煌本玄应〈一切经音义〉叙录》，《汉语史研究集刊》第10辑，巴蜀书社，2007年，564—579页；徐时仪《玄应〈一切经音义〉写卷考》，《文献》2009年第1期，30—41页；范舒《吐鲁番本玄应〈一切经音义〉研究》，《敦煌研究》2014年第6期，106—115页。

[3] 两件图版见旅顺博物馆、龙谷大学主编《旅顺博物馆藏新疆出土汉文佛经选粹》（简称《选粹》），法藏馆，2006年，162页。但《选粹》并未定名。张娜丽考辨缀合研究，见氏文《敦煌トルファン出土〈玄应音义〉写本について》，《相川铁崖古稀纪念书学论文集》，木耳社，2007年，253—256页。

《一切经音义》，分属几个不同的写本系统，现逐一考订如下。先列编号及卷数，次列在中华电子佛典协会所制 CBETA 中的位置及写本年代，最后是录文，方括号内是推补的文字。

LM20-1506-0897d 《一切经音义》卷一

唐玄应撰，CBETA, C056, no. 1163, p. 816, b5-6。唐时期。

（前缺）

1　第十四卷

2　六親《漢書》：以奉六親。［應邵曰：六親者，父母兄］

（后缺）

本件见于《玄应音义》卷一中《大方广佛华严经》卷一四音义，也为《慧琳音义》卷二〇所转引。本件卷数和词条均顶格书写，词条与注文单行书写且字体相同，而且与下文的 LM20-1457-16-03 内容差不多相续，不过字体还是有所区别，不敢遽然断定就是同一写本。

LM20-1457-16-03 《一切经音义》卷一

唐玄应撰，CBETA, C056, no. 1163, p. 816, b7-14。唐时期。

（前缺）

1　弟妻子也。［《蒼頡篇》：親，愛也。《釋名》云：親，櫬也，］

2　言相隱櫬也。

3　侮慢亡甫反。《廣疋》：［侮，輕也。謂輕傷玩弄也。］

4　遞相徒禮反。《爾疋》：［遞，迭也。謂，更易也。迭音徒］

5　結反。珍饌又作饎，［同。仕眷反。《説文》：備具飲食］

6　也。

（后缺）

本件见于《玄应音义》卷一中《大方广佛华严经》卷一四音义，也为《慧琳音义》卷二〇所转引。其中每个词条和注文的字体相同，且词条顶格，注文转行低一个字，但格式又并不十分严格，如第 5 行"珍饌"没有顶格，而是紧接上条的注文。值得注意的是，本件每个词条音义均无正形的部分（即字词的古文形态），与《碛砂藏》本系统一致。

LM20-1469-05-05 《一切经音义》卷一

唐玄应撰，CBETA, C56, no. 1163, p. 821, c18-19。唐时期。

（前缺）

1　戲也。

2　第九卷

（后缺）

本件虽残，仅存两行，但可推知为《玄应音义》卷一，为《慧琳音义》卷一七转引。其中第 1 行为《大集日藏分经》卷八音义，第 2 行则为《大集日藏分经》卷九的卷题。

LM20-1523-18-177　《一切经音义》卷二

唐玄应撰，CBETA, C056, no. 1163, p. 836, a1-4。唐时期。

（前缺）

1　**泛長**又作況，同。[疋劍反。《説文》：泛，浮也。又駃疾也。**莖幹工**]

2　旦反。[枝主也。《廣疋》：幹，本也。《三蒼》：枝幹也。]

（后缺）

本件见于《玄应音义》卷二中《大般涅盘经》卷五音义。本件纸张和字迹均较为一般，而且没有界栏，应当非正规写经，可能是私人抄写使用的写本。本件主要残存"泛长"和"茎干"两条，其中两词条与注文皆同一字体连写，词条稍低转行注文一格，更加确定此件写本并非正规写经。

LM20-1464-13-12　《一切经音义》卷五

唐玄应撰，CBETA, C056, no. 1163, p. 892, a12-15。唐时期。

（前缺）

1　[貙者恥俱反。似]狸而大。《爾][雅]：今貙虎]

2　[大於狗，文如狸。]

3　[《博物志》云：貙]大能化爲虎]。

4　[苑囿於救反。《三][蒼》：養牛馬林木曰[苑]。

（后缺）

本件见于《玄应音义》卷五中《超日明三昧经》卷下音义，为《慧琳音义》卷三四所转引。本件格式排列稍显奇怪，第 3 行可能是注文转行顶格书写，抄写格式并不太标准。

LM20-1474-19A-03 → LM20-1474-19A-01 → LM20-1456-15-07　《一切经音义》卷五

唐玄应撰，CBETA, C056, no. 1163, p. 895, a15-b18。唐时期。

（前缺）

1　[　綟，帛也。綟非字體。綟音力計]反，亦綠色也。

2　[斑駁又作辨，同。補顔反。]《蒼頡篇》：斑文皃也，

3　[　雜色爲斑。]

4　[龜贅又作髭，同。子移]反。《説文》：口之湏也。字從

5　[須豌豆烏丸反。豆名也。]經文作罟，於月反。或

6　[作宛並非也。]

7　[未曾有經上卷]

8　[無恙以尚反。《爾疋》：恙，憂也。孫]炎曰：恙，病之憂

9　[　也。案：《易傳》云：上古草居露]宿。恙，噬蟲也。

10　[　善食人心。凡相勞問無恙]乎？複因以爲病也。

11　[頑嚚吳鰥反，下魚巾反。《廣疋》：頑，鈍]也。《蒼頡篇》：

（中缺）

1　簡閲又作閲，同。[餘説反。《説文》：簡，閲也。亦挍閲也。]

2　《小

3　　爾疋》：撰閲，具也。

4　乍得士嫁反廣雅：[乍，蹔也。《蒼]頡篇》：乍，兩詞也。

5　慌慌呼廣反。慌忽，眼[亂也，亦]迷惑也。

6　下卷

7　先吃口跡反。謂吃噉[食飮也。經文作噉，非也。]

8　沛然普賴反。《三蒼》：沛，[水波流也。亦大也。經文]

9　　作霈，近字也。

10　不思[議功德經下卷]

（后缺）

　　前两件已由张娜丽先生比定，从字迹看，这三件为同一写本，但不能直接缀合，故用箭头表示遥接。内容见于《玄应音义》卷五中《移识经》卷下、《未曾有经》卷上下及《不可思议经》卷下音义，后两经音义为《慧琳音义》所转引。其中词条和注文的字体一致，但词条顶格书写，注文转行后低一格。这三件据记录出土于库车西方二百里的ダジト古洞，依照野村荣三郎日记的记载，当为 1909 年 4 月 15 日在塔西特（又称タシト）北边古洞发掘所得[4]。

---

[4]　野村荣三郎《蒙古新疆旅行日记》，《新西域记》卷下，有光社，1937年，524—525页；中译本见董炳月译《蒙古新疆旅行日记》，新疆人民出版社，2013 年，162—163 页。

LM20-1469-02-06　《一切经音义》卷八

唐玄应撰，CBETA，C56,no. 1163, p. 936, b6-7。唐时期。

（前缺）

1　［無］[量]壽經 前世三世轉[經]

（后缺）

本件仅存《玄应音义》卷八的经题目录一行。

LM20-1456-32-04+LM20-1452-26-12　《一切经音义》卷八

唐玄应撰，CBETA, C056, no. 1163, p. 942, c16-943, a2。唐时期。

（前缺）

1　［*肥腴*庾俱反。《說文》：腴，腹[下]［肥也。]腴亦腹也
2　［*猴玃*古遰反。下居縛[反]。《說文》：大母猴也。經文又[作]
3　［狦玗，非字體也。]
4　［*肬贅*籀文作黒尤，今亦作疣，]同。有流反，下之芮反，下直有反
5　［　　　　　　　　　　　　　　　]非也

（后缺）

本件见于《玄应音义》卷八中《法镜经》卷下音义，为《慧琳音义》卷一六所转引。其中第2行"经文"前漏抄"似猕猴而大，色苍黑，善玃持人，好顾盼"，第4行"下直有反"为诸藏经本所无，且漏抄数句注释。此外，与前几件相比，此写本字迹最差，应当不是正规写经。

LM20-1517-112-03　《一切经音义》卷一三

唐玄应撰，CBETA, C056, no. 1163, p. 1015, c6-10、c12-15。唐时期。

（前缺）

1　［*羈攝*又作羇，呼見反。《左傳》：晉車[七]百乘，[羈]、［靮、靽。絆。]
2　［杜預曰：在背曰羈、在匈曰靮、在頸曰[靽]、在[足]日絆。下攝之涉反]

（后缺）

本件见于《玄应音义》卷一三中《琉璃王经》音义，为《慧琳音义》卷五五所转引。本件字迹工整且有界栏，当为正规写经，但无法确知词条是否同注文字体一致。

LM20-1456-37-06　《一切经音义》卷二一

唐玄应撰，CBETA, C057, no. 1163, p. 65, b13-19。唐时期。

（前缺）

1　[愡氊呼昆反，下莫報反。《説文》：愡，不了]也。《廣雅》：愡，

2　[　癡也。氊，忘亂也。]

3　[摩納婆亦言摩納縛迦，此云]儒童。舊言摩那婆

4　[　或作那羅摩那，又作摩納，翻爲]年少淨行。

5　[《五分律》名那羅摩納，譯]爲人，皆一也。

6　[異生愚異生也，言愚癡闇]冥，[不生無漏故也。]

（后缺）

本件见于《玄应音义》卷二一中《大菩萨藏经》音义。

LM20-1509-1633b　《一切经音义》卷二二

玄应撰。CBETA, C057, no. 1163, p. 77, a2-5，唐时期。

（前缺）

1　囉賀[磨拏。此義言：承習梵天法者，其人種類。]

2　　自[云：從梵天口生四姓中勝，故獨取梵名。]

3　　唯[五天竺有，諸國即無。經中梵志亦此名。]

（后缺）

本件见于《玄应音义》卷二二《瑜伽师地论》卷一音义。仅仅是用来解释"婆罗门"这一个词条。其中第 1 行顶格书写，2、3 行则低一格书写，但这三行均属注文部分，格式较为奇怪。

以上是旅博馆藏 14 件《一切经音义》的基本情况，全部为《玄应音义》。玄应和慧琳均使用了相同的书名，内容上也有重合，为什么我们可以判定上述 14 件均是《玄应音义》呢？从大的背景来看，高田时雄先生已经指出《慧琳音义》作于唐末乱世，来不及广泛流通，故而其传播范围并不广，敦煌吐鲁番地区也未见流传[5]。范舒的研究也认为，由于《慧琳音义》部分转引了《玄应音义》的内容，且吐鲁番出土的《玄应音义》大多为残片，再加上《大正藏》仅收入《慧琳音义》，所以早期曾将部分《玄应音义》比定为《慧琳音义》[6]。经由以上两位学者的揭示，我们可以认为，吐鲁番出土的《一切经音义》，都应是《玄应音义》而非《慧琳音义》[7]。就文字内容而言，上述 14 件写本的内容虽然也有部分出现在《慧琳音义》之中，但均属

5　高田时雄《藏经音义の敦煌吐鲁番本と高丽藏》，《敦煌写本研究年报》第四号，2010 年，7 页。

6　范舒《吐鲁番本玄应〈一切经音义〉研究》，108 页。

7　此外，石塚晴通和徐时仪在论述吐鲁番出土的《一切经音义》时，也都将其认定为《玄应音义》，见上引石塚晴通《玄应〈一切经音义〉的西域写本》，54—61 页；徐时仪《玄应〈一切经音义〉写卷考》，30—41 页。

转引自《玄应音义》的部分，并非《慧琳音义》独有部分。特别是 LM20-1474-19A-03→LM20-1474-19A-01→LM20-1456-15-07 这组残卷，只有后半部分在《慧琳音义》转引《玄应音义》的部分中出现，而前半部分只在《玄应音义》中出现，更加有力地证明了这组残卷只能是《玄应音义》。总之，旅博馆藏的这 14 件《一切经音义》均为《玄应音义》，而非《慧琳音义》。

二 《玄应音义》在吐鲁番的流传

据徐时仪先生的研究，《玄应音义》的版本主要是《高丽藏》和《碛砂藏》两个系统[8]。此前敦煌吐鲁番出土的《玄应音义》，学者们大致将其划分为四个抄本系统，分属于《高丽藏》和《碛砂藏》两大版本系统，尤以前者为多[9]。《高丽藏》所据刻本与《开宝藏》关系十分密切。《开宝藏》作为北宋官方刻本藏经，主要收录《开元释教录》的佛经，其中所收《玄应音义》当与唐代开元时期官方藏经最为接近。《碛砂藏》虽然也源自《开宝藏》，但受北方系统的《契丹藏》的影响更大，增删情况更为严重，尤其是卷五部分缺少了 21 种佛经的音义，说明其传抄时间相对较晚，更接近后来刻本的形态。

旅博馆藏的这 14 件《玄应音义》写本，有些可归入上述两个经藏版本系统，有些则是当地增删过的本子。如 LM20-1457-16-03 与《碛砂藏》本系统相关。因为《碛砂藏》本该部分文字中，每个词条音义的古文同字部分也没有，而在《高丽藏》本中却有，所以 LM20-1457-16-03 当属《碛砂藏》本系统。LM20-1464-13-12 与 LM20-1474-19A-03 → LM20-1474-19A-01 → LM20-1456-15-07 均为《玄应音义》卷五，恰好属于《碛砂藏》本系统缺失的部分，而这也正是《高丽藏》本与《碛砂藏》本系统最大的不同之处，所以这 4 件属于《高丽藏》本系统。LM20-1456-32-04+LM20-1452-26-12 则与《高丽藏》本和《碛砂藏》本都有所不同，字迹较差，不似正规写经，又有很明显的增删，估计是只在当地使用的写本。

此前吐鲁番所出《玄应音义》有 40 件[10]，加上旅博的 14 件，总数 54 件，可知其在吐鲁番地区颇为流行。这与《玄应音义》本身的特点及重要性密切相关。玄应是以"正字"的身份参与了玄奘的译经场，《玄应音义》是当时随译随作的产物，其中

---

[8] 徐时仪《玄应〈众经音义〉研究》，中华书局，2004 年，48 页。

[9] 徐时仪《敦煌写本〈玄应音义〉考补》，《敦煌研究》2005 年第 1 期，95—99 页；范舒《吐鲁番本玄应〈一切经音义〉研究》，111—114 页。

[10] 参石冢晴通《玄应〈一切经音义〉的西域写本》，54—61 页；西脇常记《ドイツ将来のトルファン汉语文书》，京都大学学术出版会，2002 年，47—66 页；张娜丽《敦煌トルファン出土〈玄应音义〉写本について》，253—256 页；范舒《吐鲁番本玄应〈一切经音义〉研究》，106—115 页。

所收佛经皆是当时新译并被收入官方佛藏当中，虽然其不能完全等同于后来官方认定的经藏目录，但最起码也涵盖了当时大慈恩寺的主要藏经[11]。《玄应音义》成书后不久就被编入经藏，《大唐内典录》和《开元释教录》皆收录该书，并给予了"征核本据，务存实录，即万代之师宗，亦当朝之难偶也"的高度评价[12]，可见其在当时经藏中占据的独特地位。之后，伴随着唐代官方经藏的颁布以及部分佛经传抄活动，《玄应音义》得以从长安传抄至西北边陲及东北等国家[13]。

在写本时代，写本在传抄过程中出现抄写遗漏、错误，被人误读以至于以讹传讹，造成原本的知识被增删出现不同的内容，这是一种常见现象，也是知识传播与接受的重要特点。《玄应音义》是译经过程中为正字而作的产物，应当归属于字书的类别，其最主要的目的就是向学习佛经的人，解答佛经当中疑难词语的正确发音和意思。这些汇编成书的各种词条都是玄应本人学识的结晶。但当《玄应音义》成书后，由长安被传抄至吐鲁番地区，在这个过程当中，其个体的知识就藉由传抄等方式，产生了传播与接受不停转换的过程：玄应的知识传播给长安官方→长安官方接受并向吐鲁番地方官方传播→吐鲁番地方官方接受再向当地读者传播→当地读者接受并留存至今。

所以，如今我们见到的吐鲁番出土《玄应音义》，其实是经过数次不同意识形态和各色人的传播与接受而转换来的产物。在这数次转换过程中，人作为知识的传播与接受者，在其中发挥了主观能动的作用，并在《玄应音义》的写本上留下种种痕迹，带有了不同时代和不同地域的独特性。在不同写本当中出现的增删，正是受到这些痕迹的影响，也恰好能反映出人对知识的传播与接受。

《玄应音义》既然是为佛经批注音义，那么字词读音反切当然是其最基础与重要的知识，而在旅博藏《玄应音义》中，对反切的增删则明显带有当地个人实用色彩。在唐帝国的疆域存在许多地域性方言，同一个字在不同地域内读不同音的情况也时有发生。玄应生平不详，但其人常驻京师寺庙，《玄应音义》也是作于长安，所以其中所注反切应当来自当时长安通行的韵书。而在敦煌吐鲁番所在的西北地区，则很可能另有与韵书不同的字词反切。如 LM20-1456-32-04+LM20-1452-26-12 抄写字迹较差，不像是正规官方写经，应当是吐鲁番当地私人传抄本。而在其第 4 行的"下直有反"不见于今传世诸本的《玄应音义》，也不像是为该词条"胱赘"注音，反而更

11　张娜丽《玄奘の译场と玄应の行实》，见土肥义和、气贺泽保规编《敦煌·吐鲁番文书の世界とその时代》，汲古书院，2017 年，331—493 页。

12　《大唐内典录》卷五，CBETA, T55, no. 2149, p. 283, b24-27。

13　方广锠依据敦煌写本中存在的 30 件带题记的佛经写本，认为唐代官藏佛经曾在敦煌地区广泛传抄，见氏著《佛教大藏经史（八—十世纪）》，中国社会科学院出版社，1991 年，56—64 页。笔者以为既然敦煌地区存在所谓的官藏，吐鲁番地区同样也应有官藏佛经存在。

像是抄写者随手为该词条注文第一个字"籀"注音。"籀"一般指大篆字形，在《玄应音义》中属于注解里的正字部分，玄应当然不会专门为其注音，所以传世诸本的该词条中也没有此字的注音反切。而在 LM20-1456-32-04+LM20-1452-26-12 中，抄写者却打破了《玄应音义》原本的体例，自行增添"籀"字的反切，这应当是当地抄写者为了便于自己使用而对《玄应音义》文本进行改造的反映。此外，"籀"字在 P.3694《切韵》和《广韵》中均属去声小韵"胄"字部，前书作直右反、后书作直祐切[14]，但"直有反"却没有在目前所见韵书中出现，且"直有反"依据韵母"有"当为上声而非去声，所以"直有反"也很可能是当地抄写者自己所使用的不同于通行韵书的字词反切。这种在《玄应音义》原书基础上增添自己所使用的字词反切，可能只是抄写者当时随手为之，但这背后却是抄写者作为知识的接受者及传播者的双重身份的休现——抄写者学习并接受了木词条的音义，但他并不满足，而是在该写本中又添加了他所熟知的字词反切，以便于自己以后使用。《玄应音义》原本所蕴含的音义知识，原本是一种标准化的体现，但在该书传播过程中，这些知识不但为更多人所知，也在不断被人扩充甚至改写，并再次传播扩散。

释义也是《玄应音义》传播的重要知识，对其进行增删，可能也反映了知识接受者对于不同知识的兴趣。在荣新江先生介绍的王重民旧照片中，有数件以前德国探险队在吐鲁番地区挖掘出的《玄应音义》残片[15]，根据于婷先生的考察，指出这数件《玄应音义》残片中主要保留了字形的解说和注音，训释则只抄写了最低限度的内容[16]。这进一步证明了，即使是包含了丰富知识的释义，但在当时也可能未必会被当地人们所接受，抄写者很可能根据自身需求进行抄写，这也使得《玄应音义》原本的丰富内容仅被部分使用。此外，正形部分其实也有省略。《玄应音义》一般会在注文最开始就批注有古字、异体字或通假字，但有的写本却将这一部分省略掉。如可能为私人抄写使用的 LM20-1457-16-03 就省略了每个词条起首的古字正形，但似为正规写经的 Ch.444（T II T 1940）等则依然保留了古文正形。正形对于人们认识古今字当然是十分有用的，但在有的人眼中就可能会忽略掉这部分内容，毕竟古文并非常用文字。特别是对地方上的僧人来说，古文更非必要，他们只需要学会读和懂经文就够了，并不关心这些字词的古文写法。所以，在私人抄写使用的写本里，往往就会省掉他们不关心的知识。

总之，在写本时代，抄写工作费时费力，抄写者往往并非逐字逐句誊抄，而是

---

[14] P.3694《切韵》参见周祖谟《唐五代韵书集存》，中华书局，1983 年，211 页；《广韵》参见周祖谟《广韵校本》，中华书局，1960 年，437 页。

[15] 荣新江《中国国家图书馆善本部藏德国吐鲁番文献旧照片的学术价值》，国家图书馆善本特藏部敦煌吐鲁番学资料研究中心编《敦煌学国际研讨会论文集》，北京图书馆出版社，2005 年，271—272 页。

[16] 于婷《玄应〈一切经音义〉研究》，中国社会科学出版社，2009 年，92 页。

会根据自身需要对文本加以增删改造。这种改造过程也是知识传播与接受的过程。《玄应音义》无疑具有宗教与文学教育的双重知识内涵，但它并不如佛经那么庄严神圣，反而实用性更强。在当时的吐鲁番地区，当地僧人大多借助《玄应音义》来理解佛经中的疑难字词，故而其宗教知识内涵无疑更为重要，其古文字形、丰富释义的文学内涵则被大大缩减，并没有被接受并传播下去。同时，《玄应音义》作为专门用以阐释佛经字词的工具书，侧重于实用性，而这种实用性工具书必然要因地制宜，随时修订。尤其是在敦煌吐鲁番地区，西北方音与唐代官话必然不同，所以也会有所增删，以适应当地的地方语言习惯。因地而改与因时而变，这才是《玄应音义》这类实用性书籍得以传承下来的重要原因。最终，由长安传来的《玄应音义》，在经历了知识传播与接受的传抄过程中，在吐鲁番地区被改造成适应当地地方知识结构的独特的实用性文本。

附论：

本文发表后项目组又新比定出 13 件玄应《一切经音义》，在此一并增补说明。

第 1 件为 LM20-1519-08-06，见于《玄应音义》卷一中《大方广佛华严经》卷七音义，也为《慧琳音义》卷二〇所转引。本件按照残存行数来看，词条应为顶格书写，注文转行低一格。CBETA 位置及录文如下：

唐玄应撰，CBETA, C056, no. 1163, p. 815, c9-12。唐时期。

　　　　（前缺）
　1　［八梵八種梵音者。］案《[十住]［斷結經］云：一不男］
　2　［音，二不女音，三］不强音，［四不爽音，五不清］
　3　［音，六不濁音，七］[不雄音]，［八不雌音。］
　　　　（后缺）

第 2 件为 LM20-1507-1132a，与 LM20-1506-0897d 为同一写本，可以缀合。两件写本缀合后见于《玄应音义》卷一中《大方广佛华严经》卷一三和一四音义，也为《慧琳音义》卷二〇所转引。不过，此件写本虽与 LM20-1506-0897d 可以缀合，但此件写本抄写的词条和注文之间会空一格，而 LM20-1506-0897d 的词条和注文之间则没有空格。缀合后的 CBETA 位置及录文如下：

唐玄应撰，CBETA, C056, no. 1163, p. 816, b1-6。唐时期。

　　　　（前缺）
　1　［*摩瓷*奴侯反。正言］[摩奴末]［耶，此云意生身，］

2　　[言]諸天等㲹[意化生也。]

3　　**不殉旬俊**[反。《尚書》：殉于貨色。注云：殉，求也。]

4　　亦營也。

5　　第十四卷

6　　**六親**《漢書》：以奉六親。[應邵曰：六親者，父母兄]

（后缺）

第 3、4 件为 LM20-1521-09-04 和 LM20-1507-1096a。两件写本字体相似且内容相续，但无法直接缀合，见于《玄应音义》卷一中《大方广佛华严经》卷一五音义和卷一六卷题，也为《慧琳音义》卷二〇所转引。按行数来看，此件写本应与《慧琳音义》转引一样，均未抄写"诗云日月其迈是也"这句释义。CBETA 位置及录文如下：

唐玄应撰，CBETA, C056, no. 1163, p. 816, b11-17。唐时期。

（前缺）

1　　[**遞相徒禮**]反。《爾[疋》：遞，迭也。謂，更易也。迭音徒]

2　　[結反。珍]**饌**又作**饌篡**，[同。仕眷反。《説文》：備具飲食]

3　　也。

4　　**老邁**莫芥反。《説文》：[遠行也。《廣疋》：邁，歸往也。]

5　　第十六卷

（后缺）

第 5 件为 LM20-1520-23-11，见于《玄应音义》卷一中《大方广佛华严经》卷二六音义，也为《慧琳音义》卷二〇所转引。根据此件写本的行数来看，相比传世本《玄应音义》，此件写本的每个词条都缺少部分词义的注释。但此件写本所缺"经中有作摩捉日月是也"，在《慧琳音义》转引和《碛砂藏》本中也都缺失，所以此件写本可能更接近于慧琳所见的《玄应音义》版本。CBETA 位置及录文如下：

唐玄应撰，CBETA, C056, no. 1163, p. 817, a1-8。唐时期。

（前缺）

1　　[**捫摸**莫奔、莫本二反。捫亦摸也。]**謂**執持也。

2　　[**僉皆**且廉反。僉，咸也。《小尔疋》：僉，同也。]

3　　[**循身**古文作徇，同。似遵反。《三蒼》：徇，]**遍**也。循**亦**

（后缺）

第 6 件为 LM20-1521-25-17，见于《玄应音义》卷三中《光赞般若经》卷二音义，为《慧琳音义》卷九所转引。按本件行数来看，此件写本更接近于《高丽藏》本而非《碛砂藏》本。CBETA 位置及录文如下：

唐玄应撰，CBETA, C056, no. 1163, p. 858, b18-20。唐时期。

（前缺）

1　［**嵩高**又作］崧，同。［思隆反。《爾疋》：山大而高曰嵩。］

2　［**蚑行**渠支］反，又音［奇。謂蟲行皃也。］

（后缺）

第 7、8 件为 LM20-1517-141b、LM20-1520-18-11，两件写本不能完全缀合，但应为上下相续的同一写本，见于《玄应音义》卷八《维摩诘所说经》卷上音义，为《慧琳音义》卷二八所转引。其中传世本《玄应音义》的"不怙"条最后有"無母何恃恃負也"，而《慧琳音义》转引该词条则无此句。按本件残片行数来看，《慧琳音义》转引更为妥帖。CBETA 位置及录文如下：

唐玄应撰，CBETA, C056, no. 1163, p. 937, c3-7，西州回鹘时期

（前缺）

1　［謂宣法教子養萬姓］也。《論語》：［導之以政，是也。］

2　［**不怙**胡古反，］《爾疋》：怙，恃也。［《詩》云：無父何怙？怙，］

3　［賴也。**攝摩**《字林》：］七活反。《廣［疋］：攝，持也。《釋名》：］

（后缺）

第 9 件为 LM20-1507-1144d，同样见于《玄应音义》卷八《维摩诘所说经》卷上音义，为《慧琳音义》卷二八所转引。虽然此件写本与 LM20-1520-18-11 属不同写本，但同样按行数来看，此件写本的"不怙"条同样也无"無母何恃恃負也"，与《慧琳音义》转引更为相近。CBETA 位置及录文如下：

唐玄应撰，CBETA, C056, no. 1163, p. 937, c5-8，唐时期

（前缺）

1　［**不怙**胡古］反。《尒疋》：怙，［恃也。《詩》云：無父何怙？怙，賴也。］

2　［**攝摩**］《字林》：七活［反。《廣疋》：攝，持也。《釋名》：攝，卒也，謂暫］

（后缺）

第 10 件为 LM20-1508-1362a，与 LM20-1456-32-04+LM20-1452-26-12 为同一写

本，同属《玄应音义》卷八，但无法直接缀合，抄写了《一切法高王经》音义，为《慧琳音义》卷三二所转引。CBETA 位置及录文如下：

唐玄应撰，CBETA, C056, no. 1163, p. 946, b3-6。唐时期。

（前缺）

1　［一切法］ 高 王經

2　［强伽 舊名恒河是也，亦名殑伽。從］阿耨大 ［池］

3　［東面象口流出，入東海，其沙細與］水同 ［流也。］

（后缺）

第 11-13 件为 LM20-1548-18、LM20-1502-054 和 LM20-1548-17，与 LM20-1517-112-03 为同一写本，同属《玄应音义》卷一三，但无法直接缀合，同样抄写了《琉璃王经》音义。大致缀合后 CBETA 位置及录文如下：

唐玄应撰，CBETA, C056, no. 1163, p. 1015, c5-20。唐时期。

（前缺）

1　［驍］ 勇 古堯反。《廣［雅］：驍，健也。亦勇急也。《説文》：良馬駿］

2　［名也。經文作膠，苦交反。肙膠不］ 平 也。膠非字

3　義。肙音烏包反。

4　［橦杠音江，］ 旗之 ［竿也。《廣雅》云：天子杠高］ 九 仞，十二旒

5　至地也

6　［鞁鞊又作 鞁，呼見反。《左傳》：晉車］ 七 百乘， 鞁 靮 鞅

7　［絆。杜預曰：在背曰鞁、在匈曰靮、在頸曰］ 鞅 、在 ［足曰絆。下攝，］之

8　［涉反］

9　［帶鞊又作 鞁，同。火見反。著腋者也。］《釋名》云：鞊也，横

10　［經其腹下也。《蒼頡解詁》：鞊，馬］ 腹 帶也。

11　［䑁珥如志反。《蒼頡篇》：珠在耳也。耳璫垂珠］也。《 楚辭 》

（后缺）

所以，目前所见旅顺博物馆藏《玄应音义》总共有 27 件残片，而非原文所论的 14 件。论文写作过程中获同项目诸位老师和学长的多方帮助，在此一并表示诚挚感谢。

（赵洋，中国社会科学院古代史研究所助理研究员。原刊《西域研究》2018 年第 1 期）

吐鲁番所出《老子道德经》及其相关写本

游自勇

《老子》是先秦道家的经典之作，古往今来，有关《老子》的研究成果汗牛充栋。随着马王堆帛书、郭店竹简、北大简的发现与公布，对于《老子》早期形态的研究成为热点，但学界尚未形成共识。相较于 20 世纪 70 年代帛书本、简本《老子》的发现，敦煌藏经洞所出《老子道德经》及其相关写本已经拥有了一百多年的研究史，成果极为丰富[1]。于此形成巨大落差的是，吐鲁番出土的与《老子道德经》有关的写本，因其数量较少，长期以来是作为敦煌写本的附属品而存在，乏人问津，还处于初步的文献比定阶段。2015 年以来，我们在整理旅顺博物馆藏新疆出土汉文文书的时候，从中比定出了 22 片与《老子道德经》相关的写本，加上之前吐鲁番出土的写本，总共 41 片。以此为契机，本文将全面搜罗吐鲁番所出《老子道德经》及其相关写本，并进行初步的文献比定和整理研究。

一 《老子道德经》

以往认为可能属于吐鲁番发现的《老子道德经》只有一片。日本书道博物馆藏品中有"六朝经残纸册三"，系王树枏旧藏，内有一残片，首尾均缺，下半部亦缺，楷书精写，乌丝栏，存 9 行，起《老子道德经》第五五章"含德之厚"，迄五六章末"故为天下贵"（图 1）[2]。中村不折记录系吐鲁番出土[3]，其子中村丙午郎整理的目录中明确为鄯善吐峪沟所出[4]。大渊忍尔《敦煌道经·目录编》收入此件，从其收录原则来

---

[1] 目前最系统的研究当推朱大星《敦煌本〈老子〉研究》，中华书局，2007 年。关于敦煌本《老子》的研究史，参见该书"绪论"部分，1—30 页。

[2] 矶部彰编《台东区立书道博物馆中村不折旧藏禹域墨书集成》（以下简称《中村集成》）下卷，2005 年，102 页。

[3] 中村不折《禹域出土墨宝书法源流》下卷，西东书房，1927 年，此据李德范汉译本，中华书局，2003 年，143 页。

[4] 《书道博物馆所藏经卷文书录（附解说）》，西域文化研究会复制，38 页。

看，应该是认为出自敦煌[5]，王卡、朱大星都从大渊忍尔之说[6]。最近包晓悦在为书道博物馆藏吐鲁番文献编目时，确定了该件出自吐鲁番[7]。此件不标章次，但每章均另段提行书写，章末不标明每章字数。文字与通行本《老子》有一些差异，但与敦煌无注记字数本《老子道德经》（散 0668D+P.2347（1））全同。此件之抄写年代，中村不折认为其书风为后魏之作[8]，不确，当为唐代抄本。

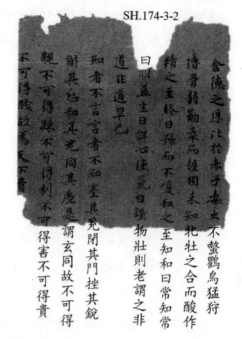

图 1　SH.174-3-2《老子道德经》第五五、五六章
来源：《中村集成》下卷，页 102。

　　此次我们从旅顺博物馆藏新疆出土汉文文书中新比定出 13 片《老子道德经》，从字迹判断，分别属于四个抄本。以下分述之。

　　第一个抄本有 6 残片，分别是 LM20-1453-09-06、LM20-1458-23-08、LM20-1454-08-06、LM20-1499-27-06、LM20-1520-24-13 和 LM20-1520-34-14。LM20-1499-27-06 首尾、上下均缺，楷书精写，乌丝栏，存 5 行，唐抄本，录文如下：

（前缺）

1　　　　　]腹[
2　　　]驚，□大患[
3　　　]驚，失之若驚，是[
4　　　]身？吾所以有大[
5　　]有何患？故貴以[

（后缺）

　　经比对，第 1 行系《老子道德经》第一二章的末尾，2—5 行是一三章的内容，文字与今本有较大差异，与敦煌本 P.2584 全同。

5　大渊忍尔《敦煌道经·目录编》，福武书店，1978 年，此据隽雪艳、赵蓉汉译本，齐鲁书社，2016 年，501 页。
6　王卡《敦煌道教文献研究：综述·目录·索引》，中国社会科学出版社，2004 年，167 页；朱大星《敦煌本〈老子〉研究》，73—74 页。
7　包晓悦《日本书道博物馆藏敦煌吐鲁番"写经残片册"的文献价值》，《文献》2015 年第 5 期，45 页；《日本书道博物馆藏吐鲁番文献目录（上篇）》，《吐鲁番学研究》2015 年第 2 期，140 页。
8　中村不折著，李德范译《禹域出土墨宝书法源流考》，143 页。

　　LM20-1453-09-06 与 LM20-1520-34-14 可左右缀合，缀合后仍首尾均缺，下半部亦缺，首部上残，楷书精写，乌丝栏，存 7 行，唐抄本：

　　　　（前缺）

1　　　　　]者明。[

2　　　　　]行有志。不[

3　　　[　　]

4　大道汜，其可左右。萬[

5　不名有。衣被萬物不[

6　之不爲主，可名於[

7　能成其文。

8　執大象天下往[

　　　　（后缺）

　　1—2 行为《老子道德经》第三三章的内容；4—7 行是第三四章的内容，章末未标明字数；第 8 行是第三五章的内容。文字与敦煌本 P.2584 几乎全同，惟第 7 行"文"，P.2584 作"大"。

　　LM20-1458-23-08 首尾均缺，上部亦缺，下残，楷书精写，乌丝栏，存 3 行，唐抄本：

　　　　（前缺）

1　　　　　]而不辭，成功

2　　　　　]可名於小。萬物歸

3　　　　　]人終不爲大，故

　　　　（后缺）

　　此残片亦系《老子道德经》第三四章的内容，正好是 LM20-1453-09-06 的下半部分，但不能直接缀合，文字与 P.2584 全同。

　　LM20-1454-08-06 与 LM20-1520-24-13 可上下缀合。缀合后首尾、下部均缺，楷书精写，乌丝栏，存 9 行，唐抄本：

　　　　（前缺）

1　客止。[

2　不可既。

3　將欲噏之，必固[

4　欲廢之，必固興[之]；[

5　微明。柔弱勝剛[彊]。[

6　不可以示□。

7　道常無爲，而無不[爲]。[

8　化。化而欲作，吾將[鎮][

9　樸，亦將不欲，不欲以[

（后缺）

1—2 行为《老子道德经》第三五章的内容，3—6 行是第三六章，7—9 行是第三七章。第 3 行"噏"，P.2584 作"翕"；第 4 行"兴"，P.2584 作"与"；第 5 行"刚"，P.2584 作"剉"；第 6 行"示"，P.2584 作"视"；第 9 行第二个"不"，P.2584 作"无"。比照敦煌白文本《老子》的分篇情况，此件第 9 行系《老子道经》的最后一句，后面有一行空白，边缘可见栏线，故推测其后当有"老子道经上"的卷题。

上述 6 残片同为唐抄本，有乌丝栏，字迹也相同，书法精美，应系同一件之割裂，存《老子道经》第一二、三三至三七章部分，相对位置如图 2 所示。

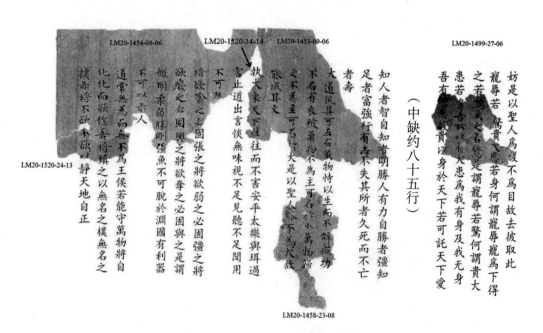

图 2　《老子道经》第一二、三三至三七章

第二个抄本是 LM20-1508-1487b、LM20-1464-17-07 和 LM20-1452-18-07 三残片。LM20-1508-1487b 和 LM20-1464-17-07 可上下缀合，缀合后仍是首尾、上下均缺，存 4 行，楷书，乌丝栏：

（前缺）

1　　　　　　]爲之而有以爲。[

2　　　　　　]爲之而有以爲。[

3　　　　　]□臂而仍之。故失道[

4　　　　　　　]仁[

（后缺）

该残片为《老子道德经》第三八章的内容，文字同于敦煌本 P.2375。

LM20-1452-18-07 存 4 行，楷书，乌丝栏：

（前缺）

1　　]忠信之[

2　　]始是以大[

3　　]居其華[

4　　]得一者[

（后缺）

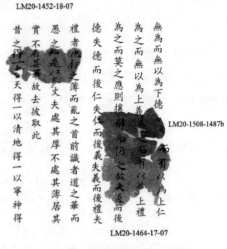

LM20-1452-18-07

LM20-1508-1487b

LM20-1464-17-07

图 3　《老子德经》第三八、三九章

1—3 行为《老子道德经》第三八章的内容，第 4 行为第三九章首句，文字也与 P.2375 全同。这两残片字迹一致，书法一般，有乌丝栏，皆为唐抄本，故亦属同一抄本，存《老子德经》第三八、三九两章的片段，相对位置如图 3 所示。

第三个抄本有三残片，分别是 LM20-1504-330、LM20-1498-41-04 和 LM20-1505-497。LM20-1504-330 存 3 行，楷书，乌丝栏，唐抄本：

（前缺）

1　　　]大於[

2　　]於小。夫輕諾[

3　　　]之，故終[

（后缺）

所抄内容系《老子道德经》第六三章，文字同于敦煌无注记字数本 S.189。

LM20-1498-41-04 和 LM20-1505-497 可前后缀合，缀合后首尾、上下均缺，楷书精写，乌丝栏，存 4 行，唐抄本：

（前缺）

1　　　］未乱。合［

2　　　　　　］千里之行,［

3　　　　］是以聖人［

4　　　］事, 常於幾［

（后缺）

此系《老子道德经》第六四章的内容，文字同于 S.189。这三残片属同一抄本，存《老子德经》第六三、六四两章部分，相对位置如图 4 所示。

第四个抄本是 LM20-1453-11-07，首尾、上部均缺，存 5 行，楷书，乌丝栏，唐抄本：

（前缺）

1　　　　　　　　　　　　　　］必多難。是

2　［　　　］

3　　　　　　　　］易破, 其微易散。

4　　　　　　　　］抱之木, 生於豪

5　　　　　　　］之行, 始於足下。

6　　　　　　　］人無爲故無敗,

（后缺）

第 1 行是《老子道德经》第六三章的内容，3—5 行是第六四章的内容（图 5），文字与 S.189 全同。

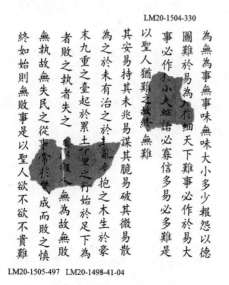

图 4　《老子德经》第六三、六四章

图 5　《老子德经》第六三、六四章

综上，目前所见，吐鲁番出土的《老子道德经》写本有 14 片，分属五个不同的抄本。关于敦煌白文本《老子》的传本系统，一般来说，从形式上，若据每章末尾是否标有字数，可区分出有注记字数本和无注记字数本两种；从内容上，又可以分为"五千文本"和"非五千文本"[9]。笔者将吐鲁番所出这五个抄本与王卡所列敦煌白文"非五千文本"[10]逐一进行核校之后发现，除了旅博所藏第二个抄本无法判断外，其余均可确认是"五千文本"。形式上，书道博物馆藏片、旅博藏第一个抄本明显是无注记字数本，旅博藏第二个抄本无法判断。旅博藏第三个抄本中，第六四章"千里之行"一句，敦煌有注记字数本一律作"百刃之高，起于足下"，无注记字数本则两种文字都有，据此可以判断旅博藏第三、四两个抄本都是无注记字数本。

二 《老子道德经》相关写本

此前吐鲁番所出与《老子道德经》相关的写本是注疏类和《老子道德经序诀》。

注疏有两种。第一种是《老子道德经河上公章句》。日本龙谷大学所藏大谷文书 Ot.8120 号，吐峪沟出土，首尾、上部均缺，楷书，乌丝栏，存大字 6 行，下有双行小注，有朱笔句点及校补（图 6），最早刊于《西域考古图谱》，定名"唐钞古书断片"[11]，《大谷文书集成》经过比对之后定名"唐钞《老子》（河上公本谦德第六十一章）断片"[12]。日本大阪四天王寺出口常顺藏品原系德国吐鲁番探险队的收集品[13]，中有一组十一残片，从字迹判断系同一抄本，最大一片存大字 8 行，双行小注，楷书，乌丝栏（图 7），其余十片较小，各存 1—2 行不等。藤枝晃比定出了其中五片，分别是《道德经河上公注》第六、廿二、廿三、廿五的文字，为七世纪末八世纪初写本[14]。

第二种是《唐玄宗御制道德真经疏》，一片。龙谷大学所藏 Ot.8103 号，吐峪沟出土，首尾、下部均缺，楷书，乌丝栏，存 7 行（图 8），《西域考古图谱》最早刊布，定名"唐钞道书断片"[15]，《大谷文书集成》继之[16]。王卡辨识出是《道德经》第五七章的注文，"经注文连书，中间空格以示区别"，但注者待考，定名"老子道德

9　参朱大星《敦煌本〈老子〉研究》，179—182 页。

10　王卡《敦煌道教文献研究：综述·目录·索引》，167—168 页。

11　香川默识编《西域考古图谱》"经籍"类 10，国华社，1915 年。

12　小田义久主编《大谷文书集成》叁，法藏馆，2003 年，243 页。

13　荣新江《海外敦煌吐鲁番文献知见录》，江西人民出版社，1996 年，94—95 页。

14　藤枝晃编著《吐鲁番トルワァン出土仏典の研究——高昌残影释录》，法藏馆，1978 年，139—140、160 页。

15　《西域考古图谱》"经籍"类 7a。

16　小田义久主编《大谷文书集成》叁，238 页。

经五十七章注（佚名氏）"[17]，《吐鲁番文书总目（日本收藏卷）》、朱大星均从王卡之说[18]。2005 年，都筑晶子最终比定出是《唐玄宗御制道德真经疏》卷八以政治国章第五十七[19]。

图 6　《老子道德经河上公章句》
　　　谦德第六一
　　　来源：IDP

图 7　《老子道德经河上公章句》
　　　象元第廿五
　　　来源：《高昌残影》图版 237

图 8　《唐玄宗御制道德真经疏》
　　　以政治国章第五七
　　　来源：IDP

[17] 王卡《敦煌道教文献研究：综述·目录·索引》，170、283 页。
[18] 陈国灿、刘安志主编《吐鲁番文书总目（日本收藏卷）》，武汉大学出版社，2005 年，444 页；朱大星《敦煌本〈老子〉研究》，120 页。
[19] 都筑晶子等《大谷文书の整理と研究》，《龙谷大学佛教文化研究所纪要》第 44 卷，2005 年，100 页。

旅顺博物馆藏中新见五片与《老子道德经》相关的写本。编号 LM20-1523-153，首尾、上下均缺，楷书，存 4 行，经文大字，注文双行小字：

（前缺）

1　　]不以智[

2　　]亦楷式。^两^{贼,}[困][　][

3　　]德深遠，[可][　][

4　　　　]][反異,][國][

（后缺）

这是《老子道德经河上公章句》淳德第六十五的文字（图 9），与敦煌本 P.2639 小异。第 2 行"亦"，P.2639 作"是谓"；第 3 行"深远"，现所见其他本子均作"深矣远矣"，则此件河上公注所据之《老子》底本与其余各本颇有不同[20]。

编号 LM20-1468-23-05，首尾、上下均缺，楷书，乌丝栏，存 3 行：

（前缺）

1　　]修之家，謂一[

2　　]知也。言善立[

3　　]偏雜偏[

（后缺）

经比对，这是《唐玄宗御制道德真经疏》卷七善建章第五四"修之于身，其得乃真"句的疏。此件字迹与上件 Ot.8103 一致，属同一抄本。

编号 LM20-1521-06-12，首尾、上下均缺，楷书，乌丝栏，存 2 行：

（前缺）

1　　]序，閭[

2　　]廣，一鄉[

（后缺）

这是《唐玄宗御制道德真经疏》卷七善建章第五四"修之于乡，其德乃长"句的疏，与 LM20-1468-23-05 字迹一致，相隔不远，属同一抄本，相对位置如图 10 所示。

编号 LM20-1452-37-17，首尾、上部缺，楷书，乌丝栏，存 7 行，经注相间，经文朱书，注文墨书，大小一致，唐抄本。编号 LM20-1455-17-04，首尾、上下均缺，

---

[20]　王卡点校《老子道德经河上公章句》，中华书局，1993 年，255 页。

楷书，乌丝栏，存4行，唐抄本，第4行首字有朱笔残划，应系经文，注文墨书，经注文间空一格以区分，字迹与 LM20-1452-37-17 相同，可直接缀合。缀合后的录文如下，朱笔以加粗表示：

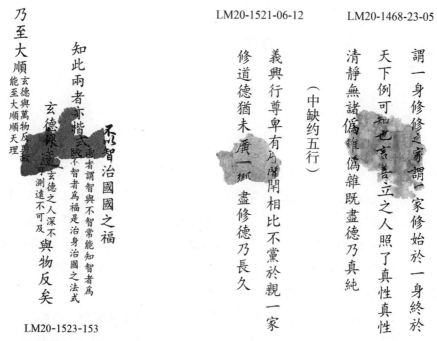

LM20-1523-153

图 9 《老子道德经河上公章句》
淳德第六五

LM20-1521-06-12　　　LM20-1468-23-05

图 10 《唐玄宗御制道德真经疏》 善建章第五四

LM20-1455-17-04

LM20-1452-37-17

图 11　佚名《老子道德经》注疏（第 62 章）

（前缺）

1　　　　　　　]璧□□

2　　　　　　]不如無爲坐

3　　　　　　]似而得

4　　　　　　　]者何

5　　　　]意何邪?　問其所由

6　　　]求之，但行積於身，得

7　　　]□云大器晚成[

8　　　]耶　何須[

（后缺）

笔者查阅蒙文通《道书辑校十种》所收成玄英《道德经义疏》、李荣《道德经注》、王介甫《老子注》、陈景元《老子注》以及晋唐《老子》其他古注[21]，并逐一核校敦煌道经相关写本之后发现，缀合后的文字是《老子道德经》第六二章"虽有拱璧以先驷马，不如坐进此道也。古之所以贵此道者何？不日求以得，有罪以免耶"几句的注疏（图11）。第4行朱笔经文补全后应为"古之所以贵此道者何"，由此逆推，第1—3行是"虽有拱璧以先驷马，不如坐进此道也"的注疏，而第2行的文字目前仅见于成玄英《老子道德经义疏》[22]。第5行见于金代李霖编撰《道德真经取善集》卷一〇"古之所以贵此道者何"引顾欢曰："古之所以贵宝此道者，其意何耶？问其所由。"[23]"耶"，此件残笔划当作"邪"，"耶"为"邪"之俗字。第6行见于原题顾欢撰《道德真经注疏》卷六"不日求以得"引顾欢曰："无假远索，日日求之，但行积于身，得之于心，玄悟在我也。"[24]第8行朱笔残存笔划是经文"有罪以免耶"中"耶"俗字"耶"的右半边。综上，LM20-1452-37-17+LM20-1455-17-04中有《老子道德经》顾欢注和成玄英疏，也有一些别家注，可能属于已佚的某部《老子道德经》的注疏本。

《老子道德经序诀》原题葛玄撰，王卡认为前面两部分确是葛玄所作，后面部分则是东晋南朝道士假托之作，敦煌本多抄写在《老子道德经五千文》之前[25]。吐鲁番出土的《老子道德经序诀》目前所见有9片。学者最早比定出的是Ot.8111号，首尾、下部均缺，存5行，楷书精写，乌丝栏，为唐代写本。此片《西域考古图谱》定名为

---

[21]　蒙文通辑校《道书辑校十种》，《蒙文通文集》第6卷，巴蜀书社，2001年。

[22]　原题顾欢《道德真经注疏》卷六，《道藏》第13册，文物出版社、上海书店、天津古籍出版社，1988年影印本，338页中。

[23]　〔金〕李霖集《道德真经取善集》卷一〇，《道藏》第13册，920页下。

[24]　原题顾欢《道德真经注疏》卷六，《道藏》第13册，338页下。

[25]　王卡《〈老子道德经序诀〉考》，《世界宗教研究》1983年第3期，119—122页。

"神仙传"[26]，上世纪70年代末，大渊忍尔比定出是《老子道德经序诀》[27]。旅博馆藏中新见有一片编号LM20-1506-734a，首尾、上下均缺，存4行，楷书，乌丝栏，正好可与Ot.8111号缀合（图12）。缀合后的录文如下：

图12 《老子道德经序诀》

（前缺）

1　　　]篇唯[
2　　　]也漢孝[
3　　　]讀老子道[
4　命]諸王公大臣[
5　誦之有所不解[
6　郎說河上公誦[
7　問之公曰道尊[
8　　　　]曰[

（后缺）

以上文字与敦煌本S.75《老子道德经序诀》全同，第1行是第一部分的末尾，2-8行是第二部分的文字。

日本书道博物馆藏品中有三片，均来自王树枏旧藏。其中《六朝写经残字册二》中有两小片SH.174-2-50和SH.174-2-58，缀合后首尾、下部均缺，存7行，楷书精写，乌丝栏，唐抄本，包晓悦新进比定出系《老子道德经序诀》第一部分的内容（图13）[28]，文字与敦煌本S.75几乎全同，仅第5行"洿"，S.75作"恶"。《北凉写经残纸册五》中也有一片SH.174-5-78，首尾、上下均缺，存4行，楷书精写，乌丝栏，唐抄本（图14）：

（前缺）

1　　　]此文道之[

26　《西域考古图谱》下册，经籍8-7。
27　大渊忍尔《敦煌道经·目录编》，248页，隽雪艳、赵蓉汉译本，640页；小田义久主编《大谷文书集成》叁，241页。
28　包晓悦《日本书道博物馆藏敦煌吐鲁番"写经残片册"的文献价值》，44—45页；《日本书道博物馆藏吐鲁番文献目录（上篇）》，135页。

2　　　　]必昇仙。尤[

3　　　　]靈寶法矣。[

4　　　　　　]應仙[

（后缺）

此片《中村集成》未定名，郜同麟定名为"失题道经"[29]。经比对，其实是《老子道德经序诀》第四部分的文字。

以上五片书风颇为一致，尤其前四片文字前后相续，疑本为同一抄本，相对位置如图15所示。值得注意的是，现在所见敦煌本《老子道德经序诀》中各部分之间是分段的，但此件抄本中第8行"篇唯"两字已是第一部分的末尾一句，从相对位置复原图来看，此抄本第一、二部分之间并未分段，这是目前仅见的。

图 13 《老子道德经序诀》
来源：《中村集成》下卷，100—101 页

图 14 《老子道德经序诀》
来源：《中村集成》下卷，111 页

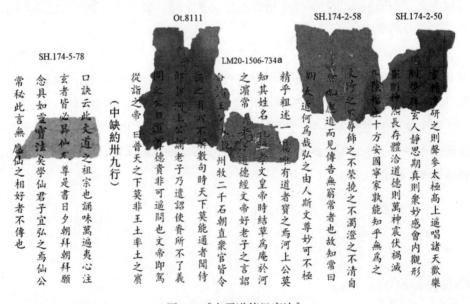

图 15 《老子道德经序诀》

---

29 《中村集成》下卷，111 页；郜同麟《敦煌吐鲁番道经残卷拾遗》，《敦煌学辑刊》2016 年第 1 期，47 页。

第六片是芬兰探险家马达汉（Carl Gustav Emil Mannerheim）藏品，现藏芬兰国家图书馆，编号 Mannerheim MS.30-3。西胁常记比定出是《老子道德经序诀》，但其刊布的图版十分模糊[30]。第七片为旅博馆藏 LM20-1522-09-16 号，第八片为 LM20-1509-1582e，均为楷书精写，乌丝栏，唐抄本。虽然笔者并未见到 Mannerheim MS.30-3 原件，但从西胁常记的录文及模糊图版判断，这三片可以直接缀合，缀合后首尾均缺，上下部有残，存 12 行：

（前缺）

1　　　　]窮，常者[也]，[故][
2　　　　]由人，斯文尊[妙]，[可][
3　　　　]道者寶之焉。
4　　　[莫]知其姓名也。漢孝文皇帝時[結][
5　　　]河之濱，常讀老子道德經，文帝好[
6　　　]詔命諸王公大臣州牧二千石朝[
7　　　]令誦之。有所不解數句，時天下莫[能]
8　　[通者]，[聞]侍郎説河上公誦老[子]，[乃遣詔使][
9　　所不了義問之。公曰：道尊[德]貴，非[
10　　文帝即駕從詣之。帝曰：[普]天之下[
11　　率[　]，莫非王臣。域中有四大，[
12　　　]道，猶朕人也，[不能]自屈，何[乃][

（後缺）

第 1—3 行是《老子道德经序诀》第一部分的末尾，4—12 行是第二部分，文字与 S.75 几乎全同，惟第 12 行"人"本当作"民"，讳改，故此片为唐高宗或其后的写本。

第九片是旅博馆藏 LM20-1520-27-14 号，首尾、上部均缺，存 3 行，楷书精写，乌丝栏，唐抄本，所抄文字系《老子道德经序诀》第一部分的内容，与 S.75 全同：

（前缺）

1　　　　]則[聲]参
2　　　　][玄]人静思
3　　　　][氣長]□

（後缺）

从字迹判断，此片与第六、七、八也属同一写本，但不能直接缀合，二者相距约 3 行，相对位置如图 16 所示。

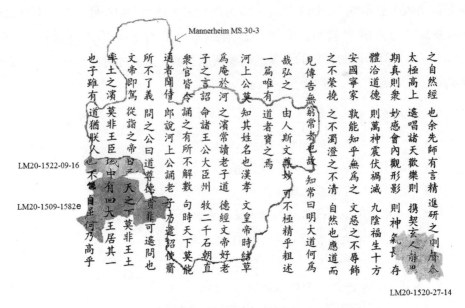

图 16 《老子道德经序诀》

以上是迄今所见吐鲁番发现的与《老子道德经》相关的写本，共计二十七片，包括《老子道德经河上公章句》抄本三个，《唐玄宗御制道德真经疏》抄本一个，佚名《老子道德经》注疏抄本一个，《老子道德经序诀》抄本二个。其中《唐玄宗御制道德真经疏》的内容是敦煌本所缺的，佚名《老子道德经》注疏也未见于敦煌本，显示出吐鲁番写本的独特价值。

三 《老子道德经》在西州的流传

关于道教在唐代西州的传播，学界已有较为深入的研究，尤其是荣新江、雷闻爬梳西州道观资料，从道观的存废、道观的活动、道经的传抄等方面展示了唐代西州道教的面貌[31]。由于不少资料当时并未公布，因此前贤只能就几种道经残片来推断其在西州的流传情况，殊为不易。此次，我们在整理旅顺博物馆藏新疆出土汉文文书时，从中新比定出了不少吐鲁番出土的道经[32]，将这些道经纳入"开元道藏"的体

[31] 荣新江《唐代西州的道教》，《敦煌吐鲁番研究》第 4 卷，北京大学出版社，1999 年，127—144 页；雷闻《国家宫观网络中的西州道教——唐代西州道教补说》，朱玉麒主编《西域文史》第 2 辑，科学出版社，2007 年，117—127 页。

[32] 赵洋《新见旅顺博物馆藏吐鲁番道经叙录》，《敦煌吐鲁番研究》第 17 卷，上海古籍出版社，2017 年，189—213 页。

系中加以观察，不但可以将西州道经的传抄时间提前至唐太宗末年，而且能更细致地比较西州道经与敦煌道经的异同，从整体上把握西州道经的流布情况[33]。

就单部道经的数量而言，《太上洞玄灵宝无量度人上品妙经》《太上洞玄灵宝升玄内教经》《太玄真一本际经》《老子道德经》在唐代沙州属于最流行的经书，西州亦然。上文考订之吐鲁番所出《老子道德经》及其相关写本的情况可列成下表：

序列	编号	经名及卷数	出土地
抄本 1	LM20-1499-27-06	《老子道经》第一三章	
	LM20-1453-09-06+ LM20-1520-34-14	《老子道经》第三三、三四、三五章	
	LM20-1458-23-08	《老子道经》第三四章	
	LM20-1454-08-06+LM20-1520-24-13	《老子道经》第三五、三六、三七章	
抄本 2	LM20 1508 1487b+LM20 1464 17 07	《老子德经》第三八章	
	LM20-1452-18-07	《老子德经》第三八、三九章	
抄本 3	SH.174-3-2	《老子德经》第五五、五六章	吐峪沟
抄本 4	LM20-1504-330	《老子德经》第六三章	
	LM20-1498-41-04+LM20-1505-497	《老子德经》第六四章	
抄本 5	LM20-1453-11-07	《老子德经》第六四章	
抄本 6	高昌残影 237 号（十一片）	《老子道德经河上公章句》卷一、二	
抄本 7	Ot.8120	《老子道德经河上公章句》卷四	吐峪沟
抄本 8	LM20-1523-153	《老子道德经河上公章句》卷四	
抄本 9	LM20-1468-23-05	《唐玄宗御制道德真经疏》卷七	
	LM20-1521-06-12		
	Ot.8103	《唐玄宗御制道德真经疏》卷八	吐峪沟
抄本 10	LM20-1452-37-17+LM20-1455-17-04	佚名《老子道德经》注疏	
抄本 11	SH.174-2-50+SH.174-2-58		吐峪沟
	LM20-1506-734a+ Ot.8111	《老子道德经序诀》	吐峪沟
	SH. 174-5-78		
抄本 12	LM20-1520-27-14		
	Mannerheim MS.30-3+LM20-1522-09-16 +LM20-1509-1582e	《老子道德经序诀》	

敦煌道教自魏晋以来即有传承，历史悠久[34]，吐鲁番较有规模的道教传承则始于唐太宗平高昌王国、设立西州，其兴灭不过一百多年。但在这一百多年的时间里，

---

[33] 赵洋《唐代西州道经的流布》，《中华文史论丛》2017 年第 3 辑，163 页。
[34] 王卡《敦煌道教文献研究：综述·目录·索引》，3—16 页。

藉助唐朝官方的力量，道教在西州获得了长足的发展。西州道经主要来源于官颁写经[35]，吐鲁番所出《老子》也可验证这点。白文本 5 个，除抄本 2 书法略差外，其余均是楷书精写，《老子道德经序诀》二个抄本也都带有浓厚的官方写经风格。就数量而言，朱大星统计敦煌白文本《老子》缀合后有 35 件，注疏本缀合后有 15 件，吐鲁番本《老子》显然无法与之匹敌，但如果从出土地来看，还是颇值得分析。目前所知，唐代西州道观名称有万寿观、龙兴观、总玄观、安昌观、紫极宫和唐昌观[36]，万寿观、龙兴观、紫极宫都在高昌县，是西州道教中心，安昌观在天山县，其余两个道观地处不明。由于旅博馆藏的出土地并无明确登录，笔者只能借助于大谷文书的出土地进行推测。如上表所示，书道博物馆藏品和大谷文书均出自吐峪沟，我们至少可以确定抄本 3、7、9、11 的出土地是吐峪沟，而大谷文书与旅博藏品其实是同一批，因此旅博藏品出自吐峪沟的可能性最大。出口常顺藏品无法推测出土地。那么，12 个抄本中有 4 个出自吐峪沟，7 个可能出自吐峪沟，而吐峪沟在唐代属柳中县，各种宗教汇聚，很可能有道观存在。当然，我们也不排除这些《老子》是作为其他宗教寺院的藏书或补经之用的可能性。无论哪种情况，千年之后，我们还能在同一个地方看到至少 11 个有关《老子道德经》的抄本残片，不仅让人遥想当年在西州传抄的《老子》抄本必定十分可观，进而可以想象作为西州道教中心的万寿观、龙兴观、紫极宫的藏经数目了。

（游自勇，首都师范大学历史学院教授。原刊《中华文史论丛》2017 年第 3 辑）

---

[35]　荣新江《唐代西州的道教》，139 页；赵洋《唐代西州道经的流布》。
[36]　荣新江《唐代西州的道教》，129—137 页；雷闻《国家宫观网络中的西州道教——唐代西州道教补说》，118—120 页。

唐写本《列子·杨朱》（张湛注）的文献价值
——从旅顺博物馆藏残片谈起

游自勇

列子在先秦实有其人，此点学界已无异议，但今本《列子》一书的真伪自唐代以降便有争议。清代以来，认为此书乃东晋张湛伪作的观点占据上风，也有部分学者认为作伪者当在张湛之前，系"好事者"杂糅先秦文献而成。20世纪80年代以来，替《列子》翻案的文章不少，真伪之辨再起，迄今仍未取得共识[1]。《列子》中疑点最大的是《杨朱》篇，自张湛为《列子》作注，此篇才现世，所论思想与魏晋名实之辨关系密切，故世人多疑其为伪作。就文本而言，张湛整理本是后世《列子》的祖本，但传世本最早的是北宋初年刻本，原系铁琴铜剑楼藏本，现归国家图书馆[2]。敦煌藏经洞发现的《列子》有20多片，多数是《杨朱》篇。敦煌本之外，我们在旅顺博物馆藏新疆出土汉文文献中又比定出一件《列子·杨朱》篇张湛注的残片，对于了解北宋本之前《列子》的传抄有所裨益。

一

旅顺博物馆所藏为一小残片（图1），编号 LM20-1523-19-181，存大字一行，双行小字注两行，楷书，有乌丝栏，释文如下：

（前缺）

1　　]□文□[

2　　^{遵法度□[}／^{唯取□[}

（后缺）

图1

1　参杨伯峻《列子集释》"前言"及"附录三　辨伪文字辑略"，中华书局，1979年，1—6、287—348页；管宗昌《〈列子〉伪书说述评》，《古籍整理研究学刊》2006年第5期，11—16页；王光照、卞鲁晓《20世纪〈列子〉及张湛注研究述略》，《安徽大学学报》2008年第2期，14—19页。

2　刘佩德《〈列子〉版本源流述略》，《齐齐哈尔大学学报》2014年第5期，131—133页；同氏《宋刻〈列子〉述略》，《重庆科技学院学报（社会科学版）》2014年第8期，107—109页。

第一行大字能够确定的是第 2 个字 "文"。双行小字注 "遵法度"、"唯取" 等字，经检索发现，只有《列子·杨朱》篇张湛注能够与之匹配。北宋本《列子·杨朱》篇 "衮文绣裳而纳诸石椁亦可，唯所遇焉" 句，张湛注云：

> 晏婴，墨者也，自以俭省治身，动遵法度，非达生死之分。所以举此二贤以明治身者，唯取其奢俭之异子。[3]

加下划线的文字与残片注文完全相同。不过，传世诸本《列子》张湛注 "遵法度" 下一字都是 "非"，而残片所存笔划显然不是 "非" 字，应是 "復" 或 "溺" 中的某一字。《列子》此节所记是管夷吾和晏婴讨论 "生死之道"，管夷吾说 "养生"，主旨是要人 "纵耳目之情，穷声色之欲"[4]，不受拘束地生活；晏婴论 "送死"，原文作：

> 平仲曰："既死，岂在我哉？焚之亦可，沈之亦可，瘗之亦可，露之亦可，衣薪而弃诸沟壑亦可，衮文绣裳而纳诸石椁亦可，唯所遇焉。"[5]

主旨是死后之事，"岂在我哉"，要据情况而定。二人所言，共同点在于不管生死，只要随性就好。张湛注认为 "养生" 之说不当出自管夷吾，乃是寓言，所以管夷吾是 "奢" 之代表，晏婴是墨家 "俭" 之代表，这样此节的主旨就变成了 "奢俭" 之论。唐代卢重玄循着张湛的思路进一步发挥，说 "列子乃因侈者以肆情，因俭者以节礼"，"纵情之言，皆失道也"[6]。然而，晏婴原文说得很清楚，对尸体的处理据情况而定，可以有节俭的处理方式，也可以有 "衮文绣裳而纳诸石椁" 这样隆重的方式，这其实是一种看破生死之后的 "随性"。但张湛注文中说他 "非达生死之分"，看不破生死之道，这岂不矛盾？旅博残片 "遵法度" 下一字如果是 "復" 的话，"复达生死之分"，此处文义之滞涩随之可通。

注文的出处既已确定，正文前两字必为 "衮文" 无疑，但第 3 个字的笔划不像是 "绣" 的繁体 "繡"，与 "裳" 的上半部合，疑此处脱漏 "绣" 字或是抄成了 "裳绣"。北宋江遹《冲虚至德真经解》卷十五中作 "衮裳绣文"[7]，说明这种倒置是非常有可能的。"衮文" 在北宋末道士陈景元所得唐代殷敬顺的《列子释文》（以下简称 "《释文》"）[8]、北宋本、金高守元纂集《冲虚至德真经四解》中均同[9]，在南宋林希逸

---

[3] 《冲虚至德真经》卷七，《四部丛刊》影印铁琴铜剑楼藏北宋本，叶 2b。

[4] 杨伯峻《列子集释》卷七，223 页。

[5] 《冲虚至德真经》卷七，《四部丛刊》影印铁琴铜剑楼藏北宋本，叶 2b。

[6] 杨伯峻《列子集释》卷七，224 页。

[7] 《道藏》第 14 册，文物出版社、上海书店、天津古籍出版社，1988 年，882 页下栏。

[8] 《冲虚至德真经释文》卷下，《道藏》第 15 册，172 页中栏。

[9] 《冲虚至德真经四解》卷十七，《道藏》第 15 册，135 页中栏。

《冲虚至德真经鬳斋口义》[10]、元刊元明递修《纂图互注六子》本、周星诒校明初刊本、嘉靖世德堂《六子书》本、万历陈楠刊《四子书》本、万历秋声阁刊《四子全书》本、明刊《二十子全书》本等重要和常见刊本中均写作"衮衣"[11]。《冲虚至德真经四解》是将张湛注、唐代卢重玄解、北宋徽宗训、北宋范致虚解合编为一书，其《列子》本文所据底本应为北宋时期刻本。可知唐至北宋所传《列子》此处都写作"衮文"，因"衮衣绣裳"为常见用例，故南宋以后改成了"衮衣"。旅博残片亦作"衮文"，书迹为唐风，其系唐代写本无疑。

旅博馆藏 LM20-1523-19-181《列子·杨朱》张湛注是在吐鲁番地区首次发现的《列子》唐写本，虽然只有 2 行，但内容与敦煌本不重合，正文"衮文"和张湛注中"复"字的确定，较传世本更多保留了早期写本的状态。可惜的是，其所存不过寥寥几字而已，要想更多了解唐写本的面貌，还需要找到更多的资料才行。我们不妨把目光转到敦煌本《列子》上。

二

敦煌本《列子》有三个抄本。P.2495（1）和 S.6134 这两个抄本的文字不属于《杨朱篇》，且存在争议，故可不论[12]。其余的 20 片属于同一个《列子·杨朱》张湛注的抄本。其中 S.777 最早为人所知，王重民将之与北宋本对校，从其不避"民"字断定为六朝写本[13]，杨伯峻撰《列子集释》时吸收了王重民的成果[14]。荣新江比定出了 S.9928、10799、11422、12087、12124、12285、12288A、12288B、12295、12710、12728、12951、12971、12991、13219、13441、13496、13624、BD12335（L.2464）等 19 片，并提示了与 S.777、L.2464 的缀合关系，但未言及写本年代[15]。《英藏敦煌社会历史文献释录》（以下简称"《释录》"）据荣新江的提示，缀合并校录了 S.777、S.12710、S.12285V、S.12295、S.13219 等 5 片，在写本年代上从王重民之说[16]。笔者

[10] 《道藏》第 14 册，788 页中栏。

[11] 以上六种分见方勇总编纂《子藏·道家部·列子卷》，国家图书馆出版社，2013 年，第 5 册，27、237、561 页；第 2 册，111、320、526 页。

[12] 杨思纯《敦煌本〈列子注〉考》，《文献》2002 年第 3 期，16—20 页；王卡《敦煌道教文献研究：综述·目录·索引》，中国社会科学出版社，2004 年，184—185 页；刘佩德《敦煌〈列子〉残卷整理——兼与杨思范先生商榷》，《中南大学学报》2012 年第 6 期，216—219 页。

[13] 王重民《敦煌古籍叙录》，商务印书馆，1958 年，257—258 页。

[14] 杨伯峻《列子集释》，234—236 页。

[15] 荣新江《英国国家图书馆藏敦煌汉文非佛教文献残卷目录》，台北新文丰出版公司，1994 年，30、236 页；《英藏敦煌文献》第 12 卷，四川人民出版社，1995 年，284 页；荣新江《〈英国图书馆藏敦煌汉文非佛教文献残卷目录〉补正》，宋家钰、刘忠编《英国收藏敦煌汉藏文献研究：纪念敦煌文献发现一百周年》，中国社会科学出版社，2000 年，387 页。

[16] 郝春文、金滢坤编著《英藏敦煌社会历史文献释录》第 4 卷，社会科学文献出版社，2006 年，62—66 页。

拼合、校录了敦煌本《杨朱篇》全部残片，
发现这其实是唐代写本，非六朝写本。

　　本节先校录文字，以北宋本作为校本。
"]"为上缺，"[ ]"为中缺，"["为下
缺；底本脱文，据校本补字置于"〔 〕"内；
底本残缺，据残笔划和校本可以补足者，
所补之字置于"□"内；底本有误，改正
之字置于"（ ）"内。校记只校异文、错讹；
《释录》以杨伯峻《列子集释》作为校本，
而《列子集释》已参校了北宋本，故《释
录》已校录之处，不再出校记。

图 2

（一）S.10779（图 2）

　　　　（前缺）

1　　　古犹今也；變易

2　　　聞之矣，既見之矣，既

3　　　其多，況久生之苦乎[1]？"

4　　　[ ]或好或惡，或安或危，
　　　　[ ]耶？則重來之物無所復

5　　　患不可者矣[2]孟孫陽曰："若

6　　　刃，入湯火，得

7　　　任之，

　　　　（后缺）

校记：

〔1〕"苦"，北宋本作"苦也"。

〔2〕"者矣"，北宋本作"也"。

（二）S.12087+S.13496+S.13634+BD12335（图 3）

　　　　（前缺）

1　　　不告而娶。及[

2　　　不才，禪位[

3　　　者也。鯀治水[

4　　山。禹纂業事雠，惟荒土功，子産不字，過

5　　門不入，身體偏枯，手足胼胝[1]。及受舜禪，[

6　　室，蔽 綏 冕〔2〕，戚々然以至於死：此天民之憂〔3〕[

7　　武王既終，成王幼〔弱〕，周公攝天子之政。邵公 不悦，

8　　四國 流言。居東三年，誅兄放弟，僅免[

9　　戚々然以至於死：此天民之危懼者也〔4〕。孔子

10　　明帝 王之道，應時君之聘，代（伐）樹於宋〔5〕，削跡

11　　於魯〔6〕，窮於商周，圍於陳蔡，受屈於 季氏，

12　　見辱於陽虎，戚々以至於死：此天〔民〕之遑遽者

13　　也。凡彼四聖者，生也咸無一日之歡〔7〕，死有萬世

14　　　]名者，固非實之所取〔8〕。雖稱之不知〔9〕，賞之〔10〕

15　　不知，固與株塊無以異矣〔11〕。　觀形即〔事〕，憂危之跡
　　　　　　　　　　　　　　　　　　著矣。求諸方寸，未

16　　[　]巽拂其心者。〔將明〕至理之言，必 桀藉累世之〔12〕[
　　　　　　　　　　　　]偶者也。

17　　　　　　　　]足以距群下，咸足[

18　　　　　　　　娯，窮意慮之所爲，[

19　　　　　　　　]此天民之逸 蕩[

（后缺）

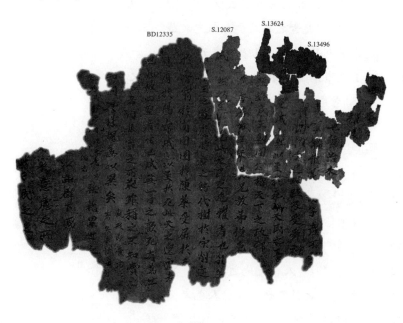

图 3

校记：

〔1〕"跰胝"，北宋本作"胼胝"。

〔2〕"蔽"，北宋本作"美"。

〔3〕"民"，北宋本作"人"。

〔4〕"民"，缺笔，北宋本作"人"。

〔5〕"代"，当作"伐"，据北宋本改。

〔6〕"鲁"，北宋本作"卫"。

〔7〕"也咸"，北宋本无。

〔8〕"取"，北宋本作"取也"。

〔9〕"不"，北宋本作"弗"。

〔10〕"赏"，北宋本作"虽赏"。

〔11〕"固"，北宋本无。

〔12〕"世"，缺笔。

（三）S.12728+S.12288B+S.12288A+S.12124 → S.12951+S.12991 → S.9928+S.13441+
S.11422+S.12971 → S.12710+S.12285+S.12295+S.13219+S.777（图4）

（前缺）

1　　不集 污 池。何則 ？ [

2　　從煩奏之舞。何則？ 其 音疏 也。將治大 者不

3　　不治小〔1〕，成大功者不成少〔2〕， 此 之謂也〔3〕。"

4　　楊 朱曰："大古之事滅矣，孰志之哉？ 三皇

5　　之 事若有若亡〔4〕，五帝之事若覺若夢，

6　　三王 之事惑隱惑顯〔5〕， 億 不識一。當身之

7　　　　聞 惑見，萬不識一。目前之事惑[

8　　　　]不識一。太古至於今日，年數 固 [

9　　勝 紀。但 伏 義已来卅餘萬歲〔6〕，賢愚、[

10　　成敗、是非，無不消 滅 ；但遲速之間〔7〕。以遲速 而致惑，

11　　奔兢而不已， 矜一時 之 毀 [ ]焦苦其神形，要 豈不鄙哉？

12　　死後數 [ ]名， 豈 足閏枯骨〔8〕？何 生

13　　之樂哉？

14　　楊子曰〔9〕："人俏天地之類〔10〕，懷五常之性，[俏，似也。]

15　　陽，性稟 有生之最靈者人也。人也者，爪牙 五行也。

16　　不足以供守衛，肌肤不足以自扞禦，趨

17　　〔走〕不足以從利逃害，無毛羽以禦寒暑，

18　　必將資物以爲養，任智而不恃 力 。[

19　　之所貴，存我爲貴；力之所賤，侵物爲

20　　賤。然則身非我有〔11〕，既生，不得不全之；

21　物非我有，既有，不得去之。身因（固）生之主，

22　物亦養之主。雖全生，不可有其身，雖不

23　去物，不可有其物。有其物，有其身，是

24　橫私天下之身，橫私天下之物。不橫私

25　天下之身，不橫私天下物者，其唯至人矣！

26　^{知身不可私物不可有，唯聖人邪。}公天下之身，公天下之物，

27　其唯至人矣！此之謂至々者也。"　^{天下之身同之我身，}

28　^{天下之物同之我物，非至人如何？既覺私之爲非，又知公之爲是，故曰至々至也。}

29　楊朱曰："生民之不得休息，爲四事故：一

30　爲壽，^{不放恣其嗜欲者也。}二爲名，^{不敢恣其所行也。}三爲[

31　^{求通。}四爲貨。^{专利惜費。}有此四者，畏鬼，畏人，畏

32　威，畏形（刑）：此謂遁民。^{違其自然。}可殺可活，制命

33　　　　　　]美壽？[不][

（后缺）

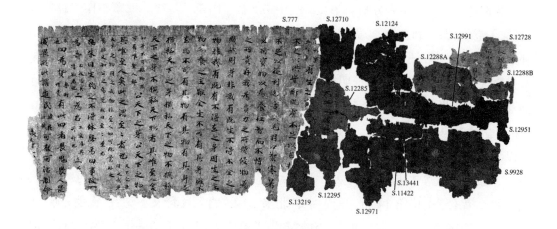

图 4

校记：

〔1〕"小"，北宋本作"细"。

〔2〕"少"，北宋本作"小"。

〔3〕"也"，北宋本作"矣"。

〔4〕"有"，北宋本作"存"。

〔5〕"惑"，北宋本作"或"，"惑"通"或"。下同，不另出校。

〔6〕"卅"，北宋本作"三十"。

〔7〕"間"，北宋本作"间耳"。

〔8〕"閏"，北宋本作"润"，"闰"通"润"。

〔9〕"子"，北宋本作"朱"。

〔10〕"俏"，北宋本作"肖"。

〔11〕"则"，北宋本无。

三

王重民是从避讳角度来判定敦煌本《列子》的写本年代的，他所据是第（三）第32行的"民"，北宋本改成"人"。限于条件，他无法看到所有的残片，不能苛求。笔者上节的校录文字中，第（二）第6行"天民"之"民"不避，北宋本改成"人"；第9行"天民"之"民"缺笔，北宋本亦改成"人"；第12行脱文之"民"，北宋本则不避；第16行的"世"缺笔。统计下来敦煌本对唐太宗各有2处避讳与不避，且不避高宗"治"字。虽然避讳不能作为判定年代的绝对依据，但可以作为参考[17]，该写本既然避唐太宗之讳，至少说明是唐高宗时期或之后的抄本，绝不会是六朝写本。

我们还可以从文本来分析。第（二）中第5行"跰跮"二字，北宋本作"胼胝"，《释文》卷下记："跰步千切。跮丁泥切。"[18]与敦煌本同。《释文》虽经北宋末年陈景元补遗，但学界一般还是认可大部分保留了唐代的面貌，也就是说，《释文》所据底本是唐代写本，由此可间接证明敦煌本也是唐写本。这样的例子并非唯一。第6行"蔽绂冕"，传世诸本前后文字作"及舜受禅，卑宫室，美绂冕"，《释文》记："禅音善。蔽音弊，音卑。绂冕音弗冕。"此处"蔽音弊，音卑"与《列子》本文无法对应，前人均以为"蔽"既然可以"音卑"，则《释文》所据底本是将"卑宫室"写成了"蔽宫室"[19]。现在从敦煌本来看，《释文》所据底本应是"蔽绂冕"才是，敦煌本与《释文》相一致。第（三）中第14行"俏"字，北宋本作"肖"，《释文》记："人俏音笑，本或作肖。"第16行"扞"字，北宋本作"捍"，《释文》记："自扞音汗。"第32行"谓遁"，北宋本作"谓之遁"，《释文》记："谓遁音钝。"以上几例，敦煌本的文字也都和《释文》一致。

另外，《国家图书馆藏敦煌遗书》第111册《条记目录》从书法角度判断BD12335的年代约在7—8世纪[20]。因此，从避讳、书法、文本三个角度都可以证明敦煌本《杨朱篇》是唐写本。

---

[17] 关于敦煌文献避讳与断代的关系，参窦怀永《敦煌文献避讳研究》，甘肃教育出版社，2010年，251—284页。

[18] 《冲虚至德真经释文》卷下，《道藏》第15册，172页下栏。以下凡引自此书者，不再另行出注。

[19] 参杨伯峻《列子集释》，231—232页。

[20] 《国家图书馆藏敦煌遗书》第111册《条记目录》，北京图书馆出版社，2009年，17页。

敦煌本《列子·杨朱》的文献价值，除了上举几例与《释文》相合所彰显的唐写本的独特之处外，还有两处是其独有的。第一处是第（三）第21行"不得去之"四字，《释文》、北宋本、世德堂本等均作"不得不去之"，《道藏》白文本、林希逸《冲虚至德真经鬳斋口义》等本作"不得而去之"，杨伯峻从俞樾之说，认为当是"不得而去之"[21]。此处《列子》的原文是：

> 杨子曰："人俏天地之类，怀五常之性，有生之最灵者人也。人也者，爪牙不足以供守卫，肌肤不足以自扦御，趋走不足以从利逃害，无毛羽以御寒暑，必将资物以为养，任智而不恃力。智之所贵，存我为贵；力之所贱，侵物为贱。然则身非我有，既生，不得不全之；物非我有，既有，不得去之。身因（固）生之主，物亦养之主。虽全生，不可有其身，虽不去物，不可有其物。"

杨朱之意，人虽为天地之最灵者，但有很大缺陷，故需"任智而不恃力"。而"智之所贵，存我为贵"，需保全人身；"力之所贱，侵物为贱"，亦需全物。下文既云"虽不去物"，则此处就应该是"不去物"之义。俞樾认为"不得不去之"与下文"虽不去物"不合，此论中的；但认为系涉上文"不得不全之"，误"而"为"不"，则未必。敦煌本作"不得去之"，意思和"不得而去之"是一样的，联系上下文，更大的可能性是后人涉上文加上了"不"字。

第二处是第（三）第24—25行"不横私天下之身，不横私天下物者，其唯至人矣！"一句。《列子》原文作：

> 虽全生，不可有其身，虽不去物，不可有其物。有其物，有其身，是横私天下之身，横私天下之物。<u>不横私天下之身，不横私天下物者，其唯至人矣！</u>^{知身不可私物不可有，唯圣人邪}公天下之身，公天下之物，其唯至人矣！此之谓至至者也。

下划线的前两句，传世诸本皆无，后一句传世诸本皆作"其唯圣人乎"，张湛注云："知身不可私物不可有者，唯圣人可也。"很明显，没有这两句的话，前后文义是连不上的，张湛的注显得无的放矢。《释文》"其唯圣人乎"句记："从此句下'其唯至人矣'连为一段。"说明《释文》也没有这两句，故将"其唯圣人乎"属下连读，以此来弥合文义的缺失，杨伯峻据敦煌本已辨其非[22]。

以上两例已可略窥敦煌本《列子·杨朱》的独特文献价值，即便是与《释文》所保留的唐代写本信息相比较，敦煌本的文字也更加完整和准确。

综上，《列子》作为道教的重要经典，在唐玄宗以后地位渐隆，但传世本最早的

---

[21] 杨伯峻《列子集释》，235 页。
[22] 杨伯峻《列子集释》，235 页。

只有北宋初年刊本，唐后期殷敬顺所撰《列子释文》属音注作品，信息又比较零碎。敦煌吐鲁番发现的《列子·杨朱》张湛注虽没全本，但所存文字较其余各本都要完整和准确，让我们得见唐代写本的面貌，具有重要的文献价值。

（游自勇，首都师范大学历史学院教授。原刊《中国典籍与文化》2019 年第 1 期）

新见旅顺博物馆藏吐鲁番道经叙录

赵　洋

道教作为中国本土宗教，其发展与传播的历史，向来备受学者关注。随着敦煌吐鲁番地区出土文献不断刊布，中古时期该地区的道教传播问题，也日益得到重视。吐鲁番地区出土的道经，主要分藏于德国国家图书馆、日本龙谷大学、日本书道博物馆、旅顺博物馆及新疆等地。其中德藏文书、日本龙谷大学藏大谷文书和日本书道博物馆藏文书，近年来都已陆续刊布，并有中国学者编录的总目以供大家索引，甚是方便[1]。大渊忍尔与王卡二位先生在整理敦煌道经时，也曾对部分吐鲁番道经进行过考订[2]。荣新江、雷闻二位先生对唐代西州的道观、道教活动进行过全面探讨，对唐代西州道教的传播提出了许多有价值的看法，并兼及部分重要道经残片[3]。郜同麟先生近来也对部分吐鲁番道经残卷再做辨析[4]。但相较于敦煌地区道教研究的丰富，吐鲁番地区道教的相关讨论则受限于材料，而未能完全展开。

2015年迄今，笔者参加了旅顺博物馆藏新疆出土汉文文献的整理工作，新比定出了不少道经。旅博藏吐鲁番文书与大谷文书为同一批材料，均属当年大谷探险队在吐鲁番等地所得。此前日本学者已对这批文书中的部分道经残片做过整理[5]，但受限于当时的条件，仍有许多道经残片未能公布。据笔者的统计，目前吐鲁番出土的道经中，旅博藏品的数量居于首位[6]。不过由于这批材料都是在遗址废墟中挖掘所得，其

[1] 陈国灿、刘安志主编《吐鲁番文书总目（日本收藏卷）》，武汉大学出版社，2005年；荣新江主编《吐鲁番文书总目（欧美收藏卷）》，武汉大学出版社，2007年；包晓悦《日本书道博物馆藏吐鲁番文献目录》（上、中、下），分见《吐鲁番学研究》2015年第2期、2016年第1期、2017年第1期。

[2] 大渊忍尔《敦煌道经·目录编》，福武书店，1978年；王卡《敦煌道教文献研究：综述·目录·索引》，北京：中国社会科学出版社，2004年。

[3] 荣新江《唐代的西州道教》，《敦煌吐鲁番研究》第4卷，北京大学出版社，1999年，127—144页；雷闻《国家宫观网络中的西州道教——唐代西州道教补说》，朱玉麒主编《西域文史》第2辑，科学出版社，2007年，117—127页。

[4] 郜同麟《敦煌吐鲁番道经残卷拾遗》，《敦煌学辑刊》2016年第1期，34—50页。

[5] 旅顺博物馆、龙谷大学主编《旅顺博物馆藏新疆出土汉文佛经选粹》，法藏馆，2006年（以下简称《选粹》，且只在正文中出页码）；都筑晶子等《大谷文书的比较研究：旅顺博物馆藏トルファン出土文书を中心に》，《龙谷大学佛教文化研究所纪要》第49集，2010年，68—79页。

[6] 参赵洋《唐代西州道经的流布》，《中华文史论丛》2017年第3期，163—192页；收入本书，355—375页。

保存形态基本以碎片为主，在辨认和性质的判定上，仍有进一步探讨的空间。现将
这批新见的旅顺博物馆藏吐鲁番道经叙录如下 [7]。

与敦煌道经相似，吐鲁番道经也以灵宝经的数量居多，这大概也是唐代道经流
传的基本状况。其中，被视为古灵宝经首经的《元始五老赤书玉篇真文天书经》（简
称《赤书真文》）约出于东晋，《正统道藏》（简称《道藏》）全文收录，敦煌道经有
S.5733 和 Дx.1893 两件写本，均不全。此前所知吐鲁番道经只有 LM20-1453-18-05
和 Ot.8116r 两件，均出于吐峪沟，为同一写经，但无法直接缀合 [8]。新见旅博所藏吐
鲁番道经中有 5 件亦属此经。其中 LM20-1496-08-05 仅存 2 行，为该经阐述 "地发
二十四应" 之第十三、十四，楷书精美，并有乌丝栏，录文如下：

> （前缺）
> 1 [冬夏生]華結實[爲]繁[茂無有凋傷十四者四氣]
> 2 [調和災]疫不行天[人悦慶無有夭年十五者]
> （后缺）

LM20-1507-1086d 和 LM20-1520-36-12 各存 2 行，楷书，但栏线不太清晰，与
Ot.8116r 大致可缀合，内容为经中西方白帝灵宝七炁天文化生黑帝炁，但与传世本
有个别异文；另外 LM20-1506-0868c 和 LM20-1493-38h3-05 各存 4 行和 5 行，楷书，
有乌丝栏，均似与可缀合的三件为同一写本。大致拼接后录文如下：

> （前缺）
> 1 [右]少陰之氣化生太陰五氣[玄天主小劫申]
> 2 大劫酉 [9] 陽氣之極百六乘九[黑帝行佩此文]
> 3 [度甲][申大水洪][災以黑]書白繒[七][寸佩身]
> 4 [西方七寶金門皓靈][皇]老君符命
> （中缺）
> 1 [東方安寶華林青][靈][始老號日蒼帝姓燗諱]
> 2 [開明字靈威仰頭][戴]青精玉冠衣[九炁青羽]
> 3 [飛衣常駕蒼龍建][鶉]旗從神甲[乙][官將九十]
> 4 [萬人其精始生上][號]東方青[牙九炁之天中]

---

7 与《老子道德经》相关的残片已有细致整理，本文不再赘述，参见游自勇《吐鲁番所出〈老子道德经〉及其
   相关写本》，《中华文史论丛》2017 年第 3 期，139—161 页；收入本书，298—314 页。
8 都筑晶子等《大谷文书の比較研究：旅順博物館藏トルファン出土文書を中心に》，72 页。
9 "酉"，《道藏》本作 "子"。异文的讨论与研究，参赵洋《唐代西州道经的流布》，168—171 页；收入本书，
   354—356 页。

（中缺）

1 ［中央玉寶元靈元老號曰黄帝姓］通班諱［元］

2 ［氏字含樞紐頭戴黄精玉冠衣五］色飛衣常

3 ［駕黄龍建黄旗從神戊己官將十］二萬人其

4 ［精始生上號中央元洞太帝之天］中爲鎮星

5 ［下爲嵩高山上出黄氣下治地］門其煙如雲

（后缺）

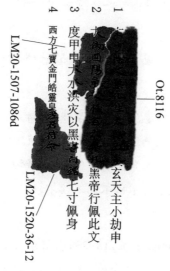

图1 《元始五老赤书玉篇真文天书经》

古灵宝经中流传较广的《太上洞玄灵宝无量度人上品妙经》（简称《度人经》）在敦煌文书中存有18件，其中P.2606较为完整，只是卷首微残。作为中古时期流传最广的古灵宝经，《度人经》在北宋时还被宋徽宗列为众道经之首，甚至将其扩充为六十一卷本通行于世。此经造作可能受佛教影响，突出"度人"的内容，但仍是强调个人的修行度人。此经在旅博中新比定出11件，分属此经不同片段，均为楷书，有乌丝栏，分别录文为如下：

LM20-1520-27-16存5行，见于P.2606第11—15行：

（前缺）

1 ［遍南方无極］无量品［至真大神无鞅之衆浮］

2 ［空而至説經三遍西方］无極无量品至真大

3 ［神无鞅之衆浮］空而至［説經四遍北方无極］

4 ［无量品至真大］神无鞅［之衆浮空而至説經］

5 [五遍東北无]極无量[品至真大神无鞅之衆]
　　（后缺）

LM20-1461-11-07 存 4 行，见于 P.2606 第 14—17 行：

　　（前缺）
1 [四遍北方無極無量品至真大神無鞅]之衆
2 [浮空而至説經五遍東北無極無量]品至真
3 [大神無鞅之衆浮空而至説經六遍東]南无
4 [極無量品至真大神無鞅之衆浮空而]至説
　　（后缺）

LM20-1503-C175 存 4 行，见于 P.2606 第 32—35 行：

　　（前缺）
1 [授於我當此之時喜慶難言法事粗]悉諸天
2 [復位倏欻之間寂無遺響是時天人遇]值經
3 [法普得濟度全其本年無有中傷傾土]歸仰
4 [咸行善心不殺不害不嫉不妬不淫不]盗不
　　（后缺）

LM20-1456-17-13 和 LM20-1462-14-05 前后可缀合成 6 行，但下部仍残泐，文字
内容见于 P.2606 第 47—52 行：

　　（前缺）
1 [士穢]氣未消體[未洞真召制十方咸未制天]
2 政可伏御地祇束縛[魔靈但卻死而已不能]
3 更生輕誦此章身則被殃[供養尊禮門户興]
4 隆世世昌熾與善因緣[萬灾不干神明護門斯]
5 經尊妙獨步玉京度[人無量爲萬道之宗巍]
6 巍大範德難可勝
　　（后缺）

LM20-1498-28-03 存 3 行，见于 P.2606 第 98—100 行：

　　（前缺）
1 [東方无極飛天神王長]生大聖无[量度人南]

2　[方无極飛天神王長生]大聖[无量度人西方]

3　[无極飛天神王長生大]聖无量[度人北方无]

（后缺）

LM20-1461-26-11 存 4 行，见于 P.2606 第 147—150 行：

（前缺）

1　[化上清無量之奧深不可詳數落神]真普[度]

2　[天人今日欣慶受度歷關諸天請減]三惡斬

3　[絕地根飛度五户名列太玄魔王監]舉无[拘]

4　[天門東昇主筭西昇記名北斗落死]南[昇上]

（后缺）

LM20-1497-37-02 存 4 行，见于 P.2606 第 158—161 行：

（前缺）

1　神公受命普掃不祥八威吐[毒猛馬四張天丁]

2　前駈大師仗幡擲火万里[流鈴八衡敢有干]

3　[試]臣過上真金鉞前戮臣[天後刑屠割鬼爽]

4　[風火無停千千]截首万万[剪形魔無干犯鬼]

（后缺）

LM20-1508-1243 存 4 行，见于 P.2606 第 233—236 行，"民" 未避讳：

（前缺）

--- （纸缝）

1　[天灾保鎮帝王下禳毒害以]度兆民生死受

2　[賴其福難勝故曰無量普度天]人

3　[道言凡有是經能爲天地帝主兆民]行是功

4　[德有灾之日發心脩齋燒香誦經十過皆]諸

（后缺）

LM20-1455-03-05 存 3 行，见于 P.2606 第 247—249 行：

（前缺）

1　雲上九都[飛生自騫 那育鬱馥 摩羅法輪]

2　霙持无鏡[覽姿運容 馥朗廓奕 神纓自宫]

3　利禪㹨 ［婆泥谷通　宛藪滌色　太眇之堂］

（后缺）

LM20-1461-09-16 存 4 行，见于 P.2606 第 249—252 行：

（前缺）

1　利禪 ［㹨婆泥谷通　宛藪滌色　太眇之堂］

2　流羅梵萌　景蔚［蕭峒　易邈無寂　宛首少都］

3　阿濫郁竺　華莫延［由九開自辯　阿那品首］

4　無量扶蓋　浮羅合神［玉誕長桑　栢空度仙］

（后缺）

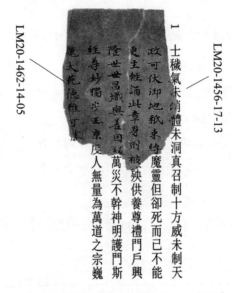

图 2 《太上洞玄灵宝无量度人上品妙经》

　　与度人观念有关的灵宝经还有《太上洞玄灵宝真文度人本行妙经》。该经已散佚，但《无上秘要》卷四七、《云笈七籤》卷一〇一与一〇二及《一切道经音义妙门由起》中摘引诸多佚文，可供勘定。大谷文书 Ot.3289r、Ot.5050r 和 Ot.5790r 为该经同一写本，但无法缀合。目前旅博藏新见 4 件，均为楷书，有乌丝栏，现录文如下：

LM20-1521-27-18+LM20-1520-29-06 共存 3 行，见于 P.3022v 第 31-33 行：

（前缺）

1　［出度人元始天尊以我因緣］之勳錫我太上

2　［之號封鬱悅那林昌玉臺天帝］王位登高聖

3　［治玄都玉京實由我身尊承］大法靈寶真文

（后缺）

LM20-1520-37-11 存 3 行，见于 P.3022v 第 45—47 行：

（前缺）

1　［即減一退遂經］三劫中［值火劫改運元慶又］

2　［受炁寄胎於］洪氏之胞［上天以其先身好色］

3　［故轉爲女子］以遂［其先好色之願以朱陵元］

（后缺）

LM20-1501-23-04 存 3 行，见于 P.3022v 第 61—64 行：

（前缺）

1　座長［林枯桑之下衆真侍座分校倉元寶錄］

2　靈寶真文諸［天交灌香華妓樂流精月水无］

3　鞅數種［光明洞達映朗十方是日那臺正於］

（后缺）

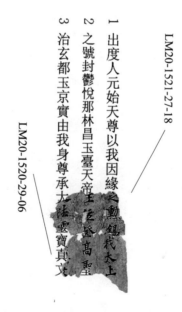

图 3　《太上洞玄灵宝真文度人本行妙经》

同佛教类似，道教也用科仪戒律来规范道士的日常行为。目前在旅博也新见数种科仪戒律道经。其中 LM20-1522-15-13 和 LM20-1461-11-14 均为《太上洞玄灵宝智慧上品大戒》，分别存经文 2 行和 3 行，楷书，有乌丝栏，内容为起首的"智慧上品十戒"，是中古道教规范道士行为的重要戒律，也是灵宝经中的重要道经。此经在《道藏》中题作《太上洞真智慧上品大诫》。在敦煌文书中也有数件此经写本，而新见的 2 件残片内容分别见于 P.2461 第 8-9 行和 11-13 行。刘屹先生曾对此经所出时间等问题有专门研究[10]。另外，LM20-1461-11-14 的内容在《无上秘要》卷三五（云出《大戒经》）、卷四八（云出《金箓经》）和卷五〇（云出《大诫经》）皆有。但该件文字与《道藏》本和敦煌本皆有差异，其中"生人间"在《道藏》本及敦煌本中皆作"生人中"，而"诫"在敦煌本中作"戒"，但在传世本中作"诫"，从文意来看，该件文字更为通顺。现分别录文如下：

LM20-1522-15-13：

（前缺）

1　天尊告太［上道君曰今當普宣通法

2　音開悟群［生爲諸男女解災卻患請

（后缺）

LM20-1461-11-14：

（前缺）

---（纸缝）

1　生人間轉［輪聖王修齋求道皆當一心請奉十］

2　誡諦受［勿忘專心默念洞思自然勿得雜想］

3　撓［亂形神能如是者便當靜聽］

（后缺）

而新近发现的 LM20-1520-36-18《太上洞玄灵宝智慧罪根上品大戒经》卷下，与《太上洞玄灵宝智慧上品大戒》相关，也是灵宝经当中重要的戒律道经。本件内容只在该卷里多次可见，但无法确定其确切位置，其录文如下：

（前缺）

1　］□□□□□□□［

2　　］女人修奉智慧［

（后缺）

中古道教科仪，以《洞玄灵宝长夜之府九幽玉匮明真科》比较常见。此经在敦煌文书中存有 10 件，部分写本还有传世本不存的中题。据新近比定的结果，此经在

10　刘屹《古灵宝经"未出一卷"研究》，《中华文史论丛》2010 年第 4 期，93—101 页。

旅博藏有 7 件，其中 LM20-1457-32-04 和 LM20-1494-23-01 在《选粹》中收录但未定名（157、203 页），都筑晶子则比定出了 LM20-1494-23-01[11]。其具体情况及录文分别如下：

LM20-1457-32-04 存 7 行，楷书，有乌丝栏，文字内容见于《道藏》本第 23—29 行，"治"、"世"未避讳；

（前缺）

1　說罪福宿[命][因緣善惡報應解拔苦根誠人]

2　治行身入光明遠惡[就善終歸福門其法弘]

3　普廣度天人生死蒙[惠免脫八難身超三界]

4　受慶自然世世[歡][樂享祚無窮今以相告密]

5　遵之焉

6　上智童子[前進作禮長跪稽首上白天尊言]

7　不[審][今所普見諸天福堂及無極世界地獄]

（后缺）

LM20-1490-14-03 存 5 行，见于《道藏》本第 32-36 行，"世"未避讳：

（前缺）

1　[緣死入攫湯無復]人身[生世何緣死循劍樹]

2　[風刀往還生世]何緣頭面[燋]燋頭戴火山生]

-- （纸缝）

3　[世何]緣]身无衣服鐵杖負[身][生世何緣身被]

4　[髡截]負]石無閑生世何緣]死受鎖械幽閉三]

5　[光生世]何緣[馳馳][若極食息無寧生世何緣]

（后缺）

LM20-1494-23-01、LM20-1462-31-09 和 LM20-1468-23-03 为同一写本，只是中部残泐，存 9 行，楷书，有乌丝栏，见于 P.2730 第 12—20 行，大致缀合后录文如下：

（前缺）

1　[明真科曰生世好學脩行經教吞精][咽炁恒]

2　[無殆倦持齋服御吐納自練積功][布]德名書

3　[上清致得屍解下仙遊行五岳後生]人中更

11　都筑晶子等《大谷文书の比较研究：旅顺博物馆藏トルファン出土文书を中心に》，79 页。

4　受經法爲[人師宗轉輪道備得]上仙白日

5　飛行位及[高真]

6　明真科[曰生世練真服御神丹]五石鎮生神

7　寶五宮[功微德俠運未昇天]身受滅度而骸

8　骨芳盈億[劫不朽須神返形]便更受炁還生

9　人中智慧[聽達逆知吉凶通靈徹視役]使鬼

10　[　　　　　　　　　　]

（后缺）

LM20-1490-08-12 存 3 行，楷书，有乌丝栏，见于 P.2730 第 28—30 行：

（前缺）

1　]受師宗命過[昇天][爲太上之賓後生人中得]

2　[爲人]尊三界所敬鬼[神所稱門户清貴天人]

3　[所欣]於此而學宗受[大經脩齋持誡廣建福]

（后缺）

LM20-1520-30-14 存 1 行，楷书，有乌丝栏，见于 P.2730 第 31 行：

（前缺）

1　[田功滿]德足克得神仙

（后缺）

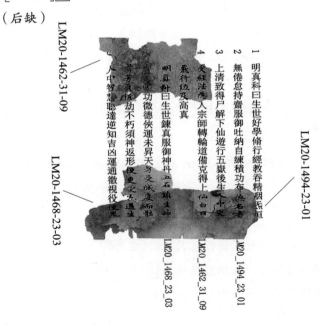

图 4 《洞玄灵宝长夜之府九幽玉匮明真科》

　　道教戒律经典还有 LM20-1468-20-02《太上洞玄灵宝智慧本愿大戒上品经》，存经文 6 行。此经也是中古时期比较重要的道教戒律经典，在敦煌文书中存 3 件。本件文字见于 P.2468 第 80—85 行的十善劝戒部分，楷书，有乌丝栏。现录文如下：

（前缺）

1　[男]女賢[儒不更諸苦]

2　戒曰勸[助齋静讀經令人世世不墮地獄即]

3　昇天堂[禮見衆聖速得反形化生王家在意]

4　所欲玩服備[足七祖同歡善緣悉會終始榮]

5　樂法輪[運至將得仙道]

6　戒曰勸[助衆人經學令人世世才智洞達動]

（后缺）

　　此外，LM20-1468-18-02《太上洞玄灵宝智慧定志通微经》（简称《定志通微经》）为吐鲁番地区新见，残存 3 行，楷书，有乌丝栏，为天尊听闻十戒后的诵言：

（前缺）

1　[　　　　　　　　　　　　　　　]

2　[此法實玄妙，免汝九祖役。是其人不授]，令人與道隔。

3　[非人而趣授，見世被考責。死墮三塗苦，萬劫悔]無益。

（后缺）

此经在敦煌文书中只有一件残本 P.5563，有武周新字。另外，有意思的是，在敦煌文书 S.6454《十戒经》上有后来抄写上去的两句话："此法实玄妙，免汝九祖役。是其人不受，令人与道隔。非人而取受，见世被者责。死堕三涂中，可切阻□益。"文字与《定志通微经》只是略有差异，但《十戒经》中最重要的十戒其实就是源自《定志通微经》，吴羽先生业已指出 S.6454《十戒经》盟文中也有源自《定志通微经》的词句，认为通过勤修经戒能避免轮回之苦，是十戒在修道成仙宗教实践中的功能[12]。

　　《十戒经》作为初入道者被授予的戒律，也在新近整理中发现了 1 件 LM20-1520-26-08，只残存 3 行，楷书，有乌丝栏，主要劝诫与人相处的三条准则，其录文如下：

（前缺）

1　[與]人子[言][則孝於親]

12　吴羽《敦煌文书中所见道教〈十戒经〉传授盟文及仪式考略：以 P.2347 敦煌文书为例》，《敦煌研究》2007 年第 1 期，76 页。

2　[與]人友言[則][信於交]

3　[與][人]夫[言][則和於室]

（后缺）

中古时期的道经受佛教影响较大，其中《太上洞玄灵宝业报因缘经》在唐代比较流行。此经所出较晚，《道藏》收有完整十卷本，经义内容当与佛教因果业报的思想有关。此经在敦煌文书中有 25 件，但其中文字同传世本差异颇大。旅博藏有 7 片，其中 LM20-1506-0748d 为卷一，存 2 行，楷书，有乌丝栏，文字见于台北 4721 第 48—50 行；LM20-1521-25-22 为卷九，存 2 行，楷书，有乌丝栏，见于 S.861 第 7—9 行。另外 5 件皆为与传世本差异最大的卷六部分，内容为"慈济品"中太上道君为劝诫普济真人，而解说数位贤者恒行慈悲而被其授予经法修行成道的故事，而且从字迹来看，这 5 片应为同一写本。其中 LM20-1462-36-04 和 LM20-1456-35-20 不能直接缀合，但上下仅隔一行，楷书，有乌丝栏，文字内容见于 P.2387 第 23—29 页；LM20-1450-23-01、LM20-1456-29-15 和 LM20-1467-20-03 则可以直接缀合，楷书，有乌丝栏，见于 P.2387 第 34—45 行。此外，LM20-1467-20-03 原为《西域考古图谱》著录，吐峪沟出土，且有传世本不存的品题"太上业报因缘经救护品第十五"，《选粹》收录并比定（203 页）。这 7 件录文如下：

LM20-1506-0748d：

（前缺）

1　[見有國王列百寶座]講說大乘晝夜[不][絕數]

2　[揚妙義見有國王親][率大]臣來[就觀][中捨施]

（后缺）

LM20-1462-36-04 → LM20-1456-35-20 → LM20-1450-23-01+LM20-1456-29-15+LM20-1467-20-03：

（前缺）

1　女授與此 [13][經修][行十三年金芝生庭鳳凰下]

2　侍天衣自來又六[卄][14][年吾]遣太玄童子乘一

3　輪之車下迎昇于[皇][茄]天中爲玉圖先生又

4　清淨[國]王夫人常[行布]施慈 [15]濟衆生一[百年]

13　"此"，《道藏》本作"真"。

14　"六十"，《道藏》本作"十七"。

15　"慈"，《道藏》本作"普"

5　中吾遣上元玉女授[與洞][神真經度爲女冠得]

6　[三]十六年吾遣變[化童子吐火鍊形反其童顏]

（中缺）

1　授與[此經奉行七年勤苦]轉加十七年中地

2　生蓮花一莖 ¹⁶ 千葉葉 ¹⁷ 廣于丈一一 ¹⁸ 葉間皆有

3　經文及寶函寶韞 ¹⁹ 名香仙藥玉童玉女捧接

4　飛行遍滿左右奇妙難思王子精誠心轉堅

5　固四十年吾遣九光童子度爲道士授與昇

6　玄妙經晝夜勤修七百年中吾遣礼 ²⁰[天使者]

7　以八鳳之輿下迎爲九天仙人如斯等輩 ²¹[塵]

8　沙之數不可得言汝等男女但能廣行慈[悲]

9　念度 ²² 衆生无大无小我悉知之汝輩男女但

10　有始无終或不能勤苦暫時還退功行未徹

11　子宜勤之子宜勤之 ²³

12　太上業報因緣經救護品第十五 ²⁴

（后缺）

LM20-1521-25-22 :

（前缺）

1　[爲]天女已七千[歲王子期者斷穀不食獨生]

2　[空山]不修諸行[六十年化爲青石後三十年]

（后缺）

16　“莖”，《道藏》本作“具”。

17　“葉”，《道藏》本无。

18　“一一”，《道藏》本作“二”。

19　“韞”，《道藏》本作“蘊”。

20　“修七百年中吾遣禮”，《道藏》本作“苦”。

21　“以八鳳之輿下迎爲九天仙人如斯等輩”，《道藏》作“倍”。

22　“念度”，《道藏》本作“濟度一切”。

23　“子宜勤之”，《道藏》本无。

24　“太上業報因緣經救護品第十五”，《道藏》本作“救苦品第十五”。

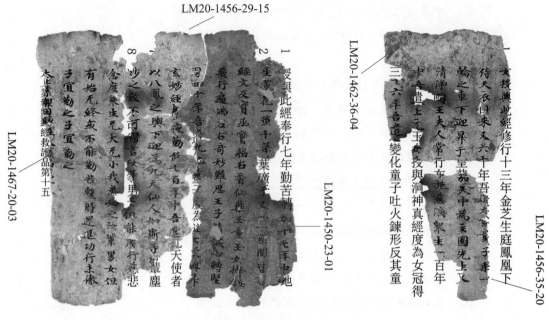

图 5 《太上洞玄灵宝业报因缘经》卷六

参考佛经而作的道经，还有 LM20-1454-29-10《太上洞玄灵宝三元玉京玄都大献经》。此经一般被认为是道教三元斋的经典来源。唐玄嶷《甄正论》称"道士刘无待造，以拟盂兰盆"，吕鹏志则指出此经可能是参考了《佛说盂兰盆经》和《三元品戒经》而创立的仪式[25]。该经在今《道藏》中为注释本，敦煌文书只有 S.3061，首残尾全，与传世本文字略有差异。而 LM20-1454-29-10 残存 6 行，楷书，有乌丝栏，最后两行则见于 S.3061 前两行，可做对勘，录文如下：

（前缺）

1　[牽五][體]爛壞[頭面燋燎鑊湯煮漬萬痛切]

2　[身]金槌亂考[26] 食[炭][渴飲火精[27] 流]

3　曳三塗八難[28] 之[中][道君稽首上白天尊]

4　未審此輩罪[人生世之日行何罪業作何因]

5　緣受斯楚毒[29][伏願天尊賜垂訓勵告所未聞]

---

[25] 吕鹏志《灵宝三元斋和道教中元节：〈太上洞玄灵宝三元品戒经〉考论》，《文史》2013 年第 1 辑，164—171 页。

[26] "考"，《道藏》本作"拷"。

[27] 王卡在《中华道藏》有注云："案'萬劫'以下至此数十字，原本作注文。核诸前后文义，当作经文为是。今改作经文。"然核对本件残片行数，应当还是注文为是。

[28] "八难"，《道藏》本作"五苦"。

[29] "毒"，《道藏》本作"痛"。

6 ☐共☐衆³⁰ 開悟仰[受聖恩]
　　（后缺）

　　洞渊部的经典主要为《洞渊神咒经》。此经出于东晋末，是一部集中体现江南地方性鬼神信仰，但更系统经教化的道经，也是南北朝隋唐时期流传较广的道经。唐前期编为十卷，而唐末则被续为二十卷，《道藏》本亦为二十卷。敦煌已发现该写本30 余件，基本为十卷本（也曾发现卷二十的唐末写本），与《道藏》本有较大文字出入。旅博藏有 3 件，其中 LM20-1493-14-05 残存 4 行，楷书，有乌丝栏，为卷三写本，敦煌本尚未发现，文字相当于《道藏》本卷三第 160-164 行，文字略有差异。录文如下；

　　　　（前缺）
　　1　☐各☐護[助]此三洞[之人不令疾病也若人]
　　2　其³¹ 有☐忿怒☐此³² 法師☐罵☐[辱欺打圖謀殺害者此人]
　　3　等☐悉☐[令]☐身☐亡滅³³七劫[無形託風倚雨依塵附草令萬劫]
　　4　[乃]☐復人☐身☐鬼王☐等護☐[助此三洞法師若有不信吾言者]
　　　　（后缺）

　　另外，LM20-1470-22-01+LM20-1497-06-03 同大谷文书 Ot.8104r 可以直接缀合，存 23 行，楷书，有乌丝栏，为《洞渊神咒经》卷六写本，其中有武周新字"圀"，吐峪沟出土，文字同于敦煌本 S.930 第 69-91 行，与《道藏》本出入颇多。《选粹》已收录并比定出 LM20-1470-22-01（208 页），都筑晶子也曾将 LM20-1470-22-01 和 Ot.8104r 作过拼接³⁴。另外，赵和平曾怀疑 Ot.8104r 可能与 P.3233、P.2444 同为长安宫廷官监写本³⁵，王卡则认为此件与 S.930 笔迹近似³⁶。现录文如下，画横线部分为新拼接的 LM20-1497-06-03：

　　　　（前缺）
　　1　道言復有廿万☐赤索鬼鬼☐[王自首領卅九万]
　　2　汝鬼春来取男子☐秋若取☐[女]☐[子冬便取小口]
　　3　夏来取老公畫日在☐水中☐[暮]☐[來伺人家或取]
　　4　六畜牛馬行其火毒令人☐[家]☐[貧窮疾病病不]

30　"共衆"，《道藏》本作"如蒙"。
31　"其"，《道藏》本无。
32　"此"，《道藏》本无。
33　"滅"，《道藏》本作"滅門"。
34　都筑晶子等《大谷文书の比較研究：旅顺博物館藏トルファン出土文书を中心に》，77 页。
35　赵和平《武则天为己逝父母写经发愿文及相关敦煌写卷综合研究》，《敦煌学辑刊》2006 年第 3 期，19-20 页。
36　王卡《敦煌道教文献研究：综述·目录·索引》，145 页。

5　可治日日來取人自今以去[汝速馳走若今]

6　不去者汝各各頭破作十二[分鬼王被誅也]

7　道言中國甲子之旬有白下[鬼三万頭鬼王]

8　名赤都遊逸天下行七十八種[病病不可治也]

9　令人狂走妄語下痢臃腫下血[血出而]

10　死炁息不定烏鵲遶人宅中此[則鬼也亦令]

11　天下國主大臣暴死死不以理[男女多重病]

12　自今以去汝等鬼王攝汝鬼[兵不去者汝死]

13　頭破作卅八分矣。

14　道言甲戌之年有赤壁鬼鬼[身長八千丈卅]

15　九万億人爲一群化爲大魚長[七丈二尺]

16　三寸者化爲飛烏百萬而飛行[天下行卒死]

17　之炁令天下兵起犯人刑口[舌妄來門門]

---（纸缝）

18　病痛此鬼等所爲鬼王怨珠急攝[汝下兵自]

19　今以後斥走万里若不去者汝等[頭破作三]

20　千分矣

21　道言甲午之旬年中圀有黄牛[鬼鬼王名赤]

22　[石]領馳則赤頭烏九千万人入[人宅中取人]

23　[小口]老人[行萬種病病炁重多土公雲中自]

（后缺）

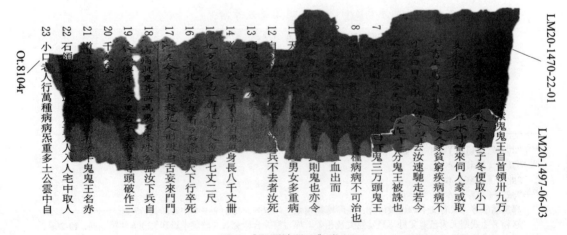

图 6 《洞渊神咒经》卷六

隋唐时期，重玄思想较为流行。《老子》中"玄而又玄"理论被不断阐发，由此造作出一批新的道教经典。其中《太上洞玄灵宝升玄内教经》（简称《升玄内教经》）多被传抄。此经原为十卷，《道藏》仅存卷七注疏本。敦煌文书中则保存了此经 28 件写本，万毅对各写本卷数问题已有考证，基本已将此经复原[37]。旅博藏有确定的 11 件此经残片，均楷书，有乌丝栏，都筑晶子已将其中 5 件的 LM20-1499-19-04、LM20-1465-02-03、LM20-1498-36-02、LM20-1498-32-05、LM20-1498-32-04 与 Ot.4395r 做过缀合，缀合后的内容为该经卷九中的无极九诫[38]。另有 5 件 LM20-1468-33-01a、LM20-1509-1569f、LM20-1463-25-03、LM20-1508-1274、LM20-1498-37-04 同都筑晶子缀合的数件为同一写经，也均属卷九"无极九诫"的内容，但有些无法直接缀合。将其全部缀合后录文如下：

（前缺）

1　物拾貴［取施執持兵器興用非法不知動入］

2　罪綱不能［自覺手過之罪罪之莫大不自手］

3　犯不得教令於人攝意持［戒終身奉行是吾］

4　太太上上太一第四誡也

5　第五誡曰目不得視非道［非法非義榮華容］

6　［飾淫視女色］照曜盈目［貪欲洋溢琦麗珍寶］

7　［淫邪妖孽不正之色目爲心候主收百凶來致］

8　［禍］毒罪疊臻［集一皆目致心目口手致殃禍］

9　［主］動爲禍端［收罪之首心目口手致罪之府］

（中缺）

1　誡［也］

2　第六誡曰耳不得聽八音［五樂淫聲妖孽辭］

3　正亡國妖僞之樂无有厭足不知動［入罪綱］

4　不能自覺耳［過］之罪罪亦復大不自耳犯不

5　［得］教令於［人攝意持誡終身奉行是吾太太］

6　［上］上太一第［六誡］也

37　万毅《敦煌本升玄内教经试探》，荣新江主编《唐研究》第 1 卷，1995 年，北京大学出版社，71—73 页。此外，刘屹先生也有一系列论文讨论《升玄内教经》的卷次及内容等问题，均已收其文集《经典与历史：敦煌道经研究论集》，人民出版社，2011 年，117—213 页。其中刘屹先生提出《升玄内教经》卷七注疏本中"理贯重玄，义该双遣"为唐初重玄思想流行的背景下所做的注解，而十卷本《升玄内教经》本身并没有明显的重玄意味，《本际经》才是彻底的重玄思想作品（186—213 页）。

38　都筑晶子等《大谷文书の比较研究：旅顺博物馆藏トルファン出土文书を中心に》，75—77 页。

7　第七誡曰鼻不[得][貪]香惡臭妄察善惡[不][知]

8　動入罪綱不[能自覺鼻過之罪罪亦爲次不]

9　自鼻犯不得教令[於人攝意持誡終身奉行]

10　是吾太太上上[太][一第七誡也]

11　第八誡曰足不得[妄蹈非義不踐非法不涉惡]

12　[履非妖淫境界不][知][動入罪][网不][能自覺足]

13　[過之罪罪亦爲次][不]自足犯不得教令[於][人]

14　[攝意持誡終身奉行是][吾]太太上上太一[第][八]

15　[誡也]

16　[第九誡曰身不得放情]任意强[興神器功非其]

17　[敵精散神消三炁亡][逸]放情縱恣无有[厭][足]

18　[不知][動]入罪冈傾宗滅族不能自覺如斯[之]

19　[罪罪之]莫大不自身犯不得[教]令於人攝意

20　[持誡][終身奉行]是吾太上太上太一第九[誡][也]

（后缺）

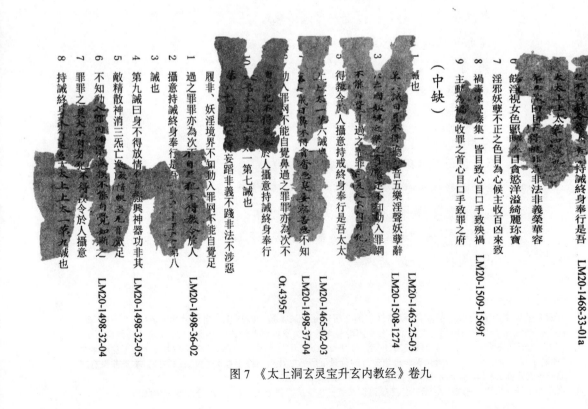

图7　《太上洞玄灵宝升玄内教经》卷九

此外，LM20-1458-20-12 也是该经卷九的无极九诫，存 7 行，看不清栏线，抄写有第四、五诫，但此件有明显烧过痕迹，与上面缀合并非同一写本，现录文如下：

（前缺）

1 ［犯不得教令於人攝意持］誡［終身奉行］

2 ［是吾太上太一第四］誡也

3 ［第五誡曰目不得視］非道非［法非義榮華容］

4 ［飾淫視女色照曜］盈目貪［欲洋溢琦麗珍寶］

5 ［淫邪妖孽不正之］色目爲心［候主收百凶來致］

6 ［禍毒罪疊臻集一］皆目致心目［口手致殃禍］

7 ［主動爲禍端收罪之首］心目口手致［罪之府］

（后缺）

最后，还有一件 LM20-1460-25-01 残存 3 行，楷书，有乌丝栏，文字见于 P.2466《大道通玄要》摘引的该经卷一。同时，LM20-1460-25-01 与此前未定名的 Ot.4410r 字迹极为相似，且 Ot.4410r 第 3 行见于《大道通玄要》摘引该经卷一的第 1 行，故 LM20-1460-25-01 和 Ot.4410r 应为同一写经。另外，中村不折所藏 4 件吐鲁番道经 SH.174-3-6 + SH.174-3-4 + SH.174-3-3 + SH.174-3-5 也为该经卷一，且内容衔接在 LM20-1460-25-01 之后，字迹也有一定相似，但暂时无法肯定两者是否为同一写本。现录文如下：

（前缺）

1 ［二當於真於］是堅［信不轉］

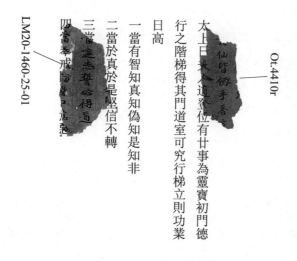

图 8 《太上洞玄灵宝升玄内教经》卷一

2　[三]當建志誓必得道

3　四當奉戒防身口意惡

（后缺）

重玄思想的传播，除《升玄内教经》之外，更为流行的是《太玄真一本际经》（简称《本际经》）。此经据唐玄嶷《甄正论》所称，系隋道士刘进喜造《本际经》五卷，唐李仲卿续成十卷，所以是我们了解隋唐道士对于重玄思想阐发认识的珍贵材料。而且此经在唐代有着十分重要的地位，唐玄宗曾颁布敕令，"令天下诸观自来年正月一日，至年终己未，常转《本际经》"[39]。可惜原书约于元代缺佚，传世本仅存卷二《付嘱品》和同为卷二但单行流传的《元始洞真决疑经》。敦煌文书中存《本际经》唐写本一百余件，万毅曾做过复原及解说[40]，叶贵良也有辑校成果[41]，目前除卷八外，十卷本系统的《本际经》基本已复原。旅博藏有7件，均楷书，有乌丝栏，其中 LM20-1465-20-07 和 LM20-1468-33-02 均为卷一，文字内容有重叠，分别存经文4行和3行，见于 P.3371 第59—62行和59—61行；LM20-1452-04-23、LM20-1464-33-04 和 LM20-1456-01-03 均为卷二，分别存经文4行、5行和3行，见于 P.2393 第6—9行、第8—12行和倒数第7—9行，其中前两件文字内容有重叠；LM20-1460-37-14 存首题及1行正文，正文见于 P.2795 此经卷三的第1行，但首题略有不同，估计为该经五卷本系统写经[42]；LM20-1452-05-17 为卷四，经文存2行，见于 P.2470 第216—217行。就这7件而言，因有文字内容重复的情况出现，所以可以确认至少有两个及以上的不同抄本。其录文分别如下：

LM20-1465-20-07：

（前缺）

1　[無有還期]受報幽牢[緘]閉重攔晝夜拷掠[不]

2　[覩三光]或抱銅柱形體燋傷或上刀山痛毒

3　[難忍]冥冥長夜萬劫無出縱得受[生還爲六]

4　[畜非人之類永失]人[道汝等四衆廣加開化]

（后缺）

LM20-1468-33-02：

[39]《本际经》的传播研究，可参姜伯勤《〈本际经〉与敦煌道教》，《敦煌研究》1994年第3期初刊，此据氏著《敦煌艺术宗教与礼乐文明》，中国社会科学出版社，1996年，225—252页。

[40] 万毅《敦煌道教文献〈本际经〉录文及解说》，陈鼓应主编《道家文化研究》第13辑，三联书店，1998年，367—484页。

[41] 叶贵良《敦煌本〈太玄真一本际经〉辑校》，巴蜀书社，2010年。

[42] 异文的讨论与研究，参赵洋《唐代西州道经的流布》，171—175页；收入本书，360—363页。

（前缺）

1　[无有還][期][受][報幽][牢繊閉重擋晝夜拷掠不]

2　[睹]三光或抱銅柱[形][體燋傷或上刀山痛毒]

3　難忍冥冥長[夜][萬][劫无][出縱得受生還爲六]

（后缺）

LM20-1452-04-23：

（前缺）

1　[微妙光明遍照十方一切國][土][光中演出種]

2　[種異音各隨風俗聞][者]皆解宣説[諸法悉是]

3　「無常苦惱穢惡无自]在者須臾變[滅]猶如夢]

4　[幻汝等咸應生厭離][想]雖復天仙壽億[萬劫]

（后缺）

LM20-1464-33-04，“世”未避諱：

（前缺）

1　[無常苦惱穢惡無自在者須央][變][滅]猶如[夢]

2　[幻汝等咸應生厭離想雖復]神仙[43] 壽億萬[劫]

3　[終必死壞三清衆聖念念無][常]是故世間無

4　[可保者吾今所以爲汝等故][權應現身教][導]

5　[汝等並得開度諸未度者爲]後世緣功[成]

（后缺）

LM20-1456-01-03：

（前缺）

1　[斷絕]倒想戀著心　　消除諸見滅[耶取]

2　[太上道]君告四座曰汝等當知一切[諸法皆]

3　[空寂相][生死道場][性无][差別][不應妄生去來]

（后缺）

LM20-1460-37-14：

（前缺）

---

[43]　“神仙”，LM20-1456-01-03 和敦煌本中均作“天仙”，《道藏》本作“神仙”。

1　[太玄真一本際經]聖行品第四 [44]

2　[三天大]法師正一[真人張道陵時游繁陽大]

　　（后缺）

LM20-1452-05-17：

　　（前缺）

1　清虛了无非[无知有非有安位中道正觀之]

2　域反我兩[半處於自然道業日新念念增益]

　　（后缺）

同为隋唐之际造作，并且与《本际经》内容相似的道教经典还有《无上内秘真藏经》。此经十卷皆存于《道藏》，而敦煌文书中仅俄藏 Дx.2774A 存其卷题“真藏经卷第一”，另 P.2467《诸经要略妙义》有此经八卷节录本。旅博藏有 1 件 LM20-1491-02-04，残存 5 行，楷书，有乌丝栏，为该经卷一写本。对照节录本及传世本，此件应为全本残片。其录文如下：

　　（前缺）

1　是時大[衆聞深法已悉會道真皆得解脱得]

2　解脱已[得道心得道意得道眼得道聲得道]

3　香得道[味一切悉通達]

4　復次仙靈童[子從座而起伏地閉目上白天]

5　尊一切諸法皆[具十二種印唯願大慈開演]

　　（后缺）

此外，都筑晶子曾依据《道藏》将 LM20-1464-21-13 比定为《太上灵宝诸天内音自然玉字》[45]。此件残存经文见于《道藏》本卷四，但此经在唐代应为上下二卷本，故本件当为此经卷下的内容。只是本件毕竟为残片，暂时无法遽然断定，这是否就是原经写本或道教类书的摘引。同时，在敦煌道经中存两件此经的同一写本（Дx.5913 和 P.2431），内容对应《道藏》本卷二，也应为唐时期此经卷上的内容。

除了以上已经辨认出的道经以外，还有几片未能比定的残片，分别介绍如下。

LM20-1452-09-03 残存 6 行，楷书，有乌丝栏：

44　“第四”，敦煌本残存该卷首题均作“第三”。

45　都筑晶子等《大谷文书の比较研究：旅顺博物馆藏トルファン出土文书を中心に》，74 页。

（前缺）

1　]□□□[

2　]乎

3　]□經云[

4　　]大劫運[

5　]□天神[

6　　]□[

（后缺）

第 3 行作"经云"，疑此件为道教类书。

LM20-1458-14-15 残存 4 行，楷书，有乌丝栏：

（前缺）

1　　]一二]月爲[

2　　]政威神光明勝]第[

3　]□陰]陽事亦如人間[

4　　]炎]魔天]壽]□[

（后缺）

第 3 行有"阴阳事"，应与道教信仰有关。

LM20-1458-24-04 残存 4 行，楷书，有乌丝栏：

（前缺）

1　即□[

2　天中其婦[

3　乏救郵天人[

4　受書今]爲[

（后缺）

第 3 行出现"天人"，疑为道经的残文。

LM20-1461-21-10 残存 3 行，楷书，无栏线，《选粹》已收录但未定名（203 页）：

（前缺）

1　]五億諸]天三清上境[

2　]開曉等一光明日月潛[

3　]能]對地獄寧閑奇]雖[

（后缺）

其中可辨识出"三清上境"、"地狱"等语，故而也应是与道教相关的经典。

LM20-1464-25-18 残存 3 行，楷书，有乌丝栏，应属于某经的偈语部分：

（前缺）

1 ］脩无量言 □[

2 ］次説手神 □[

3 ］无上天尊 □[

（后缺）

LM20-1466-04-08 残存 5 行，楷书，有乌丝栏：

（前缺）

1   ］□□万七千人即是[

2 ］見自宿命此經功德不可思[

3 ］无有邊際説不可盡□[

4 ］仙童玉女將諸眷屬十[

5 ］□不令諸魔異道不得其[

（后缺）

其中有"此经功德"、"仙童玉女"、"诸魔异道"等语，故也应为道教经典。

LM20-1466-09-06 残存 6 行，楷书，无栏线：

（前缺）

1   ]貪負寶負無

-- （纸缝）

2   ]□是以真人高録重契

3   ]□所誤而況於凡夫是

4   ]來生鍊其真文圖

5   ]面分布三部流[

6   ]□□[

（后缺）

其中有"负宝"、"真人"、"真文图"等语，故也应该是道经的残文。

LM20-1494-09-05 残存 4 行，楷书，有乌丝栏：

（前缺）

1　]□□[

2　]衣一不祥早起瞋

3　]不祥夫妻畫合

4　　　]□□愚

（后缺）

残文与梁陶弘景撰《养性延命录》卷上"杂诫忌禳害祈善篇"论述"六不祥"及"七痴"内容相同，但文字有些许差异。此外，孙思邈《千金翼方》卷一二和《医心方》卷二七引《养生经》也有相同内容。综上，本残片疑为《养性延命录》的早期写本，或与此相关的论述道教养生的经典。

LM20-1501-08-01 残存 2 行，楷书，有乌丝栏：

（前缺）

1　□□[

2　乘空白日[

（后缺）

第 2 行"乘空白日"，见于《太上洞玄灵宝智慧罪根上品大戒经》卷下和《洞玄灵宝长夜之府九幽玉匮明真科》，但第 1 行辨识不清，无法判断到底是哪部道经。

LM20-1506-0766a 残存 4 行，楷书，无栏线：

（前缺）

1　]□□[

2　]脱受諸□[

3　]除九幽釋散五[

4　]一切天人我□[

（后缺）

其中"九幽释散"见于杜光庭《太上黄箓斋仪》卷五八"忏禳疾病方忏"，所以此件可能为唐时期的黄箓斋仪。

LM20-1520-37-02 残存 4 行，楷书，有乌丝栏：

（前缺）

1　]□[

2　]論天地[

```
3      ]危長短[
4       ]□[
```
（后缺）

其中出现论及天地的词语，但无法找到确切的道经依据，只能暂时归入失题道经残片。

附论：

本文依据荣新江先生旧文，将德藏 MIK III 7484r《度人经》视为吐鲁番出土道经，但后来荣新江先生自陈瑞翾先生处得知此件道经应为焉耆 Shorchuk 出土，笔者也承蒙荣新江先生告知最新信息，故于此说明。在此也一并对二位先生表示感谢。论文写作过程中获同项目诸位老师和学长的多方帮助，并得到刘屹教授的教示，在此一并表示诚挚感谢。

（赵洋，中国社会科学院古代史研究所助理研究员。原刊《敦煌吐鲁番研究》第17卷，2017年）

唐代西州道经的流布

赵 洋

　　贞观十四年（640）唐太宗灭高昌王国置西州，吐鲁番盆地正式归入唐帝国版图。尽管在高昌国时期，中原文化已源源不断输往该地，但大规模地传入，仍要从西州时期开始。中原道教传入该地区应当也是如此。汉末以来的传统方术及民间信仰虽已在此地流布，但荣新江先生已指出这些并非六朝以来渐成体系的道教[1]，佛教信仰才是当地主流。李唐王朝为了巩固对吐鲁番地区的统治，除了推行并建立起正州的军事政治制度之外[2]，大力推行道教信仰亦是重要措施。

　　道经的传抄与流布是道教活动的重要形式，敦煌吐鲁番出土道经是我们了解当时道教传播的重要材料。敦煌道经的整理以大渊忍尔和王卡二位先生的工作最为瞩目[3]。吐鲁番出土道经则由于挖掘时期不一，收藏较为分散，整理工作也就更为不易，大多散见于一些总目书籍及叙录之中[4]。就目前所见，旅顺博物馆藏吐鲁番道经，不管是在数量还是在价值上，都是令人惊叹的，且大多数之前并未公布[5]。这批珍贵的材料并非孤立的个体，而是与德藏和日藏吐鲁番文献一样，同属唐代西州道教的遗存。荣新江、雷闻二位先生虽已对唐代西州道教的面貌作了较充分的讨论[6]，但限于材料，有些论述还可以继续深入。本文在考订几件道经残片的基础上，将目前已知的吐鲁番道经置于"开元道藏"的脉络下考察，希望对唐代西州道经的整体流布情况有所

---

[1] 荣新江《唐代西州的道教》，《敦煌吐鲁番研究》第 4 卷，北京大学出版社，1999 年，127—129 页。

[2] 最新研究可参刘子凡《瀚海天山：唐代伊西庭三州军政体制研究》，中西书局，2016 年。

[3] 大渊忍尔《敦煌道经·目录编》，福武书店，1978 年；王卡《敦煌道教文献研究：综述·目录·索引》，中国社会科学出版社，2004 年。

[4] 王卡《敦煌道教文献研究：综述·目录·索引》兼及部分吐鲁番所出道经；陈国灿、刘安志主编《吐鲁番文书总目（日本收藏卷）》，武汉大学出版社，2005 年；荣新江主编《吐鲁番文书总目（欧美收藏卷）》，武汉大学出版社，2007 年；包晓悦《日本书道博物馆藏吐鲁番文献目录》（上、中），分见《吐鲁番学研究》2015 年第 2 期、2016 年第 2 期；另外，郜同麟先生近来也对部分吐鲁番道经残卷再做辨析，见郜同麟《敦煌吐鲁番道经残卷拾遗》，《敦煌学辑刊》2016 年第 1 期，34—50 页。

[5] 赵洋《旅顺博物馆藏吐鲁番道经叙录》，《敦煌吐鲁番研究》第 17 卷，2017 年，189—213 页；收入本书，329—354 页。

[6] 除上引荣新江《唐代西州的道教》一文外，雷闻先生从唐代道教宫观系统角度对唐代西州道教传播再做补说，见雷闻《国家宫观网络中的西州道教：唐代西州道教补说》，《西域文史》第 2 辑，科学出版社，2007 年117—127 页。

申论。

一 两件西州道经的再考辨

三洞四辅是中古时期道教的基本构成，其中洞真部的上清经由于经义最为高深，"灵秘不杂，故得名真"，所以地位最高，只有极少数道法高深的道士才可习用。在唐代恐怕也只有官方正式且高级的宫观才得以传抄该部经典，因而也使得此部经典并不常见。在德藏吐鲁番出土叙利亚文写本编号文献中的汉文残片中，有一件很重要的道经残片 Syr 1749r（T II B 66）[7]。此残片双面抄写不同经典，背面用于抄写叙利亚文景教文献，正面则楷书抄写 8 行道经，并有乌丝栏，是很正规的道教写经。其录文如下：

（前缺）

1 重科條防檢[
2 仰進止容式軌[
3 藥秘要神草靈[
4 明辨思神存真念[
5 元和道引三光練[
6 載述學業得[
7 聖之辭巧餝章句稱[
8 向生尊[

（后缺）

图 1 Syr 1749r（T II B 66）

该残片为葡萄沟废寺遗址出土，主要内容是对道教经教体系十二部类中的戒律、威仪、方法、术数、记传、赞颂等的论说，与六朝陆修静、宋文明及隋和唐初《玄门大义》《道教义枢》等对十二部事的解说都不相同[8]，在唐代流行的《太玄真一本际经》卷三《圣行品》中也有近似的文字，但差异比较明显。我们根据传世文献及敦煌道经，可以发现《太平御览》卷六七三《道部十五·仙经下》摘引的《太微黄书经》与本号 1—6 行文字同，此外 P.3676 前 4 行与本号 5-8 行文字同，基本可将 Syr

---

7 Nishiwaki, Tsuneki, *Chinesische Texte vermischten Inhalts aus der Berliner Turfansammlung* (Chinesische und manjurische Handschriften und seltene Drucke. Teil 3), Stuttgart: Franz Steiner Verlag, 2001, p.133；西胁常记《ドイツ将来のトルファン汉语文书》，京都大学学术出版会，2002 年，116，图 33；Erica D. Hunter & Mark Dickens, *Syrische Handschriften, 2. Texte der Berliner Turfansammlung*, Stuttgart 2014, pp. 19-21.

8 王宗昱曾专门就数种道经所载十二部事进行讨论，见氏著《〈道教义枢〉研究》，上海文化出版社，2001 年，169—196 页。

1749r（T II B 66）残缺文字补全[9]。文字重合情况如下，先看《太平御览》卷六七三摘引：

> （前略）
>
> 誡律者，玄聖製勅，詮量罪福輕
>
> 重科條，防檢過失也。威儀自然經者[10]，具示齋戒，奉法俯
>
> 仰，進止容式，軌範節度也。方法者，眾聖著述，丹
>
> 藥秘要，神草靈芝，柔金水玉，修養之道也。術數者，
>
> 明辨思神，存真念道，齋心虛志，遊空飛步，餐吸
>
> 元和，道引三光，練度之法也。記傳者，眾聖
>
> 載述學業，得道成真，證果眾事之跡也。
>
> （后缺）

P.3676 相应文字如下：

> （前缺）
>
> 心齋虛志，遊空飛步，餐吸
>
> 元和，導引三光，仙度之法。記傳者，眾聖
>
> 載述學業，得道成真，證果眾事之跡。讚頌者，眾
>
> 聖之辭，巧餝章句，稱楊正道，令物信樂，發起回
>
> 向，生尊重心。
>
> （后略）

《太微黄书经》即《洞真太微黄书经》，全书原八卷，约出于东晋南朝，是早期上清派重要经典，今已散佚。《正统道藏》中收有《洞真太微黄书天帝君石景金阳素经》和《洞真太微黄书九天八箓真文》，仅为原书两卷内容。《太平御览》摘引仅为十二部中前十事，而 P.3676 刚好残余后四事，两者恰好补齐《太微黄书经》所载十二部事的内容。陈怀宇先生早已注意到该残片同《太平御览》摘引一样并与《太玄真一本际经》卷三相似，但认为此残片可能源出《太玄真一本际经》[11]。本残片虽然太过残

9　大渊忍尔著录 P.3676 为"失题道经科仪书类"（362 页），但王卡则认为是"正一经残卷"（219 页），另详考可参王卡《敦煌道经校读三则》，《道家文化研究》第 13 辑，三联书店，1998 年，110-114 页。按王卡未注意到 P.3676 与《太微黄书经》的文字有高度重合。此残卷抄有残缺的道教十二部事及三十六部事，可能还是为杂抄道教三洞、四辅、七部、十二部和三十六部的类书。

10　按照 Syr 1749r（T II B 66）的行款，此处"威仪自然经者"在此残片中应作"威仪者"。

11　陈怀宇曾提交会议论文专门讨论本号残片的定名及性质，见 The Benji jing and the Anle jing:Reflections on Two Daoist and Christian Manuscripts from Turfan and Dunhuang（《本际经》与《安乐经》：略论两种西域出土文献之联系），2014 年 9 月 6—9 日普林斯顿大学国际学术研讨会论文。

损，影响对其性质作出定论，可能是类书摘引，但残存文字内容可确认为《洞真太微黄书经》，故将本号拟定名为《洞真太微黄书经》。

此外，日本书道博物馆藏 SH.176-86 也可能是洞真部经典。该残片被周西波先生比定为《洞真太一帝君太丹隐书洞真玄经》，但误以为是敦煌所出且录文不全[12]；包晓悦则在周西波先生研究的基础上，重新进行考察并给出完整录文[13]。Syr 1749r（T II B 66）和 SH.176-86 这两件洞真部经典在吐鲁番的发现，证明了唐代西州道教的传播，虽然只是唐王朝宗教统一的策略，但当地依然有最为高深的洞真部上清经在传抄。而且此前吐鲁番已发现隋唐之际道教弟子初入门时皆须诣师盟受的《老子五千文》及《十戒经》（Ot.4399r《洞玄灵宝天尊说十戒经》），这也再次确证，在经典的教授程序上，唐代西州的道教活动已形成较为成熟的体系。

洞真部地位虽然高，但三洞之中习用者最多的却是洞玄部经典，故而现今遗存数量也最多。该部当中的《元始五老赤书玉篇真文天书经》（简称《赤书真文》）则被视为古灵宝经首经。敦煌只出土两件较完整的该经写本，吐鲁番则出土数件小残片，均属于大谷探险队挖掘所得，但分藏日本龙谷大学和中国旅顺博物馆。其中大致能缀合的三件 Ot.8116r + LM20-1507-1086d + LM20-1520-36-12 共存 4 行，从字迹及纸张形态来看，应为唐代写本[14]。其录文如下：

（前缺）

1 　右少陰之氣化生太陰五氣[玄天主小劫申]

2 　大劫酉陽氣之極百六乘九[黑帝行佩此文]

3 　[度甲][申大水洪][災以黑]書白繒[七][寸佩身]

4 　[西方七寶金門皓靈][皇]老君符命

（后缺）

12 周西波《中村不折旧藏敦煌道经考述》，南华大学敦煌学研究中心编《敦煌学》第 27 辑，台北：乐学书局，2008 年，88—89 页。

13 包晓悦《日本书道博物馆藏敦煌吐鲁番"写经残片册"的文献价值》，《文献》2015 年第 5 期，46—47 页。另外，部同麟则认为此残片应为《无上秘要》卷五抄本，笔者对此持保留意见，但也并不排除有此可能。参部同麟《敦煌吐鲁番道经残卷拾遗》，43 页。

14 残片具体情况见赵洋《旅顺博物馆藏吐鲁番道经叙录》，190—191 页；收入本书，330—331 页。

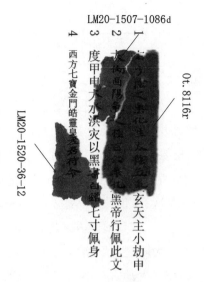

图 2 《元始五老赤书玉篇真文天书经》

第2行"酉"，《道藏》本作"子"，《无上秘要》卷二六摘引《洞玄元始五老赤书玉篇经下》也作"子"。敦煌本该部分残缺，但在佚名《高上玉皇本行集经》（简称《玉皇经》）摘引中，却作"酉"[15]。除此差异外，三部经典对于五方之炁化生还有其他差异，如下表所示：

表 1　《赤书真文》中五方之炁化生比较

五方	《道藏》本		《无上秘要》摘引		《玉皇经》摘引	
东方	少阳之炁	化生太阳三炁丹天，主小劫巳，大劫午	少阳炁	化生太阳三炁丹天，主小劫巳，大劫午	少阳之炁	化生太阳三炁丹天，主小劫巳，大劫午
	元阳之炁	生九炁青天	元阳之炁	生九炁青天	元阳之炁	生九炁青天
南方	太阳之炁	化生中元，主小劫丑未，大劫辰戌	太阳之炁	化生中元，主小劫丑未，大劫辰戌	太阳之炁	化生中央一炁黄天，主小劫丑未，大劫辰戌
	洞阳之炁	生三炁丹天	洞阳之炁	生三炁丹天	洞阳之炁	生三炁丹天
中央	元一之炁	化生少阴七炁素天，主小劫申，大劫酉	元一之炁	化生少阴七炁素天，主小劫申，大劫酉	元一之炁	化生少阴之炁素天，主小劫申，大劫酉
	元皇之炁	生元一黄炁之天	元高皇之炁	生元一黄炁之天	元高皇之炁	生元一炁黄天
西方	少阴之炁	化生太阴五炁玄天，主小劫亥，大劫子	少阴之炁	化生太阴五炁玄天，主小劫亥，大劫子	少阴之炁	化生太阴五炁玄天，主小劫申，大劫酉
	元阴之炁	生七炁素天	元阴之炁	生七炁素天	元阴之炁	生七炁素天

15　此经作者不详，编撰年代也有成于隋唐之际和不早于宋代之说，参赵宗诚《玉皇经》，《宗教学研究》1983年第2期，34页。

续表

五方	《道藏》本		《无上秘要》摘引		《玉皇经》摘引	
北方	太阴之炁	化生少阳九炁青天，主小劫亥，大劫子	太阴之炁	化生少阳九炁，主大劫寅，小劫卯	太阴之炁	化生少阳九炁青天，主小劫亥，大劫子
	洞阴之炁	生五炁玄天	洞阴之炁	生五炁玄天	洞阴之炁	生五炁玄天

凡与《道藏》本不一致处均用字下点标出。首先，《道藏》本中南方"太阳之炁"化生"中元"与《无上秘要》同，但在《玉皇经》中作"中央一炁黄天"（"中央"应为"元"），与中央"元皇之炁"所生对应而更加合适，反而《道藏》本和《无上秘要》有被篡改之嫌；其次，《道藏》本中央"元皇之炁"在《无上秘要》和《玉皇经》中皆为"元高皇之炁"，与其他四方之炁体例不符，应属后世传抄篡改之误；最后，《道藏》本中北方"太阴之炁"所主同《玉皇经》一致，同为"小劫亥，大劫子"，但《无上秘要》却作"大劫寅，小劫卯"，如果十二地支都要出现，似乎《无上秘要》更为妥帖，《道藏》本和《玉皇经》则都有两个地支出现了两次。由于为同一写经的 LM20-1453-18-05 可以确定就是《赤书真文》，所以 Ot.8116r+LM20-1507-1086d+LM20-1520-36-12 是目前仅见的该部分《赤书真文》早期写本，并非道教类书或其他道经的摘引。其中关于五方之炁主劫地支应该与《玉皇经》更接近，但三部经典中"申"和"酉"都在中央出现过，这又殊不可解。可能还需要更多相关材料的发现，才能彻底搞清楚这个问题。不过，《道藏》本中关于五方五炁化生与主劫的部分，确实已非中古时期原貌，而这三件缀合的唐代写本残片部分保存了该经在中古时期的原始形态，具有很高校勘价值。

二　由新见《本际经》残片蠡测西州道经流布的时间上限

除隋唐以前就形成的三洞部经典以外，隋唐之际新造的《本际经》也是当时颇为流行且重要的道经。该经原为五卷，唐初被续为十卷，但元代以后佚失。不过敦煌遗书中已发现《本际经》唐写本一百余件，经学者们的复原及研究，十卷本系统中除卷八外，其余各卷基本可复原[16]。吐鲁番也出土大量《本际经》残片，而在这些《本际经》残片中，LM20-1464-33-04 和 LM20-1460-37-14 需做重点讨论[17]。

首先，LM20-1464-33-04 的录文如下：

（前缺）

---

[16]　万毅《敦煌道教文献〈本际经〉录文及解说》，陈鼓应主编《道家文化研究》第 13 辑，三联书店，1998 年，367—484 页；叶贵良《敦煌本〈太玄真一本际经〉辑校》，巴蜀书社，2010 年。

[17]　残片具体情况见赵洋《旅顺博物馆藏吐鲁番道经叙录》，208—209 页；收入本书，348—350 页。

1　[無常苦惱穢惡無自在者須臾][變][滅]猶如[夢]
2　[幻汝等咸應生厭離想雖復]神仙壽億萬[劫]
3　[終必死壞三清衆聖念念無][常]是故世間無
4　[可保者吾今所以爲汝等故]權應現身[教][導]
5　[汝等並得開度諸未度者爲]後世緣[功][成]
　　　（后缺）

图 3　LM20-1464-33-04

其中第 2 行"神仙寿亿万劫"的"神仙",与《道藏》本
卷二同,LM20-1456-01-03 和敦煌本则均作"天仙"[18]。这
种文字的差异恐怕不能简单地只认为是异文,而考虑到
《本际经》曾由五卷续作十卷,所以与依据敦煌文书复原
的十卷本《本际经》相比,LM20-1464-33-04 可能属于
五卷本的系统。而 LM20-1460-37-14 应当也与此系统有
关系。虽然只残存 2 行,其正文内容见于十卷本的卷三,
但残存首题却不同。其录文如下:

　　　（前缺）
1　[太玄真一本際經]聖行品第四
2　[三天大][法]師正一[真人張道陵時遊繁陽大]
　　　（后缺）

图 4　LM20-1460-37-14

　　在目前所能见到的此经卷三写本中,只有首尾完整的 P.2795 中存有首题,但作
"圣行品第三",而其尾题同其他敦煌写本一样都作"圣行品卷第三"。很明显,"四"
与"三"在字形上区别很大,LM20-1460-37-14 在抄写时发生错误的可能性很小,
所以这件写本明显并不属于十卷本的系统。而之所以会出现这种特殊情况,可能与

---

[18]　叶贵良《敦煌本〈太玄真一本际经〉辑校》,40 页。

《本际经》在唐初由五卷本续成十卷本有关。

目前，学者基本都是依据敦煌写本将《本际经》复原为十卷本，但其中哪五卷是隋代刘进喜所造，哪五卷又是唐初李仲卿所续，仍然众说纷纭。姜伯勤先生曾提出十卷本中卷一、二、三、八、九提到"兼忘"和"重玄"之趣，怀疑这五卷为最初所造 [19]；万毅先生则依据《本际经》中有几卷存在"异称"，故认为卷一、四、五、六、七是最初的五卷，其余为后来所续 [20]；山田俊先生还从《本际经》各卷的内容和体例，认为卷一、四、六、七、八为最初五卷 [21]；刘屹先生则依据《本际经》的叙事结构认为卷一、二、三、四、六是最初的五卷 [22]。旅博馆藏 LM20-1464-33-04 和 LM20-1460-37-14 似乎佐证了姜伯勤先生和刘屹先生的观点，即十卷本中的卷二和卷三应属最初造作的五卷。而且，刘屹先生还指出，在约于贞观元年（627）成书的释法琳《辨正论》中，引到《本际经》的三个品题：护国品、圣行品和道性品，而且称"护国品"为"卷第二"（十卷本为卷一），所以以上三个品题当属最初造作 [23]。与"护国品卷第二"对应，LM20-1460-37-14 中的"圣行品第四"也很可能是在后来续成过程中被改写为十卷本的卷三。再进一步推测，LM20-1464-33-04 和《道藏》本卷二在五卷本中可能就是卷三。虽然旅博藏的这两件《本际经》残片保存的文字内容并不多，以上有些推测还需要更多材料支撑，但残片中关键字词的不同，也暂时可以让我们认为：此经最初造作的五卷本中卷二至卷四的品题可能是"护国品"、"付嘱品"和"圣行品"。

LM20-1464-33-04 和 LM20-1460-37-14 的存在，不仅提示了最初造作的五卷本品题，而且还指示了唐代西州道经最早流传的时间。雷闻先生曾在荣新江先生研究的基础上推进，认为西州道教至迟于高宗时就被纳入国家宫观网络之中 [24]。刘屹先生根据敦煌写本中带题记的十卷本《本际经》，并考虑到续作者的生活年代，指出《本际经》由五卷本变成十卷本为贞观的二十多年间，亦即唐太宗时期之事 [25]。以此联系到唐王朝在贞观十四年（640）正式改高昌为西州，我们可以再进一步推测《本际经》由

19 姜伯勤《〈本际经〉与敦煌道教》，《敦煌研究》1994 年第 3 期初刊，此据氏著《敦煌艺术宗教与礼乐文明》，中国社会科学出版社，1996 年，239—240 页。

20 万毅《日本天理图书馆藏卷敦煌本〈本际经〉论略》，《华学》第 1 期，中山大学出版社，1995 年，167—169 页；《道教〈本际经〉的造作及其异名与续成流行的关系》，《论衡丛刊》第 2 辑，巴蜀书社，2002 年，294 页。

21 山田俊《唐初道教思想史研究：〈太玄真一本际经〉の成立と思想》，平乐寺书店，1999 年，35—41、169—174 页。

22 刘屹《本际经的"续成"问题及其对南北道教传统的融合》，初刊《华学》第 9、10 辑合刊，上海古籍出版社，2008 年；此据氏著《神格与地域》，上海人民出版社，2011 年，351—356 页。

23 刘屹《本际经的"续成"问题及其对南北道教传统的融合》，350 页。

24 雷闻《国家宫观网络中的西州道教：唐代西州道教补说》，117—120 页。

25 刘屹《本际经的"续成"问题及其对南北道教传统的融合》，351 页。

五卷本续成十卷本，当在此后的十年间，同时唐代西州道经的流布至迟恐怕也在唐太宗贞观末年前后。此外，LM20-1464-33-04 中"世"未避讳，而太宗朝只要"世"及"民"不连读写，就不需要避讳[26]，而且 LM20-1457-32-04《洞玄灵宝长夜之府九幽玉匮明真科》中"世"和"治"，以及部分吐鲁番出土《道德经》中"治"皆未避讳，也可以证明唐代西州道经传抄的最晚时间恐怕也在唐高宗以前。所以，根据目前所见吐鲁番道经，迟至唐太宗末年，西州已经有道教的传播及道经的传抄活动。

三　西州道经与"开元道藏"

对照敦煌道经中唐代官方写本的纸张及书法样态，我们可以知道，目前所见吐鲁番道经绝大多数与敦煌官方写经十分相似，均用优质厚黄纸，有乌丝栏并楷书抄写精美。因此，唐代西州道经也多以正规官写本为主，这与唐代的官颁道藏有密切的关系。

在王朝力量的支持下，中古时期的道教也仿照佛教传统，将其经典编修成藏。早期道教包含了许多汉代以前的巫觋方术信仰，但在自身发展及向佛教学习的过程中，中古道教虽受魏晋南北朝时期南北对峙等形势影响，有南北两个不同的传统，但都在逐步去除自身形而下的巫术色彩，转而构建起类似佛教系统化的经典体系，亦即刘屹先生提出的"经教化"[27]。北周时京师玄都观所编《玄都经目》收经书二千四十卷，在敦煌文书 S.2295《老子变化经》末有题记"大业八年（612）八月十四日，……秘书省写"，亦可证隋代也有官方性质的道经被传抄。及至唐代，老子被李唐王室奉认为先祖，以此来树立其政权的合法性，道教势力也因而得到非常大的发展，相关道藏编修活动于是更为庞大。

唐高宗时，长安昊天观观主尹文操编的《玉纬经目》，很可能是继承了《玄都经目》的藏经。此外，依据敦煌文书 S.1513《御制一切道经序》中"故展哀情，为写一切道经卅六部"等语，我们可以推知唐高宗曾发动官方力量主持编纂过《一切道经》[28]。《一切道经》即是唐代官方编修道藏的统称。其后唐玄宗先天年间，还曾敕令长安太清观观主史崇玄编修《一切道经音义》，来为京内道藏作音训。之后开元年间（721—741），玄宗再次将当时所能见到的道经纂修成《三洞琼纲》（亦称"开元

---

[26] 《贞观政要》记载唐太宗初即位（626 年）下诏曰："其官号人名，及公私文籍，有'世'及'民'两字不连读，并不须避。"吴兢《贞观政要》卷七，上海古籍出版社，1978 年，225 页。

[27] 刘屹《试论南朝经教道教的产生及其对北方道教的影响》，首都师范大学硕士学位论文，1997 年。后被删改为《神格与地域》第四章第一节《南朝经教道教的形成及其对北方道教的影响》，245—280 页。

[28] 见 S.1513《老子像名经》前《一切道经序》。据汤用彤先生考辨，这是武则为太子李弘的病逝而作，参汤用彤《从一切道经说到武则天》，《汤用彤学术论文集》，中华书局，1983 年，349—354 页。

道藏"），并于天宝七载（748）诏传广抄。这部"开元道藏"是中古时期道藏的集大成者，也是唐代崇道最突出的表现[29]。但遗憾的是，安史之乱以后，高宗《一切道经》和玄宗"开元道藏"都遭损毁而未能流传于世。目前所见传世道藏为明《正统道藏》，其经目与藏经已与中古时期道藏的面貌相距甚远。

　　幸赖敦煌吐鲁番道经的发现，为我们了解中古时期的道经提供了丰富材料，甚至还据此复原许多散佚的道经，如《本际经》和《升玄内教经》。但更令人在意的是，敦煌道经中出现了高宗《一切道经》和玄宗"开元道藏"的遗存。如上文已提及的 S.1513《御制一切道经序》为高宗《一切道经》遗存；背面纸缝钤有"凉州都督府之印"的俄藏 Дх.0111＋Дх.0113《道德经》则为"开元道藏"遗存[30]。目前所见吐鲁番道经的状况与此类似。如芬兰马达汉（Mannerheim）收藏品 MS.30-3《老子道德经序诀》中"民"字避讳为"人"[31]，估计就是唐高宗或其后的官写本。另外，出现武周新字的 LM20-1470-22-01＋LM20-1497-06-03＋Ot.8104r《洞渊神咒经》，与同经卷的 S.0930 笔迹近似，可能是官方同一书手所抄[32]；更重要的是，德藏吐鲁番文献 MIK III 7484r《度人经》背面纸缝钤有"凉州都督府之印"[33]。故而，我们有理由相信，唐代西州和沙州流布的道经应该都在当时官颁道藏的体系之内："令内出《一切道经》，宜令崇玄馆即缮写，分送诸道采访使，令管内诸郡转写。"[34]太宗时抄写的道经和高宗的《一切道经》最终也都将被融入进玄宗"开元道藏"之中，那么在西州广泛流布的道经，其实也可以归属于玄宗的"开元道藏"。进而，利用敦煌吐鲁番道经来复原"开元道藏"，就成为一个很诱人的题目。

　　由于"开元道藏"现今已近乎散佚，其经目无存，具体藏经数量也难以确知。但自南北朝时陆修静等人开创"三洞四辅"的七部道书体系，后世道藏基本沿用。其中三洞即"洞真上清经"、"洞玄灵宝经"和"洞神三皇经（洞渊神咒经）"，四辅则为"太玄部"、"太平部"、"太清部"和"正一部"。唐代道藏的编修体例应与此体系最为接近[35]，而且"开元道藏"本名《三洞琼纲》，很明显也是依据此体系而得名，所以以此来考量西州道经流布与"开元道藏"的关系，应该是很合适的。此外，在

[29] 中古道藏书目及编修，可参陈国符《道藏源流考》（新修订版），中华书局，2014 年，89—107 页。
[30] 荣新江《唐代西州的道教》，139 页。
[31] 西胁常记《中国古典时代の文书の世界——トルファン文书の整理と研究》，知泉书馆，2016 年，190—191 页；游自勇《吐鲁番所出〈老子道德经〉及其相关写本》，《中华文史论丛》2017 年第 3 期，155—157 页；收入本书，315 页。
[32] 王卡《敦煌道教文献研究：综述·目录·索引》，145 页。
[33] 荣新江《唐代西州的道教》，139 页。
[34] 本敕文分别收入《混元圣纪》卷九、《唐大诏令集》卷九和《全唐文》卷四〇。具体下诏时间和文字出入，考辨参李刚《唐玄宗诏令传写〈开元道藏〉的时间考辨》，《宗教学研究》1994 年 Z1 期，8—10 页。
[35] 王卡《敦煌道教文献研究：综述·目录·索引》，32 页。

蜀地出土的《南竺观记》记录了天宝八载（749）本地南竺观的藏经目录，这也是很适合的参考材料[36]。笔者在大渊忍尔和王卡二位先生的研究基础上，以吐鲁番出土道经为中心，依据王卡所定七部道书体系，并参考《南竺观记》及传世《道藏》所存道经情况，制作表2如下（详细编号见文末附表）：

表2　吐鲁番出土道经种类表

√：表示保存；×：表示佚失

七部分类	吐鲁番出土道经种类	敦煌道经	《南竺观记》	《正统道藏》
洞真上清	《洞真太微黄书经》（拟）	P.3676 摘引	上清一百卷	×
	《洞真太一帝君太丹隐书洞真玄经》	BD01017 摘引		√
洞玄灵宝	《元始五老赤书玉篇真文天书经》	√	灵宝卅卷	文字略有差异
	《太上洞玄灵宝自然九天生神章经》	√		√
	《太上灵宝诸天内音自然玉字》（两卷本）	√		四卷本
	《太上洞玄灵宝智慧上品大戒》	√		略有差异
	《洞玄灵宝长夜之府九幽玉匮明真科》	√		有差异
	《太上洞玄灵宝智慧定志通微经》	√		√
	《太上洞玄灵宝真文度人本行妙经》	√		×
	《太上洞玄灵宝无量度人上品妙经》	√		六十一卷本
	《太上洞玄灵宝智慧本愿大戒上品经》	√		略有差异
	《太上洞玄灵宝三元玉京玄都大献经》	√		有差异
	《太上洞玄灵宝升玄内教经》	√	√	卷七存
	《太上洞玄灵宝业报因缘经》	√		有差异
	《太上洞玄灵宝三十二天尊应号经》（拟）	×		卷一二、二二存
	《洞玄灵宝天尊说十戒经》	√		
洞渊神咒	《太上洞渊神咒经》（十卷本）	√	√	二十卷本

---

[36] 此碑的释读参刘屹《唐前期道藏经目研究：以〈南竺观记〉和敦煌道经为中心》，in Poul Andersen and Florian C. Reiter eds. *Scriptures, Schools and Forms of Practice in Daoism A Berlin Symposium*, Wiesbaden：Harrassowitz Verlag, 2005，pp.185-217.

七部分类	吐鲁番出土道经种类	敦煌道经	《南竺观记》	《正统道藏》
太玄	《老子道德经序诀》	√	太玄 二百七十卷	节录本
	《老子道德经》（五千文本）	√		×
	《老子道德经河上公章句》	√		√
	佚名《老子道德经注疏》	×		×
	《唐玄宗老子道德经疏》	√		√
	《庄子疏》成玄英撰	×	《南华》	注疏本
	《太玄真一本际经》（十卷本）	√	√	卷二存
	《无上内秘真藏经》	卷题、 P.2467 节		√
	《太上老君说常清静妙经》	×		√
太清？	《养性延命录》（拟）	×	太清三十六卷	有差异
道教类书	失题道教类书	×	《秘要》	×
符咒	道教符箓	×	符图七十卷	×
	灵宝斋愿文	×		
	国忌行香题记	×		×

依据上表，虽然吐鲁番出土的道经数量远比敦煌少，但其依然保存了"开元道藏"中"三洞四辅"的基本框架。尤其同敦煌道经和《南竺观记》的种类相比，其基础的三洞道经和流行道经种类也相差不大，只是在个别道经的有无上有所区别。之所以如此，可能主要还是由于高宗和玄宗向天下传抄道藏的这一政治性宗教活动，使得当时唐朝疆域内，几乎所有道观所藏道经种类都偏向统一。这种全国各地道经流布种类趋于整齐划一的现象，在当时的西州、沙州和蜀地应也不例外。不过，在目前所见吐鲁番道经中，四辅中明显缺太平、太清和正一的经典。但这并不能说明当时的西州就没有这些经典流布，可能只是没有被遗存下来或还未被发现而已。其实在敦煌道经中，这三部的道经也并不多见，如太平部只存《太平经目录并序》（S.4226）和《太上济众经》，正一部也只有《正一经残卷》和几个经箓仪法残卷而已。但据《南竺观记》所载：太平部有一百七十卷、太清有三十六卷、正一部有二百卷，卷帙其实都不算少。此外，当时流行的道教类书《无上秘要》，在敦煌已有所发现，而目前吐鲁番所见道经均较为残缺，有的可能并非原本道经抄本，而是《无上秘要》摘引的抄本，如前文提到的 SH.176-86《洞真太一帝君太丹隐书洞真玄经》。

在唐代颇为流行的《升玄内教经》《洞渊神咒经》《道德经》和《本际经》，在吐鲁番道经、敦煌道经和南竺观道经中均存，也确证了这几部道经在唐朝疆域内流布的广泛性。而且，在敦煌道经中多见《老子道德经序诀》《老子五千文》和《十戒经》的合抄本，而在吐鲁番道经中也有这三部道经的遗存，只是太过残损，无法遽然断定是否就是合抄本。隋唐时期的道士初入道门时，都会前往其师处受度此三部经典，这是当地道教发展的基础。虽然我们暂时无法确证吐鲁番道经中这三部经典是否为合抄本，但很可能也是当地初入门的道士所得，表明唐代西州道教不再仅仅只是外来的宗教，当地人也很可能在此受度入道。

此外，《洞渊神咒经》的流行来源于其神秘的驱鬼消灾效力，故而高宗、武后也曾专门命人缮写来为太子祈福；《升玄内教经》《道德经》《南华真经》和《本际经》则是南北朝至唐前期道教重玄派理论的重要成果。我们还应注意到，新造作的《升玄内教经》和《本际经》，体现的毕竟是南北朝至唐前期流行的重玄思想，它们虽同六朝时盛行的三洞经典有传承关系，但在经义思想上却也有较大差别。这批重玄派经典在唐代的西州、沙州和蜀地被大量传抄，并且玄宗还曾两次传命天下转写《本际经》，都突显了唐代道教在经义学术上的重要转折。所以，在"开元道藏"的体系中，这批重玄派经典应该有着十分特别的地位。

另一方面，目前所见西州道经的流布，与沙州和蜀地的情况也有些许不同。首先，敦煌道经是从敦煌藏经洞出土，为敦煌当地佛寺藏经，虽然这批文书为学界研究中古道教提供了丰富材料，但其材料性质却较为复杂，有些道经则不属于官方的"开元道藏"藏经，如二十卷本的《洞渊神咒经》（S.8076 + 9047v）即为唐末五代所造。吐鲁番道经则不然，虽然是近代从吐鲁番众多遗址挖掘而得，道经数量不多且以碎片为主，但西州道教的传播基本因官方力量主导而盛行，而且从吐鲁番道经抄写纸张、字迹及样式来看，应以官方写经为主，基本涵盖在唐代官方道藏之内，对"开元道藏"的复原具有指示性作用。其次，据刘屹先生的研究，《南竺观记》所载经目虽可能最为接近"开元道藏"，但其仍是"南方道教传统的代表和象征"[37]，而西州道经则不可能为南方道教传统，只能是中央传写至该地区的"开元道藏"传统，亦即应与高宗时《玉纬经目》和《一切道经》一样，更为接近北朝隋的道教传统。

总之，吐鲁番道经虽然在形态上都较为残损，但仍能清楚地显示各种道经在唐代西州的广泛流布。吐鲁番道经是唐代道藏的重要组成部分，不容忽视。敦煌道经与吐鲁番道经在内容和形态上趋于一致性，表明二者有着共同的文本来源，很可能就是唐玄宗时期的"开元道藏"。

---

[37] 刘屹《唐前期道藏经目研究：以〈南竺观记〉和敦煌道经为中心》，211—212 页。

四　余论

唐代西州道经的流布需以当地道观为根基，只有当地建立起完整的道观体系，并进入到国家宫观网络之中，道教才能在当地扎根，道经才有可能在当地广泛流布。因此，道观的建立与存续，一般都被视为当地道教传播的开始与发展。通过对阿斯塔那墓出土的两件文书进行考证，荣新江先生业已指出开元四年（716）是目前所见吐鲁番文书中最早提到道观的纪年，大历四年（769）则为目前所知的西州道教活动的最晚时间[38]。而雷闻先生则进一步考证在高宗封禅之后，全国性的道观网络中已有西州道观，所以乾封元年（666）应为西州道观建立的最早时间[39]。但根据前文的讨论，西州道观最早建立的时间应不迟于贞观末年。如此，西州道观及道教活动至少存续了一百余年。

目前，在唐代沙州可见八座道观[40]，在伊州则有祥黉、大罗观（伊吾县）和天上观（柔远县）[41]。至于唐代西州的道观，据荣、雷二位先生的研究，列表如下：

表 3　唐代西州的道观

时期	观名	地处
乾封元年（666）	万寿观	高昌县
神龙元年（705）	龙兴观	高昌县
开元八年（720）	总玄观	
开元十九年（731）	安昌观	天山县
天宝二年（743）	紫极宫	高昌县安西坊
宝应元年（762）	唐昌观	

表中的万寿观、龙兴观和紫极宫都在西州治所高昌县，都是当时国家宫观网络中西州地区的道教中心，三者可能为同一道观在不同时期易额而来[42]，分别反映了高宗、中宗及玄宗对于道教的尊奉。尤其是龙兴观，雷闻先生根据《西域考古图谱》所录道经题记和相关史料，推测该观曾举行过唐高祖太穆神皇后的忌日行香仪式[43]，是国家政治象征的重要场域。此外，大历四年的吐鲁番文书中出现了天山县的道门

---

[38]　荣新江《唐代西州的道教》，130、134—138 页。

[39]　雷闻《国家宫观网络中的西州道教：唐代西州道教补说》，120 页。

[40]　参王卡《敦煌道教文献研究：综述·目录·索引》，7—8 页。

[41]　参王仲荦《〈沙州伊州地志〉残卷考释》，《敦煌石室地志残卷考释》，中华书局，2007 年，202—205 页。

[42]　吐鲁番阿斯塔那 509 墓出土《唐西州高昌县出草帐》将龙兴观置于崇宝等寺之前，德藏 Ch.1046（T II 4042）《唐安西坊配田亩历》也将紫极宫置于崇宝寺之前，所以龙兴观和紫极宫应该都与崇宝寺位于同一区域，且万寿观、龙兴观与紫极宫皆为当时西州地区官方道观领袖，所以两者很可能是同观但易额而来。另外，笔者还猜测唐昌观可能是安昌观易额而来，但材料不足以展开讨论，暂存疑。

[43]　雷闻《国家宫观网络中的西州道教：唐代西州道教补说》，126 页。

领袖张真等人，他们也极可能是安昌观的道士。

唐朝从中央经由凉州颁下的道藏，应当就是在这些道观抄写、流布和保存。但千年历史演变，我们后人已难以确知这些道观到底位于今吐鲁番地区的哪些地方。目前所知的吐鲁番道经出土地，主要为吐峪沟、胜金口、葡萄沟和交河城遗址。其中，吐峪沟大致位于唐代西州柳中县，西距高昌故城不远，是当时各种宗教的圣地，佛教在此造窟无数；胜金口则位于高昌县北，也是宗教兴盛之处，该地区还发现过"开元通宝"等钱币文物；葡萄沟则在交河县，有摩尼教及景教在此传教；交河城遗址则原为西州交河县城。这四处遗址既然都出土了道经，那么很可能在这些区域内有当年西州的道观存在。但也还有另一种可能性，即同敦煌地区类似，由于唐王朝势力逐渐退出西州，当年兴盛的西州道教也渐渐走向衰败，诸宫观内的道经被其他宗教寺院收走以作补经之用。如葡萄沟发现的背面抄写叙利亚文景教文献的道经（Syr 1749r（T II B 66）《洞真太微黄书经》和 n269r（T II B 66 No. 18）《本际经》)，很有可能就是景教寺庙侵占了破败后的道观所得。另外，笔者也怀疑胜金口出土的"开元道藏"遗存可能原为高昌县内紫极宫的藏经。

时过境迁，西州道教在唐前中期依靠官方力量得以兴盛发展，中央颁布的道藏经典在西州广泛流布，但随着唐王朝势力的衰弱，该地区已然难觅道教踪迹，曾经繁盛的道观，现今已荡然无存，只剩片片道经残纸留存至今。

附论：

本文依据荣新江先生旧文，将德藏 MIK III 7484r《度人经》视为吐鲁番出土道经，但后来荣新江先生自陈瑞翾先生处得知此件道经应为焉耆 Shorchuk 出土，笔者也承蒙荣新江先生告知最新信息，故于此说明。还有，本文说"《升玄内教经》《道德经》《南华真经》和《本际经》则是南北朝至唐前期道教重玄派理论的重要成果"，但得刘屹先生教示，指出《道德经》和《南华真经》只是唐代道士依据"重玄"理论重新对其做了相关著述，原书并非重玄派理论成果，故本文表述有误。在此笔者一并向诸位先生表示感谢。

此外，关于道经残片 Syr 1749r（T II B 66）的定名，笔者与陈怀宇先生的讨论未能完全展开，故于此笔者再做如下申论。

陈怀宇先生此前已注意到本件残片同《太平御览》摘引相同且与《太玄真一本际经》（简称《本际经》）卷三《圣行品》相似，并认为此残片与背面同样抄写了叙利亚文的 n269r（T II B 66 No. 18）为同一写本，都是唐代流传的另一系统的《本际经·圣行品》[44]。《本际经》确实存在五卷本与十卷本两个版本系统,《圣行品》也很可能同属这两个版本系统。其实,笔者也曾怀疑过本件写本是否为《本际经》,但本件写本与n269r（T II B 66 No. 18）的字迹并不一样,并不像是同一写本,且十卷本在唐中后期更为流行,《太平御览》如需摘引此经,也应当选择十卷本系统而非五卷本系统。况且,目前所见敦煌本《本际经》中并未发现能与此件道经文字完全相合的写本,所以也没有直接证据能证明本件写本就是五卷本系统的《太玄真一本际经》。然后,陈怀宇先生还认为《太平御览》摘引的内容其实来源于三部经书,只有开头第一句是摘引自《太微黄书经》[45]。《太平御览》摘引的文字确实只有第一句才能在现存《洞真太微黄书九天八篆真文》中见到,不过《太微黄书经》本来就已散佚大半,我们恐怕无法遽然断定其余摘引部分就不是《太微黄书经》的佚文。而且,除了这句能与《太微黄书经》完全相合之外,其余摘引文字虽不见于传世残存的《太微黄书经》,但也同样与另两部道经不能完全对应,只是内容一致而已。其实,摘引道经所载十二部事等内容在很多道经中都有传抄,如同样摘抄了十二部事的 P.3676 就曾被王卡先生误以为是《正一经》的残卷[46]。所以仅凭内容,我们是无法判定其余摘引文字是否来源于另外两部道经。总之,本残片虽然太过残损,影响对其性质作出定论,但残存文字内容依据《太平御览》的摘引,暂时可被认为是《洞真太微黄书经》,故将本号拟定名为《洞真太微黄书经》。

论文写作过程中获同项目诸位老师和学长的多方帮助,并得到刘屹教授的教示,以及荣新江教授提供的最新材料,在此一并表示诚挚感谢。

（赵洋,中国社会科学院古代史研究所助理研究员。原刊《中华文史论丛》2017年第 3 期）

---

[44] 陈怀宇《从两件德藏吐鲁番文书看景教与道教之联系》,收入张小贵主编《三夷教研究——林悟殊先生古稀纪念论文集》,兰州大学出版社,2014 年,290—307 页。

[45] 陈怀宇《从两件德藏吐鲁番文书看景教与道教之联系》,292—295 页。

[46] 王卡《敦煌道经校读三则》,110—114 页。

附表：

吐鲁番道经目录

同一格内表示为同一写本，↓表示可与下件缀合

编号	经名及卷数
Syr 1749v（T II B 66）	《洞真太微黄书经》（拟）
SH.176-86	《洞真太一帝君太丹隐书洞真玄经》
LM20-1496-08-05	《元始五老赤书玉篇真文天书经》卷上
LM20-1453-18-05 Ot.8116r ↓ LM20-1507-1086d ↓ LM20-1520-36-12 LM20-1506-0868c LM20-1493-38h3-05	
Ot.8105r	《太上洞玄灵宝自然九天生神章经》
LM20-1464-21-13	《太上灵宝诸天内音自然玉字》卷下
LM20-1520-36-18	《太上洞玄灵宝智慧罪根上品大戒经》卷下
LM20-1522-15-13	《太上洞玄灵宝智慧上品大戒》
LM20-1461-11-14	
LM20-1457-32-04	《洞玄灵宝长夜之府九幽玉匮明真科》
LM20-1490-14-03	
LM20-1494-23-01 ↓ LM20-1462-31-09 ↓ LM20-1468-23-03	
LM20-1490-08-12	
LM20-1520-30-14	
SH.174-5-103	
LM20-1468-18-02	《太上洞玄灵宝智慧定志通微经》
LM20-1521-27-18 ↓ LM20-1520-29-06	《太上洞玄灵宝真文度人本行妙经》
LM20-1520-37-11	
LM20-1501-23-04	
Ot.3289r Ot.5050r Ot.5790r	
Ch/So.18255r	

编号	经名及卷数
LM20-1520-27-16	《太上洞玄灵宝无量度人上品妙经》
LM20-1461-11-07	
LM20-1503-c175	
LM20-1456-17-13 ↓ LM20-1462-14-05	
LM20-1498-28-03	
Ch.349r（T II T 2052） Ch.1002v（T II T 1005）	
LM20-1461-26-11	
LM20-1497-37-02	
LM20-1508-1243	
LM20-1455-03-05	
LM20-1461-09-16	
Ot.5383A ↓ Ot.5384r	
LM20-1468-20-02	《太上洞玄灵宝智慧本愿大戒上品经》
Mannerheim MS. 65A-3	
LM20-1454-29-10	《太上洞玄灵宝三元玉京玄都大献经》
Ot.4410r LM20-1460-25-01	《太上洞玄灵宝升玄内教经》卷一
SH. 174-3-6 ↓ SH. 174-3-4 ↓ SH. 174-3-3 ↓ SH. 174-3-5	
Ch.935（T III 2023）	《太上洞玄灵宝升玄内教经》卷二
Ch.3095r（T II T 1007）	《太上洞玄灵宝升玄内教经》卷七
LM20-1458-20-12	《太上洞玄灵宝升玄内教经》卷九
LM20-1499-19-04 ↓ LM20-1468-33-01a LM20-1509-1569f LM20-1463-25-03 ↓ LM20-1508-1274 ↓ LM20-1465-02-03 ↓ LM20-1498-37-04 ↓ Ot.4395r LM20-1498-36-02 ↓ LM20-1498-32-05 ↓ LM20-1498-32-04	

续表

编号	经名及卷数
LM20-1506-0748d	《太上洞玄灵宝业报因缘经》卷一
LM20-1462-36-04 ↓ LM20-1456-35-20 LM20-1450-23-01 ↓ LM20-1456-29-15 ↓ LM20-1467-20-03	《太上洞玄灵宝业报因缘经》卷六
高昌残影 236 号	《太上洞玄灵宝业报因缘经》卷八
LM20-1521-25-22	《太上洞玄灵宝业报因缘经》卷九
Ch.2401r（T II T 2070）	《太上洞玄灵宝三十二天尊应号经》（拟）
Ot.4974	《天尊说随愿往生罪福报对次说预修科文妙经》
Ot.4399	《洞玄灵宝天尊说十戒经》
LM20-1520-26-08	
LM20-1493-14-05	《太上洞渊神咒经》卷三
LM20-1470-22-01 ↓ LM20-1497-06-03 ↓ Ot.8104r	《太上洞渊神咒经》卷六
SH.174-2-50 ↓ SH.174-2-58 LM20-1506-734a ↓ Ot.8111r SH. 174-5-78	《老子道德经序诀》
Mannerheim MS.30-3	
LM20-1522-09-16	
LM20-1499-27-06 LM20-1453-09-06 ↓ LM20-1520-34-14 LM20-1458-23-08 LM20-1454-08-06 ↓ LM20-1520-24-13	《老子道德经》第一三章 《老子道德经》第三三、三四章 《老子道德经》第三四章 《老子道德经》第三五至三七章
LM20-1464-17-07 LM20-1452-18-07	《老子道德经》第三八、三九章
SH.174-3-2	《老子道德经》第五五、五六章
LM20-1504-330 LM20-1498-41-04 ↓ LM20-1505-497	《老子道德经》第六三、六四章
LM20-1453-11-07	《老子道德经》第六四章
Ot.8120r	《老子道德经河上公章句》卷四
LM20-1523-16-153	
高昌残影 237 号（11 片）	《老子道德经河上公章句》卷六、廿二、廿三、廿五

编号	经名及卷数
LM20-1521-06-12	《唐玄宗御制道德真经疏》卷七
LM20-1468-23-05 Ot.8103r	《唐玄宗御制道德真经疏》卷七、八
LM20-1452-37-17 ↓ LM20-1455-17-04	佚名《老子道德经》注疏
Ch.773v（T II 1510）	《庄子疏》成玄英撰
LM20-1465-20-07	《太玄真一本际经》卷一
LM20-1468-33-02	
LM20-1452-04-23	《太玄真一本际经》卷二
LM20-1464-33-04	
LM20-1456-01-03	
LM20-1460-37-14	《太玄真一本际经》卷三（首题"卷四"）
n269r（T II B 66 No.18）	《太玄真一本际经》卷三
LM20-1452-05-17	《太玄真一本际经》卷四
Ot.4085r	《太玄真一本际经》卷五
Ch.243（T III T 514）↓ Ch.286（T II 1178）	《太玄真一本际经》卷八
LM20-1491-02-04	《无上内秘真藏经》卷一
Ot.4970r	《太上老君说常清静妙经》[47]
LM20-1494-09-05	《养性延命录》（拟）
日本静嘉堂藏 007	灵宝斋愿文
LM20-1506-0766a	道教黄箓斋仪？
西域考古图谱（下）附录 5-1	道经题记
Ot.1030	道教符箓
Ot.8101	元始符
Ch.353r（T III T 161）	失名道教类书
LM20-1452-09-03	失题道教类书
LM20-1458-14-15	失题道经残片
LM20-1458-24-04	失题道经残片
LM20-1461-21-10	失题道经残片

---

[47] 《吐鲁番文书总目（日本收藏卷）》著录"佛典残片"，都筑晶子著录为《太上老君说常清静妙经注》，不确（都筑晶子等《大谷文书の比较研究：旅顺博物馆藏トルファン出土文书を中心に》，《龙谷大学佛教文化研究所纪要》第 49 集，2010 年，69 页）。

编号	经名及卷数
LM20-1464-25-18	失题道经残片
LM20-1466-04-08	失题道经残片
LM20-1466-09-06	失题道经残片
LM20-1501-08-01	失题道经残片
LM20-1520-37-02	失题道经残片
Ot.3322r	失题道经残片
Ot.4470Ar	失题道经残片
Ot.10228r	失题道经残片
Ot.10228v	失题道经残片
Ch.349v（T II T 2052）	失题道经残片（刻本）
Ch.1002r（T II T 1005）	

麹氏高昌国史新探

——以明人胡广《记高昌碑》为中心

李　淑　孟宪实

　　明代外交家陈诚多次往返中亚，途径吐鲁番时曾摹打高昌旧碑而归，赠与友朋。胡广《记高昌碑》一文正是据此而来。与高昌国相关的拓本，分别是《重光寺铭》《记寺田园刊之碑》《右卫将军领宿卫事麹毂芝追远寺铭》和《无量寿窟铭》，是高昌国重要史料。根据这些史料，高昌国佛教史需重新认识，而麹宝茂作为麹嘉之子的身份确认，高昌的政治史也有了重大发现。新史料对于历史研究的推进，常常出人意表，《记高昌碑》再次赠与学术界惊喜。

　　传世文献中，有关高昌佛教问题，只有"兼信佛法"等极其简单的概括文字。高昌佛教，不仅是西域佛教一个重要的阵地，对于中国佛教也产生过影响。高昌佛教的研究，几乎全赖出土文献才有今天的进展。高昌佛教，在麹氏时代（502—640）达到高峰，王室成员的信仰行动，无疑发挥了领导作用[1]。旅顺博物馆藏西域出土文献中，也存在大量的高昌佛教史料。旅博编号 LM20-1462-02-10 为《佛说仁王般若波罗蜜经》卷下，经文之后有"□麹乾固"字样[2]，虽然没有时间标志，但属于麹乾固写经是没有问题的。如延昌三十一年，麹乾固一次抄写《佛说仁王般若波罗蜜经》卷上一百五十部[3]，因为都来自吐鲁番，两者之间很可能存在联系。高昌时代的石刻资料，本质上也属于出土文献，但出土文献录入文集流传，则属于传世文献，"二重证据法"已经合二为一。本文讨论高昌历史，多与佛教有关，也涉及高昌的政治，一个核心文献正是从出土文献转变为传世文献的，这就是明朝胡广所著《记高昌碑》。试论如下，敬请批评指正。

[1]　参见姚崇新《北凉王族与高昌佛教》，初刊《新疆师范大学学报》1996 年第 1 期，收入作者《中古艺术宗教与西域历史论稿》，商务出版社，2011 年，165—182 页。姚崇新《试论高昌的佛教与佛教教团》，载《敦煌吐鲁番研究》第四卷，1999 年，收入作者《中古艺术宗教与西域历史论稿》，183—230 页。

[2]　旅顺博物馆、龙谷大学主编《旅顺博物馆藏新疆出土汉文佛经选粹》，法藏馆，2006 年，201 页。参见彭杰《旅顺博物馆藏两件高昌王麹乾固供养写经残片探析》，《敦煌研究》2015 年第 3 期，67—73 页。

[3]　池田温《中国古代写本识语集录》，东京大学东洋文化研究所报告，大藏出版株式会社，1990 年，143 页。

一　胡广《记高昌碑》原文[4]

近年朝使往西域四，摹打高昌舊碑六本來進。其一《重光寺銘》，大魏員外散騎常侍、冠軍將軍、廣平司空仲豫，爲鎮西將軍交河麴子豒作。謂子豒爲"昭武王第五子，今上之親弟"。後有"章和二年出臨交河郡"之語。其二《記寺田園刊之碑》，背首云"和平九年辛未歲八月二十九日"，有子豒官爵，末云："延昌十年庚寅歲，謹樹玄碑，用傳不朽。"其三《石（右）衛將軍領宿衞事麴叡芝追遠寺銘》，大周麟趾殿學士、普國弟侍讀朱幹撰。中云："叡芝，今上之從兄。祖鎮京將軍、橫截公鎮衞等將軍，田地宣穆公冲。考建武等將軍、開定焉耆龍驤等將軍、橫截太守孝真。世父左衛將軍、田地太守孝亮，親執玉帛朝于京師。"末云："延昌八年歲次玄枵律中太簇上旬刊記。"其四《無量壽窟銘》，太學博士明威將軍令狐京伯撰，中云："麴氏元壂公主，獻文王之女，張太妃所生，今上之親妹。"末云："延壽七年庚寅七月下旬刊記。"

右前四碑，皆用俳體，盖高昌之文，非中國之作。中間事有可疑字間有異，故知其然。高昌本車師前王之故地，漢之前部地也。自拓跋魏以來，金城人麴嘉奉命爲王，表請經史子籍，并請國子助教劉燮以爲博士，集學官子弟教授。故其人多能文，染習華風。麴氏立國數世，私署官職有令尹公、左右衞、八長史、五將軍、八司馬、侍郎、校郎、主簿、從事等官，要之，不但此也，亦必自稱尊紀年。何以見之？其《重光寺銘》爲麴子豒作，稱昭武王第五子、今上之親弟，與後《追遠寺銘》稱叡芝爲今上之從兄，及後《無量壽窟銘》稱公主今上之親妹者，知其爲稱尊也。所謂章和二年者，非魏之年號章和、漢章帝紀年。所謂和平九年辛未者，和平雖爲魏文成帝紀年，起庚子終甲辰，止五年，而無九年辛未。所謂延昌八年、十年者，延昌雖爲魏宣武紀年，起壬辰終乙未，僅四年。明年丙申，爲魏孝明帝熙平元年，延昌無八年、十年。所謂延壽者，亦非魏周紀年。然則章和、和平、延昌、延壽者，豈非其自紀年乎？所謂大魏大周者，不過暫假中國之號耳。其右衛將軍領宿衞事麴叡芝，《追遠寺銘》謂考建武將軍、開定焉耆[5]。世父左衛將軍、田地太守孝亮，親執玉帛朝于京師，未獲反命，仍徂洛□。□□□"前部胡人悉爲高車所徙，入於焉耆。又爲嚈噠□□□（所破滅），□（國）人分散，衆不自立，請王於嘉，嘉遣第二子爲焉耆王以主

4　本文所引《記高昌碑》，因爲原書文字殘缺，劉子凡學兄進行了認真校對，特致謝意。
5　焉耆，原作"隔耆"，下皆同。

之。熙[6]平元年，嘉遣兄子私署左衛將軍、田地太守孝亮朝京師，仍求内徙，乞軍迎援，於是遣龍驤將軍孟威發涼州兵三千迎之，至伊吾，失期而返。"二事略與碑合。麴氏自嘉爲王，再世而下，漸習僭擬馴，至文泰驕橫誕妄，敢抗上國，貞觀十四年，太宗命侯君集討平之，於西州置安西都護府，治交河城，并立郡縣，徙其子及其豪傑於中國。由魏暨唐，傳國九世，百三十四年而亡。至文泰孫崇裕，永徽中爲右武衛翊府中郎將，封交河郡王，終鎮軍大將軍，封爵遂絶。麴氏既泯没漸盡，獨此碑居荒漠之外。由魏至今八九百年，字畫尚存，不爲風沙磨滅，亦可喜也。

後二碑，乃唐碑也，亦用俳體。其一《西州四面精舍記》，隨軍守左金吾衛兵曹參軍張玠爲節度觀察處置副相李公述。末云："唐大曆十五年歲在庚申六月日，攝西州柳中縣令、給事郎、守太子司議郎楊澹然書。"其二《大唐故伊西庭節度使開府儀同三司刑部尚書寧塞郡王李公神道碑》，攝支度判官兼掌書記、朝散大夫、虞王友朱震述。李公名元忠，前碑稱李公而不名者，疑即元忠也。元忠名略見于唐史，未有列傳，觀此碑可得其概，遂撮其事蹟于後，聊備唐史之闕云。

"李元忠，河東人也，本姓曹，字令忠，後以功賜姓改名。祖考以上，皆負名稱。元忠天資傑出，年幼狎諸童兒，好爲戰陣之形，綴幡旗以爲樂。及弱冠從軍，蓄氣屬節，嘗抗臂言曰：大丈夫必當驅戎狄，掃氛祅，達號立功，皆□□□□能唇腐齒落而爲博士者乎？故恒遇戰，勇冠□□□□□西伊西庭節度使、工部尚書弘農楊公之亞將。及弘農公被屠害，元忠誓報酬（仇）。乃以師五千橐周逸、戮強顥，雪江由之耻，報長泉之禍，義感四海，聞于九重。解褐授京兆洹道府[7]折衝都尉。大曆二年，遣中使焦庭玉授伊西庭節度兼衛尉卿、瀚海軍（押）蕃落等使[8]。大曆五年九月，中使將軍劉全璧至，加御史中丞。大曆八年四月，中使内寺伯衛朝瑨至，加御史大夫，賜姓改名，賜衣一襲。元忠勇於濟時，急於周物，不矜不傲，儉約從下，辛勤玉塞，斬將搴旗，摧堅陷敵，以成厥功。大張權宜，廣設方略，峻城深池，勸課畎桑，政令嚴明，邊庭肅靖。雖在戎旅之間，輕裘緩帶，志閒心逸。故能使葛禄葉護稽顙歸仁，拔汗那王屈膝飲義。值邊境有災，民艱於食，盡發廩以振之。不足，傾竭其資。又不足，解玉帶□□金鞍駿馬以易粟。遠近襁來者以萬計，恩施絶幕，惠被（中闕）三年

---

[6] 《北史》作"永平元年"。

[7] 洹道府，《長安志》《舊唐書》《新唐書》等書及唐代墓志皆作"匡道府"，參見張沛《唐折衝府匯考》，三秦出版社，2003年，25頁。

[8] 蕃落等使，史書所見皆为"押蕃落使"，故補一"押"字。

二月廿七日，中使"（此處闕四百廿九字）年土蕃圍凉州，走保（中闕）否？碑云："建中三年二月廿七日，加刑部尚書、寧塞郡王。"《會要》云："建中二年七月，加伊西北庭節度使李元忠北庭大都護。"與碑不合。豈二年爲遣使之日，三年乃至塞之日也？所加官爵不同，不審何者爲是？《會要》云："此時蕃虜所隔，元忠奉表，數輩不達，信問不至者十餘年。及是，遣使自回紇歷諸蕃始達，故有是命。"[9]按碑大曆二年、五年、八年，建中三年，俱有中使加官之命，安得十餘年不相通問耶？《唐書·回鶻傳》云："貞元二年，元忠等所遣假道回鶻，乃得至長安。帝進元忠爲北庭大都護。"此史之失也。碑云："建中五年五月五日，公薨于北庭之廨宇，六年葬前庭東北原，火山南面。"然建中止四年，明年爲興元元年，又明年爲貞元元年，無五年、六年，則是没於興元而葬於貞元。豈建中以後，使路阻絶，惟知有建中而不知有興元、貞元也？竊觀唐自太宗，好勤遠略，拓地置戍，控制□□□□□國，以資戎狄。及其後也，全軍覆没，使雄將勇卒□□□□恨無窮。若李元忠者，寥寥史籍，泯然無聞，獨賴此碑之存，不與塵土俱腐。幸遇我國家德化廣遠，際天所覆，極地所載，皆爲臣妾，高昌特近地耳。故俾遺跡傳流中國，使見之者，猶可以考見一二，而元忠遂得以顯著於後世，無復埋没風沙之憾矣。

今高昌爲畏吾兒之地，虞邵庵序高昌王世家[10]云："畏吾兒之地有和林山，二水出焉。一夕天光降于樹，在兩河之間，國人即而候之，樹生癭，若人姙身然。自是，光恒見者。越九月又十日而癭裂得嬰兒五，收養之。其最穉（稚）者曰卜古可罕[11]，既壯，遂能有其民人而爲之君長。傳三十餘君，是爲玉倫的斤，數與唐人相攻戰，久之乃議和親，以息民罷兵。於是唐以金蓮公主妻的斤之子葛勵的斤，居和林。有山曰天靈山，又有石山曰福山。唐使與相地者至其國，曰和林之强，以有此山，盍壞其山，以弱之。乃告諸的斤曰：既爲婚姻，將有求於爾，其與之乎？福山之石，於上國無所用，而唐人願見，遂與之。石大不能動，唐人使烈而焚之，沃以醇酢，碎而輦去。國中鳥獸，爲之悲號。後七日，玉倫的斤薨，自是國多災異，民弗安居。傳位者數七，乃遷居交州，今火州也。凡居是者百七十餘載，至元太祖初年，率國歸附。"

嘗問諸譯者，曰：畏吾兒，突厥種也。然考之唐史，突厥自唐開元中已滅

9　此處所引《唐會要》與原文略有出入，原文爲"自主其任，嘗發使奉表章于朝，數輩皆不達，信聞不至朝者十余年。及是，遣使自回纥历諸蕃至，故有是命"。上海古籍出版社，2006年，1575頁。

10　此處節引自元虞集所撰《高昌王世勳之碑》，載虞集《道園学古录》卷二，而文字較原文稍略。該碑殘石1933年出土于武威，今藏武威文廟。碑文參黄文弼《亦都护高昌王世勋碑复原并校记》，載黄烈編《黄文弼历史考古论集》，文物出版社，1989年，184—193頁。

11　卜古可罕，《道园学古录》同，石碑作"兀单卜古可罕"。

之，其地盡入回紇，唐未嘗以公主妻突厥者。以公主下嫁諸蕃者，亦無金蓮之名。惟西突厥後七[12]有蘇祿者，突騎施別種也。玄宗立史懷道女爲金河公主以妻之，豈即此乎？或者以金河而□□□□蓋北庭自唐楊襲古没後，爲土蕃、葛祿所有，□□□□祿于北庭，勝而有之。西突厥爲諸蕃所侵，部族微弱，餘部有附回鶻者，唐末常來朝貢，至晋天福間始絶。而高昌爲回鶻之地矣。宋建隆、乾德間，西州回鶻可汗遣使來貢。太平興國中，西州外生師子王阿斯蘭漢[13]遣使來獻。宋遣供奉[官]王延德[14]等回使高昌，即其處也。至于熙寧間，通貢不絶。宣和中，疑其與西夏通，始禁絶之。後無所考也。今以畏吾兒遷居交州，稱高昌，至元太祖時凡百七十餘載推而上之，當在宋天聖、明道之間，契丹太平、重熙之際。此時高昌爲回鶻之地，畏吾兒爲突厥，又安得有之？豈其先微弱時，相與雜處其地，其後回鶻衰弱，而畏吾兒乃大乎？是皆不可知也。不然亦相傳之誤耳。其輦石之事，用役浩大，史當有之，何故不傳？見與樹癭產兒，事皆神恠，豈其國書所載云。然虞公特從其言而書之，所謂傳疑云耳。嘗以遼金元史不與西北諸蕃國立傳，今無所據，可爲恨也。因識此數碑，并考其事著于後，尚俟博古君子以質正焉。永樂十三年十二月初十日，盧陵胡廣記。[15]

胡广《记高昌碑》开篇即言"近年朝使往西域四，摹打高昌旧碑六本来进"，说明所据高昌碑的来历。文章明确写于永乐十三年（1415），所谓近年朝使，已知就是陈诚[16]。现在看来，陈诚出使西域，也曾经考证文物，对于石刻资料，也曾拓写，胡广所谓"摹打"就是证明。陈诚有《哈密火州城（即古高昌之地）》诗：

> 高昌舊治月氏西，城郭蕭條市肆稀。
>
> 遺跡尚存唐制度，居民爭覩漢官儀。
>
> 梵宮零落留金像，神道荒涼卧石碑。
>
> 征馬不知風土異，隔花猶自向人嘶。[17]

现在看来，陈诚不仅注意到了石碑，而且摹打归来，赠送友朋。胡广在永乐朝是受重用的大臣，曾为官首辅大学士，而江西同乡是他重要的朋友圈[18]。不过《记高

---

[12] 七，或为衍文。

[13] 阿斯兰汉，《宋史》卷四九〇《高昌国传》作"阿斯兰汉"（14110页）。

[14] 供奉王延德，据《宋史》卷四九〇《高昌国传》（第14110页），"供奉"后脱一"官"字。

[15] 明胡广《胡文穆公文集》卷十九，《四库全书存目丛书本》集部别集第29册，（济南）齐鲁书社，1997年，158—161页。

[16] 见陈晓伟《胡广〈记高昌碑〉与高昌麴氏、唐李元忠事迹杂考》，《文献》2016年第6期，53—61页。

[17] 陈诚著，周连宽校注《西域行程记》《西域番国记》，中华书局"中外交通史籍丛刊"本，2000年，126页。

[18] 参见吴琦、龚世豪《明初江西士大夫仕宦、交游与乡邦团体——以胡广为中心的研究》，《江西社会科学》2016年第1期，118—125页。

昌碑》如今所见已经是残文，有大段文字缺损，十分可惜。我们只能在现有的文字范围进行讨论，重点是高昌国（502—640）时期的四方碑铭。

二 《重光寺铭》

胡广获得来自陈诚的吐鲁番拓片，查证史书，进行了认真的研究。根据胡广所著文，现在知道他一共获得吐鲁番拓片来自六方石碑，其中高昌国时期共四方，唐朝二方。具体内容如下，首先是《重光寺铭》的介绍，其文为：

> 其一《重光寺銘》，大魏員外散騎常侍、冠軍將軍、廣平司空仲豫，爲鎮西將軍交河麴子犍作。謂子犍爲"昭武王第五子，今上之親弟"。後有"章和二年出臨交河郡"之語。

因为是介绍文，不是原文照录，给我们今天的研究造成一定影响。大魏，当是北魏。麴氏高昌与北魏建立联系，从第一代国王麴嘉时代已经开始，此寺铭证明到第三代国君麴坚时期依然保持着密切联系。

司空仲豫，是北魏的员外散骑常侍、冠军将军，他怎么会为麴子犍作重光寺铭呢？从高昌与北魏的关系看，双方的往来一直比较密切，最初以讨论高昌内迁为主题，到麴嘉晚年，此事慢慢淡化。"正光元年（520），明帝遣假员外将军赵义等使于嘉。嘉朝贡不绝，又遣使奉表，自以边遐，不习典诰，求借五经、诸史，并请国子助教刘燮以为博士，明帝许之。嘉死，赠镇西将军、凉州刺史。"[19] 显然，文化交流变得重要起来。按《魏书》，麴嘉的继承人是世子麴光，北魏建义元年（528）六月"以高昌王世子光为平西将军瓜州刺史，袭爵泰临县开国伯高昌王"[20]。但这不是高昌王的即位时间，这是北魏赐爵的时间，即位当在此之前。现在学术界把526—530时段分配给了麴光，因为时间短，资料有限。[21] 高昌王国与北魏的关系，在麴坚时代再续发展。《北史·高昌传》："普泰初（531—532），坚遣使朝贡，除平西将军、瓜州刺史，泰临县伯，王如故。又加卫将军。至永熙中（532—534），特除仪同三司，进为郡公。后遂隔绝。"[22] 这段传世文献的记载，与现在的资料结合起来，可以补充我们对高昌史认识的不足。

高昌王国与北魏的关系在麴坚的时代，先是高昌遣使朝贡，获得北魏加封，其

---

[19] 《魏书》卷一〇一《高昌传》，中华书局，1974年，2244—2245页。
[20] 《魏书》卷十《孝庄本纪》，258页。
[21] 王素先生作《麴氏高昌立法初探》，有关麴光的历法资料，给出三字"资料缺"。国家文物局古文献研究室编《出土文献研究续集》，文物出版社，1989年，149页。
[22] 《北史》卷九七《西域·高昌传》，中华书局，1974年，3214页。

实就是宗主国与附属国关系的确认，时间在普泰初。麹坚即位应该在530年，转年改元为章和元年，即位以后遣使北魏，获封于531或532年。永熙中再次获封，最晚不出章和三年（534）。北魏太昌元年（532）九月，"高昌国遣使朝贡"，这应该是麹坚派出的，转年即永熙二年（533），十月北魏"以卫将军瓜州刺史泰临县开国伯高昌王，魏子坚为仪同三司，进爵郡王"[23]。北魏永熙二年的册封，或者是对高昌前一年遣使朝贡的反馈，也可以派使者前往高昌执行。司空仲豫的身份，既然是北魏官员，那么他的另一个身份很有可能就是北魏派往高昌的使者。到达高昌之后，参加王国重要官员的社交活动，完全可以理解。而"重光寺"，应该是麹子熙所建的寺院。

麹子熙的职官为"镇西将军交河"，怀疑"交河"二字后漏写"公"字。他是麹嘉的第五子，今上之亲弟，由此可知麹嘉至少有五个儿子。今上，即麹坚。麹坚名字，另外一说为"子坚"，如今有亲兄弟"麹子熙"的名字比照，子坚的可能性更大[24]。高昌国是麹氏家族统治下的王国，所以麹氏王族在政治上很自然是中流砥柱，反映在官职上即重要岗位皆由王族成员掌控。《北史·高昌传》记载高昌官制："官有令尹一人，比中夏相国；次有公二人，皆王子也，一为交河公，一为田地公。"[25]麹子熙为王子没有问题，章和二年出临交河郡，他也是镇西将军。在其他出土资料中，交河之地也是镇西府所在地，而镇西府看来就是镇西将军府[26]，镇西府是镇西将军府的简称。

三 《寺田园刊之碑》

> 其二《记寺田园刊之碑》，背首云"和平九年辛未岁八月二十九日"，有子熙官爵，末云："延昌十年庚寅岁，谨树玄碑，用传不朽。"

此为胡广所记。这应该是麹子熙施舍田园建立寺院的文字。和平年号，至今所属不知其人，但为麹氏无疑。不过，和平只有四年，没有九年，从辛未岁看，九年当为元年之误，即公元551年[27]。从胡广留下的文字看，这件所谓《寺田园刊之碑》应该是件类似土地契约的文书，和平元年是土地捐献的时间，延昌十年（570）是立碑的时间。联系起来看，第一方碑与第二方都以麹子熙为主人公，他应该就是重光

[23] 《魏书》卷十一《出帝平阳王本纪》，288页。

[24] 陈晓伟《胡广〈记高昌碑〉与高昌麹氏、唐李元忠事迹杂考》已经如此考证。

[25] 《北史》卷九七《西域·高昌传》，中华书局，1974年，3214页。

[26] 参见侯灿《麹氏高昌王国官制研究》，载《文史》第22辑，收入侯灿《高昌楼兰研究论集》，新疆人民出版社，1990年，1—72页。

[27] 陈晓伟《胡广〈记高昌碑〉与高昌麹氏、唐李元忠事迹杂考》已经考出，正确。

寺土地的捐献人，但是二十年后立碑，刻写《重光寺铭》的主持人则不知是谁。可能是麹子熙，但更大的可能是他的后代。

这个资料，很自然令人联想起高昌的另一方著名的《麹斌造寺碑》。《麹斌造寺碑》是麹乾固延昌十五年（575）麹亮建造的，这是为他父亲麹斌建立的纪念碑。碑有正反两面，正面铭文叙述麹斌施舍田宅建立佛寺，是项重要佛教功德，文字是充满佛教观念的骈体文。背面是麹斌造寺时订立的土地捐献契约，时间是麹宝茂建昌元年（555 年）十二月二十三日。这即是说，捐献土地建立寺院是在 555 年，而立碑纪念此事时在二十年后的 575 年。

这两件资料对比很有意味，先是麹子熙在 551 年捐献土地给寺院，十九年后立碑纪念。麹斌在麹子熙捐献土地四年之后也采取了同样的行动，捐出土地之后二十年麹亮为他树碑立传。高昌国王室信奉佛教，这些王室家族重要成员积极捐献土地供养寺院，是一个很有力的证明。过去因为只有《麹斌造寺碑》，会以为是一个特别个案，现在又发现麹子熙捐献土地给寺院的证据，说明这种行为并非单一事件，有一定的代表性[28]。对于麹氏高昌的土地制度和佛教问题，新资料都有价值。[29]

《麹斌造寺碑》在最早收入《新疆图志》的时候，把正反两面的铭文误作两方碑，分别命名为《北魏折冲将军新兴令造寺碑》和《宁朔将军造寺铭》，在为《宁朔将军造寺铭》作注时写道："铭石出吐鲁番三堡，与薪兴县城西造寺碑陆沉一处，宣统三年五月农人掘得之。"[30] 不仅如此，因为《北魏折冲将军新兴令造寺碑》和《宁朔将军造寺铭》先后刊布，后来读者即使明确这是一碑之阴阳双面，也很容易误前者为阳，误后者为阴。黄文弼先生指出了《新疆图志》的错误，明确《麹斌造寺碑》有正反两篇铭文，并明确区分了阴阳两面[31]。池田温先生参照了黄文弼先生的《吐鲁番考古记》，称赞黄先生是最大的功臣，但是依然以《高昌新兴令麹斌芝造寺施入记》为碑阳，而以《高昌缩曹郎中麹斌造寺铭》为碑阴。这种理解或许是因时间前后，因为所谓的"施入记"确实时间在前。

再读胡广的《高昌碑记》，从命名上看，似乎把《重光寺铭》和《寺田园刊之碑》当作两方碑，如此则与《新疆图志》出了同样的问题。不过，胡广更可原谅，因为他没有机会见到原碑，仅凭两纸拓片，确实容易误解。或者，陈诚当时赠送拓

[28] 参见池田温《高昌三碑略考》，见《三上次男博士喜寿纪念论文集·历史编》，日本平凡社，1985 年 3 月，102—120 页。高昌三碑，这里是指《凉王大且渠安周功德碑》《高昌新兴令麹斌芝造寺施入记》（碑阴：《高昌缩曹郎中麹斌造寺碑》）《高昌主客长史阴尚□造寺碑》）。

[29] 有关这类资料与高昌土地制度的问题，可参阅马雍《麹斌造寺碑所反映的高昌土地问题》，《文物》1976 年 112 期，51—58 页。

[30] 朱玉麒主编《新疆图志》卷 89《金石 2》注释 138，上海古籍出版社，2015 年，1677—1678 页。

[31] 黄文弼《吐鲁番考古记》，科学出版社，1954 年，51—52 页。

片的时候，也没有进行说明。也许胡广并没有错，只是没有强调一碑两面而已。胡广的排序，符合先阳后阴的顺序，《高昌碑记》中只记录麹子煊的一个重要历官，即"章和二年出临交河郡"，但没有记录寺铭制作时间，或许是因为他知道《重光寺铭》与《寺田园刊之碑》是正背关系，立碑时间留在《寺田园刊之碑》中显示。我们今天则比较明确，通过与《麹斌造寺碑》的比较，可以认为，重光寺铭应该是立碑时所作，而《寺田园刊之碑》是捐出土地时所作，前者为延昌十年（570），后者为和平元年（551）[32]。

通过《重光寺铭》的命名，反观《麹斌造寺碑》，也能获得一些新知。黄文弼先生亲见《麹斌造寺碑》，但是碑阳第一行字已经被碑亭所压，不可见，但黄先生见到了旧拓，开始为"宁朔将军"，最后是"寺铭"，所以黄先生虽然也把碑名定为《宁朔将军麹斌造寺碑》，但在过录碑文时，第一行还是尊重碑文的原貌，即"宁朔将军□□□□□□□寺铭"[33]。这个命名方式，与《重光寺铭》是一致的，"寺铭"之前，应该是寺院的名称。池田温先生复原麹斌碑铭，写作"宁朔将军绾曹郎（中麹斌）□□寺铭"，如果所空之字为寺院名称，那么就没有了"造"这个动词的位置了。无独有偶，《高昌主客长史阴尚□造寺碑》的原貌，根据池田温先生的复原，也是"主客长史阴尚□□□□"。阴尚之后的第一个空格，通常认为是阴长史名字中的另一字，剩下三字便可能是"造寺碑"或者"造寺铭"。然而"寺铭"之前如果是寺院名称，"造"字依然无处安放。如果阴长史的名字就是"阴尚"，然后是寺院名称，最后是"寺铭"，则完全可能。而《重光寺铭》给出了这种可能的重要旁证。麹斌碑铭，也可以是这种格式，即寺院属于麹斌，但寺院另有一个名称，而这类铭文就是"某某人某某寺铭"。此前，学界推测"造寺碑"，应该承认是有想象力的，但不符高昌惯例。这里的讨论，不是强为异说，下文"追远寺铭"，其实是另外一个有力的证据。

四 《追远寺铭》

关于《追远寺铭》，胡广的介绍文字为：

> 其三《石（右）衛將軍領宿衛事麹毅芝追遠寺銘》，大周麟趾殿學士、普國弟侍讀朱幹撰。中云："毅芝，今上之從兄。祖鎮京將軍、横截公鎮衛等將軍，田地宣穆公沖。考建武等將軍、開定焉耆龍驤等將軍、横截太守孝真。世父左衛將軍、田地太守孝亮，親執玉帛朝于京師。"末云："延昌八年歲次玄枵律中太

---

[32] 原刊时有误未觉，以此为准。
[33] 黄文弼《吐鲁番考古记》，54—55 页之间插页第一幅。

簇上句刊記。"

很显然，"追远寺"又是麴氏王族出资建设的一个寺院。寺铭中记录他的家世，多有历史文献的记载印证。从寺院名字看，这也是一个纪念列祖列宗的宗教场所。现在看来，出资兴建寺院以纪念祖先，是高昌麴氏王族的常见做法。如此，把儒家的孝道与佛教的信仰，很巧妙地融合起来。在下段文字中，他又写到：

> 其右衛將軍領宿衛事麴叡芝，《追遠寺銘》謂考建武將軍、開定焉耆。世父左衛將軍、田地太守孝亮，親執玉帛朝于京師，未獲反命，仍徂洛□。□□□"前部胡人悉爲高車所徙，入於焉耆。又爲嚈噠□□□，□人分散，衆不自立，請王於嘉，嘉遣第二子爲焉耆王以主之。熙[34]平元年，嘉遣兄子私署左衛將軍、田地太守孝亮朝京師，仍求内徙，乞軍迎援，於是遣龍驤將軍孟威發涼州兵三千迎之，至伊吾，失期而返。"二事略與碑合。

这后一段文字，可以看作是胡广的研究，有史文引用，也有阙文。两段文字结合起来，有利于我们对《追远寺铭》内容的全面理解。

《追远寺铭》完成于延昌八年（568），主人公是麴叡芝，他的职官是右卫将军领宿卫事。他在麴氏王室的身份，是今上的从兄，今上即延昌时期的高昌王麴乾固。他祖父担任过多种职务，有镇京将军、横截公、田地宣穆公，名为麴冲。他父亲担任过建武将军等，最特殊的是开定焉耆龙骧将军、横截太守，名麴孝真。他还有一位伯父名麴孝亮，职务为左卫将军、田地太守。他最突出的事迹是出使北魏。这段文字，涉及高昌史很重要的两个史实，一是王焉耆，二是麴孝亮出使北魏，意义重大。

王焉耆之事，《北史·高昌传》的记载是："初，前部胡人悉为高车所徙，入于焉耆，焉耆又为嚈哒所破灭，国人分散，众不自立，请王于嘉。嘉遣第二子为焉耆王以主之。"[35]胡广所书，是引用古史记载，以印证《追远寺铭》的内容，但仔细对比，其中是有所异同的。史载，麴嘉派遣自己的第二子为焉耆王，此铭文中分明记录的是麴叡芝的父亲麴孝真为开定焉耆、龙骧等将军，这当如何理解呢？"开定焉耆"不是一个清晰的官爵名称，因为后缀是"将军"，不是"王"或者"公"之类的爵位名，说明麴孝真并不是焉耆王，他应该是帮助麴嘉第二子即自己的堂兄弟去治理焉耆的，因此也有一个与焉耆相关的将军称号。龙骧将军则是所任另外一个将军号。

---

34 《北史》作"永平元年"。
35 《北史》卷九七《西域·高昌传》，中华书局，1974年，3213页。《魏书》卷一〇一《高昌传》，两书内容是一致的，因为《魏书》这部分内容在传抄过程中遗失，现在的《魏书》移《北史》补齐，所以如今引用《北史》与《魏书》高度一致。

麴孝亮出使北魏，《北史》有记载："永平元年，嘉遣兄子私署左卫将军、田地太守孝亮朝京师，仍求内徙，乞军迎援。于是遣龙骧将军孟威发凉州兵三千人迎之，至伊吾，失期而反。于后十余遣使献珠像、白黑貂裘、名马、盐枕等，款诚备至。唯赐优旨，卒不重迎。三年，嘉遣使朝贡，宣武又遣孟威使诏劳之。延昌中，以嘉为持节、平西将军、瓜州刺史、泰临县开国伯，私署王如故。熙平初，遣使朝献。……神龟元年冬，孝亮复表求援内徙，朝廷不许。"[36] 北魏永平元年是公元508年，神龟元年是公元518年，可见麴孝亮出使北魏前后有过两次，虽然内迁的事并未成功，但是高昌赢得了北魏的信任。麴孝亮出使北魏，胡广引史文为"熙平元年"，应该是引文失误。然而，麴孝亮出使北魏最终结果如何，史书没有交代，现在由胡广的《记高昌碑》可以了解新的信息。从所谓"亲执玉帛朝于京师，未获反命，仍徂洛……"来看，麴孝亮应该是成了代表高昌的人质，北魏一直不让他返回，直到在北魏的首都洛阳去世。

麴孝亮的资料几乎只有这些传世文献的记载，恰好旅顺博物馆所藏的出土文献中有一件与麴孝亮有关的文书。LM20-1498-17-01是件写经题记，在"《大品经》卷第□"之下，有"校竟"字样，佛经抄写校订完成，下一行则为"清信士左卫将军田地太守出提麴孝亮（后缺）"的字样[37]。从所写麴孝亮的头衔看，他还是出使北魏时期的职务，左卫将军、田地太守，而三个消息来源，麴孝亮的职务是一致的。《北史》强调麴孝亮的职务是"私署"，可见是高昌国的官职，而《追远寺铭》和旅顺文书则反复证明了这个问题。麴孝亮的职务长期没有变化，现在可以肯定，麴孝亮在延昌八年（568）之前已经去世。"清信士"三字，表明麴孝亮也是一位佛教的信奉者。但"出提"二字含义不清，不知是否表明麴孝亮的状态是出差在外的意思。总之，这是以麴孝亮名义进行的写经，代表着麴孝亮的奉佛行动。

《追远寺铭》内容很重要，不仅清楚地交代了麴嘉的哥哥麴冲一脉，与麴嘉王系交叉对比，王统世系也变得更加清楚了。《追远寺铭》主人麴叡芝，清楚地写明是今上从兄，而今上就是延昌年号的主人麴乾固。麴叡芝的祖父是麴嘉的哥哥，伯父麴孝亮、父亲麴孝真是麴嘉的侄子，如此从麴嘉到麴乾固其实也仅仅三代而已，即麴乾固的祖父即麴嘉，这个推论与传世及其他信息是有矛盾的，但兹事体大，应该认真对待。

现在所知，从麴嘉到麴乾固，高昌王一共经历了七位，先列《麴氏高昌纪年一览表》如下：

36　《北史》卷九七《西域·高昌传》，3213—3214 页。
37　旅顺博物馆、龙谷大学主编《旅顺博物馆藏新疆出土汉文佛经选粹》，200 页。参见郭富纯、王振芬"麴孝亮写经题记"，《旅顺博物馆藏西域文书研究》，万卷出版公司，2007 年，227 页。

麴氏高昌纪年一览表

名字	谥号	与前王关系		年号	公元时间	年数
麴嘉	昭武王	首任国王		承平（1—8）	502—509	24
				义熙（1—16）	510—525	
麴光		父子	父子	甘露（1—5）	526—530	5
麴坚		兄弟	兄弟	章和（1—18）	531—548	18
麴玄喜		父子	父子	永平（1—2）	549—550	2
麴□□		父子	兄弟	和平（1—4）	551—554	4
麴宝茂		父子	侄叔	建昌（1—6）	555—560	6
麴干固		父子	父子	延昌（1—41）	561—601	41
麴伯雅		父子	父子	延和（1 12）	602—613	12
麴□□	政变者			义和（1—6）	614—619	6
麴伯雅	献文王			重光（1—4）	620—623	4
麴文泰	光武王	父子	父子	延寿（1—17）	624—640	17
麴智盛		父子	父子		640	

此表，第三列"与前王关系"，再分两列，第一列是按照王素先生的《麴氏王国王统简表》排列的，其他可以看作是学界的基本共识[38]，第二列是本文的结论。如果按照《追远寺铭》的逻辑推论，从麴嘉到麴乾固只有三代，那么麴光以下到麴宝茂都是一代人，这个观点，事关重大。

麴光、麴坚都是麴嘉的儿子，这一点史书记载分明，不必申论。第四代高昌王麴玄喜，《周书·高昌传》在麴坚之下，明言大统十四年（548）诏以其世子玄喜为王。世子即太子，麴玄喜为麴坚之子有史可据。麴玄喜在位时间只有两年，后继者名字失载，因为麴玄喜在位时间过于短暂，所以后继者为麴玄喜兄弟的可能性最大。这位失名的高昌王在位时间也不长，只有四年，下一任国王为麴宝茂。《周书·高昌传》记载麴宝茂为"又以其田地公茂嗣位"[39]，可见麴宝茂不是由世子继位，肯定不是失名高昌王的儿子。

高昌国国土狭小，尤其重视地方控制，其中最重要的两个地方是交河郡和田地郡，担任者通常会拥有交河公、田地公的爵位，至少现在所知交河郡同时是镇西将军府，在吐鲁番出土的墓砖资料中经常简称为"镇西府"。此外还有横截郡，上文所见麴毂芝的父祖、父亲都出任过横截太守一职。其祖父麴冲和他的伯父也出任过田

---

[38] 王素《高昌史稿·统治编》，文物出版社，1998年，358页。
[39]《周书》卷五十《高昌传》，中华书局，1971年，915页。

地太守。其祖父的田地太守，有爵位名"田地宣穆公"，这是田地公的具体称谓，这是首见。地方长官尤其是郡太守一级，都是麴氏王室至亲出任，这是毫无疑问的。因为出任地方长官，同时带将军衔，如镇西将军府，有带兵职能，所以王室成员，一定是年长有经验者方能胜任。而世子作为国王的继承人，通常担任高昌令尹一职，是否为成年人并不是问题，因为朝廷中还有绾曹郎中总管政务[40]。

　　总之，田地公是高昌王国的重要诸侯，要多方历练，富有行政、军事经验和政治实力的王室成员才能出任。麴宝茂就是从这个职位继位国王的。现在所知的高昌国历史，这是绝无仅有的一次。那么，他到底跟此前的国王是一种什么关系呢？史书未载，王素先生直接写成父子肯定有问题。现在有了《追远寺铭》的资料，我大胆推测，麴宝茂不是失名高昌王的儿子，也不是麴玄喜的儿子，以他田地公的身份，他应该是麴玄喜的叔叔，即与麴光、麴坚一辈，是麴嘉另外一个儿子。这样，麴毈芝才能成为麴乾固的从兄。麴宝茂从侄子手中接下王位，六年之后就去世，随后他的世子麴乾固即位，成为高昌在位时间最长的国王。

　　麴嘉创建高昌王国，他的儿子麴光只为王一代，就由弟弟麴子坚接替，这是一个兄终弟及的结果。没有想到，麴子坚的系统也没有维持太久，二十四年之后，又传到麴宝茂系统，最后麴宝茂系统维持高昌王世时间最长。不仅如此，如今看来，高昌佛教的高度发展，是在麴宝茂系接管高昌之后才发生的。这与麴宝茂的经历不知道有着怎样的联系。

　　《追远寺铭》的作者是"大周麟趾殿学士、普国弟侍读朱幹"。"普国弟侍读"这是一个很奇怪的职衔，怀疑是"晋国公侍读"。北周确有麟趾殿学士，但朱幹事迹检索未得。《追远寺铭》成于延昌八年，应该是北周的大臣朱幹出使高昌的一个副产品，而这次交往，传世文献失载。《周书》的本纪和《高昌传》只记载过两次与高昌的往来，一次是武成元年（559），一次是保定元年（561），都是高昌遣使献方物。传世的中原文献没有记载过麴乾固，但北周的大臣朱幹却在延昌八年到达高昌，可见历史失载之多。

五　《无量寿窟铭》

　　胡广的文字如下：

> 其四《無量壽窟銘》，太學博士明威將軍令狐京伯撰，中云："麴氏元臺公主，獻文王之女，張太妃所生，今上之親妹。"末云："延壽七年庚寅七月下旬刊記。"

40　参见笔者《试论麴氏高昌的绾曹郎中》，《新疆师范大学学报》2004 年第 1 期，48—58 页。

《无量寿窟铭》，看来有一座佛教洞窟的名字为"无量寿窟"，专为"无量寿经"制窟，这还是很少见的。或者因为洞窟中有无量寿经壁画，在高昌被习惯性称作无量寿窟？也未可知。

这又是一件高昌王室供养佛教的证据，而这位元台公主，也是首见。她是献文王与张太妃的女儿。献文王是麴伯雅，是麴文泰的父亲，而麴文泰即延寿年号的所属国王。铭文强调为张太妃所生，便是与麴文泰同父同母的亲妹，自然地位更突出。张太妃也是一个佛教崇拜者，贞观元年（627）玄奘法师经过高昌前往印度取经，与高昌王麴文泰结拜为兄弟，就是在张太妃面前举行的结拜仪式，对此《大慈恩寺三藏法师传》记载为法师与高昌王麴文泰"共入道场礼佛，对母张太妃共法师约为兄弟"[41]。张太妃是位佛教信仰者，玄奘滞留高昌开讲《仁王般若经》的时候，"太妃已下工及统师大臣等各部别而听"[42]。

延寿七年（630），相当于贞观四年。这一年，唐朝打败东突厥，唐朝与高昌关系也渐入佳境。《旧唐书·高昌传》记载到："贞观四年冬，文泰来朝，及将归蕃，赐遗甚厚。其妻宇文氏请预宗亲，诏赐李氏，封常乐公主，下诏慰谕之。"[43]在此之前，我们知道麴文泰有位公主，留下多次奉佛记录，主要是抄写佛经。延寿十四年（637）五月三日，这位公主以"清信女"的名义抄写《维摩诘经》，题记中写道"弟子托生宗胤，长自深宫，赖王父之仁慈，蒙妃母之训诲。重沾法润，为写斯经。冀以日近归依，朝夕诵念。以斯微福，持奉父王。愿圣体休和，所求如意。先亡久远，同气连枝，见佛闻法，往生净土。增太妃之余岁，益王妃之光华。世子诸公，惟延惟寿。寇贼退散，疫厉消亡。百姓被煦育之慈，苍生蒙荣润之乐。含灵抱识有气之伦，等出苦源，同升妙果"[44]。从此题记，用延寿年号，称颂父王以及自我描写长自深宫等，公主的身份是没有疑问的。现在，我们又知道了一位元台公主，作为麴文泰的妹妹，又一位信奉佛教的麴氏王室中人。延寿十四年，麴文泰的公主还在祝愿太妃长寿，证明此时的张太妃依然健在。最重要的，从麴文泰妹妹元台公主到麴文泰女儿，甚至上溯到张太妃，麴氏王室之中，散发着浓厚的奉佛氛围[45]。

窟铭作者令狐京伯，他的官职"太学博士"，这是第一次见到。此前，我们通过

[41] 慧立、彦悰著，孙毓棠、谢方点校《大慈恩寺三藏法师传》第一卷，中华书局"中外交通史籍丛刊"本，1983年2月第1版，20页。

[42] 同上书，21页。

[43] 《旧唐书》卷一九八《西域·高昌》，5294页。

[44] S.2838，池田温《中国古代写本识语集录》，东京大学东洋文化研究所报告，大藏出版株式会社，1990年，183页。高昌公主的抄经，池田温先生书中收录三件，都是同日期抄本，但题记稍有不同，应是识读问题。

[45] 笔者曾撰写《麴文泰与佛教》，《国学的传承与创新——冯其庸先生从事教学与科研六十周年庆贺学术文集》，中国人民大学国学院主编，上海古籍出版社，2013年，1285—1294页。其中专设一节讨论麴氏王室的奉佛，现在有《无量寿窟铭》，又增加了一条重要的王室奉佛资料。

《张行伦墓志》知道麹氏高昌时期有"太教学博士"之职，通过《唐护墓志》知道其父祖在高昌都担任过"学博士"，由此知道高昌存在学官系统。[46] 现在由令狐京伯的职衔，知道高昌还有"太学博士"一职，这说明高昌可能存在"太学"。若如此，这是一个很重要的发现。不过，这位令狐京伯，还有其他踪迹可循。《新获吐鲁番出土文献》中，2004 年，吐鲁番木纳尔一〇二号古墓出土了《唐永徽四年（653）八月安西都护府史孟贞等牒为勘印事》文书，其中就有安西都护府功曹参军事令狐京伯的署名，其文书内容如下：

> （前缺）
> 1 　　　]□□甄七領訖報事。
> 2 　　　]□甄五領領訖報事。
> 3 　　]□前件事條如前，謹牒。
> 4 　　　 永徽四年八月廿日史孟貞牒。
> 5 　　　 功曹參軍事令狐京伯
> 6 　　　 勘印，隆悦白。
> 　　（后缺）[47]

功曹参军，正七品下，高于中下县的县令（从七品上）[48]。延寿七年，令狐京伯担任麹氏王朝的太学博士，能够为公主撰写《无量寿窟铭》，应该是高昌王朝的大手笔。七年之后，唐朝平定高昌，是为贞观十四年（640）年。再过十三年即永徽四年（653），令狐京伯已经担任安西都护府的功曹参军。《旧唐书·职官志三》有载："功曹、司功掌官吏考课、祭祀、祯祥、道佛、学校、表疏、医药、陈设之事。"[49] 在诸曹之中，功曹是最重要的。其中，有"表疏"一项，功曹参军负责代表地方长官向中央和皇帝写书状、奏疏，看来他的文学功底到唐朝时期还是能够所有施展的。

高昌时期之外，胡广的《记高昌碑》还涉及两方唐代资料，一为《西州四面精舍记》，二为《李公（元中）神道碑》，对于了解唐代西州历史，也是很重要的史料。胡广《记高昌碑》虽是介绍性文字，但确实具有保存史料之功。从今天已经多有发展的吐鲁番历史研究而言，胡广记录史料的文字外，史学价值是有限的，但放置在明代的背景下，他的一些看法依然是学术史的重要资料。比如，关于高昌的年号，

[46] 参见笔者《吐鲁番出土张行伦墓志考读》，载《新疆师范大学学报》，1993 年第 2 期，67—73 页。收入笔者《汉唐文化与高昌历史》第六章第五节，齐鲁书社，2004 年。

[47] 荣新江、李肖、孟宪实主编《新获吐鲁番出土文献》，中华书局，2008 年，107 页。

[48] 李林甫等撰，陈仲夫点校《唐六典》卷三十《三府都护州县官吏》，中华书局，1992 年，743、752 页。

[49] 《旧唐书》卷四四《职官三》，中华书局，1975 年，1919 页。

至少胡广已经认出了麴氏高昌有自己的纪年，而这一点是为后来更多的史料所证明的。

> 所謂章和二年者，非魏之年號章和、漢章帝紀年。所謂和平九年辛未者，和平雖爲魏文成帝紀年，起庚子終甲辰，止五年，而無九年辛未。所謂延昌八年、十年者，延昌雖爲魏宣武紀年，起壬辰終乙未，僅四年。明年丙申，爲魏孝明帝熙平元年，延昌無八年、十年。所謂延壽者，亦非魏周紀年。然則章和、和平、延昌、延壽者，豈非其自紀年乎？

今天，我们不能不承认，胡广所据资料十分有限，但他的判断是完全正确的[50]。虽然，高昌纪年研究要多年以后才最终显现出来，但如果学界早知胡广文章的存在，或许会少走一些弯路[51]。

通过胡广《记高昌碑》，我们获知高昌旧碑《重光寺铭》《记寺田园刊之碑》《右卫将军领宿卫事麴毂芝追远寺铭》和《无量寿窟铭》的存在，高昌历史的一些侧面，因而以崭新的面貌呈现出来。作为麴氏高昌的创始人，麴嘉的三个儿子先后出任高昌国王，尤其是麴宝茂作为麴嘉的儿子，这是前所未知的。麴氏王国的佛教运动，在麴乾固时代达到高峰，而这个运动的发动，有迹象表明始于乃父麴宝茂时期。麴宝茂晚年有机会继承王位，此事对于高昌国包括高昌佛教史，到底产生了哪些影响，还需要更仔细地研究。

（李淑，中国人民大学国学院博士生；孟宪实，中国人民大学历史学院教授。原刊《文史》2017年第2辑）

---

[50] 事实上，四库馆臣在编写《四库全书》时，已经发现了《胡文穆公文集》的学术价值，特别指出《记高昌碑》与《李元忠神道碑》的史学价值。见《四库全书总目》卷一七五《集部·别集类存目二》"胡文穆集二十卷"条，中华书局，1965年，1552—1553页。

[51] 本文草成之后，获得荣新江先生、游自勇先生多方面指教，避免了许多错误，在此特表谢忱。

新发现旅顺博物馆藏法制文书考释

——兼论唐律在西州诉讼和断狱中的运用

陈烨轩

关于敦煌吐鲁番法制文书的研究，历来受到学界瞩目。仁井田陞、山本达郎、池田温、冈野诚、刘俊文等学者所作的研究，使本领域从起步阶段以来，长期处于较高的水平[1]。另一方面，敦煌吐鲁番学是近百年来兴起的学问，写本材料的发现，往往能够推动这一学科的进步。20世纪初，大谷探险队在中国西北地区获得了一批中古写本，这就是所谓的"大谷文书"[2]。这批文书除一部分被带去日本，现存于龙谷大学外，大部分留存于旅顺博物馆。

近年来，旅顺博物馆将该馆所藏的新疆文书陆续公布，其中就包含若干法制文书[3]。荣新江、史睿、冈野诚等学者所作的研究和分析，使我们得以知道这些写本的性质、年代等情况[4]。

2015—2016年，旅顺博物馆藏新疆文书整理小组在整理旅顺博物馆所藏吐鲁番文书的过程中，一共发现武周时期律写本一片（篇次不详），贼盗律写本一片，以及唐律疏议写本一片。其中，前两者为首次发现；最后者与荣新江先生之前发现并定名、冈野诚先生进行文书复原的名例律疏写本[5]，可以确定为同一卷。现将这三片文书

---

[1] 仁井田陞《唐宋法律文书の研究》，东京大学出版会，1983年；Tatsuro Yamamoto, On Ikeda, Makoto Okano co~ed, *Tun-huang and Turfan Documents Concerning Social and Economic History I, Legal Texts*, The Toyo Bunko, 1978-1980. 刘俊文《敦煌吐鲁番唐代法制文书考释》，中华书局，1989年。

[2] 关于大谷探险队的经历，可参小田义久《龙谷大学图书馆藏大谷文书について》I，小田义久主编《大谷文书集成》壹，法藏馆，1984年，1—20页。

[3] 郭富纯、王振芬《旅顺博物馆藏西域文书研究》，万卷出版公司，2007年。

[4] 荣新江《唐写本中の〈唐律〉、〈唐礼〉及びその他》，森部丰译，《东洋学报》85:2，2003，1—17页；荣新江《旅顺博物馆、龙谷大学共编〈旅顺博物馆藏新疆出土汉文佛经选粹〉书评》，《敦煌吐鲁番研究》第10卷，上海古籍出版社，2007年，409—413页；荣新江《唐写本〈唐律〉〈唐礼〉及其他》（增订本），《文献》2009年第4期，3—10页；冈野诚《新たに绍介された吐鲁番・敦煌本〈唐律〉〈律疏〉断片——旅顺博物馆及び中国国家图书馆所藏资料を中心に》，土肥义和编《敦煌・吐鲁番出土汉文文书の新研究》，东洋文库，2009年，83~114页；史睿《新发现的敦煌吐鲁番唐律、唐格残片研究》，《出土文献研究》第8辑，上海古籍出版社，2007年。

[5] 荣新江《旅顺博物馆、龙谷大学共编〈旅顺博物馆藏新疆出土汉文佛经选粹〉书评》，《敦煌吐鲁番研究》第10卷，上海古籍出版社，2007年，412页；荣新江《唐写本〈唐律〉〈唐礼〉及其他》（增订本），《文献》2009年第4期，5~7页；冈野诚《新たに绍介された吐鲁番・敦煌本〈唐律〉〈律疏〉断片——旅顺博物馆及び中国国家图书馆所藏资料を中心に》，土肥义和编《敦煌・吐鲁番出土汉文文书の新研究》，东洋文库，2009年，90页。

进行录文和解释。

一　新发现旅顺博物馆藏法制文书考释

1、LM20-1452-35-05　武周时期律写本残片[6]

存二行，行楷精写。第二行第四字为武周新字"秊"，即"年"字。今录文如下：

　　　　　（前缺）

　1　]□流三千里[

　　　—————————————（纸缝）

　2　]者徒一秊半[

　　　　　（后缺）

图1　LM20-1452-35-05　武周时期律写本残片

此片与 P. 3608、P. 3252《垂拱职制户婚厩库律》书法风格相近，并且有武周新字。关于《垂拱职制户婚厩库律》，内藤乾吉有详细的考释[7]。刘俊文先生认为："从史载神龙元年'又删定垂拱格及格后敕'来看，终武则天之世，其所行用者，均为垂拱改定之律令格式。因而可以推定，此卷所载，当是垂拱律。"[8] 由于此片的文字只有

6　2017 年以后，旅顺博物馆藏新疆文书的编号形式有所变更：原来编号中的"_"改为"-"，如原编号"LM20_1452_35_05"今改为"LM20-1452-35-05"。本文采用新的编号形式。

7　内藤乾吉《敦煌发见唐职制户婚厩库律断简》，安部健夫等编著《石滨先生古稀纪念东洋学论丛》，石滨先生古稀纪念会，1958 年，325—364 页。

8　刘俊文《敦煌吐鲁番唐代法制文书考释》，中华书局，1989 年，55 页。

两行，在今传《唐律疏议》中，"流三千里"一共出现147次，"者徒一年半"一共出现44次。不过，如果我们翻看唐律写本，我们会发现，按照唐律写本的格式来看，每行的字数都在30字以内。在这样的格式下，没有能够在今传本中找到相应的段落。因之，这两行文字应当属于唐律逸文。由于文字太少，每行的文字重复性太高，所以很难从文献学的角度定名。

不过，由于此写本书写工整，考虑到律的性质，应当可以判定为官文书。此片有武周新字"埀"，由于中宗神龙之后，武周新字已经不行，官文书中不应再书写"埀"字，所以笔者认为这是武周时期律写本。其次，正如刘俊文所指出的那样，武周时期通用的律法为垂拱律，所以这一残片很有可能是垂拱律的条文。而且，武周相对于李唐，既是一场宫廷革命，其实也是改朝换代。那么，武周时期的官府写手，还有可能抄写前朝的永徽律吗？所以此片的内容极有可能就是垂拱律。不过，由于目前能够引以判断的证据过少，或许还要等待相近写本的再发现。

2、LM20-1493-04-01　名例律疏残片

存四行，行楷精写，无栏线。本片文字可对应《名例律》"工乐杂户及妇人犯流决杖条"。今录文如下：

（前缺）

1　]身乃有官蔭

2　]不　答曰律

3　]罪名若犯十恶

4　從官當减

（后缺）

图2　LM20-1493-04-01　名例律疏残片

冈野诚曾对旅顺博物馆所藏的原编号 LM20_1509_1580、LM20_1507_988、LM20_1507_1176_4 号 文 书（现 编 号 依 次 为 LM20-1509-1571、LM20-1507-988、LM20-1507-1176）进行复原。新发现的这一片与之前三片所对的位置相距较远，但可以确定处于同一卷之中。这份文书可与今传《唐律疏议》卷三"名例"疏议的部分相对应。冈野诚在对上述 3 个残片进行复原时，曾经对它们所在写本每行的字数进行推测。他最后采用每行23字的处理方式[9]。现依据《唐律疏议》原本，复原如下[10]：

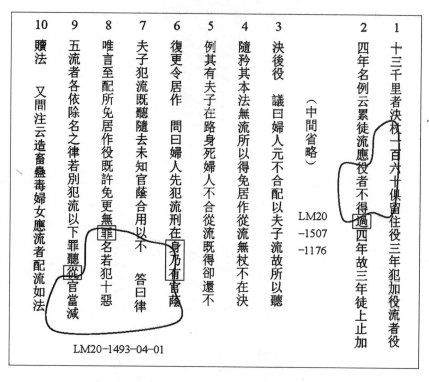

图 3　LM20-1507-1176、LM20-1493-04-01 复原

3、LM20-1509-1625 《断狱律》残片

存二行，楷体，无栏线。本片文字可对应《断狱律》"囚应禁不禁"条。今录文如下：

（前缺）

1　]罪亦如之若[

2　]杻而[

（后缺）

---

[9]　冈野诚《新たに绍介された吐鲁番・敦煌本〈唐律〉〈律疏〉断片——旅顺博物馆及び中国国家图书馆所藏资料を中心に》，90—91 页。

[10]　其中，第 1、2 行为冈野诚录文，对应 LM20-1507-1176。但依据 LM20-1493-04-01 的复原来看，每行似在 20 字左右。复原所引文字见《唐律疏议笺解》卷三"名例"，中华书局，1996 年，282—285 页。

图 4　LM20-1509-1625　《断狱律》残片

依据今传《唐律疏议》卷二九《断狱》"囚应禁不禁"条文字[11]，可复原为下图：

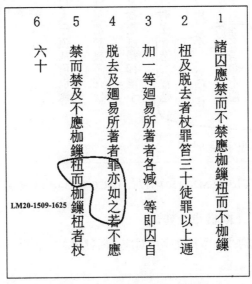

图 5　LM20-1509-1625 复原

　　包括笔者在上文列出的唐律、律疏写本在内，目前吐鲁番地区发现的唐律、律疏写本共计有14片[12]，包含了擅兴律、贼盗律、诈伪律、断狱律，以及和今传本文字

---

[11]　复原的文字依据《唐律疏议笺解》卷二九"断狱"，2013—2014页。

[12]　关于 2005 年以前，敦煌吐鲁番法制文书的发现和定名情况，可参郑显文《新材料、新视野——敦煌吐鲁番文书与中国法律史学研究》，《法律史学科发展国际学术研讨会文集》，中国政法大学出版社，2005 年，349—361 页。

相同的名例律疏，还有疑似武周时期的律写本。根据刘俊文的研究，唐代从武德到元和年间，共有 13 次定、改律的记载。其中，先后编纂而成的律典共计五部，即武德律十二卷、贞观律十二卷、永徽律十二卷、开元七年律十二卷、开元二十五年律十二卷[13]。

　　贞观十四年（640），唐灭麴氏高昌，置西州；到贞元年间（785—804）西州陷蕃，共有一个半世纪左右的历史[14]。在此期间，西州长期作为唐代正州存在，是唐廷经营西域的重要根据地。贞观律修成于贞观十二年，目前仅在敦煌文书中发现一件，吐鲁番地区尚未发现。永徽律修成于永徽二年（651），在敦煌吐鲁番地区有比较多的发现，占到唐律文书的绝大部分。垂拱律修成于垂拱元年（685），在敦煌文书中共发现 3 片，吐鲁番地区为首次发现。开元七年律未发现，开元二十五年律在敦煌地区发现有 2 件，吐鲁番地区未发现。兹将吐鲁番地区出土唐律和律疏的现存编号整理如下：

表 1　吐鲁番地区所发现的唐律和律疏[15]

类别	名称	编号
律	永徽擅兴律	大谷 8098
	永徽贼盗律	大谷 5098、大谷 5152[16]、大谷 8099、LM20-1457-20-01
	永徽诈伪律	大谷 4491、大谷 4452
	武周时期律写本	LM20-1452-35-05
	断狱律	LM20-1509-1625
疏	名例律疏	73TAM532:1、LM20-1509-1571、LM20-1507-988、LM20-1507-1176、LM20-1493-04-01

　　上述律和律疏之所以能够被发现，未必是因为它们使用频繁或者数量众多。比

---

[13]　《唐律疏议笺解》"序论"，12—29 页。关于唐律的编纂与修定过程，最近的研究可见黄正建《有关唐武德年间修定律令史事的若干问题——唐代律令编纂编年考证之一》，《隋唐辽宋金元史论丛》第 3 辑，上海古籍出版社，2013 年，20—33 页；黄正建《贞观年间修定律令的若干问题——律令格式编年考证之二》，《隋唐辽宋金元史论丛》第 4 辑，上海古籍出版社，2014 年，33—48 页；黄正建《唐高宗至睿宗时的律令修定——律令格式编年考证之三》，《隋唐辽宋金元史论丛》第 5 辑，上海古籍出版社，2015 年，7—26 页。

[14]　西州陷蕃的时间点有争议，参荣新江《摩尼教在高昌的初传》，刘东主编《中国学术》第 1 辑，商务印书馆，2000 年，158—171 页；刘子凡《瀚海天山：唐代伊、西、庭三州军政体制研究》，中西书局，2016 年，359—360 页。

[15]　关于今本《唐律疏议》的年代问题，学界有比较大的争论，可参岳纯之《仁井田陞等〈故唐律疏议制作年代考〉及其在中国的学术影响》，《史林》2010 年第 5 期，183—187 页。此外，TIVK.70-71 虽然收入刘俊文《敦煌吐鲁番唐代法制文书考释》，但此文书实际上是在库车出土，因而未列入本表。

[16]　按大谷 5152 与大谷 8099 内容相近，字迹一致；它们的背面均为佛教禅宗典籍《息净论》的内容，且字迹一致，综上可定为同一写本。大谷 5152 录文见小田义久主编《大谷文书集成》叁，法藏馆，2003，143 页；大谷 8099 录文见同卷，237 页。大谷 5152 与大谷 8099 图版见"国际敦煌项目"（IDP）网站 http://idp.dha.ac.cn/。《息净论》托名为达摩禅师撰，实则作者不详；今本《息净论》为方广锠整理，见中华电子佛典协会（CEBTA）编藏外佛教文献第 1 册第 3 号《息净论》，CBETA, ZW01, no. 3, p. 57, a1-5，版本为 2014 年 4 月；中华电子佛典协会网址为 http://www.cbeta.org/。此处承蒙北京大学李昀学姐指教，谨表谢忱。

如也可能是寺院的僧人将已经失去法律效力的旧律写本取回寺院，用于抄写佛经之用。在大谷探险队所获唐律文书中，LM20-1457-20-01《永徽贼盗律》的背面是佛经[17]，并且，其中的文字不见于大正藏。

我们知道，唐代作为律令制的国家，它的正常运转离不开律、令、格、式法制类规章的施行。唐律共有十二篇，维护了国家与社会的各个方面。实际上，唐朝立法之初，就有希望借助唐律，实现清明政治的愿景。唐高祖在颁布武德律的诏书中，提出了制定唐律最基本的方针，那就是"禁暴惩奸，弘风阐化，安民立政，莫此为先"[18]。这或许可以视为唐朝开国帝王的唐律观。此后唐律虽然经过几次修改，但基本的精神并未产生颠覆性的改变。

《唐六典》将县令的职责定义为"导扬风化，抚字黎氓，敦四人之业，崇五土之利，养鳏寡，恤孤穷，审察冤屈，躬亲狱讼，务知百姓之疾苦"。[19]其中，"审察冤屈，躬亲狱讼"是县令最基本的一项职责。县令必须亲自断狱，而民众也有权到县令处诉讼，这是唐律在施行过程中最基本的一套程序。

唐律对于这套程序有专门的规范，这体现在《斗讼律》和《断狱律》，而唐令中的《狱官令》，则有更具体的规定。这些法律条文既是民众和官府在进行诉讼和断狱时的基本凭借，同时也是体现唐代法律和社会的重要文本。这些法律条文是否得到良好的贯彻，是检验唐代的律法制度落实到基层社会的有限性的绝佳参照。

其实，中国法律史早期的研究者，比如瞿同祖，就已经十分自觉地关注法律与社会的关系。他的《中国法律与社会》，探讨了中国历代社会中，法律在社会治理、家庭生活方面的作用[20]。杜希德（Denis Twitchett）也注意并论述了唐律的贯彻和执行的问题[21]。今天，探讨中华法系与中国传统社会之间的关系，已经成为法律史研究一个重要的方面。郑显文利用敦煌吐鲁番文书等出土的法制写本研究中国古代法律的体例、实效，富有启发性[22]。在更广的方面，高明士、柳立言、黄源盛、陈登武、戴

---

[17] 荣新江《唐写本〈唐律〉〈唐礼〉及其他》，《文献》2009 年第 4 期，5 页。不过，旅顺博物馆所藏的其他唐律写本，就没有发现背面为佛经的现象。此处承蒙旅顺博物馆朱月仁学兄见告，谨表谢忱。

[18] 《旧唐书》卷五〇《刑法志》，中华书局，1975 年，2134—2135 页。

[19] 《唐六典》卷三〇，753 页。关于唐代县令的选授与职责问题，参刘后滨《论唐代县令的选授》，《中国历史博物馆馆刊》1997 年第 2 期，51—58 页；黄修民《唐代县令考论》，《四川师范学院学报》1997 年第 4 期，13~20 页；赖瑞和《唐代中层文官》，联经出版公司，2008 年，233—328 页。关于唐代县司与州司的关系，参夏炎《唐代州级官府与地域社会》，天津古籍出版社，2010 年，318—348 页。

[20] 瞿同祖《中国法律与社会》，商务印书馆，1947 年。

[21] Denis Twitchett, "The implementation of law in early Tang China", *Civiltà veneziana Studi*, 34, 1978, pp. 57-84. Denis Twitchett and Wallace Johoson, "Criminal procedure in Tang China", *Asia Major*, 3rd Series, 6, Part 2, 1990, pp. 113-146.

[22] 郑显文《出土文献与唐代法律史研究》，中国社会科学出版社，2012 年。

建国等学者，也关注并研究了唐宋法律的社会效用问题 [23]。

得益于敦煌吐鲁番法制文书的多样性，我们可以把西州地区作为一个案例，探究在一个唐代社会中，官府、民众的法律互动关系。

二　敦煌吐鲁番文书与唐代的诉讼和断狱制度

西州是唐代最边远的正州，这里的居民不仅有汉人，而且还有归化或未归化的粟特人等其他族群。学界在研究唐代官府如何处理涉外案件时，常会讨论《名例律》"化外人相犯"条的"诸化外人，同类自相犯者，各依本俗法；异类相犯者，以法律论"条文 [24]。在 TAM509:8(1)、(2)《宝应元年六月高昌县勘问康失芬行车伤人事案卷残卷》[25] 中，被告康失芬、原告曹没金等人，都是粟特人，康失芬为"处蜜部落百姓"，但案卷所见，官府断案并未因此而有所变更 [26]。这说明，唐代的律法适用于在西州生活的多种人群，这体现在诉讼和断狱制度上，也是一样的道理。

1、唐令、唐律对州县诉讼和断狱的规定

笔者在上文已经指出，唐令构建了一个州县诉讼和断狱的理想模式。这一模式的基本内容见《狱官令》"州县大理分层断罪"条：

> 诸犯罪，杖罪以下，县决之；徒以上，县断定送州，覆审讫，徒罪及流应决杖、笞若应赎者，即决配征赎。其大理寺及京兆、河南府断徒及官人罪，并

---

[23] 高明士主编《唐律与国家社会研究》，五南出版公司，1999 年；刘馨珺《明镜高悬——南宋县衙的狱讼》，五南出版公司，2005 年；李淑媛《争财竞产——唐宋的家产与法律》，五南出版公司，2005 年；陈登武《从人间世到幽冥世——唐代的法制、社会与国家》，五南出版公司，2006 年；柳立言《宋代的家庭与法律》，上海古籍出版社，2008 年；戴建国《唐宋变革时期的法律与社会》，上海古籍出版社，2010 年；黄源盛主编《唐律与传统法文化》。

[24] 《唐律疏议笺解》卷六 "名例"，478 页。相关研究可参王可《评唐律中有关少数民族条文》，《西南民族学院学报》1988 年第 2 期，26—32 页；肖梅花《中国古代法律涉外原则初探》，《河南大学学报》1991 年第 4 期，79—83 页；齐湘泉《中国国际私法探源》，《中国政法大学学报》2012 年第 1 期，96—99 页；李建忠《国际私法抑或人际冲突法——〈唐律疏议〉"化外人"条的法律性质辨析》，《武汉大学学报》2013 年第 3 期，53—57 页；王义康《唐代的化外与化内》，《历史研究》2014 年第 5 期，43—60 页。

[25] 唐长孺主编《吐鲁番出土文书》肆，文物出版社，1996 年，329—333 页。刘俊文《敦煌吐鲁番唐代法制文书考释》，566—570 页。

[26] 参王欣《吐鲁番出土文书所涉及的晋唐法制》，《西域研究》1992 年第 3 期，78—86 页；陈永胜《宝应元年六月高昌县勘问康失芬行车伤人案：若干法律问题探析》，《敦煌研究》2003 年第 5 期，85—88 页；张艳云、宋冰《论唐代保辜制度的实际运用——从〈唐宝应元年（762）六月康失芬行车伤人案卷〉谈起》，《陕西师范大学学报》2003 年第 6 期，99—104 页；郑显文《唐律中关于保辜制度的规定——以〈73TAM509:8（1）、（2）号残卷〉为中心》，同作者《唐代律令制研究》，北京大学出版社，2004 年；陈登武《论唐代交通事故处理的法律课题——以"康失芬行车伤人案"为中心》，《兴大人文学报》第 35 期（下），577—609 页；叶炜《南北朝隋唐官吏分途研究》，北京大学出版社，2009 年，118—119 页；陈玺《保释制度》，同作者《唐代诉讼制度研究》，商务印书馆，2012 年，75—78 页。赵晶《唐代"保辜"再蠡测——〈唐宝应元年六月康失芬行车伤人案卷〉再考》，《敦煌吐鲁番研究》第 16 卷，上海古籍出版社，2016 年，181—200 页。

后有雪减，并申省。省司审详无失，速即下知。如有不当者，亦随事驳正。若
大理寺及诸州断流以上若除、免、官当者，皆连写案状申省，大理寺及京兆、
河南府，即封案送。若驾行幸，即准诸州例，案覆理尽申奏。即按覆事有不尽，
在外者遣使就覆，在京者追就刑部，覆以定之。[27]

这一条材料具有高度的概括性，在研究唐代司法制度史时，往往会被援引并反复讨
论[28]。这里勾勒了县——州（大理寺、京、洛）——尚书省三级的断狱模式。在唐律
中，对于如何保障此模式的运作，有一定的条文规定。

首先，唐律明确禁止越级诉讼的行为。《斗讼律》"越诉"条明确规定："诸越诉及
受者，各笞四十。若应合为受，推抑而不受者笞五十，三条加一等，十条杖九十。"[29] 疏
议有更明确的解释："凡诸辞诉，皆从下始。从下至上，令有明文。谓应经县而越向州、
府、省之类，其越诉及官司受者各笞四十。若有司不受，即诉者亦无罪。"[30]

其次，由于唐令明确要求各级官府在断案时，必须引用律、令、格、式的原文，
所以《断狱律》"断罪不具引律令格式"条规定："诸断罪皆须具引律、令、格、式，
违者笞三十。若数事共条，止引所犯罪者，听。"[31] 疏议更加详细地指出："犯罪之人，
皆有条制。断狱之法，须凭正文。若不具引，或致乖谬。违而不具引者，笞三十。
'若数事共条'，谓依《名例律》：'二罪以上俱发，以重者论。''即以赃致罪，频犯
者并累科。'假有人虽犯二罪，并不因赃，而断事官人止引'二罪俱发以重者论'，
不引'以赃致罪'之类者，听。"[32]

再次，唐律对帮助其他人打官司的行为，采取十分排斥的姿态。《斗讼律》"为人
作辞牒加状"条规定："为人作辞牒，加其增状，不如所告者，笞五十；若加增罪重，
减诬告一等。"[33]《斗讼律》"教令人告事虚"条规定："诸教令人告，事虚应反坐，得
实应赏，皆以告者为首，教令为从。即教令人告缌麻以上亲，及部曲、奴婢告主者，
各减告者罪一等；被教者论如律。若教人告子孙者，各减所告罪一等。虽诬亦同。"[34]

此外，唐律对如何写诉讼文书、如何审问犯人等，也有具体的规定[35]。同时，也

---

[27] 雷闻《唐开元狱官令复原研究》，天一阁博物馆、中国社会科学院历史研究所天圣令整理课题组校证《天一阁藏明钞本天圣令校证附唐令复原研究》，中华书局，2006年，644页。此据《唐六典》复原，见《唐六典》卷六，189页，文字略有出入。

[28] 参陈玺《诉讼审级制度》，同作者《唐代诉讼制度研究》，130—168页。

[29]《唐律疏议笺解》卷二四"斗讼"，1674页。

[30] 同上。

[31]《唐律疏议笺解》卷三〇"断狱"，2063页。

[32] 同上。

[33]《唐律疏议笺解》卷二四"斗讼"，1663页。

[34] 同上书，1667页。

[35] 关于唐代诉讼文书的书写问题，参黄正建《唐代诉讼文书格式初探》，《敦煌吐鲁番研究》第14卷，上海古籍出版社，2014年，289—318页。

依据唐律"一准乎礼"的原则 [36]，严厉禁止诉讼尊长的行为。这些都构成了唐代诉讼和断狱的理想模式。

2、州县诉讼和断狱的实际运作

唐令所构造的理想模式，得到了唐律的保障。但以上只是法律条文的规定，落实到现实社会中，又是什么样的效果？

上文提到，在县司中，县令必须亲自审理案件。而到了州司这一级，负责刑狱的是法曹、司法参军，"法曹、司法参军掌律、令、格、式，鞫狱定刑，督捕盗贼，纠逖奸非之事，以究其情伪，而制其文法。赦从重而罚从轻，使人知所避而迁善远罪" [37]。不过，刺史仍然要负责向朝廷报告疑难案件。据载："若狱讼之枉疑，兵甲之征遣，兴造之便宜，符瑞之尤异，亦以上闻。" [38] 在这里，疑难案件是被认为与调兵、大型工程建筑、符瑞征兆等重要程度相仿的事件，需要向朝廷提父相关的报告。这也反映了唐朝对于审案的重视。

在吐鲁番文书中，我们可以看到上述模式的实际操作。在上文提到的康失芬行车伤人案中，由伤者的父亲直接到县司提起诉讼，其中曹没冒所写的讼辞为：

8　元年建未月　日，百姓曹没冒辞。

9　　女想子八岁。

10　县司：没冒前件女在张游鹤店前坐，乃

11　被行客靳嗔奴扶车人，将车辗损，腰骨

12　损折，恐性命不存，请乞处分。谨辞。

13　　　　付本案　铮

14　　　示

15　　　　　　　四日 [39]

与曹没冒讼辞类似，中国国家博物馆藏《开元中西州都督府处分阿粱诉卜安宝违契事案卷》保留有主诉人阿粱的讼辞：

1　府司：阿粱前件葡，为男先安西镇，家无手力，去春租

2　与彼城人卜安宝佃，准契合依时覆盖如法。其人至今

3　不共覆盖，今见寒冻。妇人既被下脱，情将不伏，请乞商

---

[36]　关于唐律的"一准乎礼"，学界有所争议，可参叶峰《论〈唐律〉"一准乎礼"、"得古今之平"》，《现代法学》1986年第2期，49—53页；苏亦工《唐律"一准乎礼"辨正》，《政法论坛》2006年第3期，116—141页。

[37]　同上书，749页。

[38]　同上书，747页。

[39]　唐长孺主编《吐鲁番出土文书》肆，330页。刘俊文《敦煌吐鲁番唐代法制文书考释》，567页。

4　量处分。谨辞。[40]

阿梁的讼辞直接提交给"府司"，根据刘俊文先生的考释，此府应是西州都督府[41]。此讼辞后附有长官的判词：

5　付识□□勒藏

6　盖，勿□重□。

7　诸如小事，便即

8　与夺讫申。济[42]

其中，关于"济"字，根据李方的考证，当是"广济"。此书认为，广济是开元十三年的西州都督[43]。都督府长官认为像违反契约这样的"小事"，根本不需要由他亲自审理，专职的官员可自行判决。这符合《唐六典》对州司断狱系统的规定。

不过，这份讼辞不能排除越过县级而直接向州级上报的情况。陈玺曾研究唐代逐级上诉的程序，据其认为："刑、民案件原告均需先向县司陈诉，若冤滞未申，则可依《唐六典》规定程序逐级申诉。官司审断后诉主不服，受案机关当出具'不理状'，凭该状逐级上诉。"[44]阿梁讼辞是附在案卷之中的，由于此案卷写本已成残片，我们不能知道是否有不理状的存在。所以，我们可以看一看由县司上报府司，再由府司下达县司的情况。

按照《唐六典》相关规定断案的例子，也可以从吐鲁番法制文书中找到。据72TAM223:47(a)《唐为处分支女赃罪牒》：

（前缺）

1　丈肆尺伍寸，据赃不满[

2　讫，放。其粟既是彼此俱罪□□，准例合没官。别牒[

3　交河县，即征支女粟参[　　　　　送州，请供修甲

4　仗，仍牒兵曹检纳处分。其[　　　　]所告支女剩取粟

5　既是实，准《斗讼律》：若告二罪[　　　]重事实，□数事等但一

6　事实，除其罪。请从免者。[　　　　　　]准状故牒。

***

40　黄文弼《吐鲁番考古记》，37~38 页；中国历史博物馆编《中国历史博物馆藏法书大观》第 11 卷，柳原书店，1999 年，162—163 页；刘俊文《敦煌吐鲁番唐代法制文书考释》，562 页。

41　刘俊文《敦煌吐鲁番唐代法制文书考释》，563 页。

42　黄文弼《吐鲁番考古记》，37—38 页。刘俊文《敦煌吐鲁番唐代法制文书考释》，562 页。

43　李方《唐西州官吏编年考证》，中国人民大学出版社，2010 年，15—17 页。关于广济的官职，学界有争议。黄文弼怀疑是长史、别驾之类的官职，刘俊文怀疑为都督。今从李方之说。

44　陈玺《唐代诉讼制度研究》，139 页。

（后缺）[45]

刘俊文先生认为，此文书是"西州法曹的官文书"[46]，时间当在初唐时期。因而，此文书是西州法曹下行文书，内容是对支女少缴税粮的处罚，以及对告发者的奖励。本案不是民间纠纷，而是对违反税制行为的处理。不过唐律似乎没有明确区分这两类案件的诉讼程序。由于某人向官府告发了支女，导致支女被处罚。此人可能是向某低级政务机关告发，此机关向西州请示后，西州发回了处理意见的公文；也可能是此人直接向州司告发，然后州司直接将处理意见下发交河县。然而，从此文书的行文来看，似乎是已经有相关机关的牒文呈上。文中有"别牒交河县"、"仍牒兵曹"的字句，似乎可以印证前面的一种可能。

由此可见，州司已经不是亲民之官，一般而言，不会直接接受民众的讼辞。像前述阿梁的行为，应该是属于越诉。

处分支女赃罪牒还有另一处值得我们注意的，那就是里面出现"准《斗讼律》：若告二罪 [   ] 重事实□数事等，但一事实，除非罪"的字句，这是《斗讼律》的律文。据《斗讼律》"诬告反坐"条：

> 若告二罪以上重事实，及数事等但一事实，除其罪；重事虚，反其所剩。即罪至所止者，所诬虽多不反坐。[47]

这里是对这段律文的援引。这可以印证"诸断罪皆须具引律、令、格、式"的唐令条文是认真执行了。不过，处分支女赃罪牒是官府之间的公文书，和官府直接下发民众的判文还是不同的。如果我们把迄今为止发现的各种诉讼和断狱的案卷和牒文进行一个汇总，或许可以得到一个更为全面的认识。

表 2　吐鲁番出土的案卷和断狱类牒文及其对应的唐律条文

名称	年代	越讼	对应唐律条文	具引律令格式
72TAM223:47(a)《唐为处分支女赃罪牒》	初唐	否	《斗讼律》"诬告反坐"条	是
大谷 2831+1013+1037+1254+1419+1256《贞观十七年六月高昌县勘问破城之日延陁所在事案卷》	贞观十七年	否	未宣判	不详

45　唐长孺主编《吐鲁番出土文书》肆，124 页；刘俊文《敦煌吐鲁番唐代法制文书考释》，495 页。刘书的文书编号作 72TAM230:47（a），今以《吐鲁番出土文书》本为准。标点略有改订。

46　刘俊文《敦煌吐鲁番唐代法制文书考释》，496 页。

47　《唐律疏议笺解》卷二三"斗讼"，1612 页。

续表

名称	年代	越讼	对应唐律条文	具引律令格式
67TAM91:28(a)+27(a)+29(a)+30(a)《贞观十七年八月高昌县勘问来丰患病致死事案卷》	贞观十七年	否	未宣判	不详
66TAM:24(a)+23(a)+27/1(a)+2(a)+22(a)《麟德二年五月高昌县勘问张玄逸失盗事案卷》	麟德二年	否	未宣判	不详
66TAM61：21(a)+20(a)《麟德二年五月高昌县追讯畦海员赁牛事案卷》	麟德二年	否	未宣判	不详
60TAM32：514/1-1+1-2《麟德三年正月高昌县追讯君子夺范慈□田营种事案卷》	麟德三年	否	未宣判	不详
中国国家博物馆藏《开元中西州都督府处分阿梁诉卜安宝违契事案卷》	开元	越讼	未宣判	不详
72TAM194：27(1)+(2)+(3)《开元盗物计赃科罪牒》	开元	否	《贼盗律》"窃盗"条	是
73TAM509《开元二十一年正月－二月西州都督府勘问蒋化明失过所事案卷》	开元二十一年	否	《卫禁律》"缘边城戍不觉奸人出入"条	否
TAM509:8(1)+(2)《宝应元年六月高昌县勘问康失芬行车伤人事案卷》	宝应元年	否	《杂律》"无故于城内街巷走车马"条	否
73TAM531:15(a)《唐宿卫违番科罪牒》	不详	否	《卫禁律》"宿卫上番不到"条	是

上表依据的是刘俊文《敦煌吐鲁番唐代法制文书考释》，共有11件案卷和牒文，年代从贞观到宝应年间，涵括了西州建制的大部分时期。由于上述的文本中，有6件是未宣判的，所以我们并不能确切地知道这些法律文书是否遵循"具引律令格式"的规定。剩余的5件，有3件具引唐律，有2件未引。未引的2件，1件时间是开元二十一年，1件是宝应元年。11件文书中，10件都是正常的诉讼，有1件越讼，时间是开元年间。

此外，案卷中的讼辞文笔流畅，或许是因为有书仪的存在，当然也不能排除讼师代笔的可能。另一方面，唐代社会确实流行着各种各类的判文模板，这些模板对断狱类文书的撰写，有着重要的影响。所以，这些模板是否符合《狱官令》《断狱律》的相关规定，这其实是一个非常值得研究的问题。

3、从"具引律令格式"看唐代的判文

唐代的判文，传世的有张鷟的《龙筋凤髓判》和白居易的《甲乙判》。在敦煌吐鲁番文书中，有《文明判集》《麟德安西判集》《开元判集》和《唐西州判集》等

判文汇编的残卷或残片。其中《文明判集》保存比较完整，内容都出自唐代的案例。关于此判集的作者，根据刘俊文先生的推测："判文之法律意识极强，文笔朴素，剖析具体，显然有别于 P.2593《开元判集残卷》一类文人之判，疑出自法吏之手。"[48] 而判集的文字本身，也很能体现刘先生的这种推断：

> 徇财斯乱，敬声盗贿，须从丕弊。不疑平反，当真阅实。准律：以官物自贷用，无文记，以盗论；若有文记，减准盗论。诰以真盗，则铁冠失刑；绳以枉法。[49]

这里是引用了《厩库律》"监主贷官物"条的律文：

> 诸监临主守以官物私自贷若贷人及贷之者，无文记以盗论；有文记准盗论，立判案减三等。[50]

但是，如果我们检阅当时在社会上流传更广的判文模板，我们并未见到像《唐初西州处分支女赃罪牒》这样直接引用唐律具体条文的情况。在白居易的《甲乙判》中，和唐律相关的有 21 则，涉及到的唐律有名例律、户婚律、诈伪律、杂律、卫禁律、捕亡律、厩库律、职制律、贼盗律、斗讼律等[51]，但并未见到有直接援引唐律具体律文的情况。我们可以举其中判题为"得丁冒名事，法司准法科罪；节度使奏：'丁在官有美政，请免罪，真授以劝能者。'法司以乱法不许"的判文为例：

> 宥则利淫，诛则伤善。失人犹可，坏法实难。丁僭滥为心，僶俛从事，始假名而作伪，咎则自贻；终励节而为官，政将可取。节使以功惟补过，请欲劝能；宪司以仁不惠奸，议难乱纪。制宜经久，理贵从长。见小善而必求，材虽苟得；逾大防而不禁，弊将若何？济时不在于一夫，守法宜遵乎三尺。盍惩行诈，勿许拜真。[52]

这里适用的唐律是《诈伪律》"诈假官假与人官"条："诸诈假官、假与人官者及受假者流二千里，其于法不应为官而诈求官者徒二年，若诈增减功过年限而预举因之以得官者徒一年。流外官，各减一等。求而未得者，又各减两等。"[53] 但是，在白

---

[48] 刘俊文《敦煌吐鲁番唐代法制文书考释》，450 页。

[49] 录文见 Tatsuro Yamamoto, On Ikeda, Makoto Okano co-ed, *Tun-huang and Turfan Documents Concerning Social and Economic History I, Legal Texts*, p.94. 以及刘俊文《敦煌吐鲁番唐代法制文书考释》，437 页。

[50] 《唐律疏议笺解》卷一五"厩库"，1132 页。

[51] 《白居易文集校注》卷二九、卷三〇"判"，中华书局，2011 年，1623—1819 页。

[52] 《白居易文集校注》卷二九"判"，1631—1632 页。

[53] 《唐律疏议笺解》卷二五"诈伪"，1712 页。

居易所写的判文中，并未援引相应的条文，而是用骈体文的形式，将儒家的思想和唐律的精神相结合，同时也未作具体的判决。由于唐代的铨选官吏的四大标准是所谓"身、言、书、判"[54]，这使得判文成为十分重要的文体。白居易的《甲乙判》正是应运而生的标准范文。

《甲乙判》诞生的时间是唐德宗时期，已经到了唐代的后半期。加之唐代文人的别集在收录各种官文书时，并非全文录入。他们经常会去掉官文书中的一些套词。所以《甲乙判》的这种处理，或许也是因为《唐律疏议》的条文已经习以为常，加之本书并非实际案例的合集，此外，当时书写的客观环境也要求创作者惜字如金，所以白居易未增加律文是合乎情理的。就这点意义上讲，《文明判集》写本理应更符合唐代社会的实际情况。

与此同时，当我们回到前文所引的对康失芬"保辜案"的判文。这份判文是完整的，但判文里面也没有见到对于唐律具体律文的援引。我们应该考虑到康失芬案件发生在宝应年间，相对比《永徽律》《开元律》颁布时的年代，唐代社会已经出现转变。这应当会反馈到县府的政务运行上。

而且，唐代社会对唐律也相当熟悉。比如，目前学界已经注意到，由于国家的威力，唐律已经影响到中古时期民众的生死观之中。陈登武、张玺等学者都注意到"冥律"、"冥讼"的存在[55]。但是，正如陈登武所言："对于许多长久生活在乡村社会里的庶民而言，唐律毕竟太遥远了！我们甚至可以说'冥律'常可发挥比国法更大的吓阻效果，进而达到维持社会和国家法秩序的作用。"[56]

此外，我们知道，唐代基层社会的一项重要公共活动就是结社[57]。在结社文书中，我们可以看到唐律的影响，比如S6537V/3-5《拾伍人结社社条（文样）》中有"义邑之中，切藉三官钤辖。老者请为社长，须制不律之徒"[58]、"应有追凶格律"[59]等句子，S6537V/7-8《上祖社条（文样）》中有"社有严条，官有政格"的字句[60]，这些都可以证明唐律对民众的结社行为以及民众的相关知识结构有一定的影响力。

---

[54] 《通典》卷一七"选举"，中华书局，1988年，427页。
[55] 陈登武《从人间世到幽冥界——唐代法制、社会与国家》，285—368页。陈玺《唐代诉讼制度研究》，81—86页。
[56] 陈登武《从人间世到幽冥界——唐代法制、社会与国家》，287页。
[57] 参孟宪实《敦煌民间结社研究》，北京大学出版社，2009年。
[58] 宁可、郝春文辑校《敦煌社邑文书辑校》，江苏古籍出版社，1997年，50页。
[59] 同上书，52页。
[60] 同上书，56页。

结　语

从上文的分析，我们可以看出，在西州，由唐令所构建、由唐律所维护的一整套诉讼和断狱的模式，在实际操作中确实得到了贯彻。当然，随着时间的流转，某些具体的规定会出现变通。

唐律的贯彻执行，有赖于学校教育的发展[61]。黄正建先生曾注意到敦煌吐鲁番出土的唐律与律疏写本，在书式上存在很大的不同，这些不同体现在注疏是否重新起行、每行字数多少、字体是否工整等方面。他认为除了带有官印、作为官文书的那部分律、律疏写本，可以确定是作为地方官员断狱之用；其他的私人写本，有可能是供学习使用的教材，只是基于应试国子监律学生或者"明习律令科"的需要[62]。

黄先生的说法是基于合理推测。这种观点启发我们，唐律、律疏在唐代社会的运用，不局限于官府断案上，应该有更广泛的用途。反过来讲，也正是因为有相关学校教育的实践，才使得唐律能够在官吏群体中得到普及。

此外，如果我们翻阅唐代正史的话，我们会发现，在正统的话语体系中，案件越少，其实也是政治越清明的体现。比如唐太宗贞观年间，就因为案件稀少，得到了正史的表彰[63]。而且，在正统的史家看来，贤人能够替代官府，仲裁各种民间的纠纷。比如《旧唐书·元让传》云："乡人有所争讼，不诣州县，皆就让决焉。"[64]《旧唐书·阳城传》云："远近慕其德行，多从之学。闾里相讼者，不诣官府，诣城请决。"[65]当然，我们之所以会产生这样的观感，可能也和后世史家对唐代史事的重构有关。另一方面，我们知道，进入宋代之后，法律体制逐渐演变成了敕令格式。但法律体制的变化必然有其社会土壤。诸如唐后期的判文逐渐不引律典等细节，恐怕也是社会观念转变的信号吧。

附论：

在收入本书时，本文进行了一定的更正：

1，关于 LM20-1452-35-05 武周时期律写本残片，笔者在原文中将纸缝误认为乌丝栏，经在旅顺博物馆查明原卷后，发现了这一错误。现已更正，并表歉意！

---

[61] 关于西州官学、私学的情况，可参姚崇新《唐代西州的官学》，《新疆师范大学学报》2004 年第 1 期，62—68 页；《唐代西州的私学与教材——唐代西州的教育之二》，《西域研究》2005 年第 1 期，1—10 页。

[62] 黄正建《敦煌吐鲁番法典文书中〈律〉〈律疏〉文书性质再议》，《隋唐辽宋金元史论丛》第 1 辑，紫禁城出版社，2011 年，80—85 页。

[63] 《新唐书》卷四六《刑法志》，中华书局，1975 年，1412 页。

[64] 《旧唐书》卷一八八《孝友传》，4923 页。

[65] 《旧唐书》卷一九二《隐逸传》，5132 页。

2，关于表1"吐鲁番地区所发现的唐律和律疏"中出现的大谷5152号文书，本文增加了一处注释，以说明定名的依据。

3，针对本文的学术史梳理以及结语部分，本文进行了一定的修订。同时也改正本文中出现的一些错别字。

本文发表后，赵晶主编《法律文化研究》第13辑转载了本文的前半部分。感谢赵晶老师惠赐宝贵意见！

（陈烨轩，北京大学历史学系博士生。原刊《唐研究》第22卷）

旅顺博物馆藏唐户令残片考
——以令文复原与年代比定为中心

田卫卫

旅顺博物馆藏大谷探险队收集品 LM20-1453-13-04 文书是一件有关听养、析户、为户规定的法典残文。本文从资料的比对出发，以令文的复原与年代比定为中心，尝试给出自己的令文复原案，考订出此残片为唐《开元三年令》户令的三条残令文，并从写本学的角度出发，对照已知敦煌唐令写本，对其书写格式和写本性质做出了一定的探讨。

前　言

众所周知，20 世纪初大谷探险队的部分资料被运往了当时的关东厅博物馆，即今日之旅顺博物馆（简称旅博），这批资料完好保存至今。2006 年春，旅顺博物馆与大谷文书的另一重要收藏地龙谷大学，对这批文书进行了合作整理，双方联合主编出版了图录《旅顺博物馆藏新疆出土汉文佛经选粹》[1]，约刊载图版 1400 余幅，不少内容为稀见资料。其中，旅博原编号为 LM20-1453-13-04 者，书中将其归之于不明佛典系列，未予定名[2]。自 2015 年开始，旅顺博物馆与北京大学、中国人民大学合作整理馆藏新疆出土汉文文献，对这批残片重新考订，发现此文书当为一件唐户令残文。笔者受整理小组之命做文书考释工作，现将初步成果阐述如下，请方家指正。

虽然隋唐时期已经有较为完备的律令格式法律文本，并且此体系也曾对朝鲜半岛、日本等东亚诸国家和地区形成了深远的影响，但奈何岁月久远，唐令文本与唐式、唐格一起，都早已不传于世（仅唐律赖《唐律疏议》得存至今）。虽有继承改用唐令之日本《养老令》《大宝令》等文本以及天一阁藏《天圣令》文本可窥唐令一斑，但终究都不是唐令原本的样子。近代以来，敦煌、吐鲁番地区得地利之厚，多

---

[1]　旅顺博物馆、龙谷大学主编《旅顺博物馆新疆出土汉文佛经选粹》，法藏馆，2006 年。
[2]　旅顺博物馆、龙谷大学主编《旅顺博物馆新疆出土汉文佛经选粹》，131 页。

有晋唐古文献出土面世，其中即有唐令写本，可惜数量不多，迄今所见者不过《永徽东宫诸府职员令》[3]《开元公式令》[4]《台省职员令》和《祠令》残卷抄本[5]等数篇残文而已。自 20 世纪初以来，以日本学者仁井田陞为代表的一代又一代学人致力于唐令的复原工作[6]，特别是随着《天圣令》的发现，在中日学者的共同努力下，取得了非常好的成果[7]。此次旅博藏唐户令残片的发现，不仅对于研究当时的户籍政策以及家族关系十分有益，还对唐令的复原研究，以及唐令和日本令的关系讨论等等，都具有极其重要的参考价值。下文即从令文复原及其年代考证等方面略作阐释。

一 残片录文及阙文推补

旅博藏 LM20-1453-13-04 唐户令残片（图 1），可见部分天头，现存文字七行，原纸行款未知，现每行残留 3—7 字不等，字体正楷，有墨色界栏，线形齐整，其墨色略淡于文字，未见朱点句读等标识，亦无改字。为讨论方便，作录文如下：

（前缺）

1　諸無□[

2　家近親尊[

3　諸以子孫繼絶[

4　七以下命繼者[

5　析即所繼處[

3　图版及录文见 T. Yamamoto, O. Ikeda, & Y. Okano, *Tun-huang and Turfan Documents concerning Social and Economic History*, I. Legal Texts, Tokyo: The Toyo Bunko, 1978-1980, (A), pp. 22-28, (B), pp. 40-50; T. Yamamoto et al., *Tun-huang and Turfan Documents concerning Social and Economic History*, supplement, Tokyo: The Toyo Bunko 2001, (A), p. 3, (B), pp.. 2-3；刘俊文《敦煌吐鲁番唐代法制文书考释》，中华书局，1989 年，180—197 页。

4　图版及录文见 T. Yamamoto, O. Ikeda, & Y. Okano, *Tun-huang and Turfan Documents concerning Social and Economic History*, I. Legal Texts, (A), pp. 29-31 (B), pp. 55-60；刘俊文《敦煌吐鲁番唐代法制文书考释》，221—228 页。

5　荣新江、史睿《俄藏敦煌写本〈唐令〉残卷 Дx.3558 考释》，《敦煌学辑刊》1999 年第 1 期，3—13 页。其后，李锦绣曾撰文认为，此非祠令残片，而是祠部的《格式律令事类》，参见氏著《俄藏 Дx3558 唐〈格式律令事类·祠部〉残卷试考》，《文史》2002 年第 3 辑，150—165 页。对此意见荣新江、史睿有撰文回应，详见荣新江、史睿《俄藏 Дx.3558 唐代令式再研究》，《敦煌吐鲁番研究》第九卷，中华书局，2005 年，143—168 页。另外，关于《格式律令事类》的讨论，也可以参考日本学者土肥义和的解说，见氏著《唐考课令等写本断片 (Дx 六五二一) 考——开元 25 年撰〈格式律令事类〉に关连して》，《国学院杂志》105(3)，2004 年，1—12 页。

6　仁井田陞《唐令拾遗》，东京东方文化研究院，1933 年（本书有中译本，见仁井田陞原著、粟劲等编译《唐令拾遗》，长春出版社，1989 年）；仁井田陞著、池田温编《唐令拾遗补》，东京大学出版会，1997 年。

7　天一阁博物馆、中国社会科学院历史研究所天圣令整理课题组《天一阁藏明钞本天圣令校证·附唐令复原研究》，中华书局，2006 年。有关研究论著比较集中发表在荣新江主编《唐研究》第 12 卷，北京大学出版社，2006 年；第 14 卷，北京大学出版社，2008 年；大津透编《日唐律令比较研究的新阶段》，山川出版社，2008 年；台师大历史系、中国法制史学会、唐律研读会主编《新史料·新观点·新视角：天圣令论集》（上下），元照出版公司，2011 年；黄正建主编《〈天圣令〉与唐宋制度研究》，中国社会科学出版社，2011 年。

6　諸戶内欲析出口[

7　□□□妻妾亦不[

（后缺）

图 1　旅顺博物馆藏唐户令残片

结合天一阁藏《天圣令》尾所附唐令文本形式以及日本令文本形式，据每条令文起首常见之"诸"字，以及每一条令文的书写均不直接接续于前一条的行尾，而是单独另起一行、顶格起笔的书写格式，我们可以推定，此残片所存之七行文字当分属于三条令文，此三条令文在唐令原本中为次第排列的顺序。

本文待讨论残文，大体上可以和《唐令拾遗》及《唐令拾遗补》所复原的《户令》第一四条至一六条的令文对应，鉴于残片文字与唐令高度对应，结合中原政权统治该地区的历史时期，可知此残片所载内容当为唐户令。以下引出上面两书的复原本，粗体为残卷所存文字：

一四【開二五】**諸無子**者，聽養同宗於昭穆相當者。……申官附籍。（據《唐戶婚律》卷十二、《文獻通考》卷十一）[8]

一五【開二五】**諸以子孫繼絕應析戶**者，非年十八已上，不得析，其年**十七巳下命繼者**，但於本生籍內注云年十八，然聽。**即所繼處有母在者，雖小亦聽析出**。（據《通典·食貨七·丁中》、《文獻通考·戶口考一·歷代戶口丁中

8　仁井田陞《唐令拾遺》卷九《戶令》，233 頁；池田温等《唐令拾遺補》卷九，528—529、1020 頁。以下三条引文综合两本而成，个别标点有所不同。

赋役》，及《白氏六帖事类集》卷二二，《白孔六帖》卷七六）⁹

一六【开二五】**诸户欲析出口为户，及首附口为户者，非成丁，皆不合析，应分者，不用此令。**（据前列《通典》《文献通考》）¹⁰

仁井田陞《唐令拾遗》复原案中，此处对应令文均被定为开元二十五年令，鉴于旅博藏户令文本每一条均与《唐令拾遗》复原内容在文字上有所出入，所以在此首先针对每一条令文内容的复原补全问题加以探讨。

（一）唐户令复原一四 "听养" 条

旅博本首行行首仅存 "诸无子" 三字，与《唐令拾遗》复原唐令令文的起首相合，但其次行行首出现的 "家近亲尊" 四字却不见于《唐令拾遗》复原。但因为《唐令拾遗》在复原时原本推断 "听养同宗于昭穆相当者" 与 "申官附籍" 之间尚有未知的内容，并且使用了省略号 "……" 表示，所以此处当有 "家近亲尊" 存在的可能性。查唐宋法典，在《名公书判清明集》中载有无子孙之时有关 "家近亲尊"命继的规定。《名公书判清明集》卷八户婚门立继类 "已立昭穆相当人而同宗妄诉（翁浩堂）" 条云：

> 谨按令曰：诸无子孙，听养同宗昭穆相当者为子孙。又曰：其欲继绝，而得绝家近亲尊长命继者，听之。又曰：夫亡妻在，从其妻。¹¹

《宋会要辑稿》礼三六之一六载相关事例：

> 绍圣元年（1094）十二月五日，"尚书省言：元祐七年（1092）南郊赦书节文：'今后户绝之家，近亲不为依条立继者，官为施行。'今户绝家许近亲尊长命继，已有著令，即不当官为施行。" 从之。¹²

由此可知，宋代在对无子孙者收养子孙做出条件限制的同时，还存在对继绝和夫亡妻在两种情况的补充规定，而且至少在绍圣元年，这一规定还是明确行诸于令的。查《唐令拾遗》及《唐令拾遗补》复原解说可知，《唐令拾遗》对 "无子" 条的复原依据是《唐律·名例》"会赦改正征收" 条疏议和《唐律·户婚》"养子舍去"条疏议所引唐令，并参考了《晋令》《宋天圣令》《宋令》《金泰和户令》《明户令》¹³，这些材料确实均不见有 "家近亲尊" 字样，存在 "家近亲尊" 内容的《名公书判清

9　仁井田陞《唐令拾遗》卷九《户令》，234 页；池田温等《唐令拾遗补》卷九，528、1020 页。

10　仁井田陞《唐令拾遗》卷九《户令》，235 页；池田温等《唐令拾遗补》卷九，1020—1021 页。

11　中国社会科学院历史研究所宋辽金元史研究室点校《名公书判清明集》卷八，中华书局，1987 年，247 页；高桥芳郎《译注〈名公书判清明集〉户婚门》，创文社，2006 年，472—473 页。

12　《宋会要辑稿》，上海古籍出版社，2014 年，1548 页。参看《宋史》卷一二五，中华书局，1985 年，2935 页。

13　《唐令拾遗》卷九《户令》，233—234 页。

明集》《宋会要辑稿》《宋史》并未被《唐令拾遗》所注意（后来《名公书判清明集》相关内容被补充到了《唐令拾遗补》中）。正如《名公书判清明集》卷八户婚门立继类"已立昭穆相当人而同宗妄诉（翁浩堂）"条所示，"其欲继绝，而得绝家近亲尊长命继者，听之"这一内容，与"诸无子孙，听养同宗昭穆相当者为子孙"一样，也应该是同属于户令的内容，并对无子听养的规定是进行补充细化的作用。由此可以确定，残文此处的"家近亲尊"应当为"其欲继绝，而得绝家近亲尊长命继者，听之"。考虑到《名公书判清明集》在引用此条文字时是"谨按令曰：……又曰：……又曰：……"的格式，所以此处或亦可追加复原"夫亡妻在，从其妻"这一规定。

至于此处起首"诸无子"后残存文字，《名公书判清明集》作"诸无子孙，听养同宗昭穆相当者为子孙"，而《唐律·名例》卷四"会赦改正征收"条疏议作"自无子者，听养同宗于昭穆合者"，《唐律·户婚》"养子舍去"条疏议所引唐令，则作"无子者，听养同宗于昭穆相当者"，结合宋《天圣令》："诸无子者，听养同宗之子昭穆合者"，宋令："诸无子，听养同宗昭穆相当者为子孙。"以及日本《养老令》户令一四条："凡无子者，听养四等以上亲于昭穆合者，即经本属除附。"考虑到日本令在继承唐令时，除删改不适用本国的规定及本身固定用语外，对唐令一般用语较为忠实遵循原本的情况，故此结合日本令与《唐令拾遗》复原文字，复原第14条户令内容如下：

14　　諸無子[者聽養同宗於昭穆相當者其欲繼絕而得絕]

　　　家近親尊[長命繼者聽之夫亡妻在從其妻] 申官附籍

按残片所见文字的横向对应来看，虽然纵向有界栏隔开，但横向字迹高低大小大多不能对齐，故而此处行款相近却不完全一致，应该说也影响不大。

（二）唐户令复原一五"析户"条

《唐令拾遗》据《通典》食货七、《文献通考》户口考一及《白氏六帖事类集》卷二二和《白孔六帖》卷七六复原令文如前文所示。

按《通典》卷七《食货七·丁中》：

按开元二十五年《户令》云："诸以子孙继绝应析户者，非年十八以上不得析。即所继处有母在，虽小亦听析出。"[14]

《文献通考》卷十《户口考一·历代户口丁中赋役》：

按开元二十五年《户令》云："诸以子孙继绝应析户者，非年十八以上不得

---

[14] 杜佑《通典》卷七《食货七》丁中条，中华书局，1988年，155页。

析。即所继处有母在，虽小亦听析出。"[15]

《白氏六帖事类集》卷二二"析户令"条注：

> 《户令》：诸子孙继绝应以户者，非年十八已上不得析。其年十七已下命继者，但于本生籍内注云年十八，然听。即所继处有母在者，虽小亦听析出。[16]

据《白氏六帖》，《通典》《文献通考》显然是把"其年十七已下命继者，但于本生籍内注云年十八，然听"一段省略掉了，因为所述也是所谓"年十八已上"这一标准的一种情况。好在《白氏六帖事类集》将全文保留下来，《唐令拾遗》即据《白氏六帖》补全。

按仁井田氏唐令复原文本"注云年十八，然听。即所继处"的地方，旅博残文此处残存"析，即所继处"，多一"析"字。在"听"字后加一"析"字，语义更为完整。

其次，《通典》《文献通考》均为"有母在"，而《白氏六帖》为"有母在者"，文意无碍，而文字有略，此处也取《白氏六帖》，复原为"有母在者"为宜。

据以上资料可以推测，据旅博本改订的第15条令文内容应作：

15　諸子孫繼絕[應析户者非年十八以上不得析其年十]
　　七已下命繼者[但於本生籍内注云年十八然聽
　　析即所繼處[有母在者雖小亦聽析出]

（三）唐户令复原一六"为户"条

《唐令拾遗》复原此条令文的依据为《通典·食货七·丁中》和《文献通考·户口考一·历代户口丁中赋役》，并以《晋令》作为参考。《通典》称："诸户欲析出口为户及首附口为户者，非成丁皆不合析。应分者，不用此令。"[17]《文献通考》同。旅博本此条首行行首为"诸户内欲析出口"，与《唐令拾遗》复原令文完全一致。但是第二行行首仅余残笔画，约第四字开始才清晰可见"妻妾亦不"四字，这四字却又不见于《唐令拾遗》所依据的各种史料中。而据《通典》可知，户令有明文规定："无夫者为寡妻妾。"可以推见，户令中当有涉及寡妻妾的规定，但《通典》的引文可能并不完全。

在日本保存的来源于唐令的文献材料中，可以看到有关"寡妻妾"的令文。

---

[15]　马端临《文献通考》卷十《户口考一·历代户口丁中赋役》，中华书局，2011年，280页。

[16]　《白氏六帖事类集》卷二二，文物出版社，1987年影印傅增湘旧藏南宋绍兴刻本，帖册五，叶六十五背；参《白孔六帖》卷七六。

[17]　《通典》卷七《食货七》丁中条，155页。

《养老令》卷四（第 12—13 条）：

凡无子者，听养四等以上亲于昭穆合者，即经本属除附。

凡户内欲折（析）出口为户者，非成中男及寡妻妾者，并不合折（析）。应分者，不用此令。[18]

《令义解》卷二引户令文原文：

凡无子者，听养四等以上亲于昭穆合者，即经本属除附。

凡户内欲析出口为户者，非成中男及寡妻妾者，并不合析。应分者，不用此令。[19]

《令集解》卷九引户令文原文：

凡无子者，听养四等以上亲于昭穆合者，即经本属除附。

凡户内欲析出口为户者，非成中男及寡妻妾者，并不合析。应分者，不用此令。[20]

据此，为《通典》所载文字不见"无子听养"以及"寡妻妾析户"的内容，这有可能是后来的令文削除了这一规定，也可能是《通典》引用转载不完全。同样，日本令中也不见"首附口"的记载，且"非成丁"做"非成中男"，这也体现了日本方面因地制宜、修改唐令的部分，而所谓的"非成中男及寡妻妾者，并不合析"，若联系《唐令拾遗》"非成丁皆不合析"一起来看，或者可以大胆推测，旅博藏本或当为日本令与《通典》等所引令文的母本，即，其原文很可能是两者内容的综合："非成丁皆不合析，寡妻妾亦不合析"。如此则意思不改，只不过是两句并为一句、增加了此规定所针对的对象而已。由此，我们推定复原户令第 16 条内容如下：

16　諸戶内欲析出口[爲戶及首附口爲戶者非成丁皆不]
[合][析寡]妻妾亦不[合析应分者不用此令]

总结以上讨论的结果材料，我们可以推补此旅博藏唐令残片内容及格式，并得出如下三条完整的唐令（行前编号对应《唐令拾遗》令文编号）：

---

[18] 井上光贞《律令》（日本思想大系 3），岩波书店，1976 年，228 页。同书同页有载，《大宝令》此处"寡妻妾"做"寡妇"。

[19] 《国史大系·令义解》卷二，经济杂志社，1901 年，85 页；《新订增补国史大系·令义解》（普及版），吉川弘文馆，1985 年，94—95 页。

[20] 《国史大系·令集解》前篇卷九，吉川弘文馆，1966 年，272 页；《新订增补国史大系·令集解》，吉川弘文馆，1983 年，272—273 页。

14	諸無子者，聽養同宗於昭穆相當者，其欲繼絶而得絶	·21 字
	家近親尊長命繼者，聽之。夫亡妻在，從其妻。中官附籍。	·21 字
15	諸子孫繼絶應析戶者，非年十八以上不得析，其年十	·21 字
	七巳下命繼者，但於本生籍内注云年十八，然聽	·19 字
	析。即所繼處有母在者，雖小亦聽析出。	·16 字
16	諸戶内欲析出口爲戶及首附口爲戶者，非成丁皆不	·21 字
	合析，寡妻妾亦不合析。応分者，不用此令。	·16 字

根据以上分析可以确定，旅顺博物馆所藏这件残片应当是唐令残文，其满行行款约在 21 字左右，其珍贵之处在于，所见三条令文的残文中，都有今人复原相对条目中没有的文字，我们根据宋代的《名公书判清明集》和日本令，基本上完整地复原出令文文字，所补文字与文书的行数相应。这样，我们竟然由此残片，获得了三条唐令的原文，并可以据以补正从仁井田陞以来复原这三条唐令的不足，并可以从一定程度上看到唐代时间序列上后令对前令的继承与修改，以及日本令在以唐令为模本制定《养老令》时的取舍，因为律令的修改订正，往往是为了更适应当时社会状况，这也就使今人有机会管窥到当时更真实的社会历史信息。

二　旅博残令文的年代

关于有唐一代的法典，根据史料记载可知，唐朝从高祖武德七年（624）开始编纂法令，当时只是承继隋《开皇令》。到太宗贞观十一年（637），天下安定，正式形成唐朝自己的《贞观令》。以后高宗永徽元年（650），修订而成《永徽令》。以后经过多次修订，如麟德、仪凤、垂拱、神龙、太极年间，均有修订。到玄宗开元三年（715），再修订成《开元三年令》，开元七年（719），又修订成为《开元七年令》，即《唐六典》所引之令文。到开元二十五年（737），唐朝全面修订律令格式，形成《开元二十五年令》[21]。由令文记录下来的唐朝制度不是一成不变的，官名、时节、礼法常常有变动，朝廷不时以诏敕形式发布新的制度规定，并用格的形式过一段时间就编纂起来，然后再在较大规模修订令的时候增补改订进去。虽然史籍中有多次修订令的记载，朝廷的敕书中也常常有"著之于令"的说法，但令文是比较正规的法律

21　参看池田温《唐令と日本令——〈唐令拾遗〉编纂によせて》，《中国礼法と日本律令制》，东方书店，1992年，165—194 页。其中译本见霍存、丁相顺译，王冰校《唐令与日本令——〈唐令拾遗〉编纂集议》，《比较法研究》1994 年第 1 期，96 页。

文书，平常只是用"签贴"冲改旧条的方式来增订[22]，并没有全面推倒重来。唐令大的改订主要就是上述几次，这也可以从《旧唐书》的《刑法志》和《经籍志》、《新唐书》的《艺文志》著录的令，只有《武德令》《贞观令》《永徽令》《开元七年令》《开元二十五年令》看出，而且都是三十卷，可见这是几次大的修订，并成为专书，而从卷数来看，改动也不会很大。

开元以后，唐朝没有再做大的唐令修订工作，小的改订当然仍然会存在。从史料记载来看，德宗、宣宗时，都曾有所改订。但这些改订不会很大，所以没有形成并刊布"建中令"、"大中令"一类的专书。我们在宋代的目录书中，只见到《直斋书录解题》著录有《开元七年令》三十卷[23]，《宋史·艺文志》著录《开元令》（开元二十五年令）三十卷[24]，前者是私家收藏的记录，后者是官方所藏，从道理上来说，《开元二十五年令》是开元以后具有官方法律效力的图籍。戴建国教授在天一阁发现的宋《天圣令》抄本所保存的唐令内容，基本上说是开元二十五年令[25]。有的学者认为其中可能有中晚唐的令文，甚至是建中令[26]，但总体来说，中晚唐对开元二十五年令有所修订是没问题的，但并没有取代《开元二十五年令》这部法典。

再回到前文的阐述，我们要讨论的残片文字，正与《唐令拾遗》所复原的《开元二十五年令》有着极高的对应关系。在这一基本认识的基础之上，我们再来看旅博所存三条唐令文字的年代问题。

（一）唐户令复原一四"听养"条

户令第 14 条的文字，仁井田陞《唐令拾遗》及池田温等《唐令拾遗补》据《唐律疏议》等，只复原开元二十五年令的"诸无子者，听养同宗于昭穆相当者，申官附籍"。目前所见史料中能与旅博残文全部吻合的，就是《名公书判清明集》卷八户婚门立继类"已立昭穆相当人而同宗妄诉（翁浩堂）"条："谨按令曰：诸无子孙，听

---

[22] 详见戴建国《唐宋变革时期的法律与社会》第二章《唐宋法典修订方式和修纂体例的传承演变》，上海古籍出版社，2010 年，97—135 页。参看氏撰《天一阁藏〈天圣令·赋役令〉初探》（下），《文史》2001 第 1 辑，176—181 页。

[23] 陈振孙《直斋书录解题》，上海古籍出版社，1987 年，223 页。

[24] 《宋史》卷二百四《艺文志》一五七："李林甫开元新格十卷。又，令三十卷。"（中华书局，1977 年，2341 页）

[25] 戴建国《天一阁藏明钞本〈官品令〉考》，《历史研究》1999 年第 3 期，收入氏著《宋代法制初探》，黑龙江人民出版社，2000 年，46—70 页；戴建国《〈天圣令〉所附唐令为开元二十五年令考》，《唐研究》第 14 卷，2008 年，9—28 页；坂上康俊《〈天圣令〉蓝本唐令的年代推定》，《唐研究》第 14 卷，29—39 页；又《再论〈天圣令〉蓝本唐令〈开元二十五年令〉说》，《新史料·新观点·新视角：天圣令论集》（上），53—64 页。

[26] 黄正建《〈天圣令〉附〈唐令〉是开元二十五年令吗？》，《中国史研究》2007 年第 4 期，90 页；又〈天圣令〉附〈唐令〉是否为开元二十五年令，黄正建主编《〈天圣令〉与唐宋制度研究》，中国社会科学出版社，2011 年，48—52 页；卢向前《〈天圣令〉所附〈唐令〉是开元二十五年令吗？》，汤勤福主编《历史文献整理研究与史学研究方法论》，黄山书社，2008 年，82—106 页；卢向前、熊伟《〈天圣令〉所附〈唐令〉为建中令辩》，袁行霈主编《国学研究》第 22 卷，北京大学出版社，2008 年 12 月，1—28 页。

养同宗昭穆相当者为子孙。又曰：其欲继绝，而得绝家近亲尊长命继者，听之。又曰，夫亡妻在，从其妻。"[27] 按，《名公书判清明集》有残宋本存于日本静嘉堂文库，只保存户婚门的文字，有南宋理宗景定辛酉岁（二年，1261）序。此段文字，见于宋本《清明集》[28]。中国社会科学院历史研究所宋辽金元史研究室的先生们在北京图书馆（今国家图书馆）和上海图书馆找到明刻本，有张四维隆庆己巳（三年，1569）序，于是以明本为底本，用宋本补充，于 1987 年整理出版标点本，上述引文即出自该标点本。陈智超先生曾仔细对照宋本、明本的存佚情况[29]，上引判文，两本均在。

《清明集》保存的令文出自翁浩堂的书判。浩堂名甫，字景山，理宗宝庆二年（1226）进士，曾任知处州、浙西转运使，书判地点均在江南东路[30]。从时间上推断，翁甫所据之令，当为理宗时编定的《庆元令》。按宋令的编纂谱系前人已经做过梳理，大体来说，北宋时期，不论太宗时所编《淳化令》，还是仁宗天圣七年（1029）所颁《天圣令》，基本上都是依据唐开元二十五年令而来，由于《天圣令》残本的发现，我们得知其中包括据唐令调整改订的宋令和宋代已不行用但仍附录的唐令原文，可以说基本上都是来源于开元二十五年令。但自神宗元丰七年（1084）制定《元丰令》后，篇目从 30 卷增至 50 卷，内容也有改变，形成与唐令不同的系统，这一编纂系统由以后的《元符令》《政和令》《绍兴令》《干道令》《淳熙令》《庆元令》《淳祐令》继承下来。目前我们可以从《庆元条法事类》中看到相当一部分《庆元令》的文字，与《天圣令》有许多不同点[31]。从一般情形来说，翁甫所引宋令的文字，不能直接看作是开元二十五年令了。

但是，《宋会要辑稿》礼三六之一六载相关事例："绍圣元年（1094）十二月五日，尚书省言：'元祐七年（1092）南郊赦书节文："今后户绝之家，近亲不为依条立继者，官为施行。"今户绝家许近亲尊长命继，已有著令，即不当官为施行。' 从

27　中国社会科学院历史研究所宋辽金元史研究室点校《名公书判清明集》卷八，247 页。

28　《宋本名公书判清明集》，《续古逸丛书》上海涵芬楼景印东京岩崎氏静嘉堂藏本 37，上海商务印书馆，1935 年，叶四右至叶五左；（宋）阙名辑《名公书判清明集》，古典研究会影印本，1964 年，20 页。

29　陈智超《宋史研究的珍贵史料——明刻本〈名公书判清明集〉介绍》，中国社会科学院历史研究所宋辽金元史研究室点校《名公书判清明集》附录七，649 页。

30　同上陈智超文，682 页。

31　参看梅原郁《唐宋时代的法典编纂——律令格式と敕令格式》，《中国近世の法制と社会》，京都大学人文科学研究所，1993 年，112—172 页；滋贺秀三《法典编纂の历史》，所著《中国法制史论集——法典と刑罚》，创文社，2003 年，103—152 页；戴建国《唐宋变革时期的法律与社会》64—69、181—219 页；川村康《宋令变容考》，关西学院大学法政学会编《法と政治》第 62 卷第 1 号（下），2011 年，459—573 页；赵晶中译文《宋令演变考》（上、下），载徐世虹主编《中国古代法律文献研究》第 5 辑，社会科学文献出版社，2011 年，222—250 页；第 6 辑，2012 年，169—313 页；赵晶《〈天圣令〉与唐宋法制考论》，上海古籍出版社，2014 年，13—112 页。

之。"[32] 说明至少在北宋哲宗绍圣元年时，"户绝家许近亲尊长命继，已有著令"。那么这个著令或当来自《元丰令》，也可能是《元丰令》的新制。但是，旅博残片出自吐鲁番，因为唐末五代的战乱，以及宋初统治版图的萎缩，完全不存在《元丰令》通行于吐鲁番地区的高昌回鹘政权的可能性，而只能是唐代法令残片的遗存，因此可以推知，"户绝家许近亲尊长命继"这条令文，其祖本也应当是从《元丰令》到《天圣令》，并有可能可以进一步往前追溯到唐《开元二十五年令》《唐开元七年令》《唐开元三年令》《永徽令》等。

（二）唐户令复原一五"析户"条

第 15 条残文复原后的文字和白居易《白氏六帖事类集》所引文字，除个别文字《白氏六帖》传抄有误外，几乎完全一样。从白居易（772—846）生活的时代来看，当时的令只能是开元二十五年令。这段文字，《通典》只是摘引，因为这里是说"诸子孙继绝应析户者，非年十八以上不得析"，后面提到在"其年十七已下命继者"的情况时，需要"于本生籍内注云年十八"，才能析户。换句话说，也是要在年十八的情形下才能析户。《通典》为了省文，所以略去了这种情况。《通典》前后两句都和《白氏六帖》相同，而这些文字《通典》明确提示为开元二十五年令。因此，《白氏六帖》的整条文字以及旅博残片，可以确定其可见于《开元二十五年令》户令的文中。

《通典》是具有权威性的政书，出自宰相杜佑之手，记载天宝之前的典章制度，成书于元和之前，其记载倍受后人信赖。《白氏六帖》是私家著述，主要为诗文创作提供方便。两相比较，前人更相信《通典》。过去学者见到《通典》引唐令特别标出开元二十五年令，就以为后面的文字应当就是唐令的原样。现在有了这个残片，加上《白氏六帖》的印证，可以确认《通典》引唐令有时是部分摘引，我们不能因为《通典》没有抄录齐全，就认为开元二十五年令也没有相应的文字。

戴建国先生曾列举出《通典》所载唐令与宋《天圣令》所附唐开元二十五年令不尽相同之处，如：（1），《通典》卷六《赋役下》："诸课役，每年计帐至尚书省，度支配来年事。"《天圣令·赋役令》附唐令第 1 条作："诸课，每年计帐至，户部具录色目，牒度支支配来年事……。"（2），《通典》卷二《田制下》所载开元二十五年令没有《天圣令·田令》附唐令第 5 条所载职事官永业田规定的"六品、七品各二顷五十亩，八品、九品各二顷"这一段文字。（3），《通典》卷四十《职官》所载官品无《天圣令·杂令》附唐令第 8 条的"漕史"。（4），《通典》把太史局历生列为

---

[32] 《宋会要辑稿》，中华书局影印本，1957 年，1316 页；上海古籍出版社标点本，2014 年，1548 页。参看《宋史》卷一二五，中华书局，1985 年，2935 页。

"流外七品"，而《天圣令·杂令》附唐令第8条列为"流外长上"[33]。他认为这或许是《天圣令》所本唐令可能在后唐行用时被局部修改过，也有可能是《通典》传抄刻写之误造成的[34]。其实，从我们讨论的《户令》第15条来看，《通典》在传抄唐令原文时，可能有故意的省略。试想当时令文俱在，杜佑不需要把所有令文都原原本本抄到《通典》里去。

综上可知，至少在《开元二十五年令》中，此户令"析户"条内容应该大致是如此模样。

（三）唐户令复原一六"为户"条

上节已经指出，这一条仁井田氏是据《通典》卷七《食货七》"丁中"复原的，原文其实是第15、16条连续抄录的："按开元二十五年《户令》云：'诸以子孙继绝应析户者，非年十八以上不得析。即所继处有母在，虽小亦听析出。诸户欲析出口为户及首附口为户者，非成丁皆不合析。应分者，不用此令。'"[35]上面讨论第15条时，我们已经据《白氏六帖》保留的全文，指出《通典》引令文有省略现象。这里引第16条文字，恐怕也有省略。我们从日本《养老令》《令义解》《令集解》保存的与唐令文字相应的地方，有"非成中男及寡妻妾者，并不合析"，可见有"寡妻妾"，只是与"非成丁"者一起，合称为"非成中男及寡妻妾者"。旅博残片为我们保留了令文原文形式。

《大宝令》是日本大宝元年（701）由藤原不比等根据唐《永徽令》编纂而成的十一卷本日本法典，其注释书有"古记"，今整本已不传，仅可见部分引文。《养老令》根据《开元三年（715）令》以及《大宝令》制定于养老二年（718）或养老五年（721），于天平胜宝九岁（757）五月在藤原仲麻吕主导下确定并施行[36]。其注释书有"令释"、"迹记"、"穴记"、"义解"等，连同"古记"一起，可见于《令集解》。《令集解》是868年左右学者惟宗直本在综合参考以上众多资料的基础上撰写的私家注释书。由上可知，《令集解》所有令文均来自《养老令》，又一定程度上体现着《大宝令》。对于《大宝令》《养老令》的来源问题，日本学界基本将其定义为分别祖本于《永徽令》和《开元三年令》[37]。这样看来，保存在《养老令》中的第16条"寡

---

[33] 此为黄正建指出，见所撰《〈天圣令（附唐杂令）〉所涉唐前期诸色人杂考》，《唐研究》第12卷，2006年，215页。

[34] 戴建国《〈天圣令〉所附唐令为开元二十五年令考》，《唐研究》第14卷，2008年，9—28页。

[35] 杜佑撰《通典》卷七《食货七》丁中条，中华书局，1988年，155页。

[36] 井上光贞《日本律令の成立とその注释书》，《井上光贞著作集》第2卷，岩波书店，1986年；榎本淳一《养老律令试论》，笹山晴生先生还历记念会编《日本律令制论集》上卷，吉川弘文馆，1993年。

[37] 坂上康俊《日本に舶载された唐令の年次比定について》，《法史学研究会会报》13号，2008年，1—24页，该文亦有中文版，见氏著《日本舶来唐令的年代推断》，韩昇主编《古代中国：社会转型与多元文化》，上海人民出版社，2007年，168—175页。服部一隆认为《养老令》与《开元二十五年令》很接近，见氏著《养老令と天圣令の概要比较》，明治大学古代学研究所编《古代学研究所纪要》第15号，2011年，33—46页。

妻妾"的内容，很可能也存在于《开元三年令》以及《开元二十五年令》之中。只不过由于《大宝令》中"寡妻妾"为"寡妇"，所以或许可以认为旅博藏残户令应该不属于《永徽令》。

综上所述，讨论中所涉及的旅博本最为重要的主干内容，大体上都见于《唐令拾遗》（及《拾遗补》）复原本和《养老令》本。在此列后两种文本内容如下（带灰色底色的文字可见于旅博残卷）：

《唐令拾遗》及《唐令拾遗补》卷九《户令》复原：

> 一四【开二五】诸无子者，听养同宗于昭穆相当者。……申官附籍。（据《唐户婚律》卷十二、《文献通考》卷十一）[38]
>
> 一五【开二五】诸以子孙继绝应析户者，非年十八已上，不得析，其年十七已下命继者，但于本生籍内注云年十八，然听。即所继处有母在者，虽小亦听析出。（据《通典·食货七·丁中》《文献通考·户口考一·历代户口丁中赋役》，及《白氏六帖事类集》卷二二，《白孔六帖》卷七六）[39]
>
> 一六【开二五】诸户欲析出口为户，及首附口为户者，非成丁，皆不合析，应分者，不用此令。（据前列《通典》《文献通考》）[40]

日本《养老令》户令：

> 12　凡无子者，听养四等以上亲于昭穆合者，即经本属除附。
>
> 13　凡户内欲析出口为户者，非成中男及寡妻妾并不合析。应分者，不用此令。[41]

仁井田陞《唐令拾遗》复原案中将此处三条对应令文均定为《开元二十五年令》，而旅博藏残文在与《拾遗》复原条文主旨相合、先后次序一致的同时，于第一条和第三条令文又分别有所增衍，第一条因为有省略号的存在，并不相悖，第三条多出来的"寡妻妾"虽不见于《拾遗》复原，却见于《养老令》户令的对应令文。

对比旅博藏唐户令残文、仁井田复原《开元二十五年令》、体现《开元三年令》的《养老令》这三种文本来看，旅博本的内容不仅囊括了后两者的内容，还多出了"家近亲尊"等内容规定（参图2）。考虑到后两者本身都具有修改自其以前的令文的因袭性，可以推断，此旅博本很可能是开元二十五年令及日本《养老令》的母本。

38　仁井田陞《唐令拾遗》卷九《户令》，233页；池田温等《唐令拾遗补》卷九，528—529页。以下三条引文综合两本而成，个别标点有所不同。
39　仁井田陞《唐令拾遗》卷九《户令》，234页；池田温等《唐令拾遗补》卷九，528页。
40　仁井田陞《唐令拾遗》卷九《户令》，235页。
41　池田温等《唐令拾遗补》第三部分唐日两令对照一览，1020页。

再考虑到吐鲁番地区归属中原统治的时期，以及《养老令》的"寡妻妾"一词是在《大宝令》"寡妇"一词的基础上参照《开元三年令》修改而来，可知旅博残片应当就是《开元三年令》户令残文。

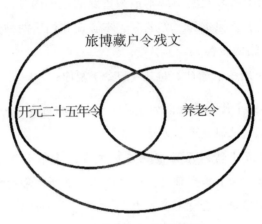

图 2　三种令文之所属关系图

三　旅博唐令写本的性质

此前所见唐令原本，有敦煌发现的《永徽东宫诸府职员令残卷》（P.4634+P.4634C2+P.4634C1+S.1880+S.3375+S.11446）、《开元公式令残卷》（P.2819）、《台省职员令》和《祠令》残卷抄本（Дx.3558），后两篇是类抄性质，而前两篇分属"职员令"和"公式令"。

《永徽东宫诸府职员令》背面纸缝处钤有"凉州都督府之印"，结合卷尾的题记，我们知道是沙州吏人到凉州都督府抄写的文本[42]，当时律令格式甚至开元道藏都是经过十道首府转抄给各州的[43]。作为《职员令》，其书写格式有其特殊性。首先单列一行顶格书写职员单位，然后另起一行顶格书写该单位下所属职员名称及其人数。所有职员名称及其人数均按照官位高低顺序书写，并在每一条的后面附加双行小注解说该职员的执掌，有所属单位不同，但是职员名称相同而且职责相同的，省略重复加注。

《开元公式令》纸缝背各钤有一方"凉州都督府之印"[44]，说明也是从凉州转抄而来，其形式是按照官文书的格式抄写，与一般以"诸"字开头的令文格式不同。

---

[42]　图版及录文见 *Tun-huang and Turfan Documents concerning Social and Economic History*, I. Legal Texts, (A), pp. 22-28, (B), pp. 40-50; *Tun-huang and Turfan Documents concerning Social and Economic History*, Supplement, (A), p. 3, (B), pp. 2-3；刘俊文《敦煌吐鲁番唐代法制文书考释》，中华书局，1989 年，180—197 页。

[43]　荣新江《唐西州的道教》，季羡林等主编《敦煌吐鲁番研究》第 4 卷，北京大学出版社，1999 年，139 页。

[44]　*Tun-huang and Turfan Documents concerning Social and Economic History*, I. Legal Texts, (A), p. 29。

因此，旅顺博物馆藏唐户令残片以"诸"字，在每一条内容结束之后，另起一行顶格书写。这些从已有的格、式或其他官文书中也有所见，但旅博残片提供了令的写法。因为旅博户令残文存字不多，未见双行小注。据《东宫诸府职员令》，令文以卷为单位书写，每卷后可能有抄写题记。

从书法的角度来看，《东宫诸府职员令》和《开元公式令》的书法极为工整精美，一丝不苟，钤有官印，是正式的官府定本。旅博此卷的书法称不上有多么精美，格式也不见得有多么谨严，因此这件西州的写本，或许并非从凉州抄来的正本，而是再次转抄的地方文本。尽管如此，虽然其书法水平不够高，但笔画书写认真，字架结构规整，仍为官府书吏按照书法精美的唐令正本抄录而来，用于当地官府行政部门。无论如何，我们今天看到了《开元二十五年令》的原始面貌，这一点实际上是非常珍贵。明抄本《天圣令》中虽然保存了不少开元二十五年令的文字，但格式毕竟已不是唐人写本的原样。

结　语

作为律令的重要组成部分，户令与田令、赋役令一样是规定民政的大纲[45]，在晋令以降、唐宋令文中始终存在，且篇名一致，不曾有变。以律令格式为标志的律令体制是古代东亚的共通统治形式，历来受到研究者们的瞩目。自 2008 年戴建国发现天一阁藏《天圣令》文本以来，关于唐宋律令的研究更是进入了高峰时期。我们在旅博所藏大谷文书中发现了一片唐户令残片，在对文本的复原补全基础上，进一步确定其年代为开元三年户令，在此过程中，对日本《大宝令》《养老令》、唐《开元二十五年令》甚至宋代各法承袭接受《永徽令》《开元三年令》等早期令文的表现有了一定的发现，也进一步猜测到了一点关于当时社会状况以及发展的变迁。虽然LM20-1453-13-04 残存文字较少，但在整理补全其文本内容的同时，这三条残文也对我们复原唐令、考察日令在取舍唐令时的思考，都提供了很好的材料。对于唐代的户口继承关系、户籍管理政策等研究、唐令复原研究，以及对日本令与唐令的关系的研究，也都具有十分重要的参考价值。

论文写作过程中获同项目诸位老师和学长的多方帮助，在此表示诚挚感谢。本文成稿之时，笔者正留学于东京大学日本史研究室，故亦曾得大津透老师、吉永匡史老师、神户航介博士生等多位专家诸多提点，在此一并致谢。

---

[45] 泷川政次郎《户令总说》，皇学馆大学人文学会编《皇学馆论丛》9（5），1976 年，2 页。

余论：

关于《养老令》的来源，也有日本学者认为，或许是在《大宝令》和《永徽令》的基础上进行再修订而成的，不能肯定地说它一定参照过《开元三年令》。原因在于，从最接近修订颁布《养老令》的一次日本遣唐使的返日时间来说，颇为紧凑，或者来不及参考修改，而且也无法从内容上得到确凿的证据和支持。至于"寡妇"与"寡妻妾"的区别，也有日本令先因袭唐令、后根据自身情况进行修订、此后又再次根据实际情况改回唐令原状的可能。对此，笔者在进一步搜集整理资料的基础上认为，此亦不失为一说。从《大宝令》的"寡妇"改为《养老令》的"寡妻妾"，应该有两种可能。一种是，《永徽令》本身是"寡妇"，《开元三年令》中变更为了"寡妻妾"，而《大宝令》《养老令》也遵从了这一变更；另一种可能行就是，《永徽令》和《开元三年令》本身都是"寡妻妾"，而《大宝令》根据日本本身的情况更改为"寡妇"，之后，在修订《养老令》时，又因为社会情况发生了改变（也是受唐朝影响？），从而又从"寡妇"改回到了"寡妻妾"。

仅根据《养老令》内容来看，在本文所讨论的令文（户令第 13 条）之外，关于"寡妇"、"寡妻妾"的相关说法还在《养老令》的其他条文中有所发现，比如，同《户令》中的第 6、23、27 条，仪制令第 25 条，等等。

《养老令》卷四户令第 6 条注中的"寡妻妾"在《大宝令》中是"寡妇"[46]。

> 凡男女，三岁以下为黄，十六以下为小，廿以下为中。其男廿一为丁，六十为老，六十六为耆。无夫者，为寡妻妾。

《养老令》卷四户令第 23 条，在补注中写着：据《古记》，"《大宝令》中（此处的）'寡妻妾'一词很可能并没有'妾'字"。

> ……凡应分者，家人，奴婢，……寡妻妾无男者，承夫分，女分同上。

《养老令》卷四户令第 27 条[47]：

> 凡先奸，会娶为妻妾。虽会赦，犹离之。

《养老令》卷四仪制令第 25 条[48]：

> 凡五等亲者，父母，养父母，夫，子，为第一等。祖父母，嫡母，继母，伯叔父姑，兄弟，姊妹，夫之父母，妻，妾，侄，孙，子妇，为第二等。……夫

---

[46]　井上光贞《律令》，226 页。

[47]　井上光贞《律令》，补注 27b、564 页。

[48]　井上光贞《律令》，补注 349—350 页。

前妻妾子，为三等。兄弟妻妾，再从兄弟姊妹，外祖父母，舅姨，兄弟孙，从父兄弟子，外甥，曾孙，孙妇，妻妾前夫子，为四等。妻妾父母，姑子，舅子，姨子，玄孙，外孙，女女婿，为五等。

实际上，日本律令虽然继承了唐王朝律令的妻妾制度，但是在现实中的妻妾区别并不明确。在这一基础上，如果再来看《大宝令》和《养老令》中的令文用语情形的话，这与中国古代律令中对"妻"、"妾"有尊卑规定的严格情况明显不同。这样来推测的话，因为妻妾制度在古代中国来说是家族制度的重要枝干，所以在唐初发生变化的可能性不太高，恐怕还是一以贯之的用"寡妻妾"这一说法比较正常。加之，假如说考虑《大宝令》和《养老令》的卷四户令第 27 条以及仪制令第 25 条都有关于"妾"的规定的话，那么为了前后文的统一，可以认为，《养老令》是有必要将《大宝令》的"寡妇"改写为"寡妻妾"的。因此，"寡妇"和"寡妻妾"之间的不变化，很可能确实是日本方自身的往复变化，而非《永徽令》和《开元三年令》之间的区别。再考虑到吐鲁番地区出土的唐代律令文书目前还是以永徽年间的居多，或者这一户令残片继续前推至《永徽令》的可能性也显著提高[49]。

（田卫卫，首都师范大学历史学院博士后。原刊《中华文史论丛》2017 年第 3 辑）

49　再次感谢冈野诚先生、大津透先生、黄正建先生等各位老师的指正和点拨。

大谷文书唐《医疾令》《丧葬令》残片研究

刘子凡

  律令是唐代国家行政运作的依据，如今唐律尚存而唐令则久已佚失。日本学者通过辑佚，整理、复原出超过半数的唐令[1]。中国学者也取得了极大的成果，尤其是对天一阁藏明抄本《天圣令》的整理，将唐令的复原研究推向了新的高度[2]。然而仍有很多唐令有待于复原。值得注意的是，敦煌吐鲁番文书中保存了若干唐令，使我们得见其原貌。这其中就包括早已为学界熟知的敦煌所出《永徽东宫诸府职员令》（P. 4634、S. 1880、S. 3375、S. 11446）[3]和《开元公式令》（P. 2819）。俄藏 Дx.3558 文书抄录有显庆年间修订的《永徽令》条文，为一条《台省职员令》和两条《祠令》，可能是一种唐令摘抄本[4]。俄藏 Дx.06521 文书中也录有一条开元二十五年（737）《考课令》的条文[5]。最近，旅顺博物馆藏吐鲁番文书中又检出《户令》残片[6]。由此可知吐鲁番出土文书中也有唐令。笔者在翻阅龙谷大学图书馆藏大谷文书时，又发现了两件极小的残片，分别为唐代《医疾令》与《丧葬令》。这对于相关唐令的复原与研究具有重要的价值，吉光片羽，弥足珍贵。本文即拟对大谷文书中的这两件唐令残片略作考释，为唐令研究提供新的资料。

---

1 仁井田陞《唐令拾遗》，东方文化学院东京研究所，1933 年；此据栗劲、霍存福、王占通、郭延德编译《唐令拾遗》，长春出版社，1989 年。仁井田陞、池田温《唐令拾遗补》，东京大学出版会，1997 年。

2 天一阁博物馆、中国社会科学院历史研究所天圣令整理课题组校证《天一阁藏明钞本天圣令校证（附唐令复原研究）》，中华书局，2006 年。

3 高明士先生认为此文书名称当是《东宫王府职员令》，见高明士《唐"永徽东宫诸府职员令残卷"名称商榷》，徐世虹主编《中国古代法律文献研究》第 7 辑，社会科学文献出版社，2013 年，225—235 页。

4 荣新江、史睿《俄藏敦煌写本〈唐令〉残卷（Дx.3558）考释》，《敦煌学辑刊》1999 年第 1 期，3—13 页。

5 雷闻《俄藏敦煌 Дx.06521 残卷考释》，《敦煌学辑刊》2001 年第 1 期，1—13 页。

6 旅顺博物馆、龙谷大学主编《旅顺博物馆藏新疆出土汉文佛经选粹》，法藏馆，2006 年，161 页；田卫卫《旅顺博物馆藏唐户令残片考——以令文复原与年代比定为中心》，《中华文史论丛》2017 年第 3 期，193 页。

一

龙谷大学图书馆藏 Ot.3317 文书，尺寸为 9.2×10.3cm，有乌丝界栏。录文如下：

（前缺）

1　　　]□[

2　　　]子尝然后[

3　　　]此　　　　[

4　　□□暑每岁[

5　　伤中金□[

（后缺）

《大谷文书集成》录有此件文书，定名为"文学关系文书（诸子）断片"，未附图版[7]。《吐鲁番文书总目（日本收藏卷）》则将其定为"古籍写本残片"[8]。然而，文书残存的文字实为《医疾令》的两条令文。

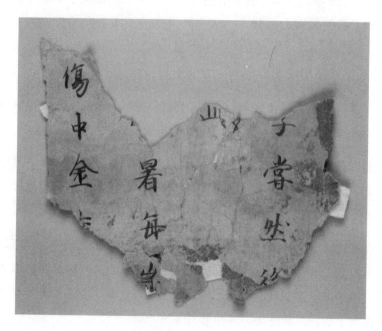

图 1　Ot.3317《医疾令》残片

1、Ot.3317 文书第 1—3 行为唐《医疾令》"合药供御"条

关于文书第 1—3 行的内容，《唐六典》卷一一"殿中省·尚药局"条有：

[7]　小田义久主编《大谷文书集成》貳，法藏馆，1990 年，75 页。
[8]　陈国灿、刘安志主编《吐鲁番文书总目（日本收藏卷）》，武汉大学出版社，2007 年，162 页。

> 凡合和御药，与殿中监视其分、剂，药成，先尝而进焉。（合药供御，门下、
> 中书司别长官一人，并当上大将军卫别一人，与殿中监、尚药奉御等监视；药
> 成，医佐以上先尝，然后封印；写本方，方后具注年、月、日，监药者偏署名，
> 俱奏。饵药之日，尚药奉御先尝，次殿中监尝，次皇太子尝，然后进御。）[9]

这是关于合和御药的相关规定，注文中的"次皇太子尝，然后进御"句，便与文书
第 2 行的"子尝然后"相符。又《唐律疏议》卷九《职制律》"合和御药有误"条：

> 依令："合和御药，在内诸省省别长官一人，并当上大将军、将军、卫别一
> 人，与尚药奉御等监视，药成，医以上先尝。"[10]

可知合和御药的内容确为唐令。《唐令拾遗》即结合《唐六典》及《唐律疏议》内
容复原出一条唐代《医疾令》的令文[11]。日本《令义解》所载《养老医疾令》逸文也
有对应的条目，分为"合和御药"与"饵药之日"两条，丸山裕美子先生将其合并
为一条，并据《养老令》"然后进御"句后有"其中宫及东宫准此"的注，在对应
的唐令后补入"太子准此"[12]。《唐令拾遗补》应用了丸山裕美子的研究成果，在《唐
令拾遗》基础上将此条唐令改补为"诸合药供御……次皇太子尝，然后进御。太子
准此"[13]。

又，《天圣令》宋 10 条有：

> 诸合药供御，本院使、副、直院、尚药奉御、医官、医学等豫与御药院相
> 知，同具缄封，然后进御。其中宫及东宫准此。[14]

这条宋令显然也是据前述唐令修改而来。值得注意的是，其中亦有"其中宫及东宫
准此"句，与《养老医疾令》逸文中的注相同。程锦先生据此整理复原了唐令，将
其列为唐《医疾令》的第 23 条如下：

> 诸合药供御，在内诸省，省别长官一人，并当上大将军、将军卫别一人，
> 与殿中监、尚药奉御等监视；药成，医佐以上先尝，然后封印；写本方，方后
> 具注年、月、日，监药者遍署名，俱奏。饵药之日，尚药奉御先尝，次殿中监
> 尝，次皇太子尝，然后进御。其中宫及东宫准此。[15]

---

[9] 《唐六典》卷一一，中华书局，1992 年，325 页。
[10] 《唐律疏议》卷九，中华书局，1983 年，191 页。
[11] 《唐令拾遗》，650 页。
[12] 丸山裕美子《养老医疾令合和御药条复原の再检讨》，《日本历史》第 456 号，1986 年，24 页。
[13] 《唐令拾遗补》，802—803 页。
[14] 《天一阁藏明钞本天圣令校证（附唐令复原研究）》，409 页。
[15] 《天一阁藏明钞本天圣令校证（附唐令复原研究）》，573—574 页。

这一复原在《唐令拾遗》《唐令拾遗补》的基础上又有进步，将最后一句定为"其中宫及东宫准此"。丸山裕美子在此后发表的《基于北宋天圣令的唐日医疾令复原试案》一文中，大致接受了程锦的这种复原方法，不过又在"其中宫及东宫准此"句加上括号，认为是注文。[16]

Ot.3317 文书则为这条唐令的复原提供了重要的信息。文书第 3 行有一"此"字，以下空缺。这无疑可对应于此条《医疾令》末尾的"准此"。加上第 2 行"子尝然后"与"次皇太子尝，然后进御"的对应，可以明确说 Ot.3317 文书的前 3 行就是此条唐令。可以清楚地看到，"此"字为大字，而非小字注。丸山裕美子将末句列为注文恐怕不妥。又这件文书书写十分规整，各行文字皆一一对应，每行的字数也应相同。值得注意的是，第 3 行的"此"字是与第 2 行的"子"字相对。如果令文复原为"次皇太子尝，然后进御。其中宫及东宫准此"的话，"子"与"此"之间相差 13 字。若是复原为"太子准此"，则两字相差 7 字，稍嫌太少。且文书上所载后一条令文，测算每行字数也是 13 字。这就清楚地证明唐令末句的原文为"其中宫及东宫准此"，且并非注文，程锦的这处复原显然更符合文书所反映的唐令原貌。另外，若按每行 13 字算，文书第 1 行的残字或当为"奉"。

2、Ot.3317 文书第 4—5 行为唐《医疾令》"太医署每岁合药"条

《唐六典》卷一四"太常寺·太医署"条：

> 凡医师、医正、医工疗人疾病，以其全多少而书之，以为考课。（每岁常合伤寒、时气、疟、痢、伤中、金疮之药，以备人之疾病者。）[17]

Ot.3317 文书中的"每岁"、"伤中金"等字，正与此相合。又日本《养老医疾令》逸文中有大致相同的条目，可知其为唐令，《唐令拾遗》即据此复原出唐代令文：

> 诸太医署，每岁常合伤寒、时气疟痢、伤中金疮之药，以备人之疾病者。[18]

即在《唐六典》注文基础上加入"诸太医署"，并写明"以意补之"。丸山裕美子又据《养老医疾令》对应条目中的"郡国准此"，推补唐令有"诸州准之"注[19]。《唐令拾遗补》即照此增补了令文[20]。《天圣令》宋 11 条由此条唐令删改而来，但内容已大不相同。程锦在复原唐令时，便采用了《唐令拾遗》的复原。她认为《唐令拾遗》

---

[16] 丸山裕美子《北宋天圣令による唐日医疾令の复原试案》，《爱知县立大学日本文化学部论集·历史文化学科编》1，2009 年，34 页。

[17] 《唐六典》卷一四，409 页。

[18] 《唐令拾遗》，652 页。

[19] 丸山裕美子《养老医疾令合和御药条复原の再检讨》，28 页、33 页注 47；丸山裕美子《日唐医疾令の复原と比较》，《东洋文化》第 68 号，1988 年，191—192 页。

[20] 《唐令拾遗补》，803—804 页。

所补"诸太医署"，参酌《天圣令》宋11条来看是适宜的，但《天圣令》唐20条中又有诸州预合伤寒等药的内容，故关于太医署合药的条文就不应再有"诸州准之"了[21]。丸山裕美子在《基于北宋天圣令的唐日医疾令复原试案》文中便亦将复原唐令中的"诸州准之"删去，但又指出唐令中"常合"当作"量合"[22]。

Ot.3317文书的第4、5行，无疑就是此条唐令。第4行的"暑"字，当为"署"之误。此字的出现，也表明增补"太医署"应是正确的。然而第5行"伤"字是顶格书写，那么对应于第4行"署"字以上应只有2个缺字，应为"太医"。唐令起首大多言"诸"，但令文内容针对特定机构时也未必一定要加"诸"，如《天圣令·杂令》唐1条就是"太常寺……"云云。故此条唐令原文，或许便是直接以"太医署每岁"起头。但考虑到"诸"字也有可能在栏外书写的情况，这里这能暂且存疑。

根据上文讨论，可以将Ot.3317所载两条唐令根据文书格式复原清本如下，残片以外的文字用"［ ］"标出。值得注意的是，程锦复原的"合药供御"条唐令按照文书确定后两行位置后，前文并不能按每行13字的格式完好地排列，自后向前排到第1行会缺6个字。大概是目前据《唐六典》和《唐律疏议》复原的唐令与原文还是有些许出入，亦或中间有些文字为注文。但具体如何尚无法考证，只能暂且如此排列。

> ［诸合药供御在内］　　　（对应《天圣令》复原23）
> ［诸省省别长官一人并当上大将］
> ［军将军卫别一人与殿中监尚药］
> ［奉御等监视药成医佐以上先尝］
> ［然后封印写本方方后具注年月］
> ［日监药者遍署名俱奏饵药之日］
> ［尚药］奉［御先尝次殿中监尝次皇］
> ［太］子尝然后［进御其中宫及东宫］
> ［准］此
> ［太医］署每岁［常合伤寒时气疟痢］（对应《天圣令》复原25）
> 伤中金疮［诸药以备人之疾病者］

21　《天一阁藏明钞本天圣令校证（附唐令复原研究）》，574—575页。
22　丸山裕美子《北宋天圣令による唐日医疾令の复原试案》，24—25、34页。

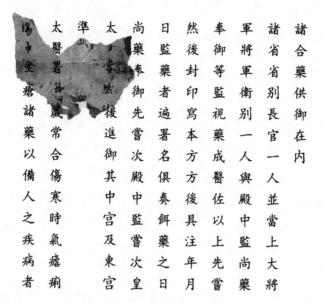

图 2　Ot.3317 令文位置复原图

3、从 Ot.3317 文书看《医疾令》条文的排列顺序

如前文所述，Ot.3317 文书所载为唐《医疾令》"合药供御"条与"太医署每岁合药"条的残文，而且这是两条连续书写的令文。

日本《令义解》所载《养老医疾令》的相关条文顺序为，第 23 "合和御药"条、第 24 "饵药之日"条、第 25 "五位以上病患"条、第 26 "典药寮合杂药"条；丸山裕美子已将第 23、24 合并为"合药供御"条[23]，对应于唐令的"合药供御"条。而从《天圣令》看，《养老医疾令》第 25 条对应于《天圣令》的宋 8 "在京文武职事官病患"条及唐 10 "文武职事五品以上官致使有疾患"条，《养老医疾令》的第 26 条包含了宋 11 "翰林医官院每岁量合诸药"条（即对应于复原唐令的"太医署每岁合药"条）及唐 20 "诸州收采医药合药散给"条的部分内容。也就是说，如果按照《养老医疾令》的顺序，是在类似唐令"合药供御"及"太医署每岁合药"的条目中间，加入了关于官员病患的一条令文。这显然与 Ot.3317 文书所反映的唐令令文排列顺序不同。

程锦在整理《天圣令》时亦已指出，唐令条文的排列逻辑与日本《养老令》并不相同。《天圣医疾令》是先中央后诸州，而《养老医疾令》是先医教后医政，《天圣医疾令》应是更符合唐令的逻辑。而程锦复原的唐代《医疾令》相关条文顺序是宋 10 "合药供御"条、唐 14 "在内诸门及患坊进汤药"条、宋 11 "翰林医官每岁量合

23　丸山裕美子《养老医疾令合和御药条复原の再检讨》，24 页。

诸药"条。她指明此三条都是与药的和合及进上、散下有关，但唐 14 条的位置并不能确定，只是按逻辑推测置于宋 10 和宋 11 之间[24]。唐 14 条为：

> 诸在内诸门及患坊，应进汤药，但兼有毒药者，并对门司合进。不得进生药。[25]

也是讲关于进药的规定，从内容上看确实是与"合药供御"条可以衔接。丸山裕美子在复原唐令时也采用了这种排序[26]。然而，Ot.3317 文书显示唐令的"合药供御"条与"太医署每岁合药"条是连接在一起的，"在内诸门及患坊进汤药"条不应在二者之间。也就是说，从《天圣令》条文复原唐令的话，顺序应是宋 10、宋 11、唐 14，或者唐 14、宋 10、宋 11。从逻辑上说，"合药供御"应在最前，则宋 10、宋 11、唐 14 的可能性更大，即"合药供御"—"太医署每岁合药"—"在内诸门及患坊进汤药"的顺序。

总之，Ot.3317 文书前 3 行唐《医疾令》"诸合药供御"条与文书后 2 行唐《医疾令》"太医署每岁合药"条，是两条连续排列的唐令，相关的复原研究应以此为准进行修正。

二

龙谷大学图书馆藏 Ot.4866 文书，尺寸为 4.6×3.4cm，有乌丝界栏。录文如下：

（前缺）

1　　　]
2　　]铎_{有挽哥}依

（后缺）

《大谷文书集成》录有此件文书，定名为"佛典片"[27]，《吐鲁番文书总目（日本收藏卷）》亦定名为"佛典小残片"[28]。但通过仔细比对，可知此残片亦是唐令。

24　《天一阁藏明钞本天圣令校证（附唐令复原研究）》，555—562 页。
25　《天一阁藏明钞本天圣令校证（附唐令复原研究）》，411 页。
26　丸山裕美子《北宋天圣令による唐日医疾令の复原试案》，34 页。
27　小田义久主编《大谷文书集成》叁，法藏馆，2003 年，50—51 页。
28　陈国灿、刘安志主编《吐鲁番文书总目（日本收藏卷）》，300 页。

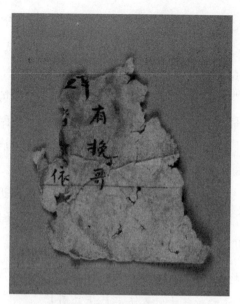

图 3　Ot.4866《丧葬令》残片

《唐六典》卷一八"鸿胪寺·司仪署"条有：

> 凡引、披、铎、翣、挽歌、方相、魌头、蠢、帐之属亦如之。（三品已上四引，四披，六铎，六翣；挽歌六行三十六人；有挽歌者，铎依歌人数，已下准此……）[29]

《开元礼》卷三《序例下·条制》及《通典》卷八六《礼·丧制·器行序》也有类似记载[30]。《唐令拾遗》即据《唐六典》注文复原出一条唐《丧葬令》[31]。此外，《天圣令》宋 17 条有：

> 诸引、披、铎、翣、挽歌，三品以上四引、四披、六铎、（有挽歌者，铎依歌人数。以下准此。）六翣，挽歌六行三十六人……[32]

吴丽娱先生据此并参酌《唐六典》复原出唐令为：

> 诸引、披、铎、翣、挽歌，三品以上四引、四披、六铎、六翣，挽歌六行三十六人（有挽歌者，铎依歌人数，以下准此。）……[33]

吴先生特别指出"有挽歌者，铎依歌人数，以下准此"句的位置问题，《唐六典》是

[29] 《唐六典》卷一四，508 页。
[30] 《大唐开元礼》卷三，民族出版社影印版，2000 年，34 页。《通典》卷八六，中华书局，1988 年，2338—2339 页。
[31] 《唐令拾遗》，757—758 页。
[32] 《天一阁藏明钞本天圣令校证（附唐令复原研究）》，688 页。
[33] 《天一阁藏明钞本天圣令校证（附唐令复原研究）》，688 页。

在"挽歌六行三十六人"句后，而《天圣令》则是在"六铎"后且为小字注。在没有进一步证据的情况下，确实极难判别，吴先生此处只是暂从《唐六典》。

幸运的是，Ot.4866 文书刚好提供了证据。文书中的小字注"有挽哥者者铎依"，刚好对应于令文中的"有挽歌者，铎依歌人数，以下准此"句。"哥"字古同"歌"。"者"、"铎"两字也依稀可辨。值得注意的是，小字注上方有半个大字，从字形看明显是"铎"，而非"人"。这样，Ot.4866 文书残文应可比定为唐《丧葬令》"引披铎翣挽歌"条。由此也可知，唐令中的"有挽歌者，铎依歌人数，以下准此"句确为小字注，但应在"六铎"之后。仅就此处来说，《天圣令》更接近唐令原文。

根据上文讨论，可以将 Ot.4866 所载"引披铎翣挽歌"条唐令根据文书格式复原清本如下，残片以外的文字用"〔 〕"标出。

〔诸引披铎翣挽歌三品以上四引四披六〕铎^{有挽哥}_{者铎依}（对应《天圣令》复原 20）

^{歌人数以}_{下准此}六翣挽歌六行三十六人五品已上二引〕

〔二披四铎四翣挽歌四行十六人九品已上〔二〕〕

〔〔引二披〕二铎二翣其执引披者皆布帻布深衣〕

〔挽歌白练帻白练裤衣皆执铎綍〕

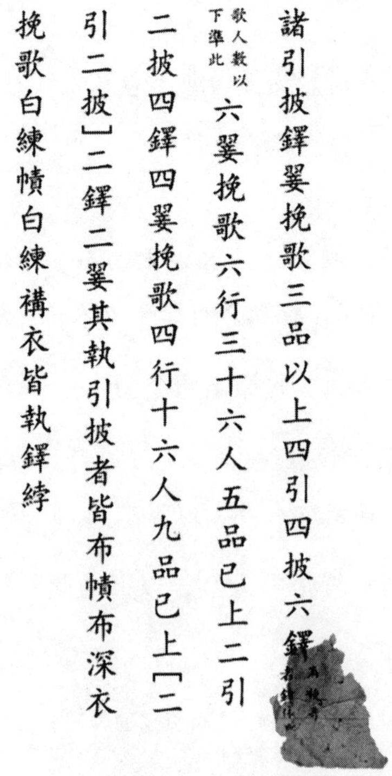

图 4　Ot.3317 令文位置复原图

三

大谷文书中的 Ot.3317 与 Ot.4866 文书分别为《医疾令》与《丧葬令》抄本残片，这无疑是唐代令文的重要发现，虽然只有寥寥数字，但对于我们了解唐令原貌具有重要意义，前文已详细论及。按唐前期曾经数次删改令文，已知的便有武德令、贞观令、永徽令、开元七年令、开元二十五年等。敦煌所见《东宫诸府职员令》即为永徽令，而 P.2819《公式令》则可定为开元令[34]。本文提到的 Ot.4866《丧葬令》残片，不同于《唐六典》，而是同于《天圣令》。如果按一般认为的《天圣令》唐令蓝本为开元二十五年令的话[35]，Ot.4866 有可能是开元二十五年令。而 Ot.3317《医疾令》并未见有可以判断年代的信息，也就无从得知究竟是唐代哪一时期的令文，只能模糊地称其为唐令了。

算上龙谷大学图书馆藏 Ot.3317《医疾令》、Ot.4866《丧葬令》与旅顺博物馆藏 LM20-1453-13-04《户令》，目前已知的吐鲁番出土唐令残片已经有 3 件。此前仅知敦煌出有前述两种唐令，其中《永徽东宫诸府职员令》钤有"凉州都督府之印"，且 P.4634 抄本末尾有"沙州写律令典赵元简初校"、"典田怀悟再校"、"凉州法曹参军王义"，无疑是官方的正式抄本。这也说明令文是先颁下至凉州都督府，沙州再从凉州抄写而来[36]。而沙州也有专门的"写律令典"来抄写、校对令文。此外，唐代沙州、西州的官颁道经，也是自凉州而来[37]。由此或可推测，西州的律令可能也是自凉州抄来。

值得注意的是 Ot.4866 的出土地点。《大古文书集成》在该文书下标注有"チキトム出土"[38]。"チキトム"在吉川小一郎日记中又称为治格墩。吉川小一郎于 1911 年 3 月 16 日到达治格墩，并在距此东南 1 里的古城遗址中发掘得到回鹘文残纸[39]。从吉川小一郎所记里程看，治格墩（チキトム）无疑就是晚清民国时人所称之齐克腾木，

---

[34] 刘俊文《敦煌吐鲁番唐代法制文书考释》，中华书局，1989 年，197—198、228—229 页。

[35] 见戴建国《〈天圣令〉所附唐令为开元二十五年令考》，荣新江主编《唐研究》第 14 卷，北京大学出版社，2008 年，9—28 页；坂上康俊《〈天圣令〉蓝本唐令的年代推定》，何东译，《唐研究》第 14 卷，29—39 页；坂上康俊《天圣令蓝本唐开元二十五年令说再论》，《史渊》147，2010 年，1—16 页。但对于开元二十五年令说也有一些疑问，见卢向前、熊伟《〈天圣令〉所附〈唐令〉为建中令》，《国学研究》第 22 卷，北京大学出版社，2008 年，1—28 页；黄正建《〈天圣令〉附〈唐令〉是开元二十五年令吗？》，《中国史研究》2007 年第 4 期，90 页。

[36] 池田温《隋唐律令与日本古代法律制度的关系》，《武汉大学学报》1989 年第 3 期，93 页；雷闻《俄藏敦煌 Дx.06521 残卷考释》，13 页，注 42。

[37] 荣新江《唐代西州的道教》，季羡林、饶宗颐、周一良主编《敦煌吐鲁番研究》第 4 卷，北京大学出版社，1999 年，139 页。

[38] 小田义久主编《大谷文书集成》叁，50—51 页。

[39] 吉川小一郎《支那纪行》，载《新西域记》第 2 卷，有光社，1937 年；此据章莹译《敦煌见闻》，载《丝路探险记》，新疆人民出版社，1998 年，296 页。

即今吐鲁番地区鄯善县七克台镇。而所谓古城应即七克台古城，此城 1982 年尚出土过回鹘文佛经[40]。此唐令残片亦应是此城出土。黄文弼先生指出此古城遗址即唐代赤亭守捉所在[41]。出土文献中所见赤亭镇自然也是在此地，属西州蒲昌县，位于自伊州至西州的南、北二道交汇处，是西州的东面门户，位置极为重要[42]。在赤亭守捉（或赤亭镇）故址出土唐令残片，就颇值得寻味。唐代的守捉或军镇在日常事务中，肯定也会要用到律令。那么西州的赤亭守捉（或赤亭镇）很可能也就会存有一份唐令抄本，这大致可以反映出唐令在基层的行用情形。

总之，大谷文书中的 Ot.3317 与 Ot.4866 文书为唐令抄本残片。其中 Ot.3317 文书载有 2 条唐《医疾令》，其前 3 行为"诸合药供御"条，后 2 行为"太医署每岁合药"条。Ot.4866 文书则为唐《丧葬令》"引披铎翣挽歌"条。这两件文书虽然残存文字不多，但涉及的 3 条令文，对于相关唐令的复原和排序都有重要价值。现将复原令文结果标点如下，文书所见文字用粗体标出：

《医疾令》：

> 诸合药供御，在内诸省，省别长官一人，并当上大将军、将军卫别一人，与殿中监、尚药奉御等监视；药成，医佐以上先尝，然后封印；写本方，方后具注年、月、日，监药者遍署名，俱奏。饵药之日，尚药奉御先尝，次殿中监尝，次皇太子尝，**然后**进御。其中宫及东宫准**此**。
>
> 太医**署**，**每岁**常合伤寒、时气、疟痢、**伤中**、**金疮**诸药，以备人之疾病者。

《丧葬令》：

> 诸引、披、铎、翣、挽歌三品以上四引、四披、六**铎**、**有挽歌者**，铎依歌人数，以下准此。六翣，挽歌六行三十六人，五品已上二引、二披、四铎、四翣，挽歌四行十六人；九品已上〔二引、二披、〕(?)二铎、二翣。其执引、披者，皆布帻、布深衣，挽歌白练帻、白练裤衣，皆执铎绋。

（刘子凡，中国社会科学院古代史研究所暨敦煌学研究中心副研究员。原刊《中华文史论丛》2017 年第 3 辑）

---

40 新疆维吾尔自治区文物局编著《新疆维吾尔自治区第三次全国文物普查成果集成·吐鲁番地区卷》，科学出版社，2011 年，34 页。

41 黄文弼《高昌疆域郡城考》，原载《北京大学国学季刊》1932 年第 1 期；此据黄烈编《黄文弼历史考古论集》，文物出版社，1989 年，163 页。

42 陈国灿《唐西州蒲昌府防区内的镇戍与馆驿》，《魏晋南北朝隋唐史资料》第 17 辑，2000 年，94—96 页。

武周大足元年西州高昌县籍拾遗复原研究

何亦凡　朱月仁

新发现的旅顺博物馆藏 LM20-1451-38-01v（实际正背与博物馆正背相反）号文书经过整理小组比定，是唐大足元年（701）西州户籍残片。据文书样貌，可知它与现在分藏于俄罗斯、日本的几组残片属于同年勘造的西州籍。LM20-1451-38-01v 中张姓民户"附"籍的实质是析籍，析籍所分之田的具体数额要大于普通授田的一次给田额度。民户籍与僧尼籍在县一级的制造过程中是同时的，而且也是被编辑在一起的。在户口逃亡加剧的武周时期，西州在户口管理和检括方面更为严格和认真。

武则天时期，唐朝户口逃亡加剧。证圣元年（695），凤阁舍人李峤上表曰："今天下之人，流散非一。"[1]圣历元年（698）五月，陈子昂《上蜀川安危事》曰"今诸州逃走户有三万余"，"不属州县"[2]。其年十月，狄仁杰为河北道安抚大使，上疏曰："诚以山东近缘军机调发伤重，家道悉破，或至逃亡。"[3]一年之内，西南、山东均有大面积逃亡。事实上，武周时期的户口逃亡并不限于一州一郡、一县一乡，而是全国性的社会问题。长安初，凤阁舍人韦嗣立云："今天下户口，亡逃过半，租调既减，国用不足。"[4]又，苏瓌云："人畏搜括，即流入比县旁州，更相庱蔽。"[5]此时唐王朝在内地的户口管理开始出现危机，大量的逃户对唐代户籍制度形成了冲击，且有积重难返之势，如李峤所云："所司虽具设科条，颁其法禁，而相看为例，莫肯遵承。"[6]时人

1　《唐会要》卷八五《逃户》，上海古籍出版社，2006年，1850页。
2　《全唐文》卷二一一，中华书局，1983年，2133页。
3　《资治通鉴》卷二〇六圣历元年，中华书局，1956年，6536页。
4　《旧唐书》卷八八《韦思谦传》附《韦嗣立传》，中华书局，1975年，2867页。
5　《新唐书》卷一二五《苏瓌传》，中华书局，1975年，4397—4398页。按，苏瓌时为同州刺史。《唐会要》卷三三《诸乐》："大足元年，天后幸京师，同州刺史苏瓌进圣王还京乐舞"。又，《新唐书》卷四《则天皇后本纪》："十月壬寅，如京师"。由此，苏瓌大足元年十月壬寅之前已是同州刺史。
6　《唐会要》卷八五《逃户》，1850页。

将此社会问题的症结归因于地方检括无能和胥吏腐败[7]。然而，与内地的总体情况不同，从同时期的西州户籍文书来看，西州曾进行过较为认真的户口检括。

武周长安三年（703），中央政府不再完全依靠地方州县检括户口，而是采取由中央委派御史到地方括户的办法。唐长孺先生认为长安三年唐朝政府采纳并实施了证圣元年李峤上表中的括户建议，实行了中央括户[8]。此后，学者对这一社会问题也有关注。朱雷、陈国灿二位先生均有文章论及。孟宪实对此又进一步讨论，认为长安三年中央括户行动的背后存在地方与中央在利益分配上的矛盾，武周时期括户的总体性失败是由地方政府的不配合造成的[9]。

学界对武则天时期括户问题的研究，基本着眼于中央御史括户以及括户政策。而检括户口本就是地方责任，也是户籍制度中的基础性部分，地方州县的例行括户也是值得关注的一面。保留至今的吐鲁番户籍文书，让今人得以瞥见西州地区括户的情状，而新发现的武周大足元年西州籍为考察武周末期西州地区的户籍管理提供了新资料。

一　大足元年西州籍拾遗与复原

现为旅顺博物馆藏的 LM20-1451-38-01v、LM20-1523-06-53r 文书是此次整理小组新发现的武周大足元年西州籍，两件文书背面均为佛教经录。龙谷大学藏大谷文书 Ot.5452、俄罗斯圣彼得堡东方研究院所藏文书 Kr 4/654 已经发表，但此次整理可以重新定名为大足元年西州籍。书道博物馆中村不折旧藏 SH.125（此编号下共有六件文书）、Ot.5059，经池田温定名且收录进《中国古代籍帐研究》。芬兰 Mannerheim MS 151-1、Mannerheim MS 151-5 经荣新江先生介绍为"周大足元年西州籍"[10]，可供同时参考研究。以上共十三件文书就是目前研究大足元年西州籍的基本文书材料。

这些文书本为西州籍，在当时由于超过籍的保存时限而被废弃，但其纸背被重新利用。其中 Ot.5452、LM20-1523-06-53、LM20-1451-38-01、Kr 4/654、SH.125-1、

---

[7] 陈子昂《上蜀川安危事》并曰："蜀中诸州百姓所以逃亡者，实缘官人贪暴，不奉国法，典吏游容，因此侵渔，剥夺既深，人不堪命，百姓失业，因即逃亡。"又，地方政府之难以为信，从李峤上表中或可窥其一二："今纵使搜检，而委之州县，则仍袭旧踪，卒于无益。"按，造成逃亡的原因固然是多方面的，如军事调发与征役、灾荒等等，这里讨论的则偏重地方责任。
[8] 初刊于《关于武则天统治末年的浮逃户》（《历史研究》1961 年第 6 期），后并入《唐代的客户》一文，收入《山居存稿》，中华书局，2011 年，133—170 页。
[9] 孟宪实《中央、地方的矛盾与长安三年括户》，《历史研究》2001 年第 4 期，48—56 页。
[10] 荣新江《唐开元二十九年西州天山县南平乡籍残卷研究》，《西域研究》1995 年第 1 期，33—43 页。西胁常记认为是大足元年点籍样，详见后文对 Mannerheim MS 151-1 的说明。

Ot.5059 六件背面抄有一部佛教经录[11]，SH.125-2、SH.125-3、SH.125-4、SH.125-5、SH.125-6 五件由于在王树枏收藏时期以户籍面向上装裱，故而纸背墨印难以识别，但 SH.125-1 纸背墨印较深，可以判读出这一佛教经录的内容。但 Mannerheim MS 151-1、Mannerheim MS 151-5 背面并非佛经录。

这组文书背面的佛教经录是户籍复原的重要依凭，依经录顺序可以推断正面户籍的书写先后。该经录写本格式为：一行分上下两栏抄写，遇不同经的合帙记录，则提行另写。经过测量，背面抄经录一行约 2cm 宽，正面户籍虽是蝇头小楷，但每行间距较大，一行 3—4cm 宽。本文据背面经录进行复原，推测正面籍之间的残缺。现将此组文书户籍面录文如下（为行文简便，武周新字改回），并略作说明。

Ot.5452r

Ot.5452r：

（前缺）

------------------------------------（缝背注记"顺义乡"）

1　　]康得口　東至荒[[12]

（后缺）

户籍文书"四至"的书写以"东"为首，"四至"之前的书式为：城（东 / 西等方位词）＋里数＋地名，今检 Ot.2604（给田文书）存有"城西七里康"，未见其他更吻合者，遂 Ot.5452r 可暂补作"城西七里康得口　东至荒"。

LM20-1523-06-53r：

---

[11]　据王振芬、孟彦弘《新发现旅顺博物馆藏吐鲁番经录》（《文史》2017 年第 4 辑；收入本书，173—197 页），此经录所据底本与 P.3807 相同。P.3807 是与《大唐内典录》同一系统的经录，而非《大唐内典录》原文，故此处文字虽与《大唐内典录》卷八的部分文字吻合，亦不称之为《大唐内典录》。

[12]　池田温将此残片定名为《唐开元初年·西州高昌县顺义乡籍》（《中国古代籍帐研究》，东京大学出版会，1979 年，248 页）。小田义久定名为《西州高昌县顺义乡籍》（《大谷文书集成》叁，法藏馆，2003 年，178 页）。

（前缺）

------------------------------------（纸缝）

1] 西至□　南至□　北至□

（后缺）

Ot.5452 与 LM20-1523-06-53 可以直接缀合，由于 LM20-1523-06-53 背面抄写了佛教经录，且经录面向上所裱，难以揭取正面户籍，遂暂附缀合图如下：

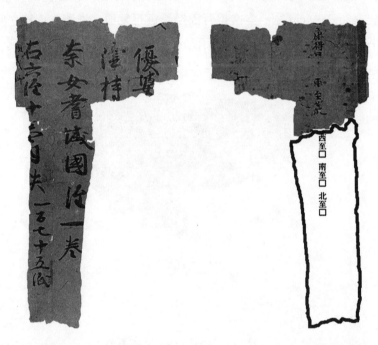

Ot.5452v+LM20-1523-06-53v　　　　　Ot.5452r+LM20-1523-06-53r

LM20-1451-38-01v

LM20-1451-38-01v：

（前缺）

1 　　　　]□後被括使析於本鄉共女 <u>張弥婁</u> 下附

2 　　　　　　　]八　　　畝　　　永[

3 　　]八　　畝　七　十　步　已　受

4 　　　　]七　十　步　居[

5 　]五　十　二　畝　半　五　十步未受

6]<u>伯橦</u>?　　西至道　　南至渠

-- （纸缝）

（后缺）

根据文书背面佛经录内容的比对，Ot.5452v+LM20-1523-06-53v 与 LM20-1451-38-01r 之间存在三行佛经名的距离，约 6cm。此二件户籍同属于一张户籍纸，Ot.5452r+LM20-1523-06-53r 右侧纸缝与 LM20-1451-38-01v 左侧纸缝正好是一张户籍纸的两端，示意图如下：

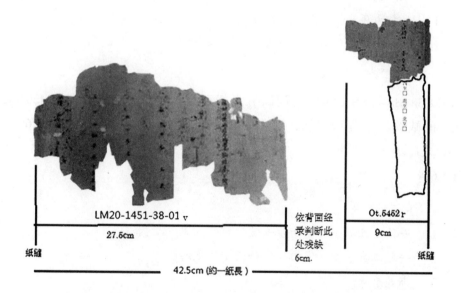

Ot.5452r+LM20-1523-06-53r 与 LM20-1451-38-01v 关系示意图

SH.125-1r

SH.125-1r:

　　（前缺）

1　男智力年貳拾玖歲　　衛士[

2　女醜始年拾陸歲　　中女[[13]

　　（后缺）

LM20-1451-38-01r 与 SH.125-1v 之间缺五十行经录，推算 SH.125-1r 与 LM20-1451-38-01v 之间缺约二十五行户籍，即 100cm 距离。据经录文序可知，Kr 4/654r 在 SH.125-1r 之后。

　　Kr 4/654r:

　　　　（前缺）

1　一段十五畞一百六十步永業　　五里[

2　一段二畞永業　常田　城西六十里交河[

3　斯越磨寺[

4　合當寺尼總貳拾柒人[

5　　　　]人　破　除[

13　矶部彰编《书道博物馆藏中村不折旧藏禹域墨书集成》卷中，日本文部省科学研究费特定领域研究"东亚出版文化的研究"总括班发行，2005 年，274 页。

6　　］人　籍　後　「[14]

（后缺）

SH.125-1v 与 Kr 4/654v 之间缺十四行经录，推算 Kr 4/654r 与 SH.125-1r 之间缺约七行户籍，即约 28cm 距离。根据背面佛经录文序可知，Ot.5059r 在僧尼籍 Kr 4/654r 之后。

Ot.5059r：

（前缺）

1　　］老男　聖暦「

2　　］檢括附田宅並「

3　　］丁寡　聖暦二年帳「[15]

（后缺）

Ot.5059r

Kr 4/654v 与 Ot.5059v 之间缺三十二行经录，推测 Ot.5059r 与 Kr 4/654r 之间缺约十六行户籍，即约 64cm 距离。此件文书正面户籍存字较少，书法上难以断定与之前的户籍为一人书写，但一县之户籍本由五位里正负责抄写，书法不同亦有可能。

14　此文书图版为荣新江先生提供，在此致谢。相关信息并参孟宪实《论唐朝的佛教管理——以僧籍的编造为中心》，《北京大学学报》（哲学社会科学版）2009 年第 3 期，142 页。文章曾指出，该文书的第 5、6 行之间的上部有一个模糊的印章，但印文无法识别。其后孟宪实先生利用在俄罗斯圣彼得堡开会的机会，亲自查阅了这件文书，发现并不是一方印章，并亲自告诉了本文作者。在此特别致谢。又，日本学者吉田章人曾对本件进行录文，但本文录文与之略不同。参《东洋文库における IOM RAS 所藏非佛教汉语文书の整理と考察》，土肥义和、气贺泽保规编《敦煌・吐鲁番文书の世界とその时代》，汲古书院，2017 年，449—450 页。

15　池田温将此定名为《周大足元年（701）? 西州籍》（《中国古代籍帐研究》，238 页），小田义久同池田温。（《大谷文书集成》叁，111 页）

SH.125-2r   SH.125-3r

SH.125-2r：

　　（前缺）

1　一段一畝永業^{部田}[

2　一段二畝永業部田^{部田}[

3　一段卅步居住圍宅[16

　　（后缺）

SH.125-3r：

　　（前缺）

1　]荒　　西石衛　　南張禮　　北石衛

2　]　　　西至渠　　南至石　　北至渠 17

　　（后缺）

SH.125-4r：

　　（前缺）

1　]荒　　西至渠[18

　　（后缺）

16 《书道博物馆藏中村不折旧藏禹域墨书集成》卷中，274 页。
17 《书道博物馆藏中村不折旧藏禹域墨书集成》卷中，275 页。
18 《书道博物馆藏中村不折旧藏禹域墨书集成》卷中，274 页。

SH.125-4r

SH.125-5r

SH.125-5r：

　　（前缺）

　1　　]西至渠[[19]

　　（后缺）

SH.125-6r：

　　（前缺）

　1　　　　]年帳後括附

　2　　]聖曆二年帳後點入

　3　　　]年帳後點入 [20]

　　（后缺）

SH.125-6r

书道博物馆 SH.125 户籍文书共有残片六件，池田温先生据"圣历二年"，拟将此组文书作大足元年户籍 [21]。《唐六典》："造籍以季年（丑、辰、未、戌）。" [22] 圣历二年后的第一个造籍年即大足元年（辛丑年，701）。另，山本达郎与土肥义和认为此六件户籍文书字体相同，当出自一人之手，且与 Ot.5059 户籍书式相同 [23]。朱雷先生认为"点入"与"括附"不当在同一年，"括附"应在圣历二年之前，即可补充为"圣历元年

---

[19]《书道博物馆藏中村不折旧藏禹域墨书集成》卷中，274 页。

[20]《书道博物馆藏中村不折旧藏禹域墨书集成》卷中，274 页。池田温《中国古代籍帐研究》，238—239 页。

[21] 池田温《中国古代籍帐研究》，238—239 页。

[22] 李林甫等撰，陈仲夫点校《唐六典》卷三"户部郎中、员外郎"条，中华书局，2014 年，74 页。《旧唐书》卷四八《食货志》上："每岁一造计帐，三年一造户籍。"（2089 页）

[23] T. Yamamoto & Y. Dohi (eds.), *Tun-huang and Turfan Documents concerning Social and Economic History*, II. Census Registers (A), Tokyo: The Toyo Bunko, 1985, pp.51-52.

帐后括附"[24]。笔者认为其作"圣历二年"或"圣历元年"均有可能。由于难以判识以上5件文书背面的情况，所以在之后展示的大足元年籍的复原图中将这5件文书暂置于 LM20-1451-38-01v 与 SH.125-1r 之间。

Mannerheim MS 151-1r：

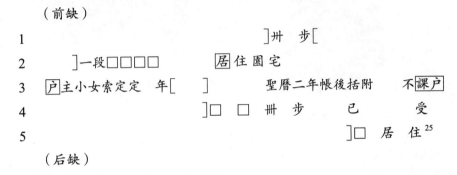

（前缺）

1　　　　　　　　　　　　　　　]卅　步[
2　　　　　]一段□□□□　　　　居 住 園 宅
3　　户 主小女索定定　年[　　]　　　聖曆二年帳後括附　　不 課 户
4　　　　　　　　　]□　□　卅　步　　　已　　　　　受
5　　　　　　　　　　　　　　　　　　　　　　]□　居　住[25]

（后缺）

其第3行有"圣历二年帐后括附"据此推断此文书为大足元年籍，且书法与前所举大足籍相似。其背面书写的是交河县牒文。

Mannerheim MS 151-5r

（前缺）

1　]小男□[
2　]卅　　　步[

（后缺）

此与 Mannerheim MS 151-1 为同组文书，字体相同，但残破过甚。

　　按照唐令，大足元年籍的废弃时间在开元四年（716）。武德六年（623）令："每岁一造帐，三年一造籍，州县留五比，尚书省留三比。"[26]一"比"为三年，所以按照规定地方州县当保留户籍十五年。所以，此户籍被分剪并在背面抄写经录或书写官文书的二次利用发生在开元四年之后。

[24]　朱雷先生认为"点人"与"括附"不当在同一年，"括附"应在圣历二年之前，可补充为"圣历元年帐后括附"，所以李峤的括户办法在圣历元年就已经实行了（《敦煌两种写本〈燕子赋〉中所见唐代浮逃户处置的变化及其他》，原载于唐长孺主编《敦煌吐鲁番文书初探》二编，后收入《朱雷敦煌吐鲁番文书论丛》，上海古籍出版社，2012年，301—326页。）按，证明在圣历元年开始中央括户的证据或许并不充分。因为李峤括户政策的重大改变就是中央下御史括户，而不再依赖地方州县，吐鲁番出土的《武周天授三年户籍稿》有"载初元年帐后括附"，载初元年为689年，先于李峤证圣元年（695）年上表，所以"□□帐后括附"以及"圣历二年帐后点人"都是西州地方的例行括户。以现有资料来看，最早的一次中央括户还是在长安三年（703）。

[25]　本文书图版由荣新江先生提供，在此致谢。西胁常记对此曾有录文，并定名为《唐西州大足元年（701）点籍样》。（《中国古典时代の文书の世界——トルファン文书の整理と研究》，知泉书馆，2016年，192页）按，本文录文与其略有不同，并认为这是户籍残片而非点籍样。

[26]　《唐会要》卷八五《籍帐》，1848页。

民戶籍

（高昌縣）　　　　　　　　　　　　　　順義鄉　　　　　　　　　　　（諸籍）
1　（一段　畝　　城西七里？）康得口　東至荒　西至□　南至□　北至□　　Ot.5452r+LM20-1523-06-53r

1　戶主　年歲　　聖曆二年帳）後被括使析于本籍共女張孫妻下附
2　　　　　　　　　　　］八畝　　永（業）
3　　　　　　　　　　　］人畝七十　步已
4　（應受田六十一畝）　　］人畝七十　居（住園宅）　受
5　　　　　　　　　　　］五十二畝　羊五十未受
6　（一段　畝　　城里東）伯樘　西至道　南至渠［北　　）　LM20-1451-38-01v

一紙戶籍，其間缺約 2 行戶籍（6cm）

1　一段一畝永業　田［城里　里　東　東　　西　　南　　北北　　）
2　一段二畝永業　田園宅　里　里　東　　西　　南　　北　　）
3　一段卅步居住　園宅　　　　　　　　　　　　　　　　）
（戶主）　　　　　SH.125-2

LM20-1451-38-01v尾與SH.125-1r首之間約缺 25 行戶籍

1　（一段　畝　　城城里里東）夏　西至渠　南至石禮　北至石衛
2　（一段　畝　　城里東）□　西右衛　南右　北右衛渠　　SH.125-3

1　（一段　畝　城里東）荒　西至渠［南　　北　　）　SH.125-4

1　（一段　畝　城里東）　西至渠［南　　北　　）　SH.125-5

1　（　　　聖曆元？）年帳後括附
2　　　　　］聖曆二年帳後懸入
3　（　　聖曆二？）年帳後懸入　　SH.125-6

1　男智力年貳拾玖歲　中衛士
2　女觔始年拾陸歲　中女　　SH.125-1r

SH.125-1r尾與Kr 4/654r首之間約缺 7 行戶籍（28cm）

僧尼籍

1　一段十五畝一百六十步永業□□五里［
2　一段二畝永業菜田城西六十里支河［
3　合斯慈磨寺［
4　當寺尼總貳拾柒人［
5　　　］人　　後缺除［
6　　　］人　籍後括［　　Kr 4/654r

Kr 4/654r尾與Ot.5059r首之間約缺 16 行戶籍（64cm）

民戶籍

1　（人名　年歲）老男聖曆［二？）年帳後　　）
2　　　　　］檢括附田宅并［未給受）
3　（人名　年歲）丁妻聖曆二年帳［後）　　）　　Ot.5059r

此组文书属高昌县。Ot.5452纸缝注记有"顺义乡"字样,顺义乡属高昌县[27]。又,Kr 4/654文书第2行有"城西六十里交河",即"交河县",说明该尼寺的前一户拥有交河县的土地。高昌县民户拥有在交河县或柳中县土地的情况并不罕见。由于西州是狭乡,尤其在高昌县,授田不足十分常见,所以要通过隔县授田的方法弥补不足。

因Mannerheim MS 151v为交河县牒文,遂无法根据经录位置确定其与同组文书之关系。本文对其余文书作复原示意图,括号内为补充文字。

二 大足元年西州高昌县籍与户口管理

LM20-1451-38-01v为我们提供了西州检括户口中析户的信息。引人注意的是张家的身份以及登记在册的八亩田产。既然是检括出的民户,就说明张家原籍并不在此,文书中有"析于本乡"字样,说明张家是经过析户之后入籍高昌县顺义乡的,入籍之后一并登记了土地。析户也应当属于新附籍的一种,附籍之后就应该授田。吐鲁番阿斯塔那《唐神龙三年高昌县崇化乡点籍样》中对新附户都记有"田宅并未给受"字样[28],Ot.5059亦保留类似记录。虽然还没有给田,但这也表明这些新附民户是需要给田的,那么张家作为新附之户也是应该授予土地的。为了稳定新附落籍,避免逃亡,授田也是必要执行的[29]。

在西州地区,一次授田的平均数目是很低的[30],一般只有一亩或二亩,但张家登记有八亩土地,这也是需要考察和解释的。因为括户过程伴随户口调整,张家就是被括出的析户。合籍、析籍本该是民户自行决定之事,但是为了保证国家赋税的稳定来源,国家便干预普通民户的家庭组成模式[31],并且对合户、析户都有较严格的法

---

[27] 参徐畅《敦煌吐鲁番出土文献所见唐代"城主"新议》一文中的西州乡里名表(原载《西域研究》2008年第2期,后收入孟宪实、荣新江、李肖主编《秩序与生活:中古时期的吐鲁番社会》,中国人民大学出版社,2011年,131页)。

[28] 64TAM35:47(a),唐长孺主编《吐鲁番出土文书》叁,文物出版社,1996年,533—539页。

[29] 《旧唐书》卷八《玄宗本纪》上:"〔开元十年正月〕戊申,内外官职田,除公廨园外,并官收,给还逃户及贫下户欠丁田。"(中华书局,1975年,183页)此条史料也是逃户新附授田的证明。

[30] 参《武周张众护田亩帐》(64TAM35:31(b),《吐鲁番出土文书》叁,518页)、《武周西州赵延愿等得冯酉武田亩帐》(沙知、吴芳思编著《斯坦因第三次中亚考古所获汉文文献》,Or.8212/542, Ast. Ⅲ.4.091,上海辞书出版社,2005年,83页)和《唐西州高昌县赵度洛等授田簿》(《新获吐鲁番出土文献》,中华书局,2008年,19页)。

[31] 隋文帝开皇年间就有国家干预的大规模析户行动。参《隋书》卷二四《食货志》,中华书局,1973年,681页。

律规定[32]。自武则天时期开始，律文制定逐渐密集，这也正反应了在户口检括中对合户、析户的关注。如果从这一角度讲，可以推测张家在父祖去世后，兄弟几人在州县括户时析籍分户了，而这八亩土地也跟析户有关。幸运的是，西州柳中县的大足元年籍中出现过类似的情况，《周大足元年西州柳中县籍》：

（前缺）

1	]括附
2	]五十步永业
3	]步已受
4	]居住园宅
5	]步未受
6	]北道
7	]日　北高昌人分

--（纸缝背注"籍"，并官朱印痕）

8	]北自至
9	]北還公
10	]北王豐
11	]北張貓
12	]課户　不輸
13	]大足元年□後被符括附別生户買同鄉柔遠里附

--（纸缝背注記"大足元年籍"，并官朱印）

14	]七畝半八十步　永業
15	]畝已受
16	]卅步居住園宅
17	]十三畝未受[33]

（以下省去不录）

第1行残存的"括附"二字说明此户为新附之户，从其下六处"北至"来看，此户登

---

[32] 《唐律疏议》卷一二《户婚律》对于合户有"相冒合户"条的规定（《唐律疏议笺解》，中华书局，1996年，957—959页），对于析户有"子孙别籍异财"条（936—938页），武周万岁通天元年（696）勅文就是为了防禁因析户降下户等而逃避赋役的行为（《唐会要》卷八五《定户等第》，1845—1846页）。冻国栋《隋唐时期的人口政策与家族法——以析户、合贯（户）为中心》（《唐研究》第4卷，北京大学出版社，1998年）认为，唐王朝对于家族问题的干预在形式上与以往不同，重要表现就是从法律上制定了严格的条文，武则天时期到开元、天宝年间都制定了逐步严密的规定（319—335页）。

[33] 65TAM341:28/1，《吐鲁番出土文书》肆，54—55页。因原文书较长，此处不作全部录文。

记了六亩左右土地，这与张家的八亩土地相当，也说明新附之户可能拥有这一数额的田亩。又，第 13 行有"别生户贯"，此户登记有七亩半八十步永业田，这里的"别生户贯"应该就是分家、另立户籍的含义。《唐律疏议·户婚律》疏云："若子孙别生户籍，财产不同者，子孙各徒三年。"[34] 看来，附于柳中县柔远里的这一户，与张家的情况类似，都是检括析籍之后作为新户落籍的，而且其所分得的田亩数也几乎相同。这些文书都反映了唐代西州地区因析籍而分田的情况，也说明了析籍所分之田的具体数额要大于普通授田的一次给田额度。

此次复原的大足元年西州籍还为我们提供了关于民户籍与僧尼籍制作的新看法。由于以往民户手实、户籍与寺观手实、僧道籍都是分开的，所以有学者认为民户籍的制造与僧尼籍的制造也是完全分开的[35]。但依据复原结果，Kr 4/654 是一份尼寺籍，尼寺籍的前后均是民户籍，可见，县一级的籍不是以户主性质而区别开来的，而大概还是按照地理区域划分的，而且民户籍与僧尼籍在县一级的制造过程中是同时的，而且也是被编辑在一起的。

唐令规定，僧尼籍与民户籍一样，三年一造。《唐六典》"凡道士、女道士、僧、尼之簿籍亦三年一造"，其下注云："其籍一本送祠部，一本送鸿胪，一本留于州、县。"[36] 僧尼籍与民户籍一同制造并无问题。那么，Kr 4/654 应该就是留在州县籍坊之中的备份。孟宪实认为："一般民众的户籍编造正是三年一次，僧籍编造正与其合拍。"又以《唐龙朔二年西州高昌县思恩寺僧籍》为据[37]，龙朔二年（662）是壬戌年，正是唐朝的造籍之年，证明僧籍的编造与一般户籍的编造都是三年一造，且应当是同时制造[38]。本文所复原的大足元年西州籍也正能够为这一观点提供佐证。从现实角度讲，这样也减少许多行政成本。由此可知，每逢造籍之年，僧尼籍与民户籍应是一同制造，并粘贴在一起，一同保存在州县的籍坊中。而上交给中央的籍，则是把民户籍

---

[34] 参刘俊文《唐律疏议笺解》卷一二《户婚》"子孙别籍异财"条，936 页。

[35] 杨际平先生认为，州县僧尼籍的编制与民户户籍的编制有很大差别："僧道籍的主管单位与民户户籍不同。民户户籍的主管单位是尚书户部本司，而僧道籍的主管单位则是尚书祠部与鸿胪寺。""从编籍手续看，民户手实由里正收取，寺观的手实则由县司收取。民户户籍的编制先由里正乡司编制乡里户籍稿，寺观不是每里每乡都有，一县寺观的数量一般不太多，所以径由县司编造。"（《论唐代手实、户籍、计帐三者的关系》，《中国经济史研究》2014 年第 3 期，10—11 页）按，所谓主管单位的不同是指送至尚书省一级而言，而在县一级籍坊中保留的是没有将民户籍与僧尼籍分离的。另，从本文的复原结果来看，从编籍手续上，僧尼籍与民户籍是交叉粘贴的，二者并无不同。

[36] 《唐六典》卷四"祠部郎中、员外郎"条，126 页。《唐会要》卷四九《僧籍》记载的对僧尼籍的管理是："每三岁，州县为籍，一以留州县，一以上祠部。"（1011 页）《新唐书》卷四八《百官志·宗正寺》"崇玄署"："每三岁州、县为籍，一以留县，一以留州；僧、尼，一以上祠部，道士、女官，一以上宗正，一以上司封。"（1252 页）

[37] 2004 年新疆巴达木出土，荣新江、李肖、孟宪实主编《新获吐鲁番出土文献》，60—61 页。

[38] 参孟宪实《论唐朝的佛教管理——以僧籍的编造为中心》，《北京大学学报》2009 年 3 期，136—143 页。并参孟宪实《唐令中关于僧籍内容的复原问题》，荣新江主编《唐研究》第 14 卷，2008 年，69—84 页。

与僧道籍剪开，分置递送至户部、祠部或鸿胪。

三　武周时期西州的户口检括

备受学者关注的长安三年停逃户文书（Ot.2835a），其牒文中对中央下派的括户御史称为"括户采访使"、"括逃御史"、"括逃使"，长安三年《括浮逃使残牒》有"括浮逃使"一名，这些都是对于中央括户而言的[39]。而我们看到大足元年西州籍中也有诸处户口检括的痕迹，但这并不是中央委派括户使参与的，因为检括户口、新生附籍，这些工作本就是地方州县的职责。唐律规定，若民户脱籍，家长、里正、州县都要承担罪责[40]，且户口增减也关系到官吏考课升降，造籍之年的括户亦是地方州县的分内之责。中央括户并非是常态性的，而地方的户口检括才是带有制度性的。然而从史料中可以看出，武则天时期地方户口检括的工作效率很低且欺瞒中央[41]。由于地方检括不力，在长安三年才不得不采取李峤上表的建议，由中央委派御史括户。

然而就在内地常规性括户丧失功能的时候，唐帝国的边疆西州却呈现出的另一番模样。从复原后的大足元年西州籍来看，"括附"、"点入"一类字样多次出现，说明圣历年间至大足元年西州户口新附的密度较高，这与这一时期西州地方细密的检括工作密不可分。事实上，西州地区的户口检括是执行较好的。吐鲁番阿斯塔那出土《武周天授三年户籍稿》也保留了西州户口检括痕迹：

（前缺）

1	堂兄进君年贰拾叁岁	白丁	永昌元年帐后 死
2	堂兄进逊年拾壹岁	小男	永昌元年帐后死
3	堂姊曹贞年贰拾伍岁	丁妇	永昌元年帐后 死
4	右件人籍后身死		
5	弟伏行年伍岁	小男	载初元年括附
6	右件人见漏籍[42]		

---

[39]　《括浮逃使残牒》录文见黄文弼《吐鲁番考古记》，中国科学院印行，1954年，44页。又，"使"的本官是御史，使职是括浮逃、采访等，宇文融括户的使职名有"括地使"、"搜括逃户使"、"复田劝农使"，参唐长孺《关于武则天统治末年的浮逃户》（此处的相关论述并未收入《唐代的客户》文中）。

[40]　《唐律疏议》卷一二《户婚律》"脱漏户口增减年状"条、"里正不觉脱漏增减"条、"州县不觉脱漏增减"条（《唐律疏议笺解》，914—928页）。

[41]　前文已述武则天时期户口逃亡加剧，地方州县的荫庇在很大程度上促成了这一状况。唐长孺先生指出，地方官实际掌握客户名籍（《唐代的客户》）。又，孟宪实先生又专论唐代地方州县括户失职，庇荫流亡（《中央、地方的矛盾与长安三年括户》）。

[42]　荣新江、李肖、孟宪实主编《新获吐鲁番出土文献》，17页。武周改永昌元年（689）十一月为载初元年正月，始用周正，载初元年九月改元天授。

（后缺）

整理者认为这是一件用来制作户籍草稿的手实，并推测户籍制造当属天授三年（692）。SH.169-3 为天授三年西州籍，因为此二文书可算作同年户籍，故可一并考察。

（前缺）

一段一畝永業 [

1　　一段一畝永業^{部田三易}　城東□□渠　東員通 [
2　　　一段七十步居住園宅
3　戶主大女史一輩？^年三拾陸歲　　丁寡^{代男貫}　　　　　不（課戶）
4　　男　那你盆年玖　歲　　　小男^{永昌元年帳後死}
5　女迦勒年拾三歲　　　小女^{永昌元年帳後死}
6　女谷施年拾肆歲　　　小女
7　　　　　　五　畝　永　業
8　　　　　　五畝卅步已受[43]

（后缺）

第 1 行户籍有被墨印圈起的痕迹，且其前一行有墨色较淡的粗笔书写的"一段一亩永业"，疑是户籍书写完成之后的检校标记。

以上两件均属天授三年西州户籍相关文书，其中明确记载了"永昌元年帐后"和"载初元年帐后"的异动情况，说明西州此时进行了落实在每个人的检查，因为唐代规定每年一造帐，而且从文书来看，存在永昌元年帐、载初元年帐，说明在当时的西州，这样的户口检括是每年进行的。

此后几年，唐朝内地户口逃亡加重，难以依靠地方括户，群臣进言上表，言逃亡之弊、括户之法，此开篇所举，兹不赘述。然而，当唐朝地方户口检括面临危机的时期，西州的户口检括依旧依例奉行。吐鲁番出《周圣历元年西州柳中县籍》：

（前缺）

1　　] ^{部田三易}　城西伍里　東和達　西渠 [
2　　]步居住園宅
3　　]拾陸歲　^{中男證聖元年玖歲萬歲通天貳年帳後貌加} [
4　　]貳歲　^{丁寡} [44]

（后缺）

43　《书道博物馆藏中村不折旧藏禹域墨书集成》卷中，62 页。
44　73TAM508:08/1—1，《吐鲁番出土文书》叁，402 页。原定名为《武周万岁通天二年（六九七）柳中县籍》。

又，《武周大足元年西州柳中县籍》：

（前略）

23　　　]年十二月一日授田頭劉文琮 課户不輸

24　　　]歲久視元年帳後貌加從罿[45]

（后略）

可见，西州柳中县进行着例行的带有貌阅性质的户口检括，这表明不论在高昌县还是柳中县，西州的户口检括仍是常规性的，而且其检括质量也是优于唐朝内地的总体情况的。

　　与户口检括联系紧密的还有土地勘检。陈国灿先生曾撰文研究武周时期西州勘检田籍簿，并指出这些勘田簿是利用了调露二年（680）、长寿二年（693）、证圣元年（695）的废案卷的背面写成的："这些被拣除的废案卷，有的甚至年代久远也未被动过，只是到了武周圣历年间，高昌县官府才通通拿出来为田籍勘检工作服务，草拟各种统计。此事本身也反映出圣历年间田簿勘检工作的不寻常，其所动员的人力、物力及其巨大规模，由此也可想见一斑。"[46]户口检括与土地勘检绝不是分而行之的，因为唐代户籍与地籍是不分开的，土地勘检加大力度，那么同时期的户口检括也一定加大力度。于是，圣历年间至大足元年，西州进行着细致的户口与土地的勘察与管理，这些也都浓缩在三年一造的户籍之上。

　　以上史料以及文书的选择，主要集中在武则天时期，以求较好地比较在地方括户问题上西州与内地的不同。这一时期，内地的户籍管理频频出现混乱的情况，以至于长安三年不得不由中央委派御史下行地方参与括户，但收效甚微。之后，唐帝国对户籍检括一直没有绝对控制权，只能依委地方，直到玄宗朝宇文融轰轰烈烈的括户行动在全国推进。而作为唐帝国的边州西州，在同一时期，载初、天授、圣历、大足，都有文书证明西州进行了较为细致的户籍检括工作。张广达先生曾写道："西州按照唐代律令制度建立起来一套完整的军政体制，这套体制是安西四镇所不具备的。"[47]这一套"完整的军政体制"自然也包括户籍管理制度。不得不承认，西州确实在户口管理上具有优于内地的行政素质。从这一点来看，不禁感慨，自公元640年唐灭高昌，建立西州，内地实行的一系列体制亦颁行于西州，而在李唐建国近百年之

[45]　65TAM341:28/1，《吐鲁番出土文书》肆，56页。因原文书较长，此处不作全部录文。

[46]　陈国灿《吐鲁番旧出武周勘检田籍簿考释》，并参《武周时期的勘田检籍活动——对吐鲁番所出两组敦煌经济文书的探讨》，二文原载唐长孺主编《敦煌吐鲁番文书初探》二编，后收入《陈国灿吐鲁番敦煌出土文献史事论集》，上海古籍出版社，2012年，313—328、329—370页。

[47]　参张广达《唐灭高昌国后的西州形势》（初刊1988年），见其《文书、典籍与西域史地》，广西师范大学出版社，2008年，114—152页。

后，更多坚守帝国律令的不是内地，却是边州。

论文写作过程中获同项目诸位老师和学长的多方帮助，在此表示诚挚感谢。

（何亦凡，中国人民大学国学院博士生；朱月仁，旅顺博物馆馆员。原刊《文史》2017 年第 4 辑）

"北馆文书"流传及早期研究史

朱玉麒

1902—1914 年间，日本西本愿寺法主大谷光瑞（1876—1948）组织了三次被后世称为"大谷探险队"的西域探险活动。后来的两次探险活动，在吐鲁番地区挖掘遗址墓葬、收购文书古物，所获甚多。龙谷大学图书馆和旅顺博物馆收藏的吐鲁番文书，即以这后两次探险所得为主[1]。1953 年，龙谷大学成立了"西域文化研究会"，集合日本国内相关专家，对所收藏的西域文物进行综合性研究。1958—1963 年，研究会陆续刊行《西域文化研究》共 6 卷 7 册，作为上报资助这项研究的文部省的报告书。1959、1960 年，在《西域文化研究》2、3 卷上先后发表的大庭脩《吐鲁番出土的北馆文书——中国驿传制度史上的一份资料》[2]、内藤乾吉《西域发现的唐代官文书研究》（《西域發見唐代官文書の研究》)[3]，揭开了当代学术界对于吐鲁番出土的一批唐高宗仪凤二年至三年间（677—678）西州都督府管内北馆厨于市购买莉柴、酱料等物酬值案卷的关注。这些文书的残片不仅涉及到龙谷大学图书馆的藏品，也关联到了其他藏家的收藏品。在流传的过程中，它们有过不同的名称[4]；"北馆文书"这一概括，经由大庭脩、内藤乾吉的论文之后，成为比较通行的说法，学者们就此从唐代

---

[1] 龙谷大学图书馆藏大谷探险队收集品情况，参小笠原宣秀《龙谷大学所藏大谷探险队将来吐鲁番出土古文书素描》，《西域文化研究》2，法藏馆，1959 年，389—410 页；中译本见柳洪亮译《龙谷大学所藏大谷探险队带来的吐鲁番出土文书综述》，载橘瑞超著、柳洪亮译《橘瑞超西行记》附录五，新疆人民出版社，1999 年，192—228 页。又参荣新江《海外敦煌吐鲁番文献知见录》第六章第一节"日本收集品·龙谷大学图书馆"，江西人民出版社，1996 年，154—166 页。

[2] 大庭脩《吐鲁番出土的北館文書—中國驛傳制度史上的一資料—》，《西域文化研究》2，367—380 页；中译本见姜镇庆译本《吐鲁番出土的北馆文书——中国驿传制度史上的一份资料》，载周藤吉之等著，姜镇庆、那向芹译《敦煌学译文集——敦煌吐鲁番出土社会经济文书研究》，甘肃人民出版社，1985 年，784—817 页。

[3] 内藤乾吉《西域發見唐代官文書の研究》，《西域文化研究》3，法藏馆，1960 年，9—111 页。其中第三部分"西州都督府の処理した文書"即"北馆文书"之缀合与研究，52—89 页。

[4] 如"唐仪凤二年北馆厨牒"（王树枏）、"唐仪凤二年北馆厨残牒"（段永恩）、"北馆牒"（金祖同、中村不折）、"唐仪凤北馆厨牒"、"柳中遗文"（以上二种，中村不折）、"唐仪凤残牒"、"唐北馆厨残牒"（以上二种，长尾甲）、"唐仪凤二年厨单"（饶宗颐）、"西域都督府北馆牒"（《古典籍下见展观大入札会目录》）、"唐仪凤北馆厨残牒"（日本国立历史民俗博物馆）等，分见下文相关论述。

交通馆驿、文书处理、户税柴等等制度层面进行了广泛而深入的研究[5]。本文仅就这一批文书的流传、出土情况，以及早期题跋体现的研究前史做出钩稽，为将来这批文书学术研究的进一步展开，提供一个背景资料。

一 "北馆文书"的流传与出土

（一）流传情况

20世纪初，北馆文书的残片在吐鲁番出土之后，最终都流传到了日本。目前所知的这些残片，主要分布在三个地方：

1、京都市龙谷大学大宫图书馆

如上所述，对于"北馆文书"的研究，是从对于龙谷大学大宫图书馆藏大谷文书开始的。

前及大庭脩的论文是北馆文书当代研究的最早成果，他第一次辨认出了今天编号为大谷 3495、4930、2841、4905、4921、2842、1032、1422、2843、2827 为"北馆文书"的残片。

此后内藤乾吉在其文中，又辨认出大谷 2844、1421、1003、1259、4895、3162、1423、4896、3163 也是"北馆文书"的残片；这个时候，收藏在大谷探险队成员橘瑞超（1890—1968）个人名下的一件北馆文书，也经由藤枝晃先生提供照片收入其中（橘瑞超的文书后来捐赠给龙谷大学，编号 11035）（图 1）。

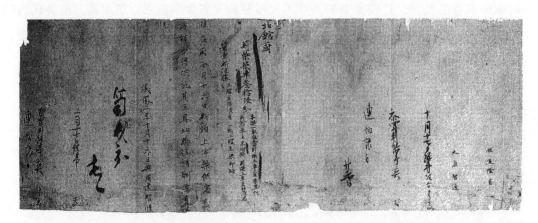

图 1　龙谷大学大宫图书馆藏"北馆文书"之一（编号大谷 11035）

5　详细的当代研究情况，参郭敏《吐鲁番出土唐仪凤年间北馆文书研究》第一章《北馆文书的研究综述》，中国人民大学硕士学位论文，2015 年，1—4 页。

大津透是北馆文书研究的后来居上者，他的研究中，又分辨出大谷 1699、1700、4924 作为北馆文书的残片，并因此而对残片的缀合和排序做了重新的复原[6]。

2004 年以来，荣新江教授主持"吐鲁番出土文献散录"的整理工作，在北馆文书中，大谷 3713 被补入，拼接的顺序也做了重新调整[7]。至此，大谷文书编号中有 24 个残片被确认为是北馆文书的组成部分。

2、东京都台东区立书道博物馆

台东区立书道博物馆的前身是日本书画家和书法史研究家中村不折（1868—1943）于 1936 年以自宅创建的私家博物馆。中村不折从 1895 年开始收集中国书画文物，而敦煌西域的出土文献，作为古代书法的遗品，也是他大力收集的对象。经过多年的努力，他陆续获得了晚清任职新疆的官员王树枬、梁玉书所藏，以及日本收藏者田中庆太郎、江藤涛雄等人的收藏品，使得书道博物馆高居日本私家收藏敦煌西域文献之首。

长期以来，这些书道博物馆的文物、文献，只在一些图录和展览中零散地公布、发表，学者无法了解到它的完整面目。大庭脩的论文只是通过中村不折《禹域出土墨宝书法源流考》中的录文[8]，过录了 3 件"北馆文书"残片。

大庭脩先生的文章发表之后，他就发现中村不折所藏吐鲁番文书在金祖同（1914—1955）辑录的《流沙遗珍》之中，不仅收录有《禹域出土墨宝书法源流考》中 3 件文书的照片影印件，同时还有另外几件"北馆文书"。内藤乾吉撰写《西域發見唐代官文書の研究》的时候，就是根据大庭脩的指引[9]，辨认出了《流沙遗珍》中的另外 6 件北馆文书残片。

前揭大津透的文章在大庭脩和内藤乾吉的基础上重新复原北馆文书时，不仅重新对中村文书与大谷文书之间的位置做了重新缀合，同时他也在《流沙遗珍》中首次分辨出第 13 号图版是可以与大谷 4905 直接缀合的"北馆文书"[10]。

在荣新江教授主持"吐鲁番出土文献散录"的整理工作中，北馆文书也补入了《流沙遗珍》中的第 24 号图版。至此，中村不折旧藏文书编号中有 11 个残片被确认为是北馆文书的组成部分。

---

[6] 大津透《大谷、吐鲁番文书复原二题》，《东アジア古文书の史的研究》，刀水书房，1990 年，90—104 页。大津透《唐日律令地方财政管见—馆驿·驿伝制を手がかりに一》，笹山晴生先生还历纪念会编《日本律令制论集》（上），吉川弘文馆，1993 年，389—440 页；增订本收入作者著《日唐律令制の财政构造》，岩波书店，2006 年，243—296 页。

[7] 荣新江主编《吐鲁番出土文献散录》，待版。

[8] 中村不折《禹域出土墨宝书法源流考》，东西书房，1927 年，下册，叶二十二正—二十三背；李德范中译本，中华书局，2003 年，134—137 页。

[9] 内藤乾吉《西域发见唐代官文书の研究》，53 页。

[10] 大津透《大谷、吐鲁番文书复原二题》，《东アジア古文书の史的研究》，98—99 页。

对于书道博物馆文书利用的福音，一直要到1995年书道博物馆捐赠给了台东区、得到政府的资助、成为公立博物馆之后。2000年，台东区立书道博物馆重新开馆。2005年，中村不折收藏的全部写本文书，由矶部彰教授编集为《台东区立书道博物馆中村不折旧藏禹域墨书集成》（以下简称“《中村集成》”），以大型图录的形式，在东京作为非卖品出版[11]，研究者因此得以看到全部的中村不折旧藏敦煌西域文书。对于其中177个编号的吐鲁番文书的编目、定名，最近也由包晓悦完成了《日本书道博物馆藏吐鲁番文献目录》（以下简称“《目录》”）[12]。因为之前的研究者使用中村不折旧藏文书，都无法像大谷文书那样，一开始就有系统的编号，因此为了理解的方便，兹将大庭脩、金祖同、内藤乾吉利用的“北馆文书”编号制作对照表如下：

表1 中村不折旧藏“北馆文书”引用编号对照表

排序	《目录》	《中村集成》（册／页）	大庭脩编号	金祖同（图版编号／录文页码）	内藤乾吉编号
1	SH.177上9	下134		图7，文11	中村A
2	SH.177上7	下132	/	图6，文10	中村B
3	SH.124-1	中272-273	中村一号文书	图4-1、2，文6-8	中村C
4	SH.177上1	下130		图11，文13	中村D
5	SH.177下8	下139		图13，文14	/
6	SH.124-2	中272	中村二号文书	图4-3、4，文7	中村E
7	SH.124-3	中273	中村三号文书	图4-4，文7	中村F
8	SH.177上10	下135		图23，文23-24	中村G
9	SH.177上2	下131		图9，文12	中村H
10	SH.177上8	下133	/	图25，文24	中村I
11	SH.177上6	下133		图24，文24	/

与龙谷大学图书馆藏吐鲁番文书多来自大谷探险队两次收获的单一来源不同，书道博物馆的吐鲁番文书，是中村不折以一人之力，多方搜罗，多历年所，因此来源不一。编号为SH.124的3件文书（图2），前后装裱为一卷，在尾部第三件文书的上部残缺处，有王树枬的题跋（详下），而这个题跋，在王树枬的《新疆访古录》中，也全文抄录[13]，可知这是王树枬在任新疆布政使时（1906—1911）所收藏的文书。

[11] 矶部彰教授编集《台东区立书道博物馆中村不折旧藏禹域墨书集成》，文部科学省科学研究费特定领域研究〈东亚出版文化研究〉总括班，2005年。

[12] 包晓悦《日本书道博物馆藏吐鲁番文献目录》（上、中、下），《吐鲁番学研究》2015年第2期，96—146页；2016年第1期，132—156页；2017年第1期，125—153页。

[13] 王树枬《唐仪凤二年北馆厨牒》，作者著《新疆访古录》卷二，聚珍仿宋印书局，1919年，叶一一背至叶一二正。

图 2　书道博物馆藏"北馆文书"之一（编号 SH.124）

中村不折收购王树枏旧藏品，在其《禹域出土墨宝书法源流考》的绪言里就有叙述：

> 余昔志于古代墨迹的钻研，有十余年。然而，身体柔弱，资力匮乏，亲临其地从事搜访，是无论如何也不敢想的。幸而滞留其地方的中国官吏，多将其视为古董来搜集，却不知是可进行深入研究的资料中的奇货。每得机会，便迫其割爱，以至所获数量渐多。其主要有新疆布政使王树枏氏，在驻扎迪化府（乌鲁木齐）十年间，于吐鲁番、鄯善等地收集的出土经卷文书的全部[14]。

此外，中村不折在大正十一年（1922）十二月二十六日一次性从文求堂购取文物的收据上，就记有"王树枏氏古写经二十八卷及八帖价款"，总额为二万日元[15]。由此可见历年获得王树枏旧藏，要远远超出这个数字。而根据其"二十八卷及八帖"的目录[16]，这卷"唐仪凤二年北馆厨牒"确实还不在其中，可能是在后来的岁月中，通过别的途径获得的。

编号为 SH.177 的 8 件文书，分上、下二册，每册 10 件，共 20 件。这些残片文书无疑也多是从吐鲁番同一个地区出土的，因为残碎严重，所以被装裱成册。王树枏旧藏文书一般都会以卷轴或者册子装的形式装裱完成，并多有其本人的题签，当然也有例外，如前及"王树枏氏古写经二十八卷及八帖"中的四帖，就是由中村不折书写了签题的。王树枏旧藏的这件"唐仪凤二年北馆厨牒"的题签也是出自中村不折手笔，这与"柳中遗文"的册子题签一样[17]。因此"柳中遗文"二册虽然没有任何中国旧藏家的手迹，但也可能是与大幅的 SH.124 一起，从王树枏那里获得的。

3、千叶县国立历史民俗博物馆

设立在千叶县佐仓市的国立历史民俗博物馆是日本唯一一家收藏和研究日本历史、考古和民俗文物、资料的国立博物馆。该馆自 1983 年起陆续开放，收藏的文物、

14　中村不折《禹域出土墨宝书法源流考》卷上，绪言叶二背；李德范中译本，绪言 2 页。
15　锅岛稻子《中村不折旧藏写经类收集品》，《中村集成》下，358 页。
16　锅岛稻子《中村不折旧藏写经类收集品》，《中村集成》下，358—360 页。
17　锅岛稻子《中村不折旧藏写经类收集品》，《中村集成》下，367 页。

文献以日本本土文化为主，但也时有其他文物入藏该馆，编号为 H-1315-20 的"唐仪凤北馆厨残牒"即是其中之一（图 3）。

图 3　国立历史民俗博物馆藏《唐仪凤二年北馆厨残牒》及前后题跋

这件文书最早出现于公开场合，是在 1990 年 11 月东京古典会的"古典籍下见展观大入札会"上，《古典籍下见展观大入札会目录》（1990 年 11 月）第 1924 号标题作"西域都督府北馆牒"，41 页刊载了文书的彩图。很快，大津透发表于 1993 年的《唐日律令地方财政管见—馆驿·驿传制を手がかりに—》以"新出文书の检讨と配列"一节，专门讨论了这一新公布文书的情况，并将其缀合到了大谷 11035 号文书之后。同时，也对之前在《大谷、吐鲁番文书复原二题》中绘制的"北馆文书"的复原图进行了修正（图 4）。

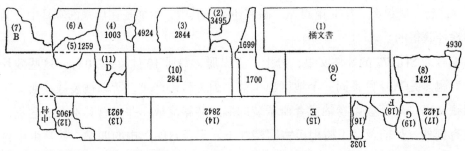

〔図 1〕北館文書復原模式図（案）　数字は大谷文書番号。A～Gは中村文書。（ ）は内藤乾吉氏の配列による。儀鳳二年分についてのみで、最後になる(20)4895号は除いた。

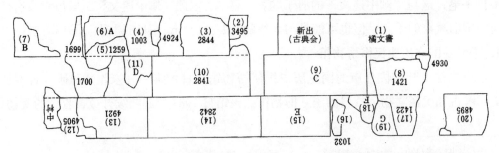

図 1　北館文書復原模式図修正案　数字は大谷文書番号。A～Gは中村文書。（ ）は内藤乾吉氏の配列による。儀鳳二年分についてのみで、最後になる(20)4895については検討の余地がある。

图 4　大津透缀合"北馆文书"示意图（上，1990 年；下，1993 年）

大津透的文章在缀合文书的同时，也记录了这一卷轴有"长尾雨山箱书"及长尾甲（1864—1942）题识，以及文书为中式卷轴装裱，前后有罗惇曧（1872—1924）、段永恩（1875—1947）、罗惇曼（1874—1954）等题跋的信息。根据同样有"长尾雨山箱书"的三件文书都来自京都私家博物馆藤井有邻馆的特点，大津透推测这件从未刊布过的"北馆牒"也是有邻馆藏品。

稍后，荣新江先生也通过饶宗颐1954年参观有邻馆的记录，认定此"北馆牒"与其他三件藏卷同为有邻馆旧藏品的归属[18]。饶文篇首即云"是日藤井君出示唐仪凤二年厨单"，更是确凿无疑地说明了这一文书属于藤井有邻馆的历史。

荣新江的研究同时还根据段永恩跋文最后称"素文先生以为是否"，确定在此文书入藏有邻馆之前，出自梁素文旧藏的来历[19]。梁玉书，字素文，奉天（今辽宁沈阳）人，曾任户部主事，宣统元年（1909）至新疆，任监理财政官。与王树枏同好收藏敦煌、吐鲁番文书。辛亥革命后，寓居北平，曾任古物陈列所鉴定委员会委员。其后文物流散，多有传入日本者[20]。

根据以上的研究，在这件"唐仪凤北馆厨残牒"于1990年亮相"古典籍下见展观大入札会"之前的流传，可以标记为梁玉书——京都有邻馆——东京古典会这样的递藏过程。但是，之后这一文书又流传何处，并不为学界所周知[21]。

因为从事清末民初履新官员段永恩及其与吐鲁番文书关系的研究，笔者也一直希望能够抄录到古典会上展出的这件文书之后段永恩的题跋[22]。了解这件文书的下落，成为笔者2013—2014年间在日本访学的一项工作。2014年4月，由荣新江教授引介，笔者终于在请教大津透先生这一问题的时候，得到了圆满的答复：该件已经收藏于日本千叶县的国立历史民俗博物馆。5月，复承大津透教授联系该馆小仓慈司先生安排，得以拜观原件，并且了解到这一文书于1996年2月从反町茂雄（1901—1991）旧藏购入的细节。

反町茂雄是日本著名的藏书家、古旧书店弘文庄的创始人，他去世之后，国立历史民俗博物馆根据其家人的愿望，将其珍贵文书一总购入，H-1315编号就是原属

---

[18] 荣新江《海外敦煌吐鲁番文献知见录》第六章第五节"日本收集品·静嘉堂文库"，190页。所引饶文即饶宗颐《京都藤井氏有邻馆藏敦煌残卷纪略》，作者著《选堂集林·史林》下，香港中华书局，1982年，998-1007页。

[19] 荣新江《海外敦煌吐鲁番文献知见录》第六章第五节"日本收集品·静嘉堂文库"，190页。

[20] 荣新江《海外敦煌吐鲁番文献知见录》第六章第五节"日本收集品·静嘉堂文库"，189—191页。

[21] 如日本著名的西域学家羽田亨（1882—1955）在生前也曾经获得过这一件文书的照片，关于其来历的最新研究，即止步于1990年古典会目录图片的对照。参张娜丽《羽田亨博士收集西域出土文献写真とその原文书—文献の流散とその递传·写真摄影の轨迹》，《论丛现代语·现代文化》2010年第5号，12—14页。

[22] 由于研究目的不同，大津透、张娜丽二文公布的段永恩题跋，均不能全备，大津透录文至"案"字而止，张娜丽录文仅据羽田亨照片录至"亦有"以上三行。

他名下的收藏品，包括北馆牒在内的1—31号文书，都是1996年购入的[23]。因此，北馆牒（H-1315-20）的资料卡片在名称"唐仪凤北馆厨牒"下，括注了"反町茂雄氏旧藏典籍古文书"的来历。现在可以推想的是：有邻馆将北馆牒通过东京古典会拍卖时，由反町茂雄先生获得，但是不久他去世，收藏的重要文书被国立历史民俗博物馆所购藏[24]。如前所揭，由于这个博物馆主要收藏日本本土方面的文物，所以很少有人会关注到这件吐鲁番文书最终收藏到了这里。

（二）出土情况

以上回顾了已经被辨认出来的"北馆文书"36个残片流传和最终收藏的情况。现在来看分别收藏在龙谷大学、书道博物馆、国立历史民俗博物馆的这些残片，除了内容上的一致性外，在形制上也有一些共同特点，如：从被泅渍的痕迹来看，似乎都是从墓葬中出土者；而根据这些废弃的文书原纸的高度没有被破坏、没有人为的剪绞、甚至有两纸上下粘贴的痕迹来看，它们可能都是被用来制作在同一个大型葬具（如纸棺）上的，因此即使其中也有因为年代久远、挖掘破坏等因素带来的残破、零碎，总体上，还是有出土于同一个墓葬的可能性。

由于并非科学考古的结果，"北馆文书"的出土地，目前还无法确切指认来自具体哪个墓葬[25]。不过，在20世纪初吐鲁番墓葬被挖掘的多个地点，如三堡乡的阿斯塔那和二堡乡的哈拉和卓墓葬群，王树枏与梁素文旧藏的"北馆文书"上，王树枏与段永恩的题跋都一致表达了出自三堡即阿斯塔那墓葬群的确切性[26]，他们获得吐鲁番文书的主要途径，通过当地官员向当地农民收购所得[27]，出土地的信息，无疑也得自地方官员从当地农民收购所听闻。

龙谷大学的这批北馆文书的来历，大庭脩的论文比较肯定地说："这是第二次大

---

[23] 《主要资料解说·反町茂雄旧藏典籍古文书》，《国立历史民俗博物馆研究年报》4（1995年度），1997年发行，118—119页。这个解说专门提及了这一北馆文书残片可以与龙谷大学大宫图书馆"橘文书"（即大谷11035）缀合的价值，可见是参考了大津透的研究成果。

[24] 另外的可能性是：反町茂雄是从有邻馆获得北馆牒，1990年经古典会拍卖而流拍自藏，去世后为国立历史民俗博物馆所收藏。反町茂雄是日本古书业中勤奋的作家，但是在他的《一古书肆の思い出》五册文集和系列的《弘文庄待贾古书目》等资料中，似乎都没有出现这一文书的记载。因此，具体得到这一文书的过程，也就只好付诸阙如。

[25] 如大谷文书中发现的一百多片同样是仪凤年间的所谓"芦席文书"，是大谷探险队1912年在三堡挖掘所得，原本也无法确定其具体出土的墓葬。幸运的是，由于1972年新疆考古工作者进行的科学挖掘，通过中日学者的共同努力，比对当年的"芦席文书"均为阿斯塔那230号墓葬的出土物，最终定名为"仪凤三年度支支配四年诸州庸调及折造杂彩色数处分事条"。参陈国灿《略论日本大谷文书与吐鲁番新出墓葬之关联》，中国敦煌吐鲁番学会编纂《敦煌吐鲁番学研究论文集》，汉语大词典出版社，1990年，268—287页。

[26] 书道博物馆中村不折旧藏北馆文书（SH.124）王树枏题跋："右牒二纸，宽虑慨尺一尺二寸二分，出土鲁番三堡，皆草书。"国立历史民俗博物馆藏北馆文书（H-1315-20）段永恩题跋："右唐高宗仪凤二年北馆厨残牒，出吐鲁番三堡。"

[27] 参上引拙文《王树枏与敦煌文献的收藏和研究》《王树枏吐鲁番文书题跋笺释》。

谷探险队在吐鲁番三堡地区发现并带回来的文物。"[28] 这个说法，可能与第二次大谷探险队队员野村荣三郎记载当时在吐鲁番地区收购文书的地点多在三堡有关[29]。虽然大谷探险队也并没有留下关于"北馆文书"残片确切的记载，但现在有了王树枏、段永恩的旁证，对于这个地点应该没有太多的争议。

不过，关于大谷文书中的这些"北馆文书"带来的时间，小笠原宣秀表示了"这些文书很难断定是第二次探险队员带来的东西"的怀疑[30]。因为在1910—1914年间，由橘瑞超和吉川小一郎组成的第三次大谷探险队，同样也在吐鲁番的三堡进行挖掘；根据吉川小一郎的日记，1912年三四月间，他和橘瑞超在吐鲁番地区共同工作，除了收购之外，他们雇用的民工在二堡、三堡挖掘了多处遗址和墓葬。此后橘瑞超被召回国，吉川小一郎又连续两次在吐鲁番独立承担了雇工挖掘工作[31]。

橘瑞超的西域探险日记毁于火灾，记载其参加第二次大谷探险队活动的部分文字，保留在《中亚探险》《新疆探险记》和《新疆通信抄》中[32]；在《新疆通信抄》里，提到了在吐鲁番获得文书的关键性内容：

> 五周时间，在吐鲁番附近的河谷中寻找发掘古遗址。……在这一地区进行发掘获得成功者，有德国的勒柯克等人。我也从事搜索月余，虽然没有可向世人特别炫耀的东西，但经过研究，不乏有重要价值之物。……还有几十套随葬品，比之前人也是很幸运的。其中具有美术价值的文物，提供了表现时代风格的好资料，脸面的妆饰、女子的结发、容貌、服装、马具、骑马俑等，难以一一列举；还有绢画、刺绣的残片等，带开元天宝、仪凤等年号的文书。还有好像是寺院的收纳帐，也颇新奇[33]。

28　大庭脩《吐鲁番出土的北館文書—中國驛傳制度史上の一資料—》，《西域文化研究》2，375页；姜镇庆中译本见《敦煌学译文集——敦煌吐鲁番出土社会经济文书研究》，800页。

29　小笠原宣秀《龙谷大学所藏大谷探险队将来吐鲁番出土古文书素描》，《西域文化研究》2，391—394页；柳洪亮中译本见《橘瑞超西行记》，196—201页。

30　小笠原宣秀《龙谷大学所藏大谷探险队将来吐鲁番出土古文书素描》，《西域文化研究》2，402页；柳洪亮中译本见《橘瑞超西行记》，214页。

31　小笠原宣秀《龙谷大学所藏大谷探险队将来吐鲁番出土古文书素描》，《西域文化研究》2，394—400页；柳洪亮中译本见《橘瑞超西行记》，201—210页。小笠原宣秀的文章记录"第三次探险队第一次考察（橘、吉川氏）发掘品"下："三堡（古塔、古墓）古文书残片、壁画、古尸（木乃伊）、陶器、绢片（唐画）、回鹘文残片。"《西域文化研究》2，400页；中译本见柳洪亮《橘瑞超西行记》，211页。

32　橘瑞超《新疆通信抄》《中亚探险》《新疆探险记》，载上原芳太郎编《新西域记》，有光社，1937年，723—818页；中译本柳洪亮译《橘瑞超西行记》，1—148页。

33　橘瑞超《新疆通信抄》"几层（曾）蹴冰交河上"，《新西域记》，728页；中译本见柳洪亮译《橘瑞超西行记》，145—146页。

大谷文书的收集品，从目前公布的材料来看 [34]，其实只有"北馆文书"、"芦席文书"是带有"仪凤"年号的文书。因此，"北馆文书"作为第三次大谷探险队在 1912 年从吐鲁番三堡所得的可能性也是存在的。那么，它们是否就是 1912 年橘瑞超和吉川小一郎在三堡雇人挖掘墓葬所得呢？从理论上来说，是有这种可能的。小笠原宣秀提到：

> 据吉川氏谈发掘古墓，在戈壁上有沙丘般的封土，墓道口靠近封土的一端如果有已被流沙填满的盗洞，那是被挖扰过的痕迹。特别是挖掘保存完好的古墓时，会获得千年古物，不能让其落入他人之手。与其他国家有相似的情况，偶然发掘附近的古墓，当地人作民工，发掘过程中将文物窃为己有，然后又高价卖给探险队员 [35]。

从以上的描述看，橘瑞超等雇用的民工因为利益的驱使，将墓中挖掘到的北馆文书留下一些高价卖给其他的外国探险队，或者卖给中国的地方官员最后进献到王树枏、梁素文手中，也不是没有可能。大谷探险队第二次探险队员野村荣三郎就描写他与橘瑞超 1908 年底在吐鲁番的古城挖掘时，城北某家就贴着德国博物馆馆长"高价收购于城内所得之古物"的广告 [36]。

不过，如果考虑到王树枏和梁素文获得的北馆文书是在他们任职新疆之际 [37]，而在宣统三年（1911）辛亥革命之前王树枏早已离开了新疆的话 [38]，那么这些北馆文书的出土也一定不是在第三次探险的 1912 年由橘瑞超等挖掘所得。同样，大谷探险队的北馆文书也不会是在 1912 年才从农民手中购得，因为同批文书既然已经在王树枏 1911 年初离开新疆之前就曾面世，吐鲁番民工即使囤积居奇，也不可能将所得文书在手里留存太多的时间，而等候他们并不知道的第三次大谷探险队 1912 年底的收购。所以，大谷探险队获得的北馆文书，应该是在第二次探险的 1908 年底，从之前就被

---

34 大谷文书主要收藏在龙谷大学和旅顺博物馆。龙谷大学图书馆藏大谷文书，参小田义久主编《大谷文书集成》壹—肆，法藏馆，1984、1990、2003、2010 年。旅顺博物馆藏大谷文书，在目前由旅顺博物馆、中国人民大学国学院、北京大学中国古代史研究中心合作从事的"旅顺博物馆藏新疆出土汉文文书整理"项目中，也尚未发现其他"仪凤"年号的文书。

35 小笠原宣秀《龙谷大学所藏大谷探险队将来吐鲁番出土古文书素描》，《西域文化研究》2，399 页；柳洪亮中译本见《橘瑞超西行记》，209 页。

36 野村荣三郎《蒙古新疆旅行日记》，《新西域记》，504 页；董炳月中译本，乌鲁木齐：新疆人民出版社，2013 年，119 页。

37 段永恩为梁素文旧藏北馆文书题跋云："右唐高宗仪凤二年北馆厨残牒，出吐鲁番三堡。与余前观晋卿方伯所藏为式纸。"是知王树枏获得北馆文书在梁素文旧藏之前。而段永恩在辛亥革命后始终留在新疆任官，直至终老武威，再无机会与到达北京的王树枏、梁素文见面，因此王、段对北馆文书的题跋都是在 1911 年之前新疆所作。段永恩生平，参拙文《段永恩生平考略》，《敦煌吐鲁番研究》第 14 卷，上海古籍出版社，2014 年，55—77 页。

38 王树枏《陶庐老人随年录》："（宣统）三年辛亥，六十一岁。余由俄国西伯利亚铁路回京，八月，适逢国变，遂避乱至山西。"中华书局，2007 年，74 页。

当地民工挖掘墓葬而囤积的文书里高价购得者。这样，因为大谷探险队在吐鲁番的两次活动时间的确定，也反过来帮我们判断没有留下题跋年月的王树枏所获北馆文书的时间应该在 1908 年前后。所以，当吉川小一郎在第三次探险的时候担心民工将挖掘文物倒卖给别的探险队的时候，中国的收藏家反倒比他们更早、也更愤恨于外国探险队到来之后高价收购吐鲁番文书的行径，如王树枏：

> 高昌佛经得长卷者甚稀，大抵多出古墓中。六朝人率以佛经殉葬。土人掘得者，往往剪碎，零售东西洋游历之士，希得重价。素文此卷虽不完备，殊可贵也。晋卿。庚戌（1910）十二月十二日。[39]

这样的消息似乎非常普遍，因此也很快传到内地，蒋芷侪《都门识小录》（1911 年）记载：

> 有友自新疆来，为言吐鲁蕃一带，近日发现唐时雷音寺古迹及唐人写经本甚多，开缺藩司王树枏、监理财政官梁玉书等提倡收买，而缠回愚顽，宁售之日本人，不愿售与王、梁，殊可恨也。[40]

蒋芷侪记录的古文书之争，就完全变成了第二次大谷探险队与王、梁之间的争夺战，这其中必定也包含了北馆文书收购的是是非非。而大谷探险队和王、梁所获的这些文书最终都流传到了日本，作为中国近现代文物外流的沧海一粟，"北馆文书"的流传确实也是一段值得深思的历史。

二 "北馆文书"的早期研究

北馆文书在其被收藏、流传的过程中，就已经开始了它们被研究的历史。这个早期的研究，就是在 1959 年大庭脩之前的一些以题跋形式来展开的探索。如今，它们也与北馆文书一起，成为了历史的文物。这些题跋，主要集中在书道博物馆、国立历史民俗博物馆的北馆文书上。以下的篇幅，即对这些题跋做出录文、笺注和分析。

（一）王树枏、段永恩的题跋

王树枏，与段永恩的北馆文书题跋，应该都是在新疆任职期间所作，虽然不是题写在同一份文书之上，但期间的继承性也非常明显，因作一并分析。

1、王树枏

王树枏，字晋卿，晚号陶庐老人。河北新城人。光绪十二年（1886）进士，光

---

[39] 王树枏《〈大般涅槃经〉卷第卅七题跋》，转引自居蜜《美国国会图书馆王树枏书藏：古籍、善本、珍品面面观》，《天禄论丛：北美华人东亚图书馆员文集·2010》，桂林：广西师范大学出版社，2010 年，24 页。

[40] 蒋芷侪《都门识小录》，转引自荣新江《海外敦煌吐鲁番文献知见录》，189 页。

绪三十二年至宣统三年（1906—1911）任新疆布政使。在任期间，正是外国探险家在新疆从事考察、盗掘方兴未艾的时期，由此导致了库车、吐鲁番、敦煌等地大量文物的出土。王树枏在这一期间也经眼和收藏了许多文书，他以题跋的形式，开启了早期西域、敦煌文书的研究，成为履新文士中最优秀的写本文书研究者[41]。

王树枏的北馆文书题跋，题写在书道博物馆藏 SH.124 文书尾部残缺处。该文书卷轴装，有中村不折题签作"唐仪风北馆厨牒"。王树枏题跋，录文如下：

> 右牒二纸，宽虑僴尺一尺二寸二分，出土鲁番三堡，皆草书。三堡为唐西州故址。柳中县，据《元和郡县志》："西至州三十里。"《太平寰宇记》："州东四十四里，《汉书》旧县。"盖在今鄯善境内。贞观灭高昌麹氏，置西州，升安西都护府。二十二年，徙都护府于龟兹。高宗永徽初，还治高昌。显庆三年，复移置龟兹，改置西州都督府。此牒当系都督府厨中所需柴酱诸物，下柳中县采供者。都督府官属有录事参军、录事史、市令诸职。牒中府史即史，市司即市令也。所供物件皆具诸主姓名、官属手押，井井有条，可以考见当时之制。
>
> 新城王树枏识。（末钤"树枏"朱方印、"新城王氏"白方印）

十印書局印

邊買乃西方土語今時猶然涼州人稱馬口齒若干
曰幾敦口齒此云紫敦六歲亦此意也退上即腿上
寒盜二字亦當時俗語言人貪塞而爲盜者當日買
賣多以綀計此因保人未集先立私契猶今交易先
立訂也
唐儀鳳二年北館廚牒
右牒二紙寬慮僴尺一尺二寸二分出土吐魯番三堡
皆草書三堡爲唐西州故址柳中縣據元和郡縣志
西至州三十里太平寰宇記州東四十四里漢書舊縣
蓋在今鄯善境內貞觀時滅高昌麹氏置西州升安
西都護府二十二年徙都護府於龜茲高宗永徽初
還治高昌顯慶三年復移治龜茲改置西州都督府
此牒當係都督府廚中所需柴醬諸物下柳中縣採
供者都督府有錄事參軍錄事史市令諸官屬牒中
府史即史市司即市令也所供物件皆具諸主姓名
官屬手押井井有條可以考見當時之制
唐張懷寂墓誌銘
石出吐魯番東鄉三堡以慮僴尺度之長三尺廣二
尺七寸正書共三十三行題曰大
周故中散大夫行茂州都督府司馬上柱國張府君

新疆訪古錄

图 5 《新疆访古录》中的王树枏题跋

---

[41] 王树枏收藏敦煌吐鲁番文书的情况，参拙文《王树枏与敦煌文献的收藏和研究》，《敦煌文献、考古、艺术综合研究：纪念向达先生诞辰 110 周年国际学术研讨会论文集》，中华书局，2011 年，574—590 页；《王树枏吐鲁番文书题跋笺释》，《吐鲁番学研究》2012 年第 2 期，69—98 页；《王树枏与西域文书的收藏和研究》，《国学的传承与创新：冯其庸先生从事教学与科研六十周年庆贺学术文集》，上海古籍出版社，2012 年，1075—1100 页。

这一题跋，也被王树枏收录到其《新疆访古录》卷二中（详前注 13，图 5），题作"唐仪凤二年北馆厨牒"（"仪"字避溥仪讳缺末笔）；其中文字，《汉书》旧县"作"汉旧县"，"贞观"作"贞观时"，"都督府官属有……诸职"作"都督府有诸官属"，可见重新抄录时更加精审凝练的文笔追求。这卷文书目前已经分离为并不相连的三个残片，而在王树枏得到文书的时候，后两个残片因为制作葬具的需要被粘连在一起，所以其题跋有"右牒二纸"的说法。题跋的内容，主要提示了文书的尺寸、出土地、书法形态，以及文书提及的"府"（西州都督府）的沿革、柳中县的归属、都督府官属名称的对应，以及文牒反映的事项，肯定了作为唐代文书实际行用考察的重要价值。所以，王树枏的题跋主要在于对文书所反映的史实及其书写制度给予的重视，体现了作者在文书研究中以出土文献补订传统史籍的治学方法。

2、段永恩

段永恩，字季承，一作积丞等。甘肃武威人。光绪三十三年以"举贡考职"中式，分发新疆即用知县，参与《新疆图志》的分纂，入民国后，曾任温宿、昌吉等地方知县。作为旧式文人，他也参与了这一时期新疆官员收藏、题跋西域文书的活动，今存梁素文旧藏吐鲁番文书，多有其题跋文字[42]。

段永恩的北馆文书题跋接裱在国立历史民俗博物馆的梁素文旧藏北馆文书H-1315-20 之后。卷轴的题签作"唐仪凤二年北馆厨残牒，吐鲁番出土，素文珍藏"，"仪"字缺末撇笔，对勘笔迹，也是段永恩所题署。这个题名，显然也是受了王树枏命名的影响。兹将题跋全文录出如下：

> 右唐高宗仪凤二年北馆厨残牒，出吐鲁番三堡。与余前观晋卿方伯所藏为式纸，惜土人割裂，多售价耳。其中亦有"仪凤二年"字及"牒市司为勘酱估报事下柳中县为供客柴用门夫采供事"等语。案，三堡为唐西州故址，据《元和郡县志》："西至州三十里。"《太平寰宇记》："州东四十里。汉旧县。"盖在今鄯善境内。贞观初，灭高昌麹氏，置西州，升安西都护府。二十二年，徙都护于龟兹。高宗永徽初，还治高昌。显庆三年，复移治龟兹，改置西州都督府。其牒当为都督府厨中所用柴酱诸物，下柳中县采供者。牒内有录事参军、录事府史、市司诸官，与《新书·官志》都督府下官同，府史即史，市司即市令也。此牒中参军、录事各官，悉与志合。"付司贰分"，以此酱柴分付府市司也；"典周建智"，典守之官也。彼系十一月二十三日，此系十月十八日，先后不同，其

[42] 段永恩生平与吐鲁番文书的研究情况，参拙文《段永恩生平考略》，《敦煌吐鲁番研究》第 14 卷，上海古籍出版社，2014 年，55—77 页；《段永恩与吐鲁番文献的收藏和研究》，王三庆、郑阿财合编《2013 敦煌、吐鲁番国际学术研讨会论文集》，台湾成功大学中国文学系，2014 年，35—58 页。

事则一。所供对象，皆具诸主姓名、官属手押，有条不紊，可以考见当时之制。豆斤，《龙龛》：音兜，出释典。古文"斗"作"斤"，大升也。《汉书·平帝纪》：民捕蝗，吏以石斜受钱。《玉篇》云：俗"斗"字。此斨字，左从豆，右从斤，当即作古"斤"字。胜，《唐韵》《集韵》《韵会》并"诗证切。升"，余见晋老所得唐人食物单，其中斗、升字皆作斨、胜，应亦古人通用也。

素文先生以为是否？姑藏段永恩敬跋。（钤"季"、"承"白朱合璧分体小印）

过去这一题跋一直没有完整的公布[43]，这次根据笔者经眼录文，始成全篇。

段永恩的题跋，也多着重与传世典籍的相互印证，在揭示吐鲁番出土文献的历史价值方面多所探索。这一段文字，可分两部分看。前半部分，在提示该文书与王树枏所收北馆文书的一致性后，主要是撮抄王树枏的考证而论述文中地名、官称，这一点在段永恩的其他大量题跋中也多有表现，这与他长期受知于王树枏有关，笔者有"祖述陶庐，新知未广"的评论[44]。在北馆文书的这个部分，提及柳中县在唐代的地理位置，段永恩的抄录还遗漏了主语柳中县，使得整个解释仿佛是在考证当时的地名"三堡"；抄录《太平寰宇记》："州东四十四里"，也夺漏为"四十里"，可见其粗疏。题跋的后半部分，作者考证了文书中的计量单位斨、胜即今作斗、升之意，略有创造。

（二）罗惇曧、胡璧成、罗惇曼的题跋

在国立历史民俗博物馆的梁素文旧藏北馆文书 H-1315-20 前后，还有罗惇曧、胡璧城（1885—1925）、罗惇曼三人的题跋，属于同一时期在梁素文内地寓所浏览而作。因文字简略，一并抄录如下，再作分析。

唐仪凤二年北馆厨残牒，文字简古，当时庭人固自不凡也。甲寅（1914）五月顺德罗惇曧。

馆厨文字古简如此，真是卖菜佣皆有六朝烟水气也。写此以志眼福。安吴胡璧城记。

右厨牒文字可诵。当时风雅，于此令人神往。惇曼。

1、罗惇曧

罗惇曧，字孝通，晚号瘿公。广东顺德人。光绪癸卯乡试副榜，授邮传部司官。

43　笔者撰《段永恩与吐鲁番文献的收藏和研究》，系 2013 年 11 月 16—17 日参加成功大学"敦煌吐鲁番学术研讨会"提交论文，段永恩的《唐仪凤二年北馆厨残牒》题跋，当时仅据荒川正晴先生提供其观摩 1990 年古典集展览会上抄录稿录文，因参观时间仓促，荒川先生亦仅抄至"典新书识（与《新书·官志》）"而止。2014 年笔者观摩原卷，重新录文提交，而抽换未果。故该论文集正式出版时亦仍系旧稿。

44　朱玉麒《段永恩与吐鲁番文献的收藏和研究》，54—55 页。

辛亥革命后，历任民国总统府秘书、参议、顾问。后弃政从文。擅长诗词书法，其在京师与晚清遗老相过从，于敦煌吐鲁番文书也多有收藏和题跋。以上"甲寅五月"为梁素文北馆文书题跋，应该是后者回到内地之后，邀请学者雅集斋中时所作。这个时间罗惇曧为梁素文旧藏题跋，不止一幅，如今藏书道博物馆的 SH.071《天请问经》："甲寅五月，伊通齐耀珊、兴城吴景濂、辽阳陈思、钱唐钟广生、新会唐恩溥、顺德罗惇曧同集素文先生斋中。惇曧题记。"[45] 今藏大阪杏雨书屋羽 561《唐西州交河郡都督府物价表》："右唐人物价表，有交河郡都督府印，当时物直犹可考见，殊可宝也。甲寅五月惇曧。"[46] 京都临川书店《洋古书总合目录》No.865《回鹘写经残卷》："右回鹘文残经，出吐蕃（番），为素文先生获于新疆者。曩见法国人柏希和所得敦煌石室回文经卷如巨篋云。当时购于新疆，论斤计直，柏君乃麋载归于巴黎，至可悯惜。今素文犹得宝此残经，不至同归域外，亦大幸事也。甲寅五月，惇曧并志。"[47] 从《天请问经》题跋，可知是在梁素文家中雅集；从《回鹘写经残卷》题跋"为素文先生获于新疆者"的口吻，可知是已经回到内地的家中。正因为在一日的雅集中浏览并作题跋，因此这些文字都比较简略。关于"北馆文书"，罗惇曧的题跋也主要是称道了其文字的古朴，其他没有太多的贡献。

2、胡璧成

胡璧成，字夔文，号藕冰，安徽泾县人。光绪二十三年（1897）举人。毕业于京师大学堂师范馆。清末任安徽咨议局秘书长。辛亥革命后当选为参议院议员。擅书法，富收藏。这段文字题跋在段永恩旧跋之后，表述的意思与罗惇曧相同，只是用了当时习用的俗语"卖菜佣皆有六朝烟水气"来做比喻[48]，显得比较风雅。当然，他的这个评价不能理解唐代官府文书的体制要求，而将负责馆厨账目的官吏等同于卖菜佣这样的贩夫走卒，联想与史实还是有所隔阂。

题跋中的安吴，是东汉时的旧县名，唐时并入泾县。

3、罗惇曼

罗惇曼，字照岩、季孺，号复堪等。广东顺德人。罗惇曧之堂弟。肄业于京师译学馆，曾任邮传部郎中、礼制馆第一类编纂。民国后历任教育部、财政部、司法部参事，国民政府内政部秘书等。新中国成立后为中央文史馆馆员。好诗文，擅书

---

[45]《中村集成》中 25。

[46] 吉川忠夫编集《敦煌秘籍：杏雨书屋藏》影片册七，杏雨书屋，2012 年，286—288 页。

[47] 荣新江《海外敦煌吐鲁番文献知见录》，191—193 页。

[48] 吴敬梓《儒林外史》第二十九回："杜慎卿笑道：'真乃菜佣酒保，都有六朝烟水气，一点也不差。'"徐珂《清稗类钞》"农商类·苏女卖花"："昔人谓金陵卖菜佣亦带六朝烟水气，而吴中卖花女郎，天趣古欢，风姿别具，亦当求诸寻常脂粉之外。"谭嗣同《江行感旧诗引》："一童工书，一仆善棋，府史吏卒，傲脱不俗，所谓卖菜佣皆有六朝烟水气矣。"

画，尤精章草。此则题跋也可看作是与罗惇曧、胡壁成同时浏览梁素文斋中，信手题写。

要之，三人的题写因为没有像王树枏、段永恩那样对于吐鲁番文书的不时摩挲和对照历史文献的比较研究，因此也只是做了浅显的评价，类似于题跋中简约的观款而已。

（三）中村不折与长尾甲

1、中村不折

中村不折在获得了北馆文书的残片后，也一定是朝夕观摩。其形成的研究文字，主要发表在《禹域出土墨宝书法源流考》中（图6）：

> 北馆牒。
>
> 高宗仪凤二年书。长二尺五寸五分，二纸。行、草杂署。草书绝妙，足以令人想见王右军之真迹。吐鲁番三堡出土。以下二牒同出此地。
>
> ……
>
> 此牒书体为连绵草。连绵草虽说始于王献之，但不能断言献之以前没有。楼兰遗简中见过此体，但谓独草，与晋代、六朝及隋唐的风气多少有些不同。连绵草是盛唐以后渐渐逞其笔势的，二字、三字进而一行全都连续不断，号为狂草。唐代狂草名家张旭及怀素最著名，其后四百年至明，此书体亦大兴，祝允明、黄道周、董其昌、王铎等名手，都各自发挥其笔力[49]。

图6 《禹域出土墨宝书法源流考》中的"北馆文书"图版

中村不折的《禹域出土墨宝书法源流考》是通过收集到的中国西北书法文物，展示中国书法宋代以前的源流，因此对于"北馆文书"的展示，也主要是从书法的角度，对于其中连绵草书的特点予以表彰。无疑，他的这一书法价值的评述也是非常有意义的。

2、长尾甲

长尾甲，字子生，号石隐、雨山，日本赞岐高松人。著名的汉学家、书画篆刻

---

49 中村不折《禹域出土墨宝书法源流考》，下册，叶二十二正、二十三背；李德范中译本，134、137页。

家。曾受聘商务印书馆，在中国生活 12 年，与吴昌硕等中国书画家过从。返回日本后，在京都以讲学、著述及书画为生。收藏书画多配制考究的木盒，并在木盒上署名题识，世称"长尾雨山箱书"。京都有邻馆收藏中国书画，多有其题识木盒，国立历史民俗博物馆这件有邻馆旧藏品也不例外（图 7）。因此，在梁素文与有邻馆之间，可能还有长尾甲收藏的环节——如果"长尾雨山箱书"不是有邻馆特别请长尾甲定制的话。

在木盒的正面（外面），是其楷书"唐仪凤残牒"楷书题名，盒盖的背面（里面），则是其题识：

> 唐北馆厨残牒，出于吐鲁番三堡。有"仪凤二年"字，为高宗时。此虽断简，千年遗墨，而亦足征见当时之制矣。长尾甲识。（钤印）

图 7　长尾雨山箱书题识（正、背）

长尾甲的题识类似一个文物简介，说明出土地、文物年代，并从历史文献的角度，提示了文书对于唐代制度史研究的价值。

（四）金祖同的研究

金祖同对于北馆文书的研究，主要体现在他获得中村不折惠赐的文书照片而辑注出版的《流沙遗珍》中。

金祖同，字寿孙，笔名殷尘等。原籍浙江嘉兴，后寓居上海。回族。著名学者、中国书店创始人金颂清四子。幼承家学，在甲骨学、历史考古、伊斯兰研究等方面均有涉足。曾于 1936 年东渡日本，师从郭沫若搜拓流失在日本的甲骨文。著有《殷契遗珠》《台湾的高山族》《读伊斯兰书志》等著作[50]。

金祖同《流沙遗珍》刊布了中村不折旧藏吐鲁番文书的 25 幅图版，其中 12 幅图版属于"北馆文书"的内容，而从金祖同本人的解读来看，只有图 4 的 4 幅、图 11、图 23 共 6 幅图版被他辨认是与"北馆文书"相关者。虽然图 13、24 的解读作者并没有把它当作"北馆文书"对待，但提示为柴米帐、两件误连的现象，还是对于文书

---

[50]　金祖同的生平与学术，可参郭成美《回族学者金祖同》，《回族研究》2008 年第 2 期，138—144 页。

的性质、拼接有一定的价值。金祖同的解读内容，主要体现在影印图版之后他的录文和题跋上。关于"北馆文书"的题跋，有如下一些（图8）：

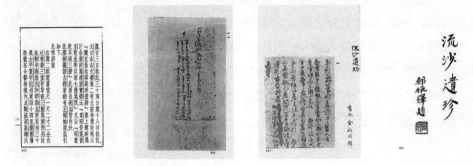

图8 《流沙遗珍》书影（右起：封面、首页、北馆文书图版、北馆文书解读）

四（SH.124-1～3）

《辍耕录》曰："内庖在酒房之北。"此称北馆厨，疑系都督府内庖。莉作菥，《隋董美人墓志铭》，刺史作刾史，隋唐俗书也。《玉篇》：莉，芒也。草木针也。菥柴即棘柴。"肆拾捌分"，柴以分计，不知所据。

"酱贰斫"，字书无斫字。《前汉书·平帝纪》：民捕蝗诣吏，以石斗计受钱。秦诏版，斗作斞，是斫即斤矣。"客斳"，斳亦不见字书，疑供客食料也。

《唐六典》"尚书左司郎中员外郎"下曰："小事判句经三人以下者给一日，四人以上给二日，中事各经一人给二日，大事各加以日。内外诸司咸率此。"右牒凡分三节，一、廿八日即批讫；二、十三日牒，廿三日批讫；三、十四日牒，十八日批讫。

《大日本古文书》卷二有大安寺资财帐云"精玖拾玖硕柒斗壹胜"，与上称斳为斤合。唐许嵩《建康实录》云："韦昭侍宴，后主竟坐，率以酒七胜为限。"又云："昭素饮不过三胜。"此原出《吴志》，皆作升。

此牒《新疆访古录》著录，有王树枏跋。兹引如下：

……

同又案，"付司裁分"，裁为裁夺，分为发分，公文习语也。

十一（SH.177上1）

右牒疑与北馆牒衔接。一曰十月廿八，一曰十月三旬因被责重申者。

十三（SH.177下8）

右柴米帐。

二三（SH.177上10）

案，"大爽"，姓见北馆厨片。此名上著"检"字，检吏也。与牒文向称"检案"字合。

又，本片为二件，误合裱为一纸。

二四（SH.177上6）

右为两件，裱工误连在一起。应分为：

……今未上谨牒。

（ 月 日府史）藏牒

以上5个编号的图版下的解读文字，作者的释读非常仔细，也非常广泛。他利用对于唐代典籍的娴熟，考证了文书中的各种词汇如：北馆厨、莿柴、斫、斫、胜、裁分、检等，从而对于唐代公文的理解提供了诠释。同样，作者也通过《唐六典》的规范，分析文书中并不完整的日期，力图了解唐代公事判勾的实际时间。这些，无疑都体现了作者对于北馆文书理解唐代制度史的价值重视。

作者还注意到了王树枏的研究，在图版4和不在讨论范围内的图版5《唐天宝解粮残帐》的解读中，均提及了《新疆访古录》著录。但是他抄录的这些跋文，均有日期、署名等内容，并不为《新疆访古录》所有；还有"北馆文书"的题跋，引文做《汉书》旧县"，而非"汉旧县"，均证明系直接从中村不折旧藏原件过录者。只是为了读者阅读、引用的便利，注明了《新疆访古录》的出处。

更为难能可贵的是，作者还利用了日本古文书的资料来印证唐代文书的用字，是后来从事唐日典制比较研究的先河。

当代吐鲁番学的研究，唐长孺（1911—1994）先生无疑是重要的代表人物，而他早年的接触吐鲁番文书，就是在王树枏《新疆访古录》、金祖同的《流沙遗珍》等的影响下开始的[51]。这种影响，移诸北馆文书今天的研究史，也一样深刻。王树枏、金祖同为代表的早期北馆文书研究，虽然在当代学术研究的体制下，已经成为明日黄花，而从大庭脩之后的研究来看，对于这些题跋式的文字，在探索流传、缀合丛残、考释文字方面，确曾有所借鉴。因此，它们所具有的文献与文物的双重品质，仍然与"北馆文书"一道，成为吐鲁番学研究中的不朽里程碑。

附记：

本文发表之后，始见旅顺博物馆藏编号为 LM20-1523-07-70 的吐鲁番文书亦系

---

[51] 朱雷《唐长孺师与吐鲁番文书》："唐师对吐鲁番文书的接触，据我所知，早年是通过王树枏的《新疆访古录》、金祖同的《流沙遗珍》等。"（《河北学刊》2005年第5期，80页）

"北馆文书"的残片之一。如所周知，旅博藏西域文书主要也是大谷探险队的收集品，是由大谷光瑞于 1916 年移居旅顺时带来，最终入藏旅顺博物馆的。至此，"北馆文书"的残片已经发现 37 片，分别收藏在日本的龙谷大学大宫图书馆、台东区立书道博物馆、千叶县国立历史民俗博物馆和中国的旅顺博物馆四个单位。

（朱玉麒，北京大学中国古代史研究中心教授。原刊《西域研究》2018 年第 1 期）

旅顺博物馆所藏新疆出土孔目司帖
及其所反映的唐代赋役制度

孟彦弘

　　旅顺博物馆所藏孔目司帖是一件价值颇高的文献，出土于新疆克孜尔。图版最早刊布于《西域考古图谱》[1]，录文见于罗福苌《沙州文录·附录》[2]，但似未引起足够重视。1988 年北京举办"敦煌吐鲁番资料展览"，学界方知文书原件藏于旅顺博物馆，清晰照片也随之公布，引起了学界的广泛关注，相继刊发了一系列研究成果。现最为清晰且易于得见的图版，见于《旅顺博物馆概览》，定名为"孔目司帖"，时代则定为"唐建中五年（784）"。今综合各家的识读，移录如下（括号标出异文。下文将要讨论的第 1 行、第 7 行的"匠"字和第 9 行的"抄"字加黑）：

1　　孔目司　帖蓮花渠**匠**白俱满失（尖？）雞（離？）

2　　配織建中伍年春裝布壹伯尺。行官叚俊俊、

3　　趙秦（泰？）璧、薛（萨？）崇俊、高崇迦等。

4　　右仰織前件布，准例放掬拓、助屯及

5　　小小差科，所由不須牽挽。七月十九日帖。

6　　　　　孔目官任　選（善？）

·····················（纸缝）

7　　配織建中伍年春裝布，**匠**蓮花渠白俱满地黎

8　　壹伯尺了。行官叚俊俊、薛崇俊、高崇迦、趙璧

9　　等。七月廿日趙璧**抄**。[3]

《旅顺博物馆概览》对此所作解题称：

　　纸本，包含两件文书。现装裱一处，呈卷轴装。墨笔行书，共 118 字。上段

---

[1]　《西域考古图谱》，国华社，1915 年。
[2]　《六经堪丛书》本，东方学会排印，1924 年。
[3]　王振芬主编《旅顺博物馆概览》，上海古籍出版社，2015 年，16 页。

（1 至 6 行），内容是丝绸之路上的地方政府设立的税收管理机构官员，即"孔目司"中的"孔目官"为征收春装布所下发的文书，上有三方朱色官印，印迹模糊不清，初步判读为"安西大都护府之印"；下段（7 至 9 行），是"行官"赵璧等人征收完春布后向孔目司呈上的报条。该帖记述了龟兹地区莲花渠村一位名叫白俱满央离的织户以布代替夏天差役的事情，它是现存唐代西州地区实行两税法的唯一物证。

前贤于文书的释读、解说和相关事项的考证，均极丰富，似已题无剩义，我只想就帖文的后半部分（第 7—9 行）的性质以及该帖所反映的力役问题发表些浅见，希望有助于对这件文书的准确理解。

一 "帖"抑或"抄"？

《旅顺博物馆概览》的解题中说："纸本，包含两件文书。现装裱一处，呈卷轴装。"[4] 从内容上，它分为两部分，但就文书原貌而言，应该是在当时就被粘连成了一件文书（详下）。粘连线以前的部分，是"帖"[5]；之后的部分被认为是"抄"[6]。当然，帖的部分，又可细分为两个部分。1—3 行可以说是事由，4—5 行是判辞，第 6 行是孔目官任某的签字（判辞就是这位任某写的）。

帖文说"配织建中伍年春装布"，所以学界多认为这是建中五年的文书。一般的解说，孔目官任某于七月下帖，令白俱满失鸡织春装布百尺；相应地，放免其所应承担的拓掬、助屯及小小差科。四位行官于次日收到白俱满地黎交纳的布百尺后，给付其收领抄（凭据）。但该帖所署日期是"七月十九日"；粘连线后的被视为"抄"的部分，又署作"七月廿日"。七月，已是夏季，如何能配织当年的"春装布"呢？钱伯泉首先指出，帖是建中四年下的，是为筹措来年的春装布；但认为在下帖的次

4　王珍仁《对旅顺博物馆藏〈唐建中五年孔目司公牍〉的再研究》（《敦煌学辑刊》1998 年第 1 辑），认为前后两部分原本是两件，出土后，近人才装裱为一件的（36 页）。陈国灿《关于〈唐建中五年安西大都护府孔目司帖〉释读的几个问题》（初刊 1999 年）则认为出土时即已粘连在一起，是一件文书（《陈国灿吐鲁番敦煌出土文献史事论集》，上海古籍出版社，2012 年，第 589-591 页）。我们认同陈国灿的说法，认为该文书原本就是粘连在一起的，是一件文书。关于出土地点及帖中人名的对音等，可参庆昭蓉《第一次大谷探险队在库车地区的活动：从探险队员日记与出土胡汉文书谈起》，王振芬、荣新江主编《丝绸之路与新疆出土文献：旅顺博物馆百年纪念国际学术研讨会论文集》，中华书局，2019 年，369—435 页，特别是 388—400 页。按：最近马俊杰《旅顺博物馆藏西域古文书考察》（朱玉麒主编《西域文史》第 13 辑，科学出版社，2019 年，第 167—177 页）又对旅博文书的来源及其与大谷文书的关系等进行了系统梳理，可参看。

5　小田义久《大谷探检队将来的库车出土文书について》（原刊 1993 年）误作"帖"，《大谷文书の研究》第三章第七节"库车出土文书"，法藏馆，1996 年，71 页。

6　陈国灿《唐建中七年西州蒲昌县配造秋布花问题》（《斯坦因所获吐鲁番文书研究》，武汉大学出版社，1994 年），释作"抄"，认为白俱满家为织造匠户，配织壹百尺了，在他交纳后，由行官赵璧发给他一纸"抄"文（133 页）。

日，或因购买、或因家中存有，已将百尺布交上[7]。孟宪实认为这是建中四年"配织"建中五年即来年的春装布，但只是布置了"配织"的任务，并非马上要缴纳[8]。这一解说，甚是。

如果"配织"的是来年的春装布，那么，粘连缝以后的部分，即所谓"抄"的那3行，该如何理理解呢？——以前认为这是完成织布、上缴后所给的收据；如果是布置来年的工作，当然不可能当时就有纳布的所谓收据了。孟宪实的解说是：

> 其实，就是第一天去布置，第二天去检核。……所谓布置，是向基层工作人员"所由"布置，所由再与白俱满尖离联系落实，第二天给行官回话，'配织'的工作布置完成，于是行官郑重写入文书，以备下阶段工作使用。这件汉文文书，不该是发给白俱满地黎的，只能是孔目司继续保管，"配织"只能是第一步工作，下面应该还存在核查、收纳等环节，而这件孔目司帖的功能还没有最终完成。[9]

据此，则此文书涉及了三层关系，即孔目司→行官→所由[10]。钱伯泉据文献所见的节度使府中有孔目官，推测此帖的孔目司乃安西大都护府的办事机构[11]；陈国灿据其对文书印文的识读，亦持此见[12]。但是，孔目司的这份帖，不仅任务很清楚（织来年春装布百尺），而且任务到人，明确指出这一百尺布是由白俱满失鸡来承担（该帖是直接下给白俱满失鸡的）。

但据荒川正晴研究，安西都护府之下，有"羁縻都督府→蕃州→城邑→村坊"这样的管理体系[13]；安西都护府的孔目司怎么会越过中间层级，将织百尺布这样的工作，直接布置给具体的某一位人呢？冻国栋指出不同等级的官府和多种类别的部门，都设置有孔目司，且其职掌极为繁杂[14]。荒川正晴还依据出土文书，指出了当地（安西）各级官府中孔目司的存在[15]。另外，荒川正晴通过对镇军、羁縻州与孔目司的关系的考察，认为这反映的是安史乱后，当地驻军直接控制地方以解决其供给；该帖

7 钱伯泉《〈唐建中伍年孔目司文书〉研究》，《新疆大学学报》21卷3期，1993年，46页。
8 孟宪实《安西之乱后四镇管理体制问题——从〈建中四年孔目司帖〉谈起》，《丝绸之路与新疆出土文献：旅顺博物馆百年纪念国际学术研讨会论文集》，554页。
9 《安史之乱后四镇管理体制问题——从〈建中四年孔目司帖〉谈起》，556页。
10 荒川正晴《クチャ出土〈孔目司文书〉考》（《古代文化》49卷3月号，1997年），认为"所由"是白俱满失离所在村的"村长"（151页）。
11 《〈唐建中伍年孔目司文书〉研究》，47—48页。
12 陈国灿《唐建中七年西州蒲昌县配造秋布花问题》，133页；《关于〈唐建中五年安西大都护府孔目司帖〉释读的几个问题》，589页。
13 《クチャ出土〈孔目司文书〉考》，154—156页。
14 冻国栋《旅顺博物馆藏〈唐建中伍年孔目司帖〉管见》（初刊1996年），《中国中古经济与社会史论稿》，湖北教育出版社，2005年，295—304页。
15 《クチャ出土〈孔目司文书〉考》，151—155页。

是驻军的孔目司发出[16]。我想，能不能如此坐实，还可以讨论；但有一点可以肯定，本帖中的这个孔目司，不会是都护府这个级别的官府的孔目司，而应是一个级别很低、很基层的某一官府或部门的孔目司。

杜牧《与汴州某从事书》，曾言及州县差夫役事，或可供参考。汴州境内的牵船夫最弊最苦。襄邑县令李式，"都置一板簿，每年轮检自差。欲有使来，先行文帖，克期令至，不拣贫富，职掌一切均同。计一年之中，一县人户，不著两度夫役，……一县之内，稍似苏息。盖以承前但有使来，即出帖差夫，所由得帖，富豪者终年闲坐，贫下者终日牵船。今即自以板簿在手，轮转差遣，虽有黠吏，不能用情"。这是县这一级。谈到州刺史，说"某每任刺史，应是役夫及竹木瓦砖工巧之类，并自置板簿，若要使役，即自检自差，不下文帖付县。若下县后，县令付案，案司出帖，分付里正"云云[17]。可知差役时，县令或州刺史可"自置板簿"，直接差派。但寻文意，李式所置板簿，是因为汴州境内的牵船夫役"最弊最苦"；刺史置板簿，涉及的是"役夫及竹木瓦砖工巧之类"；可以说，这都不是普通的常规役事。多数日常情形，是县令下帖，由里正具体承担，于是才出现具体承办的"所由"上下其手的情况。事实上，出土文书确实反映了州、县直接给某人发帖的情况，但多是就具体事务、针对的就是某人（如追唤某人）[18]。换句话说，像配织这样的常规役事（详下），安西都护府这个级别的官府，不会下帖给某人直接征派。

安西四镇中的龟兹、于阗、疏勒，实行的恐怕是军政合一的体制，类似派役、征税的公文，既有可能是镇军发出，也有可能是羁縻州或城这样级别的官府发出[19]。即使是由镇守军发出，恐怕也不能证明这是安史乱后的新体制——安史乱前，大概已经是这样，只是，吐蕃切断唐王朝与西域的通道，原来有部分或大部分由中央王朝分配、运输给西域的物资，现在则需要全靠当地就地解决了。就负担而言，是加重了，但就征收税钱、分派劳役的方式来说，应该是一仍其旧吧[20]。

帖文在"配织建中伍年春装布壹伯尺"之下，即称"行官……等"，列出了四位行官的名字。从公文格式上看，他们并非联署，与公文的制成没有关系——从内容来看，这是让这四位行官去具体布置"配织"工作。如果还需要比行官更低级的

---

[16] 《クチャ出土〈孔目司文书〉考》，157—160 页。

[17] 《樊川集》卷一三，上海古籍出版社，1978 年，198 页。

[18] 参雷闻《唐代帖文的形态与运作》（《中国史研究》2010 年第 3 期）讨论州帖、县帖时所举文书事目及文书，98—108 页。按，郭桂坤《唐代帖式文书的基本性质——以敦煌吐鲁番出土文书为中心》（朱玉麒主编《西域文史》第 13 辑）特别强调了帖是直接发给个人的通知书（153—166 页）。

[19] 荒川正晴《クチャ出土〈孔目司文书〉考》依据文书，认为当地无"县"这一级行政机构，155 页。

[20] 荒川正晴《クチャ出土〈孔目司文书〉考》认为 8 世纪以前少有类似差派的情况，所以他推测这是安史乱后，内地与西域交通断绝，当地镇守军加强自我供给的情形（159 页）。按，8 世纪之前少有类似情况，也许与材料存留的情况有关。

"所由"来承担，行官只是承上启下，收到公文、再行布置，为什么要列四位呢？因此，我认为这四位行官就是部置"配织"这一工作的具体承担者，不会再交"所由"去完成——判辞即第 5 行所称"所由不须牵挽"中的"所由"，是泛指，是说白俱满完成织布任务后，任何办事的官员都不得再给他们派役了。无论白俱满失鸡与白俱满地黎是一人还是两人，似乎都不需要由四位行官一起去承担这一布置"配职"的工作。但事实上，不仅孔目司所下帖中，明列了这四位行官，当他们完成任务，即"配织……了"之后，在赵璧执笔的回复中，也同样列出了包括赵璧在内的这四位行官的名字。这让我们想到，敦吐文书所反映的，乡一级乃虚设，一乡的事务，实际是由五个里正来共同承担。我揣测，这四位行官，承担的就是相当于里正的角色[21]——在非唐正州县的边地龟兹，对基层百姓的管理，也借鉴、模仿或复制了正州县的乡里管理方式，只是这件文书中称为行官，未称里正，是四位，不是五位[22]。

作为公文书的"帖"，学界已有不少研究，最新且最具代表性的成果，即荒川正晴和雷闻的研究。前者对出土文书中的帖式文书作了收集和梳理（这可说是作者《クチャ出土〈孔目司文书〉考》工作的继续），后者则在充分利用文书、特别是注意收集敦煌文书的基础上，结合文献记载，对帖这一公文的使用作了全面勾勒，指出了作为下行文书，"帖"在日常行政事务的处置方面所具有的广泛性和灵活性[23]。在讨论州帖时，雷闻曾引用了白居易《钱塘湖石记》：

> 若岁旱百姓请水，须令经州陈状，刺史自便押帖，所由即日与水。若待状入司，符下县、县帖乡、乡差所由，动经旬日，虽得水而旱田苗无所及也。[24]

遇旱时，百姓直接给州刺史陈状，"刺史自便押帖，所由即日与水"，就是刺史接到陈状，直接给负责管水的"所由"发帖，避免由州给县下符、县接到州符再给乡下帖、乡再通知管水的所由放水这样繁琐的公文流程。但，"押帖"何谓？是在来人陈状上批示下发，还是另发一帖呢？圆珍入唐巡礼的公验或许能给我们一些启发。

圆珍在日本国内曾取得"大宰府公验"和"镇西府公验"。这两件公验未经粘

---

[21] 行官设置非常广泛，地位也并不高，吐鲁番文书曾有长行坊差行官点检草的例子，低级胥吏亦称"官"，详参孙继民《唐西州张无价及其相关文书》（初刊 1988 年），《敦煌吐鲁番所出唐代军事文书初探》，中国社会科学出版社，2000 年，282—286 页；冻国栋《旅顺博物馆藏〈唐建中伍年孔目司帖〉管见》，304—309 页。

[22] 出土文书反映出，当地有村、坊，参荒川正晴《クチャ出土〈孔目司文书〉考》及刘安志《库车出土唐安西官府事目考释》（初刊 1997 年，《敦煌吐鲁番文书与唐代西域史研究》，商务印书馆，2011 年，322—323 页），但似未见坊正、里正之称，或许其职责正是由行官来承担的。另，作为四镇之一的于阗，也有乡里村坊，荣新江《关于唐宋时期中原文化对于阗影响的几个问题》（《国学研究》第 1 卷，北京大学出版社，1993 年，401—422 页）全面勾勒了中原文化对于阗的影响，这些影响也一定会在安西安都护府治所所在地的龟兹反映出来；乡里村坊制，见 406—407 页。

[23] 荒川正晴《唐代中央アジアにおける帖式文书の性格をめぐって》，土肥义和编《敦煌・吐鲁番出土汉文文书の新研究》，东洋文库，2009 年，271—292 页；雷闻《唐代帖文的形态与运作》，89—115 页。

[24] 《白居易集校笺》卷六八，上海古籍出版社，2008 年，3668 页。按，文末署长庆四年（824）三月十日。

连，是独立的两份。他到唐帝国福州后，上牒福州都督府，请求公验。福州都督府即在其牒文后批道："任为公验。十四日，福府录事参军平仲。"因为纸已不够续写，于是又粘连一纸。其后又有福建都团练左押衙充左厢都虞候林师虞的批语："日本国僧圆珍等柒人，往天台、五台山，兼往上都巡礼，仰所在子细勘过。玖月拾肆日。"圆珍携此经福建海口镇时，镇将检勘，批道："福建海口镇勘日本国僧圆珍等出讫。大中七年九月二十八日，史魏□□，镇将朱浦。"随后他先后经温州横阳县、安固县、永嘉县（温州治所），台州黄岩县、临海县（台州治所），到达了开元寺。所至各县，当地官员都与福州都督府的处理方式相同，即径于圆珍所上的牒件原件之后，作批："任为凭据"、"任为公验"、"任执此为凭"、"任执此为凭据"等，并依次粘连在一起——都是后一件粘连到前一件之后，粘连处有粘连者的印押[25]。

这些被学界称之为"公验"的公文，实际就是在圆珍途经各州、县时所呈当地官府的牒，经当地官府批核后，成为通关凭证的。各地官府并没有另写一份，作为凭证。因此，我推测上文所引白居易所谓"经州呈状，刺史便自押帖"，跟这些地方官在圆珍牒上批核一样，是在百姓的呈状上批示，然后直接发给管水所由执行的。

雷闻还举了浙西观察使韩皋杖杀湖州安吉县令孙澥的例子。韩皋因孙澥"判状追村正沈朏，不出正帖、不用印"，即派其衙前虞候安士文前往决杖，致孙澥毙命。元稹为此上《论浙西观察使封杖决杀县令事》，说"孙澥官忝字人，一邑父母，白状追摄，过犯绝轻"，认为韩皋所为"典法无文"，应"严加禁断"[26]。所谓"不出正帖"，就是指孙澥在沈朏所上状上直接批示后即下发；连官印都未押，即所谓"白状追摄"。

与此相关，有没有一个针对上级的处置要求、下级在回复时也采用这一简便方式呢？我认为是有的。旅顺博物馆收藏的这件孔目司帖反映的就是这一情况。这件帖，是孔目司给白俱满失鸡的，但具体是由段俊俊、赵秦璧、薛崇俊、高崇迶这四位行官来执行的。也就是说，这四位行官是带着孔目司下发的这道帖，到白俱满失鸡处，布置了织来年春装布壹伯尺的工作。诚如上引孟宪实文所言，这道帖的后半部分，即纸缝后的第 7-9 行，就是这四位行官在完成了孔目司交待的任务后，给下帖的孔目司的答复。

这个答复，是由四位行官中的赵璧执笔的，称"配织……了"，即受命交待布置某人织布的工作已经完成。执笔者"赵璧"下面的那个被释作"抄"的字，应该释作"帖"——这不是白俱满地黎完成并上缴所织春装布后行官给他的收据，而是这

25 圆珍公验图版、录文及解说，见砺波护《唐代的公验和过所》（原刊 1993 年），《隋唐佛教文化》（韩昇、刘建英译），上海古籍出版社，2004 年，171—189 页。
26 《元稹集校注》卷三八，上海古籍出版社，2011 年，988 页。校注：元和四年（809）作于洛阳。

四位行官完成了布置白俱满失鸡承担织布任务后、给孔目司的回复。这是在帖的后面，直接写了回复文字[27]，故称"赵璧帖"。与原来的帖粘连在一起，成为一份完整的公文，存档于官府，作为将来向白俱满失鸡征收布的依据。

至此，整件公文的含义，大致是孔目司在建中四年七月十九日给白俱满失鸡下帖，要求他承担织来年春装布百尺的任务；相应地，他即不必再承担掏拓、助屯及小小差科。次日，四位行官持帖给白俱满失鸡布置了这一任务，白俱满地黎同意承担这一任务，于是由赵璧执笔，给孔目司回复，称"配织建中伍年春装布……—百尺了"，即他们四位行官按照帖的要求，完成了安排某人织布这一工作。赵璧写就答复，粘在原帖之后，上交孔目司，作为日后征收布的依据。

雷闻已经强调，帖是下行文书。这是很正确的。赵璧将受命处理的结果，直接写在孔目司所下帖的后面，这是被动的答复性文字，与孔目司下发的帖是一体的，并不能构成一份单独的文书。同时，如上所述，下帖的这个孔目司的地位，似乎也并不比行官要高多少，所以四位行官在孔目帖之后的答复，也不宜理解成为上行文书。

民间如社司转帖的使用方式，很可能就是模仿或学习官府的这种非"正帖"的方式。这跟民间书信格式和用语模仿或学习官府状文的情形是一样的[28]。

二　匠役抑或杂徭?

这件文书的实质内容，是配织布。"配织"性质的确定，便涉及第 1 行和第 7 行的"匠"抑或"近"字的认定。

王珍仁、刘广堂从罗福苌的释文，作"近"，但认为是"当时当地中庸调制方面折合为纺织品的一种惯用形式"，是在租庸调制的背景下来认识的[29]。小田义久释作"匠"，并引《赋役令》，将春装布百尺折为若干日的役；这也是将此置于租庸调的制度背景下，视"配织"为庸[30]。

陈国灿研究秋布花时，涉及这件文书，此字从小田作"匠"，认为白俱满家为织

---

[27] 承雷闻兄示知，类似的文书"简易处理"方式，在其他文书中也有反映，比如唐开元年间西州都督府的诸曹向录事司领纸时，就是直接在本曹之前的牒文下注明了领取的数额，而没有再单独另行写一份收据，详参雷闻《吐鲁番出土〈唐开元十六年西州都督府请纸案卷〉与唐代公文用纸》，樊锦诗、荣新江、林世田主编《敦煌文献·考古·艺术综合研究：纪念向达先生诞辰 110 周年国际学术研讨会论文集》，中华书局，2011 年，436 页及该页图 4 和图 5。

[28] 关于这一点，可参包晓悦《论唐五代"私状"的成立与书信格式之演变》，荣新江主编《唐研究》第 22 卷，北京大学出版社，2016 年，221—242 页。

[29] 王珍仁、刘广堂《新疆出土的"孔目司"公牍析》，《西域研究》1992 年第 4 期，86—89 页。

[30] 《大谷文书の研究》，71、75—76 页。

造匠户；配织春装布，属地方性的差科[31]。冻国栋沿着陈国灿的思路，认为承担织布乃匠役，"属于织匠本行业的劳作"：

> 帖中的"配织"对于织匠而言乃是匠役，属于织匠本行业的劳作。他所放免的"掏拓、助屯及小小差科"则属于当地民丁所承担的杂徭、差役和临时性的杂役。[32]

荒川正晴利用出土文书中的差科簿、诸匠名籍等资料，谈了杂役中的匠役[33]。

王珍仁在 1998 年发表的文章中认为"'配织'则是另外一种征缴形式，即将实物租税折算为布帛罢了"[34]。陈国灿 1999 年的文章，主要是针对王珍仁此文，又加解说和辨析，认为"配织"并非征收租庸调，当时租庸调已被两税法所取代，明确说，"'配织'实际上是对民间织造匠人的一种专业性配役，带有临时差配的性质"；征配的春装布"不是正税，而是一种为了军需急用而对专业织造户作的临时性差配"[35]。——一方面说是匠人的专业性配役、是临时性差配，同时又说"不是正税"，这实际是将税与役混为一谈了。

就字形来讨论这个字究竟应该是"匠"还是"近"字，恐怕不会有进展，虽然第 7 行这个字的走之旁非常清晰。我们只能从内容上来分析。

如果释作"匠"，是指白失俱满失鸡的身份是匠。这有几个疑点不易解释。一，织布不是一个高难度有相当技术含量的工作；春装布，是军队的军需，也不是高级的布，不需要有专门技艺的工匠来承担（事实上，在租庸调时代，布是种植桑麻地区每户都需交纳之物）。二，如果匠是身份，那么这个"匠"字，就应该像孔目司所下帖中，放在人名前，作"匠白俱满失鸡"，而不应该像粘连在后的第 7 行，把"匠"字置于地名之前，作"匠莲花渠白俱满地黎"。三，如果是有匠籍的工匠，织这样的布又不需要有专门的技艺，那么这种"匠"从事何种专门行业呢？四，帖称："准例放掏拓、助屯及小小差科，所由不须牵挽。"白俱满失鸡承担了织布百尺的工作之后，就可以不再承担掏拓、助屯及小小差科等任务。如果他不同意织这一百匹布，那么，他就要承担掏拓、助屯及小小差科。冻国栋已指出，掏拓、助屯及小小差科"属于当地民丁所承担的杂徭、差役和临时性的杂役"。那么，与此对应的织布工作，

---

[31]　陈国灿《唐建中七年西州蒲昌县配造秋布花问题》，133 页。

[32]　《旅顺博物馆藏〈唐建中伍年孔目司帖〉管见》，293 页。

[33]　《クチャ出土〈孔目司文书〉考》，158—159 页。

[34]　王珍仁《对旅顺博物馆藏〈唐建中五年孔目司公牒〉的再研究》，44 页。此句殊难索解。如果配织布为租税，那布帛已经是实物租税了，何以再折算？大概仍是用租庸调制来解释吧。又，作者称"此件文书的内容是对征缴赋役（春装布）这一事从开始到结束的完整记述"（45 页），"征缴赋役"也颇难解。文章对这件公文书所涉及的役、税解说，视白俱满尖（地）黎（离）为一种布的坚持，多令人难解，故不作评述。

[35]　陈国灿《关于〈唐建中五年安西大都护府孔目司帖〉释读的几个问题》，587 页、593—594 页。

也应该属于"民丁所承担的杂徭、差役和临时性的杂役",而不是所谓匠户所承担的匠役——对此,冻氏的解释是,匠户在匠役之外,还要承担民丁所承担的杂徭、杂役;承担织布,即不再被牵挽承担掏拓、助屯等,是一种补偿(如不配织,则须与其他丁夫一样承担这些杂徭和杂役)[36]。匠户之役明显要比普通百姓为重。考虑到人身依附关系已明显松弛以及"纳资代役"的趋势,这样的匠户制,恐怕很难维持吧。

我认为此字应释作"近",指地理方位,即莲花渠附近、左近。当地不存在专门负责织布的所谓"匠户";承担织布者,就是普通百姓。织布,跟掏拓、助屯的性质是一样的;承担了织布,即可免于掏拓、助屯,反之亦然。我想,这样的理解,似乎更为合理一些。

掏拓、助屯,并非临时性的差科,而是固定的役目。如果不服役或不需服役,则可折税交纳[37]。织布,与纯粹的力役如掏拓、助屯相比,具有特别之处,它既是役(织),同时又要交纳实物布[38]。这也是以往的研究者,既把它视作赋税、又当成力役,混二为一;同时,又将承担织布者视作匠户,织布又成为专业性的匠役。这些因素纠缠在一起,治丝益棼。

我们应该把织布、掏拓、助屯及小小差科这类役制,放到什么背景下来考虑呢?它是租庸调制度下的杂徭,还是两税法制度下的役呢?或者,龟兹作为唐王朝非正州的边地,实行的是另外的具有边地特色的役制?这些役是依据什么标准来征派呢?我同意刘安志的判断。他认为这个地区所出文书中,没有见到实行租庸调和两税法的内容,并引《旧唐书·食货志》上:"蕃胡内附者,上户丁税钱十文,次户丁税钱五文,下户免之。"执行的是边地"丁税钱"的规定[39]。就此规定而言,首先是划户等,划为上次下三等;不同户等的丁,交纳的税钱是不同的。所以,它是"户

---

[36] 《旅顺博物馆藏〈唐建中伍年孔目司帖〉管见》,293—294 页。

[37] 见冻国栋《旅顺博物馆藏〈唐建中伍年孔目司帖〉管见》,288—289 页;参刘安志《唐代安西都护府对龟兹的治理》(题作《从库车出土文书看唐安西都护府府治地的政治、经济生活》初刊于 2005 年,修订后发表于《历史研究》2006 年第 1 期),《敦煌吐鲁番文书与唐代西域史研究》,303—309 页,特别是 308—309 页。和田出土的《唐大历三年三月典成铣牒》涉及的"杂差科""差科""小小差科",都是交纳的赋税(有"今年有小小差科,放至秋熟,依限输纳"语),反映了作为四镇之一的于阗也有同类情形,可作参照,详见张广达、荣新江《〈唐大历三年三月典成铣牒〉跋》(初刊 1988 年),《于阗史丛考》(增订本),中国人民大学出版社,2008 年,106—117 页,特别是 111—112 页。

[38] 孟宪实《安史之乱后四镇管理体制问题——从〈建中四年孔目司帖〉谈起》:"因为织布需要原料,而不管使用棉还是麻,都应该是大量的,应该有一定的时令性,且当是政府统一供应。"(555 页)按,从庸调布的交纳来看,直接交纳的就是布。此帖如反映的不是匠户(我们认为不是匠户,而是普通百姓),那就不太可能由官府提供原料,而是应该像庸调布一样,要自备原料,织成布交纳。刘安志《唐代安西都护府对龟兹的治理》称,掏拓、助屯,都可以折税交纳,因此认为"白俱满失鸡以配织春装布而免除'掏拓、助屯及小小差科',实际就是一种折纳"(308 页)。按,织布、掏拓、助屯是同一类役,要么织布,要么掏拓或助屯,或者是承担所谓其他小小差科,是在几种役中选某一种来承担;这种选项,不是折纳。

[39] 《唐代安西都护府对龟兹的治理》,307 页。按,和田出土的汉文文书所反映的安西四镇之一的于阗的情形,或有助于我们对龟兹赋税情况的认识,见张广达、荣新江《圣彼得堡藏和田出土汉文文书考释》(初刊 2002 年),《于阗史丛考》(修订本),267—288 页。

等 + 丁"的制度——征收的单位，是丁；征收的标准，是户等。

我想，役的征派，也大致如此。户等，决定役的时长、数量和强度；具体承担者，是丁。明乎此，我们就可以更好地理解这件帖文中所出现的"白俱满失鸡"和"白俱满地黎"的问题了。如果是同一人的异译[40]，那就是说，承担织布的是这家的一个丁；如果是两人，无论是兄弟还是父子[41]，承担织布的是这一家的两个丁。织布的数量，是依据这家的户等来决定的；承担织布工作，要落实到人（丁）。因此，不管是视作一个人，还是两个人，都不会影响我们对帖文的认识，不会影响我们对帖文所反映的役制的认识。

三 结语

就这件文书的释读而言，"帖"字的释读最为重要，这让我们了解了这件公文的性质。就文书的考订而言，文书的运作以及文书涉及的行官、配职、掏拓、助屯及小小差科，最为关键。

就研究史而言，1988 年举办的"敦煌吐鲁番资料展览"，使旅顺博物馆所藏的这件文书原件与世人见面，才引起了学术界的广泛关注。

王珍仁、刘广堂《新疆出土的"孔目司"公牍析》是国内较早发表的研究这件文书的文章（因较早接触了文书实物），指出该文书出土地应为克孜尔。

小田义久 1993 发表的文章主要是梳理、公布大谷探险队在库车发现的文书，但对这件文书的考订占了全文的一半篇幅[42]。他将此前识作"惟"的字，识作"帖"，并将文书定名为"建中五年孔目司帖"。这对了解该文书，是一个实质性的进步。"孔目帖"的定名，也为后来学界的主流意见所认可。对"匠"字的识读，为陈国灿、冻国栋、荒川正晴等所接受。当然，小田和王珍仁、刘广堂都是将此置于租庸调制度之下来解读配织及其与役的关系，即将配织布视作租庸调制度下的庸；而陈国灿、冻国栋则视之为专业性的匠户及其所承担的杂役。大致同时，钱伯泉指出这是建中四年的帖[43]。

冻国栋 1996 年发表《旅顺博物馆藏〈唐建中伍年孔目司帖〉管见》，广泛征引文

---

[40] 参钱伯泉《〈唐建中伍年孔目司文书〉研究》，44 页；荒川正晴《クチャ出土〈孔目司文书〉考》，151 页及注 20。

[41] 陈国灿《唐建中七年西州蒲昌县配造秋布花问题》认为是同一家的两个人（133 页），《关于〈唐建中五年安西大都护府孔目司帖〉释读的几个问题》更明确其为兄弟关系（588—589 页）。孟宪实《安史之乱后四镇管理体制问题——从〈建中四年孔目司帖〉谈起》依据庆昭蓉对这两个名字的音义复原，认为他们是父子关系；这一纺织任务，是以家庭为单位展开的（556 页）。

[42] 《大谷文书の研究》，70—82 页。

[43] 《〈唐建中伍年孔目司文书〉研究》，46 页。

书和文献，对帖文、兵防健儿冬春衣、配役、掏拓、助屯、小小差科等一系列相关问题作了考证和疏解，特别是对孔目官、孔目司、行官的考证，于理解文书的内容极有助益。

与此同时，荒川正晴《クチャ出土〈孔目司文书〉考》重点考证了"帖"这一公文形式，并利用出土文书，紧扣这件孔目司帖，考察了龟兹羁縻州府—城—坊（乡村）的统领体系，特别是通过文书，具体勾勒了安西地区的孔目司、安西羁縻州府及镇军的孔目司，这使我们对孔目帖所涉及的孔目司的理解，不再处于泛泛状态，而变得深入和具体，从而大大深化了我们对这件帖文书运作的理解。

冻国栋、荒川正晴二氏的文章乃各自完成，彼此未及参考，但研究各有侧重，无论是广度还是深度，抑或所使用的材料，都可谓后来居上。其成果，已远远超出孔目司帖的释读与疏解，而是将此用作材料，来研究相关史事了；特别是荒川的研究，对我们认识安西地区的行政统属等极有帮助。将来的推进，无疑当以二氏的研究为基础。

王珍仁《对旅顺博物馆藏〈唐建中五年孔目司公牍〉的再研究》对前此各家的释读文字作了梳理和比对，贡献是指出了文书后半部分即第7—9行是行官向孔目司作的报告，但其他意见多不可取。陈国灿《关于〈唐建中五年安西大都护府孔目司帖〉释读的几个问题》主要是针对此文所作的申论和辨析。

孟宪实《安史之乱后四镇管理体制问题——从〈建中四年孔目司帖〉谈起》是他2017年参加于旅顺博物馆召开的"'丝绸之路与新疆出土文献'国际学术研讨会"时提交的会议论文，即由这件文书而讨论安史乱后的四镇管理体制。关于四镇管理体制，此处不论；文章认为这件文书的后半部分即第7—9行，是行官向孔目司报告，他们已完成了布置"配织"的工作，这使我们得以正确理解了文书后半部分的实质。

学术史的梳理，与我们对问题的认识是密不可分的。认识不同，对学术史的梳理和判断就会不同。比如，我们认为配职是役，所以我们对与租庸调联系起来的解说，就认为是不对的；我们认为没有织布的匠户，承担织春装布的白俱满是普通百姓，织布与掏拓、助屯等是同一类役，所以我们认为"近"释作"匠"就不可取；文书后半部分，是行官向给孔目官的回复，所以我们认为将此视作"抄"（收据）就是错误的，原来释作"抄"的字应释作"帖"；这个回复，只是说布置了"配职"的任务，因此我们认为提前征收布的理解就不可取。

就中国古代史的研究而言，学术史的梳理和审查，主要侧重于四个方面，一是问题的提出，二是核心的观点和认识，三是资料的收集和使用，四是论证的逻辑。其中，相关材料的收集越广泛、越丰富，对相关问题的认识就会越具体、越真切。

比如，诸家疏解帖文所涉及的掏拓，所用主要资料都是《西域考古图谱》中的掏拓所文书、检校掏拓使文书和大历九年胡子牒。关于孔目司，冻国栋《旅顺博物馆藏〈唐建中伍年孔目司帖〉管见》侧重文献和金石资料的收集和使用，荒川正晴《クチャ出土〈孔目司文书〉考》所使用的出土文书则异常丰富，使我们得以具体地认识到这件文书出土地的官府孔目司的情形。

就我们的工作而言，只是在前贤考释的基础上，"就文书说文书"，认为文书后半部分的末一句应释作"帖"，像通行公文书末尾作"牒""谨牒"一样，是表示文书性质的收尾词——第7—9行是行官给孔目司的回复"帖"，而不是作为收据的"抄"。其次，是认为"匠"字仍应释作"近"，是表示方位的附近、左近之义；与此相关，就是指出"配织"是由普通百姓承担的，跟掏拓、助屯是同一类役，没有所谓的专门负责织布的匠户、也不是匠役。帖文所涉及的织布、掏拓、助屯这类役，不是临时性的杂役，而是日常固定的役目，反映的是边地的税、役制度，不能套用租庸调或两税法来作解说。本文开头所引的解题："该帖记述了龟兹地区莲花渠村一位名叫白俱满央离的织户以布代替夏天差役的事情，它是现存唐代西州地区实行两税法的唯一物证。"是不准确的。

如果为这件文书拟一"事目"，或许可作：

建中四年（783）孔目司帖白俱满失鸡为配织来年春装布百尺事

（孟彦弘，中国社会科学院古代史研究所研究员。原刊中国社会科学院历史研究所魏晋南北朝隋唐史研究室、宋辽金元史研究室编《隋唐辽宋金元史论丛》第9辑，上海古籍出版社，2019年。收入本书时，又略加补充）

吐鲁番出土民间结社文献及其价值

孟宪实

中古时期的民间结社，是社会史研究的重要课题。北朝的石刻资料和敦煌文书，从来是研究此题的主体资料。其实，吐鲁番也出土了数件民间结社文献，属于麴氏高昌和唐代西州时期。数量虽然有限，但意义不能低估。从高昌国到西州，民间社会的结社与佛教，通过这些资料，都给出了新的证据，更新了我们的历史认识。

中国古代民间结社资料传世文献记载有限，现在研究主要依靠出土文献。北朝的石刻文献和敦煌出土文献，在中古民间结社研究中占有主力地位。中国中古时期的民间结社资料，以敦煌出土的资料最具代表性，一是数量多，目前的统计达 540 件左右。二是种类全，结社章程的社条，通知社人集会的转帖，记录社内经济活动的帐目，处理各类社内事务的社状，以及祭祀祈祷的社文等等[1]。但是敦煌提供的民间结社资料，时间多集中在晚唐五代宋初，比较起来，唐西州的结社资料数量虽然有限，但是在时间上正可以弥补敦煌结社资料的不足，因为它们的时间属性更早，所以价值巨大。

一 西州民间结社资料

唐太宗贞观十四年（640），唐朝出兵西域，开启唐朝统一西域的进程。吐鲁番盆地原有的麴氏高昌王国（501—640）就此覆灭，唐朝建立地方行政机构西州。西州是唐朝所设最西端的正州，在后来经营西域中，发挥了重要的作用[2]。吐鲁番出土文书，为我们研究西州的历史与社会，提供了大量珍贵资料，无论是政府的社会管理还是民间风俗，都是传世文献不能比拟的。这里，我们就发现的两件西州时期的民

---

[1] 参见郝春文《敦煌社邑文书与中古社邑研究》，作者《中古时期的社邑研究》，新文丰出版公司，2006 年，193—214 页。

[2] 参见张广达《唐灭高昌国后的西州形势》，东京《东洋文化》68 号，1988 年。收入作者《文书、典籍与西域史地》，广西师范大学出版社，2008 年，114—152 页。

间结社文书进行讨论，可以认为，这是吐鲁番文书给出的又一个侧面的社会史事。

1. 社人《妙法莲华经》题记

文书出自吐鲁番吐峪沟，现在收藏在德国国家图书馆，编号 Ch.5509。这是一件社人共同出资抄写的《妙法莲华经》题记，具体内容如下：

1. 蓋聞一乘妙理，法界傳通，十二部經，金口所演。況復[
2. 嶺真空之教，王□滅罪之文，火宅方便之言，險[
3. 善權之說，莫不受持頂戴，即福利無邊，書[
4. 弘宣，還生萬善。今有佛弟子比丘惠德、齊[
5. 歡德、趙永伯、范守□、趙衆洛、范阿隆、趙願洛、宋客仁、[
6. 洛、趙延洛、張君信、索緒子、張憧信、范歷德、趙隆軌、王儶[
7. 劉常洛、范慈隆、趙武隆、張豐洛、張定緒、張君德、范[
8. 范進住、趙隆子、竹根至、劉明伯、趙惡仁、范黑眼等，敬人[
9. 往劫，重正法於此生，棄形命而不難，舍珍財而轉[
10. 遂。即人人割寶□□□珍，敬寫《法華》一部。其經[
11. 耳聞消煩蕩穢，心念口誦證寂滅樂。用斯[
12. 願合社七祖魂靈，覲奉世雄；見在尊長[
13. 滅（？）兒，自身福備。家口善兹，小果悟大，真常[
14. 倍加福佑。外道歸正，龍鬼興慈，有識[
15. □□唅靈，俱霑聖道。[3]

文书中的人名，也有见于其他吐鲁番出土文书的情况，陈国灿先生根据赵恶仁的其他资料推测，《妙法莲华经》题记的写成在唐高宗"咸亨三年前不久"[4]。文欣先生引用此文书，也得出相似结论[5]。咸亨三年，是公元672年，这个时间是一个有意义的标志[6]。

大约三十人左右的团体，他们共同出资抄写了一部《妙法莲华经》，在题记部分，他们署上自己的名字，一方面盛赞《妙法莲花经》的功能强大，一方面希望就此保佑大家平安，其中有"愿合社七祖魂灵，觐奉世雄"一句最为重要，"合社"之

---

3 荣新江主编《吐鲁番文书总目（欧美收藏卷）》，武汉大学出版社，2007年，321页。按行书写，参照池田温《中国古代写本识语集录》，东京大学东洋文化研究所，1990年，194页。
4 饶宗颐主编，陈国灿著《吐鲁番出土唐代文献编年》，新文丰出版公司，2002年，90页。
5 文欣《吐鲁番新出唐代西州征钱文书与垂拱年间的西域形势》，《敦煌吐鲁番研究》第10卷，131—163页。
6 参见作者《唐朝政府的民间结社政策研究》，《北京理工大学学报（文科版）》2001年第1期，25—30页。

词足以证明这就是一个西州地方的民间结社 [7]。他们祈福的目标，从"七祖魂灵"，到"见在尊长"，到"自身"，到"家口"。这应该是一个以户主结社。他们的结社，有位僧人惠德参加，他可能是这类具有宗教意义活动的指导者。所有人都自称"佛弟子"，是一种对佛教表示亲近的说法，不可认为都是出家人。

民间结社，作为一种当时普遍存在的社会组织，他们通常的功能是互助，在成员遇到困难的时候，其他成员集体进行协助，共渡难关。作为正式的组织，他们都拥有社条类文书，规定社成员的权力与义务，有的会十分具体，在什么情况下如何出资、如何出力，都有详细规定 [8]。

这件文书，不是社条类文件，仅仅是《妙法莲华经》的题记，从一个特定的角度反映了西州民间结社的情况。一般而言，民间结社的互助，主要集中在生活互助上，在后来的敦煌义书中，我们发现丧葬互助是民间结社互助的最核心内容，说明丧葬对于一般百姓形成的经济压力最大。经营比较好的结社，结社的活动会扩大发展，比如组织共同的消费——通常是聚餐等等，而上升到宗教层面，比如共同参与宗教活动，共同投资功德等，则使结社具有了精神与心理价值。这件文书，其实表达的是一个功德活动，结社成员共同出资雇人抄写《妙法莲华经》，为成员的祖先、尊长、自身和家口祈福。这除了能够证明西州有很发达的民间结社之外，也能证明佛教在西州的状况。

就在这件写经题记写作的十年之前即龙朔二年（662），吐鲁番有一件官方的正式僧籍被发现，这就是思恩寺籍。僧籍中列有三位僧人的基本情况，其中的学业情况，便列写了他们各自的诵经篇目，因为一位僧人的学业状况是空白，另外两位僧人都有"诵《法华》五卷"字样。证明思恩寺很重视《法华》，即《妙法莲华经》[9]。

根据吐鲁番出土《武周证圣元年五月西州高昌县崇福寺转经历》文书，我们还知道另外一个寺院叫做"崇福寺"，寺院对于每位僧人的日常功课都有详细记录，在这个寺院中，新剃度的僧人首先要诵读《法华经》。在这件文书中，第1、12、23、34行都写着三个僧人的名单，他们是"僧玄判、僧玄式、僧玄范"，在他们的名单下小字注为："已上三人新度，各读《法华》两卷"[10]。可见，不论是思恩寺还是崇福寺，都很重视《妙法莲华经》，该经是寺院进行僧人教育的基础经典。

---

7 作者曾经在论文《试论唐代西域的民间结社》中介绍过此文书，《西域研究》2009年1期，1—12页。有关西州时期的佛教崇拜，《妙法莲华经》很受社会大众重视，这是一个新的例证。参见王素《吐鲁番出土〈功德疏〉所见西州庶民的净土信仰》，荣新江主编《唐研究》第1卷，北京大学出版社，1995年，11—35页。

8 参见作者讨论的敦煌民间结社情况，《论唐宋时期敦煌民间结社的组织形态》，《敦煌研究》2002年第1期，59—65页。再录：人民大学复印资料《中国古代史·魏晋南北朝隋唐》2002年4期。

9 参见作者另文《吐鲁番新发现的〈唐龙朔二年西州高昌县思恩寺僧籍〉》，《文物》2007年2期，50—55页。

10 唐长孺主编《吐鲁番出土文书》肆，文物出版社，1997年，231—235页。

吐鲁番出土文书中，有大量的佛教经典，其中就不乏《妙法莲华经》。吐鲁番出土的佛经，最大宗收藏在旅顺博物馆，现在据不完全统计，《妙法莲华经》残片接近五千片，是所存佛经中比较多的一种[11]。

在西州，佛教寺院之外，民间也崇尚《妙法莲华经》，西州人在多种场所为亲人祈求福报，都包括抄写和宣讲《妙法莲华经》。王素先生考察西州的净土信仰，列举五件资料，除一件唐中宗、睿宗年间的资料之外，都明确属于高宗时期。《法华经》中因为具有净土思想，所以在西州净土思想十分流行，重要表现就是西州人对《妙法莲华经》的供养[12]。本文讨论的社人《妙法莲华经》题记，再添新证。因为是社人的集体行为，更能体现社会性，证明西州社会对于《妙法莲华经》宗教功能的信服程度很高。

2.《唐西州众阿婆等社条》

唐朝初年的民间结社资料，首见于吐鲁番出土文书，这就是《唐众阿婆作斋名转帖》，现录文如下：

```
1        婆名
2        阿婆弟一      □
3        阿婆弟二      □
4        阿婆弟三
5        婆弟四
6        阿婆弟五
7        阿婆弟六
8        阿婆弟七
9        阿婆弟八
10       阿婆弟九
11       婆弟十
12       婆弟十一
13       弟十二    □  □
14       阿婆□十三□  □  □
15       阿婆弟十四  □  □
16   □住兒阿婆弟十五 □  □
```

---

[11] 这个统计来源于正在进行的"旅顺博物馆藏新疆出土汉文文书整理与研究"项目。

[12] 参见王素《吐鲁番出土〈功德疏〉所见西州庶民的净土信仰》，荣新江主编《唐研究》第 1 卷，北京大学出版社，1995 年，11—35 页。

17　　　□猫□阿婆弟十六　　　　□

18　　　￣￣￣￣阿婆弟十七　　　□

19　　　□漢得阿婆弟十八　　　　□

20　　　□琮舉阿婆弟十九

21　　　□守懷阿婆弟廿

22　　　□□暉阿婆弟廿一

23　　　□□歡阿婆弟廿二

24　　　￣￣￣￣阿婆弟廿三

25　　　□豐仁阿婆弟廿四

26　　　□□□阿□弟弟廿五

27　　　□□舉阿婆弟廿六

28　　　￣￣￣￣月别齋日共衆人齋￣￣￣

29　　　合衆阿婆等至五月内，各出大麥貳￣￣

30　　　至十月内，各與秋貳斷￣￣￣

31　　　衆阿婆等中有身亡者￣￣￣

32　　　麥壹，出餅五個。衆人中廿（？）￣￣￣

33　　　在外衆人食□□衆人中有人￣￣￣

34　　　違（？）教者，别銀錢壹文入衆人￣￣￣[13]

　　文书共34行，其中第2行到第27行都是阿婆的名单，而每一名单的书写结构都是一致的，如第21行"□守怀阿婆弟廿"，守怀是人名，姓氏残缺不知，守怀阿婆，就是守怀的母亲，"弟廿"是第二十位。全体名单一共26名阿婆。除第三、第四、第十还有从第19到第24位阿婆以外，每个名单之下都有两道或者三道墨痕，显然是她们每个人认名方式，如同签字认可。名单之后，是种种规定，每月都有斋会，每人需要纳麦若干，如果有阿婆身亡，其他人要纳麦和饼，如果有人不听召唤，要罚银钱壹文等等。

　　文书整理小组命名为《唐众阿婆作斋名转帖》，郭峰先生认为这个命名不妥，"从内容来看，这件文书实际上相当于敦煌文书中的社条或社约"，所以他另外命名为《唐众阿婆作斋社约》[14]。宁可、郝春文先生根据敦煌社条的一般惯例，结合郭峰的讨论，称之为《众阿婆等社条》[15]。确实，这绝不是一件转帖。转帖通常是召集社员集

[13]　唐长孺主编《吐鲁番出土文书》叁，文物出版社，1996年，81—82页。

[14]　郭峰《吐鲁番文书〈唐众阿婆作斋社约〉与唐代西州的民间结社活动》，《西域研究》1991年第3期，74—78页。

[15]　宁可、郝春文《敦煌社邑文书辑校》，江苏古籍出版社，1997年，60—62页。

会或者劳动等统一行动的通知书，而这件文书并非如此。根据敦煌众多转帖可以明确，转帖的多项要素比如集会事由、时间、地点和具体要求等，这件文书都不具备。所以，郭峰先生以来，都认为是社条，这个看法的正确性是毋庸置疑的。

此件文书 1967 年出土于阿斯塔那 74 号墓。文书原始编号是 67TAM74:1/7，1/8，1/10，1/11，如此多的编号，是因为最终的文书是由多件断片缀合的结果。根据整理者的说明，这个墓穴中同时出土了唐朝显庆三年（658）的残墓志，这可以看作是墓葬的完成时间。其中的文书，有的时间标志也是显庆三年[16]。所以这份关于结社的社条，应该是显庆三年之前的。因为这是一件过期作废的文书，最后在显庆三年埋入坟墓，该文书的制作时间只能在显庆三年之前。日本东洋文库《敦煌吐鲁番文献社会经济史资料集》补编，标示这件文书为七世纪，虽然不错，但是过于宽泛，不如"显庆三年之前"的说法更具体[17]。根据敦煌结社文书命名多设时间限定的情况，这件文书可以命名为"唐西州众阿婆社条"。

十分巧合的是，上一件社人《妙法莲华经》题记的书写时间，也是咸亨三年之前，与此阿婆社条属于同一时期。

社条，是结社的章程，相当于社内法规，具有内部法律的地位。通过对比敦煌出土的多件社条，我们可以发现"唐西州众阿婆社条"并非特例。一般而言，社条由三部分内容构成，序言，清楚表示为什么要结社，结社的意义如何重要等；其次是内容，规定什么事情怎样互助等等，互助条款一般还有罚则规定，如果不能完成互助的内容，该交纳的不交纳，会遭受惩罚。罚则，通常会加大社员的支出，最为严重的是开除结社；最后部分是署名表达承认，加入结社完全自愿，所有规则也要完全遵守等。这是基本情况，有的社条也许会省略序言，有的结社有关互助条款书写并不清晰，甚至会提前说明临事再决定。署名部分，多数写在社条最后，但也有写在社条的第一部分，如"唐西州众阿婆社条"这种情况的[18]。

阿婆后面的"弟"字，显然是序号"第"的含义。"阿婆"之前的限定语是人名，意为某某之阿婆。北朝乐府诗有《折杨柳枝歌》，其中有"阿婆不嫁女，那得孙儿抱"句，萧涤非先生就解释为"北朝呼母为婆"[19]。所以，众阿婆的结社，是二十六位母亲的结社。与通常民间结社以互助方式解决生活问题不同，阿婆们的结社，以聚

---

[16] 唐长孺主编《吐鲁番出土文书》叁，文物出版社，1996 年，81—82 页。

[17] 日本东洋文库编辑出版的《敦煌吐鲁番社会经济史资料集》增补本 (*Tun-huang and Turfan Documents Concerning Social and Economic History*(Supplement，《敦煌吐鲁番文献社会经济史资料集》补编，东洋文库，2001 年）也收录了这件文书，题目依照《吐鲁番出土文书》，名《唐年次未详（七世纪？）合众阿婆设斋转帖》，没有吸收新的研究成果，见录文本 64 号，80—81 页。

[18] 参见作者论文《论敦煌民间结社的社条》，《敦煌吐鲁番研究》第九卷，中华书局，2006 年。《敦煌民间结社研究》第七章，北京大学出版社，2009 年，133—158 页。

[19] 萧涤非《汉魏六朝乐府文学史》，人民文学出版社，1984 年，282—283 页。

会娱乐为主。她们每个月会聚会一次，选择在"月别斋日"这一天。所有阿婆，都要出纳粮食如大麦等，分两次纳出，分别是五月和十月，具体的数量也有明确规定。如果有阿婆去世，其他人也有奉献，麦一斗，饼五枚。如果不按照规定出纳，有罚则进行惩罚，那就是拿出一文银钱交给大家。这里的银钱，就是波斯银币，高昌国时期和唐朝初期，丝绸之路上通用波斯银钱[20]。

西州民间结社的资料，所见并不多。但"唐西州众阿婆社条"给出的信息是很有价值的，大有一叶知秋的意义。众阿婆们决定成立一个结社，每月定时聚会，共同消费，至少可以证明结社这种社会组织活动在西州具有一定的普遍性，惟有如此，她们才会如此选择。众阿婆的结社活动因为有一定的财物支出，必须获得家人尤其是户主的支持才有可能实现，从阿婆和户主（阿婆的儿子）都情愿阿婆结社这件事也可以看出，结社在西州是很正常的活动，不是罕见社会行为。

阿婆结社的聚会时间是每月的"斋日"，所谓"斋日"应该怎样理解？佛教、道教都有各自的"斋日"，至少佛教的"十斋日"对唐朝有很大影响。唐高祖武德二年（619）正月曾下令"自今以后，每年正月九日，及每月十斋日，并不得行刑，所在公私宜断屠钓"[21]。这个命令，在后来的《唐律疏议》中，也有清楚反映，证明已经律令化。《唐律》规定："诸立春以后，秋分以前决死刑者，徒一年。其所犯虽不待时，若于断屠月及禁杀日而决者，各杖六十。"其文后的"疏议"，解释"断屠月"为正月、五月、九月，"禁杀日"又叫"十直日"，为每月的一日、八日、十四日、十五日、十八日、二十三日、二十四日、二十八日、二十九日和三十日[22]。

吐鲁番出土文书中，有一件《唐西州高昌县成默仁诵经功德疏》，记录成默仁信仰佛教虔诚，从小诵读佛经，而其中提及"每月六斋"概念。其文如下：

1　西州高昌縣安西鄉成默仁，前任別
2　勅授　（焉）者都督府録事。去景龍四年二月廿七日
3　制改授沙州壽昌縣令。自記姓已來，每月六齋兼六時續誦
4　《法苑經》壹伯遍，《金剛般若經》阡遍，《大方廣仏名經》壹伯
5　遍。諸雜經不成部袟（帙），不記遍數。[23]

所谓"每月六斋"，也是佛教的悠久传统，唐朝以前，已经流行。所谓六斋，是

[20]　参见卢向前先生的研究，见《高昌西州四百年货币关系演变述略——敦煌吐鲁番文书经济关系综述之一》，《敦煌吐鲁番文书论稿》，江西人民出版社，1992年12月，217—266页

[21]　《唐会要》卷四一《断屠钓》，上海古籍出版社，1991年，855页。高祖诏书文字，可见《唐大诏令集》卷一一三《政事·道释》，中华书局，2008年，586页。《册府元龟》卷四二《帝王部·仁慈》，凤凰出版社，2006年，452页。

[22]　长孙无忌等撰，刘俊文点校《唐律疏议》卷三十，中华书局，1983年，571—572页。

[23]　唐长孺主编《吐鲁番出土文书》叁，文物出版社，1996年，567页。

初八日、十四日、十五日、二十三日、二十九日和三十日。"唐西州众阿婆社条"中
的"斋日",究竟是"十斋"还是"六斋",我们无法确定,但是利用佛教的斋日众
阿婆聚会,这应该是没有问题的。因为斋日聚会,是否会守斋,这点更不能确知,
但是接受佛教潜移默化影响,这是理所当然的。学界有斋日问题的研究,道教与佛
教在这个问题上如何互动影响,是讨论的一个重要焦点,而纳入吐鲁番出土文书之
后的研究,或许会有不同的结论[24]。

二 高昌时期的结社资料

唐代西州之前,作为汉人社会的高昌王国,有与中原一致的制度,也有发达
的佛教。以麴氏高昌为例,高昌王室信仰佛教,带头尊崇佛教,在历史记载和出土
文献中,都有深刻的印记。统一高昌后,西州全面实行唐朝的军政体制,对于高昌
的佛教也进行收编,包括继承与改造。上文提及的"唐龙朔二年西州高昌县思恩寺
籍",就能反映佛教管理从高昌王国到唐西州的转变,僧籍的内容如下:

1. (前缺)叁歲,廿一夏,高昌縣順義鄉敦孝里,户主張延伯弟,僞延和
   十三年四月十五日度(后缺)

2.   誦《法華》五卷　　《藥師》一卷　　《佛名》一卷

3. 僧崇道,年叁拾伍歲,十五夏,高昌縣寧昌鄉正道里,户主張延相男,
   僞延壽十四年四月十五日度,計至今廿五年。

4.   誦《法華》五卷

5. 僧顯覺,年柒拾壹歲,五十一夏,高昌縣寧泰鄉仁義里,户絶,俗姓張,
   僞延昌卅一年正月十五日度,計至今六十二年。

   (后缺)[25]

僧籍中的三位僧人,都经历了从高昌王国到唐西州的过程,而从贞观十四年到高宗
龙朔二年,唐朝西州已经建立超过二十年。西州的僧人,很多来自高昌时代,僧籍
中最老的僧人是高昌延昌四十一年(601)出家,到龙朔二年(662)已经六十二年。
如今,他们成为唐朝的出家人,遵行唐朝的各种政策。

高昌王国的制度与政治,因为吐鲁番出土文书的关系,如今史学界掌握的情况
大大超过以往,但民间组织的情况,却所知有限。特别是高昌时期的民间结社资料,

---

[24] 参见尹富《十斋日补说》,《世界宗教研究》,2007 年第 1 期,26—34 页。

[25] 荣新江、李肖、孟宪实主编《新获吐鲁番出土文献》,中华书局,2008 年,60—61 页。参见孟宪实《吐鲁番
新发现的〈唐龙朔二年西州高昌县思恩寺僧籍〉》,《文物》2007 年第 2 期,50—55 页。

此前我们一无所知。现在，我们终于得知了一件高昌时期的结社资料，根据整理者的命名，这件出土文书就是《高昌立课诵经兄弟社社约》。

文书整理者介绍，本件文书由七片拼接而成，背面是《高昌建昌六年十一月某人租葡萄园券》，本件当书于建昌六年以前。据2行"请师立课诵经"，3行上为"七世先灵，下列一切生死"人等祈福，8至9行"仰众弟兄送丧，……不去者谪酒二斗。限课人中"等，以及多处"若……谪罚……"判断，本件当属民间互助性结社之社约，并如此命名。文书内容如下：

1. ＿＿＿＿＿＿興代木＿＿＿貴＿＿
2. ＿＿＿＿＿＿請師立課誦經，逢□＿
3. ＿＿＿＿＿七世先靈，下列一切生死＿
4. ＿＿＿＿課人中其有公（父）母、自身＿
5. ＿＿＿＿＿掘塚盡竟。若一日不去，＿
6. 人出疊二丈，索一張，□嚴車。若課人中有病＿
7. 知，若維那不語衆人守夜，謫維那杖廿＿
8. 人中私（緦）麻相連死者，仰衆弟兄送喪至＿
9. 不去者，謫酒二斗。限課人中其有詣城＿
10. 喪。東詣白芀，南詣南山，西詣始昌，北詣＿
11. □不去者，人謫五縱疊兩匹。課人中其＿
12. □。限課人中，其有□見大不起□＿
13. 課人中，其有赤面□＿
14. □五十。限一月課詣＿＿言若□＿＿謫杖
15. □言謫杖一下。從冬＿＿月竟，人盡受濟（記）十善，
16. 若不受濟（記）十善，謫餅六張。若餅不好，謫麥二斗；若
17. 麥不好，謫一斗。從三月至八月出落一斗半，從九月
18. ＿＿月出麻子一斗半。已課之日，要鹽醬使具。
19. ＿＿課人中□有自成者，人出美酒一斗。若弟兄出美＿
20. ＿＿課人＿＿有隨燒香後謫腹五十除水□＿
21. ＿＿＿種得聽仰佛餅以課人要□＿＿[26]

文书由多件残片缀合，前后俱残，许多字迹已经模糊，识读难度很大。这件民间结社文书，根据整理者的意见，是吐鲁番地区所见最早的一件纸质结社文书，因

---

[26] 刘绍刚、侯世新主编《新疆博物馆新获文书研究》，中华书局，2013年，图文并214页。大图，位于38—39页。

为背后是麴氏高昌建昌六年的租种葡萄园契约，结社文书只能早于建昌六年（560），不用说，自然更早于所知敦煌结社文书[27]。

第 2 行有"请师立课诵经"一句，第 8 行有"仰众弟兄"语，第 19 行有"若弟兄出"语，这些最后成为重要的命名依据，加之时代属于高昌，于是现名《高昌立课诵经兄弟社社约》。如此一来，这个结社也可以称作"兄弟社"，而敦煌确有这样性质的结社。不过，"弟兄"之称，是亲切泛称还是结社成员的特称，这里似乎存在疑问。在这件文书中，更常见的特称是"课人中"，多达七处。"弟兄"的两次使用中，第一次是"仰众弟兄送至"，应该是结社内部称呼。第二次使用"若弟兄出"后面一字模糊，暂时认作"美"。此"弟兄"既可指成员的弟兄，也可以指结社成员。总之，定义这个结社为"兄弟社"，需要更确切的资料，现有的两次"弟兄"词汇的使用，还不足以成为定名"兄弟社"的依据。

"课人中"是这篇结社文书使用频率最高的词汇，如果称"邑人"或者"社人"，在中古文献中都是常见，并且容易理解。称社邑为"课"，这是很罕见的例证。"课中人"含义还是清楚的，即同社中人，我们现在不知道当时为什么这样表达。物以类聚，人以群分，"同课"即"同科"，同一结社中人，就是同一类人，所以称作"同科中人"、"同课中人"，简称"课人"。这是一种推测性理解，还需要进一步的证据。

关键一句"请师立课诵经"，应该如何理解？字面很容易理解的是：邀请法师设立课程，诵读佛经。如果有人病逝，生前死后，请佛教法师诵经，是一种功德表达，而这种表达法在佛教时代很盛行。吐鲁番阿斯塔那二九号墓出土一件《唐咸亨三年（672）新妇为阿公录在生功德疏》文书，长达 94 行，记载阿公去世前后他们采取的各种功德行为，除了捐献各种物品给寺院之外，还有画壁画，设经堂，而比较多的一项是请法师诵经，前后多达九次，其中有一次就"请百僧乞诵"的盛况[28]。法师诵经，不是随意完成，都有一定规制章程，诵什么经，什么时辰诵，都有规定。这些，也就是课程。但是，在这件文书中，"立课诵经"成为结社命名的重要部分，可见对于"请师立课诵经"的理解，可能另有不同意涵。是否这个结社就是以立课诵读佛经为目标呢？如果这样，诵经的人就不是法师而是全体结社成员了。而"请师立课诵经"，似乎难以如此理解。

另外，文书虽然有残，但是文书的很多内容还是可以大概阅读出来的。在第二行"请师立课诵经"之后，有"七世先灵，下列一切生死"字样，可以认为是诵经要达到的目标，即慰藉祖宗先灵，祈求今人平安。"若课人中"，可以认定是一个条款

27　邓文宽《吐鲁番出土高昌立课诵经兄弟社社约初探》，同上《新疆博物馆新获文书研究》，318—326 页。
28　唐长孺主编《吐鲁番出土文书》叁，334—340 页。

的开端语。从 4 行到 6 行是一个完整条款："课人中其有公（父）母、自身……掘冢尽竟。若一日不去，……人出叠二丈，索一张，□严车"。社人中有父母或自身死亡，社人要去帮助挖掘修理坟墓，如果不去，一天要罚叠布二丈，绳索一张（条），还要备车。

第 6 至 7 行，是一个条款，内容是社人要看护病友，"若课人中有病……知，若维那不语众人守夜，谪维那杖廿"。如果同社中人有人患病（应该是重病），要让社人都知道，而负责人（称维那）负责安排值班，如负责人失职，要接受二十杖的惩罚。邓文宽先生认为维那是借用佛教寺院"三纲"的词汇，实际上是结社负责人，很有道理。

第 8 行"人中"，之前一定是"课"字。8 行到 11 行，是一个条款，涉及送葬问题。凡社人缌麻以上亲去世，社人都要送葬到墓地，当然墓地要在一定空间范围之内，不是任意地方都要送，这个范围就是"东诣白芳，南诣南山，西诣始昌，北诣……"，北方界限因为缺字不知所指。如果不去送葬，"人谪五纵叠两匹"，这是罚则。

第 11 行，"人谪五纵叠两匹"之后是句号，这个条款结束。紧接着的"课人中"，是新条款的开始。但这个条款已经无法弄清含义了。

第 12 行是一个条款，有"大不起"字样，含义不清。

第 13 行，又是一个难以明白的条款，而且不知道在哪里结束。以下几行都是围绕"十善"这个概念进行了，要求社人都要谨记"十善"，如果违犯"十善"的规定同样要接受惩罚。有一杖的罚则，所犯应该不重，可能是言语触犯了"十善"规则。罚则中有粮食奉纳，而且一年之内分作两季交纳，这与《唐西州众阿婆等社条》的规定有相似之处。

第 19 行又是一个新条款，事关结社成员有"自成者"的规定。所谓"自成"，可能是承接上文，从一月到冬月，未犯"十善"者，大家要出美酒庆贺。由此可见，这个结社很重视依从佛教规范个人的修养。

第 20 行应该也是一个条款，但阙字过多，已经读不懂。

从这件文书有关条款的规定看，这个结社还是以丧葬互助为主，罚则很重，比如"叠布二丈"。从这个条款看，成员的经济状况比较富裕。民间结社，以志愿为前提，所有条款，需要社人同意，所以从所付钱物多寡，可以大体推测成员的富裕程度。同时，他们很注重通过结社提升各自修养，以"十善"为标准是个重要证据。邓文宽先生结合高昌时期的随葬衣物疏用语，指出"持佛五戒，专修十善"虽然是一种套语，但也不能否定墓主人是信奉佛教的。那么，这个高昌时期的结社社条可以证明，追求佛教的修养，在这里是不乏其人的。

高昌地区的佛教，北凉以后形成了自己的特色，国王以下包括王室成员积极推动，使得高昌一地成为西域佛教的重要阵地[29]。以往高昌地区的佛教资料，多集中在王室及其社会上层，这件结社资料，充分证明高昌地方民间社会对于佛教的积极态度。尤其是民间结社问题，唐西州的民间结社与高昌时期的结社是怎样的一种关系，也十分值得重视。唐统一高昌后，也曾经向西州进行移民，但该地的居民，依然以原有高昌人为主，在适应唐朝统一制度文化的同时，当地的传统也有所保持，这是完全正常的。那么，高昌的民间结社作为社会传统的一部分，在西州时期继续存在，一定不是小概率事件。对此，需要有进一步的资料，我们的这个讨论才能深入下去。

（孟宪实，中国人民大学历史学院教授。原刊《旅顺博物馆学苑·2018》，2019 年）

---

[29] 参见姚崇新《北凉王族与高昌佛教》，初刊《新疆师范大学学报》1996 年第 1 期，收入作者《中古艺术宗教与西域历史论稿》，商务印书馆，2011 年，165—182 页。姚崇新《试论高昌的佛教与佛教教团》，载《敦煌吐鲁番研究》第 4 卷，1999 年。收入作者《中古艺术宗教与西域历史论稿》，183—230 页。

"西域出土文献与丝绸之路历史文化研讨会"综述

段真子

2016 年 8 月 25—28 日，由中国人民大学国学院、江苏省无锡市惠山区人民政府主办的"国学与丝绸之路历史文化研究国际学术讨论会"在无锡市惠山区冯其庸学术馆隆重召开。来自美国、德国、澳大利亚、日本、韩国等国家以及中国大陆和台湾地区的相关研究领域的一百余名学者共襄盛会。此次会议规模宏大，下设"西域出土文献与丝绸之路历史文化研究"、"蒙古历史文化研究"、"多语种佛教文献与汉藏佛学比较研究"、"满文文献研究"等四个分会。作者受邀参加"西域出土文献与丝绸之路历史文化研讨会"，本分会参加学者共 30 余名，提交论文 20 余篇，论题主要依托旅顺博物馆、北京大学中国古代史研究中心、中国人民大学国学院合作的"旅顺博物馆藏新疆出土汉文文书的整理与研究"项目而展开，属于项目的阶段性成果。

旅顺博物馆所藏西域文书，与龙谷大学所藏"大谷文书"有一致背景。大谷光瑞所搜集的西域古代文物，通常称作"大谷搜集品"，是二十世纪初日本西本愿寺第二十二代法主大谷光瑞组织的"中亚探险队"活动的产物，主要文物都来自我国甘肃、新疆等地。"大谷搜集品"中的古代文献部分，通常被称作"大谷文书"，与"斯坦因文书"、"伯希和文书"等共同构成了西域外流文书的主体，成为中国近代文化耻辱史的一部分。这些文书的时间，从魏晋南北朝至元代，内容包括了政治、经济、宗教、文化等各方面资料。大谷文书总体上属于吐鲁番出土文书，虽然也有部分出自库车、和田的古代文书，但文书主体来自吐鲁番地区。大谷搜集品由于在收藏环节出现了人为散佚，最终分藏于日本的龙谷大学和中国的旅顺博物馆等地，前者所藏以社会文书为主，且有部分流散于其他公私机构和个人手中。旅顺所属大连，长期被日本占领，直到抗日战争胜利后才回归祖国。大谷光瑞及其门徒与日本侵略当局一样，有长期占领中国和大连的思想准备，所以曾经把部分"大谷搜集品"带到旅顺进行整理，不期然成为抗日战争胜利的战利品。为了与现存在日本的"大谷文书"相区别，现藏于旅顺博物馆的这批文书如今称作"旅顺博物馆藏大谷文书"，简称"旅博文书"。

敦煌、吐鲁番出土文书，是珍贵的中国中古史研究的第一手史料，为推动魏晋隋唐历史的研究做出巨大贡献。日本学界在上世纪五、六十年代开始的大谷文书的整理研究，成为中国史研究的重要成果，这也包括龙谷大学陆续出版的《大谷文书集成》。相比而言，旅博文书则以汉文佛教写经居多，因为种种原因，长期以来并未得到系统整理和深入研究。虽然有《旅顺博物馆藏新疆出土汉文佛经选粹》《旅顺博物馆藏西域文书研究》等作品出版，由于出版发行量较小，在学界影响不大。"旅顺博物馆藏新疆出土汉文文书的整理与研究"项目，希望在彻底完成旅博文书比定整理的基础上，深入文书残卷学术价值的认定和研究。

此次会议提交的学术论文，可以看作是"旅博文书"整理研究的初次呈现。

一　汉文佛教文书研究

汉文佛教文书在旅博文书中所占比重最大，其学术价值亦最高。旅顺博物馆所藏汉文佛教文书的一个最显著特征，即新出写本众多，为佛教文献学研究提供丰富资源。

史睿所作《〈俱舍论颂疏论本序〉考》，通过缀合龙谷大学所藏残片与旅博文书中新发现的残片，得到某种佚失的圆晖《俱舍论颂疏论本》的序文单注本，此本以章草书写，采用直诂式注释，与传世的法盈《俱舍论颂疏序记》、遁麟《俱舍论颂疏记》均有较大区别，具有重大文献学价值。包晓悦所作《旅顺博物馆所藏吐鲁番出土〈治禅病秘要法〉残片研究》，对现阶段发现的 7 片《治禅病秘要法》残片进行缀合，最终得出两件写本，其年代判定为高昌国时期，推其内容当为刘宋流入的重译本。这为继续讨论南北方佛教交流，以及北凉译经在北方佛教史的重要地位等问题提供了广阔的空间。李昀所作《旅顺博物馆藏〈金刚经〉注疏小考——兼论李善注〈文选·七命〉》一文，将现阶段所检《金刚经》注疏分为 13 类，其中包括三种历代大藏经所未收录的《金刚经》注释，尤为引人注目。本文另一关注点为 9 件文书组成的两面书写文书——《金刚经疏》与《文选·七命》，通过深入研究，作者推断该《金刚经疏》与唐玄宗御注《金刚经》、道氤《御注金刚般若波罗蜜经宣演》密切相关，而成书时代甚至早于道氤《御注金刚般若波罗蜜经宣演》。

由于旅顺博物馆所藏汉文佛教文书数量庞大，其背后蕴含的丰富信息，为西域历史文化研究打开了多扇大门。荣新江所作《"康家一切经"考》，将旅顺博物馆所藏的一件仅存"康家一切经"五字的"外题"残片，与《西域考古图谱》所收吐峪沟出土"康家一切经"写经题签进行比对，并与《武周康居士写经功德记碑》进行关联，复原出康居士写经的基本构成，从而在相当程度上重新认识了唐朝高昌私家写经奉佛之情况。蒲宣伊所作《唐前佛教具足戒律之流传及其原因——以旅顺博物馆藏吐鲁番汉文佛教戒律文书为例》一文，在对吐鲁番地区出土戒律残片统计过程中，发现小乘戒律的数量远胜于大乘戒律的数量，其中尤以《四分律》流传最盛，并认为此现象当与佛教在吐鲁番地区倾向于世俗化发展有关。李淑所作《吐鲁番出土之唐译陀罗尼经述要》，通过对吐鲁番地区出土唐代陀罗尼经典的整理分析，重新认识了"开元三大士"对密宗的贡献，在教派上的理论成就之外，更体现于其所翻译之陀罗尼经的流布和社会影响。

旅博文书的研究，对于了解中古时期的吐鲁番佛教，给出了最大量的资料，不仅丰富研究素材，更重要的是大大推进了此前的认识。

二　儒家典籍研究

虽然旅顺博物馆所藏吐鲁番文书以佛典居多，但其中依然发现了规模可观的儒家典籍文书，这些残片因混入佛教文书残片，未曾得到清理和系统研究。就整理小组目前研究成果看，旅顺博物馆所藏典籍类文书所涉种类众多，有一些甚至为吐鲁番地区首次发现，为研究儒家典籍在吐鲁番或西域其他地区的传播问题提供了巨大动力。

作为中国经学普及的重要地区，吐鲁番地区所出经部典籍残片，始终受到学界关注。徐媛媛所作《旅顺博物馆藏吐鲁番出土〈诗经〉残片研究》一文，对新近整理的四件旅顺博物馆藏《诗经》残片进行介绍，认定其中三件属于《诗经·小雅》，一件属于《诗经·周颂》，并通过对比敦煌吐鲁番地区现已整理的《诗经》残片状况，说明旅顺博物馆所藏对于填补吐鲁番地区出土《诗经》残片情况，有着重要价值。吕媛媛所作《旅顺博物馆藏两片孔安国传〈古文尚书〉残片》，从字体、俗字、避讳字、古今字、脱文、正讹、版本等角度，重点考察了旅顺博物馆所藏两片孔安国传《古文尚书》残片，为研究唐代《古文尚书》提供了可信的资料。而通过史籍记载论证《古文尚书》早在麹氏高昌时期即已于吐鲁番地区流传，则是本文写作之另一重点。

段真子所作《旅顺博物馆藏吐鲁番出土〈易〉类典籍残片考释》，对一件敦煌吐鲁番地区首次出现的写有"应钟"字样的文书残片进行了着力考释，文章通过对地支、律吕、卦爻等不同系统之间的对应、关联，对文书内容进行推补，并试图在此基础上推测文书名类，希望在一定程度上弥补《易》在吐鲁番地区流传的空白。朱月仁所作《旅顺博物馆藏吐鲁番出土写本〈春秋经传集解〉浅述》，公布了整理小组新发现的两件杜预《春秋经传集解·昭公二十五年》残片，尽管这两件文书与此前吐鲁番地区出土的《春秋经传集解》残片皆有差异，但借助德藏相关文书的字体，可判定旅博文书残片为唐高宗永徽四年《五经正义》颁布之后的抄本，而凭借龙谷大学所藏相关大谷文书背面书写西州户籍的细节，亦可推断旅博文书为西州设立之后的当地抄本。

在经部典籍之外，现阶段所整理的旅博文书中还出现了不少史部典籍残片，课题组成员已经对其展开了深入研究。刘子凡所作《旅顺博物馆藏〈春秋后语〉研究》，将旅顺博物馆藏品中新发现的一件文书与德藏、辽宁省博物馆藏《春秋后语》相关文书进行关联，并判断为《春秋后语·秦语》断片，能够补《秦语》第三之缺，且该片文书为精抄本，或为卢藏用注本，为唐代流行之《春秋后语》的抄本。此外，最值得关注的是《列女传》在吐鲁番地区的首次发现。王卫平所作《旅顺博物馆藏吐鲁番出土〈列女传〉残片小考》一文，对这件藏于旅顺博物馆的《列女传·汉孝平王后传》文书残片进行了版本、俗字等方面的考证，并由此考察了中古时期西北地区语音变化问题。而从《列女传》在吐鲁番地区的流传，所能够发掘的西州妇女教育等妇女史研究，则自然成为此文书的重要学术价值。

三　道教、其他典籍研究

道教在西域的传播及影响，作为佛教传入中国后本土宗教命运问题的重要表象，始终倍受学界关注，因而旅顺博物馆所藏道教典籍的种类及数量，势必为该领域之研究注入新的活力。

宏观层面的研究，以赵洋所作《吐鲁番出土道经研究》为代表，文章依照三洞四辅七部书的分类标准，对现阶段发现的吐鲁番地区出土道经文书进行了地毯式检索，得到20部道经典籍以及16件疑似道教典籍文书，从而归纳出吐鲁番道经的大体情况，即多为唐贞观末年至天宝年间官方写经遗存，并与中央、敦煌道经的流布状况基本一致。与此同时，课题组在专经研究方面亦有所推进。游自勇所作《吐鲁番出土〈道德经〉研究》，以旅博文书中新发现的11件与《老子道德经》相关的写本为契机，全面搜罗吐鲁番所出《老子道德经》及相关注疏写本，并对其展开文献比定，这一系统整理，相当程度上扭转了长期以来吐鲁番本作为敦煌写本附属品的局面。

此外，其它典籍的研究同样值得学界关注。徐维焱所作《旅顺博物馆藏〈刘子〉残片的新发现及〈刘子〉在西域的流传》，展示了吐鲁番地区首次发现的《刘子》残片，由于该文书残缺过甚，作者将其与敦煌本、通行本《刘子》进行了详细的对照，并提出《刘子》一书很可能作为资料汇编存在于西域地区，其中的部分内容也凭借"杂抄"的形式得以流传。沈琛所作《旅顺博物馆藏吐鲁番本〈天下诸郡姓氏谱〉考释》，考察了旅顺博物馆所藏吐鲁番地区首次发现的姓氏谱，修改、补充了前人录文，通过探讨国家图书馆藏敦煌本《唐贞观八年五月十日高士廉等条举氏族奏抄》的性质，证明姓氏谱在敦煌吐鲁番地区的流行，描绘了吐鲁番地区士族面貌，对于认识唐朝选官制度在边地的执行状况不无益处。

四　唐代法律社会文书研究

日本龙谷大学收藏的社会文书数量最多，其所出版的四卷本《大谷文书集成》正是对此部分内容的全面介绍和研究。相比之下，旅顺博物馆所藏社会文书不仅数量少，而且尚未得到全面整理和研究。然而，仅就课题组现阶段成果可知，旅顺博物馆所藏社会文书涉及领域极为庞杂，信息量极为丰富。

首先是法制史方面，陈烨轩所作《关于唐律在西州执行情况的历史文献学分析》，刊布了新发现的旅顺博物馆所藏武周时期唐律及律疏写本，前者推断为《垂拱律》条文，后者可与《名例律》"工乐杂户及妇人犯流决杖条"相对应。在此基础上，文章从唐律适用的人群、州县诉讼和断狱的规定和实际运作等方面，探讨了唐代的诉讼和断狱制度。而田卫卫所作《旅顺博物馆藏唐户令残片考——以令文复原与年代比定为中心》一文，则刊布了旅顺博物馆所藏唐开元二十五年户令写本，对照《通典》、日本令等文本复原补全文书内容，探讨文书年代，并考察法令写本文化在边疆传播的形态。制度史方面，王振芬所作《休胤文书研究》，于龙谷大学所藏10件休胤文书外，补充6件旅顺博物馆所藏休胤文书，这些文书揭于唐代纸靴之上，属于二次使用的文书，可以判定为唐天宝时期所写。

经济史方面，何亦凡、朱月仁合作撰写的《新发现唐武周大足元年西州高昌县户籍初探》，涉及唐代籍帐编造和户籍管理问题。文章通过比定俄罗斯圣彼得堡东方文献研究所、书道博物馆、旅顺博物馆以及龙谷大学所藏数件文书，判定此组文书为唐西州高昌县大足元年户籍，并对其背面书写《大唐内典录》的情况进行了详细分析，认为这是由于户籍文书在当时超过保存时限而遭到废弃后的再次使用。医疗史方面，刘敏所作《旅顺博物馆馆藏文书所见唐代西州地区医疗与社会——以新发现的 LM20-1455-31-15 为例》，将旅顺博物馆所藏《针灸甲乙经》残片与俄藏相关文书关联研究，认为该典籍为唐朝政府所列医学生学习、考核的官方参考书目之一，因而于吐鲁番地区通行，为医疗史、社会史研究领域提供了又一有力例证。

五　丝绸之路相关研究

作为此次国际学术讨论会的主题之一，"丝绸之路"相关历史文化研究必定成为本分会的焦点。历史研究方面，孟宪实所作《胡广〈记高昌碑〉透露的高昌史新史料》一文，于明代胡广《记高昌碑》中所载 5 方碑铭中，发现了数条有关高昌王室成员的新材料，并由此考证其身份关系，厘清高昌王位序列，是高昌国研究的重要成果。语言研究方面，段晴所作《唐初于阗语大案牍》，通过记录于数方木板上的于阗文字，展示了唐朝进入于阗之后，于阗社会发生的诸多变化，最为显著的一点便是"少王领地"等词语渐渐消失，汉族体制被大量吸收和利用。民族文化方面，李肖所作《古代西域地区的民族构成和变迁》一文，按照自青铜时代以前至清朝以来不同历史分期，论述古代西域地区各民族构成及变化，为各位学者展开一幅波澜壮阔的历史长卷。

作为吐鲁番出土文书大家庭的一员，旅博文书的整理与研究，必将推动相关学术的研究。以数万件的文书而言，旅博文书的整理工作虽然相对艰苦，但同时也展现了巨大的希望。

（段真子，中国人民大学图书馆古籍部馆员。原刊《西域研究》2016 年第 4 期）

"旅顺博物馆藏新疆出土汉文文书
整理与研究研讨会"综述

马俊杰

2017 年 8 月 4—5 日，由"旅顺博物馆藏新疆出土汉文文书整理与研究"课题组与新疆师范大学黄文弼中心共同主办的"旅顺博物馆藏新疆出土汉文文书整理与研究研讨会"在新疆师范大学黄文弼中心隆重召开。来自旅顺博物馆、北京大学中国古代史研究中心、中国人民大学国学院、首都师范大学历史系、中国社会科学院历史所等单位的 30 余名学者共襄盛会。本次学术研讨会提交论文近 30 篇，论题主要围绕旅顺博物馆所藏西域出土文书展开，依据新资料探讨新问题，再次推进了相关的学术研究。

旅顺博物馆藏新疆出土文献（以下简称"旅博文书"）与龙谷大学藏"大谷文书"同源，都来自 20 世纪初大谷探险队的探险所得（简称"大谷收集品"）。根据旅博文书上标注的出土地信息，这些文书主要出自"交河故城、高昌古城、吐峪沟、阿斯塔那和哈拉和卓等地，因此馆藏新疆出土汉文佛经残片实际上主要是吐鲁番地区出土的"[1]。吐鲁番与敦煌一样，地处古代丝绸之路的要冲，是佛教东传的核心地段，也是东西方文明交汇的枢纽。该地区出土的文书，为研究中国中古时期的佛教史、社会史、制度史、民族史等提供了宝贵的一手资料。与敦煌文书相比，旅博文书具有三个显著特点：其一，发掘过程不科学，没有留下足够的考古信息。其二，大谷收集品几经流转，目前其主体分藏在中国大连的旅顺博物馆、日本京都龙谷大学和东京国立博物馆及韩国国立中央博物馆。其三，大部分旅博文书出自墓葬，破损严重，多是残片。这些都给如今的整理和研究工作带来了不少难题。

所幸，近年来各国学者们的合作和交流日益增多，为揭开当初文物流散过程以及各地文物的整理研究创造了机会。2003 年至 2006 年间，旅顺博物馆与龙谷大学合作，整理馆藏新疆出土汉文佛经 25000 余件。2015 年，旅顺博物馆、北京大学中国

---

[1] 刘广堂《旅顺博物馆藏新疆出土汉文佛经写本综述》，旅顺博物馆、龙谷大学主编《旅顺博物馆藏新疆出土汉文佛经研究论文集》，龙谷大学佛教文化研究所·西域研究会，2006 年，2 页。

古代史研究中心、中国人民大学国学院合作，成立了"旅顺博物馆藏新疆出土汉文文书整理与研究"项目组，并于 2016 年 8 月，在中国人民大学国学院与江苏省无锡市举办的"大国学与丝绸之路国际学术研讨会"上，以分组会议"西域出土文献与丝绸之路历史文化研讨会"的名义进行了课题组的首次总结汇报，提交论文 20 余篇。

此次研讨会则是"旅顺博物馆藏新疆出土汉文文书的整理与研究"项目的第二次总结汇报学术会议。

一 汉文佛教文书研究

旅博藏汉文佛教文书总量超过 25000 片，构成了旅博文书的主体。其比重最大，写本众多，始终是整理研究的重中之重。荣新江《旅顺博物馆藏西域佛典残片的学术价值》从宏观层面介绍了吐鲁番出土佛典概况，梳理了从南北朝到隋唐时期佛教译经、注经、写经的历史，并结合禅籍、疑伪经等方面的最新整理研究成果，对旅博藏西域佛典残片的价值给予了充分肯定。

段真子《吐鲁番出土〈佛本行集经〉残片缀合研究》，比对《佛本行集经》残片 199 件，缀合写本 25 种，属对吐鲁番出土《佛本行集经》残片的首次大规模整理，为研究佛传类典籍在该地区的传播奠定了基础。朱义德《〈唐护法沙门法琳别传〉补考——从旅顺博物馆藏吐鲁番所出残片谈起》，以吐鲁番出土的 3 件《法琳别传》为切入，考察了该传在敦煌、吐鲁番地区的传播情况，在一定程度上填补了该传在吐鲁番地区传播史料的空白。吕媛媛《旅顺博物馆藏吐鲁番出土〈般若波罗蜜多心经〉注疏残片》，着重研究了新发现的两件《心经》注疏残片。这两件残片不见于大正藏，不同于以往的《心经》注疏，具有重要的文献学意义。严世伟《新发现旅顺博物馆藏〈观世音经赞〉》，将 36 件旅博文书和 1 件龙谷大学藏大谷文书缀合，并与敦煌本作了比定，填补了敦煌本的部分佚文。这批残片的发现，对于复原《观世音经赞》，以及进一步研究北宗禅，具有很高的学术价值。张凯悦所作《旅顺博物馆藏新疆出土涅槃经注疏研究》，以涅槃经注疏为切入，考察了敦煌、吐鲁番出土的涅槃经注疏的体例和写本年代，在一定程度上印证了南北朝至隋唐时期佛教学术风气逐渐向义理之风转变的观点。王卫平《关于〈大唐中兴三藏圣教序〉——兼及旅顺博物馆藏吐鲁番出土〈大唐中兴三藏圣教序〉残片略考》，通过对历代文献、敦煌本与新发现的 3 件旅博文书的综合考察，认为吐鲁番出土的《圣教序》残片的发现，尤其是作为持诵本的《圣教序》的发现，反映了《金光明经》在该地区的流行程度，也是佛教回流现象最直接的证据。李昀《求道寻行数墨——旅顺博物馆藏〈南阳和尚问答杂征义）》，将14件旅博文书和18件龙谷大学藏大谷文书缀合，得到了比敦煌本S.6557年代更早的《南阳和尚问答杂征义》集结本，为考察中古时期的西域禅宗提供了重要的资料。

佛教经典的传播，并不限于佛亲口所说的"真经"，也同样涉及非佛所说的"伪经"及难辨真伪的"疑经"。因此，疑伪经也是研究当时僧俗信仰的重要切入点。孟彦弘《旅博所藏"佛说救护身命经"跋》，通过对新发现的旅博写本、历代经录中的记载与《大正藏》两个版本（甲本N.2865、乙本N.2866）系统的比较，推断《大正藏》这两个版本有真伪之别，前者为大乘疑伪经，后者为小乘真经。马俊杰《旅顺博物馆藏〈救疾经〉残片考》，比对旅博文书66件，缀合写本6种，补充了敦煌本的部分佚文，并结合《佛说护身命经》考察了《救疾经》所涉佛学概念，以此探讨了该伪经在吐鲁番地区盛行的原因。工典典《新发现旅顺博物馆藏〈禅门经〉考释——兼谈〈禅门经〉的易名及流传》对《禅门经》残片进行复原，填补了该经在吐鲁番地区的空白，其对该经易名及流传过程的分析对其他疑伪经的研究也具有借鉴意义。徐媛媛所作《旅博藏吐鲁番出土〈黄仕强传〉残片小考》一文，重在论证敦煌与吐鲁番出土文本的差异性。敦煌流行的《黄仕强传》与普贤菩萨信仰关系密切，往往与《佛说证香火本因经》和《普贤菩萨说证明经》这两部疑伪经搭配，共同构成《普贤菩萨说证明经》。但从文书形制上看，《黄仕强传》传播至吐鲁番时或许已经与《证明经》分离，作为一个独立的通俗小说存在。

旅博佛教文献，还从不同层面反映了中古时期吐鲁番地区政治、经济、文化等社会生活的方方面面，为该地区乃至中国历史文化的研究拓宽了思路。蒲宣伊《佛法与国法——高昌国戒律守持研究》在对高昌与汉地的戒律、戒本的纵横考察中，发现高昌地区的戒律流传深受汉地影响，但高昌地区僧人在经济方面的戒律守持比较宽松，并且这一点得到了寺院与地方政权的认同，以至佛法与国法各自让步，形成了高昌国佛教稳定、昌盛的发展状态。赵洋《新见旅顺博物馆藏〈一切经音义〉研究——兼论〈玄应音义〉在吐鲁番的传播》考察了旅博藏14件《一切经音义》的写本特点，认为《一切经音义》作为佛学工具书，其实用性更强，因此，佛教知识内涵更受时人重视，古文字形和释义的文学内涵却被忽视。如今，这些写本所兼具的双重内涵，不仅为佛教本土化研究所看重，更是研究吐鲁番地区的语言和文学教育情况的珍贵史料。宛盈《初探吐鲁番文书中的佛教歌辞作品——以中国国家博物馆藏吐鲁番文书〈三时词〉为中心》从文本出发，通过比对吐鲁番出土唐写本《三时词》与敦煌写卷《十二时》内容，扩展了我们对《十二时》歌辞传播流行空间范围的认识。中古时期文化传播并非单一路径，而是多层次、广远的文化辐射。残片所体现的不仅是边民对文化的热切追求，更反映了中原文化与西域文化的相互融通。

二　儒家典籍研究

旅博文书是当年大谷光瑞和橘瑞超当作重要的佛教资料运回大连的，这从当初的分类和定名可以看出。但可能由于整理匆忙，其中混入了不少儒家典籍。经过项目组成员的集中整理，发现儒家典籍文书不仅种类众多，而且多能与传世文献相参照，甚至有部分佚本能够填补传世文献之空白，极大地丰富了这段时期吐鲁番地区儒学发展史研究乃至整个西域思想史研究的对象和内涵。

朱月仁《旅顺博物馆藏新疆出土古写本〈春秋左氏传·昭公四年〉注残片浅述》根据文书形制和字体，认为旅博新发现的1件《春秋左氏传·昭公四年》残片与日本书道博物馆藏的1件《春秋左氏传·昭公七年》残片为同一写本，并进一步推测很可能是在前秦时期写就的服虔本，因其稀缺性，历史价值不容小觑。冯璇《新见旅顺博物馆藏吐鲁番文书中的"汉史"残片考》着重对新发现的3件"汉史"残片进行了文献学分析。虽然吐鲁番地区的"汉史"版本更"高级"，但是由于语言、文字、教育水平的差异，"汉史"在该地区的传播不及敦煌，由此丰满了我们对西域与中原文化融合过程的认识。陈烨轩《跋旅顺博物馆新发现晋史写本》，通过与唐修《晋书》的比较，推测新发现的1件旅博写本极有可能为《晋阳秋》类的诸家旧晋史。此类节抄本的存在，在一定程度上反映了当时士人对中原文化的选择性吸收。何亦凡《新见旅顺博物馆藏吐鲁番唐写本郑玄〈论语〉注》对新发现的3件唐写本《郑注》进行了复原和校勘，并进一步考察了唐宋之际《郑注》散佚的历史背景。

三　社会文书研究

社会文书在旅博文书总量中占比较少，但是亦不乏重要的学术课题。孟宪实《安史之乱后四镇管理体制问题——从〈建中四年孔目司帖〉谈起》，对《建中四年孔目司帖》再次定名和释读，并通过比较建中四年《孔目司帖》与金满县牒孔目司文书中反映的税收管理方式的转变，进一步论证了安史之乱前后，安西四镇等军镇体制应变，节度使、镇守使等军事机构经济职能强化的过程，为唐代府兵制研究，以及边疆史、经济史研究提供了新的思路。朱玉麒《"北馆文书"流传及早期研究史》就吐鲁番出土"北馆文书"的流传、出土情况进行了爬梳，并钩稽早期题跋体现的研究前史，为将来进一步挖掘这批文书的学术价值，提供了坚实的背景资料，对于西域地区行政制度史、经济史研究弥足珍贵。

四　道教及其他典籍研究

与汉文佛经或儒家典籍相比，道经和占卜文书的数量无疑是微乎其微的。长期以来，吐鲁番出土的道经残片也是作为敦煌道经的附属品存在。然而，经过项目组成员的地毯式整理，从旅博文书中检索出近 90 片道经残片。尽管数量和种类不能与敦煌道经媲美，但是对于唐代西州道教发展的研究却有不可替代的价值。游自勇《旅顺博物馆藏吐鲁番出土道经及占卜文书的价值》从三个方面对旅博藏道经文书的价值给予了肯定：首先，从比定结果看，西州道教三洞经典存续完整；其二，旅博藏道教文书有一些不见于敦煌道经，甚至有某些佚术；其三，根据某些道经的版本特点，可以推进我们对于西州道经传抄时间的认识。另外，旅博藏道经文书与大谷文书中的道教文书或有缀合参照的可能。再者，旅博藏吐鲁番出土占卜文书共 10 余片，但涵盖律吕书、占风法、梦书、宅经等门类，不仅有实用性文书，也有资料性的抄本，这些都有待研究的进一步深入。

从敦煌、吐鲁番地区发现的大量汉文文书看，中原文化对于边地的影响异常深刻。徐维焱《旅顺博物馆藏〈切韵〉残片考释》从两片《切韵》残片的版本及书写形态出发，认为该韵书在边地同样有着深刻的影响力，其纸背回鹘人所抄与《切韵》内容相关的《经典释文》尤其能说明问题。麹氏王国时期，有不少高昌人深受儒家文化浸淫，出现了世袭的儒学博士。唐灭高昌后，国家管理和教育制度在西州推行，官学私学兴盛。尽管 9 世纪初，回鹘人夺取了该地区的控制权，但是中原文化的影响并未随之消弭。

五　文书形态研究

旅博文书以写本为主，时代覆盖魏晋至宋元，但也不乏刻本。史睿《旅顺博物馆藏新疆出土文献的书法断代及其书法史价值》，从书写工具、书写姿态、书写用途角度分析了历代书法样式，进一步归纳了依据书体对文书断代和研究的具体方法。陈耕《刀笔殊途——论旅顺博物馆藏吐鲁番出土佛经"单刻本"实为写本》，对旅博藏大蓝册"经帖十"37 至 40 页的佛经文书进行了仔细辨认，并与早期印本的字迹进行比对，发现诸多文书的字迹具有写本的典型特征，并推测这部分文书大多为写本。二人对写本、刻本的关照，不仅为旅博文书研究提供了新的视角和方法，而且拓展了书法史、印刷史研究的对象。

陈寅恪先生曾指出，"一时代之学术，必有其新材料与新问题。取用此材料，以研求新问题，则为此时代学术之新潮流"。与敦煌学并列的吐鲁番学，也同样具有新材料新问题的学术特征。此次学术研讨会，立足于旅博文书的文本，在充分释读的基础上深度挖掘文书的学术价值，有力地推进了我们对于中古时期吐鲁番乃至整个西域地区的认识。随着项目组整理研究工作的持续推进，以及学术交流活动的持续深入，我们有理由展望，旅博文书以其种类的多样性、文本的特殊性，必将引起吐鲁番乃至整个西域佛教史、中亚佛教史研究的热潮，并且以其丰富的社会内涵，势必会极大地推动民族史、制度史，以及中西文化交流史、艺术史等领域的研究。

（马俊杰，中国人民大学国学院博士生。原刊《西域研究》2017 年第 4 期）

"丝绸之路与新疆出土文献"国际学术研讨会会议综述

何亦凡

2017 年 11 月 6 日—7 日,在旅顺博物馆建馆百年之际,"丝绸之路与新疆出土文献"国际学术研讨会于旅顺博物馆隆重召开。该会议由旅顺博物馆、北京大学中国古代史研究中心、日本龙谷大学联合主办,有中、日、韩三国学者共五十余人参与。研讨会上,围绕"丝绸之路与新疆出土文献"这一主题,学者们纷纷介绍了各自最新的研究成果。

一 旅顺博物馆藏新疆出土文献研究新进展

旅顺博物馆藏新疆出土文献,是上世纪西域出土文献最后一宗重要文物,此前有过阶段性整理研究,但最终全面的整理现在才开始,这就是"旅顺博物馆藏新疆出土汉文文书整理与研究"项目。佛典残片是该批文书的最主要部分,荣新江教授首先宣读了《旅顺博物馆藏西域佛典残片的学术价值》,在逾两万片的佛典中,主要部分应当来自吐鲁番盆地的各个遗址,但也有一些出自库车、和田地区。虽然保存状态不佳,但经过比定,这批佛典残片的内涵十分丰富,对它们的研究大大地推进了对于吐鲁番乃至整个西域地区汉文佛典内容的认知,极具学术价值。三谷真澄先生的文章《旅顺博物馆所藏トルファン出土佛典研究と龙谷大学》对于该批文书的研究史,尤其是龙谷大学与旅顺博物馆的合作进行了认真的回顾与归纳。郑阿财教授《旅顺博物馆藏新疆出土〈注维摩诘经〉残卷初探》一文,对该批文书做出了详细的叙录,并对其写本系统以及《注维摩诘经》的单注本与合注本做出了讨论。段真子以旅顺博物馆藏《佛本行集经》的书写残片为考察主体,宣读了《吐鲁番出土〈佛本行集经〉残片研究》,这是《佛本行集经》的整理研究的一篇重要论文。马俊杰的论文《旅顺博物馆藏〈救疾经〉残片考》,李昀的论文《旅顺博物馆藏〈南阳和尚问答杂征义〉》,严世伟的论文《新见旅顺博物馆藏〈观世音经赞〉复原研究》,吕媛媛的论文《旅顺博物馆藏吐鲁番出土〈般若波罗蜜多心经〉注疏残片》，都是关于旅博佛典文书的研究成果。

佛典之外，旅顺博物馆藏新疆汉文文献中存有丰富的典籍写本资料。游自勇教授在《旅顺博物馆藏新疆出土子部非佛教文献的学术价值》一文中指出，唐西州道教三洞经典存续完整，并有一批道教经典不见于敦煌道经，这些具有很大文献学意义的写本残片推进了对于西州道经传抄时间的认识。除道经外，还有道家类文献《列子·杨朱篇》张湛注残片、汉文占卜文书十余片、汉文医药类文献二十余片、杂家类文献《刘子》残片。史部与经部文献也在旅顺博物馆藏新疆文书中有所发现。在研讨会上，刘子凡的《旅顺博物馆藏〈春秋后语〉研究》，文章通过比定残片笔迹进一步讨论了《春秋后语》一书在唐代的流行情况。何亦凡《新见旅顺博物馆藏吐鲁番唐写本郑玄〈论语〉注》一文对于新见的三件郑注做了复原与疏证，进而讨论了郑注在唐末散佚的原因。

对于旅顺博物馆藏新疆汉文文献的研究方法，史睿先生的文章《旅顺博物馆藏新疆出土写经的书法断代》提出了对写本断代的新方法，提出关注书写工具、书写姿态（执笔法、使笔法）、书写目的对于写本断代具有决定性意义。对于旅顺博物馆的大批佛典残片而言，对写本书法与刻本特征的辨识十分重要。矢越叶子先生的论文《唐の案卷と日本继文》，认为日本接受了唐朝文书的书式和传达方法，古代中日的文化联系再添新证。陈耕的文章《刀笔殊途——论旅顺博物馆藏吐鲁番出土佛经"单刻本"实为写本》，讨论受到忽略的旅顺博物馆藏的刻本佛经，特别指出，竺沙雅章先生曾经认为是单刻本的部分佛典残片实际上是一种特殊样态的写本。

旅顺博物馆藏非汉文文献的研究受到了学者们特别关注。吐火罗文专家荻原裕敏在2009—2011年旅顺博物馆和龙谷大学合作项目中，从馆藏写本中辨识出了182件龟兹语残片、1件焉耆语残片、16件龟兹语—梵语双语残片、2件龟兹语—古代回鹘语双语残片、1件据史德语残片。会上，荻原先生在其已有的研究成果上，介绍了最新确认为吐火罗语的几件残片，并说明了旅顺博物馆藏吐火罗语残片与德、英、俄等过藏品的缀合情况。这对于旅顺博物馆藏吐火罗语残片的文献学研究具有很大的意义。段晴教授的论文《早期、晚期于阗语与方言——〈无垢净光大陀罗尼〉所反映的语言问题》，认为全本于阗语《无垢净光大陀罗尼》的发现，对于于阗语的研究意义重大。毕波教授的论文《吐鲁番出土的几件粟特语医药文书》对于文书正面的释读有所推进，弄清了文书所载药房所治之病的名称，而文书背面的内容可以确定译自汉文医籍《诸病源候论》，这是迄今为止发现的第一件译自汉文的粟特语世俗文献。

二 中古时期"丝绸之路"沿线的制度与信仰

西域地区出土的官文书为制度史的研究提供了具有较强共时性的线索。安史之乱后，西域的政治环境发生显著变化，来自中央的财政被切断，四镇军事系统不得不依靠地方解决军需，进而对地方的依赖加深，导致军政体制迅速地方化，甚至直接安排生产活动。这就是孟宪实教授宣读的论文《安史之乱后四镇管理体制问题——从〈建中四年孔目司帖〉谈起》的主旨。李方研究员《唐代西域官府文书整理与研究》，提出了对唐代官文书整理方法的新观点，加强文书与制度联系性认识，有利于出土文书的新认识。中古时期的西域社会带有浓厚的佛教色彩，甚至可以称为佛教社会。其中佛教的仪式是佛教信仰与发展的生动展现。余欣教授的论文《圣域的制造与守护：幢伞在中古敦煌佛教仪式实践中的功能与象征》从幢伞在佛教仪式的实际使用状况入手，揭示其宗教功能与象征涵义，进而追溯其观念源流以及在文本和艺术中的表现。裴成国教授的论文《俄藏麴氏高昌时期发愿文新探》，根据日本东京国立博物馆 2009 年展览图录中刊布的俄罗斯科学院东方学研究所所收藏的中国西域文书，比定出其中一件是吐鲁番出土的麴氏高昌国永康年间发愿文，并将其定名为《麴氏高昌永康年间左祖兴等发愿文》，指出这件文书反映出麴氏高昌国时期流行弥勒信仰，文书中出现的弥勒下生信仰更是此前的高昌国时期文书所未见。本件发愿文反映出当时高昌国流行的净土信仰仍然是一种狭义的弥勒净土信仰，这些新的信息弥补了以往认识上的缺环。刘屹教授的《"像末"的忧思：〈像法决疑经〉研究之一》文章提出，以往学者认为，太武帝和周武帝的灭佛导致北朝佛教"末法"来临的紧迫感，这种观点是因果错配的。中国佛教进一步对印度大乘佛教的某些方面有所改造，对"像末"的忧思，以及"正像末三时说"的提出，首先都是体现出对佛陀圣人和印度佛教传统的尊重。当"中国佛教"终于可以通过"末法"万年说来回避佛陀关于"法灭"预言的现实紧迫感时，也就意味着中国佛教独立于印度传统之外的特性形成了。

三 语言文字研究及图像学与艺术品

在汉语文字学方面，李索教授的论文《敦煌写本〈春秋经传集解〉异体字汇考》对 38 件《春秋经传集解》卷子与传世阮刻《十三经注疏》本和《四部丛刊》本逐字比勘，发现词语相同而用字不同所形成的异文 4000 余处，其中写卷使用"异体字"306 个，并从文字学的角度进行分类研究。

对于新疆出土的中国古代字书和韵书写本的考察，也备受学者关注。日本学者辻正博先生宣读了文章《德国柏林国立图书馆藏〈玉篇〉残片小考》详细梳理和誊录了德藏《玉篇》写本残片，并对其史料价值做出了分析。从写本的书写时代来看，辻正博先生认为即使在晚唐时期，唐文化在新疆地区的光彩并未消退。台湾王三庆教授则是着眼于《切韵》，其论文《〈大谷文书集成〉〈切韵〉系残卷研究兼论韵书文献之辨识》详尽整理了《大谷文书集成》中所收录的《切韵》残片，并对录文做出修正，而且发现其中疑似《切韵》的残片若干，文章又进一步讨论了对于出土的韵书类文献的研究方法。

"丝绸之路"上的图像与艺术品研究成果也是本次研讨会的亮点。韩国学者金惠瑗的论文《韩国国立中央博物馆所藏中亚艺术的最新研究》（*Recent Research on Central Asian Artifacts in the National Museum of Korea*）介绍了馆藏的来自楼兰古城、吐鲁番以及吐峪沟千佛洞的佛教壁画，焉耆佛教造像以及罗布泊艺术品。日本学者中川原育子的文章《克孜尔第 224 窟（第 3 区摩耶窟）壁画复原之研究》在前人研究之上进一步确认了 13 件壁画残片的原位置。陈菊霞则通过敦煌壁画对其供养人进行了历史考证，并宣读了论文《莫高窟第 217 窟东壁供养人洪认生平考》，认为洪认出生于刘氏家族，在公元 918 年前后担任永安寺法律。为庆祝洪认于公元 923 年出任都僧政，以洪认为代表的刘氏家族重修了莫高窟第 217 窟。该成果在研究方法上较好地结合了图像学与历史学，为考察敦煌地区的佛教社会提供了较好的研究范式。

四　新疆出土文献的发掘史与研究史

新疆出土文献的发掘史不仅对于现今考察文书出土地及其流散情况具有重要意义，而且也是近代史研究不可忽视的部分。庆昭蓉在这一方面做出了细致的考证，宣读了文章《大谷探险队在库车地区的活动——从探险队员日记与出土的胡汉文书谈起》。1902—1903 年大谷光瑞的门下僧徒渡边哲信与堀贤雄组成了在中国活动被称为第一次大谷探险队，即"渡边队"。文中通过对比考证渡边和堀二人在此期间的日记发现，1903 年 4 月 11 日，他们与格伦威德尔率领的第一次德国探险队意外相遇，渡边队遇到经验丰富且"收获颇丰"的德方时，颇受刺激，但这一次相遇德方并未能成功得到关于克孜尔石窟的情报，而如今这一学术史上的事实并不为德国学界所知晓。她通过各方日记以及诸多材料对日、德探险队在克孜尔石窟活动的过程的详细考证。其后，又论证了"孔目司文书"与 Ot.12 可能出土于克孜尔石窟谷内区第124—125A 窟一带。

对于具体文书研究史的梳理也是令人饶有兴趣的话题，日本学者片山章雄宣读了论文《唐代吐鲁番の四神灵芝云彩画、田制等关系文书の追迹と展望》。众所周知，《吐鲁番出土文书》是唐长孺先生主持的一部对于学术界极为重要的文书集成。本次研讨会上，王素先生报告的主题是《唐长孺读吐鲁番文书笔记整理概述》。在唐长孺先生故宅保存的尚未整理的遗稿中，有三册近400页的《吐鲁番出土文书》笔记、《流沙坠简》笔记、读散见吐鲁番文书卡片、读《吐鲁番出土文书》出版物批注以及整理工作中的往来信件等。王素先生还介绍了《唐长孺读吐鲁番文书笔记》的整理出版计划。现今学者们只看到了《吐鲁番出土文书》出版后的样态，但其形成过程却鲜为人知，相信这部笔记的出版对于吐鲁番文书的研究史而言定会嘉惠学林。

五　结语

最后，学界耆老朱雷先生为本次研讨会做了学术总结。朱雷先生充分肯定了本次会上中、日、韩三国学者所发布的最新研究成果的学术价值，并对年轻学子表达了深切期望，告诫年轻学生读书的功夫要到家，恰到好处地利用电子工具。

（何亦凡，中国人民大学国学院博士生。原刊《西域研究》2018年第1期）